Grüne Reihe
Quellen und Forschungen zur Gartenkunst
Band 12

Ruth-Maria Ullrich

GLAS-EISENARCHITEKTUR
PFLANZENHÄUSER DES 19. JAHRHUNDERTS

WERNERSCHE
VERLAGSGESELLSCHAFT

Gedruckt mit Unterstützung des
Förderungs- und Beihilfefonds Wissenschaft
der VG Wort, München

Dr. Dr. hc. Ernst Coenen
gewidmet

© 1989 Wernersche Verlagsgesellschaft mbH, Worms
Alle Rechte vorbehalten

Satz: R & W Medien GmbH, Worms
Reproduktionstechnik: Litho Studio Lenhard, Stuttgart
Druck: Maisch + Queck, Gerlingen bei Stuttgart

ISBN 3-88462-037-1
Printed in Germany

Inhalt

Vorwort 7

Das Pflanzenhaus des 19. Jahrhunderts
Ein technisches, architektonisches und gesellschaftliches Phänomen
   Zur Technik 11
   Zur Architektur 27
   Das Pflanzenhaus in der Gesellschaft 29

Das historische Erbe
   Die Gärten des Adonis 36
   Atrium und Pantheon 37
   Orangerien und Glashäuser 38

Terminologie der Pflanzenhäuser 48

Private Pflanzenhäuser
der Schlösser, Landsitze, Villen und Stadthäuser 51
   Prototypen:
   1. The Architectural Conservatory in The Grange, Hampshire,
      1824-1825 von Ch. R. Cockerell 55
   2. The Great Conservatory in Syon Park, Middlesex (Greater London),
      1827-1830 von Ch. Fowler 62
   3. The Great Stove in Chatsworth, Derbyshire,
      1836-1840 von J. Paxton 69
   Katalog:
   Register 79
   144 private Pflanzenhäuser 83

Pflanzenschauhäuser
der botanischen Gärten, Gartenbaugesellschaften,
Stadt- und Handelsgärtnereien, Weltausstellungen 127
   Prototypen:
   1. Serres im Jardin des Plantes, Paris,
      1833-1835 von Ch. Rohault de Fleury 132
   2. Conservatory der Royal Botanic Society im Regent's Park, London,
      1845-1846 von D. Burton und R. Turner 144
   3. Palm House in The Royal Botanic Gardens Kew bei London,
      1844-1848 von D. Burton und R. Turner 152
   4. Conservatory der Royal Horticultural Society,
      Weltausstellung von 1862 in South Kensington, London,
      1860-1861 von F. Fowke 160
   Katalog:
   Register 167
   79 Pflanzenschauhäuser 169

Öffentliche Wintergärten
verbunden mit Theater, Museum, Kunstgalerie,
mit Panorama, Zoo, Aquarium, Zirkus,
mit Hotel, Krankenhaus und Schule
in Städten, Seebädern und Kurorten 195

  Prototypen:
  1. Jardin d'Hiver in Paris,
     1847 von Ch. T. Charpentier und Meynadier de Flamalens 200
  2. Palace of the People und The Alexandra Palaces I & II, Muswell Hill, London,
     1858-1875 von O. Jones und J. Johnson 211
  3. The Royal Aquarium, Summer and Winter Garden in Westminster, London,
     1875-1876 von A. Bedborough 221
  4. Gesellschaftshaus, Wintergarten und Sommertheater der Orthopädischen Anstalt von Hessing,
     Göggingen bei Augsburg,
     1885-1886 von J. Keller 227
  5. The People's Palace of East London,
     1886-1892 von E. R. Robson 233

  Katalog:
  Register 239
  56 öffentliche Wintergärten 241

Wiederkehr der Glasarchitektur 263

Abbildungen 273

Literaturverzeichnis 418
Personenregister 429
Ortsregister 433
Abbildungsnachweis 440

> *»Wenn es ausgemacht erscheinen kann, daß die Sehnsucht des Menschen nach einem reineren, unschuldvollern und spirituelleren Dasein als ihm gegeben ist, notwendig nach einem Unterpfande in der Natur sich umsieht, so hat sie es meist in irgendwelchen desselben Wesens der Pflanzenwelt oder des Tierreichs gefunden.«*
> Walter Benjamin in »Illuminationen«, Frankfurt 1969

Vorwort

Meine Beschäftigung mit dem Thema des vorliegenden Buches reicht in das Jahr 1970 zurück und kam 1977 mit einer architekturgeschichtlichen Dissertation am Kunsthistorischen Institut der Johann Wolfgang Goethe-Universität Frankfurt am Main zu einem vorläufigen Abschluß. Anregung und Betreuung verdanke ich Prof. Christian Beutler, dessen Kunstführer »Paris und Versailles« 1970 erschienen war, und der uns in Seminaren zur Kunst des 19. Jahrhunderts und auf Exkursionen die exemplarische Bedeutung der Architektur dieser Phase vorführte.

In diese Zeit fällt auch die Rehabilitation der seit Jugendstil und Moderne geschmähten Epoche, von Dolf Sternberger 1975 mit dem programmatischen Satz »Gerechtigkeit für das 19. Jahrhundert« eingefordert. Einer Ausstellung über Gestaltungstendenzen des 19. Jahrhunderts (München 1971) gaben W. Fischer und Chr. Beutler den bezeichnenden Titel »Die verborgene Vernunft«.

Innerhalb der in der Folgezeit rasch sanktionierten Bautypen – Museen, Theater, Bibliotheken, Bahnhöfe, Markthallen, Passagen – , wie sie das vergangene Jahrhundert ausgebildet hatte, war die breite Öffentlichkeit mit dem Bautyp »Pflanzenhaus« und der von ihm ausgehenden Glas-Eisenbauweise kaum vertraut, hatte man doch nur die oft stereotypen Formen botanischer Gewächshäuser im Blickfeld oder die seriellen Anzuchthäuser der gewerblichen Gärtnereien. Fehlendes Verständnis und Beziehungslosigkeit konnte man Großbritannien jedoch nicht nachsagen, wo ein reicher Bestand an Orangerien und Conservatories aus dem 18. und 19. Jahrhundert überlebte, der von privaten Besitzern oder von dem schon 1894 gegründeten National Trust restauriert, ja rekonstruiert worden war. Auf dem Kontinent setzte erst in den achtziger Jahren ein Bewußtseinswandel ein, der ein neues Naturverständnis begründete. Der unablässige Rückzug der grünen Natur aus unserem Lebensraum ließen Verlust und Unersetzlichkeit des gerade dem 19. Jahrhundert zu verdankenden Pflanzenreichtums spüren. Laut Internationaler Naturschutzunion sind 15.000 Pflanzenarten nur noch selten anzutreffen und weitere 40.000 in Gefahr unterzugehen. So hat auch die fortschreitende Abholzung der Tropenwälder und die Dezimierung ihrer Artenvielfalt die Konservierung der aussterbenden Pflanzen in botanischen Gärten notwendig gemacht. Der vom 19. Jahrhundert geprägte Technik-Begriff »Treibhauseffekt« als einer Sonnenfalle unter Glas, hat – auf die durch CO_2 veränderte Erdatmosphäre bezogen – bedrohliche Dimensionen angenommen. Auf der Suche nach Zukunftsmodellen wurden vergangene Traditionen überprüft und im 19. Jahrhundert die uns fremd gewordene euphorische Begeisterung für die Exoten aus aller Welt entdeckt. Ebenso überrascht der heute naiv anmutende Glaube an die Besserungsfähigkeit der menschlichen Gesellschaft durch naturwissenschaftliche Belehrung.

Zweifellos gehen nicht wenige Modellversuche auf die Vergangenheit zurück. So etwa die alternative Energiegewinnung mit Hilfe des erwähnten Solareffekts, die ästhetische Anleihe bei der transparenten Glas-Eisenbauweise in der Gegenwartsarchitektur, das Aufgreifen der historischen Atriumlösungen in den glasüberdeckten Erlebnisräumen der Stadtzentren und nicht zuletzt die Wiederentdeckung des Wintergartens als Annex oder gar im Zentrum des Wohnbereichs selbst, wie es Frei Otto in seinem Warmbronner Wohnhaus schon in den sechziger Jahren praktizierte.

An der Rehabilitierung des 19. Jahrhunderts hat die 1959 entstandene Fritz-Thyssen-Stiftung auf dem Gebiet der kunstwissenschaftlichen Forschung wesentlichen Anteil. Mit der Gründung eines »Arbeitskreises für Kunstgeschichte im Forschungsunternehmen 19. Jahrhundert« wollte sie »einen Beitrag zur Erforschung seiner geisteswissenschaftlichen Stellung überhaupt und ihrer Auswirkung auf unsere Zeit leisten«. Die Stiftung förderte Forschungsprojekte und finanzierte Publikationen in der Buchreihe »Studien zur Kunst des 19. Jahrhunderts«. Die Erforschung eines einzelnen Bautyps, wie sie J. F. Geist in »Passagen ...« (München 1969) durchgeführt hat, kann methodisch als vorbildlich gelten. Auch mein Buch-Projekt erfuhr eine über mehrere Jahre gehende finanzielle Unterstützung durch diese Stiftung. Mein besonderer Dank gilt dem engagierten Streiter für das 19. Jahrhundert, dem damaligen Sachwalter der Stiftung Dr. Dr. h.c. Ernst Coenen.

Bemüht um fruchtbare methodische Ansätze pflegte der oben erwähnte »Kunstgeschichtliche Arbeitskreis« engen Kontakt mit Großbritannien als dem impulsgebenden Land der Industriellen Revolution und dessen Wissenschaftlern wie Professor Nikolaus Pevsner. In seinen wegweisenden Werken stand die lange unterbewertete viktorianische Epoche im Mittelpunkt. Auch ich verdanke ihm Rat und Anregung. Da eine von mir von Anfang an beabsichtigte Bestandsaufnahme von den heute noch existierenden Beispielen des Pflanzenhausbaues ausgehen sollte, erwiesen sich Pevsners zahlreiche Bände »The Buildings of England« mit den darin aufgeführten Landsitzen und Conservatories als sehr hilfreich. Aus unserem Gedankenaustausch ist festzuhalten, daß er die typenbildende Kraft des Pflanzenhauses für eine wesentliche Leistung des 19. Jahrhunderts hielt, die weit über eine bloße Modeerscheinung hinausweist.

Eine weitere Voraussetzung meiner Vorarbeiten war das systematische Studium der zeitgenössischen Architektur- und Gartenzeitschriften mit ihrem Quellenmaterial an Baudaten, Baubeschreibungen, Grundrissen, Schnitten und Ansichten. Erst nach Auswertung dieser Unterlagen konnten die Reiserouten festgelegt werden, nach England, Schottland, Irland, Frankreich, Belgien, Holland, der Schweiz, Italien, Österreich und innerhalb Westdeutschlands, um die Pflanzenhäuser privater Besitzungen, der botanischen Gärten und der Städte zu studieren und zu fotografieren. An dieser Stelle gilt mein Dank meinem Mann, Dipl. Ing. Walter Ullrich, der mich auf allen Reisen begleitete, mit mir fotografierte und mir als Architekt mit fachlichem Rat zur Seite stand.

Dank sage ich auch der Universitäts-Bildstelle Frankfurt unter Leitung von Frau Dr. Hartmann für die qualitätvolle Bearbeitung meines Fotomaterials.

Die hier durchgeführte Untersuchung einer – über den Begriff des Bautyps hinausgehenden – Baugattung soll in der Kontinuität mit N. Pevsners Werk »The History of Building Types« (London 1976) gesehen werden. Pevsner hatte eine vom Mittelalter bis zur Neuzeit reichende Darstellung von siebzehn Bautypen-Gruppen gegeben. Jedoch konnten innerhalb seiner weitgespannten Arbeit die in einem Kapitel zusammengefaßten Pflanzenhäuser, Markthallen und Ausstellungsgebäude nur auf zwei Seiten behandelt werden.

Es war auch Pevsners Idee, ein fruchtbares Gestaltungsprinzip für die Bautypen-Entwicklung herauszuarbeiten. Sein Schlüsselwort heißt »Diversification«, eine Mannigfaltigkeit, die durch die Differenzierung eines Grundtyps zustandekommt. Wie sich aus dem mittelalterlichen Rathausprogramm Gerichts-, Korn-, Markt- und Festhalle herauslösten, so splitterte sich im 19. Jahrhundert etwa das Museum in selbständige Ausstellungsgebäude für Gemälde und Skulptur, Kunstgewerbe, Technik, Naturkunde, Volkskunde auf.

Überprüft man dieses Organisationsprinzip der Variierung an den sich im 19. Jahrhundert spezialisierenden Öffentlichen Gartenanlagen, so gehen die neuentstandenen botanischen und zoologischen Gärten, die Gartenanlagen der Gartenbaugesellschaften, Gartenbaufirmen und Weltausstellungen auf das historische Grundmuster des geometrischen und des naturhaften Gartens zurück. Diese Betrachtungsweise entspricht auch einer sinnvollen Gliederung des von mir gesammelten Materials. Ausgehend von dem Grundtyp der historischen Orangerie entfalten sich die von den gesellschaftlichen Bedürfnissen geprägten Pflanzenhaustypen: die privaten Pflanzenhäuser, die Pflanzenschauhäuser botanischer Gärten, Gartenbaugesellschaften, Gartenbaufirmen und Weltausstellungen, bis hin zu den integrierten öffentlichen Wintergärten der Städte.

Die Entstehung und schöpferische Weiterentwicklung des Pflanzenhauses läßt sich methodisch an drei Leitlinien verfolgen: In »Eisenbauten, ihre Geschichte und Ästhetik« hatte A. G. Meyer 1907 das Pflanzenhaus als den Ursprung aller Architektur aus Glas und Eisen bezeichnet. Die wie die Pflanzenhäuser zur gleichen Typengruppe gehörenden Markthallen und Ausstellungsgebäude, zu denen man – soweit es ihre überdeckenden Konstruktionen betrifft – noch die Passagen, Bahnhöfe und andere, Tageslicht und Stützenfreiheit fordernde Bautypen rechnen kann, sind alle durch die vom Pflanzenhaus ausgehenden Glas-Eisenkonstruktionen geprägt worden. So ist ein Aspekt dieser Untersuchung der Eisenkonstruktion gewidmet, deren Architektur sich so sichtbar vom konventionellen Steinbau unterscheidet. Dem zugehörig ist die technische Entwicklung des »Glashaus-Effekts« als eines regelbaren, künstlichen Klimas aus Licht, Wärme, Luft und Feuchtigkeit, die Voraussetzung auch für seine Anwendung im kommerziellen Gartenbau. Sodann hat die Integrierung des Pflanzenhauses in die vielfältigen Bauprogramme des 19. Jahrhunderts – in Schlösser, Landsitze, Villen und Bürgerhäuser, botanische Gärten und Ausstellungen, in die neuen städtischen Bauprogramme für Bildung und Vergnügen – zu seiner wechselnden Erscheinungsform geführt. Die Einbeziehung des Pflanzenhauses in die komplexen Bauaufgaben privater, wissenschaftlicher, kommerzieller und öffentlicher Nutzung ist daher ein zweiter Gesichtspunkt. Eine dritte Betrachtungsweise schließlich behandelt das Pflanzenhaus als Gegenstand kunstgeschichtlicher Forschung: die von der Steinarchitektur ausgehende, über die Ingenieurarchitektur zum Eklektizismus der Spätzeit führende Entwicklung.

Um das Pflanzenhaus in seinem allein wirksamen Zusammenhang mit der baulichen und gärtnerischen Gesamtanlage darstellen zu können, bot sich als Untersuchungsmethode eine vergleichende Gegenüberstellung ausführlicher Bauanalysen an. An zwölf ausgewählten Prototypen der drei Gattungen von Pflanzenhäusern, denen im Katalog 279 kurze Baubeschreibungen zugeordnet sind, werden so – am Objekt selbst – die das Pflanzenhaus bestimmenden Einflüsse aufgezeigt.

Für die von mir benutzten Quellen ist bezeichnend, daß die architekturtheoretischen Schriften aus den Metropolen kommen, als den Zentren geistigen und künstlerischen Lebens, sei es nun Paris oder London. Das 19. Jahrhundert ist das Zeitalter des Wachstums der Städte auf Kosten der Macht des Landbesitzes. Die hier interessierenden Themen der architekturtheoretischen Diskussion betreffen das Auseinanderstreben von Steinarchitektur und Ingenieurbau, das Für und Wider der Glas-Eisenverwendung, die neuen städtischen Bauten, die den Vergleich mit der historischen Architektur bestehen müssen. Schon E. L. Boullée verkündete Ende des 18. Jahrhunderts: »Les Sujets stériles sont ceux d'habitations« und widmete sich visionären Entwürfen öffentlicher Gebäude. In Paris ist der geistige Niederschlag dieser Themen in den Traktaten zu finden, die vor dem Hintergrund der École des Beaux-Arts und der École Polytechnique etwa von J. N. L. Durand, J. B. Rondelet und E. E. Viollet-Le-Duc stammen. In London finden die Auseinandersetzungen in den »Transactions RIBA« des Royal Institute of British Architects statt. In Deutschland gingen wichtige Impulse von den Schriften G. Sempers aus. Nach der festen Etablierung der neuen Bautypen konnte das vielbändige »Handbuch der Architektur« die Ergebnisse sammeln und sich ab 1880 der Praxis der neuen Baukonstruktionen und Materialien zuwenden.

Die Verwurzelung des Pflanzenhauses sowohl in der Architektur als auch in der Gartenkunst hat nicht zuletzt das Studium gartentheoretischer Schriften nötig gemacht. So äußern sich in Paris A. Alphand, A. Mangin, E. André im Rahmen ihrer Darstellungen zur Geschichte der Gartenkunst über den zeitgenössischen Pflanzenhausbau unter dem Gesichtspunkt der praktischen Anwendung, in London sind es die Gartenautoren J. C. Loudon und Ch. McIntosh, in Deutschland F. L. von Sckell und Fürst Hermann von Pückler Muskau.

Zu den erstaunlichen und in ihrem Wert von der Forschung noch immer nicht voll genutzten Quellen gehört die große Zahl der Architektur- und Gartenzeitschriften. Im Vergleich mit der Geschichte des Buches ist die Zeitschrift eine neue Gattung des 18. und 19. Jahrhunderts. Die technische Weiterentwicklung maschineller Druckverfahren und die Vervielfältigungsmöglichkeiten von Abbildungen bewirkten ein wachsendes Angebot. Während die enzyklopädische Bildung schon zum Aufklärungsideal gehörte, wird nun die Popularisierung der Wissenschaften zum Zauberwort. Wissenschaftliche Ideen auch für den Laien aufzubereiten, ihn im Wettstreit mit der Fachwelt durch Allgemeinverständlichkeit zu ermutigen und auch den Minderbemittelten teilhaben zu lassen, wurde zum Anliegen aller Zeitschriften.

Unter den Architekturzeitschriften gehören zu den am besten informierenden in England »The Builder«, in Frankreich die »Revue Générale«, in Österreich die »Allgemeine Bauzeitung«, in Deutschland die »Zeitschrift für praktische Baukunst«. Von den Gartenzeitschriften erwarben sich »The Gardeners' Chronicle«, die »Revue de l'Horticulture«, »La Belgique Horticole«, und die »Gartenflora« einen großen Leserkreis. Auch die illustrierten Zeitschriften sind von Interesse, etwa »The Illustrated London News«, die Pariser »L'Illustration« und die »Leipziger Illustrirte Zeitung«. Alle diese Zeitschriften bieten aktuelle Berichterstattungen über das zeitgenössische Bauen einschließlich des Garten- und Pflanzenhausbaues.

Für das Studium eines weitgehend lückenlosen Zeitschriftenbestandes danke ich dem Royal Institute of British Architects, den Bibliotheken des Natural History Museums und der Royal Horticultural Society in London, in Paris der Bibliothek des Muséum National d'Histoire Naturelle, der Bibliothèque Nationale und der Bibliothèque Historique de la Ville de Paris, in Genf dem Conservatoire du Jardin Botanique, in München den Bibliotheken des Deutschen Museums und des Deutschen Patentamtes. Inzwischen hat man begonnen, die auf den ersten Blick uferlosen Themen der Zeitschriften aufzuschlüsseln. Ich möchte hierzu auf die Bibliographien von R. Fuhlrott (1975), St. Waetzold und V. Haas (1977) und R. Desmond (1985) verweisen. Es sei mir an dieser Stelle der Hinweis erlaubt, daß aus Platzgründen nicht alle von mir benutzten Zeitschriften-Quellen zitiert werden konnten.

Auf drei Internationalen Kolloquien (1978, 1981, 1984) zu denen auch Publikationen erschienen, hatte das Deutsche Nationalkomitee von ICOMOS (International Council of Monuments and Sites) »Die Rolle des Eisens in der historischen Architektur des 19. und 20. Jahrhunderts« zum zentralen Thema gemacht. Auch ich konnte drei Einzelstudien zur Glas-Eisenarchitektur beitragen. In diesem Rahmen waren für mich die Grundsatzgespräche mit fachkundigen Kollegen, wie den ICOMOS-Mitgliedern Dr.-Ing. E. Werner, Mülheim, Dipl. Ing. G. Hartung, Darmstadt und Prof. M. Sperlich, Berlin anregend und klärend.

Erweiterte Forschungsergebnisse konnte ich auch in einigen Seminaren des Kunstgeschichtlichen Instituts in Frankfurt/Main weitergeben, wobei mich das große Interesse der Studierenden an der Technikgeschichte überraschte. Fruchtbare Orientierungshilfen waren mir die wissenschaftlichen Arbeiten von Professor Wolfram Prinz, Universität Frankfurt, zur typologischen Entwicklung der Galerie in Italien und Frankreich, der französischen Schloßarchitektur und der italienischen Frührenaissance-Villen.

Diese Vorbemerkungen wären unvollständig, würde ein Wort des Dankes für den Druckkostenzuschuß fehlen, den der Förderungs- und Beihilfefonds Wissenschaft der VG Wort GmbH, München, für meine Publikation zur Verfügung gestellt hat. Der 1977 gegründete Fonds unterstützt durch Druckbeihilfen die erstmalige Veröffentlichung wissenschaftlichen Schrifttums, dessen Erscheinen wegen begrenzter Auflagenhöhe und hoher Herstellungskosten sonst nicht möglich wäre. Dankbar möchte ich das dem Gemeinwohl dienende Wirken des damaligen Geschäftsführers der VG Wort, Hans M. Jürgensmeyer, erwähnen, der die Mittlerrolle zwischen Autor und Verlag innehatte und das Zusammengehörigkeitsgefühl beider Partner zu stärken wußte.

Es fällt mir nicht schwer, das gute Einvernehmen mit dem Verlag lobend zu bekunden. Im Falle dieser Arbeit ergaben sich Schwierigkeiten durch den beträchtlichen Umfang, den Manuskript und Bildmaterial im Laufe der Jahre angenommen hatten. Beides wurde in harmonischer Zusammenarbeit mit der Lektorin Gesine Müller-Hermann und dem Verleger Claus Reisinger gestrafft. Der Verlag erstellte auch das Register.

Zu meinem Bedauern (und auch dem des Verlages) brachten die umfangreichen, aber aus finanziellen Gründen erforderlichen Kürzungen im Katalogteil es mit sich, daß das sehr aufschlußreiche Umfeld der Objekte in der Darstellung oft zu kurz kommt und das Skelett der Baubeschreibungen dominiert. Das soll jedoch kein Hinderungsgrund sein, den zahlreichen Stadtbibliotheken zu danken, die mir aus ihren Local History-Beständen reiche Informationen boten, besonders Great Yarmouth, Blackpool, Brighton, Eastbourne, Glasgow, Buxton, Scarborough, Halifax, Stadtteil-Bibliotheken in London, Rennes, Pau, Anvers.

Die hier vorgestellte Bestandsaufnahme kann keine endgültige sein. So könnten aus bisher streng privaten englischen Gärten durch Übernahme seitens des National Trust verborgene Conservatories bekannt werden. Hinzugekommen sind bereits einige restaurierte Pflanzenhäuser, darunter die Folly-Architektur des Pineapple House in Dunmore, Airth oder das Palmarium von 1900 im Pariser Jardin Albert Kahn. Groß ist die Zahl der europäischen Orangerien des 18. Jahrhunderts, denen in diesem Buch kein Platz eingeräumt werden konnte. Es wäre lohnend, das von A. Tschira 1939 begonnene Werk systematisch auszubauen.

Schließlich gilt mein Dank den aufgesuchten botanischen Gärten für Pläne und Informationen und vor allem den vielen englischen Familien, die mir Zutritt zu ihren Besitzungen gewährten. Ihre Parks und Gärten, in denen Pflanzenhäuser – gleich Gartenarchitekturen – ihr heiteres, ungebundenes Eigenleben entfalten, bleiben unvergeßlich.

Oberursel, im Juni 1989   *Ruth-Maria Ullrich*

Das Pflanzenhaus des 19. Jahrhunderts
Ein technisches, architektonisches und gesellschaftliches Phänomen

Technik In »A History of Building Types« ordnet Nicolaus Pevsner das Pflanzenhaus der Gruppe »Markthallen, Pflanzenhäuser, Ausstellungsgebäude« zu, sämtlich Bautypen, bei denen die für das 19. Jahrhundert charakteristischen Glas-Eisenkonstruktionen zu einem kompletten, alle tragenden und raumabschließenden Bauteile umfassenden Bausystem herangereift waren. Von ihnen steht das Pflanzenhaus am Anfang der Entwicklung. In seiner transparenten Skelettbauweise war es ein außergewöhnliches Phänomen in der Geschichte der Bautechnik.

Schon die These von Alfred Gotthold Meyer, daß »der Ursprung aller Architektur aus Eisen und Glas das Gewächshaus ist«[1], trifft vor allem auf dessen Bedeutung als Fundus erprobter Konstruktionen und Architekturlösungen zu. Das Beispiel des ersten Weltausstellungsgebäudes von 1851 im Londoner Hydepark – seine allseitig verglaste Eisenkonstruktion wurde »The Great Metropolitan Conservatory« genannt – ist dafür ein Beweis.

Unter den für diesen Bau eingegangenen 245 Wettbewerbsvorschlägen befanden sich drei herausragende Entwürfe, in denen die Erfahrungen mit Glas-Eisenkonstruktionen für Pflanzenhäuser niedergelegt waren: Der preisgekrönte Vorschlag des französischen Architekten Hector Horeau *(Fig. 1)* – Erbauer des Wintergartens in Lyon von 1847 –, der prämiierte Entwurf des Ingenieurs Richard Turner *(Fig. 2)* – seine Firma errichtete u.a. die frühen Pflanzenhäuser des Botanischen Gartens in Dublin, des Regent's Park in London, der Royal Botanic Gardens in Kew – und schließlich die in zehn Tagen nachträglich angefertigten Pläne Joseph Paxtons, des Landschaftsgärtners und experimentierenden Praktikers im Pflanzenhausbau. Da sein Entwurf eines verglasten Eisenskeletts auf der Serienherstellung weniger bereits erprobter Grundelemente basierte und daher schnell zu realisieren war, wurde er zur Ausführung bestimmt *(Fig. 3, 4)*. Paxtons Entwurf für die Dachkonstruktion des 560 m langen Ausstellungsbaues sah das am Wasserlilienhaus von Chatsworth bis zur Patentreife entwickelte *ridge-and-furrow*-System (First und Kehle) vor. Auch die späteren Forderungen der Royal Commission, zur Erhaltung der alten Ulmen im Park ein hohes Querschiff einzuplanen, konnte Paxton sofort erfüllen, indem er auf die in Chatsworth erprobte Bogenbinderkonstruktion des Pflanzenhauses »Great Stove« (Großer Ofen) zurückgriff. Als der Hydepark ein Jahr später wieder in seinen ursprünglichen Zustand versetzt werden mußte, zeigte sich ein weiterer Vorteil der neuen Bauweise, die schnelle Demontierbarkeit. Beim Wiederaufbau des Crystal Palace in Sydenham, 1852-1854, in nahezu doppelter Größe und mit einem Wintergarten im Hauptschiff, konnte der überwiegende Teil der alten Konstruktion wiederverwendet werden.

Diese Entwicklung der Glas-Eisenkonstruktion zum Industrieprodukt förderte – zuerst in Großbritannien – einen neuen Industriezweig, den der »Hothouse-Builders«, wie die Eisenbaufirmen aufgrund ihrer Herkunft vom Pflanzenhausbau genannt wurden. Sie boten einzelne Bauele-

Fig. 1 H. Horeau, Erster Preis im Wettbewerb für das Gebäude der 1. Londoner Weltausstellung 1851; Schnitt

Fig. 2 R. Turner, Wettbewerbsentwurf für das Gebäude der 1. Londoner Weltausstellung 1851; Schnitt

mente, Pflanzenhäuser für verschiedene Bevölkerungsschichten und Montagebauten für verschiedene Nutzungen zu festen Preisen und nach Katalog an[2].

Die wie eine Mode sich ausbreitende Glas-Eisenverwendung beruhte auf den vielfältigen Möglichkeiten, die diese neue Bauweise gegenüber der stagnierenden architektonischen und konstruktiven Entwicklung eröffnete: Schnelligkeit und Verbilligung des Bauens durch Typisierung und Vorfertigung der Konstruktionselemente, Ornamentik ohne großen Mehraufwand, da aus Gußeisen, große Spannweiten bei äußerster Leichtigkeit der Bauglieder, Licht von allen Seiten und von oben; alles Eigenschaften, die genau auf die neuen Bauaufgaben der Zeit, auf Ausstellungsgebäude, Markthallen, Warenhäuser, Schwimmbäder, Bahnhöfe und Passagen zugeschnitten waren. Darüber hinaus hat die Bauweise und das Erscheinungsbild des Pflanzenhauses auch die dem höfischen Bauprogramm entlehnten Neuschöpfungen des 19. Jahrhunderts beeinflußt, wie Bibliotheken, Museen, Theater, Galerien und Gartenarchitekturen. Hinter massiver Palastarchitektur überrascht im Innen-

Fig. 3 *oben* J. Paxton, Projekt für das Gebäude der 1. Londoner Weltausstellung 1851; Außenperspektive

Fig. 4 *unten* J. Paxton (wie Fig. 3); Innenperspektive

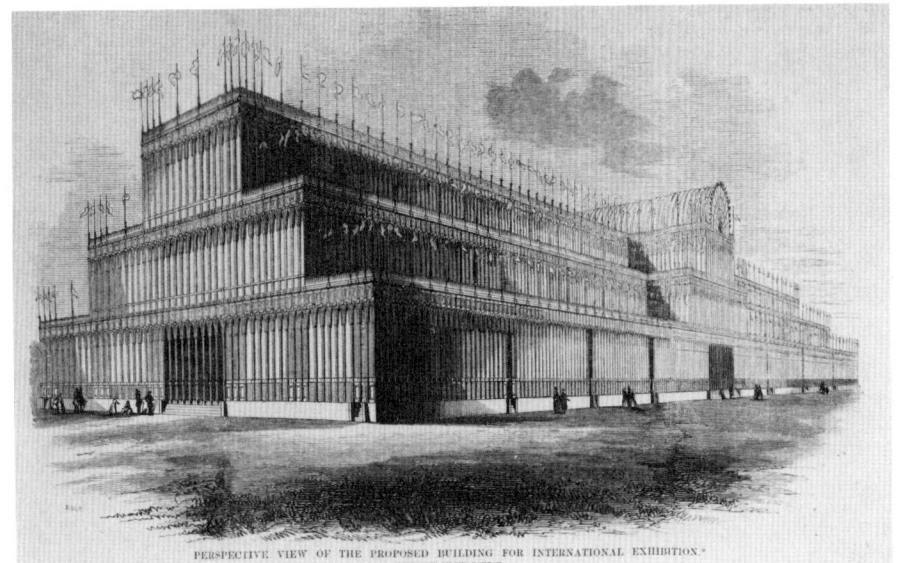

raum eine leichte und aufgelöste Eisenkonstruktion, die dem Besucher die charakteristische Struktur des Pflanzenhauses in Erinnerung ruft. Beispiele sind das Kurtheater in Göggingen, das University Museum in Oxford *(Fig. 5)* und die Pariser Bibliothèque Nationale von Labrouste. Verzichtet der Architekt noch auf die Mauerschale, dann werden diese Bauten auch im Äußeren von typischen Pflanzenhauskonstruktionen geprägt. Solche Eisenkonstruktionen besaßen die Kurorte Wildbad im Schwarzwald und Bad Kissingen als Trinkhallen.

Schließlich wird bei einer Reihe von Bauten, die als Konzerthallen errichtet wurden – wie die Pavilions von Buxton und Bournemouth und der Albert Palace im Londoner Battersea Park – die völlige Identität mit dem Vorbild Pflanzenhaus erreicht. Daß auch wechselnde Nutzungen möglich waren, läßt sich durch die Baugeschichte des Kibble Palace in Glasgow belegen. Ursprünglich als Pflanzenhaus errichtet, diente der 1872 erweiterte Bau als *Art Palace* und *Concert Hall* und ist heute im botanischen Garten von Glasgow ein vielbesuchtes Pflanzenschauhaus.

Wenn es auch feststeht, daß die Glas-Eisenbauweise vom Pflanzenhaus ausging, so trifft dies doch nicht auf die Entwicklung der frühen Eisenkonstruktionen zu. Denn erst 1816 hatte J.C. Loudon den schmiedeeisernen *sash bar*, das tragende Verglasungsprofil, für das Pflanzenhaus entwickelt und in seinen gläsernen Versuchsbauten Bayswater, London *(Fig. 6)* erprobt. Der erste große Kuppelbau nach diesem Prinzip entstand 1827 in Bretton Hall *(Fig. 7)*. Bei einem Durchmesser von 30 m erreichte er eine Höhe von 18 m. Um eine durch Feuer zerstörte Holzkonstruktion zu ersetzen, hatten schon 1806-1811 Bélanger und Brunet über der Pariser Halle au Blé eine mit Kupferplatten abgedeckte Kuppel errichtet, die mit ihren gußeisernen Segmenten, zusammengeschraubten Rippen und Stützringen bereits 40 m überspannte. Noch früher entstanden die ersten weittragenden Konstruktionen wie die Coalbrookdale Bridge von 1773-1779. Im Hochbau folgte die schmiedeeiserne Dachkonstruktion des Théâtre Français von Victor Louis, 1786, und William Strutts Derby Cotton Mill von 1792-1793, einer der ersten Bauten eines mehrgeschossigen, von einem Eisenskelett getragenen Mühlengebäudes. Nur wegen der vermeintlichen Feuersicherheit nahm man hier die erheblich höheren Kosten der Eisenkonstruktion in Kauf, ein Gesichtspunkt, der für die Pflanzenhäuser ohne Bedeutung war. Erst als durch vermehrte Anwendung Eisen billiger wurde, konnte es sich im Pflanzenhausbau durchsetzen.

Kennzeichen vieler Pflanzenhäuser sind ihre zur Sonne geneigten Glasflächen, wie die schrägstehenden Fassaden der *lean-to houses* (Anlehnhäuser), die gebogenen Oberflächen der *curvilinear houses* (gebogte Glashäuser) oder die für eine frühzeitige Erwärmung nach Osten und Westen geneigten *ridge and furrow*-Dächer (First und Kehle). Sie entsprechen dem Zweck, die Sonne möglichst ohne Reflexion, d.h. senkrecht zur Glasfläche auftreffen zu lassen. Hierdurch verstärkt sich die Wirkung des Glashauses als Wärmefalle, die die kurzwellige Sonnenstrahlung eindringen läßt, die von Böden und Wänden reflektierte langwellige Strahlung jedoch am Wiederaustritt hindert, so daß schließlich die Raumtemperatur ansteigt.

Mit den *lean-to houses*, den an das Mauerwerk von Wohnhäusern, Erdterrassen, Gartenmauern oder gegen Norden liegende Nebenraumtrakte »angelehnten« Glasfassaden beginnt die Reihe der zur Ingenieurarchitektur zählenden Pflanzenhäuser des 19. Jahrhunderts. Sie schließen an das frühe Sonnenfanghaus des 18. Jahrhunderts an. Dieses öffnete sich mit seiner schrägstehenden Südverglasung zur Sonne und speicherte sie in der gemauerten Rückwand, die die Wärme während der nächtlichen Abkühlung in das Innere zurückstrahlte. Der weit überstehende »Schwanenhals« schützte die Glasfront gegen Hagelschlag. Die Konstruktion dieses Sonnenfanghauses war – wie die der *lean-to houses* – einfach: schräggestellte, gegen die aussteifende Rückwand sich abstützende Holzbalken, die mit verglasten Holzrahmen ausgefacht waren. In einer weiteren Verbesserung wurden die schweren, den Lichtdurchgang behindernden Holzbalken durch schlanke Eisenstäbe oder durch glastragende Sprossen ersetzt.

In der Publikation von Adansons »Familles des Plantes« (1763), die nach Loudons Angabe[3] »erstmals eine systematische Abhandlung über die Theorie und Praxis im Bau von Warmhäusern« enthält, ist auch der Vorschlag einer aus drei verschiedenen Neigungen zusammengesetzten Glasfassade aufgeführt *(Fig. 26,4)*, eine Querschnittsform, die George Mackenzie 1812 wieder aufgriff, als

Fig. 5 Oxford, Naturwissenschaftliches Museum, 1855-60 von B. Woodward; alte Ansicht des Innern

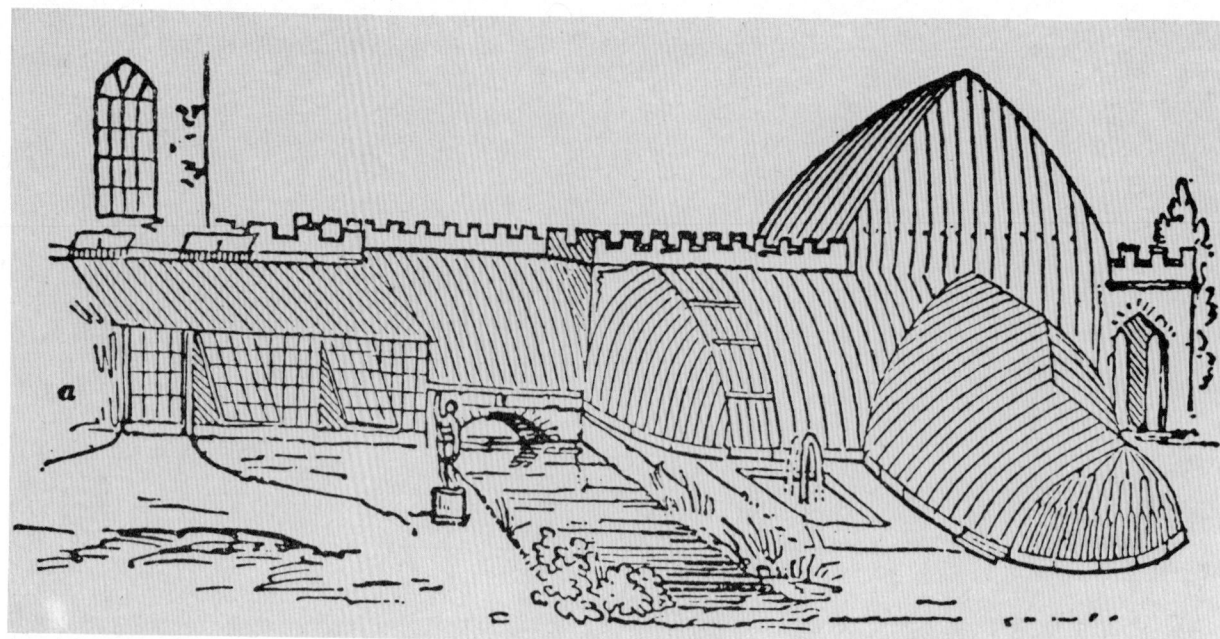

Fig. 6 London, Bayswater, Versuchsglashäuser von J.C. Loudon 1818

Fig. 7 Bretton Hall, Yorkshire, Conservatory, 1827; Originalzeichnung von W. & D. Bailey

er auf seinem Besitz in Schottland ein Wein- und Pfirsichhaus errichtete *(Fig. 8, 9)*. Der als Prototyp gebogter Konstruktionen vielbeachtete Entwurf zeigte eine nach Süden ausgerichtete Halbkuppel vor gemauerter Rückwand. Mackenzie verglich sie in einem 1815 an Joseph Banks, dem Präsidenten der Horticultural Society gerichteten Schreiben mit einem »Abschnitt des Himmelsgewöl-

Fig. 8 *oben* Wein- und Pfirsichhaus für G. Mackenzie, 1812; Ansicht

Fig. 9 *unten* wie Fig. 8; Grundriß

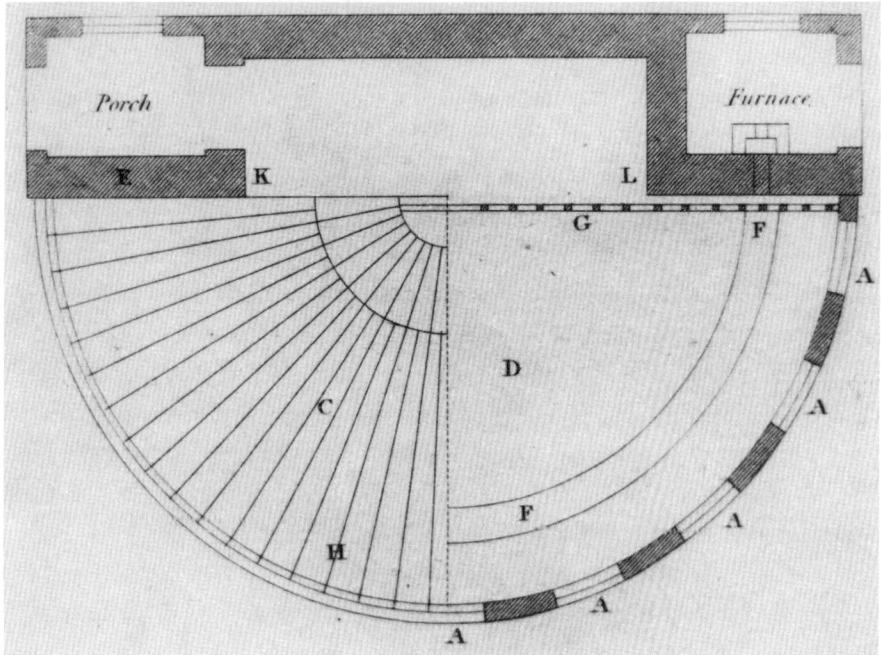

bes ... Die Viertelkugel halte ich für ausreichend, ... um mit dem Bogen, welchen die Sonne beschreibt, zu korrespondieren.«[4] Zu jeder Tages- und Jahreszeit konnte die Sonne senkrecht in die sphärische Glasoberfläche eindringen, eine Feststellung, der Loudon in der Theorie zustimmte, ihre Wirksamkeit in der Praxis jedoch bezweifelte. Um die für die frühzeitige und langanhaltende Erwärmung des Pflanzenhauses wichtige Morgen- und Abendsonne einzufangen, sollten – auf ihren Einfallswinkel bezogen – möglichst große Glasflächen zur Verfügung stehen. Diese Forde-

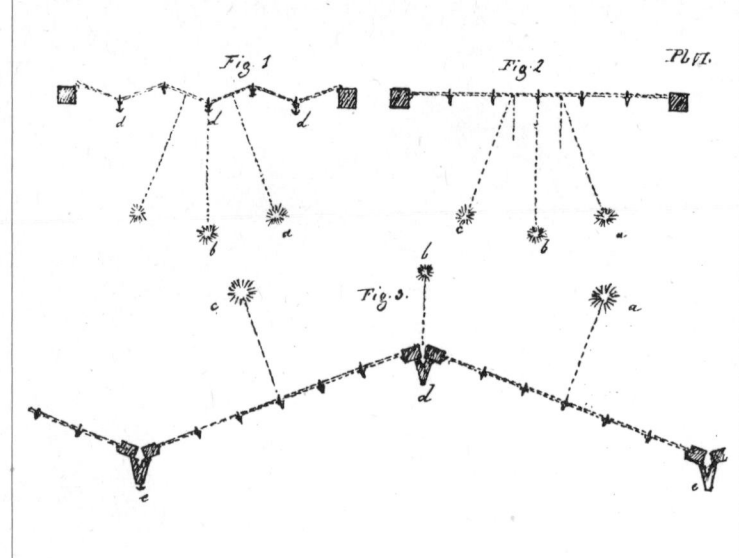
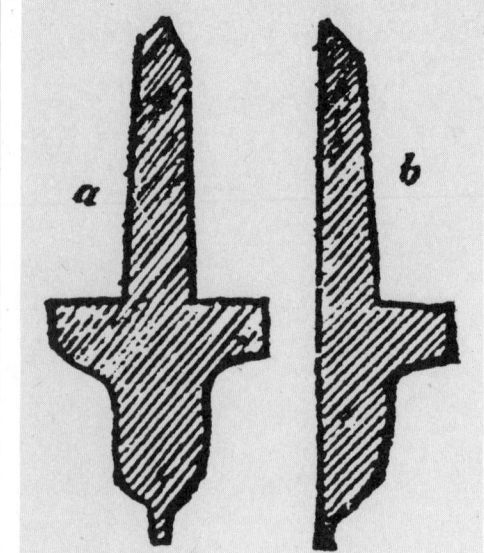

Fig. 10 First-und-Kehle- *(Ridge-and-Furrow-)* Dachsystem von J.C. Loudon

Fig. 11 *Sash Bar* (Profileisen) von J.C. Loudon

rung, welche die unterschiedliche Qualität der Sonneneinstrahlung zu den verschiedenen Tageszeiten berücksichtigte, konnte die immer nur in einem Punkt senkrecht zur Sonne stehende Kugeloberfläche nicht erfüllen.

Loudons Verdienst war es, aus dieser Erkenntnis heraus zuerst das shedförmige *rigde-and-furrow*-Dachsystem, das First-und-Kehle-Dach *(Fig. 10)*, das seine Glasschrägen der flacheinfallenden Ost- und Westsonne entgegenstellt, entwickelt zu haben[5]. Es verlängerte nicht nur die Sonnenscheindauer, sondern verbesserte zugleich die Regenwasserabführung und verhinderte das Abtropfen von Schwitzwasser. Diese bahnbrechende Entwicklung führte zu Paxtons berühmten Pflanzenhäusern von Chatsworth und zum ersten Weltausstellungsgebäude 1851 in London.

In den 1817 herausgegebenen »Remarks on the Construction of Hothouses«, denen zehn Tafeln mit Skizzen beigegeben waren, befaßte sich Loudon mit der geschichtlichen Entwicklung der Pflanzenhäuser hinsichtlich des Sonneneinfallswinkels, mit Vergleichen zum Lichtdurchgang durch Glas/Holz- bzw. Glas/Eisenkonstruktionen, mit Fragen über zweckmäßige Materialien, Heizungs- und Verglasungsarten, in der Hauptsache jedoch mit kritischen Anmerkungen und bis ins Detail gehenden Verbesserungsvorschlägen zu Mackenzies Idee der Halbkuppel von 1815. Loudons Kritik und ein im gleichen Jahr vorgelegter Gegenentwurf von T.A. Knight, dem ersten Präsidenten der Londoner Horticultural Society, ergänzten einander. Doch faszinierte beide die Anwendungsmöglichkeiten der gebogenen Oberfläche sehr, so daß Knight wie Loudon zu praktischen Versuchen übergingen, womit die Ära der Glas-Eisenarchitektur einen ihrer wesentlichen Impulse bekam.

1816 entwickelte Loudon, zusammen mit der Firma W. & D. Bailey den gewalzten *sash bar (Fig. 11)*, ein mit Verglasungsfälzen versehenes, zugleich tragendes Profil, das gebogen werden konnte, wodurch sich die Stabilität des kreuzförmigen Querschnitts weiter verbesserte, die Nachteile der Längendehnung dagegen wegfielen. Anstelle eines Traggerüstes für Stehfassade und Pultdach genügte für Anlehnhäuser nun allein der gebogene *sash bar*. Loudon hatte auch die »höchst elegante Erscheinung« der gebogten Glasoberflächen erkannt und experimentierte 1818 auf seinem Grundstück in Bayswater, London mit einer aus mehreren Teilbaukörpern zusammengesetzten Glashausgruppe »nach der krummlinigen Methode, soviel uns bekannt, die erste ihrer Art in England«[6]. Mit ihr wollte er zugleich »die Stärke und Haltbarkeit des eisernen Riegels« unter Beweis stellen, ebenso seine Anpassungsfähigkeit an unterschiedliche Bauformen.

T.A. Knight errichtete in der dazwischenliegenden Zeit (1819) auf seinem Landsitz in Downton mit dem gebogenen *sash bar* ein 15 x 3 m großes Treibhaus für Ananaspflanzen, das, entsprechend der Kritik an Mackenzies Viertelkugel, von einem flacheren Bogen überdeckt war. Er las 1822 vor der Horticultural Society über die »Vor- und Nachteile …« und veröffentlichte einen Schnittplan des Pflanzenhauses[7]. 1980 konnte es in Downton bei Ludlow aufgefunden werden. Es ist als Weinhaus noch in Betrieb und stellt das älteste existierende Beispiel aus den Anfängen des gebogten Glashauses dar.

Auch die Pflanzenhäuser in Glienicke (Berlin) sind von der englischen Entwicklung des zum Viertelkreis gebogenen Querschnitts geprägt. Sie wurde durch den in der »Allgemeinen Bauzeitung« veröffentlichten Reisebericht[8] mit Zeichnungen von Charles Rohault de Fleury in Deutschland bekannt, der diesen Glashaustyp 1833 auf seiner englischen Studienreise kennengelernt hatte. Im Galerietrakt der Pariser Pflanzenhausgruppe im Jardin des Plantes benutzte Rohault den gebogten Querschnitt auf zwei stufenförmig gegeneinander versetzten Ebenen.

Es ist kein Zufall, daß in Großbritannien seit den zwanziger Jahren, und dann gleich in großer Zahl, Pflanzenhäuser mit gebogten Oberflächen gebaut wurden, gefolgt von den *ridge- and-furrow*-Dächern, deren Verbreitung in den dreißiger Jahren einsetzte. Immer wieder läßt sich die Handschrift des unermüdlichen Vordenkers Loudon feststellen, der mit seinem *sash bar*, den Versuchshäusern in Bayswater, der Übertragung seiner Entwicklungsrechte an den leistungsfähigen Hothouse Builder Bailey, vor allem aber mit seinen zahlreichen Schriften allen Interessierten das nötige Rüstzeug für die neuartigen Pflanzenhauskonstruktionen an die Hand gab. So findet sich in seinen Skizzen von 1817 bereits eine optimale Entwurfslösung *(Fig. 12, 13)*, die sowohl die Nachteile von Mackenzies Halbkuppel, wie auch die von Knights gebogtem Anlehnhaus vermeidet: Es ist ein Langhaus, von einem flachen Bogen überdeckt, mit verglasten, aus je einer Viertelkuppel bestehenden Abschlüssen. Seine Vorteile waren offensichtlich: Mehr Pflanzen konnten näher ans Licht gerückt werden als bei der Halbkuppel-Form, deren »tote Fläche« mit jeder größeren Ausführung anwuchs. Der flache Radius reduzierte das tote Raumvolumen, verhinderte, daß Wasser auf dem Scheitel stehen blieb und verbesserte den Lichteinfallswinkel im Sockelbereich. Die Vorteile der Kuppel – Licht von drei Seiten – blieben ebenso wie die des Langhauses – beliebige Erweiterungen – gewahrt. Zahlreiche frühe Häuser wurden in dieser vollkommenen Form und mit den ausgereiften Details von Loudon und Bailey errichtet, von denen das größte und berühmteste das 36 m lange und knapp 6 m hohe *Camellia House* (Kamelienhaus) in Loddiges Nursery in Hackney war. Das nachträglich (1840) um eine Stehfassade und um eine Mittelkuppel ergänzte Palmenhaus in Bicton Gardens stößt an die Leistungsgrenze der *sash bar*-Konstruktion, die nur von einigen Zugstangen, hochkant stehenden Flacheisenpfetten, vier überschlanken Rohrstützen und abstandhaltenden Rundeisen zusammengebunden wird. Eines der wenigen, in originaler Form erhaltenen Pflanzenhäuser dieses Typs befindet sich in Ramsgate. Die Einfachheit dieses nahezu nur aus eisernen Verglasungsleisten zusammengefügten Baues, seine hohe Lichtdurchlässigkeit, der ideale Energiehaushalt im Zusammenwirken mit der die Sonnenenergie speichernden Rückwand und die Eleganz der gebogten Glasoberfläche, die – aus kleinteiligen, schuppenförmig verlegten

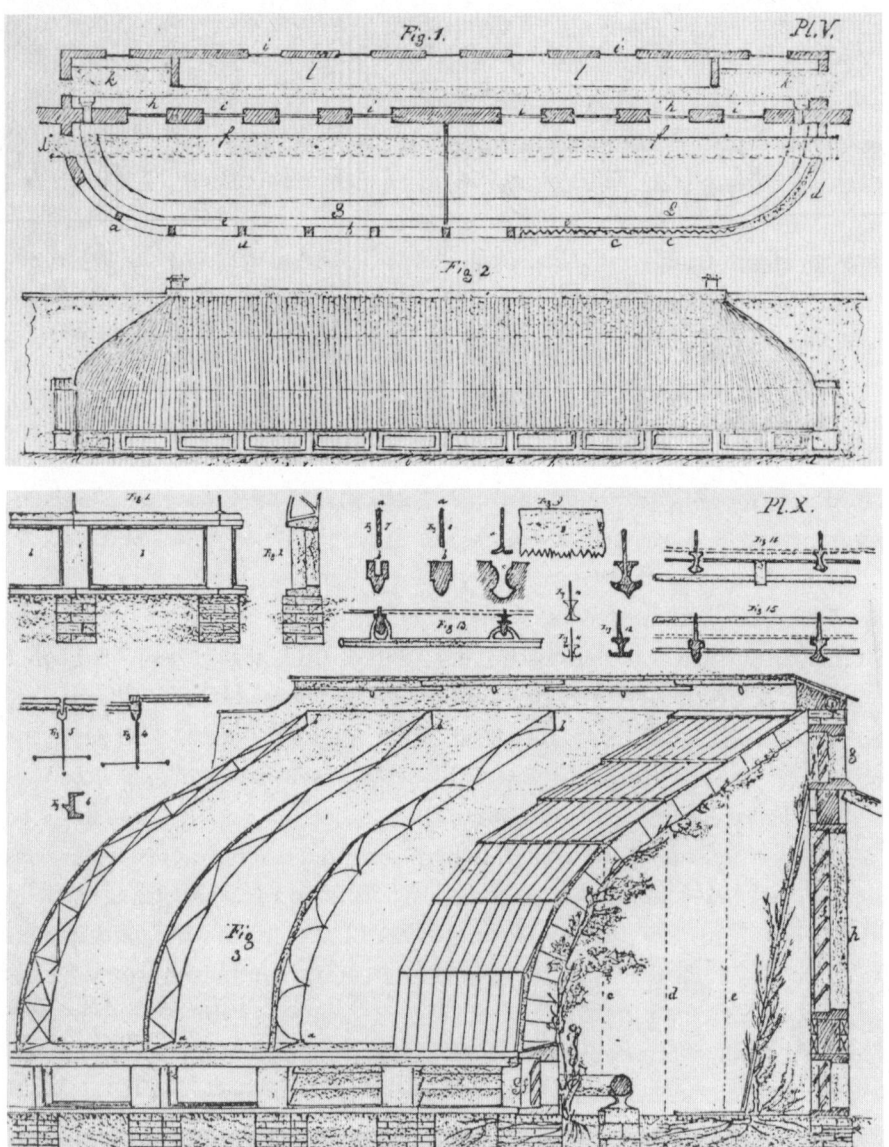

Fig. 12 *oben* J.C. Loudon, Entwurf für ein angelehntes Längshaus mit Viertelkuppel-Abschlüssen, 1817

Fig. 13 *unten* J.C. Loudon, perspektivischer Schnitt und Konstruktionsdetails zu einem Anlehnhaus, 1817

Glastäfelchen zusammengefügt – selbst in den Rundungen keine Schwierigkeiten bereitete, haben zur Durchsetzung dieses gebogten Pflanzenhaustyps Loudonscher Prägung beigetragen.

Mackenzies Halbkuppel von 1815, die die ganze Bewegung für gebogte Glashäuser auslöste, wurde offenbar erst um 1822 von Loudon und Bailey mit flachem, im Scheitel spitz zulaufendem Bogen für einen Lord St. Vincent erbaut *(Fig. 14)*. Rohault skizzierte das Haus auf seiner Studienreise.

Auf eine zweite Entwicklungsarbeit Loudons, die »environmental machines« *(Fig. 15)*, wie sie John Hix[9] wegen ihrer hochgezüchteten Funktionsweise nennt, soll in diesem Zusammenhang nur kurz eingegangen werden. Ihr typischer Aufbau ist eine gebogte Frontverglasung in geringem Abstand vor einem parallel geführten, die Wärme speichernden Steingewölbe, das eine Treppe mit rinnenförmigen Stufen für Pflanzen trägt und in seinem Innern vorgewärmte Luft für einen Luftaustausch im Winter bereithält, wobei es auch als wärmeerzeugende Fermentationskammer genutzt werden kann. Die Verglasung ist durchgehend aufklappbar, um Regen und direkte Sonnenbestrah-

Fig. 14 Glashaus für Lord St. Vincent, 1822 von J.C. Loudon und W. & D. Bailey

lung einzulassen. Loudons in die Schnitte eingearbeiteten technischen Vorschläge für Belüftung, Heizung, Bewässerung, Luftbefeuchtung, Isolierung, Beschattung, Verglasung und für die Anordnung der verschiedenen Pflanzenarten beweisen, daß alle diese Funktionen in die von ihm gefundenen Baulösungen eingeflossen sind.

In der beginnenden Auseinandersetzung über die Zweckmäßigkeit von Holz- und Eisenkonstruktionen bezog Loudon in seinen »Remarks« eindeutig zugunsten des Eisenbaues Stellung. Seine Untersuchungen bekräftigten die schon 1763 von Adanson erhobene Forderung, eiserne Profile zu verwenden, um soviel Licht wie möglich einzufangen. Ihre »Dauerhaftigkeit, Eleganz und Verwendbarkeit zu allen Querschnitten und Spannweiten« waren Loudons zusätzliche Argumente für jene, »die Wert auf Geschmack« legen und den geringen »Mehraufwand an Brennstoffen oder die Kosten für einen Außenschutz (z.B. doppelte Verglasung) übernehmen«. Die stärkere Auskühlung des eisernen Pflanzenhauses gegenüber einem aus Holz erbauten – die auf die bessere, sich bei Kälte allerdings negativ auswirkende Wärmeleitung des Eisens zurückzuführen ist – war eines der Hauptargumente der Verfechter der Holzbauweise. In praktischen Versuchen ermittelten sie den Mehraufwand an Heizmaterial bei der Verwendung von Eisenkonstruktionen[10]. Dem verstärkten Auftreten von Schwitzwasser an den Eisenteilen und den zum Glasbruch führenden Längenänderungen während heißer Sommertage suchte man dadurch zu begegnen, daß verglaste Holzrahmen auf die tragende Eisenkonstruktion aufgelegt wurden. Doch blieben die Zerstörungen durch Rost, die höheren Herstellungskosten und die schwierigen Reparaturen. Trotzdem setzte sich der Siegeszug des Eisens fort und verdrängte schließlich mit den gebogenen und weitgespannten Konstruktionen das Holz. Die spätere Aufspaltung der Funktionen in tragendes Eisenwerk und Verkleidung aus gut isolierenden, die Verglasung aufnehmenden Holzrahmen hatte ihren ästhetischen Preis, die Abkehr von der gebogten Bauform. An diese waren große Glasbahnen und Holzrahmen schwer anzupassen, was für die geschuppten Gläser zwischen eng stehenden *sash bars* früher ein Leichtes gewesen war. Sogar vorhandene Konstruktionen wurden auf diese Weise verändert, wie die zu Pultdächern mit Stehfassaden umgebauten Galerietrakte im Pariser Jardin des Plantes.

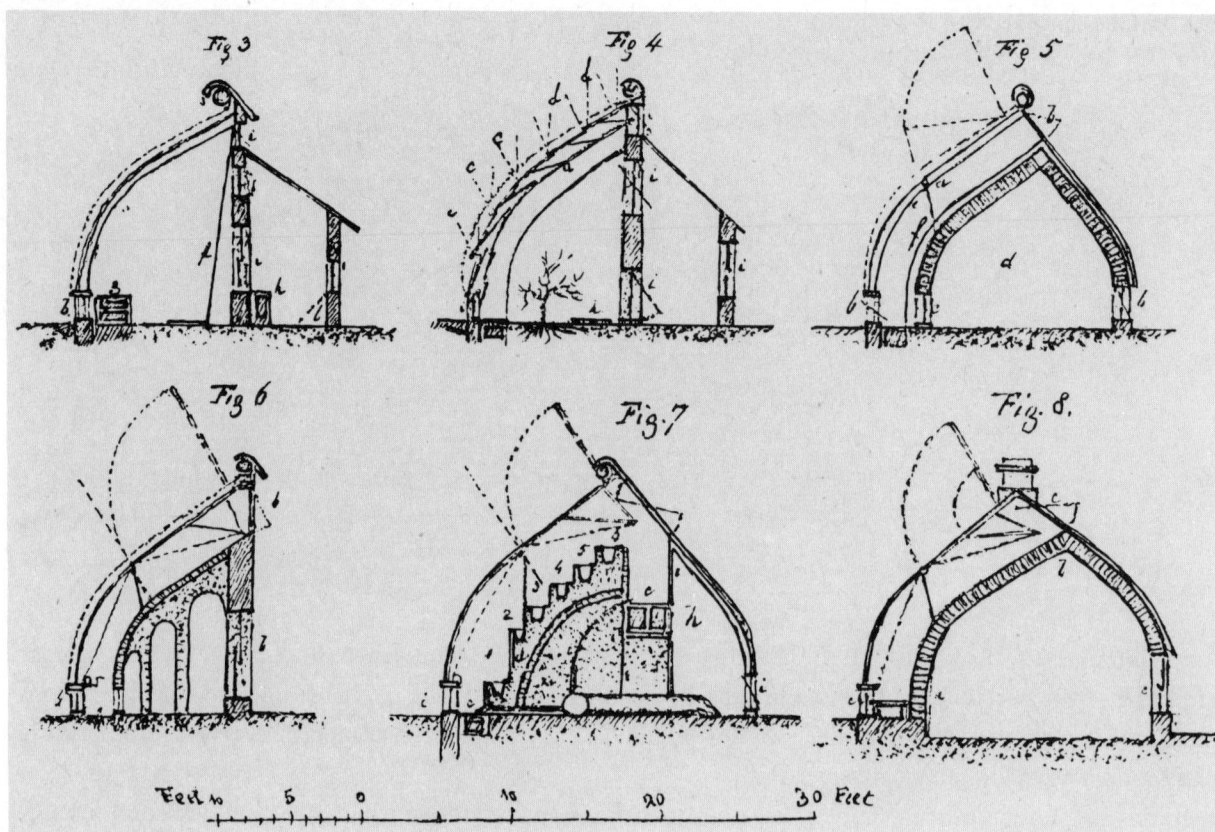

Fig. 15 J.C. Loudon, Entwürfe für Treibhäuser, 1817

Sehr aufschlußreich ist die Tatsache, daß durch Verdopplung von *lean-to house*-Querschnitten neue Bauformen entstanden sind *(Fig. 16)*. So wie aus der Verdopplung des zum Viertelkreis gebogten Anlehnhauses das freistehende gewölbte Langhaus, aus der Verdopplung des zweifach gebogten Querschnitts, z.B. im Jardin des Plantes in Paris, die gebogte, freistehende Basilikaform hervorgeht – beide Lösungen bestimmen das Palmenhaus in Kew –, so ergibt sich aus der Verdopplung der Halbkuppel die auf dem Boden freistehende Kuppel. Im Gegensatz zu dem frühen, einfacher zu konstruierenden *lean-to house* erwies sich die allseits verglaste Eisenkonstruktion als geeigneter für ein gleichmäßiges Wachstum in den großen Pflanzenschauhäusern, obwohl sie wegen des fehlenden Mauerwerks schwieriger zu stabilisieren war. Hier stehen die Rundbauten, bei denen sich die Profile wie die Stangen eines Zeltes gegeneinander abstützen, am Anfang der Entwicklung.

Die Dachkuppeln geringeren Umfangs, wie die vor Loudons eigenem Wohnhaus in Bayswater von 1824 und die Kuppellandschaft von Alton Towers vom gleichen Jahr, die, flachgewölbt oder glockenförmig an Loudons Gegenvorschläge *(Fig. 17)* zu Mackenzies Halbkuppel erinnern, sind nur ein Vorspiel. Die größere Kuppel des Great Conservatory von Syon House, 1830, wird bereits von einer eigenen Säulenkolonnade getragen, wenn auch gegen den umschließenden Steinpavillon in Höhe des Ringträgers noch abgestützt. Wieder war es Loudon, der der größten, auf dem Boden freistehenden Kuppel seiner Zeit, von 30 m Durchmesser und 18 m Höhe Gestalt gab. Die Ausführung des nur durch eine Ringkolonnade unterstützten basilikalen Kuppelbaues in Bretton Hall besorgte 1827 die Firma Bailey. Schon bei kleinen Windstößen geriet die noch unausgesteifte Kuppel-

Fig. 16 Gebogte Pflanzenhäuser, angelehnt und freistehend

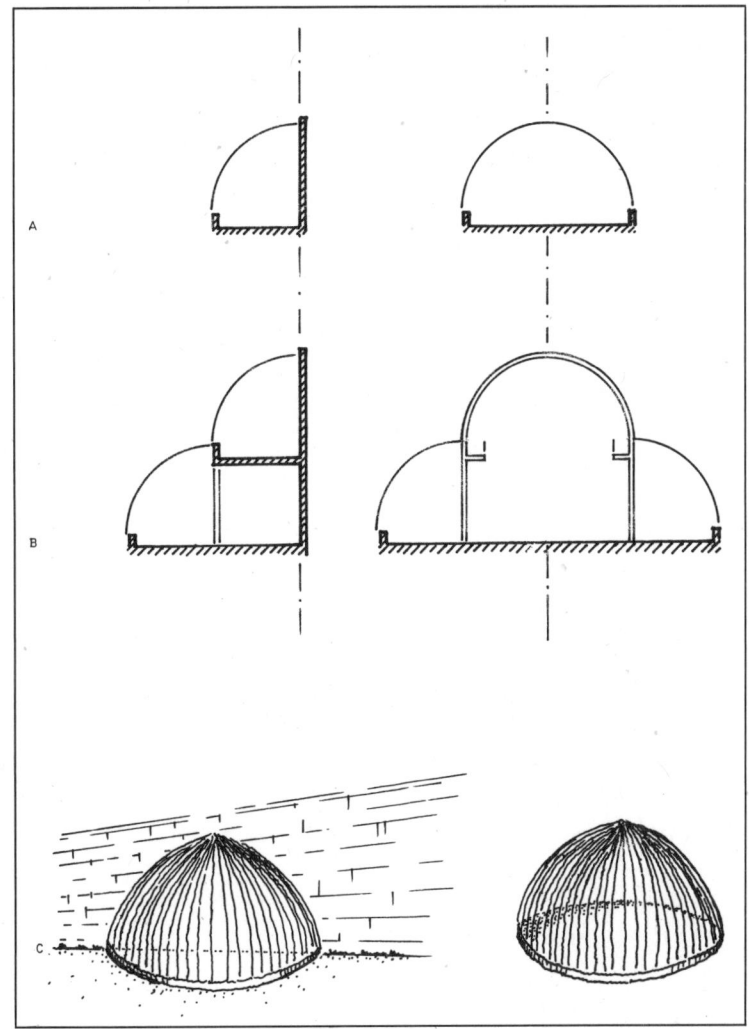

konstruktion ins Schwingen und erreichte erst nach der Verglasung eine genügende Stabilität. Von größerem Durchmesser, aber geringerer Höhe war die flache Kuppel für die Surrey Zoological Gardens von 1831 *(Fig. 18)*. Die zwei Jahre später vollendete Kuppel des Antheums in Hove bei Brighton, deren Durchmesser bereits 50 m bei ebenfalls 18 m Höhe betrug, stürzte wegen mangelnder Aussteifung ein, als das Gerüst für ihre Montage beseitigt wurde. Vergleicht man hiermit den gewaltigen Kuppelbau des Wintergartens von Laeken (1877) mit seiner nach außen verlegten Konstruktion, wird das ganze Ausmaß der im Pflanzenhausbau erreichten technischen Entwicklung erkennbar. Das für den städtischen Sefton Park in Liverpool errichtete Palmenhaus (1896) zeigt eine andere Variante des Zentralbaues. Um Kosten zu sparen, wurde die Kuppel über oktogonalem Grundriß errichtet, wodurch sich die Unterkonstruktion vereinfachte. Man vermied den konischen Zuschnitt für die Scheiben wie auch das Biegen des Glases und verlegte die Scheiben als ebene Tafeln. Die Dachkrümmung wurde, weniger elegant, durch Abknickungen an den Scheibenstößen aufgenommen.

Allen genannten Bauten gemeinsam ist der basilikale Querschnitt. Sowohl für runde wie auch für gestreckte Pflanzenhäuser hat er sich als besonders geeignet erwiesen. Denn die unterschied-

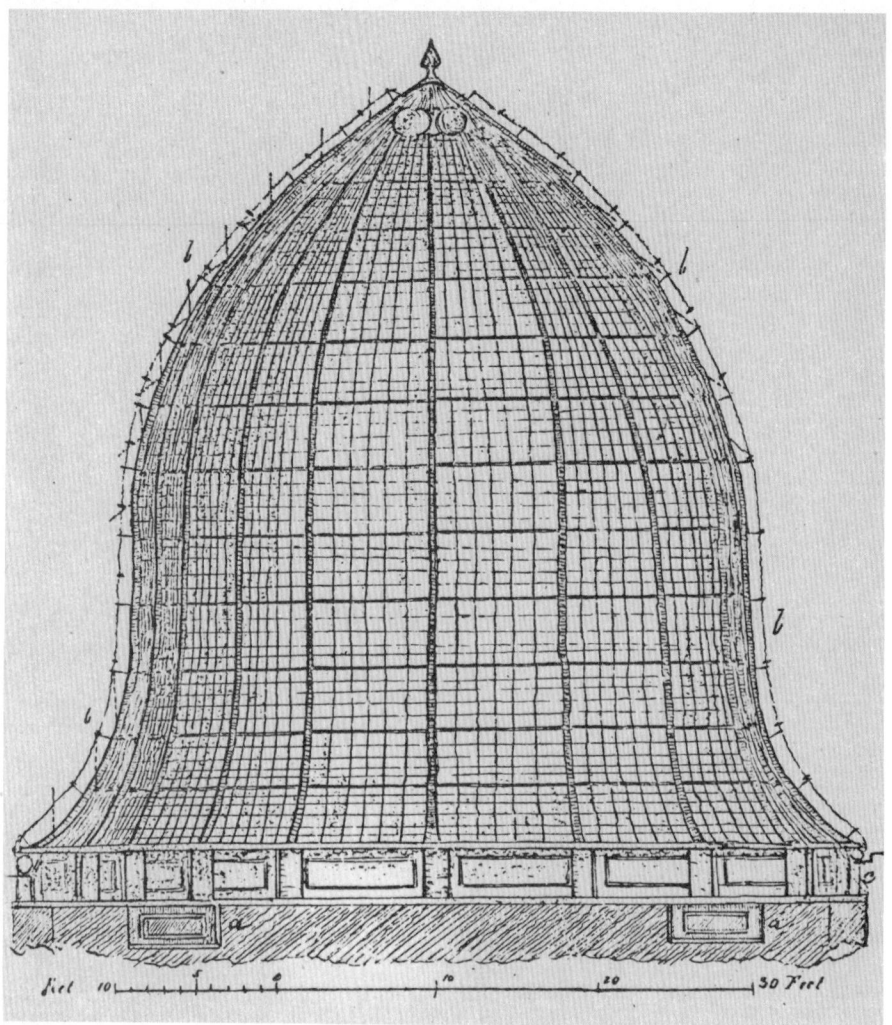

Fig. 17 J.C. Loudon, Entwurf für eine glockenförmige Glaskuppel, 1817

lichen Höhen von Mittel- und Seitenschiffen sind wie geschaffen für die verschiedenen Pflanzengattungen. Im Obergaden befinden sich die von der Galerie aus zugänglichen Lüftungsflügel. Die Seitenschiffe nehmen – wie im Kirchenbau – den Schub aus dem mittleren Glasgewölbe auf und steifen dessen höhergeführte Rohrstützen aus, die zugleich zur Regenwasserabführung dienen.

Der als Prototyp für eine ganze Reihe von Nachfolgebauten geltende »Great Stove« in Chatsworth von 1840 – das größte Pflanzenhaus seiner Zeit – war genau in dem vorbeschriebenen basilikalen Querschnitt errichtet. Paxton verwirklichte eine reine Ingenieurkonstruktion mit den gewaltigen Abmessungen von 37 x 84 m, deren 21 m überspannende Holzlamellenbinder von gußeisernen Rohrstützen getragen wurden. Die hier erstmals in großem Umfang angewendete, funktionell begründete *ridge-and-furrow*-Dachstruktur, die wie eine Haut das tragende Skelett bis auf die Sockelmauern überdeckte, ließ die Zeitgenossen von diesem beispielhaften Bau als dem »Wonder of the Age« sprechen. Die Ausstrahlungskraft des »Great Stove« führte zu den großen Londoner Ingenieurbauten – dem Pflanzenhaus im Regent's Park, 1846, dem Palmenhaus in Kew, 1848 und dem Kristallpalast, 1851 – alle unter Beteiligung von Burton oder Paxton, die in Chatsworth erstmalig zusammenarbeiteten.

Fig. 18 Glaskuppel für die Surrey Zoological Gardens von 1831

Burtons differenzierter Entwurf von 1840 für das Conservatory im Regent's Park, der noch den preiswerten Baustoff Holz und die *ridge-and-furrow*-Dachstruktur vorsah, wurde durch das Angebot des Ingenieurs Richard Turner in Eisen unterboten und auf ein durchgehendes Maßsystem unter Verwendung weniger unterschiedlicher Bauglieder umgestellt. Nur der erste Bauabschnitt der bereits 91 x 61 m messenden, ausschließlich in Glas-Eisenbauweise konstruierten Großstruktur wurde jedoch ausgeführt.

Erst in Paxtons Kristallpalast mit seiner um ein Vielfaches größeren Ausdehnung wurden die im Conservatory von Regent's Park vorgedachten Ideen eines additiv zusammengesetzten, aus seriellen Bauelementen hergestellten Baukörpers verwirklicht. Die beschränkte Bauzeit zwang hierzu und zur Übernahme der in Chatsworth erprobten neuartigen Dachkonstruktionen, auch wenn noch die Mitverwendung von Holz notwendig wurde.

In Burtons und Turners Palmenhaus in Kew gelang erstmals für einen Skelettbau dieser Größenordnung (110 m) und freien Spannweite (15 m) die Reduktion auf die beiden Baustoffe Eisen für die Konstruktion und Glas zur Ausfachung. In dem basilikalen Querschnitt des gebogten Mittelpavillons finden sich die meisten von Paxtons Ideen wieder, jedoch auf eine gewalzte Bogenträgerkonstruktion übertragen, die erste ihrer Zeit. Turners neu entwickelte, später patentierte Rohrpfetten mit innenliegender Zugstange spannten die gesamte Konstruktion zusammen und unterstützten zugleich die das Prinzip einer vorgehängten Fassade vorwegnehmenden eisernen Falzleisten der Außenhaut.

In der Ingenieurarchitektur des 19. Jahrhunderts nehmen die reinen Glas-Eisenkonstruktionen der Pflanzenhäuser wegen der Immaterialität ihrer Baustoffe eine Sonderstellung ein. Ihr einziges Gestaltungsmittel ist die eiserne Gerippekonstruktion, deren linienhafte Struktur zur Abstraktion tendiert. Sie verstärkt den skulpturalen Effekt der gebogenen Oberflächen, der die Wirklichkeit eines Hauses mit Dach und Wänden vergessen läßt. In der das Gebäude einhüllenden Glashaut, die Innen und Außen trennt, verwirklichen die Glashäuser die vollkommene Übereinstimmung von Hohl- und Körperform, wie sie in der Architekturgeschichte nur selten erreicht wurde. Wie nie zuvor hat die Transparenz der gläsernen Oberflächen das konstruktive Skelett in allen seinen Teilen sichtbar gemacht. Adern gleich durchziehen die schweren eisernen Tragwerke das filigrane Gewebe der das Glas tragenden Sprossen. Sie gliedern den Baukörper im Rhythmus des von der Konstruktion abhängigen Großmoduls und des von der Herstellungsbreite des Glases bestimmten Kleinmoduls. Vielfache eines einzigen Moduls, dem Vorzugsmaß für die Verlegung der Glasplatten, bestimmen den Grundriß in allen seinen Teilen. Sie begrenzen die unendliche Zahl möglicher Maße auf die dem Modul zugehörige Reihe (1 x M, 2 x M, 3 x M ...) mit allen sich daraus ergebenden Vorteilen der Maßkoordinierung und der Beschränkung auf eine geringe Zahl unterschiedlicher Teile. Indem die Modulreihe zu kombinatorischem und additivem Denken zwingt, das am Bau dem Hinzufügen einer oder mehrerer Glasbahnen entspricht, erfüllt sie die wichtigsten Voraussetzungen für die industrielle Produktion. Wie wohl keine andere Bauaufgabe haben die Pflanzenhäuser diese Zusammenhänge zwischen Baustoff, Konstruktion, Produktion und Architektur sichtbar gemacht und die Entwicklung der Glas-Eisenarchitektur gefördert.

Den ungehemmten Fortschrittsglauben jener produktiven Frühphase bis 1850, die ihre Konflikte um die besten Konstruktionen und Architekturvorbilder in voller Unbefangenheit austrug – ganz im Gegensatz zum Historismus der Spätzeit – mögen einige Zukunftsvisionen belegen:

So publizierte der englische Schriftsteller Anderson (1730-1808) als letztes seiner Werke über Gartenbau die Beschreibung eines Patentwarmhauses[11], das hauptsächlich durch Sonnenwärme beheizt werden sollte. »Dr. Anderson schlug vor, die an heiteren Tagen von der Sonne erzeugte überflüssige Wärme in Behältern auf zubewahren, die unter, über, oder an der Seite des Hauses angebracht sind, damit, wenn es daran fehlt, der Temperatur nachgeholfen werden kann. Doch sind der klaren Tage in England zu wenige, als daß diese Methode statt der künstlichen Wärme angewandt werden könnte«, kommentierte Loudon die seinerzeit utopisch erscheinenden Vorschläge[12]. Ähnlich verhält es sich mit den damals nicht ausgeführten Plänen des Gartenschriftstellers McIntosh, der anregte, in den Gewächshäusern für tropische Pflanzen jede der nicht zur Ableitung des Regenwassers genutzten Rohrstützen von warmem Wasser durchströmen zu lassen, um so die Raumluft aufzuheizen[13]. Dieser Gedanke wurde erst in den sechziger Jahren unseres Jahrhunderts in den beheizten Pfosten vorgehängter Fassaden verwirklicht.

Loudon versuchte stets, seine Erkenntnisse über den Bau von Pflanzenhäusern auf die menschlichen Lebensbereiche zu übertragen und merkte dazu an: »So bleibt es vielleicht einer künftigen Zeit zu entscheiden vorbehalten, ob man nicht statt getrennten Feuerungen und Stuben, doppelten Fenstern usw. auf die wohlfeilste Weise sich die gehörige Temperatur verschaffen kann, wenn man auf einmal ganze Städte mit ungeheueren Glasdächern überzieht, und mit Dampf oder sonst auf eine Weise die eingeschlossene, allen Bewohnern gemeinschaftliche Luft heizt.«[14] Wieder bestätigen heutige Projekte – wie die zur Überdeckung ganzer Städte in der Antarktis mit den auf einem Luftkissen schwebenden Konstruktionen – die Zukunftsträchtigkeit damaliger Utopien.

Die romantische Szenerie der späteren öffentlichen Wintergärten wird durch eine bizarre Vision Loudons übertroffen: »Sicher wird die Zeit kommen, wo diese künstlichen Klimazonen nicht nur mit den zu ihr gehörenden Vögeln, Fischen und unschuldigen Tieren ausgestattet sein werden, sondern auch mit Angehörigen der menschlichen Rasse aus den verschiedenen Ländern, in der heimatlichen Kleidung, die als Gärtner oder Verwalter ihrer eigenen fremdländischen Produkte dienen mögen.«[15]

Architektur   Der moralisch begründete Anspruch des 19. Jahrhunderts, eine Synthese von Kunst und Wissenschaft anzustreben, hat – auf das Pflanzenhaus bezogen – zwei Entwicklungen gefördert: Die von den frühen Sonnenfanghäusern ausgehende Ingenieurarchitektur und das »architektonische« Pflanzenhaus, in Großbritannien unter dem Begriff *architectural conservatory* bekannt, das die traditionelle Steinarchitektur der Orangerie des 17. und 18. Jahrhunderts fortsetzte. Stand das Sonnenfang- oder Schwanenhalshaus als schlichter Funktionsbau im Küchengarten, so war die mit Risaliten, Bogenfenstern, Pilastern und Balustraden reich gegliederte Orangerie wesentlicher Bestandteil des architektonischen Gartens.

Die Einführung exotischer Pflanzen verlangte nach großflächigeren Verglasungen. Während in den frühen architektonischen Pflanzenhäusern die Bauform der Orangerie noch beibehalten wurde und man nur das hinter einer Dachbalustrade verborgene Satteldach verglaste, verselbständigte sich später die Eisenkonstruktion und stand mit Stützen, Bindern und Pfetten hinter einer vorgeblendeten Mauerwerksschale. Sie paßte sich gewöhnlich dem Stil des Wohnhauses an. Auf dem Höhepunkt der Entwicklung wurden auch größere Bauteile aus Glas und Eisen in die Komposition der Baugestalt miteinbezogen, wie Kuppeln, Tonnengewölbe und Giebelrosetten, Wände und Vorbauten. In ihren mit dem Steinbau kontrastierenden geometrischen Formen und filigranen Strukturen prägten sie den Typ des architektonischen Pflanzenhauses auf den Landsitzen des Adels am Anfang des Jahrhunderts ebenso wie den öffentlichen Wintergarten der Spätzeit. In der Anpassung an den umgebenden Steinbau kamen für gußeiserne Pilaster, Windstützen, Gesimse, Kämpfer, Attiken, für stützende Ringkolonnaden unter Kuppeln – wie im Great Conservatory von Syon House (1827-1830) – volumenbildende, zusammengesetzte Hohlprofile zur Anwendung. Sie in gußgerechter Ornamentik zu perforieren, war ebenso dekorativ wie statisch konsequent und materialsparend. Farbig verglast und in den Proportionen des Steinbaues, gliedern Turners Pilaster das heute noch bestehende Palmenhaus (1847-1848) im botanischen Garten von Belfast. Charles Rohault de Fleury stellte in den Pariser Pflanzenhäusern des Jardin des Plantes (1833-1835) zwei Säulen übereinander, um die überschlanken Proportionen auf ein vertretbares Maß zu reduzieren. Durch Einfügung von Postamenten, in deren Höhe sich ein ornamentiertes, farbig hinterglastes Brüstungsband um den Bau zog, konnten die Halbsäulen weiter verkürzt werden. Noch am Ausgang des Jahrhunderts entstanden bedeutende Beispiele des architektonischen Pflanzenhaustyps, wie das Palmenhaus im Wiener Burggarten von 1901, wo Elemente des Stein- und Eisenbaues, der Ornamentik und Bauskulptur zu einer Gesamtkomposition vereint sind.

Doch war die Vorherrschaft der Steinarchitektur bereits in Rohaults Pflanzenhausgruppe endgültig gebrochen. Lediglich die beiden aus Glas und Eisen erbauten großen Pavillons erinnern durch ihre Hausform mit abgewalmtem Dach, Dachüberstand und durch die ornamentalen Stützen- und Riegelkonstruktionen an traditionelle Vorbilder. Die zweifach gebogten Galerietrakte hingegen, »gleich einem Wasserfall, der aus dem Hügel hervorzuquellen scheint«[16], verkörpern bereits das ingenieurmäßige Denken. Dach und Wand verschmolzen zu einem einzigen, eine Vielzahl von Profilen ersparenden Bogen. Die enge Sprossenteilung im Rhythmus der maximal herstellbaren Glasbreite von ca. 25 cm erlaubte es, Glassprossen von äußerster Schlankheit zu produzieren, eine Konzeption, die die nie wieder erreichte Eleganz der gebogten Glashäuser ausmachte. An dem aus drei Kuppelabschnitten zusammengefügten Palmenhaus in Bicton Gardens (Devonshire) von ca. 1820-1830 läßt sich heute noch die Kühnheit der tragenden Falzleisten bewundern.

In Frankreich machten die Vorlesungen und Schriften des ehemaligen Boullé-Schülers J.N.L. Durand (1760-1834) den Weg frei für ein vereinfachendes, additives, kombinatorisches Denken, wie es dem Ingenieur eigen ist, obwohl Durands Regeln für den monumentalen Steinbau entwickelt worden waren. Der Ausgleich zwischen architektonischem und ingenieurmäßigem Denken, zwischen Tradition und Fortschritt, war in Paris für eine kurze zeitgeschichtliche Phase verwirklicht worden. In den versetzt übereinander stehenden Glasgewölben hatte Rohault de Fleury die Bauform des von Paxton nur wenige Jahre später errichteten »Great Stove« in Chatsworth vorweggenommen. Paxtons gebogter basilikaler Querschnitt kam, wie auch der seiner Nachfolgebauten, einer spiegelbildlichen Verdopplung der Pariser *lean-to*-Trakte gleich. Tatsächlich war Paxton 1833 in Paris gewesen. In Deutschland läßt sich mit den Treibhäusern von Ludwig Persius im Glienicker Park in Berlin (1839) ein sehr seltenes Beispiel des eleganten gebogten Glashaustyps auffinden. Paxton erkannte beim Entwurf des »Great Stove« in Chatsworth das Neuartige seines von einer ingenieurmäßigen Methode geprägten, alle bisherigen Maßstäbe sprengenden Baues, »der ganz gegensätzlich zu einem Wohnhaus ist, der völliger Isolierung bedarf und eine Stelle braucht, wo sein Wesen wirken kann«. Der Bau lag daher inmitten eines Parterregartens, den ein breiter, als italienische Terrasse gestalteter Erdwall mit hoher Baumkulisse umgab.

Mit dem in klassizistischer Ausgewogenheit errichteten Palmenhaus in Kew von D. Burton und R. Turner erreichte die Entwicklung der Ingenieurarchitektur technisch wie ästhetisch ihren Höhepunkt (1844-1848). Es verbarg sich nicht mehr wie Paxtons »Great Stove«, sondern es erhob sich auf einer Aufschüttung über das umgebende Parterre und lag im Schnittpunkt ausstrahlender Sichtachsen.

Noch zum Ende des Jahrhunderts wurde der in der Zwischenzeit vielfach abgewandelte Bautyp im Palmenhaus von Schönbrunn bei Wien (1882) wieder verwendet, mit einer das Wiener Klima berücksichtigenden doppelten Verglasung. Die teilweise nach außen verlegte Konstruktion und die architektonisch ausgebildeten, mit ornamentalen Bogenstellungen geschmückten Pavillons erinnerten daran, daß wenige Jahre zuvor der Wintergarten von Laeken entstanden war.

Richard Burtons zweite Pflanzenhausgruppe in Kew Gardens, das »Temperate House« (Gewächshaus mit gemäßigtem Klima) von 1861-1899 sollte das frühere Palmenhaus an Ausdehnung, Höhe und Spannweite übertreffen. Burton behielt zwar die vielfach bewährte basilikale Querschnittsform bei, doch wurden die gebogenen Oberflächen aufgegeben. Die Verbesserungen gegenüber dem älteren Bau sah man in der abgewalmten Satteldachform, die das Biegen der Scheiben ersparte, in den hölzernen Rahmen für die Verglasung, welche das Auskühlen des Pflanzenhauses verringern sollten und in der materialsparenden Fachwerkbauweise.

Der architektonische Ausdruck, der bei Burtons Palmenhaus von 1848 noch von der klassisch anmutenden Ingenieurbauweise ausging, verlagerte sich in seinem »Temperate House« – in den Plänen »The Winter Garden« genannt – wieder auf die konventionellen Bauglieder der Fassaden, auf die gemauerten Pfeilerbogenstellungen mit ihren Segmentfenstern, verkröpften Gesimsen und Eckpfeilern, die auf Postamenten Urnen und Vasen trugen.

Diese in der zweiten Hälfte des Jahrhunderts einsetzende Wandlung zeigt nicht nur den sich vom Klassizismus abwendenden Zeitgeschmack, sie beweist vielmehr, daß der Vorgriff auf die Ingenieurarchitektur der Moderne, wie sie sich im »Great Stove«, im Palmenhaus von Kew und im Kristallpalast von 1851 darstellte, nicht als der historischen Architektur ebenbürtig begriffen wurde. Sempers Kritik am »nackten Eisenbahnstyl« des Pariser Wintergartens von 1847 läßt erkennen, für welche Art von Gebäuden er die Glas-Eisenarchitektur für angemessen hielt[17]. Die öffentlichen wie die privaten Wintergärten wurden in der Mehrzahl diesem Anspruch gerecht, der sich in ihrem »architektonischen Stil« widerspiegelt. Je nachdem sich der gesellschaftliche Bezug auf die Pflanzenhäuser verstärkte, bemächtigte sich wieder die Architektur der von der Funktion geprägten Glas-Eisenkonstruktionen.

Gesellschaft Das Pflanzenhaus hat jedoch nicht nur auf die Technik- und Architekturentwicklung großen Einfluß ausgeübt. Sein Bauprogramm als Wintergarten, der architektonisch gefaßte Natur- und Erlebnisraum unter künstlichem Himmel als Stätte der menschlichen Begegnung, behält das ganze 19. Jahrhundert über seine magische Ausstrahlung. Namensgebungen wie »Jardin d'Hiver, Palais des Fleurs, Palais Végétal, Floral Temple, Cathédrale des Fleurs« sind Ausdruck dieser Begeisterung.

»Ein Gewächshaus ist eines der Bedürfnisse unserer Zeit«, verkündet *Le Moniteur des Architectes* um 1850. Die spezifisch gesellschaftlich geprägte Gestalt des Pflanzenhauses steht im engen Zusammenhang mit der Urbanisierung der Gesellschaft des 19. Jahrhunderts. Viele Faktoren hatten die glanzvolle Entwicklung in der städtischen Lebenswelt begünstigt. Die große Breitenwirkung des naturwissenschaftlichen Fortschrittes dokumentiert heute noch der Museenkomplex des Pariser Jardin des Plantes mit den Galeries de Zoologie, den Galeries de Minéralogie et de Géologie, Galeries d'Anatomie et de Paléontologie und den die Botanik vertretenden Treibhäusern von Rohault de Fleury. Gartenzeitschriften bereiteten die Themen der Gartenkunst und der Pflanzenkultivierung für den Laien auf, Handelsgärtnereien ermöglichten den Verkauf der importierten Pflanzen an ein großes Publikum. Abgesehen von den botanischen Gärten kam den neugegründeten Gartenbaugesellschaften große Bedeutung zu. In London waren die Royal Horticultural Society und die Royal Botanical Society berühmt wegen ihrer Gärten und Pflanzenschauhäuser. Doch konnten erst die vielen Eisenbaufirmen, die sich als »Hothouse Builders« spezialisierten, den großen Bedarf an Pflanzenhäusern durch preiswerte Serienproduktion decken *(Fig. 19-21)*.

Daß solche bürgerlich-urbanen Lebensformen als Gegenzug zum Selbstverständnis des Adels empfunden wurden, offenbart *L'Illustration* 1847 anläßlich der Eröffnung des Wintergartens in Paris: »Der Bürger von Paris ist ein glücklicher Sterblicher. Wie der Reiche aus vergangenen Zeiten in seinem ganz von grünen Bäumen belebten Garten kann er mitten im Winter dem Frühling Unterschlupf gewähren. ... Im Wettstreit mit den Monarchen weiß sich das Volk von Paris zu amüsieren. ... Gefällt Ihren Majestäten nicht der Wintergarten der Champs-Elysées für 1 franc, so gibt es noch den Jardin des Plantes. ... Oh Macht der Industrie und des Fortschritts.« Von der Aufgabenstellung, vom Programm her scheint zwischen der höfischen Orangerie am Beginn der Entwicklung und dem bürgerlichen öffentlichen Wintergarten kein prinzipieller Unterschied zu bestehen; denn

Fig. 19 Anzeige von *Hothouse Builders* in: The Gardeners' Chronicle 1856

viele der frühen, zur Überwinterung von Citrusgewächsen bestimmten Steinbauten wurden bereits zeitweilig für Theateraufführungen, Bälle, Bankette und zur Promenade genutzt. In der Oberen Orangerie des Weilburger Schlosses an der Lahn (1703-1705) hatte man den Mittelpavillon von Anfang an als Festsaal mit Musikempore in das Raumprogramm miteinbezogen. Ein Vergleich mit der neobarocken Steinfassade des Wintergartens von Westminster in London-City (1876) erweckt den Anschein, als habe sich, auch im Hinblick auf die Architektur, außer vergrößerten Dimensionen, nur wenig in den vergangenen zwei Jahrhunderten geändert.

Dieser erste Eindruck ist symptomatisch für die geistige Ausrichtung des 19. Jahrhunderts, das die einst dem Hofe vorbehaltenen Kunstsammlungen, Bibliotheken, Theater, Festsäle, die botanischen und zoologischen Gärten als öffentliche Bauaufgabe übernahm und Architektur und Gartenkunst dem Palast und dessen Gartenanlagen nachbildete. Waren diese Einrichtungen ursprünglich noch in den komplexen Organismus der Schloßanlage integriert und auf die relativ kleine feudale Oberschicht zugeschnitten, so entwickelten sich daraus die spezialisierten, auf eine wissenschaftliche Grundlage gestellten städtischen Bautypen der bürgerlichen Gesellschaft. Die öffentliche Bibliothek, das Naturkundemuseum, die Pflanzenschauhäuser botanischer Gärten, öffentlicher

Fig. 20 *oben* Anzeige (wie Fig. 19), 1862

Fig. 21 *unten* Anzeige (wie Fig. 19), 1863

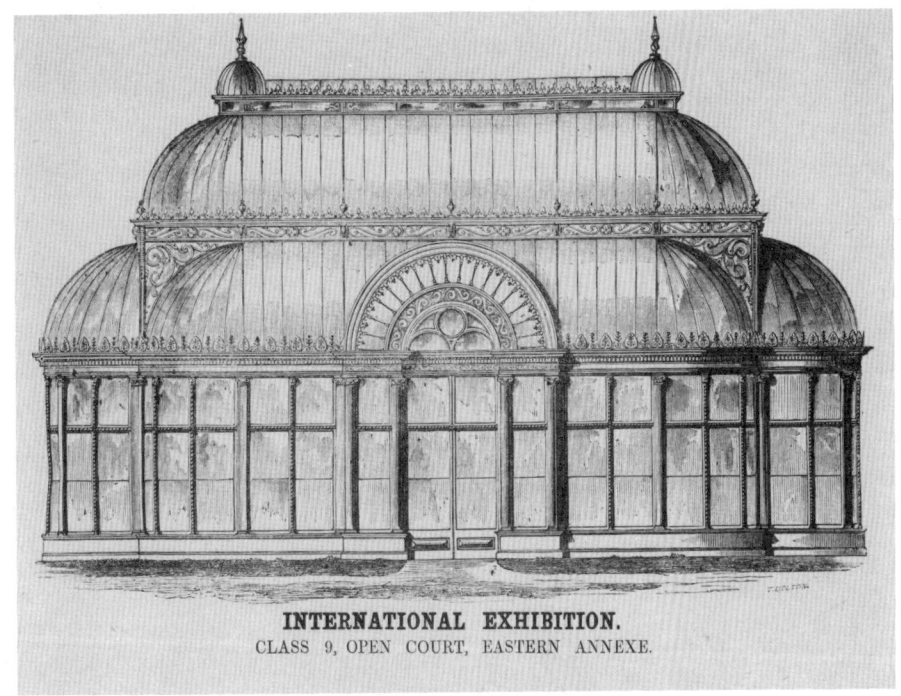

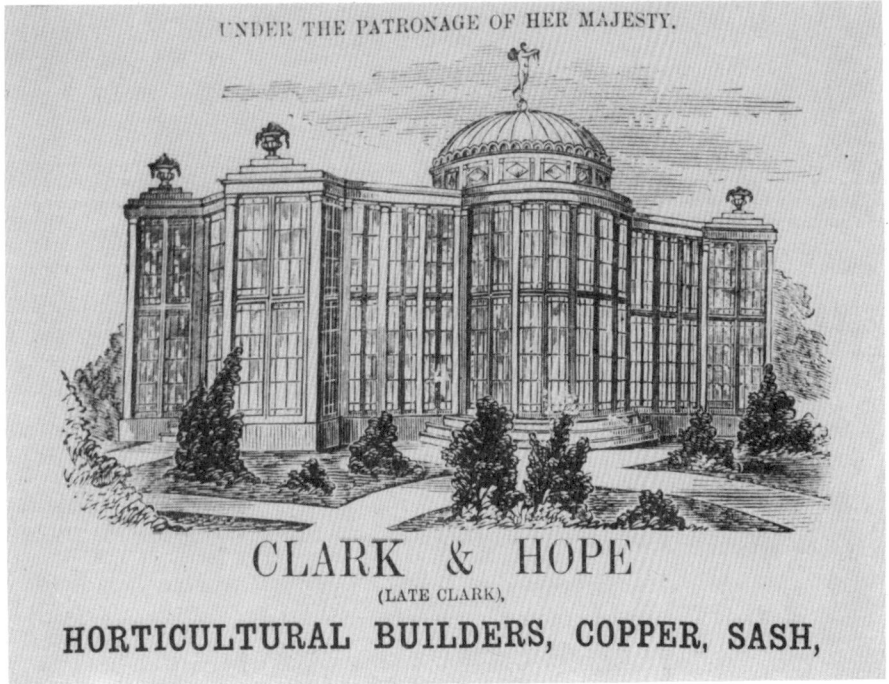

Parks, der Welt- und Gartenbauausstellungen – alles Neuentwicklungen des 19. Jahrhunderts – sind beispielhaft für das Entstehen dieser sachbezogenen Bautypen.

Parallel hierzu verläuft eine zweite gesellschaftsbezogene Entwicklungsreihe, die dem Prozeß der Spezialisierung entgegengesetzt ist. Statt Wissenschaftlichkeit und Information sucht sie das Streben des Bürgers nach einem höfischen Vorbildern folgenden Lebensstil, nach universaler Bildung und gesellschaftlicher Kommunikation in ihren Raumprogrammen zu verwirklichen. In den für das

Fig. 22 Roof Top Conservatory

19. Jahrhundert typischen und mit ihm untergegangenen beiden Programmtypen des Pflanzenhauses, dem privaten und dem öffentlichen Wintergarten, boten sich hierzu ideale Voraussetzungen: Eine Promenade durch die Schönheit der exotischen Pflanzenwelt, vorbei an den Kopien weltberühmter Kunstwerke, an Ausstellungsgegenständen verschiedener Zeitepochen und Länder, begleitet von der Musik internationaler Komponisten, war eine Lebensform, die nicht nur als »schön« verstanden wurde, sondern den Bürger auch in seinem moralischen Weltverständnis stärkte.

Kaum eines der städtischen Bauprogramme mochte auf diese Atmosphäre verzichten, was dazu führte, daß sich der öffentliche Wintergarten – einem Chamäleon gleich – den verschiedenartigen Bauaufgaben anpassen mußte. Seiner magischen Ausstrahlungskraft stand ein Verlust an baulicher Identität gegenüber, denn angesichts so unterschiedlicher Zuordnungen, wie sie die nachstehenden Beispiele zeigen, mußte die charakteristische Ausprägung eines Bautyps zugunsten anderer dominierender Gebäudefunktionen zurücktreten. Die von Bau zu Bau wechselnden Raumprogramme, an denen der Wintergarten lediglich beteiligt war, standen der Entwicklung einer allgemeingültigen Bauform entgegen, so daß seine vielfältigen Durchbildungen eher »Programmtypen« genannt werden sollten.

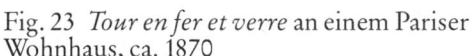

Fig. 23 *Tour en fer et verre* an einem Pariser Wohnhaus, ca. 1870

Fig. 24 Mobile Pflanzenvitrine; Glasgow, Old Glasgow Museum

Dergestalt befand sich der Wintergarten im Mittelpunkt städtischer Vergnügungszentren. Ursprünglich Vorläufer der Ausstellungsbauten, wurde er zum verbindenden Element der Weltausstellungen. Von den Städten auf die großen Seebäder übergehend, stand er in enger Beziehung zu Aquarien, Eis- und Rollschuhbahnen, Billard- und Lesesäumen. Der Wintergarten gehörte dem Casino an, dem Kurhaus, selbst Krankenhäusern wurde er zugeordnet. Im Theater, im Museum, im zoologischen Garten und in der polytechnischen Schule ergänzte er das Bildungsangebot. Hotels, Basare und Warenhäuser gewannen durch ihn an Attraktivität.

Eine letzte Steigerung dieser Entwicklung zum komplexen Raumprogramm mit Wintergarten stellen die »Palaces of the People« dar, deren Name sowohl für die Größe und Pracht ihrer Architektur und Gartenanlagen steht, wie für die an den höfischen Palast erinnernde Vielfalt ihres Raumprogramms. Sie führte zu den gewaltigen Maßen des Londoner Alexandra Palace (270 x 130 m), der – im Gegensatz zum Palast früherer Jahrhunderte – einer weitaus zahlreicheren Gesellschaft mit eben den gleichen, nur größer dimensionierten Musik-, Bankett-, Theater- und Festsälen, Gemäldegalerien und Bibliotheksräumen diente, wie auch mit Pflanzenhäusern, die ihre Motive von den Orangerien, Grotten- und Gartensälen, von Brunnen- und Parkanlagen bezogen hatten. Auch der Palace selbst übernahm, wie andere öffentliche Bauten, die Merkmale herrschaftlicher Architektur als sichtbares Zeichen der auf die bürgerliche Gesellschaft übergegangenen Macht.

Indem die Architektur- und Programmentwicklung im 19. Jahrhundert zum höfischen Vorbild zurückkehrte, schloß sich der Kreis, doch auf einer anderen Ebene. Denn die neuen Zielsetzungen und Errungenschaften verlangten ganz selbstverständlich ihre Darstellung im Raumprogramm. Dies führte zu einer solchen Anhäufung von Nutzungen unter einem Dach, wie sie später nicht mehr wiederholt wurde. Um der Forderung nach Bildung nachzukommen, weisen die Gebäudegrundrisse Räume für die polytechnische Ausbildung auf, Ausstellungsflächen für die Darstellung kulturgeschichtlicher und naturwissenschaftlicher Zusammenhänge, für Industrieprodukte zur Demonstration des technischen Fortschritts, für Basare, um die Waren aus aller Welt zu verkaufen.

Das überreiche Angebot an Bildungs- und Unterhaltungsmöglichkeiten drängte jedoch den Wintergarten mit seinen Pflanzenschätzen aus seiner ursprünglichen Mittelpunktsfunktion. Er blieb zwar Bestandteil des komplexen Raumprogramms, jedoch nur als eine Möglichkeit unter vielen. Den weitgesteckten Rahmen dieser Bauaufgaben ohne Verlust an Qualität auszufüllen, überstieg die Leistungsfähigkeit der bürgerlichen Investoren. Denn im Gegensatz zum höfischen Palast war die Existenz der Wintergartenpaläste ausschließlich von ihrer kommerziellen Basis abhängig. Die sklavische Sucht nach ständig neuen, das Publikum anziehenden Attraktionen verwandelte das Bildungsangebot in ein Vergnügungsprogramm, dessen Niveau trotz steigender Kosten sank. Als Folge des nachlassenden Publikumsinteresses wurden Wintergärten wieder geschlossen, Grundstücksspekulanten konnten oft die meist günstig gelegenen innerstädtischen Parzellen erwerben.

Diese Feststellungen treffen auch auf den privaten Wintergarten zu, von dem die Entwicklung einst ausging und der innerhalb des Pflanzenhausbaues die beliebteste Bauform war. Wie der Billardraum, das Musikzimmer oder die Bibliothek war er Teil des komplexen Raumprogrammes der Landsitze, der Villen des Adels und des Großbürgertums. Seine in ein übergeordnetes Ganzes sich einpassende Rolle, die dem öffentlichen Wintergarten vergleichbar ist, wird hier besonders deutlich.

Die in vielen zeitgenössischen Artikeln der Gartenzeitschriften oft beschworene »Mode des Pflanzenhauses«, im britischen Sprachgebrauch die »Mania for Conservatories«, führte zu den vielfältigen Verwandlungen des privaten Wintergartens, der den verschiedensten Bereichen des Wohnhauses zugeordnet wurde. Als *Roof Top Conservatory (Fig. 22)* ersetzte er auf dem Dach die den Stadthäusern fehlenden Gärten oder war direkt mit den Privaträumen verbunden. Als *Tour en Fer et Verre (Fig. 23)* war er sämtlichen Geschossen eines Mietshauses angegliedert. Eine *Serre Salon* war das Schmuckstück des Pariser Stadthauses. Die ausgedehnten, im Gelände eingegrabenen *Underground Conservatories* von Welbeck Abbey verbargen sich wie die angrenzende Gemäldegalerie und Reithalle vor der Außenwelt. Die glasüberdeckten unterirdischen Pflanzengänge im Schloßpark von Laeken, die den Park von störenden Einbauten freihalten sollten, dienten als Spazierwege im Winter. Über den *Floral Porch* betrat man das Vorstadthaus, ein *Window Case* ersetzte in der Etagenwohnung den Blick in den Garten. Im *Wardian Case (Fig. 24)*, der reichverzierten, mobilen Pflanzenvitrine schließlich, hatte sich der Wintergarten zum Miniaturpflanzenhaus, zum Möbel gewandelt.

Angesichts der Pflanzenhausmode spricht Kenneth Lemmon in seinem Buch »The Covered Garden« von dem viktorianischen Streben nach »beauty as a background of living«, einem Wunschbild, das die Mode des Pflanzenhauses auslöste und es zum Statussymbol für nahezu alle Gesellschaftsschichten werden ließ.

Anmerkungen

1. A.G. Meyer, Eisenbauten, ihre Geschichte und Ästhetik. Eßlingen 1907
2. Firmenreklame in den Gartenzeitschriften wie *The Gardeners' Chronicle* und Firmenkataloge wie *The Examples Book* der McFarlane's Castings, Saracen Foundry, Glasgow
G.W. Johnson, Greenhouses for the Many. London 1856
3. J.C. Loudon, Remarks on the Construction of Hothouses. London 1817, S. 5
4. in: Transactions of the Horticultural Society, Vol.2, 1817, S. 171-177
5. Ch.M. McIntosh, The Book of the Garden. 1853, S. 109
6. J.C. Loudon, Encyclopädie des Gartenwesens (Übersetzung aus dem Englischen), Weimar 1823/24, S. 402
7. Th.A. Knight, Upon the Advantages and Disadvantages of Curvilinear Iron Roofs to Hothouses. (Read 1822) in: Transactions of the Royal Horticultural Society of London, Vol. V, 1824
8. Über das naturhistorische Museum in Paris, in: Allgemeine Bauzeitung, 1837, S. 280
9. J. Hix, The Glass House. London 1974, S. 21 (über J.C. Loudons Remarks on the Construction of Hothouses, 1817)
10. J. Thompson, On the relative Merits of Iron and Wood Roofs ..., in: Paxtons Magazine of Botany, 1838, S. 34-38
Ch.M. McIntosh, The Greenhouse, Hothouse and Stove, 1838, S. 9-11
11. J. Anderson, A Description of a Patent House. London 1804
12. wie Anm. 6, S. 399
13. wie Anm. 5, S. 362
14. wie Anm. 6, S. 1079
15. wie Anm. 3, S. 58
16. Oeuvre de Ch. Rohault de Fleury, Paris 1884, S. 2, Notice Biographique
17. Gottfried Semper, Der Wintergarten zu Paris, in: Zeitschrift für praktische Baukunst 1849, S. 516

Das historische Erbe
*Die Gärten des Adonis – Atrium und Pantheon
Orangerien und Glashäuser*

Die Gärten des Adonis Die umfassend informierenden Werke des 19. Jahrhunderts zur Geschichte, Theorie und Praxis der Gartenkunst[1] widmen stets ein Kapitel dem Pflanzenhaus und seinen Pflanzenschätzen. Die Autoren sehen die zeitgenössischen Leistungen eng verbunden mit einer kontinuierlich verlaufenden geschichtlichen Entwicklung, die mit der Antike beginnt, auf deren unbestrittene Autorität sie sich berufen.

Charles McIntosh, neben J.C. Loudon einer der führenden britischen Gartenschriftsteller, stützt sich auf Platons »Phaidros«[2], um die Existenz antiker Miniaturtreibhäuser zu belegen, jenen Pflanzgefäßen, die auf flachen Dächern in der Sonne standen, um die Reife bis zum Fruchtbarkeitsfest des Adonis zu beschleunigen: »In den Gärten des Adonis entwickelte sich ein Samenkorn oder der Zweig eines Baumes in acht Tagen besser als in ebenso vielen Monaten in freier Natur.« Auch der schwedische Naturforscher Carl von Linné ist ein Gewährsmann, der in seinem Werk »Hortus Cliffortianus« von 1737 die Pflanzenhäuser dieses holländischen Gartens »Häuser des Adonis« nannte, um an die antike Tradition künstlicher Klimaerzeugung anzuknüpfen. Denn erste Vorbedingung für das Gedeihen der Pflanzen in einem umschlossenen Raum ist die Zuführung ausreichenden Tageslichtes »vermittels der specularia, Tafeln des Lapis specularis, des Glimmers, der sich, wie Seneca und Plinius berichten, in dünne Scheiben splittern ließ.« Mit ihrer Hilfe ließ »Tiberius, der die Gurken liebte, diese das ganze Jahr in seinen Gärten ziehen«. Damit war also schon vor der Zeitrechnung der sogenannte »Glashauseffekt« bekannt, der die in einen geschlossenen Raum einstrahlende Sonnenenergie gefangenhält, wodurch der Anstieg der Temperatur gegenüber dem Außenraum bewirkt wird. Selbst für den Winterbetrieb stand ein erprobtes System der Warmluftheizung für Fußböden und Wände – die Hypokausten – zur Verfügung, das bei weitem den Entwicklungsstand späterer Jahrhunderte übertraf. Doch werden auch Senecas Zweifel nicht verschwiegen, der wegen des künstlichen Eingriffs in den Ablauf der Natur mahnt: »Befinden sich jene nicht im Widerspruch zur Natur, die eine Rose im Winter fordern und die durch den Reiz heißen Wassers und einer Beeinflussung durch Wärme die Lilienblüte des Frühlings zur Tages- und Nachtgleiche erzwingen?«[3]

Ebenso gilt Sokrates (470-439 v.Chr.) als Vermittler eines antiken Erfahrungsschatzes für eine an das Klima angepaßte Bauweise, wie Xenophon in seinen »Memorabilien« berichtet. Er empfahl die Ausrichtung des Wohnhaus-Megarons mit Portikus und ansteigendem Dach nach Süden, damit die flachstehende Wintersonne eindringen konnte, während im Sommer wegen des hohen Sonnenstandes die offene Vorhalle Schatten spendete. Gegen die kalten Winde schützten Nebenräume und die bis auf die Südseite des Megarons geschlossenen Umfassungswände. Ihre großen Speichermassen wirkten der Überhitzung am Tage und der Abkühlung bei Nacht entgegen. Von solchen prakti-

Fig. 25 The Pompeian Court von Digby Wyatt im Crystal Palace, Sydenham, 1854

schen Kenntnissen profitierte noch bis zum 18. Jahrhundert die Bauform des leistungsfähigen Schwanenhals- oder Sonnenfanghauses, dessen Südseite lediglich durch Verbreiterung und Verglasung verändert worden war, um – den Effekt verstärkend – als Haus für Pflanzen geeignet zu sein.

Atrium und Pantheon Eine zweite Entwicklungslinie des Pflanzenhauses geht von seiner Bindung an ein fremdes Raumprogramm aus. Schufen die Glashäuser günstige Lebensbedingungen für Pflanzen, so waren die Wintergärten dazu bestimmt, dem Menschen als ideale Aufenthaltsorte zu dienen. Machten sie doch den alten Menschheitstraum vom Leben mit der Natur, vom »Garten Eden« und vom »Ewigen Frühling« wahr. Es heißt, »daß schon die Römer sie zur Verschönerung ihrer verschwenderisch ausgestatteten Villen verwendeten«. Zum Garten unter Glas – Sinnbild der Natur – öffnen sich die – unentbehrlichen – Gemächer des Menschen, wie sie die den Garten rahmende Architektur verkörpert.

Diese Raumqualität fand das 19. Jahrhundert schon im mediterranen Hofhaus vorgebildet, sowohl in dem von Säulengängen gefaßten Gartenhof, dem Peristyl, als auch im Atrium, dem zentralen Erschließungs-, Licht- und Wohnhof, der auch Besuchern offenstand. Wie sehr das Atrium dem Bewußtsein des 19. Jahrhunderts vertraut war, beweist eine Nachbildung des »Pompeian Court«, der Villa des Pansa im Kristallpalast von 1854 *(Fig. 25)*[4]. Seine zu den begleitenden Räumen »durchlässige Architektur« ist auf Kommunikation bedacht, wie die der Wintergärten. Ihre

Kolonnaden, Arkaden, Laubengänge, Galerien und Loggien sind von der Entwicklung des zentralen Hofes nicht zu trennen. Sie führt vom Atrium und Peristyl des antiken Wohnhauses, der von Säulenhallen umstandenen Agora, den Klosterhöfen mit ihren Kreuzgängen über die Loggienhöfe italienischer Stadtpaläste, die Cours d'Honneur der französischen Hôtels bis hin zu den glasüberdeckten Atrien der Wintergärten, Warenhäuser, Börsen, Banken und Hotels des 19. Jahrhunderts. Sie entwickelten das Vorbild des von Elementen der Außen-Architektur umschlossenen Lichtraumes weiter, dank der neuen Baustoffe Glas und Eisen, die auch in nördlichen Breiten die Höfe bewohnbar machten und zum Herzstück umfangreicher Bauprogramme werden ließen.

Ebenso geläufig und als Bauschema in zahlreichen Wintergärten wie auch in Pflanzenschauhäusern wiederholt, war dem 19. Jahrhundert ein zweiter Prototyp des Öffentlichkeit verkörpernden Kommunikationsraumes, das Pantheon in Rom (118 n.Chr. begonnen). Der Kult- und Staatsbau des Kaisers Hadrian, eine kuppelüberdeckte Rotunde, die sich im Scheitel mit einem mächtigen Auge (Opaion) zum Himmel öffnet, »unterschied sich ganz erheblich vom üblichen Tempel ... Sie findet ihr Vorbild viel mehr in Kuppelsälen von Thermen ... Bisher stand in der Cella die Kultfigur ... Jetzt kam [hier] das Volk zusammen ... Das Zentrum ist Raum, über dem sich die Kuppel als Himmel wölbte. Das Pantheon stellt offensichtlich ein Symbol des Kosmos dar, was seine Bestätigung in der Überlieferung findet, daß die Deckenkassetten einst mit Sternen geschmückt waren.«[5] Auch der Entwurf von Owen Jones zum Palace of the People, Muswell Hill (1858), mag von diesem Vorbild beeinflußt sein: Eine von Säulen gefaßte Rotunde als Wintergarten-Vestibül zwischen Ausstellungstrakten und Konzerthalle. Den Ursprungsbau übertreffend, sollte sie ein sternengeschmücktes Himmelsgewölbe aus Glas überdecken.

Orangerien und Glashäuser Die griechischen und römischen Anfänge im Treiben von Früchten, Gemüsen und Blumen wurden in den Ländern Europas über mehr als ein Jahrtausend nicht fortgesetzt. Erst um die Mitte des 13. Jahrhunderts soll – nach Alexander von Humboldt – der aus Padua stammende Albertus Magnus im Dominikanergarten in Köln ein beheiztes Treibhaus errichtet haben[6]. Nochmals vergingen Jahrhunderte, bis nach der Gründung der ersten botanischen Gärten in Italien um 1550, die kontinuierliche Entwicklung im Pflanzenhausbau einsetzte: 1590 in Pisa, dessen Pflanzenhaus heute wieder rekonstruiert ist, 1599 in Leiden und 1635 im Universitätsgarten von Altdorf bei Nürnberg durch den Botaniker Jungermann. Nur unvollständig ist jedoch bekannt, ob diese frühen Pflanzenhäuser verglast waren, ob als Einzelfenster oder als großflächige Verglasung zwischen einer Reihe von Holzstützen.

Parallel hierzu verläuft, beginnend in Italien vor 1500, eine zweite Entwicklung mit dem Winterschutz für Citrusgewächse. Die wegen ihrer immergrünen Schönheit und ihrer Früchte beliebten Gartenbäume sind die aus Persien stammende Zitrone, die Limone aus Südasien und die erst Mitte des 16. Jahrhunderts über Portugal aus China eingeführte Orange, auch Pomeranze genannt. Im südlichen Italien hatte man sie anfangs gegen schützende Hänge im Norden gepflanzt – die »im Grunde stehende« Orangerie – und im Winter die Stämme mit Stroh umwickelt. Bei großer Kälte wurden offene Feuer unterhalten. Man pflanzte die Bäume auch in fahrbare Kübel, um sie als bewegliche Dekoration zu verwenden und brachte sie im Winter in Grottentheatern unter oder in Gartensälen, die zu ebener Erde lagen[7]. Nachdem die Citrusfrüchte entlang der großen Handelsstraßen auch an den deutschen Fürstenhöfen Eingang gefunden hatten, entstanden hier, im rauhen

Klima nördlich der Alpen, die ersten »gebauten Orangerien« als abschlagbare Winterhäuser. Von diesen gilt die 1568 von Herzog Christof von Württemberg in Stuttgart errichtete Orangerie als die älteste Deutschlands. Ihr Aussehen ist nicht bekannt. Dagegen hat Salomon de Caus, Architekt, Ingenieur und Physiker, in dem 1620 herausgegebenen Werk »Hortus palatinus ...«[8] Grundriß und isometrische Darstellung seines für den Kurfürsten Friedrich V. im Heidelberger Schloßgarten erbauten, bereits beheizbaren Pomeranzenhauses festgehalten *(Abb. 1)*, das seinerseits schon ein älteres im dortigen »Herrengarten in der Vorstadt« ersetzte. Das nur im Winter aufgeschlagene Holzfachwerk hatte die Abmessungen von 85 x 10 m. Es war einschließlich des Satteldaches verbrettert und konnte über zwei Reihen Fensterläden belichtet und belüftet werden. Das Gehäuse umschloß dreißig große sowie vierhundert mittlere und kleine Orangenbäume, von denen die größeren damals schon ein Alter von sechzig Jahren aufwiesen. Wie de Caus anmerkte, verbreiteten die vier Öfen genügend Wärme, so daß man im Winter zwischen den Bäumen spazierengehen konnte. Ein solches Haus mit mehreren Reihen ausgepflanzter Orangen- und Zitronenbäume, das als Promenade benutzt werden kann, besitzt heute noch der Garten der Villa Monastero am Comer See *(Abb. 2)*. Die Entstehungszeit des abschlagbaren, verglasten Holzwerks ist allerdings unbekannt. Um das umständliche und kostspielige Auf- und Abschlagen der Pomeranzenhäuser zu vermeiden, hatte de Caus in einem fortschrittlichen Entwurf bereits ein feststehendes, auf beiden Langseiten durch große, hohe Fenster belichtetes Orangeriegebäude in Mauerwerk geplant, mit gekuppelten, als gewundene Baumstämme ausgebildeten Halbsäulen, verkröpftem Gebälk und Dachbalustrade. Nur das Dach und die Fenster sollten im Sommer abgenommen werden.

Heinrich Schickhardt verwirklichte 1626 im Herzoglichen Garten in Stuttgart das gleiche Vorhaben einer nur noch in Teilen demontierbaren Orangerie mit viel geringerem Aufwand, indem er eine auf Rollen laufende Holzkonstruktion errichtete, die leicht über den Orangeriegarten geschoben werden konnte.

Noch günstigere Voraussetzungen bot der seit dem 15. Jahrhundert im französischen Schloßbau angewendete Bautyp der Galerie[9]. Ähnlich den umschlossenen mittelalterlichen Gärten begrenzte der Galerietrakt auf einer oder mehreren Seiten einen Gartenteil, der leicht als Orangerie eingerichtet werden konnte. Im Winter ließen sich die Orangenbäume gut gegen Kälte schützen.

In Oberitalien entwickelte sich eine weitere Variante der Orangerie mit dreiseitiger Ummauerung und massiver Pfeilerstellung auf der Südseite, wodurch sich das Auf- und Abschlagen auf das Dach und die Südfassade beschränkte. Chr. Volkamer zeigte in seinen »Nürnberger Hesperides« von 1708 einen solchen Bautyp, der am Gardasee errichtet war und heute noch dort zu finden ist. Er glich im Aufbau Volkamers eigener Orangerie in Nürnberg-Gostenhof[10]. Dort war es ein auf drei Seiten von Gebäuden umgebener Hof, den auf der Südseite eine zwölfachsige Säulenstellung mit Gebälk und Dachbalustrade begrenzte. Die unmittelbare Verbindung des von regelmäßigen Reihen bepflanzten Orangenhofes mit den Wohnräumen wird in der später erbauten, holzüberdeckten Orangerie des Herzogs Karl von Württemberg wiederholt, die ebenfalls an das Haus anschloß und bei Festlichkeiten wie ein Wintergarten mitbenutzt wurde. Sicher das großartigste Beispiel des dreiseitig ummauerten, nur noch im Dach und in der Südfassade abschlagbaren Pomeranzenhauses war die Anfang des 18. Jahrhunderts im Unteren Belvedere in Wien erbaute elfachsige Orangerie mit ihren an ein *ridge-and-furrow*-Dach des 19. Jahrhunderts erinnernden Sheds *(Abb. 3)*. Die auf den davorliegenden Orangeriegarten ausgerichtete Architektur zeigte bereits eine starke Gliederung:

Eine mit Blendarkaden geschmückte Rückwand, gekuppelte, von Skulpturen gekrönte Eckpilaster, zehn auf Postamenten stehende, die hölzerne Südfassade schmückende Figurengruppen und ebensoviele Fontänen im vorgelagerten Wassergraben mit einer Brücke in der Mittelachse[11]. In seiner Architektur und der Verflechtung mit dem Gartenraum leitete dieser Bau bereits auf die nächste Entwicklungsstufe, auf das feststehende, massive Orangeriegebäude über.

Für das 18. Jahrhundert – in Frankreich schon früher – wurde nun der Bautyp der allseitig ummauerten, von undurchsichtigen Satteldächern überdeckten Orangerie mit der in hohe Fenster aufgelösten Südwand bestimmend. Seine Vorteile bestanden in der Vermeidung der früher noch notwendigen Montage- und Demontagearbeiten, aber auch in der Beweglichkeit der nicht mehr in den Boden, sondern in Kübel gepflanzten Orangenbäume. Das im Sommer leerstehende Orangeriegebäude kam der barocken Vorliebe, das Raumprogramm des Schlosses in den Garten hinaus zu erweitern, entgegen, konnte es doch als Festsaal für Bankette, Konzerte, Theateraufführungen und als Gartenhaus verwendet werden. Für den geometrischen Barockgarten bedeutete die feststehende Orangerie schließlich ein wichtiges Gestaltungselement, so daß die Entwicklung dieses Typs bald mehr von ästhetischen als von funktionellen Überlegungen beeinflußt wurde.

Frankreich, das nicht wie Deutschland unter dem Dreißigjährigen Krieg und seinen Folgen zu leiden hatte, übernahm seit Mitte des 17. Jahrhunderts eine führende Rolle in der Gartenkunst. Hier entstanden in Versailles und Meudon die sogenannten Terrassenorangerien[12], die von den Terrassengärten italienischer Villen mit ihren Grottenanlagen beeinflußt waren. In Versailles *(Abb. 4)* erstreckt sich die 1688 erweiterte Orangerie südlich der großen Gartenachse in einem parallel hierzu verlaufenden Geländesprung. Von dem als Terrasse genutzten Dach führen zwei seitliche Freitreppen zu dem vertieft angelegten Orangeriegarten. Die Nachteile der Terrassenorangerie, die vom umgebenden Erdreich eindringende Feuchtigkeit, führten dazu, daß dieser Bautyp außerhalb Frankreichs wenig Verbreitung fand. Ein Beispiel aus Deutschland ist die Untere Orangerie in Weilburg an der Lahn.

Oft verdrängte die Orangerie die traditionellen Vorgängerbauten am Endpunkt der großen Gartenachse, dem bevorzugten Standort italienischer Grottentheater, Nymphäen, Belvederen, Loggien und Lusthäuser. Ihre anfangs ungegliederte Bauform erhielt bald einen Mittelrisalit, der eine erste Beziehung zur Gartenachse und zum gegenüberliegenden Schloß aufnahm. Seine Umwandlung in einen Mittelpavillon und zusätzliche Eckpavillons sind weitere Entwicklungsstufen, wie sie z.B. in den Orangerieschlössern Kassel, Fulda, Unteres und Oberes Belvedere in Wien – alle aus dem ersten Viertel des 18. Jahrhunderts – verwirklicht wurden. Wohn- und Gesellschaftsräume befanden sich in den drei mehrgeschossigen Pavillons, die über die Orangerietrakte miteinander in Verbindung standen. Aufgabe dieser »Orangerieschlösser« war es, für die neugeschaffenen Gartenanlagen, soweit diese außerhalb der Residenz entstanden, Räume zum Wohnen, für Feste und zur Bewirtschaftung bereitzustellen.

An den deutschen Fürstenhöfen setzte um 1690 eine rege Neubautätigkeit ein, nachdem die seit 1650 währende, dem Dreißigjährigen Krieg folgende Wiederaufbauphase beendet war. Sie führte in den Gärten des Kurfürsten Lothar Franz von Schönborn bzw. seines Neffen Friedrich Karl in Gaibach, östlich von Würzburg, um 1700 *(Abb. 5)* und in Wien 1717 zu zwei wegen ihres Bauprogrammes erwähnenswerten Pflanzenhäusern. Diese Orangerien enthielten in ihrer Mitte das Lusthaus und die Grotte. In der Bauform setzte sich das Vorbild Italiens durch, die beiden nach vorn ausschwingenden Flügelbauten, die einen halbrunden Platz zur Aufstellung der Orangenbäume umschlossen. Der ursprünglich als Orangerie geplante Zwinger in Dresden (1711-1722) gehörte diesem charakteristischen Bautyp an. Das von Architekturgliedern gefaßte Halbrund als ein die Gartenachse auffangendes oder sie weiterleitendes Architekturmotiv ist von den römischen Villen des Plinius, den Renaissancevillen Aldobrandini und Mondragone, Frascati bekannt, mit ihren Grotten, Wassertheatern und Brunnenanlagen, bis hin zur Villa Albani aus dem 18. Jahrhundert und ihrer Caféhausanlage.

In der Orangerie von Weikersheim (1719-1723), der letzten Entwicklungsstufe des am Ende des Lustgartens freistehenden Gebäudetyps, entfällt der als Orangerie nicht mehr genutzte Mittelpavillon *(Abb. 6)*. Durch die freigehaltene Mitte kann die große Achse, dem französischen Vorbild folgend, wieder in den umgebenden Landschaftsraum ausstrahlen, gefaßt durch die einen Viertelkreis beschreibenden Flanken der übriggebliebenen Orangerietrakte. Diese sind durch Figurennischen, Säulen, verkröpfte Gebälke, Balustraden und krönende Skulpturen wie die Kulisse eines italienischen Wassertheaters geschmückt, ein architektonischer Rahmen für das Landschaftsbild. In den ohne Beziehung zum Schloß errichteten Orangerien – meist Bauten über rechteckigem Grundriß mit betonter Mitte, die auf ein vorgelagertes Blumenparterre mit Fontäne ausgerichtet sind – vermag die Bauform ihr eigenes Leben zu entfalten. Dieser Typ, der oft nur nach der Zahl der Achsen und nach der Art des zugrundeliegenden Architekturvorbildes zu unterscheiden ist, war in den weiten englischen Landschaftsparks bis in das erste Viertel des 19. Jahrhunderts hinein weit verbreitet.

Die simplen Entwurfsvorgaben füllt oft eine subtile, symbolhafte Architektur, wofür die Orangerie in Margam Park, (West Glamorgan, 1786-1790 von Anthony Keck, *Abb. 7)*[13] Beispiel sein soll: Zwei, den Statuen-Raum und die Bibliothek enthaltende Eckpavillons – durch Palladio-Motiv, Frontispiz, ornamentierten Kämpferfries und durch die Glätte ihrer Oberflächen als architektonische Baukörper ausgewiesen – kontrastieren mit der rustizierten Pfeilerarkade des von ihnen eingefaßten Pflanzenhauses. Der serielle Charakter der 27 hohen Bogenfenster und der ungeschmückte Kämpferfries kennzeichnen es als eigengesetzlichen Funktionsbau. Das Rustika-Mauerwerk der Pfeiler- und Bogenquaderung ist offenporig wie die Gänge eines Holzwurms gemeißelt, ein Symbol für den ursprünglichen Winterplatz der Zitrusgewächse in Grottentheatern und rustikalen Galerien. Über dem Dachgesims bilden Vasenbekrönungen und eine die Mitte betonende Attika mit Fruchtgirlande eine optische Brücke zwischen den architektonischen Eckpavillons. Sie weisen auf die zweite Nutzung der Orangerie als sommerlicher Fest- und Bankettsaal hin.

Nicht wenige Orangerien im hohen Norden werden zum Ausdruck der Italienbegeisterung ihrer Erbauer, wenn Orangenbäume, Antiquitäten und palladianische Architektur im Italienischen Garten zusammentreffen. Ein Stich von L. Knyff (ca. 1710) hat uns den Renaissancegarten der Gartenarchitekten London und Wise mit »The Duke's Greenhouse« in Chatsworth (Derbyshire, 1698 von W. Talman, *Abb. 8)*[14] in seiner Verflechtung von Broderie und Orangerie, von Portikus und Skulpturen entlang der Mittelachse bewahrt. Für die 1,70 m hohe, berühmte Warwick-Vase, die Sir William Hamilton in einem See der Villa Hadriana fand, wurde die Orangerie von Warwick Castle (Warwickshire, 1784-1787 von William Eborall, *Abb. 9)*[15] zur neuen Heimstätte, ein schlichter Block aus Werksteinen mit fünf mächtigen Fenstern. Die als »Greenhouse« bezeichnete Orangerie von Woburn Abbey schließlich (Bedfordshire, 1787-1788 von H. Holland, *Abb. 10)*[16] verwandelte sich im Laufe von dreißig Jahren ganz in eine Skulpturengalerie.

»Temple of Diana« nannte J. Paine[17] das frei im Park auf einem Podium stehende Pflanzenhaus in Weston Park, Staffordshire von 1765 *(Abb. 11)*. Obwohl es noch das Fassadenschema der Orangerie zeigt, die dreiachsige, verglaste Arkade mit flankierenden Figurennischen, lassen schon die ungewohnt schlanken Proportionen der wie vorgeblendet wirkenden reichen Architekturgliederung die veränderte Zweckbestimmung erkennen. Feine Stuckarbeiten, eine elliptische Decke und Wandmalereien als Hintergrund eines dekorativen Pflanzenarrangements charakterisieren den Innenraum als Gartensalon. Indem ein oktogonaler Musikraum und ein runder Teeraum hinzutreten, entsteht im Grunde schon das Ensemble eines Wintergartens.

Auf einen größeren Maßstab übertragen und an den Wohnblock angebaut, bildet die gleiche Raumkombination den fünfachsigen Orangerieflügel des Kenwood House (Hamstead, Middlesex), dem R. Adam 1768 einen westlichen Bibliothekstrakt als Pendant hinzufügte. Zu großartiger Form gesteigert, wiederholt Adam das Ganze im mächtigen Orangerie- und Bibliothekstrakt des Bowood House (Wiltshire, 1769-1770, *Abb. 12*)[18]. Der lange Flügelbau, der zwei Wirtschaftshöfe gegen die Gartenterrassen abschließt, wird durch einen hohen Portikus mit Frontispiz und zwei von Säulen und Gebälk gerahmten Pavillons so aufgeteilt, daß vier gleiche, je vierachsige Zwischentrakte – über Säulenbogenstellungen belichtet – entstehen.

Vollends in den Hausgrundriß integriert und an die Eingangshalle angeschlossen, stellt sich das heute wie ein Wintergarten genutzte Pflanzenhaus in Belmont Park (Kent, 1790, *Abb. 13*) dar, ursprünglich eine Orangerie ohne Dachverglasung. In Anpassung an die Rechteckfenster des Wohnblocks wählte S. Wyatt für die Gartenfassade eine verglaste Pfeilerkolonnade, in deren massiven Endfeldern Figurennischen und Reliefs aus Steinguß eingelassen sind. Auch für Skulpturen und Kapitelle fand der preiswertere »coad stone« – schon nach Katalog – Verwendung.

In einigen Orangerie-Entwürfen dominiert die Funktion des Sommerhauses. Während die zweigeschossige »Gothick Orangery« von Frampton Court (Gloucestershire, ca. 1750, *Abb. 14*)[19] mehr die Inspirationen des Autors von »Chinese and Gothick Architecture properly ornamented« W. Halfpenny widerspiegelt, zeigt Hawksmoors frühes, 52 m langes Gartengebäude für Queen Anne (Kensington Palace, London, 1704-1705)[20] schon die Baugruppierung und architektonische Zielsetzung späterer Orangerien des 18. Jahrhunderts und der Glashäuser des 19. Jahrhunderts. Eckpavillons in reicher architektonischer Gliederung mit Innenkuppeln begrenzen einen Festsaaltrakt, der im Winter als Orangerie diente. Einmal mehr erweist sich, daß Raumzuschnitt und hohe Befensterung des Langraumes, daß seine Massivbauweise als Kälteschutz für Pflanzen wie als Klimaregulator für Sommergäste, beiden Nutzungen gerecht werden. Der Lebensrhythmus der Zitrusgewächse, die den Sommer im Freien verbringen, bietet sich für einen solchen Wechsel geradezu an.

Der von England ausgehende Wandel des Gartengeschmacks vom geometrischen französischen Gartenstil zum malerischen Landschaftspark (1710-1730) konnte nicht ohne Einfluß auf die Orangerie und die in strengen Reihen den Garten schmückenden Orangenbäume bleiben. Im Wintergarten des Duc de Chartres (Parc de Monceau, Paris, 1773-1778 von L.C. de Carmontelle, *Abb. 15*)[21] gibt das Pflanzenhaus, das man über einen Nebeneingang betritt, seine bauliche Identität gänzlich auf. Allein auf den Überraschungseffekt, auf eine Serie illusionistischer Naturszenen im Labyrinth des Innenraumes – musikalisch untermalt – war das Interesse von Architekt, Bauherr und Besucher gerichtet. So hatte Carmontelle das unter die Dachkonstruktion gehängte Putzgewölbe mit einem blauen Wolkenhimmel bemalt, der einen langen, zwischen Laub- und Nadelbäumen sich schlängelnden Weg überdeckte. Von einer Lichtung mit Teich und Volière ausgehend, mündete er kurz vor dem Ende des hohen Pflanzenhauses in einen niederen, von Tuffsteinen eingefaßten Grottensaal, dem »Salle à manger dans les Rochers«. Über diesem, unsichtbar für den Besucher, befand sich ein Musikraum, der nur über Schallgänge mit der Grotte verbunden war. Noch um 1800 ließ der Herzog von Meiningen einen Wintergarten gleicher Art, jedoch für den Sommer demontabel, in einer Talschlucht seines Parks anlegen.

Auch Herzog Karl Eugen von Württemberg, der von 1772 bis 1789 mehr als sechzig historisch-romantische Architekturszenen im Park von Hohenheim errichtet hatte, wird den ähnlich gestalteten Park von Monceau und dessen Wintergarten gekannt haben. Noch 1789 brachte er die Idee vom »Eisernen Haus« *(Abb. 16)* für die sog. »Englische Anlage« in Hohenheim (bei Stuttgart, 1791 von F.H. Fischer)[22] von einem Aufenthalt in Paris mit, wo er in Neuilly das Anwesen des Herrn von Pralin kennengelernt hatte. Über T-förmigem Grundriß schlossen zwei gläserne Pultdachhäuser und ein hohes Satteldachhaus – wohl eines der frühesten in dieser Größe und ganz aus Eisen und Glas – an einen turmartigen Mauerwerksblock an, der den Sommersaal enthielt. Die im Stich nicht sichtbare Nordseite verdeckte eine geschwungene Mauerkulisse mit toskanischen Säulen, wie eine Ruine gestaltet. Bereits 1786 hatte der Herzog ein Treibhaus am Ende der Orangerie als Wintergarten herrichten lassen, mit Felsenlandschaft, exotischen Pflanzen, Blumen und Vögeln, wo er oft seine Mahlzeiten einnahm.

J.C. Loudon, der weitgereiste Gärtner, Architekt und Schriftsteller (1783-1843) übte an den orangerieähnlichen Pflanzenhäusern, an Wyatts geschwungenem Pflanzenhaus in Doddington Park (1814), an den einem ionischen Tempel gleichenden Pflanzenhäusern des Buckingham Palace von Nash (1825-1830) und an der *mixed-style*-Architektur der Pflanzenhäuser in Alton Towers (1824) von Abraham die immer gleiche Kritik: Er beanstandete ihre »architektonischen Formen und undurchsichtigen Materialien, die sich in einer Wohnung für Menschen oder Haustiere schicken, [die aber] keineswegs auf eine Wohnung für Pflanzen passen und deshalb auch der Schönheit ermangeln. ... Gebäude, welche das Nützliche beabsichtigen gehören so wenig in den Bereich der bürgerlichen Architektur, wie ein Schiff oder eine Festung«[23]. Beschränkte sich die Nutzung der gemauerten Orangerien auf die Überwinterung von Pflanzen, d.h. auf ihre Vegetationsruhe, so war diese Grenze bei ihren Nachfolgebauten, den architektonischen Pflanzenhäusern, in vielen Fällen bereits überschritten, sollten diese doch als »Wohnung für Vegetabilien«, d.h. für einen dauernden Aufenthalt geeignet sein. Die Entwicklung für diese neue Art von Pflanzenhäusern mußte daher von bautechnischen Lösungen ausgehen, die den Lebensbedingungen der Pflanzen angepaßt waren. Von den fünf »Agentien des vegetabilischen Lebens ... Wärme, Licht, Luft, Erde und Wasser« (Loudon) haben die beiden ersten den Bau der Glashäuser am meisten beeinflußt, was aus der englischen Bezeichnung »Stove« (Ofen) für einige Warmhäuser hervorgeht.

Die einfachste Lösung, mehr Licht hereinzulassen, bestand in der Verglasung der Orangeriedächer. So erwähnte Loudon[24], daß in Wollaton Hall, Nottinghamshire, bereits um 1696 »eine Orangerie mit einem Glasdach bestanden habe, in England eine der ersten ihrer Art, wahrscheinlich von der großen Gartenbaufirma London & Wise«. Anders als auf dem Festland, wo viele Orangerien, wie die im Bessunger Herrengarten (Darmstadt, 1719-1721 von L. Remy de la Fosse) von mächtigen Mansarddächern überdeckt sind, konnten die schlichter überdachten englischen Orangerien relativ einfach zum Glashaus weiterentwickelt werden. Selbst vollflächig verglast, treten ihre flach geneigten Satteldächer hinter Tympanon, Gebälk, Attika oder Dachbalustrade nur wenig in Erscheinung. Sie tauchen den Innenraum in helles Licht dank der schattenlosen Tragekonstruktionen aus filigranem Eisen, aus Falzleisten, durchbrochenen Bindern und schlanken Säulen.

Mit ihren tempelhaften Fronten öffnen sich die Orangerie von Saltram und das Pflanzenhaus der Stoneleigh Abbey (Warwickshire, ca. 1770, *Abb 17*)[25] über eine verglaste Kolonnade und eine wandhohe Pfeilerbogenstellung wie selbstverständlich zum Licht, ein weiterer Schritt von der dreiseitig fensterlosen Orangerie zum allseits verglasten Pflanzenhaus.

Eine Variante des Typs der Queen-Anne-Orangerie, des Pflanzenhauses zwischen architektonischen Kopfbauten, ist das Pflanzenhaus von Blithfield Hall (Staffordshire, 1770 von J. Stuart, ausgeführt von S. Wyatt)[26]. Es steht dem Wohnblock gegenüber, durch die Italienischen Gartenparterres mehr verbunden als getrennt. Massive dreiachsige Eckpavillons mit Portal und flankierenden Figurennischen nehmen einen langen Glashaustrakt in die Mitte. Drei Vorlegestufen entlang seinen neun Achsen und die bis auf den Boden reichenden herausnehmbaren Fensterrahmen weisen darauf hin, daß die verbleibende Pfeilerkolonnade im Sommer offen war.

Auf dem Kontinent zeigen die beiden als »Großes Glashaus« bezeichneten Pflanzenhäuser im Unteren Belvedere in Wien *(Abb. 18)*[27] und das Haus des Baron von Münchhausen in Schwöbber *(Abb. 19)*[28] den weiterentwickelten Orangerietyp, indem die Hausform zwar beibehalten, die Südfassade jedoch in ein verglastes Holzfachwerk aufgelöst wurde: In Schwöbber als nüchterner Zweckbau, dessen Satteldach und Teile des Giebels ebenfalls aus Fenstern bestanden, in Wien als ein architektonisch durchgebildetes Glashaus mit höhergeführtem, von einer Laterne gekrönten Mittelpavillon, abgewalmten Dächern und kräftigem Dachüberstand.

Die nächste Entwicklungsstufe basierte bereits auf wissenschaftlicher Grundlage, auf der Erkenntnis, daß die Sonnenstrahlen beim Auftreffen auf ein dichteres Medium am besten eindringen können, wenn sie senkrecht zur Oberfläche einfallen. Je nach dem Grad der Abweichung von diesem Idealwinkel verstärkt sich der Anteil der durch Reflektion wieder zurückgestrahlten, »verlorenen« Energie. Diese physikalischen Gesetze wendete Nicholas Facio de Douillier zum Treiben von Früchten an, indem er »Obstwände durch Neigen zum Horizont verbesserte, ein Weg mehr Sonne und Hitze als gewöhnlich zu erhalten« *(Fig. 26, 5)*. So lautet der Titel seines Essays von 1699, den er als Mitglied der Royal Society veröffentlichte. Obwohl Douillier nicht gläserne, sondern gemauerte Wände – senkrechte und zur Sonne geneigte – miteinander verglich, ist die Wirkung die gleiche. Um auch die täglich von Osten nach Westen wechselnde Sonnenposition berücksichtigen zu können, ließ er einen aus drei Ziegellagen bestehenden, unter 45° geneigten Abschnitt einer Speicherwand auf ein Drehgestell montieren, das, um eine senkrechte Achse rotierend, der Sonne nachgeführt werden konnte. Boerhaave, Professor der Medizin, Botanik und Chemie, Direktor des botanischen Gartens in Leiden von 1709-1730, nutzte die gleichen Erkenntnisse um 1710 beim Bau der ersten Glashäuser mit geneigten Glasfronten *(Fig. 26, 1)*. Ihre Neigung von 14°30' zur Senkrechten hatte er unter Berücksichtigung der geografischen Breite des Ortes errechnet und seine Überlegungen in »Elementa Chemiae« 1732 publiziert. Von 1740 datiert das wesentlich flacher geneigte Glashaus im botanischen Garten Uppsala des Schweden Carl von Linné *(Fig. 26, 2)*, der in »Amoenitates Academicae« seine Forschungsergebnisse festhielt. In Adansons »Encyclopédie méthodique« von ca. 1730 wird bereits das Prinzip des *Conservative Wall* dargestellt *(Fig. 26, 6)*, hier zum Treiben von Wein: Eine von Rauchkanälen beheizte Rückwand, welche ebenso wie die in etwa einem

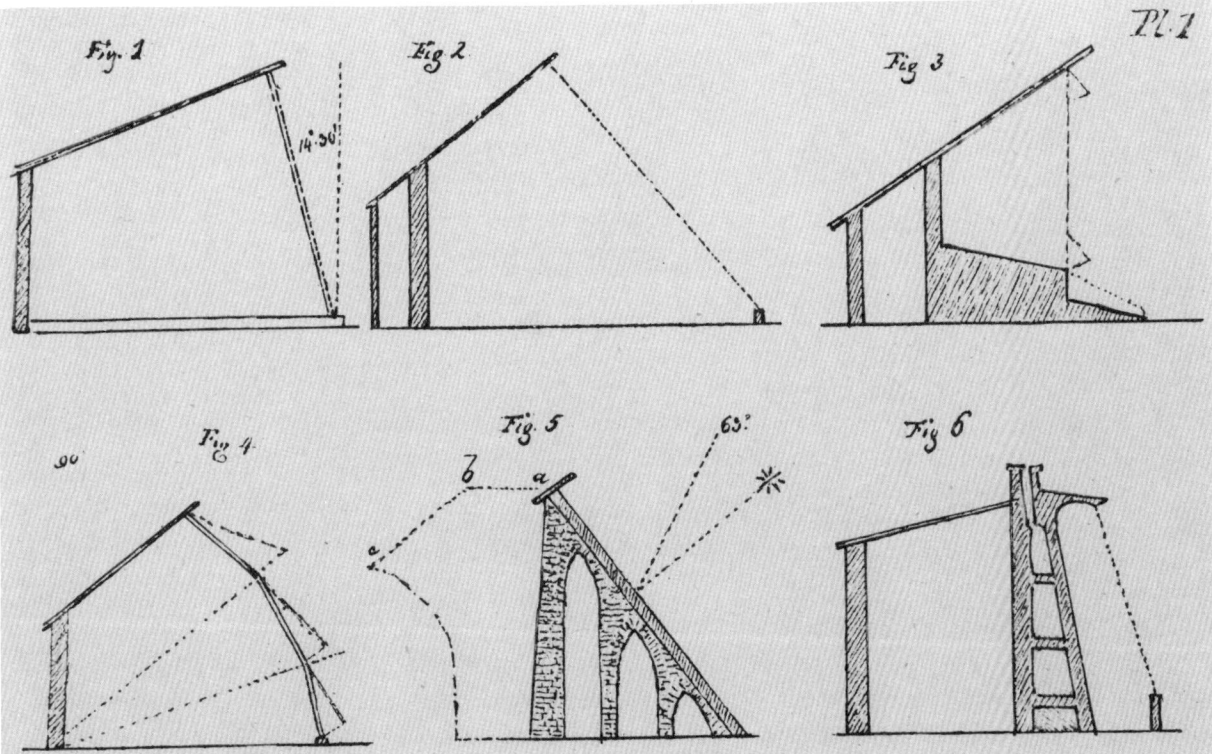

Fig. 26 Glashausentwürfe von Douiller (5), Boerhaave (1), Linné (2), Adanson (6) und Loudon (4)

Meter davor angeordnete Frontverglasung zur Sonne geneigt war. Die sechs berühmten Glasterrassen Friedrichs II. – »der gläserne Weinberg« – vor seinem Schloß Sanssouci, die 1744-1750 nach dem gleichen Querschnitt für das Treiben von Wein errichtet wurden, sind wohl die ältesten überlebenden Zeugen dieses höchst effektiven Glashaustyps, der schon die Technik moderner Solarkollektoren enthält.

J.C. Loudon hat in seinen »Remarks on the Construction of Hothouses« von 1817 außer den hier besprochenen Schnitten noch eine weitere, polygonal geknickte Glashausfront von ca. 1760 *(Fig. 26, 4)* dargestellt. Durch die drei geknickten Flächen sollte der jahreszeitlich bedingte hohe oder niedrige Sonnenstand besser berücksichtigt werden. Mit G.S. Mackenzies vielbeachteter Glaskuppel vor gemauerter Rückwand, die er 1815 entwarf, wurde diese von Loudon dargestellte Lösung wieder aufgegriffen.

In Deutschland veröffentlichten Fülck[29] und Schillinger[30] eine Reihe von Entwürfen des Glashaustyps mit geneigter Südverglasung *(Fig. 27)*, dessen weit auskragender, in der Untersicht hohlkehlenförmig verputzter Dachüberstand – der sog. Schwanenhals – den deutschen Glashäusern des 18. Jahrhunderts ihren charakteristischen Ausdruck verlieh. Der Schwanenhals sollte die Glasscheiben gegen Hagel, Kälte, herabfallenden Tau und gegen die hochstehende Mittagssonne schützen. Für die flach einfallende Wintersonne war er zugleich Sonnenfang, der ihre Strahlen auf die Glasflächen reflektierte. Unter dem Dachüberstand wurden oft hölzerne Läden oder gerollte Matten angebracht, die man während der Nacht oder bei Kälte herunterließ. So reichte die tagsüber in den gemauerten Rückwänden gespeicherte Wärme aus, um das nächtliche Absinken der Außentem-

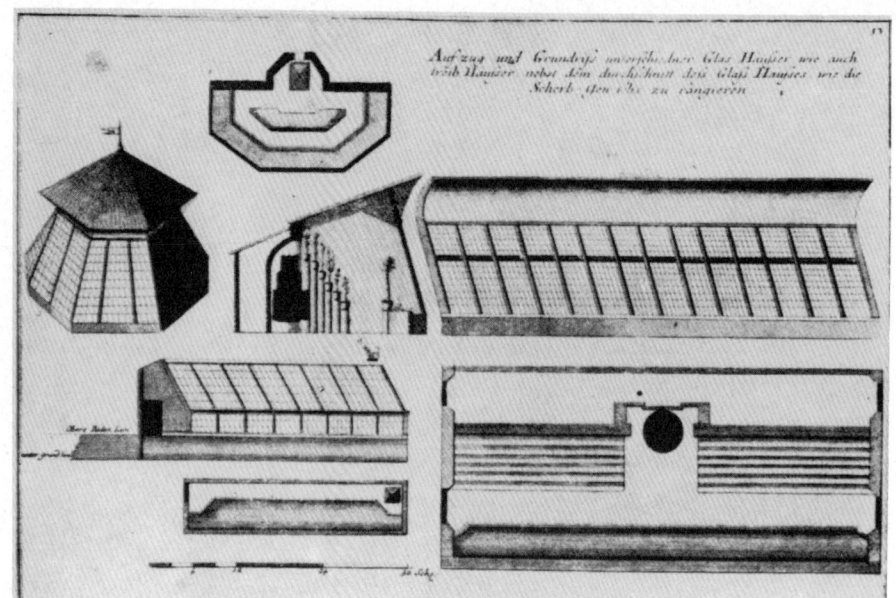

Fig. 27 Fülck und Schillinger, Entwürfe für Glashäuser mit Schwanenhals, um 1720

peratur zu überbrücken. Von der großen Verbreitung dieses auf die maximale Nutzung der Sonnenenergie abgestimmten Typs zeugen das Gewächshaus des Klosters Melk an der Donau und weitere heute noch stehende Glashäuser, wie das im Garten des Lustschlosses Hellbrunn bei Salzburg *(Abb. 20)*, das im Konventgarten der ehemaligen Abtei in Seligenstadt (ca. 1760, *Abb. 21*) und das zum Kloster Bronnbach an der Tauber gehörende, mit seinem über die ganze Länge des Schwanenhalses reichenden, in exotischen und illusionistischen Motiven gehaltenen Fresko (1774). Die beiden aneinander gebauten Glashäuser von ca. 1810 im Hofgarten der Residenz in Würzburg und die Flügelbauten des von Chevalier de Remy erbauten Wintergartens an der Hofburg in Wien (1822-1824) sind wohl die letzten dieses Typs, von denen hier nur wenige genannt wurden.

Anmerkungen:

1. J.C. Loudon, Encyclopaedia of Gardening, 1822
   Ch.M. McIntosh, The Book of the Garden, 1853
   G. Meyer, Lehrbuch der schönen Gartenkunst, 1860
   A. Mangin, Les Jardins, 1867
   A. Alphand, Les Promenades de Paris, 1867-1872
   E. André, L'Art des Jardins. Traité Général ..., 1879
2. Textstelle 276b
3. nach: Ch. McIntosh, The Book of the Garden, 1853, S. 2
4. The Builder 1854, S. 54
5. H.A. Stützer, Römische Kunstgeschichte, 1973, S. 101
6. A. von Humboldt, Kosmos, 1845-1859, (II), S. 130
7. A. Tschira, Orangerien und Gewächshäuser, 1939, S. 10
8. Salomon de Caus, Hortus Palatinus ..., 1620
9. W. Prinz, R.G. Kecks, Das französische Schloß der Renaissance, 1985, S. 158-167
10. Chr. Volkamer, Continuatio der Nürnbergischen Hesperides ..., 1714
11. S. Kleiner, Merkwürdiges ..., 1731-1740
12. wie Anm. 7, S. 24
13. Gardeners' Chronicle, 1881, S. 622, 628f., 655f.
14. J. Harris, William Talmann, 1982
15. The Garden, 1881, S. 345-347, 349
16. The Illustrated London News, 16.2.1889, S. 207
17. Country Life, The Villas of James Paine-III, 6.3.1969, S. 523, 526
18. A.T. Bolton, The Work of Robert and James Adam, 1922
19. Chr. Hussey, Early Georgian 1715-1760, 1955, S. 127-130
20. Architectural Review, 1899, S. 38-42
    Kerry Downes, Hawksmoor, 1959, S. 81f.
21. Le Rouge, Jardins Anglo-Chinois, 1770-1778
    W.H. Adams, The French Garden 1500-1800, 1979, S. 118
22. v.Heideloff, Ansichten des herzoglich Württembergischen Landsitzes Hohenheim, 1795
    E. Nau, Hohenheim Schloß und Gärten, 1967
23. J.C.Loudon, Encyclopädie des Gartenwesens, Weimar, 1823 und 1824, S. 398
24. J.C.Loudon, Encyclopaedia of Gardening, 1834, S. 316
25. wie Anm. 7, 1897, S. 186-188
26. wie Anm. 7, Blithfield-I, 28.10.1954, S. 1488-1492
27. wie Anm. 11
28. wie Anm. 10
29. J.D. Fülck, Neue Gartenlust, 1720
30. G.P. Schillinger, Architectura Civilis, 1745

Terminologie
der Pflanzenhäuser

Pflanzenhäuser dienen dem Zweck, das Wachstum von Pflanzen zu beeinflussen (treiben) oder Pflanzen aus fremden Klimazonen aufzubewahren (erhalten). Sie sind durch die Verschiedenartigkeit ihrer Bauformen, Verglasungen und der künstlich erzeugten Klimata den Bedingungen der zahlreichen Pflanzenarten angepaßt. Bei den Begriffserklärungen werden jeweils die englischen, z.T. auch die französischen Termini in Klammern mitangegeben. Lediglich im Abschnitt »Bauformen« sind die englischen Termini vorangestellt. Denn für die von England ausgehende und großenteils nur dort praktizierte Entwicklung haben sich im deutschen Sprachgebrauch nur wenige feststehende Begriffe herausgebildet. Die Pflanzenhäuser lassen sich nach vier Kategorien unterscheiden:

1. Funktion

Das *Kulturhaus* oder *Treibhaus (Forcinghouse)* dient zur Anzucht, Vermehrung, Regeneration und für ein beschleunigtes Wachstum. Die meist langgestreckten mit Sattel- oder Pultdächern überdeckten Glashäuser sind von mäßiger Höhe und Breite. Sie stehen im mauerumgrenzten Küchengarten und versorgen nicht nur die Küche mit Gemüse und Früchten, sondern auch das Haus, den Garten und die Erhaltungshäuser mit frischem bzw. regeneriertem Pflanzenschmuck.
In das *Erhaltungshaus (Konservationshaus, Conservatory)* wechseln die Pflanzen über, wenn sie eine ausdrucksvolle Gestalt erreicht haben oder zu blühen beginnen. Sie bereichern das dekorative *Conservatory*, das schlichte *Greenhouse* oder sie finden in der Natur-Szenerie des *Wintergartens (Jardin d'Hiver)* Aufstellung. Auch die *Schauhäuser (Show Houses)* botanischer Gärten und Handelsgärtnereien, sowie die *Orangerien* sind Erhaltungshäuser, letztere beschränkt auf Citrusgewächse während ihrer winterlichen Vegetationsruhe.

2. Klima

Pflanzen verschiedener Klimazonen erfordern räumliche Unterteilungen oder die Ausbildung einer *Pflanzenhausgruppe (Range)*. Licht, Wärme und Feuchtigkeit müssen je nach den Ansprüchen der Pflanzen unterschiedlich dosiert werden:
Das *Kalthaus (Frigidarium, Greenhouse, Serre Froide)* mit einer Temperatur von 5-7° C eignet sich für Hartlaubpflanzen, Sukkulenten und zur Überwinterung immergrüner Pflanzen (z.B. Citrusgewächse in Orangerien).
Das *temperierte Haus (Tepidarium, Temperate House, Serre Temperée)* mit einer Temperatur von 12-15°C ist meist ein hohes Haus für Palmen, Baumfarne und subtropische Pflanzen aus den Gebieten des Übergangs von den Tropen zur gemäßigten Klimazone.

Das *trockene* bzw. *feuchte Warmhaus (Caldarium, Hothouse, Stove, Serre Chaude)* mit einer Temperatur von 15-20° C eignet sich für tropische Blatt- und Blütenpflanzen wie Orchideen, Bananen, Ananas und tropische Wasser- und Sumpfpflanzen. Ein Beispiel ist das um ein Wasserbecken errichtete »Victoria-Regia-Haus« mit einer Wassertemperatur von über 25° C.

3. Pflanzenbestand

Die Vorteile, die die Beschränkung auf eine einzige Pflanzengattung für den Bau und Betrieb der Glashäuser mit sich brachte – gleiche Raumhöhe, Belichtung, Wärme, Luftfeuchtigkeit – führten zur Entwicklung von Spezialhäusern. Hinsichtlich Funktion und Klima gehören sie jeweils einem der oben beschriebenen Typen an. Solche Spezialhäuser sind:
Orangerie (Orangery); Kamelienhaus (Camellia House); Palmenhaus (Palm House); Orchideenhaus (Orchid House); Farnhaus (Fernery); Erikenhaus (Heath House); Kakteenhaus (Succulent House); Wasserpflanzenhaus (Water Lily House) – und als Spezialfall davon das »Victoria-Regia-Haus« (Victoria Regia House); Weintreibhaus (Vinery), Ananastreibhaus (Pineapple House) und andere Obsttreibhäuser (Fruit Houses)

4. Bauform

Architectural Conservatory Das architektonische Pflanzenhaus, aus Stein, Eisen oder in Mischbauweise errichtet, folgt in seiner Bauform traditionellen Architektur-Vorbildern. Ihre Ornamentik wird auf die Elemente der Eisenkonstruktion übertragen.

Detached bezeichnet die Freistellung eines Pflanzenhauses, während das *Attached Conservatory* an das Wohnhaus angebaut ist und meist als architektonisches Pflanzenhaus dessen Stil übernimmt.

Lean-to House Es lehnt sich mit gebogter oder schrägstehender Verglasung an eine gemauerte Rückwand an, somit die konstruktiv einfachste Lösung. Die Wand bietet Schutz gegen die Nordwinde und gibt nachts die gespeicherte Sonnenwärme an den Raum ab.

Conservative Wall Der Gartenmauer – oft von Heizkanälen durchzogen – sind in kurzem Abstand Glasrahmen vorangestellt, die im Sommer entfernt werden.

Domical House Das kuppelförmige Haus ist besonders für hochwüchsige Pflanzen geeignet. Bei großer Höhe besteht die Gefahr der Überhitzung im Kuppelscheitel.

Curvilinear House Das Pflanzenhaus mit gebogten Oberflächen verbessert die Raumnutzung gegenüber Schrägverglasungen, erhöht die Stabilität der tragenden Falzleisten und reduziert den konstruktiven Aufwand.

Span roofed House Wegen seiner geradlinigen Verglasung und Lüftungsflügel verdrängt das Satteldachhaus in der zweiten Hälfte des 19. Jahrhunderts das gebogte Pflanzenhaus.

Ridge-and-Furrow-House Die Aneinanderreihung schmaler Satteldächer (First-und-Kehle) ist für die Überdeckung auch großer waagerechter Flächen geeignet. Bei entsprechender Ausrichtung der Sättel gegen die flach einfallende Morgen- und Abendsonne wird eine frühzeitige und langanhaltende Erwärmung des Pflanzenhauses begünstigt.

Roof Top Conservatory   Als Dachausbau oder auf einem Flachdach stehend soll das Dach-Pflanzenhaus in den Städten den fehlenden Garten ersetzen. Sonne, Regen und die vom Haus aufsteigende Wärme begünstigen die Dachanordnung. Das Pflanzenhaus überdeckt entweder als verglastes Dach (z.B. in Form eines Mansardendaches) den gesamten Baukörper oder steht als kleinerer Dachaufbau mit einem Dachgarten in Verbindung.

Underground Conservatory   Das in den Boden eingegrabene Pflanzenhaus ist nur im Dach verglast. So verringert sich die Abkühlungsfläche. Es stört weder die Architektur des Wohnhauses noch die Linienführung des Landschaftsparks.

»Hothouse for the Million«   J. Paxton entwickelte das vorgefertigte Patent-Glashaus für die Vorstadtvilla.

Glass Corridor, Flower Passage   Die wettergeschützte, pflanzen- und blumengeschmückte Passage führt vom Wohngebäude zum Pflanzenhaus. Die verglasten Wandrahmen werden meist im Sommer demontiert. In der architektonischen Gartenanlage der »Wilhelma« in Stuttgart verbindet eine überdachte Wegeführung *(Covered Way)* von 1 km Ausdehnung die Pflanzenhäuser der maurischen Villa mit dem Festsaal und anderen Gartengebäuden. Für den gleichen Zweck ließ der belgische König in Laeken glasüberdeckte, pflanzengeschmückte Gänge ins Erdreich graben, um das Landschaftsbild nicht zu beeinträchtigen.

Glazed Verandah, Balcon-Serre   Die verglaste Veranda und der mit einem Pflanzenhaus überbaute Balkon bringen die Natur auch dem Stadthaus nahe.

Plant Cabinet   Das kleine Pflanzenhaus wurde der Treppenhalle oder den Treppenpodesten – auch im Mietshaus – angefügt.

Floral Porch   Der Blumenportikus ist dem Haupt- oder Garteneingang eines Hauses vorgebaut.

Window Case   In das Fenster wird ein Glasvorbau eingelassen, dessen Luftraum gegen die trockene Zimmerluft abgeschlossen ist.

Wardian Case, Lady's Plant Case, Fern Case   Das transportable, in dekorativen Formen gehaltene Miniaturpflanzenhaus, ähnlich einer Vitrine, steht frei im Wohnraum.

Private Pflanzenhäuser

*der Schlösser, Landsitze, Villen
und Stadthäuser*

Das dem Wohnhaus zugeordnete Pflanzenhaus dehnte die ehemals auf die Sommermonate beschränkten Gartenfreuden auf das ganze Jahr aus. Es verlagerte die Elemente des Italienischen Gartens und des Englischen Landschaftsparks auf den Innenraum, der sich als »bedeckter Garten«[1] mit den Wohnräumen verbindet. Von den höfischen Residenzen auf die Landsitze des Adels und wohlhabender Bürger übergehend, durfte das Pflanzenhaus bald auch in den Villen der Mittelklasse nicht fehlen.

E. André hat in praktischen Anweisungen die Auswahl und das Arrangement für den privaten Wintergarten beschrieben[2] und ausgeführte Beispiele zur Nachahmung empfohlen. Die eher puritanisch anmutenden Ratschläge englischer Gartenzeitschriften preisen mehr die grüne Natur des Pflanzenhauses als Quelle des Wohlseins und des Vergnügens aus »sozialen, der Gesundheit dienenden, ethischen und sogar religiösen Gründen«[3]. Sowohl in Frankreich wie auch in England wird das besondere Verhältnis des weiblichen Geschlechts zur Pflanzenwelt betont, weil die Frau alle auf die Blumen übertragbaren Eigenschaften wie Anmut, Schönheit und Sanftmut in sich vereinige[4]. Die ihr zugeteilte Rolle des Pflegens und Betreuens spiegelt sich auch in der häufigen Verbindung des Pflanzenhauses mit den Damen-Wohnräumen wider. Die Wintergärten der Kaiserin Josephine, der Prinzessin Mathilde und das Lady-Conservatory von The Grange sind dafür Beispiele. Schon für das 18. Jahrhundert ist eine Bemerkung von Vanbrugh überliefert, der für die Herzogin von Malborough ein Greenhouse in Blenheim Palace plante, »nicht ein Magazin für eine Menge närrischer Pflanzen«, sondern ausgestattet mit »einigen der besten Grünpflanzen, dazwischen Bilder, Büsten, Statuen, Bücher und andere schmückende und unterhaltsame Dinge«[5]. Loudon war der Meinung, »daß das Greenhouse besonders in der Obhut des weiblichen Teils der Familie steht und eine reizende Szene der Fürsorge und Unterhaltung für Mutter und Tochter in einer Jahreszeit darstellt, in der wenig Anreiz besteht, in den Küchengarten zu gehen, und nichts im Parterre und an den Stauden zu tun ist.«[6]

Was die Lage des Pflanzenhauses zur Himmelsrichtung betrifft, so ist die Süd-Ostorientierung in Verbindung mit dem Frühstückszimmer besonders günstig. Die Morgensonne sorgt für eine frühzeitige Erwärmung, sie lädt ins Greenhouse und zum Gang in den Garten ein. Zusätzlichen Raum, der mit einigen Möbeln und Büchern ausgestattet sein kann, bietet die Greenhouse-Passage. An eine Nordwand gelehnt, verbindet sie in Gatcombe Park (ca. 1828) das Wohnhaus mit dem Billardraum. Das zum Viertelkreis gebogene Pflanzenhaus in Dodington (ca. 1814) führt von der Bibliothek zur Hauskapelle. In Sezincote (1805) umfängt die Flower Passage (Blumenpassage) den Italienischen Garten und endet am Indischen Pavillon. Im Ven House (1836) schirmt sie die lange Terrasse nach Norden ab und erschließt das sie im Westen begrenzende Conservatory. Humphrey

Repton verwendete die Flower Passage oft, um zum Gang durch den Garten einzuladen. In seinen nicht ausgeführten Plänen für den Brighton Pavilion sind alle Gebäude, einschließlich der Reithalle, durch Glaspassagen, die sich manchmal zu Gewächshäusern erweitern, zusammengebunden. Es sind langgestreckte Promenaden mit üppigem Blumenschmuck, die zur Sommerzeit durch abnehmbare Glasrahmen im Wand- und Deckenbereich in offene Laubengänge verwandelt werden können.

Am häufigsten geht das angebaute Pflanzenhaus eine Verbindung mit dem Wohnraum ein. In Flintham Hall (1854) öffnet er sich über Fenster und Flügeltüren in das anschließende hohe Pflanzenhaus, in das sogar ein Balkon hineinragt. Man kann ihn von der als Bibliothek eingerichteten Galerie aus betreten. Spiegel lassen das Pflanzenhaus, das eine Fontäne und Skulpturen schmücken, größer erscheinen.

Ihren eigentlichen Zweck, den Hausbewohnern gerade im Winter Umgang mit der Natur und den Anblick von Grünpflanzen, Blumen und Bäumen darzubieten, können Pflanzenhäuser unterschiedlicher Art erfüllen:

Das *Greenhouse* ist von geringer Ausdehnung und für bescheidene Ansprüche. Es wird meist nur im Winter beheizt. In ihm werden die Pflanzen beweglich auf Stellagen in Töpfen gehalten, meist in dekorativer Anordnung. Da sie im Sommer ins Freie kommen, reichen übliche Lüftungsflügel aus. Ursprünglich war das Greenhouse zur Kultivierung derjenigen Pflanzen bestimmt, die später im Conservatory aufgestellt wurden und jederzeit ausgewechselt werden konnten[7]. Seine Bauform ist daher oft funktionell bestimmt.

Das *Conservatory* ist meist von größerer Ausdehnung. Hier werden Pflanzen entsprechend ihren natürlichen Lebensgemeinschaften zusammengefaßt und in den Grund gepflanzt. Die Lehrmeinung verlangt abnehmbare Glasrahmen im Wand- und Deckenbereich, damit sich die fest an einen Ort gebundenen Pflanzen in der Sommerzeit unter dem Einfluß von Wind und Wetter regenerieren, sich Kahlstellen schließen können, die durch ungenügendes und einseitiges Tageslicht entstanden sind.

Der *Wintergarten* bildet in seiner Einrichtung mit Gartensitzen, Skulpturenschmuck, Fontänen und der Bepflanzung den freien Gartenraum nach. Elemente der Steinarchitektur können im Wandbereich verwendet werden, nicht nur aus ästhetischen Gründen, sondern auch wegen der Fähigkeit massiver Bauglieder zur Wärmespeicherung.

Die *Orangerie* wurde in England bis weit in das 19. Jahrhundert hinein gebaut. Zur Beständigkeit der Bauform hat beigetragen, daß sie das ursprüngliche Erscheinungsbild des Pflanzenhauses verkörpert, und daß ihre traditionelle Steinarchitektur leicht an die des Wohnhauses angepaßt werden kann. Auch als in England im frühen 19. Jahrhundert die Orangerie durch Verglasen des Daches einer veränderten Pflanzenhausfunktion angepaßt wurde, blieb ihre Bauform davon unberührt. Neubauten übernehmen ihren Typus im architektonischen Pflanzenhaus, das jedoch von den Gartentheoretikern wegen des ungenügenden Lichteinfalls heftig kritisiert wurde. »Denn diese Häuser ... sehen oft Grabmählern oder Tempeln ähnlicher als Pflanzenhäusern.«[8] In Deutschland wußte man am Ende des Jahrhunderts die Orangerie als Festsaal wieder zu schätzen. So empfahl A. Lichtwark 1902 in einer gegen die »unkünstlerische Wildnis« des Wintergartens gerichteten Schrift[9] ein »Zurückgreifen auf die Formen, die man im vergangenen Jahrhundert für die Orangerie verwendete. Glasdächer gab es damals noch nicht. Die Orangerie hatte große, breite Fenster, die bis zum Boden reichend, viel Licht hereinließen, und waren mit einer Stuckdecke versehen wie jeder große Saal. Diese Stuckdecke hatte den großen Vorteil, daß sie nicht tropft. Bekanntlich pflegen Damen in Gesellschaftstoilette bei großen Festen nie in Wintergärten zu gehen, weil sie sich der Gefahr des Tropfenfalls nicht aussetzen wollen. Will man den Wintergarten für die behagliche Benutzung einrichten, so gibt es nichts Praktischeres und künstlerisch Ausbildungsfähiges als die Form der alten Orangerie mit ihren weißen Wänden und weißen Decken. Eine Wildnis in dieser Umgebung anzulegen ist unmöglich. Die Verteilung der Bäume und Büsche muß nach architektonischem Gefühl geschehen und der Gegensatz des Grüns zur weißen Wand, die Verwendung farbigen Lattenwerks (treillage), die Farbe der Kübel geben die Mittel zu einem edlen koloristischen Aufbau...«

Vorzüge der Orangerie, die sie für viele Verwendungszwecke so geeignet machen, sind ihre freie Lage, die meist ideale Ausrichtung des Langhauses nach Süden und der hohe Fensteranteil, der den weiten, stützenfreien Innenraum mit reichlich Tageslicht versorgt und der erst die Vorteile der Massivbauweise für ein ausgeglichenes Klima und für einen geringen Heizungsaufwand wirksam werden läßt.

In der Praxis fällt es schwer, in der Vielfalt der Pflanzenhäuser die beschriebenen Grundtypen wiederzuerkennen, zumal ein willkürlicher Sprachgebrauch und die vom Originalzustand abweichende Pflanzenausstattung die Grenzen zwischen Greenhouse und Conservatory wie zwischen Conservatory und Wintergarten verwischen. Dagegen steht fest, daß die Begriffe Orangerie und Wintergarten erst nachträglich auf Pflanzenhäuser übertragen wurden. Als Orangerie galt ursprünglich der Aufstellungsort der Pomeranzen im Freien. Das bestätigen noch Diderot und d'Alembert in ihrer Enzyklopädie[10].

Auch der Wintergarten war einst ein Gartenteil. Seine regelmäßige Bepflanzung sollte im Winter Kontur und Pflanzengrün bewahren. Noch 1852 stellte W. Barrow in »The British Winter Garden« die für einen winterlichen, immergrünen Garten geeigneten Pflanzen zusammen. Ein als »Winter Garden« bezeichneter, von gestutzten Eiben gesäumter Gartenteil ist aus alten Zeiten in Haddon Hall, Bakewell erhalten. Hermann Fürst von Pückler-Muskau merkt in seinen »Andeutungen über Landschaftsgärtnerei« 1834 an: »Ein Wintergarten muß, wie schon der Name anzeigt, nur aus immergrünen Pflanzen bestehen. Orangerie- und Treibhäuser, Statuen und wohl auch architektonische Springbrunnen, die, selbst wenn das Wasser gefriert, nicht ohne pittoreske Wirkung bleiben, müssen ihn beleben. Die regelmäßige Anlage nach antikem, oder daraus abgeleiteten französischem Geschmack, sagt diesen Gärten am besten zu.«[11]

Viele der traditionellen Hausformen, die bei privaten Pflanzenhäusern anzutreffen sind, stehen mit den theoretischen Erwägungen über zweckmäßige Glasneigungen und Gebäudequerschnitte und über die bevorzugte Verwendung filigraner Eisenstrukturen anstelle massiver Bauglieder im Widerspruch. Mischbauweisen, bei denen die tragenden Eisenkonstruktionen auf dem Mauerwerk aufliegen oder als abgebundenes System hinter der Fassade stehen, überwiegen. Pilaster und Gebälk gliedern und begrenzen die Wandverglasung. Architektonischen, nicht physikalischen Gesetzen folgen die gläsernen Dächer, die sich hinter Balustraden verstecken oder sich zu ornamentalen Kuppeln auftürmen. Hierin unterscheidet sich das dem Wohnhaus zugeordnete Conservatory vom funktionellen Treibhaus im Nutzgarten. Das Conservatory muß sich einem übergeordneten Raumprogramm und den örtlichen Gegebenheiten – Gartenplan, Himmelsrichtung, vorhandene Bausubstanz und Architektur – anpassen, ein Spiegelbild zugleich der gesellschaftlichen Stellung des Bauherrn, seiner finanziellen Leistungskraft und seiner individuellen Wünsche.

Ganz anders stellen sich die ohne Bezug zum Wohnhaus errichteten Treibhäuser, Erhaltungshäuser für spezielle Pflanzenarten und die großen Pflanzenschauhäuser dar. Gesellschaftlicher Aufgaben »entkleidet«, beschränkt sich ihre Funktion auf die Schaffung optimaler Lebensbedingungen für Pflanzen. Als rationale, »unangepaßte« Ingenieurkonstruktionen, die sich nach zeitgenössischer Auffassung nicht mit der höher bewerteten Architektur des Wohnhauses vertragen, stehen sie frei hinter Baumkulissen, entlang Gartenmauern und Terrassen oder im Küchengarten. Die sich hier herausbildenden Typen sind auf eine überschaubare Zahl begrenzt.

Es ist sicher kein Zufall, daß auch die Entwicklung des Küchengartens, dem viele von ihnen angehören, seit seinen Anfängen die gleiche Kontinuität aufweist. Unverändert blieb die geometrische Aufteilung von Pflanzenbeeten zwischen schützenden Mauern. Mitte des 17. Jahrhunderts kamen die Techniken des Treibens mit Hilfe von wärmeerzeugendem, vergärendem Dung und Sonnenenergie einfangenden Glasglocken hinzu. Mit Hilfe verglaster Holzrahmen, die gegen die Südseite der Gartenmauern gelehnt wurden, vergrößerte man ab Anfang des 18. Jahrhunderts die Flächen unter Glas. Das 19. Jahrhundert ersetzte sie durch die bekannten Anlehnhäuser mit schräger oder gebogter Verglasung. Für unterschiedliche Sorten von Früchten, Gemüsen und Blumen bestimmt, variieren Größe, Querschnitt und Lage zur Himmelsrichtung, wobei die Speicherwärme der vorhandenen Gartenmauern und ihr Windschutz genutzt werden. Vom Wechsel der Gartenstile und der Architekturmoden blieben der Küchengarten und die ihm zugehörigen Pflanzenhäuser unberührt.

Der privaten Initiative ist es zu verdanken, daß die Entwicklung im rationalen Pflanzenhausbau durch Prototypen und Erfahrungsaustausch vorangetrieben wurde. Beispiele für die hier geleistete Pionierarbeit sind:

- die selbsttragende, weitgespannte gebogene Falzleiste aus Eisen, wie sie das Palmenhaus in Bicton Gardens so eindrucksvoll zeigt;
- die am »Great Stove« und am »Victoria-Regia-Haus« in Chatsworth erprobten Bogenbinder- und *ridge-and-furrow*-Konstruktionen, die erst das Londoner Weltausstellungsgebäude von 1851 zum Prototyp der industriellen Bauweise werden ließen;
- die außenliegenden Konstruktionen des königlichen Wintergartens in Laeken und des großen Palmenhauses im Schloßpark von Schönbrunn, die so leichter gewartet werden können, die den Innenraum größer und übersichtlicher werden lassen und den Heizungsaufwand sowie den Schwitzwasseranfall reduzieren.

Anmerkungen

1. K. Lemmon, The Covered Garden, 1962
2. E. André, Traité Général de la Composition des Parcs et Jardins, 1879
3. Ernouf et Alphand, L'Art des Jardins, Paris 1870
4. Ch. Morren, Les Femmes et les Fleurs, in: La Belgique Horticole 1860
5. G. Webb, The Complete Works of Sir John Vanbrugh, IV, The Letters, 1928
6. J.C. Loudon, The Greenhouse Companion, 1824
7. Ch. McIntosh, The Book of the Garden, 1853
8. J.C. Loudon, Encyclopädie des Gartenwesens, III. Theil, 2. Buch, 1827, S.1076
9. A. Lichtwark, Blumenkultus, Wilde Blumen, 1902
10. Diderot & d'Alembert, Encyclopédie, 15. Band, Stichwort Orangerie, 1765
11. Von Pückler-Muskau, Andeutungen über Landschaftsgärtnerei, 1834

Private Pflanzenhäuser
Drei Prototypen

1. »The Architectural Conservatory« in The Grange, Hampshire,
1824-1825 von Charles Robert Cockerell
Abb. 22-25

Baugeschichte William Samwell (1628-1676) erbaute in der zweiten Hälfte des 17. Jahrhunderts für Sir Robert Henley das 23 x 32 m große Landhaus aus Ziegelmauerwerk, verkleidet mit Portlandstein. In Loudons »Gardener's Magazine« wurde es noch 1826 Inigo Jones (1573- 1652) zugeschrieben[1], obwohl diese Legende bereits seit 1788 widerlegt war[2]. Nicht weniger als zehn Architekten befaßten sich in der Folgezeit damit, durch An- und Umbauten das Wohnhaus in einen griechischen Tempel zu verwandeln, ein »nationales Architekturmonument« (N. Pevsner) klassizistischer Prägung.

Östlich des architektonisch gestalteten Gartens hatte Chancelor Henley 1764 einen Landschaftspark mit ausgebuchtetem See, Inseln und künstlichen Ruinen anlegen lassen. Eine Brücke entstand nach Entwürfen von Robert Adam (1728-1792), die mit ihrem 21 m überspannenden, gemauerten Bogen zu einer überwölbten Passage führte. Sie erschloß den kleinen, ebenfalls von Adam erbauten Verwaltungstrakt im Westen des Hauses.

1786 ging das Anwesen auf die Familie Drummond über. Angeregt durch Umbauten im benachbarten Stratton Park, wo George Dance 1803 dem Haus einen dorischen Portikus vorgesetzt hatte, beschloß der damals 18jährige Drummond, sein Erbe umzugestalten. Er beauftragte hiermit seinen Verwandten, den jungen klassizistischen Architekten William Wilkins (1778-1839).

1809 war aus Samwells Wohnhaus ein dorischer Tempel mit sechssäuligem Portikus, Podium und Freitreppe geworden. »Das Attika-Geschoß und das Dach wurden, zusammengedrückt, hinter einem massiven Gebälk verborgen«, zwischen dessen Triglyphen verstohlen die Fenster hervorlugten. »Es ist die Frage, wie weit jene schweren Proportionen und die dorische Strenge, die nach Vitruv der Ehre der großen Gottheiten gewidmet war, für die Zwecke der Villa-Architektur anwendbar sind.«[3]

Drummond verkaufte 1817 seinen Besitz an Alexander Baring (Lord Ashburton), der vier Architekten beschäftigte, um das Haus wohnlicher zu machen. Wahrscheinlich war es Robert Smirke (1780-1867), der im Norden einen schmalen, niedrigen Flügel anbaute. Nach Auseinandersetzungen mit Smirkes Mitarbeitern wandte sich Baring an Samuel Pepys Cockerell (1754-1827) und dessen Sohn Charles Robert (1788-1863).

Von den zwei Entwürfen, die Cockerell zur Verbesserung der Wohnverhältnisse vorlegte, entschied sich Baring zu Cockerells Bedauern für die wirtschaftlichere Lösung, eine L-förmige Erweiterung entlang des alten terrassierten Gartens. Smirkes Anbau wurde miteinbezogen. Der zweite, abgelehnte Entwurf zeigte die formal konsequentere Lösung mit der Verlängerung des Tempelbaues mit einem zusätzlichen Portikus auf der Nordseite. Hierbei hätte jedoch Smirkes nördlicher Flügel abgebrochen werden müssen. Die beiden größten Räume des neuen Programms waren der nach Norden angebaute Speisesaal – der am reichsten ausgestattete Raum des Hauses – und das ca. 375 m² große Pflanzenhaus im Anschluß an die Lady-Apartments am westlichen Ende des L-förmigen Anbaues.

Cockerell, beraten von Barings Hauptgärtner Mc Arthur, entschied sich für ein Pflanzenhaus in Glas-Eisenkonstruktion und beauftragte im Herbst 1824 die 1818 gegründete Firma Jones & Clark in Birmingham. Sie hatte ein Jahr zuvor ein nahezu gleich konstruiertes Kamelienhaus für Wollaton Hall, Nottinghamshire geliefert. Um die Konstruktion an die Tempelmotive des Wohnhauses anzupassen, verkleidete sie Cockerell mit gemauerten Pilastern und Architraven und stellte ihr einen viersäuligen ionischen Portikus voran. 1825 wurden die Bauarbeiten abgeschlossen. Ein Jahr später folgten die terrassierten Gartenanlagen mit Brunnen und Balustraden, ein frühes Beispiel der Rücckehr zum streng geformten Italienischen Garten. 1852 wurde Cockerell vom zweiten Lord Ashburton zu weiteren Umgestaltungen hinzugezogen, u.a. zur Aufstockung des bisher eingeschossigen nördlichen Flügels. Das auch aus kontinentaler Sicht bedeutende Landschloß des »Greek Revival« der englischen Profanarchitektur war damit vollendet.

Die baulichen Veränderungen, die 1867 und 1880 nach dem Tode Cockerells von einem unbekannten Londoner Architekten ausgeführt wurden – er baute zuletzt das Pflanzenhaus in eine stützenfreie, gesichtslose Bildergalerie um[4] – kündigen den allmählichen Verfall des Besitztums an. Den weiteren Niedergang markieren folgende Stationen:

1934 Verkauf des Anwesens an einen reichen Industriellen zur Aufbewahrung seiner Bildersammlungen, die er zusammen mit The Grange dem Staat zugedacht hatte, ein Geschenk, das der National Trust und das Office of Work ablehnten. 1939-1945 Besetzung durch das Militär. Sodann der Rückkauf durch die Barings in schlechtem Erhaltungszustand, denn das mit römischem Zement verputzte Ziegelmauerwerk wies viele Schäden auf. 1972 Versteigerung des gesamten Inventars. Von dem berühmten Haus blieb nur noch eine Ruine. Seit dieser Zeit mehren sich finanzielle Anstrengungen und Verwendungsvorschläge, um The Grange – »as heart-jerking as any experience of seeing the Parthenon for the first time«[5] – vor dem Untergang zu retten.

Gesamtanlage Es kann als sicher gelten, daß nicht der Vater Samuel Pepys, sondern der Sohn Charles Robert Cockerell die Entwürfe für The Grange bearbeitet hat. Der hochgebildete Architekt und Archäologe brachte dafür die besten Voraussetzungen mit. Auf Sizilien bei Agrigent hatte er den Tempel des Jupiter vermessen. In Griechenland war er 1811 bei verschiedenen Ausgrabungen tätig und ist Mitentdecker der Aphaia-Tempel-Skulpturen auf Aegina und der Friese des Apollontempels in Bassae bei Phigalia in Arkadien auf dem Peloponnes. 1819 warb er für »die Idee einer Restauration des Kapitols und des Forums in Rom« und wollte 1824 Athen wiederaufbauen, »wie es zu Zeiten des Antonius ausgesehen hatte«[6].

The Grange entsprach seiner ästhetisch-kontemplativen Auffassung von der Antike: Die breiten Terrassen, die nach Westen zum See hin abfallen, das sich in klassischen Proportionen erhebende Tempelmonument, seine vorgeschobene Lage am Hang vor der Kulisse bewaldeter Höhen, ausgerichtet auf den zum See ausgeweiteten Fluß Itchin, seine pathetischen Säulenhallen, von denen der mittlere sechssäulige Theseion-Portikus allein 20 m mißt.

Auch Loudon bewunderte 1826 die Gesamtanlage: »Alles hat die Wirkung jener idealen Landschaftsszenen, die nur des Malers Phantasie befriedigten, ohne daß ihre Verwirklichung möglich schien. Die massigen Proportionen, welche wie eine unheilvolle Maske den Beschauer aus der Nähe bedrohen, zeigen aus der Ferne gesehen alle charakteristischen Züge, die zu jener strengen Architektur gehören ...«[7]

Von der Zufahrtsallee kommend, fährt der Besucher im östlich des Gebäudes gelegenen Vorhof vor. Der neunachsigen Eingangsfront ist hier ein aus vier quadratischen Pfeilern bestehender Portikus, der zur Eingangshalle überleitet, vorgelagert. Er ist eine Nachbildung des choragischen Monumentes des Thrasybulos in Athen[8]. Nördlich der Halle, von außen durch Figurennischen und zwei ionische Säulen hervorgehoben, schließt der Speisesaal an. Der geometrische Garten stellt die Beziehung zwischen Innen und Außen her, in seiner Zuordnung ein Pendant zum ummauerten Vorhof, der auf den Portikus ausgerichtet ist.

Im Westen des Conservatorys, dem zweiten Großraum der Bauanlage, wiederholt sich das Motiv im vielfach größeren ornamentalen Parterregarten. Er stand ehemals mit den die Süd- und Westseite des Hauses einfassenden oberen und unteren Terrassen in Verbindung. An der Rückseite des Pflanzenhauses schlossen die eingeschossigen Lady-Apartments an. Ihre Türen und Fenster öffneten sich unmittelbar in das Pflanzenhaus.

Noch ein weiteres Mal wird die Beziehung zum Außenraum aufgenommen: In den beiden parallel geführten Längsachsen von Pflanzenhaus und Hauptgebäude, die sich über beide Portiken, Freitreppen und Terrassen hinweg in den offenen Landschaftsraum fortsetzen. Das Architectural Conservatory, das in seiner Architektur und Ausrichtung auf die Landschaft dem Hauptgebäude gleicht, verstärkt in der Wiederholung die pathetische Strenge. Mit den geometrischen Gärten und den Terrassen schließt es das tempelhafte Landhaus zu einer einheitlich gestalteten Gesamtanlage zusammen.

Entwurf Mit seiner östlichen Längsfront an den Wohnblock angebaut, überdeckte das rechteckige Pflanzenhaus eine Grundrißfläche von 80 x 47 Fuß (24,38 x 14,33 m) bei einer mittleren Höhe von 18 Fuß (5,80 m). Die parallel zum Hauptgebäude verlaufende Längsachse bestimmte den richtungsbetonten, fünfschiffigen Wegraum und die Linienführung seiner Bauglieder – Dächer, Stützenreihen, Wege, Pflanzflächen –, die sich über sieben Achsen von je 3,48 m von Norden nach Süden erstreckten. Dagegen blieb die Stützenstellung im Querschnitt ohne Übereinstimmung mit der Fassadenaufteilung der Giebelfronten. Die inneren Achsmaße wurden hier auf die unterschiedlichen Breiten der Wege und Pflanzbeete, die als Erschliessungs- und Nutzungszonen im Wechsel aufeinander folgten, abgestimmt: Zwei Außenwege zu je 4 Fuß, 9 Zoll (1,45 m); zwei Pflanzenbeete zu je 15 Fuß, 6 Zoll (4,72 m) und der Mittelweg zu 6 Fuß, 6 Zoll (1,98 m).

In der Dachausbildung war die aus den Funktionen des Pflanzenhauses abgeleitete Zonenbildung klar zu erkennen. Halbtonnenförmige, undurchsichtige Dachflächen aus gebogenen Blechtafeln, die Wartungsstege trugen, überdeckten jeweils die drei Wegeführungen. Verglaste, unter 30° geneigte Satteldächer gaben den Pflanzflächen Licht, das Ganze eine frühe, sinngemäße Verwirklichung von Loudons *ridge-and-furrow*-Dachsystem.

Auf die Achse des breiten Mittelweges war der viersäulige Eingangsportikus ausgerichtet. Als eigenständiger Baukörper durchdrang er die südliche Giebelfront. Sowohl im Innenraum als auch im Freien entstanden hierdurch als Vestibül bzw. Vorhalle dienende Übergangszonen, die der Unterbrechung des Bewegungsablaufes entsprachen.

Die wie ein Bausystem aufeinander abgestimmte, frei hinter den Umfassungswänden aufgestellte Eisenkonstruktion der Firma Jones & Clark wurde gegenüber dem Kamelienhaus in Wollaton Hall verbessert. Sie berücksichtigte bereits die von Funktion, Rationalität und Flexibilität ausgehenden Techniken des 25 Jahre späteren Kristallpalastes in London. Denn das System der tragenden »Rinnenbalken« und »Entwässerungsstützen« erfüllte mehrere Funktionen in einem Bauelement. In Verbindung mit der *ridge-and-furrow*-Dachstruktur war es geeignet, beliebig große horizontale Dachflächen zu entwässern, es ließ eine flexible Erweiterung nach allen Seiten zu, durch die Fortsetzung des Wechsels von verglasten Satteldächern (Pflanzflächen) und Halbtonnen aus Blech (Wege), ebenso auch durch die Längenanpassung der einzelnen Schiffe an die örtlichen Verhältnisse.

Im Hinblick auf die zeitlich nachfolgenden Pflanzenhäuser Loudons, Paxtons und Turners, die die gleichen Probleme vielfacher Anwendbarkeit für eine industrielle Produktion zum Ziele hatten, stellt das Pflanzenhaus von The Grange einen wichtigen, vielleicht den frühesten Prototyp dar. In einem Schreiben vom 27. 1. 1827 von Jones & Clark an Loudon heißt es ohne falsche Bescheidenheit: »Wir glauben, wir können es ohne Risiko wagen zu behaupten, daß das Pflanzenhaus in The Grange unübertroffen in seiner Art im Vereinigten Königreich ist.«[9]

Auch die führenden zeitgenössischen Gartentheoretiker McIntosh[10], Loudon[11] und J. W. Thomson[12] bestätigen in ihren Schriften die Einmaligkeit des Pflanzenhauses, das – laut McIntosh dreißig Jahre nach seiner Entstehung – »zwar nicht als Neuheit bezeichnet werden kann, jedoch als eines der besten Conservatories, die wir gesehen haben ... Wir betrachten es als Modell.«[13]

Konstruktion   Es überrascht auf den ersten Blick, daß Cockerell die architektonische Vormauerung der Pfeiler und Gebälke und die dahinterstehende Eisenkonstruktion strikt voneinander trennte. Die Abkoppelung ging soweit, daß die Dachkonstruktion nicht auf der Ummauerung auflag, sondern von zusätzlichen gußeisernen Stützenreihen getragen wurde. So erlaubte die konstruktiv konsequente Lösung eine von der Ummauerung unabhängige Montage. Dehnungen und Setzungen übertrugen sich nicht, und alle Dachanschlüsse blieben im Bereich der in der Werkstatt aufeinandergepassten, vorgefertigten Eisenkonstruktion. Sie bestand aus sechs Reihen gußeiserner Säulen mit ornamentierten Basen und Kapitellen. Auf vier Seiten hatte man Spanndrähte für emporrankende Kletterpflanzen angebracht. Zur Ableitung des Regenwassers waren die Stützen hohl. Sie trugen die in Längsrichtung des Hauses verlaufenden, als profiliertes Gebälk gegossenen Dachrinnen, zugleich die Träger für die *ridge-and-furrow*-ähnliche Dachkonstruktion. Über den Gängen wurde sie aus doppelt verlegten, zum Halbkreis gebogenen Walzblechkappen, die auf den Rinnenträgern aufsaßen, gebildet. Sie schlossen einen Luftzwischenraum zur Verhinderung von Wärmeverlusten ein. Die oberen Bleche dienten zugleich zur Unterstützung des Wartungssteges (Eisenrost), von dem aus die anschließenden Glasdächer und Lüftungsflügel gewartet werden konnten. Gußeiserne, auf den Rinnenträgern abgestützte Sparren bildeten die Unterkonstruktion für die satteldachförmigen Glasoberlichter über den Pflanzenbeeten. Hierauf lagen schmiedeeiserne Rahmen mit Kupfersprossen für die Verglasung, an deren Überlappungen gelochte Bleieinlagen Frostbrüche und das Abtropfen von Schwitzwasser verhinderten.

Auf den drei freien Außenfronten des Pflanzenhauses saßen 5,60 m hohe französische Fenstertüren aus Fichtenrahmen mit kupfernen Sprossen zwischen den gemauerten Pilastern. Ein Querriegel oberhalb der Türen teilte das Oberlicht ab. Zur Lüftung wurden die Fenstertüren geöffnet und die Schiebeflügel am Dachfirst herabgelassen.

Eine Kombination von Warmluftkanälen und Dampfrohren ermöglichte sowohl die Entnahme warmer Luft an beliebiger Stelle als auch die Beimischung von Wasserdampf zur Luftbefeuchtung. Die Kanäle verliefen unter den drei Wegen. McIntosh machte bei der Beschreibung dieses durch »Mr. Sylvester« eingebauten Beheizungssystems einen erst in den sechziger Jahren unseres Jahrhunderts verwirklichten Verbesserungsvorschlag: Die Stützenheizung. »Bei einem tropischen Pflanzenhaus möge man jede zweite Stütze zur Regenwasserabführung verwenden und die anderen zur Erwärmung des Raumes, indem das heiße Wasser in den Stützen aufsteigt und herabsinkt. Die Wärme könnte so in alle Bereiche des Hauses abgegeben werden.«[14] Zur Luftbefeuchtung empfahl er dekorative, mit Heizröhren versehene Vasen bei Bedarf mit Wasser zu füllen. Die Dampfheizung in The Grange wurde nach sieben Jahren wegen des hohen Brennstoffverbrauchs in eine Warmwasserheizung umgewandelt.

Besonders sorgfältig wurde von der Firma Jones & Clark die Regenwasserableitung gelöst. Sie war weder von außen noch von innen sichtbar. Für die Innenentwässerung über die im warmen Raum stehenden Stützen bestand keine Einfriergefahr. In einem großen Tank unter dem Portikus sammelte sich das für die Gewächshauspflanzen wertvolle Regenwasser. »Die Sohle der Pflanzbeete ist von konkaver Form, damit die Drainage zur Mitte verläuft, ... unter jedem Beet sind drei trockene Schächte, gefüllt mit grobem Kies ...«, so beginnt eine ausführliche, viele gärtnerische Einzelheiten enthaltende Beschreibung Loudons über die Beete-Bepflanzung im Conservatory[15].

In der vorgefertigten Pflanzenhaus-Konstruktion übernahmen die gußeisernen Entwässerungsstützen und die Rinnenträger die Funktion des tragenden Skeletts und die Regenwasserabführung. Sie hatten jedoch noch eine dritte, dekorative Aufgabe zu erfüllen: Die Ornamentformen der gußeisernen Bauglieder sollten wie Säulen und Gebälke klassizistischer Steinarchitektur gesehen werden.

Stil Das freistehende Pflanzenhaus wurde oft als »unarchitektonischer« Funktionsbau errichtet. Dagegen entstand das angebaute Pflanzenhaus, da es sich an die Architektur des Hauptgebäudes anpassen sollte, meist in den ornamentalen Formen eines Architectural Conservatorys. Das konnte auf zweierlei Wegen erreicht werden. Entweder wurden die neuen Glas-Eisenkonstruktionen in die Komposition der Baugestalt miteinbezogen oder die Konstruktionen traten nach außen nicht in Erscheinung und wurden, um einen Stilbruch zu vermeiden, hinter der Architektur konventioneller, massiver Bauglieder verborgen.

Cockerell wählte die letzte Lösung. Hier stand die rationale Baustruktur einer Ingenieurbaufirma – unsichtbar und austauschbar – hinter der vom Architekten geplanten architektonischen Vormauerung. Interessant ist die Tatsache, daß bei der 1880 erfolgten Umwandlung des Pflanzenhauses in eine Bildergalerie die alte Konstruktion entfernt und gegen eine neue stützenfreie ausgewechselt wurde. Von dieser wesentlichen strukturellen Veränderung blieb das äußere Erscheinungsbild der Tempelarchitektur unberührt.

Über die »Loslösung der reinen Architektur von den Problemen der Baupraxis«, die in The Grange sowohl beim Pflanzenhaus-Tempel als auch beim Wohnhaus-Tempel – dem »Overall Templar Sheme«[16] – gegeben ist, schreibt Benevolo im Kapitel über Ingenieurwesen und Klassizismus: »Mit Recht wird festgestellt, daß sich während dieser Zeit (1760 bis 1830) die Loslösung der reinen Architektur von den Problemen der Baupraxis anbahnt; letztere gehen in die Hände einer besonderen Personengruppe, nämlich der Ingenieure über, während sich die Architekten in eine Welt abstrakter Formen flüchten, nachdem sie den Kontakt mit den konkreten Bedürfnissen der Gesellschaft verloren haben. Beide Erscheinungen verlaufen also parallel, ohne Berührungspunkte, ja, sie entfernen sich nach und nach voneinander, und es tritt ein Zustand ein, den Giedion definiert als Bruch zwischen Wissenschaft und Technik einerseits und der Kunst andererseits, will heißen, zwischen der Architektur und der Bautechnik schlechthin.«[17]

In Wollaton Hall, Nottinghamshire, wo die Firma Jones & Clark 1823 nahezu das gleiche Bausystem aufgestellt hatte, wurden Hauptgesims, Stützenvorlagen und bekrönende Vasen als architektonische Versatzstücke in Eisen gegossen. Als industriell gefertigte Bauelemente konnten sie zusammen mit der Eisenkonstruktion angeliefert und montiert werden. Die Gußplatten für die Gesimsblenden, hinter denen sich die Satteldächer und die Halbtonnen verbergen, kann man samt ihren rückseitigen Abstützungen heute noch sehen.

Zweifellos empfand Cockerell seine Lösung für das in Material und vorgeblendeter Architektur dem Hauptgebäude angeglichene Pflanzenhaus als Weiterentwicklung gegenüber dem Kamelienhaus von Wollaton Hall. Losgelöst von den »Problemen der Baupraxis« hatte sich die »reine Architektur« verselbständigt. Vom Hauptgebäude übernommen, wiederholen sich Podium und Freitreppen, wobei sowohl die Eigenständigkeit beider Baukörper als auch ihre Parallelität durch die gleichgerichteten, nur hier verwendeten Giebelfenster in der Gartenansicht klar hervortreten.

Im Innern des Pflanzenhauses beschränkte sich die monumentale Architektur auf das Vestibül. Der anschließende hallenartige Raum erhielt seine architektonische Prägung allein durch die zierliche Struktur der Eisenkonstruktion. Ihre funktionelle Ausgewogenheit spiegelte sich im Gleichklang der Pflanzenbeete und Oberlichter und der sie begrenzenden Stützen, wodurch sich eine Raum-in-Raum-Wirkung ergab. Nach den zeitgenössischen Beschreibungen und Stichen war auch das dekorative Pflanzenarrangement auf den gliedernden Rhythmus der Bauelemente abgestimmt. In seiner nur Akzente setzenden, sparsamen Anwendung unterstützte es noch die Eleganz des Raumeindruckes.

Anmerkungen

1. Ein anonymer Beitrag: »The House is one of the best works of Inigo Jones« in: Gardener's Magazine, 1826, S. 105
2. Gentleman's Magazine, 1788, S. 48 und 871f.
3. Wie Anm. 1, S. 106
4. W. L. W. Eyre, A Brief History of Swarraton and Northington, 1890, S. 45-47
5. J. Harris in der Zeitschrift »Save« 12/1979, London
6. H. M. Colvin, A Biographical Dictionary of English Architects 1660-1840, 1954, S. 144f.
7. Wie Anm. 1, S. 106
8. Wie Anm. 1, S. 108
9. Wie Anm. 1, 1827, S. 171
10. Ch. McIntosh, The Greenhouse, Hothouse and Stove, 1838, S. 233
11. J. C. Loudon, The Villa Gardener, 1850, S. 488
12. J. W. Thomson, A Practical Treatise on the Construction of Stoves and other Horticultural Buildings ..., nach: The Civil Engineer and Architect's Journal, 1838, S. 366
13. Ch. McIntosh, The Book of the Garden, 1853, S. 361
14. Wie Anm. 13, S. 362
15. Wie Anm. 11, S. 489
16. J. Mordount Crook, The Fate of Neo-Classical Houses, in: The Country Life, 6/1972, S. 1384
17. L. Benevolo, Geschichte der Architektur des 19. und 20. Jahrhunderts, 1. Band, München 1964, S. 63

2. The Great Conservatory in Syon Park, Middlesex (Greater London)
(1827-1830) von Charles Fowler
Abb. 26-31

Geschichte Im Jahre 1415 stiftete Heinrich V. zwei kirchliche Häuser, um die Mitwisserschaft seines Vaters bei der Ermordung Richards II. zu sühnen. Eines davon, das für den Bridgettine Orden bestimmt war, lag nahe der heutigen Twickenham Bridge. Es wurde nach dem Berg Zion im Heiligen Land »Syon« genannt. Nach wechselvoller Geschichte wurde das Kloster 1534 aufgelöst und der Besitz 1547 dem Duke of Somerset – Protektor des Königreiches bis zur Einsetzung König Edwards IV. – zugesprochen. Der Herzog ließ das Kloster abbrechen und begann mit dem Bau eines großen Tudorhauses, das im wesentlichen das heutige, ca. 30 x 30 m messende Syon House ausmacht. Der persönliche Arzt des Herzogs, Dr. Turner, bekannt als »the Father of English Botany« legte in Syon den ersten privaten botanischen Garten Englands an. Es heißt, daß die heute noch Früchte tragenden alten Maulbeerbäume in Obstgarten der Nonnen von ihm gepflanzt wurden. 1552, kurz vor der Vollendung des Schlosses, wurde der Duke of Somerset verdächtigt, sich gegen die Krone verschworen zu haben und enthauptet. Das gleiche Schicksal erlitten die unmittelbar nachfolgenden Besitzer des Anwesens, das schließlich wieder an die Krone zurückfiel. Von Königin Elisabeth I. erwarben die Percys, Earls of Northumberland, 1594 die Pacht für Syon. Sie wurde neun Jahre später in ein Besitzrecht umgewandelt. Die Nachkommen leben noch heute dort.

Die wesentlichen baulichen Veränderungen in Syon House und Park begannen 1632 mit dem Einbau der im italienischen Stil gehaltenen Kolonnaden auf der Ostseite des Hauses durch Inigo Jones. 1761 wurde Robert Adam mit der Erneuerung der Innenräume im »antiken Stil« beauftragt. Dabei durfte er weder die jakobäische Anordnung der ineinandergehenden Räume verändern, noch den quadratischen Innenhof mit einer Kuppel überdecken. Erst 1819-1825 brachte Charles Fowler den Ausbau der unfertigen Repräsentationsräume zum Abschluß. Von seiner Hand stammt auch die Verkleidung der Außenfronten des Tudorschlosses mit Muschelkalkstein, der Bau der heute als Gartenbau-Center genutzten Reitschule und das Great Conservatory.

Im Park von Syon erfolgten 1767 und 1773 entscheidende Umgestaltungen durch Lancelot »Capability« Brown. Die alten, ornamentalen, von Gartenmauern eingefaßten Tudor-Terrassen und der große Obstgarten der Nonnen verschwanden zugunsten eines großräumigen Landschaftsparks mit seltenen ausländischen Bäumen. Zu Browns Ergänzungen gehören ein botanischer Garten, ein Rosengarten und ein See, entstanden durch die Verbreiterung des vorhandenen Flüßchens, und ein Bootshaus. Während der Erbauungszeit des Great Conservatorys wurden der ihm zugehörende Blumengarten und der nahe Küchengarten mit seinen ausgedehnten eisernen Gewächshäusern angelegt. Bereits 1837 machte Syon House als erster Adelssitz Englands die berühmten Gärten der Öffentlichkeit zugänglich.

Zur Baugeschichte des Pflanzenhauses liegen nur wenige verläßliche Angaben vor. Jedoch muß die bisher angenommene Planungs- und Bauzeit von 1820-1827 auf die Jahre 1827-1830 korrigiert werden, was durch Einsicht in die zum Teil noch vorhandenen Pläne erhärtet werden kann[1]. Unrichtig sind auch zeitgenössische Maßangaben über die Gesamtlänge der Bauanlage, die zwischen 230 Fuß[2] und 600 Fuß[3] differieren. Richtig sind 285 Fuß (87 m).

Offensichtlich hatte der vielbeschäftigte Fowler nicht die Zeit zur Veröffentlichung seiner Entwurfsunterlagen für das Pflanzenhaus von Syon gefunden, denn es fehlt eine grundlegende Diskussion in den damaligen Architekturzeitschriften. Dagegen sorgte Fowler für die Publizität seines berühmten Hungerford Markets. Als Gründungsmitglied und Vizepräsident des Royal Institute of British Architects eröffnete er 1836 die Sitzung mit einem Beitrag über das Metalldach des Hungerford Markets, eine von ihm entwickelte Konstruktion, die als Meilenstein in der Geschichte des Eisenbaues gilt. Sein Vortrag und die anschließende Diskussion erschienen auch in den »Transactions« des R.I.B.A. (Vol.1, Part 1).

Es kann angenommen werden, daß die erfahrene Eisenbaufirma John Jones & Co., Birmingham (später Richards & Co.)[4] auch die Konstruktion des Great Conservatorys stark beeinflußt hat; denn die zum Teil noch vorhandenen Pläne Fowlers stimmen in der Darstellung der verschiedenen Binderkonstruktionen nur sinngemäß mit der Ausführung überein. Für einige der wichtigsten Konstruktionen, wie z.B. für die große Kuppel mit Stützen, Archivolten und Ringarchitrav fehlen die Unterlagen.

Gesamtanlage J.C. Loudon hat in seinen Schriften für die Einrichtung eines *Flower Gardens* etliche Grundregeln aufgestellt: »Seine Lage sollte wie jede den Blumen gewidmete Szene nahe dem Hause sein, wegen des leichten Zuganges zu allen Zeiten, besonders im Winter und Frühling, wenn die Schönheiten [der Natur] mit besonderer Intensität empfunden werden. ... Kein Arrangement kann unserer Meinung nach besser sein, als die Pflanzenhäuser mit dem Herrenhaus zu verbinden, eine Einleitungsszenerie für den *Flower Garden*.«[5]

Während Cockerells Pflanzenhaus in The Grange dem Wohnhaus angefügt war, entschied sich Fowler für das vom Wohnhaus losgelöste *detached Conservatory*. Die Ensemblelösung »Pflanzenhaus im *Flower Garden*« läßt sich besonders gut von der künstlichen Aufschüttung des Felsengartens her erkennen, der bessere Sicht auf das tiefergelegene Blumenparterre bietet und die Abschirmung des Pflanzenhauses gegen das Schloß hin bewirkt. Fowlers palladianische Landhaus-Komposition hätte sich mit dem zinnenbewehrten viertürmigen Tudor-Block nicht zusammenbringen lassen.

Vor dem Hintergrund der auf einer Terrasse errichteten, weitausgreifenden Pflanzenhausgruppe mit kuppelüberragtem Kernbau, geschwungenen Kolonnaden und vielgliedrigen Endpavillons breitet sich ein fächerförmig zulaufendes, ornamental gestaltetes Blumenparterre aus. Es wird von einer dreifachen Wegeführung unterteilt, die das runde Wasserbecken im Vordergrund über breite Treppenanlagen mit den drei Pavillons der Baugruppe verbindet. Zwölf große Steinvasen von Grinling Gibbons, geschmückt mit Masken und einem Aufsatz üppig wuchernder Blumendolden sind entlang des Terrassenrandes aufgestellt. Ihre Anordnung jeweils in den verlängerten Baufluchten der Pavillons wird als Mittel intensiver Verflechtung von Architektur und Italienischem Garten genutzt. Den stärksten Akzent in der symmetrisch aufgebauten Gartenanlage setzt das große Wasserbecken, auf das Architektur und Parterre ausgerichtet sind und in dessen Oberfläche sie sich spiegeln. Es wird von einer Nachbildung des Merkur von Giovanni da Bologna mit hochaufschießender Fontäne gekrönt.

Entwurf Die symmetrische Baugruppe des Conservatorys ist sowohl im Grundriß wie auch in der Höhe vielfach gestuft. 87 m lang, setzt sie sich aus drei in sich ebenfalls gruppierten und gestuften Baukörpern zusammen, die durch niedrige, einen Viertelkreis beschreibende Flügelbauten verbunden sind. Die Mitte bildet der durch seine Kuppel hervorgehobene Zentralbau. Als größte der drei Baugruppen ist er wie die Außenpavillons in geometrische Grundformen – Würfel, Zylinder, Halbkugel – aufgelöst. Seinem quadratischen, fünfachsigen Mittelpavillon von 14,62 m Seitenlänge ist eine kreisförmige Stützenstellung einbeschrieben, die, um ca. 2 m von den Baufluchten zurückgesetzt, die leicht spitzbogige Kuppel trägt. Sie erhebt sich auf eine Höhe von 20 m mit Terrasse und krönendem, als Ananasfrucht gebildetem Verschluß der Kuppellüftung. Sphärische Zwickelflächen vermitteln den Übergang zwischen den vierseitig mit Giebelfeldern abgeschlossenen Außenwänden und dem Tambour. Dreiachsige Annexe von jeweils 7,93 m Länge, deren Fronten und Satteldächer gegenüber dem Mittelpavillon zurückgestuft sind, verlängern den Zentralbau auf 30,48 m (100 Fuß). Alle drei Teilbaukörper – ursprünglich das Haus für tropische Pflanzen – stehen im Innern in offener Verbindung. Zu den Außenpavillons führen im Osten und Westen zwei zu einem Viertelkreis gebogene neunachsige Flügelbauten. Auch sie sind in der Fassadenhöhe wie im Grundriß um 2 m gegenüber den 5,6 m hohen Annexen des Mittelpavillons zurückgestuft, wodurch sich ihre Bautiefe auf 6 m, die Bauhöhe auf 3,6 m reduziert. Die Flügelbauten beschreiben einen Viertelkreis von ca. 13,7 m Innenradius und bewirken im Grundriß eine Richtungsänderung um 90°. Wie alle anderen Teilbaukörper werden sie von Satteldächern gleicher Neigung überdeckt. An den Anschlußstellen von Mittelpavillon, Annex und Flügelbauten ergibt sich so im Schnitt eine völlige Parallelität des Bauumrisses: symmetrisch zur Gebäudeachse entspringt jeder Baukörper, stufenförmig zurückgesetzt, aus dem vorhergehenden, sowohl im Grundriß als auch im Aufriß. Jeweils 15,24 m (50 Fuß) beträgt die Länge der Eckpavillons, gerade halb so viel wie die der zentralen Baugruppe, deren Bauschema in abgewandelter Form wiederkehrt.

Konstruktion Wegen des schlechten Baugrundes nahe der Themse mußte die gesamte Fundamentierung mittels aussteifender Erdbögen aufgemauert werden. Sie erleichtern im nicht unterkellerten Gebäude die unbehinderte Führung von Unterflur-Heizkanälen. Um vier Stufen erhöht, sind dem Pflanzenhaus im Süden breite Terrassen vorgelagert. Wie noch heute im Innenraum zu sehen ist, sollten sie mit Steinplatten abgedeckt werden, wurden aber schließlich nur mit Kies befestigt[6]. Funktionell wie ästhetisch entspricht die Terrassenanordnung der seinerzeit herrschenden Lehrmeinung; denn Charles McIntosh forderte, alle Häuser 2-3 Fuß (60-90 cm) anzuheben, um Feuchtigkeitsschäden an den Sockeleinfassungen zu vermeiden: »Elegantere Bauten wie Conservatories sollten hochstehen und von Terrassen umgeben sein mit allem Beiwerk wie Geländer, Treppen usw.«[7]

Das in viele Teilbaukörper gegliederte Pflanzenhaus wurde außer seinen nach Norden gewandten Rückwänden wie ein Skelettbau aus Mauerwerkspfeilern im durchschnittlichen Achsmaß von 2,4 m errichtet. Für Sockel, Kämpfer, Architrave, Gesimse und für die Verkleidung der Giebelfelder fand heller Muschelkalkstein Verwendung. Lediglich die in den Durchgängen des Kernbaus freistehenden sechs korinthischen Säulen sind verputzt, wie von außen die nördlichen, aus Ziegelmauerwerk bestehenden Rückwände, die innen jedoch eine Verkleidung aus Natursteinplatten tragen. Nach den Plänen Fowlers waren ursprünglich beidseitig Pilaster im Rhythmus der Dachbinder vorgesehen, mit dazwischen angeordneten halbrunden Oberlichtfenstern[8].

Eine ungewöhnliche Kombination der Materialien Eisen, Stein, Holz, Kupfer und Glas entwickelte Fowler für die Fenster des Kernbaues und der Eckpavillons. Zwei Stege aus gußeisernen

Zierringen, von denen der äußere verglast ist, verbinden sich mit einem oberen, horizontalen Flachprofil zu einem 26,5 cm hohen gußeisernen Kämpfer. Dieser trägt eine profilierte Steinabdeckung von 12 cm Höhe. Darüber liegt ein Schwingflügel aus Eichenholz. Unten umschließen die Stege ein Rahmenholz als Einfassung vertikaler Holzschiebeflügel. Ihre Gegengewichte laufen in zwei holzverschalten Hohlpfosten, die das Fenster nach dem Vorbild einer Serliana gliedern. Kupferne T-Sprossen unterteilen die Flügelrahmen bis auf die zu jener Zeit lieferbaren Größen der Glasscheiben. Senkrecht angewendet, dient die oben beschriebene Kämpferkonstruktion als kastenförmiger Türpfosten der zentralen Hauptzugänge und zur Stabilisierung der bis in das Tympanon geführten, über 30 m² großen Glasflächen.

Mit Ausnahme des quadratischen Mittelpavillons werden sämtliche Satteldächer von gußeisernen Dreiecksbindern mit bogenförmigen Untergurten, Füllringen und Aussteifungsstäben überspannt. Je Fassadenfeld liegen zwei Binder auf dem Steinunterbau auf und sind in ihm verankert. First-, Mittel- und Fußpfetten stabilisieren diese und unterstützen die T-förmigen Glasrippen aus Kupfer. Die große Kuppel mit Tambour wird als einziges Teil der Dachkonstruktion nicht vom Mauerwerk getragen. Sie stützt sich auf eine Ringarkade ab, deren zwölf gußeiserne Säulen über Archivolten und einen Ringarchitrav kastenförmigen Querschnitts miteinander verbunden sind. 24 Hauptrippen sind vom Gurtgesims des Tambours bis zur Scheitelöffnung in 17,5 m Höhe gespannt. Dazwischen je vier glastragende Kupfersprossen, die – nach oben an Zahl abnehmend – auf drei stabilisierenden Ringpfetten aufliegen. Ein kompliziertes System gußeiserner Aussteifungsträger stützt die freistehende Eisenkonstruktion der Rotunde gegen das Mauerwerk ab. Vier von ihnen, diagonal aus den Gebäudeecken kommend, von U-förmigem, verstärktem Querschnitt. Konstruktiven und optischen Halt bietend, erfüllen sie noch eine weitere Funktion: Ohne das Gesamtbild zu beeinträchtigen, leiten sie das am Gurtgesims des Tambours aufgefangene Regenwasser der Kuppel ab.

Mit der Planung des Heizsystems wurde der Ingenieur Thomas Tredgold beauftragt. Obwohl er den Einbau einer Dampfheizung vornahm, mit Ventilen in allen Häusern zur Bedampfung und Erhöhung der Luftfeuchtigkeit, befaßte er sich bereits mit der fortschrittlicheren Warmwasserheizung. Im August 1828 trug er die technischen Ergebnisse der Royal Horticultural Society vor[9]. 1873 heißt es dann in einem Bericht über Syon: »Der Dampf wurde seit langem durch Wasser ersetzt«[10]. Heute stehen im Pflanzenhaus ölbeheizte Warmluftautomaten – wirtschaftlich, aber weniger schön.

Stil Innerhalb der Entwicklungsphasen der Glas-Eisenarchitektur können die Pflanzenhäuser von The Grange und Syon Park als Prototypen angesehen werden. Nach Cockerells kompromißlos vollzogener Trennung zwischen äußerem Mauerwerksbau und dahinter verborgener Ingenieurkonstruktion gelingt Fowler die Verschmelzung beider Bauweisen. Obwohl er das traditionelle Baumaterial beibehält, geht ihm die Einbeziehung der Eisenkonstruktion in die Baugestalt ebenso unbefangen von der Hand wie die phantasievolle Umsetzung der Renaissance Ornamentik in das Material Gußeisen. J.C. Loudon, Herausgeber des *Architectural Magazine*, rechnete Fowler zur »Schule der Vernunft und des Fortschritts«, der er die »Schule der Autorität und des Bestehenden« gegenüberstellte. »Der erste Angriff gegen die Schule der Autorität war die Verwendung des Gußeisens. ... [Denn] diese erkennt nichts als Architektur an, wofür kein Präzedenzfall in den Gebäuden der Griechen und Römer gefunden werden kann. ... Mr. Fowler ist einer der wenigen modernen Architekten, der zur Schule der Vernunft gehört und der Gebäude entwirft nach fundamentalen Prinzipien anstatt nach überholten Gesetzen und Präzedenzfällen. ... Er übernahm die Einheitlichkeit des Gesamtausdrucks, der Symmetrie, der Regelmäßigkeit und Verbindung der Teile mit dem Ganzen. ... Er übernahm von allem schon Bestehenden und von seiner eigenen Phantasie das, was am besten für seinen Fall geeignet war.«[11]

Als architektonische Fassung für die Zurschaustellung von Pflanzen war Palladios beziehungsreiche Baugestalt einer Villa Suburbana – wie sie etwa die projektierte Villa Trissino, Meledo[12] darstellt – durchaus geeignet für die Umwandlung in ein Architectural Conservatory. Auch vom gärtnerischen Standpunkt kam die Auflösung der Baugruppe in elf Teilbaukörper von wechselnder Größe und Höhe den unterschiedlichen klimatischen Bedürfnissen der Pflanzengattungen entgegen. Fowler entstammt dem englischen Palladianismus und Neoklassizismus des ausgehenden 18. Jahrhunderts. Doch zeigen schon seine Lebensdaten – 1791-1867 – , daß er dem 19. Jahrhundert angehört, in dem rationales Wissen und technisches Können einen neuen Stellenwert erhalten. Was seine Wurzeln betrifft, so ist die palladianische Baukörper- Anordnung mit der der Landsitze Adams vergleichbar, wie etwa mit Kedleston Hall, Derbyshire (1761); denn beide im Raumprogramm so unterschiedliche Baugruppen besitzen einen Kernbau mit höhergeführtem, kuppelüberdeckten quadratischen Mittelpavillon, flankiert von dreiachsigen Annexen, die über viertelkreisförmige Flügelbauten mit Eckpavillons verbunden sind.

Adam und Fowler folgen der Proportionslehre der Renaissance, die dem Aufbau des menschlichen Körpers angepaßt ist und über die Regelung der Maßverhältnisse und über das kontrapunktische Wechselspiel sich entsprechender Formen zu einem Gleichgewicht der Kräfte führt. In den dreibändigen »Works of Architecture« erläutern die Brüder Robert und James Adam eine weitere Gestaltungsregel: »Bewegung soll das Steigen und Fallen, das Vor- und Zurückspringen ausdrücken, verbunden mit dem Formenreichtum in den verschiedenen Gebäudeteilen, um so in höchstem Maß zum Malerischen in der Komposition beizutragen.«[13] Bewegung setzt Fowler in Szene durch Höhenstufung und Grundrißstaffelung von Kuppel und Teilbaukörpern, durch ausschwingende Flügel. Der Anblick des Conservatorys von Syon läßt an Palladios berühmte Sätze aus den »Quattro libri dell'architettura« denken: »Schönheit wird sich ergeben aus der Form und der Beziehung des Ganzen zu den verschiedenen Teilen, der Teile untereinander und dieser wiederum zum Ganzen: die Gestalt möge als ein ganzer und vollkommener Körper erscheinen, an dem jedes Glied mit dem anderen übereinstimmt und alle notwendig sind, um das zu komponieren, was du zu formen beabsichtigst.«[14]

Fowlers quadratischer, kuppelüberdeckter Mittelpavillon mit Frontgiebeln auf vier Seiten hat viele Vorfahren: In Italien Palladios Villa Rotonda, Vicenza, und die Villa Trissino, Meledo; in England z.B. Mereworth Castle, Kent, 1723 von C. Campbell. Robert Adams kühner Entwurf eines von Säulen umstellten, kuppelüberdeckten Zentralraumes, der vier Richtungen erschließt, wurde im Syon House nicht ausgeführt. Es war dann Fowler, der die Idee der im Raum freistehenden Kuppel im Mittelpavillon des Conservatorys verwirklichte. Der bis ins Tympanon geführten großen Bogenöffnung, eines spätrömischen Motives, bediente sich Fowler mehrfach. Schon Leon Battista Alberti hatte die Bogenform mit gebrochenem Gebälk – auf das Vorbild des römischen Tiberiusbogens in Orange zurückgreifend – für die Fassade von San Sebastiano in Mantua (1460) verwendet[15]. Im englischen Barock erscheint diese ausdrucksvolle Form im Werk des der römischen Antike verbundenen N. Hawksmoor (1661-1736), z.B. an der Londoner Parish Church Saint

Alfedge, Greenwich. 1763 machte R. Adam das Motiv in ganz England bekannt, nachdem er die Ergebnisse seiner Vermessung des Diokletianpalastes in Spalato veröffentlicht hatte[16].

Solche traditionellen Bindungen in Fowlers Werk wurden allerdings von Loudon 1839 unter einem anderen Blickwinkel gesehen; denn er maß Fowlers Fortschrittlichkeit gerade an dessen »freiem Umgang mit historischen Vorbildern«, was auch die unverhüllte Darstellung des Eisens miteinschloß. Loudon hatte insofern das richtige Gespür, als sich in Fowlers Entwurf für das Conservatory von Syon eine verblüffend moderne Arbeitsweise beobachten läßt, in der sich das ingenieurmäßige Denken und die Regeln der seriellen industriellen Produktion durchsetzen. Sie soll in diesem Zusammenhang als kombinatorische Kompositionsmethode bezeichnet werden. In einem vereinfachenden Verfahren setzt Fowler die differenzierte Baugestalt mit ihren wechselnden Größen, Höhen, Formen und Fassaden aus wenigen Grundelementen zusammen. Grundsätzlich werden alle elf Teilbaukörper durch Wiederholung des Satteldachquerschnitts gebildet; jedoch – je nach Rangordnung in der Baukörperhierarchie – wechselnd in vier verschiedenen Größen.

Ein zweites Grundelement ist die bis in das Giebelfeld reichende Bogenöffnung. In zwei unterschiedlichen Größen ist sie der Symmetrieachse des Mittelpavillons als Eingangsmotiv und den Querachsen der kleineren Eckpavillons vorangestellt. Das Arkadenfenster als drittes Grundelement ist nur in einer Größe vorhanden und in Dreiergruppen den Annexen des großen Mittelpavillons wie den Mittelrisaliten der kleineren Außenpavillons zugeordnet. Gestalterisch wird so die Gleichrangigkeit gekennzeichnet, was aufgrund ihrer Höhenstufung und Bedeutung in der Gesamtkomposition bestätigt wird. Die hiervon abweichende Rangordnung innerhalb der eigenen Teilbaugruppe berücksichtigend, hat Fowler den Mittelrisaliten und Annexen durch einen Wechsel der Giebel- zur Traufenstellung ein eigenes Gesicht gegeben, wobei der gleiche Rang innerhalb der Gesamtkomposition nochmals durch krönende Vasen an den Traufen und Akroterien am Giebel differenziert betont wird.

Die Analyse der kombinatorischen Methode Fowlers könnte weiter fortgesetzt werden, etwa mit einem Vergleich der Außenpavillons (2 x 50 Fuß) mit der zentralen Baugruppe (100 Fuß). So kann ein dichtes Beziehungsgeflecht hinsichtlich des Ausgleichs der Kräfte offengelegt werden. Es läßt sich beobachten, daß Fowler jeden der Baukörper im Rahmen der Gesamtkomposition durch Variieren von Größe, Zahl und Anordnung weniger Grundelemente gestaltet[17].

Auch die Fassaden-Ornamentik ist dieser Methode unterworfen, wobei das Motiv des in Ringe aufgelösten Kämpfers den stärksten Akzent setzt. Es dient der Hervorhebung der drei architektonischen Baugruppen und schließt gleichzeitig – wie ein Gürtel – die gesamte Bauanlage zusammen. Von der Architektur des Steinbaus, der das Gebäude bis zum Dachansatz bestimmt, unterscheiden sich die in Glas und Eisen aufgelösten Giebel der Annexe des Kernbaues. Als Zugeständnis für die wichtige West- und Ostbesonnung hatte Fowler hier das Mauerwerk in der Breite des anschließenden Flügelbaues unterbrochen, so daß der letzte gußeiserne Dachbinder mit seinen verglasten Füllringen sichtbar wird.

Die Ornamentik des Innenraumes ist auf das Zentrum der Bauanlage, auf die freistehende Eisenkonstruktion unter der großen Kuppel konzentriert. Zwölf Säulen aus Gußeisen tragen mit ihrem aufgesetzten Gebälk die aus Hohlprofilen zusammengefügten, gestelzten Archivolten und Ringträger. Geometrische und pflanzliche Ornamente schuf Fowler durch aufgeprägtes Relief oder durch Perforation. Während er mit Hilfe des aufgesetzten Gebälkstücks das Gußeisen an die umgebende Steinarchitektur anpaßte, erreichte er mittels der Aufstelzung eine Verkürzung der sonst überlangen Säulenschäfte. Die Kapitelle werden dadurch in eine engere Beziehung zu den vier korinthischen Steinsäulen in den Durchgängen gebracht. Auch die Verwendung volumenbildender Hohlprofile dient der Anpassung an die Steinarchitektur. Um den optischen Eindruck von Leichtigkeit zu gewinnen, um aber auch das Gußeisen logisch-konstruktiv anwenden zu können, ließ Fowler die tragenden Bauglieder materialsparend perforieren. Mehr Ornament als Tragewerk, zeugen sie von der hohen Stabilität des Materials ebenso wie von der kostengünstigen Mehrfachnutzung der Gußformen gegenüber der Bearbeitung von Werksteinen durch den Steinmetz. Damit waren jedoch die dem Steinbau entlehnten konstruktiven Bauglieder – Archivolte und Architrav – ihrer ehemals statisch wirksamen Masse beraubt, die sich so gleichsam ins Ornament verflüchtigt hatte. In einer Stilhaltung, die der italienischen Frührenaissance entspricht, übersetzte Fowler die gußeisernen Schmuckformen der Rotunde aus dem geometrischen Formenkanon des 15. Jahrhunderts. Doch bleibt diese Ornamentik auf den Kuppelraum beschränkt. Fowler hatte die Rotunde wie ein kostbares Kleinod in den Schwerpunkt der Komposition eingefügt und war bemüht, ihre Eigenständigkeit innerhalb des gemauerten Pavillons zu betonen. Mit ihren eng gestellten zwölf Säulenschäften, losgelöst von den Umfassungswänden und der hinter dem Ringarchitrav verborgenen Durchdringung mit dem Dach, wird sie als ein Raum im Raum empfunden. Fowlers Conservatory von Syon steht am Ende einer noch lebenskräftigen Architekturtradition, die neue Impulse von der Eigengesetzlichkeit neuer Baustoffe empfängt. Es galt hier, das traditionelle Formenvokabular auf den Eisenbau zu übertragen, die Glas-Eisenbauweise in den Steinbau zu integrieren.

Anmerkungen

1. Pläne im Eigentum des Duke of Northumberland, Syon House, Brentford, Middlesex
2. T.L. Donaldson, Memoir of the Late Charles Fowler, Paper at the Royal Institute of British Architects, 1868, S. 9
3. The Civil Engineer and Architect's Journal, 1838, S. 366
4. J.C. Loudon, Description of the Market of Covent Carden, in: The Architectural Magazine, vol. V, 1839, S. 670
5. J.C. Loudon, An Encyclopaedia of Gardening, London 1838, S. 990, 995
6. wie Anm. 1
7. Ch. McIntosh, The Book of the Garden, 1853, S. 131
8. wie Anm. 1
9. wie Anm. 3
10. The Garden, 5.7.1873, S. 14
11. wie Anm. 4
12. Andrea Palladio, Die vier Bücher zur Architektur, übertr. u. herausgegeb. v. Beyer und Schütte, Zürich 1983, Abb. 80
13. Robert und James Adam, Works of Architecture, 1773, 2. Band, 1779, S. 676f., 3. Band, 1822
14. Zitiert nach F. Baumgart, Dumonts Kleine Kunstgeschichte, 1972, S. 198
15. R. Wittkower, Grundlagen der Architektur im Zeitalter des Humanismus, München 1969, S. 47
16. Robert und James Adam, The Ruins of the Palace of the Emperor Diocletian at Spalato, 1764
17. N. Pevsner, macht in seinem Buch *Das Englische in der englischen Kunst*, München 1974, auf das Überwiegen rationaler Kräfte in vielen englischen Kunstepochen aufmerksam. Am Beispiel des Perpendicular Styles - mit seinen »Kirchen (wie) wahre Glashäuser, klar, licht und weit und nicht im geringsten geheimnisvoll« beobachtet er die »englische Vorliebe für ... schachtel-, würfel oder blockartige Räume, ... das additive Aneinanderreihen von einzelnen Teilen im Plan wie im Aufriß, ... die Gleichbewertung aller Teile«. »Der Hang zu Wiederholungen« prägte auch die Fächergewölbe jener Zeit - wie etwa das in der Kapelle Heinrichs VII., Westminster Abbey - wo das »beharrliche, einförmige Überziehen der Oberflächen« mit sich wiederholenden Baugliedern einen dekorativen Formenreichtum vortäuscht.

3. »The Great Stove« in Chatsworth, Derbyshire
1836-1840 von Joseph Paxton
in Zusammenarbeit mit Decimus Burton
Abb. 33-36

Geschichte   Zahlreiche Reiseberichte[1] – unter ihnen die »Journeys of Celia Fiennes«, ca. 1685-1703 – beschäftigen sich mit Haus und Garten von Chatsworth. Das palastähnliche Landhaus, das stilgeschichtlich mit den Louvre-Entwürfen Berninis, mit Vaux-le-Vicomte oder Marly in Verbindung gebracht worden ist[2], liegt am Fluß Derwent in einer sanften Hügellandschaft. Die weitläufigen Gärten erstrecken sich durch das Flußtal und ziehen sich auch an den steilen Hängen im Osten hin. In elisabethanischer Zeit erhob sich anstelle des heutigen Hauses ein fünfstöckiger, festungsartiger Vorgängerbau, den William Cavendish und seine Gemahlin, die wegen ihrer Bauleidenschaft berühmte Bess of Hardwick, 1552 errichteten. Maria Stuart verbrachte hier einige Jahre ihrer Gefangenschaft; der noch bestehende Queen Mary's Bower gilt als ihr damaliger Gartenwohnsitz.

Die nachfolgende dreigeschossige Vierflügelanlage ist das ungewöhnliche Werk des vierten Earl und späteren ersten Duke of Devonshire (1641-1707). Trotz der einheitlichen Gesamtwirkung ist der Bau Fassade um Fassade zu vier verschiedenen Zeiten entstanden. Zuerst faßte der Herzog 1667 den Entschluß, den elisabethanischen Südflügel durch eine Fassade im barocken Klassizismus zu ersetzen. William Talman war der Architekt, der wegen des unbefriedigenden Anblicks 1697 auch die Ostseite umgestalten mußte. 1699 ließ der Herzog den Westflügel neu fassen, der Thomas Archer zugeschrieben wird. Die neunachsige, aus einem Rustikageschoß aufsteigende Front wurde die prächtigste – mit einem auf vier Rundsäulen ruhenden wappengeschmückten Dreiecksgiebel und Pilastern, die über zwei Geschosse reichen. 1699 bildeten Knyff und Kip das dreiseitig erneuerte Haus auf einem Stich ab, inmitten der Parterregärten von George London und Henry Wise[3]. Kurz vor dem Tode des Herzogs wurde schließlich 1705-1707 die Nordseite vollendet – in einer originellen Bogenform, um zwischen Ost- und Westflügel zu vermitteln. Erst der sechste Herzog von Devonshire (1790-1858) gab in den 20er Jahren des 19. Jahrhunderts die Kompaktheit der Vierflügelanlage auf und ließ Jeffry Wyatville einen langgestreckten nördlichen Trakt anfügen, den ein zweigeschossiger Eckpavillon mit bekrönendem Belvedere abschloß.

Der sechste Herzog ist auch der Schöpfer bedeutender gärtnerischer Umgestaltungen in Chatsworth. J.C. Loudon nannte den Herzog, der seit 1838 der Horticultural Society zwanzig Jahre lang als Präsident vorstand, »the greatest encourager of gardening in England at present time«[4]. Ein Glücksgriff für Chatsworth war die Anstellung Joseph Paxtons als Hauptgärtner. Umgekehrt wurde die Freundschaft des Herzogs die Voraussetzung zu Paxtons Karriere. Zu seinen erfolgreichen Züchtungen gehörten Ananas, Melonen, Trauben, Bananen, Orchideen, Dahlien, Rhododendren – und die 1849 zum Blühen gebrachte Victoria Regia (eine Seerosenart aus dem Amazonasgebiet mit Blättern von einem Durchmesser bis zu zwei Metern und 30-40 cm breiten, weiß-rosa Blüten, die ihren Namen zu Ehren von Königin Victoria erhielt).

1826 hatte Paxton die Gartenanlagen in vernachlässigtem Zustand übernommen. Von den geometrischen Gärten des ersten Herzogs hatten die Parterre nahe des Hauses überlebt, ebenso dessen große Kaskade – die berühmte Wassertreppe – , die Seepferde-Fontäne, der Flora-Tempel und das in den Rosengarten versetzte und später von Paxton veränderte Greenhouse[5]. Es gab auch schon Baumgruppen und Rasenflächen im »Natural Style«, die »Capability« Brown um 1760 angelegt hatte. Dank Paxtons und des Herzogs botanischen Interessen für ausländische Bäume, Sträucher und Gehölze entwickelte sich nun in wenigen Jahren eine mit seltenen Gewächsen reich bestückte Parklandschaft. Von Paxton geschaffene Naturszenerien lockerten die Anpflanzungen auf, wie das Pinetum (1829) und das Arboretum (1835), das Felsengelände, der »Wellington Rock«, der Aquädukt und das technische Wunderwerk der »Emperor Fountain«.

Den Zustand der Glashäuser in Chatsworth zwei Jahre nach seiner Berufung zum Hauptgärtner beschrieb Paxton: »Als ich 1828 meine Aufmerksamkeit dem Bau und der Verbesserung von Glasbauweisen zuwandte, waren die verschiedenen Pflanzenhäuser in Chatsworth aus rauhem, dickem Glas in schwerem Holzwerk, was die Dächer dunkel und trübselig machte.«[6]

Zu dieser Zeit kannte man bereits die theoretischen Grundlagen und praktischen Anwendungen einer neuen Technologie zum Bau von Glashäusern, wie sie T.A. Knight, der erste Präsident der Londoner Horticultural Society und die frühen Theoretiker des Pflanzenhausbaues, G. Mackenzie und J.C. Loudon, in verbesserten Grundriß- und Querschnittsformen dargestellt hatten. Sie hatten die gebogene Glasoberfläche und die Verwendung von Guß- und Schmiedeeisen anstelle der bisher üblichen Holzkonstruktionen erprobt. Selbst die Idee des *ridge-and-furrow*-Daches, das mit seiner sägeförmigen Struktur schließlich am »Great Stove« zur Anwendung kam, war schon 1817 von Loudon veröffentlicht worden[7]. Doch begann Paxton, der auf dem Gebiet des Pflanzenhausbaues noch kein Fachmann war, vorerst mit eigenen Experimenten und verwendete Holz als das am einfachsten zu bearbeitende Material, das er noch nach langen Jahren für geeigneter als Eisen ansah. Erste Versuche, beschrieben in Paxtons *Magazine of Botany* von 1835, waren dem Bemühen gewidmet, hölzerne Glasdächer so licht wie möglich zu machen. Aus dem gleichen Grunde erprobte er drei Jahre später das *ridge-and-furrow*-Dach, jene Struktur, die schließlich zum wichtigsten Konstruktionsprinzip der Glasdächer Paxtons werden sollte. Die Urheberschaft Loudons, Paxtons und anderer an dieser bahnbrechenden Idee war umstritten. Fest steht jedoch, daß die 1851 unter der Bezeichnung *»ridge and valley«* patentierte Konstruktion Paxtons in ihrer Detaillösung konkurrenzlos war.

Die zweite Reihe von Pflanzenhäusern hatte Paxton 1833 begonnen, darunter das Versuchshaus mit *ridge-and-furrow*-Dach in den Abmessungen von 30 x 8 m und 4 m Höhe. Das von der gemauerten Rückwand her abfallende First-und-Kehle-Dach aus gegeneinander geneigten schlanken Holzrahmen mit dünnen Sprossen wurde von zwei Reihen gußeiserner Säulen von drei Zoll Durchmesser in Abständen von 1,98 m getragen. Sämtliche Frontstützen waren hohl und dienten – wie die Mittelschiffsäulen des späteren »Great Stove« – zur Ableitung des Regenwassers. In den Nutzgärten von Osmaston Manor, Derbyshire (ca. 1847) und Somerleyton Hall, Suffolk (ca. 1850) stehen heute noch Pflanzenhäuser dieses leistungsfähigen Typs, wahrscheinlich von Paxton.

Um die experimentell ermittelten Bauweisen durch das Studium ausgeführter und im Bau befindlicher Anlagen zu überprüfen, reisten der Herzog und Paxton 1833 nach Paris. Hier waren im Jardin des Plantes die beiden rechteckigen Glaspavillons und die langgestreckten, zweistufig gebogenen Pflanzengalerien von Ch. Rohault de Fleury im Bau. Mit den höhenversetzten Viertelkreisen ihres Querschnitts, nicht jedoch in ihrer Konstruktion, nehmen sie den basilikal gebogten Querschnitt des »Great Stove« in Chatsworth halbseitig voraus[8]. Es kann als sicher gelten, daß Paxton spätestens auf dieser Reise die nicht weniger berühmten englischen Vorläufer des gebogenen Pflanzenhauses, das eiserne Kamelienhaus und das basilikale Palmenhaus mit spitzbogigem, 9 m weit gespannten Mittelschiff von Loddiges Nursery in Hackney, London aufgesucht hatte. Das vor 1826 errichtete Palmenhaus – in der Literatur wird es fälschlich Paxton zugeschrieben und daher auf 1834 datiert[9] – muß das besondere Interesse Paxtons erweckt haben, lag es doch mit seiner hölzernen Bogenträger-Konstruktion über Gußeisensäulen im Bereich der technischen Möglichkeiten, die ihm in Chatsworth zur Verfügung standen. Paxton befaßte sich mit der bogenförmigen Holzspante aus mehrschichtig überblatteten Bohlen beim Bau des 18 x 8 m großen ersten »Victoria-Regia-Hauses« (1836). Es besaß ein elliptisches First-und-Kehle-Dach und wurde 1849 durch das berühmte »Water Lily House« ersetzt. Beide an Ort und Stelle erprobten Strukturen, die gebogene Unterkonstruktion und das *ridge-and-furrow*-Dach schufen erst die Voraussetzungen für den Bau des »Great Stove«, das an Größe und Technik in seiner Zeit unübertroffene Pflanzenhaus.

Dank der systematischen Vorarbeiten Paxtons konnte 1836 mit dem Bau begonnen werden. Aus den Abrechnungsbüchern, die in den 50er Jahren unseres Jahrhunderts gefunden wurden, geht hervor, daß die erste Zahlung von ungefähr 38 Pfund am 12. Januar 1836 für die Anfertigung eines Modells geleistet wurde. Dieser Termin ist wichtig, da in Chatsworth vier im Juli 1836 mit D. B. signierte Pläne existieren, die Decimus Burton zugeschrieben werden. Der Architekt Burton wurde vom sechsten Herzog zu den Bauarbeiten hinzugezogen, offensichtlich wegen der Größe, die das Unternehmen inzwischen angenommen hatte, aber auch wegen der bau- und installationstechnischen Einzelheiten, welche eine zeichnerische und fachkundige Betreuung erforderten. Später beanspruchte Burton für sich, als Architekt des großen Palmenhauses zu gelten[10]. Dagegen spricht, daß Paxton die ausgeführte Konstruktion in langjährigen Experimenten erprobt und sein Modell bereits ein halbes Jahr vor Burtons Plänen fertiggestellt hatte. Bestätigt wird dies in verschiedenen Zeitdokumenten[11] und neueren Untersuchungen[12] und durch den Bauherrn selbst, der in seinem »Handbook of Chatsworth and Hardwick« von 1845 das Pflanzenhaus als ein »außergewöhnliches Monument von Mr. Paxtons Talent und Geschicklichkeit« bezeichnete, »zu dessen Ausführung er sich freundschaftlich mit Mr. Burton verband und von ihm unterstützt wurde«[13].

Auf Grund der langjährigen Vorarbeiten verlief die Bauzeit reibungslos, so daß Paxton im Einverständnis mit dem Herzog bereits weitere Aufträge für Pflanzenhäuser, wie z.B. für das große Warmhaus in Capesthorne, Cheshire, bearbeiten konnte. Bauherr und Architekt waren sogar ein halbes Jahr von Chatsworth abwesend, als sie von Oktober 1838 bis April 1839 durch die Schweiz, Italien, Griechenland, die Türkei und nach Malta reisten. Offensichtlich fand Paxton hier Anregungen für die Gestaltung des Parterregartens und der »Italienischen Terrasse«. Während der Reise schrieb er seiner Frau, sie möge veranlassen, daß die ursprünglich als Eingangsanlagen geplanten »Säulenhallen« in der Ausführung bis zu seiner Rückkehr zurückgestellt werden. Sie wurden nie gebaut. Im Winter 1840/41 waren die Bauarbeiten im wesentlichen abgeschlossen. Die äußeren und inneren Bepflanzungen hatten sich während der nächsten Jahre so weit entwickelt, daß mit dem Besuch der Königin im Dezember 1843 ein nicht mehr abreißender Besucherstrom einsetzte.

Genau achtzig Jahre existierte das große Palmenhaus, der »Great Stove«. Seine hölzerne Konstruktion war noch in gutem Zustand, als 1920 – nach fünf vergeblichen Zerstörungsversuchen – ausgerechnet Paxtons Großsohn Charles Markham sie mit Dynamit sprengte[14].

Entwurf Über rechteckigem Grundriß von 37,49 x 84,43 m (123 x 277 Fuß) wölbte sich das allseits gebogte Glashaus von basilikalem Querschnitt. Trotz seiner geradlinigen Baufluchten ist es ein Kuppelbau, dessen kielbogenförmige Eckübergänge – Charakteristikum für Paxtons Bauidee – so berühmte Bauten wie die in Kew (1848), Laeken (1876) und Schönbrunn (1882) prägen. Das 21,34 m (70 Fuß) weit gespannte, auf 19,51 m (64 Fuß) Höhe ansteigende Mittelschiff überdeckt mit seiner gläsernen Halbtonne die in der Längsachse geführte, befahrbare Promenade. Von Norden nach Süden durchzieht sie den architektonischen Garten und teilt ihn in zwei Hälften. In der Querachse und entlang den Fassaden der vierseitig umlaufenden, 7,16 m breiten Seitenschiffe – sie sind von Vierteltonnen überdeckt – erschließt eine zweite Wegeführung den in vier Pflanzflächen aufgeteilten Innenraum. Schließlich umrundet in 8,38 m Höhe eine von der Säulenstellung des Mittelschiffs getragene schmale Aussichtsgalerie als dritte Wegeführung die hochragenden Baumwipfel.

Paxton entschloß sich als erster zu der abstrakten Bauform des langrechteckigen Spiegelgewölbes mit aufsitzender, abgewalmter Halbtonne, offensichtlich, um die Vorteile des rundum verglasten basilikalen Kuppelbaues zu nutzen, ohne dessen Nachteile in Kauf nehmen zu müssen. Denn der günstigen Lichtführung auf die Wipfel niedriger bis hoher Pflanzen, der gut stabilisierten basilikalen Bauform und den zur Serienfertigung geeigneten, immer gleichen Konstruktionselementen des Rundbaues steht ein Mangel an Flexibilität gegenüber. Weder kann die Glasneigung großflächig auf bevorzugte Sonnenstände ausgerichtet, noch können erwünschte Bauhöhen in ihrem Flächenanteil am Grundriß beeinflußt werden. Die nachteilige Kaminwirkung, die nach oben ansteigende Temperaturschichtung, wie auch die zwangsweise Abhängigkeit der Bauhöhe und der Konstruktion vom wechselnden Bedarf an Grundfläche, lassen sich im Kuppelbau nicht beseitigen. Paxtons Baukörper war von den genannten Mängeln frei. Zur weiteren Verbesserung überzog er ihn mit seiner neu entwickelten *ridge-and-furrow*-Dachstruktur. Den vier Richtungen der Fallinien folgend, umhüllten diese Dachbauelemente sämtliche Gewölbeflächen zwischen dem Sockelmauerwerk, was ein durchgehendes Maßsystem erforderlich machte. Aus nur zwei Modulmaßen für die Teilung von Dachstruktur und Unterkonstruktion, hier M1 und M2 genannt, setzten sich alle Gebäudeabmessungen zusammen. Die geringst mögliche Zahl unterschiedlicher Bauelemente bei hoher Serie war die erwünschte Folge und kam der werkstattmäßigen Vorfertigung entgegen. Paxton entwickelte hierfür spezielle Holzbearbeitungsmaschinen. Für den »Great Stove« legte er in Abstimmung mit dem damals maximalen Herstellungsmaß der Verglasung die folgenden Modulmaße fest:

M1 (Kleinmodul) = 3 Fuß, 6 Zoll = 1,067 m
M2 (Großmodul) = 14 Fuß = 4,267 m = 4 x M1

M1 entspricht hier dem Abstand zwischen First und Kehle in der Grundrißprojektion. Vier Schrägflächen, die zwei satteldachförmige Sheds bilden, entfallen auf einen Binderabstand mit dem Großmodul M2, zugleich das Achsmaß der Mittelstützen. So betrugen z.B. die Abmessungen des Mittelschiffs 5 x M2 auf 16 x M2, der große Bogenradius 10 x M1, die Breite der Empore 1 x M1 und der Eingänge 1 x M2, die Anzahl der *ridge-and-furrow*-Schrägflächen auf der Gebäudelängsseite 78 x M1 und auf der Giebelseite 34 x M1. Die modulare Ordnung kehrt im späteren Palmenhaus von Kew Gardens wieder. Dort waren Groß- und Kleinmodul von außen ablesbar, im Gegensatz zu Chatsworth, wo nur der Kleinmodul in Erscheinung trat, was dem »Great Stove« seine oft kritisierte Uniformität einbrachte.

Konstruktion Mehrfach abgetreppte Streifenfundamente unter dem umlaufenden Sockelmauerwerk der Seitenschiffe und unter den Stützen des Mittelschiffs übertrugen die Lasten der Konstruktion auf das Erdreich. Um die Fußpunkte der äußeren Bogenbinder aufzunehmen, war eine Holzschwelle auf dem Randfundament verlegt. Sie trug die zur Aufnahme des Horizontalschubes unter jedem Bogenbinder angeordneten Zugbalken, die sich innerhalb des Fußbodens in Richtung der Gebäudetiefe erstreckten. Vier auf der Balkenkreuzung verbolzte Knaggen bildeten einen Schuh zur Aufnahme des Binder-Fußpunktes. Das Ganze wurde schließlich durch den gemauerten 1,22 m hohen Sockel aus Pfeilervorlagen und Entlastungsbögen verblendet. Darüber eine breite Abdeckplatte, auf der die Vor- und Rücksprünge der *ridge-and-furrow*-Struktur ausliefen. In den Bogenfeldern Lüftungsklappen.

Über dem Sockel begann die viertelkreisförmige Rundung des Holzbinders, den in Höhe der umlaufenden Galerie ein gußeiserner Schuh aufnahm. An ihn waren zugleich die Anschlüsse für den oberen Binder, für zwei längslaufende Aussteifungsriegel und für die Stützen angeformt. Selbst die Rohrdurchführung zur Entwässerung der oberen Dachfläche hatte man in das Formteil eingegossen, um sie mit jeder der 48 gußeisernen Rohrstützen des Mittelschiffs zu verbinden. Das Regenwasser floß durch sie in eine Sammelleitung längs der Stützenfundamente. Die Profilierung der in Emporenhöhe außen umlaufenden gußeisernen Regenrinne überdeckte und schützte den zickzackförmigen Anschluß des unteren Daches ebenso wie sie die obere Dachstruktur abfing und das anfallende Wasser der Rinne zuführte.

Die Bogentragwerke des Mittelschiffs und der Seitenschiffe waren in Abständen von 4,27 m aufgestellt. Sie bestanden aus nordischer Fichte, die zu Holzlamellen gesägt, imprägniert, über Schablonen gebogen und miteinander vernagelt und verbolzt wurden. Pfetten steiften sie horizontal aus und unterstützten zugleich jede zweite Kehle des *ridge-and-furrow*-Daches, die nicht von den Bindern getragen wurde. Mit seiner Spannweite von 70 Fuß (21,34 m) übertraf der hölzerne Bogenbinder des Mittelschiffs den aus Eisen gewalzten Träger im Palmenhaus von Kew noch um 6 m. Er stellte eine große technische Leistung dar. Selbst die Eisenbahnhallen jener Zeit erreichten nur selten dieses Maß.

In seinen Vorträgen verglich Paxton die tragende Konstruktion mit einem Tisch, der von der Dachstruktur wie von einem Tischtuch überdeckt und geschützt werde[15]. Dem Tischtuch entsprach das *ridge-and-furrow*-Dach, Paxtons wohl bedeutendste Entwicklung, die als Pultdach im Versuchshaus von 1833, über gebogtem Querschnitt im »Great Stove« und für Horizontalabdeckungen im »Water Lily House« zu Prototypen jeweils zahlreicher Nachfolgebauten herangereift war. Nachdem sein Entwurf für das Weltausstellungsgebäude von 1851, der dieses Dachsystem zur Grundlage hatte, zum Auftrag führte, meldete Paxton noch 1850 seine Entwicklung zum Patent an, das am 22.1.1851 eingetragen wurde. Wohl um sich von Loudons Bezeichnung *»ridge and furrow«* abzusetzen, nannte er seine Erfindung *»ridge and valley«*. In einem Vortrag am 13.11.1850 vor der Society of Arts berichtete Paxton rückblickend über seine Verbesserungen in der Konstruktion von Palmenhäusern, die mehr Licht verlangen. Denn die schwache Morgen- und Abendsonne wurde meist durch einen ungünstigen Sonneneinfallswinkel zum Glas und durch zu schwere Holzkonstruktionen behindert. »Das führte mich zur Annahme des First-und-Kehle-Prinzips für Dächer, welches das Glas in solche Position bringt, daß die Sonnenstrahlen morgens und abends ungehindert in das Haus eintreten, da sie senkrecht auf das Glas auftreffen, wenn sie am schwächsten sind, während sie mittags zwar mit großer Stärke aber schräg zum Glas einfallen.«[16] Die shedförmige Dachstruktur hatte aber noch andere Vorzüge: Sie begünstigte den Wasserablauf, besonders im nahezu gefällelosen Scheitel des gebogten Querschnitts, sowie die Selbstreinigung der Scheiben. Sie verhinderte das Abtropfen von Schwitzwasser, das zu den gebogenen Hauptrippen abgeleitet und dort in Nuten aufgefangen wurde. Die eingelassenen Kehlen der Dachstruktur waren ideale Wartungsgänge. Die Glasneigung verringerte die Bruchgefahr bei Hagelschlag.

Es muß jedoch festgehalten werden, daß Paxtons Pflanzenhaus in Chatsworth in seiner Orientierung zur Himmelsrichtung der Theorie des günstigen Sonneneinfallswinkels gen Osten und Westen nicht folgte. Ein Grund könnte sein, daß ursprünglich an Stelle der First-und-Kehle-Struktur nur eine spitzbogige Dachform vorgesehen war, um den gefällelosen Scheitel eines Halbbogens zu vermeiden. Das erwähnte Palmenhaus von Loddiges Nursery ist hierfür ein Beispiel. Spitzbogig stünde das Glashaus richtig, mit seinen Langseiten der Ost- und Westsonne zugewandt. Paxtons erstes gebogenes Dach mit *ridge-and-furrow*-Struktur, das »Victoria-Regia-Haus« von 1836, konnte seine Tauglichkeit für den »Great Stove« kaum vor Sommeranfang erwiesen haben. Vielleicht war mit den Fundamenten und sonstigen Festlegungen schon begonnen, ehe man die Umstellung von spitz- auf rundbogig mit zusätzlicher *ridge-and-furrow*-Struktur beschloß. Für diese war der gefällelose Scheitel ohne Belang. Doch zeigten die geneigten Glasflächen jetzt nach Norden und Süden, was der Theorie widersprach.

In dem zuvor genannten Vortrag begründete Paxton auch, weshalb er der Baustoff Holz gegenüber Eisen bevorzugte: Er führte die Preiswürdigkeit des Holzes an, die günstigeren Innentemperaturen bei großer Kälte und Hitze infolge der geringeren Wärmeleitung des Holzes gegenüber Eisen, die seltener auftretenden Glasbrüche, da sich Holz bei Temperaturschwankungen weniger ausdehnt oder zusammenzieht als Eisen, die längere Haltbarkeit gegenüber der Oxydation des Eisens, die unkomplizierten Reparaturarbeiten, die von jedem Zimmermann ausgeführt werden können.

So ließen sich die insgesamt 40 Meilen (64,4 km) messenden Verglasungsprofile für das Palmenhaus in Chatsworth schnell und wirtschaftlich aus Holz herstellen. Paxton entwickelte hierzu eine dampfbetriebene Holzbearbeitungsmaschine, mit der er in drei Arbeitsgängen die vier Fuß (1,22 m) langen Sprossen zuschneiden, auf beiden Seiten nuten und zur Verbesserung des Lichteinfalles abschrägen ließ. Sie erhielten Nuten anstelle der üblichen Kittfälze und waren so durch die Holzüberdeckung vor der Verwitterung besser geschützt, so daß die Wasserundurchlässigkeit der Glasanschlüsse länger erhalten blieb. Das nachträgliche Einsetzen einer Glasscheibe war dadurch jedoch erschwert.

Für die Glasherstellung bewirkte Paxton weitere Verbesserungen. Die seit 1832 auf 0,91 x 0,25 m vergrößerten, maximal herstellbaren Glasabmessungen hätten für das Palmenhaus eine Überlappung der Scheiben oder kleinere Sheds in größerer Anzahl notwendig gemacht. Durch persönliche Intervention bei dem Birminghamer Glasfabrikanten Chance erreichte Paxton, daß die Scheibenmaße nochmals um einen Fuß auf 1,22 m Länge vergrößert werden konnten. Die Abmessungen der dann eingebauten Scheiben sollen 1,203 x 0,137 m bei 2 bis 2,5 mm Glasstärke betragen haben[17]. Ihr schräg zum First ansteigender Einbau verbesserte den Wasserablauf im unteren Bereich des Dachbogens und war zur Abstützung der Firstprofile durch die Glashalteleisten notwendig. In den Kehlen der Sheds konnte man leicht zum Kamm des Mittelschiffs, den ein Wartungssteg krönte, aufsteigen. Die gesamte Glasoberfläche war so für Reparaturen gut zu erreichen.

Zur Belüftung des Pflanzenhauses dienten die Frischluftklappen in den Bogenfeldern des Sockelmauerwerks. Die eintretende Kaltluft wurde unmittelbar von der verdeckt unter den Pflanzengestellen geführten Rohrbatterie aufgeheizt. Über fernbedienbare Lüftungsflügel im Rücken der Galerie und unterhalb des Bogenscheitels entwich die verbrauchte Luft.

Besonderen Aufwand verursachten die begehbaren Kanäle im Erdreich, die Paxton für die Installation der Warmwasserheizungsanlage, für den Brennstoff- und Aschetransport wie für die Ableitung der Rauchgase vorgesehen hatte. Allein ästhetische Gründe waren hierfür maßgebend; denn weder im allseits verglasten Pflanzenhaus noch im umgebenden Parterre wurden so die sonst am Gebäude üblichen Nebenanlagen wie Kesselhaus, Kohlebunker, Kamin, Leitungsführungen sichtbar. Unter dem Boden des Pflanzenhauses versorgten je vier Heizkessel die Rohre entlang den Außenfronten und die unterirdisch beheizten Innenzonen. Für diese waren neben den Stützenfundamenten offene, von Bodenrosten überdeckte Kanäle gemauert. Über gesonderte Rauchgaskanäle wurden die Abgase unsichtbar bis zu dem entfernt im Walde stehenden Kamin geführt und ausgeblasen. Der Kamin gehört neben dem Sockelmauerwerk des Pflanzenhauses und der Toranlage in der Umwallung zu den wenigen Überbleibseln des »Great Stove«. Für den Brennstoff- und Aschetransport standen schienengebundene Transportwagen in dem außerhalb des Gebäudes geführten, 2,35 m hohen Tunnel zur Verfügung. Er führte zu einem unterirdisch angelegten Brennstofflagerplatz. Wasseranschlüsse für das Besprühen der Pflanzen waren sowohl in den Pflanzflächen als auch auf der Galerie angeordnet.

Stil   In die strenge Geometrie des architektonischen Gartens war »The Great Stove« durch ein verflochtenes Wegenetz und durch die von außen nach innen durchgehende Figuration der Pflanzflächen so vollkommen eingebunden, daß es schwerfällt, die Gebäudekonturen im Lageplan herauszufinden. Die gebogene, geometrische Bauform mit plastisch strukturierter Oberfläche läßt keine Bezüge zu historischer Architektur erkennen und kommt einer Skulptur nahe. Paxton umgab sie mit der raumbildenden Schüsselform des von der Italienischen Terrasse eingefaßten Parterres, was der Anlage den Charakter eines Innenraumes verlieh. Hecken krönten den Erdwall, überragt von der Baumkulisse des Arboretums. Zur Erschließung waren zwei sich gegenüberliegende gemauerte Eingangsportale im Erdwall eingelassen, verbunden durch die für Kutschen befahrbare, in der Längsachse des Palmenhauses geführte Promenade. Vier diagonal in den Ecken des Parterres angeordnete Freitreppen und zwei in der Querachse stellten die Verbindung zwischen den beiden unteren Gebäudeumgängen und einer dritten Wegeführung auf der Dammkrone her. Dieser obere Umgang führte mit jeweils zwei Treppenaufgängen über die Eingangsportale hinweg.

Aus verschiedenen Quellen[18] geht hervor, daß ursprünglich »zwei Säulenhallen als Pflanzenhäuser genutzt« dem großen Palmenhaus vorangestellt werden sollten. Die gesamte Gebäudelänge hätte dann 460 Fuß (140,21 m) statt 277 Fuß (84,13 m) betragen. Das Gesamtmaß entspräche genau dem Abstand zwischen den erwähnten, heute noch bestehenden Eingangsportalen. Dies läßt den Schluß zu, daß die aus Hausteinen gemauerten, zinnenbekrönten Portale in der Umwallung ursprünglich die Giebelfronten der Säulenhallen darstellen sollten. Diese Annahme wird unterstützt durch die beiden seitlichen Treppenschrägen, die die Dachneigung einer anschließenden Vorhalle aufgenommen hätten. Deren Lage im Schnitt des axialen Hauptweges und der beiden Gebäudeumgänge, zwischen architektonischem Portal und gläsernem Zweckbau, würde für ihre Funktion als

Eingangshalle sprechen und der Zeitkritik begegnen, die das große Pflanzenhaus in Chatsworth als »einen Mammut in seiner Art« bezeichnete, das »von innen betrachtet einen glänzenden Anblick bietet. Der äußeren Ansicht mangelt es an Wirkung und sie überrascht nur durch ihre Größe«[19]. Es mag dem Klassizisten Burton zuzuschreiben sein, daß die antikisierenden steinernen Säulenhallen neben der zimmermannsmäßigen Ingenieur-Konstruktion des »Great Stove« nicht ausgeführt wurden.

Ein Vergleich der beiden Gesamtanlagen von Chatsworth und Kew, der sich aufgrund der baukörperlichen Verwandtschaft ihrer Pflanzenhäuser aufdrängt, läßt jedoch hinsichtlich deren Eingliederung in den umgebenden Freiraum große Unterschiede erkennen. Während das Palmenhaus in Chatsworth hinter Baumkulissen und Umwallung verborgen ist und sich auch nach Passieren der Portalbauten nicht als Baukörper sondern als Innenraum darstellt, als exotische, die Raumgrenzen verdrängende Naturszene – so die ursprüngliche Konzeption – liegt es in Kew inmitten des weitverzweigten Parkgeländes. Ausgedehnte Sichtachsen und die erhöhte Lage auf einer künstlichen Erdterrasse verstärken die optische Freistellung. In Chatsworth eröffnet sich erst nach dem Aufstieg zur gegenüberliegenden umlaufenden Terrasse, sozusagen im Rückblick, eine zweite Perspektive auf das tieferliegende Ensemble von Glashaus und Blumenparterre, das in seiner formalen Strenge die Symmetrie, Rationalität und Geometrie des Baukörpers spiegelt.

Paxton beschrieb das Pflanzenhaus als »einen Bau, der ganz gegensätzlich zu einem Wohnhaus ist, der völliger Isolierung bedarf und eine Stelle braucht, wo sein Wesen wirken kann..., da die Menge des verwendeten Glases ihm eine durchgreifende Besonderheit verleiht«[20]. Wie wenig Paxton diese »Besonderheit« als eigenständige, von den Stilen der Vergangenheit unabhängige Ingenieurarchitektur erkannte, beweisen – neben seinen anderen Bauten – die in Chatsworth ursprünglich geplanten Säulenhallen, die zinnenbewehrten Eingangsportale in der Umwallung und schließlich die antikisierenden Portiken am Pflanzenhaus selbst. Ein Nebeneinander von ingenieurmäßigem, analytischem Denken bei gleichzeitiger Verwendung traditioneller Stilprinzipien, die nach Benevolo »nicht der Lösung, sondern der Verschleierung kompositorischer Probleme dienten«[21].

Im Gegensatz zur rationalen Strenge des Außenraumes beherrschten irrationale, exotische Naturmotive die Innenraumszene: Ein bis auf zehn Meter Höhe ansteigendes, mit eingestreuten Erzen und Kristallen angereichertes Felsenwerk überragte sogar die umlaufende Galerie, zu deren Aussichtspunkten ein gewundener Pfad führte. Am Fuße des Felsenhügels breitete sich ein von Stalaktiten eingefaßter See mit Wasserpflanzen und Goldfischen aus. Frei umherfliegende tropische Vögel, vor allem aber der reiche exotische Pflanzenbestand ließen die Konturen des Innenraumes zurücktreten. Zusätzliche Ornamentik, welche die Raumgrenzen nur störend betont hätte, wurde überflüssig.

»The Water Lily House« in Chatsworth
1849-1850 von Joseph Paxton
Abb. 37

Im August 1849 erhielt Paxton von William Hooker, dem Direktor der Royal Botanic Gardens in Kew eine Victoria-Regia-Pflanze, die sich in Chatsworth wider Erwarten so schnell entwickelte, daß sie bereits im November blühte und wegen ihrer zunehmenden Größe den sofortigen Bau eines eigenen Hauses notwendig machte[22]. Bereits im Frühjahr 1850 konnte es von der Pflanze bezogen werden.

Hierfür gelang Paxton die bahnbrechende Entwicklung der Überdeckung eines waagerecht begrenzten Baukörpers mit der *ridge-and-furrow*-Dachstruktur. Das 19 x 14 m große Wasserpflanzenhaus von 7 x 9 Achsen überdeckten in Richtung der kurzen Spannweite vier eiserne U-Träger, die im Verhältnis 1:5:1 durch zwei Reihen gußeiserner Säulen, zugleich Regenfallrohre, unterstützt wurden. Über dem wasserableitenden Trägerrost, hinter einer ornamentalen Blende verborgen, die acht Rinnenträger des verglasten First-und-Kehle-Daches. Sie bestanden aus massivem, in der Mitte ausgehöhltem Holz mit seitlichen, schräg eingefrästen Nuten, um Schwitzwasser aufzufangen und abzuführen. Das notwendige Gefälle bewirkte die Überhöhung in Feldmitte infolge der Unterspannung des Rinnenbalkens.

Auf hohem und breitem Sockel stehend, stabilisierten allseitig umlaufende gußeiserne Bogenstellungen von ca. 2 m Achsmaß das Dach und die Fassaden. Dazwischen die in Holzrahmen gefaßte, in vertikale Bahnen geteilte Verglasung. Der massive Sockel umschloß den 1 m über Gelände liegenden Fußboden, in den das runde Wasserbecken von 10 m Durchmesser für die Victoria-Regia-Pflanze eingelassen war und leitete über seine abgeschrägten Mauervorlagen den Wasserdruck in die Fundamente. Das Becken war durch Rohrschlangen beheizt, wie sie auch entlang der Fassaden in einem Rohrgraben, mit Lüftungsklappen davor, geführt wurden. Sechs kurze, sternförmig auf die Beckenmitte ausgerichtete Wege, von denen die beiden mittleren die sich gegenüberliegenden Eingänge erschlossen, mündeten in den runden Beckenumgang und unterteilten die restlichen Flächen in acht kleinere Pflanzbecken.

Das »Water Lily House« in Chatsworth ist nicht erhalten.

»Conservative Wall« in Chatsworth
1842, 1848 von Joseph Paxton
Abb. 38

Als nördliche Begrenzung des Parks errichtete Paxton in Verlängerung der Eingangsseite des Palastes bis hin zu den Stallungen eine in Stufen den Hang hinaufsteigende Mauer von 100 m Länge und 5,50 m Höhe[23]. Um den wärmespeichernden Effekt der nach Süden ausgerichteten Wand zu nutzen, legte er davor eine Bepflanzung an, die zunächst durch Vorhänge gegen die nächtliche Auskühlung geschützt wurde. Da das Experiment erfolgreich war, vervollständigte er 1848 die Anlage zum Conservative Wall, wie er bis heute erhalten ist: Zehn durch *ridge-and-furrow*-Pultdächer überdeckte Glasboxen, je acht Meter lang und nur zwei Meter breit, die einen zentralen, architektonisch gestalteten Mittelpavillon von größerer Höhe und Breite flankieren. Die verglaste Holzkonstruktion lehnt sich an die rückwärtige Mauer an, wobei jede Box wegen des ansteigenden Hanges gegenüber der vorigen um 70 cm in der Höhe versetzt ist. Hinter den dekorativen Bekrönungen der Dachüberstände verbargen sich einst Beschattungseinrichtungen und die Dachstruktur. Im

Sommer konnten die verglasten Fassadenelemente entfernt werden. Als eine vom Palast zugängige Promenade zwischen grünen Pflanzen verlängerte der Conservative Wall zugleich die gute Jahreszeit und wirkte als dekorativer Gartenabschluß, der viele Nachahmer fand, so z.B. in Burton Close und Trentham.

Anmerkungen

1. Gartenliteratur zu Chatsworth bei R. Desmond, Bibliography of British Gardens, Winchester 1984
2. Country Life, 2.5.1968, S. 110-13; 29.1.1970, S. 63-66; J. Harris, William Talman, London 1982, S. 28f.
3. L.Knyff und J.Kip, Britannia illustrata of views of several of the Queen's palaces and also of the principal seats of the nobility and gentry of Great Britain, London 1714-15
4. The Gardener's Magazine 12/1836
5. Paxton's Magazine of Botany, Vol.II, 1836, S. 105f.; Supplement to the Gardeners' Chronicle, 26.6.1874, S. 7
6. J. Paxton, Iron and Glass for Buildings, Vortrag vom 13.11.1850 anläßlich einer Versammlung der Society of Arts, in: The Builder, 1850, S. 544-46
7. J.C. Loudon, Remarks on the Construction of Hothouses, London 1817, S. 23, Tafel 6
8. G.F. Chadwick, The Works of Sir Joseph Paxton, London 1961, S. 93, Anm. 32
9. wie Anm. 8; S. 77: Zuschreibung an Paxton
10. D.Burtons Brief an den sechsten Duke vom 27.11.1843, abgedruckt bei F. Thompson, Who was the Architect of the Great Conservatory at Chatsworth?, in: Derbyshire Countryside, 21, 1956, S. 13
11. Ch. McIntosh, The Book of the Garden, 1853, S. 375; The Illustrated London News 1842/43, S. 376; M. Neumann, Art de construire et de gouverner les serres, Paris 1844, S. 98; A.B. Granville, Spas of England and Principal Sea-Bathing Places, London 1841, Vol. II, S. 64-65
12. Thompson, wie Anm. 10; G.F. Chadwick, Paxton and the Great Stove, in: Architectural History, 1961, S. 77-92
13. Thompson, wie Anm. 10, S. 13; Chadwick, wie Anm. 12, S. 77
14. wie Anm. 8, S. 98
15. Report of the Commissioners appointed to inquire into the Cost and Applicability of the Exhibition Building in Hyde Park, 28.1.1852, zitiert nach Chadwick, wie Anm. 8, S. 74, 76
16. wie Anm. 6
17. J. Hartwig, M.Neumann's Grundsätze und Erfahrungen über den Bau und die Anlegung von Glashäusern aller Art, 4. Auflage 1875
18. J.C. Loudon in: The Gardener's Magazine, 1839, S. 450: »Im Hauptentwurf möchte man das Conservatory mit einer Kathedrale vergleichen, die einen zentralen Teil und Seitenflügel hat. Die Eingänge werden sich an den Enden befinden hinter den Säulenhallen, die als Gewächshäuser dienen.«
A.B. Granville in: Spas of England..., Vol. II, 1841: »Ein 80 Fuß (24,38 m) langer Flügel wird an den Nord- und Südenden dem Zentrum unmittelbar zugeordnet sein, so daß die größte Länge des gesamten Pflanzenhauses 460 Fuß (141,21 m) beträgt.«
Schreiben Paxtons aus Como an seine Frau vom 14.10.1838: » ... und lasse alles in Bereitschaft sein für eine große Veränderung im Frühjahr ... Die Abschlüsse des Pflanzenhauses (neue Erweiterungen) sollen nicht begonnen werden, bevor ich zurückkomme.«
19. Ch. McIntosh, wie Anm. 11, S. 374
20. E. Schild, Zwischen Glaspalast und Palais des Illusions, Berlin 1967, S. 36
21. L. Benevolo, Geschichte der Architektur des 19. und 20. Jahrhunderts, München 1964, S. 75
22. The Garden, 3.1.1874, S. 5-7;
The Gardeners' Chronicle, 27.11.1858, S. 860;
W. Adam, The Gem of the Peak, 1851, S. 147f., Reprint 1973
23. *Conservative Walls* in: Paxton's Magazine of Botany, 1842, S. 60;
The Gardeners' Chronicle, 21.5.1842

144 Private Pflanzenhäuser – Katalog

Register zum Katalog

Der Katalog bringt die Objekte in chronologischer Reihenfolge, wodurch Entwicklungen im Pflanzenhausbau besonders deutlich werden. Das vorangestellte Register ist dagegen alphabetisch geordnet, um ein schnelles Nachschlagen einzelner Objekte zu ermöglichen. Die angegebenen Ziffern beziehen sich auf die Katalognummern.

Abbotsford House, Roxburghshire:
    Peach House . . . . P 41
Alton Towers, Staffordshire:
    Conservatory Range . . . . P 32
    Orangery . . . . P 33
    Gothic Conservatory. . . . . P 34
Ashridge, Hertfordshire:
    Conservatory . . . . P 105
    Orangery . . . . P 106
    Fernery . . . . P 107
Avington Park, Hampshire:
    Gothic Orangery . . . . P 95
    Conservatories . . . . P 96
Baden bei Wien, Marchetstraße 76:
    Wintergarten . . . . P 131
Bagshot, Surrey:
    Conservatory . . . . P 133
Barnsley Park, Gloucestershire:
    Conservatory . . . . P 14
Barton Seagrave Hall, Northamptonshire:
    Orangery . . . . P 1
Belton House, Lincolnshire:
    Orangery . . . . P 19
Berlin, Klein-Glienicke:
    Treibhaus . . . . P 60
    Orangerie . . . . P 61
Berlin, Pfaueninsel bei Potsdam:
    Palmenhaus . . . . P 48
Bicton Gardens, South Devon:
    Palm House . . . . P 38
Biebrich bei Wiesbaden, Schloßpark:
    Wintergarten . . . . P 76
    Schauhaus . . . . P 77
    Schauhaus . . . . P 78
Blaise Castle, Gloucestershire:
    Conservatory . . . . P 7
Bodnant Gardens, North Wales:
    Conservatory, Fernery . . . . . . P 130

Bretton Hall, Yorkshire:
    Camellia House . . . . P 21
    Conservatory . . . . P 40
Broughton Hall, North Yorkshire:
    Conservatory . . . . P 89
Brüssel, Laeken, Jardins Royales:
    Alte Orangerie . . . . P 123
    Jardin d'Hiver . . . . P 124
    Serre du Congo . . . . P 125
    Embarcadère . . . . P 126
    Neue Orangerie . . . . P 127
    Serre Chapelle . . . . P 128
    Galeries . . . . P 129
Capesthorne Hall, Cheshire:
    Conservatory . . . . P 59
Cardiff Castle, Glamorganshire:
    Peristyle Roof Garden . . . . . . P 121
Castle Ashby, Northamptonshire:
    Palm House . . . . P 109
    Archway House . . . . P 110
Chatsworth, Derbyshire:
    Great Stove . . . . P 62
    Conservative Wall . . . . P 73
    Water Lily House . . . . P 83
Chiselhampton House, Oxfordshire:
    Conservatory . . . . P 46
Craig-y-nos Castle, Wales:
    Conservatory, Glass Corridor, Winter Garden . P 138
Cricket House, Somerset:
    Orangery . . . . P 3
Culzean Castle, Ayrshire:
    Orangery . . . . P 64
    Camellia House . . . . P 65
Dalkeith Park, Midlothian:
    Conservatory . . . . P 43
Dodington Park, Gloucestershire:
    Conservatory . . . . P 16

Downe, Kent, Down House:
   Greenhouse . . . . P 103
Downton, Hereford & Worcestershire:
   Pineapple House . . . . P 25
Enville Hall, Staffordshire:
   Conservatory . . . . P 93
Epernay, Weingut Moët & Chandon:
   Orangerie . . . . P 9
Flintham Hall, Nottinghamshire:
   Conservatory . . . . P 88
Gand (Gent), Jardin de Kerchove de Denterghem:
   Jardin d'Hiver . . . . P 117
Genève (Genf), Pregny, Jardin de Rothschild:
   Jardin d'Hiver . . . . P 132
Gatcombe Park, Gloucestershire:
   Conservatory . . . . P 42
Grimston Park, Yorkshire:
   Conservatory . . . . P 63
Halifax, Yorkshire, Bellevue:
   Conservatory . . . . P 100
Halton House, Buckinghamshire:
   Winter Garden . . . . P 139
Hannington Hall, Wiltshire:
   Conservatory . . . . P 53
Harlaxton Manor, Lincolnshire:
   Conservatory . . . . P 69
Haslev, Gisselfeld Kloster:
   Pflanzenhaus »Paradehus« . . . . . . P 122
Herrenhausen, Königlicher Berggarten:
   Orangerie . . . . P 80
   Erstes Palmenhaus . . . . P 81
   Zweites Palmenhaus . . . . P 82
   Drittes Palmenhaus . . . . P 134
Holkham Hall, Norfolk:
   Conservatory . . . . P 85
Karlsruhe, Großherzoglich Badische Residenz:
   Orangerieentwürfe, Glashäuser . . . P 97
   Pflanzenhausgruppe . . . . P 98
Kassel-Wilhelmshöhe, Park:
   Palmenhaus . . . . P 27
Lancaster, Williamson Park:
   Palm House . . . . P 144
London, Bayswater, »Hermitage«:
   Versuchsglashäuser . . . . P 22
London, Buckingham Palace:
   Conservatories . . . . P 44
London, Camberwell, Denmark Hill:
   Conservatory . . . . P 111
London, Chiswick House:
   Hothouse und Conservatory Range . . . P 17
London, Greenwich, Avery Hill:
   Winter Garden . . . . P 141
London, Gunnersbury Park:
   Orangery . . . . P 66
London, Porchester Terrace, Bayswater House:
   Conservatory . . . . P 39
London, St. James's Park, Carlton House:
   Conservatory . . . . P 8
London, Middlesex, Syon Park:
   Great Conservatory . . . . P 45
Longleat House, Wiltshire:
   Orangery . . . . P 18
Lyme Park, Cheshire:
   Orangery . . . . P 104
Malmaison, Rueil bei Paris:
   Jardin d'Hiver . . . . P 4
Mamhead, Devonshire:
   Greenhouse, Pavilion . . . . P 47
Meiningen, Herzoglicher Park:
   Wintergarten . . . . P 2
Mentmore House, Buckinghamshire:
   Conservatory . . . . P 94
Montacute House, Somerset:
   Orangery . . . . P 79
Morlanwelz-Mariemont, Parc de Mariemont:
   Serres, Jardin d'Hiver . . . . P 114
München, Königliche Residenz:
   Erster Wintergarten . . . . P 87
   Zweiter Wintergarten . . . . P 116
München, Schloßpark Nymphenburg:
   Östliches Gewächshaus . . . . . . P 10
   Mittleres Gewächshaus . . . . . . P 11
   Westliches Gewächshaus . . . . . . P 12
München, Alter Botanischer Garten:
   Gewächshaus . . . . P 13
Neuschwanstein, Schloß:
   Wintergarten . . . . P 135
Oakley Park, Shropshire:
   Conservatory . . . . P 37
Old Warden, Bedfordshire:
   Conservatory . . . . P 119
Osmaston Manor, Derbyshire:
   Conservatory . . . . P 74
   Ridge-and-Furrow Houses . . . . . P 75
Paris, Jardin de M. Boursault:
   Serre Ornée . . . . P 28
Paris, Jardin de Luxembourg:
   Orangerie . . . . P 101
   Jardin d'Hiver . . . . P 102
Paris, Rue de Courcelles:
   Jardin d'Hiver . . . . P 108
Prestwold Hall, Leicestershire:
   Conservatory . . . . P 68
Ramsgate, Kent, East Cliff Lodge:
   Greenhouse . . . . P 26
Ripley Castle, Yorkshire:
   Glass House Range . . . . P 72
Sandon Hall, Staffordshire:
   Conservatory . . . . P 86
Scarborough, North Yorkshire, Wood End:
   Conservatory . . . . P 115

Register zum Katalog   *Private Pflanzenhäuser*

Schönbrunn bei Wien, Schloßpark:
    Palmenhaus . . . . P 136
    Sonnenuhrhaus . . . . P 137

Sezincote, Gloucestershire:
    Indian Conservatory . . . . P 5

Shrubland Park, Suffolk:
    Winter Garden . . . . P 49

Somerleyton Hall, Suffolk:
    Ridge-and-Furrow Houses . . . . . . P 90
    Conservative Wall . . . . P 91
    Winter Garden . . . . P 92

Standen, West Sussex:
    Conservatory . . . . P 142

Steinbach im Odenwald, Schloß Fürstenau:
    Orangerie . . . . P 50

Stoke Rocheford, Lincolnshire:
    Orangery . . . . P 67

Strasbourg, Promenade de la Robertsau:
    Orangerie . . . . P 6

Stratfield Saye House, Hampshire:
    Conservatory . . . . P 58

Stuttgart, Bad Cannstadt, Wilhelma:
    Maurische Villa . . . . P 70
    Orangerie . . . . P 71

Tatton Park, Cheshire:
    Orangery . . . . P 23
    Fernery . . . . P 24

Terling Place, Essex:
    Flower Passage . . . . P 84

The Grange, Hampshire:
    Conservatory . . . . P 36

Tottenham House, Wiltshire:
    Orangery . . . . P 112
    Conservatory . . . . P 113

Trelissick House, Cornwall:
    Conservatory . . . . P 35

Ven House, Somerset:
    Conservatory, Flower Arcade . . . . P 56

Waddeston Manor, Buckinghamshire:
    Conservatory . . . . P 140

Welbeck Abbey, Nottinghamshire:
    Underground Conservatories . . . . P 120

Wien, Burggarten (Kaisergarten):
    Wintergarten . . . . P 31
    Glashausanlage . . . . P 143

Wien, Kaiser-Joseph-Straße 41:
    Wintergarten . . . . P 118

Wien, Mayer'scher Garten in Penzing:
    Erstes Treibhaus . . . . P 51
    Zweites Treibhaus . . . . P 52

Wilton House, Wiltshire:
    Conservatory . . . . P 15

Witley Court, Worcestershire:
    Conservatory . . . . P 99

Woburn Abbey, Bedfordshire:
    Conservatory . . . . P 20
    Heathery . . . . P 29
    Botanical House . . . . P 57

Wollaton Hall, Nottinghamshire:
    Camellia House . . . . P 30

Wrest Park, Bedfordshire:
    Conservatory . . . . P 54
    Orangery . . . . P 55

Kat. P 1 Abb. 39
BARTON SEAGRAVE HALL,
Northamptonshire
Orangery
ca. 1800, Architekt unbekannt
(Verändert erhalten)

Westlich des um 1725 erneuerten Wohnhauses steht die Orangerie, die baugeschichtlich einige Rätsel aufgibt: Ein massiver Längsbau mit drei gläsernen Kuppeln, von denen die mittlere die beiden anderen an Höhe und Durchmesser um etwa das Doppelte übertrifft. Für sie wurde die Gebäudemitte polygonal ausgeweitet. Über fünf breite, von Korbbögen überdeckte Fenstertüren öffnet sich die Südfassade. Zusammen mit den Giebelfenstern wurde so ein Hellraum geschaffen, der über die Ansprüche einer Orangerie weit hinausgeht. Vierzehn schlanke Gußeisensäulen links und rechts der Fenster stehen funktionslos unter dem umlaufenden Dachgesims. Es ist zu vermuten, daß sie – zum Kreis oder Achteck zusammengestellt – einst die Kuppeln unterstützten und dabei die drei Pflanzflächen umschlossen, wie z.B. in den frühen Glashäusern von Wollaton Hall (1823) oder The Grange (1825). Bei einer veränderten Raumnutzung mögen die Eisensäulen später gestört und als Dekorationsstücke ihren heutigen Standort erhalten haben.
Lit.: N. Pevsner, The Buildings of England, Northamptonshire, 99

Kat. P 2 Abb. 40
MEININGEN (DDR)
Wintergarten im Herzoglichen Park
ca. 1800 nach Angaben des Herzogs Georg von Meiningen
(Nicht erhalten)

Als fortlaufend sich verengende Talschlucht war die von künstlichen Felsenwänden eingefaßte Anlage in den nach Norden ansteigenden Hügel eingegraben, im Sommer ein kleiner Orangenhain, den nur im Winter ein Holzgerüst nach Art des abschlagbaren Pomeranzenhauses überdeckte. Drei shedförmig nach Süden ansteigende Pultdächer gaben Licht. In der gotischen Turmruine zur Linken war die Heizung, im gegenüberliegenden Grottentempel der Kamin verborgen. Bei einer Länge der Anlage von 21 m und einer Öffnungsbreite von 16 m betrug die größte Höhe bis zum Dachfirst 11 m. Der Zugang im Winter war so angelegt, daß der provisorische Baukörper unsichtbar blieb und der Beschauer – aus einem durch den Hügel gebrochenen Felsengang kommend – unvermittelt in die Helle der kunstvoll arrangierten Innenraumszenerie trat. Die illusionistischen Mittel der zukünftigen Wintergärten waren hier, wie schon im Park von Monceau in Paris vorweggenommen: Naturmotive kontrastierten mit architektonischen Staffagen, der gotischen Turmruine, die in den Landschaftsgarten überleitete und dem Grottentempel, dessen Eingang mit einer Serliana geschmückt war und im Innern des Wintergartens den Charakter eines Außenraumes verstärkte.
Lit.: Allgemeines Teutsches Garten-Magazin, 1806, 3-4

Kat. P 3 Abb. 41
CRICKET HOUSE, Somerset
Orangery
1801-1804 von Sir John Soane
(Erhalten)

Das frühere Tudor-Haus wurde 1801-1804 für Admiral Hood wiederhergerichtet. Rechtwinklig zur Hausterrasse mit Front zum Garten hin schließt über eine verglaste Steinkolonnade die neunachsige, nur durch einen flach hervortretenden Mittelrisalit gegliederte Orangerie an, ein kleiner, aber qualitätvoller Bau. Über dem von dorischen Pfeilern getragenen Gebälk spannt sich heute ein flach geneigtes, abgewalmtes Glasdach.
Lit.: N. Pevsner, The Buildings of England, Somerset, 140

Kat. P 4 Abb. 42
MALMAISON, Rueil bei Paris
Jardin d'Hiver der Kaiserin Josephine
1804-1805 von Jean-Thomas Thibaut und Bartélémy Vignon
(Nicht erhalten)

Der 47 m lange, rechteckige Bau, dessen Tiefe zu zwei Dritteln von dem mächtigen Pultdach des Wintergartens eingenommen wurde, lehnte sich gegen einen schmalen klassizistischen Steintrakt im Norden, den auf seiner Südseite zwischen zwei flankierenden Pavillons die verglaste Promenade überdeckte. Die Mitte nahm der große Aufenthalts- und Wohnraum ein, der über eine breite, von Marmorsäulen gerahmte Öffnung den Blick in das Pflanzenhaus freigab. Auf der Gegenseite erweiterte sich der Wohnraum in eine fensterlose Apside. Sie nahm den der Rundung angepaßten Diwan, Ruheplatz der Kaiserin auf. Statuen des Cupido von Bosio und eines ruhenden Hermaphroditen schmückten den großzügigen, mit kostbaren Dekorationen ausgestatteten Raum. Seitlich des großen Fensters öffneten sich Türen in den zentralen Teil des Pflanzenhauses, der über Stufen der Dachneigung folgte und zum Garten hin abfiel. Ein Brunnen aus schwarzem Marmor mit einem Satyr aus dem 16. Jahrhundert nahm die Raummitte ein, Kopien antiker Statuen, der Aphrodite Anadyomene und der Aphrodite Kallipygos standen an den Enden des Pflanzenhauses in den angebauten Apsiden.

Lit.: A. de Laborde, Description des Nouveaux Jardins de la France et ses Anciens Châteaux. Delange 1808, 65
Y. David, Malmaison, Paris 1966

Kat. P 5 — Abb. 43
SEZINCOTE, Gloucestershire
»Indian Conservatory«
1804-1805 von Samuel Pepys Cockerell
(Erhalten)

Von den drei Brüdern Cockerell, die im Dienst der East India Company standen, erwarb John, der älteste, nach seiner Rückkehr aus Bengalen 1795 den Besitz, dessen Wohnhaus vom jüngsten der Brüder, der Architekt war, im indischen Stil umgestaltet und erweitert wurde. Den drei Hauptbauten sind symbolische Formen zugeordnet. So die große zwiebelförmige Kuppel auf dem zentralen Wohnblock. Als Herz und Himmel versinnbildlicht sie Frieden und Gelassenheit. Vom Wohnhaus führen die zum Viertelkreis gebogenen Flügelbauten zu den oktogonalen Außenpavillons, zum Schlafraum und – über das Pflanzenhaus – zu dem als Vogelhaus genutzten Gartenhaus im Süden. Die Zahl Acht, die auch das oktogonale Wasserbecken bestimmt, symbolisiert die acht Kapitel des Koran. Eine Textur indischer Formelemente und die orientalischen, spitz zulaufenden Fächerbogenfenster überziehen die Fassaden.

Für die Entwicklung des Pflanzenhauses werden in Sezincote Grundlagen geschaffen. Hollands überdachter Weg (1789) in Woburn Abbey, der die verschiedenen Gartengebäude mit dem Wohnhaus verbindet und die verglaste Promenade der Kaiserin Josephine über ihrem Wintergarten (1805) in Malmaison werden hier zur Wintergartenpromenade, die den Wohnbereich in den Garten ausdehnt. Der hohe Schornstein für die Heizung des Pflanzenhauses hat in Sezincote wohl erstmalig den später oft wiederholten Charakter einer vom Gebäude abgelösten Architekturkulisse angenommen (vergl. Chatsworth, Kew). Als »Wellington Monument«, das auf den vier Seiten die Namen und Daten von Schlachten trägt, steht er zwischen Bäumen auf ansteigendem Hang.

Lit.: Country Life 1939, 502-506, 528-532; 9/1976, 600-602
Ch. Hussey, English Country Houses, Late Georgian, London 1958, 66-81

Kat. P 6 — ohne Abb.
STRASSBURG
Orangerie
1806 von Boudhors
(Erhalten)

Der klassizistische Bau mit abgewalmtem Satteldach steht inmitten der Promenade de la Robertsau, die man nach den Plänen von Le Nôtre 1692 mit Lindenbäumen bepflanzt hatte. Der Längsbau wird von einem dreigeschossigen Mittelpavillon unterbrochen, dessen Säulenkolonnade in Kolossalanordnung dem hohen, von Galerien eingefaßten Kuppelsaal, dem »Pavillon de Plaisance«, vorangestellt ist. Er war 1809 Mittelpunkt eines Balls zu Ehren der Kaiserin Josephine und Napoleons nach dem Sieg bei Wagram. Schon Austerlitz (1805) hatte ein solches Fest in Straßburg zur Folge und – in Erwartung weiterer Siege – Stil, Größe und Raumprogramm der kaiserlichen Residenz inmitten von Orangenbäumen bestimmt.

Lit.: Architekten- und Ingenieurverein für Elsass-Lothringen, Straßburg und seine Bauten, 1894, 356-60
E. v. Borries, Geschichte der Stadt Straßburg, 1909

Kat. P 7 — ohne Abb.
BLAISE CASTLE, Gloucestershire
Conservatory
1806 von John Nash
(Erhalten)

Reptons Gartenpläne und Nashs Pflanzenhaus waren für das 1798 von William Patty fertiggestellte Haus eines Bankiers bestimmt. Im Parkgelände über dem Fluß Avon steht nach ihren Entwürfen die Meierei (1802) und die aus zehn »Cottage«-Häusern bestehende, mehr malerische als sozial überzeugende Siedlung für Pensionäre, genannt »Blaise Hamlet« (1811). Repton, beeindruckt von der großartigen Anlage in Sezincote, setzte sich für ein ebenso ausschwingendes, an das Wohnhaus anschließendes Pflanzenhaus in Hochlage ein, das Nash verwirklichte: Eine siebenachsige, in Dach und Wänden verglaste Steinarkade mit hölzernem Satteldach, das eine untergeschraubte Eisenkonstruktion mit gebogenem Untergurt und Füllringen stabilisiert.

Lit.: H. Repton, Observations on the Theory and Practise of Landscape Gardening, London 1803
Country Life 1900, 400-404
Architectural Review 1938, 249-251
N. Temple, John Nash and the Village Picturesque, Allan Sutton 1979, 55-58

Kat. P 8 Abb. 44-45
LONDON, St. James's Park, Carlton House
Conservatory
1807 von Thomas Hopper
(Nicht erhalten)

Wie der Sommersitz in Brighton, den der exzentrische Prinzregent George IV – angeregt von Sezincote – in einen indischen Pavillon verwandeln ließ, sollte auch das Conservatory seines Stadtpalastes berühmte Architekturvorbilder nachempfinden. So kam nicht J. Nashs fortschrittlicher Entwurf von 1798, ein dreischiffiges, von Dreiecksbindern mit Füllringen überspanntes Glashaus zur Ausführung, sondern eine dreischiffige Kathedrale in Gußeisenornamentik von Thomas Hopper. Wenn auch auf sechs Achsen und ein abgeschrägtes Endfeld beschränkt, prunkte der Außenbau mit farbigen Gläsern in gußeisernem Maßwerk, gotischen Fenstern und Portalen, Strebepfeilern und Fialen und einem Übermaß an rokokogotischen Verzierungen. Der noch üppiger dekorierte Innenraum des Pflanzenhauses öffnete sich zu einem neugotischen Speisesaal, den J. Nash angebaut hatte. Es dominierten palmenartige Fächergewölbe, die aus Bündelpfeilern aufstiegen, eine in Gußeisen übersetzte Nachbildung der Kapelle Heinrichs VII. in Westminster Abbey, oder auch ein Abbild der 1763 fertiggestellten Galerie in Horace Walpoles Strawberry Hill, dem Musterbeispiel des Gothic Revival.

Im Glanz der neuen Gasbeleuchtung fand 1814 ein großes Banquett im Pflanzenhaus statt, an dem die Könige von Frankreich, Preußen, Württemberg und der Zar von Rußland teilnahmen.

Lit.: J. Timbs, Curiosities of London, London 1885, 634-635
H.M. Colvin, The History of the King's Works, London 1963, 307-322

Kat. P 9 ohne Abb.
EPERNAY (Frankreich)
Orangerie des Weingutes Moët & Chandon
1807 von Jean-Baptiste Isabey
(Erhalten)

Der Miniaturenmaler Isabey entwarf den ornamentalen Garten, in dem das raumbildende Spiel der sechs paarweise um die große Gartenachse gruppierten Pavillons unterhalb der Terrasse und ihrer Treppenanlage mit Gartenelementen fortgesetzt ist. Zwischen Alleen eine große Wasserfläche. Sie reflektiert die kulissenhafte, gemalt wirkende Orangerie, eine siebenachsige Arkade mit Gesims, Attika und Vasenbekrönung. Vier breite kannelierte Pilaster-Atrappen, die mit Phantasiekapitellen unter einem Schmuckfries enden, rahmen das größere Mittelfenster und begrenzen den Baukörper. Der dekorative Aufwand galt wohl dem Besuch Napoleons im Juli des gleichen Jahres.

Lit.: E. de Ganay, Les Jardins de France et leur Décor, Paris 1949, 271, 275

Kat. P 10-12 Abb. 46-47
MÜNCHEN
Schloßpark von Nymphenburg

1664 begannen die Bauarbeiten an der Schloßanlage, der Sommerresidenz der bayerischen Herrscher, die schon von Anfang an mit einem Lustgarten verbunden war. An der erst nach 200 Jahren zum Abschluß gekommenen Entwicklung hatte der »Hofgartenintendant« Friedrich Ludwig von Sckell von seiner Berufung 1803 an entscheidenden Anteil. Von der Umwandlung in einen Landschaftsgarten – Sckells Hauptaufgabe in Nymphenburg – blieben allerdings das hinter dem Schloß liegende große Parterre mit Hauptachse und Mittelkanal und die parallel dazu anschließenden, von den drei Gewächshäusern begrenzten Blumengärten im Norden ausgenommen.

Kat. P 10: *Östliches Gewächshaus mit Eckpavillons*
1807 von Friedrich Ludwig von Sckell
(Verändert erhalten)

Das »für die Cultur schöner und seltener tropischer Pflanzen« bestimmte Haus enthält im Inneren drei Abteilungen, die mittlere um die Tiefe des Nebenraumtraktes über eine Stützenreihe verbreitet. Der rechte der architektonischen Pavillons enthält den Eingang und die Gemächer des Königs, der linke den allgemeinen Zugang und die Wohnung des Obergärtners. Die Dachverglasung, die heutige Eisenkonstruktion und der gußeiserne Schmuckfries der Fassade müssen der Umbauphase Mitte der 60er Jahre des 19. Jahrhunderts entstammen. Denn die ovalen Stegperforierungen von Stützen und Riegeln, das Verlegen der Konstruktion in eine doppelschalige Glaswand ohne Vorsprünge, sowie Anordnung und Format des Grundelementes im Schmuckfries, dessen Teilung von den Sprossen der Verglasung übernommen wird, sind Kennzeichen der 1860-1865 erbauten »Großen Gewächshäuser« im Botanischen Garten von München. Eine ursprüngliche Dachverglasung durch Sckell war nicht vorhanden, sie stünde auch im Widerspruch zu seinen Schriften.

Kat. P 11: *Mittleres Gewächshaus mit Mittelpavillon*
1816 von Friedrich Ludwig von Sckell
(Erhalten)

Für das »theils zur Blumenzucht, theils zur Anzucht der jungen Pflanzen« bestimmte Haus ist das Pultdach mit dem bogenförmigen »reflectierenden« Putzgewölbe zwischen Decke und Wand die für Sckell logische Querschnittsform. Das in vier Abteilungen unterteilte Anzuchthaus hat die ursprüngliche Baustruktur noch am reinsten bewahrt.

Kat. P 12: *Westliches Gewächshaus (Palmenhaus)*
1820 von Friedrich Ludwig von Sckell
(Verändert erhalten)

»Die erste Abteilung [war] für die großen warmen Pflanzen, vorzüglich Palmen, die zweyte für die großen Pflanzen aus Neuholland bestimmt.« Der wegen seiner großen Tiefe und nur einseitigen Verglasung allenfalls als Orangerie, nicht aber für auch im Winter aktive Pflanzen geeignete Bau entspricht dem Mittelbau des 1814 errichteten Gewächshauses im Botanischen Garten von München. Sein opakes abgewalmtes Satteldach, die geschlossenen Giebelseiten und Brüstungen erreichen nicht den in England zu dieser Zeit schon vorhandenen Standard.

Lit.: F.L.v. Sckell, Beiträge zur Bildenden Gartenkunst für angehende Gartenkünstler und Liebhaber, München 18919/Worms 1982
J.C. Loudon, An Encyclopaedia of Gardening, London 1834, 203-205
W. Zimmermann, Die königlichen Gärten Oberbayerns in kunstgeschichtlicher und kritischer Beleuchtung, Berlin 1903, 1-28

Kat. P 13   Abb. 48
MÜNCHEN
Gewächshaus im Alten Botanischen Garten
1814 von Friedrich Ludwig von Sckell
(Nicht erhalten)

Diesem mit 465 Fuß größten seiner Gewächshäuser, das im Äußeren dem frühen Haus von 1807 in Nymphenburg entspricht, hatte Sckell wegen der großen Länge aus architektonischen Gründen einen Mittelrisalit vorangestellt. Bei gleicher Traufhöhe und Fassadenstruktur steht er nur wenige Zentimeter über der Fassadenflucht. Zur optischen Unterstützung erhielt er ein abgewalmtes Satteldach gegenüber den Pultdächern der Flügelbauten. Das Innere ist in sechs Abteilungen geteilt. Decke und Rückwand verkleidete Sckell mit seinem reflektierenden Putzgewölbe. Doch blieben die Lichtverhältnisse ungenügend, wie die »Gartenflora« 1854 berichtete, dem Jahr, in dem auf gleichem Gelände der Münchener Glaspalast entstand.

Lit.: F.L.v. Sckell, Beiträge zur Bildenden Gartenkunst für angehende Gartenkünstler und Liebhaber, München 1819/Worms 1982
J.C. Loudon, An Encyclopaedia of Gardening, London 1834, 203-205
W. Zimmermann, Die königlichen Gärten Oberbayerns in kunstgeschichtlicher und kritischer Beleuchtung, Berlin 1903, 1-28
Gartenflora 1887, 151-159

Kat. P 14   Abb. 49
BARNSLEY PARK, Gloucestershire
Conservatory
1806-1810 von John Nash
(Erhalten)

Wenige Meter nordöstlich des 1720-1731 von John Price im Stil des »Georgian Baroque« erneuerten Herrenhauses mit Kolossalordnung, Attikageschoß und Dachbalustraden steht das siebenachsige tempelartige Pflanzenhaus von John Nash. Die Baugestalt des Peripteros mit umlaufender – wandloser – Säulenkolonnade ist wohl der am ehesten geeignete klassische Bautyp für eine maximale Verglasungsfläche. Die Giebelfelder wurden selbst zwischen den aussteifenden Eisenringen verglast. Zwei der sieben Ringe sind als Schwingflügel ausgebildet. Im Inneren des schwierig zu stabilisierenden Steinskeletts überspannen in schlanker Profilierung gußeiserne Dreiecksbinder mit gebogenen Untergurten und Füllringen den Raum. Sie sind den hölzernen Bindersparren auf zwei Drittel ihrer Länge untergeschraubt. Nash kam mit dieser Verbundkonstruktion seinem Eisenbinder im Entwurf für das Pflanzenhaus von Carlton House (1798) nahe, der schließlich in Turners Wasserpflanzenhaus von Kew (1852) mit einem Optimum an Spannweite und Leichtigkeit der Konstruktion verwirklicht wurde.

Lit.: Country Life 9/1954, 720-723, 806-809
Chr. Hussey, English Country Houses, Early Georgian, London 1955, 48-57

Kat. P 15 Abb. 50
WILTON HOUSE, Wiltshire
Conservatory
ca. 1811, wahrscheinlich von James Wyatt
(Erhalten)

Das seit dem 8.Jahrhundert bebaute Anwesen zählt Inigo Jones und John Webb zu seinen Architekten, Isaac de Caus legte 1632 den berühmten Caroline Garden an. 1801 begann James Wyatt mit der elf Jahre dauernden Erneuerung des Wohnhauses, die er wahrscheinlich mit dem Bau des tempelhaften Pflanzenhauses am italienischen Garten abschloß. Denn wie bei dem von ihm erbauten Pflanzenhaus von Dodington House steht die siebenachsige Pfeilerkolonnade auf einem Podium mit Umgang und umlaufenden Stufen. Keine Attika oder Balustrade verdeckt das Glasdach. Die raumhohen Verglasungen mit zweiflügeligen Fenstertüren und kräftigen Fensterkreuzen zeigen gegenüber Dodington noch die ursprüngliche kleinformatige Sprossenteilung. Kranz- und Giebelgesimse umschließen die Tympana der Giebelseiten. Vasen krönen die Pilaster, die bis über den Architrav geführt sind und vertiefte Spiegelflächen zeigen. Der frühe Bau weist bereits eine tragende Unterkonstruktion aus gußeisernen Bindern und Pfetten auf, die die – heute nicht mehr originale – Dachverglasung tragen. Die später oft wiederholte Binderform ist von bestechender Einfachheit. Ein Tragebogen wird in Feldmitte durch ein aufgesatteltes, der Dachlinie folgendes Dreieck mit Füllringen verstärkt. Zwei ionische Säulen mit Bändern von Felsrustika – wohl Überreste aus der früheren Gartenanlage – , Sphingen und der Löwenbrunnen mit Skulptur sind Wyatts eindrucksvollem, doch schlichtem Bau einfühlsam zur Seite und vorangestellt.

Lit.: The Gardeners' Chronicle 1845, 738f.
Country Life 1963, 206-209, 264-267, 314-317

Kat. P 16 Abb. 51
DODINGTON PARK, Gloucestershire
Conservatory
ca. 1812 (Pläne von 1801) von James Wyatt
(Erhalten)

Wyatts Pflanzenhaus, ein halbrunder, einseitiger Anbau an das von einem sechssäuligen Portikus angeführte neoklassizistische Wohnhaus erinnert in seiner malerischen Asymmetrie an Cockerells »Indian Conservatory« in Sezincote. Es stellt zwar im Inneren die Verbindung zur nebenstehenden St. Mary's Kirche her, doch schirmt es den von einer Kuppel gekrönten kreuzförmigen Bau auch gegen die Eingangsseite des Wohnhauses ab. Das Conservatory schließt an den als »Botanische Bibliothek« bezeichneten Eckraum des Wohnhauses an und wird längs der hier zurückverlegten Rückwand von einer eisernen Empore begleitet, über die die Familie zur Hauskapelle gelangte; darunter liegt die frühere Bildergalerie. Die fünfachsige, raumhoch und im Satteldach verglaste Pfeilerkolonnade endet in einem quadratischen Eckpavillon mit anhängender Apside. Noch heute überdeckt sie die ursprüngliche, kleinteilige Verglasung in Form eines abgewalmten Satteldaches. Nach Wyatts pantheistischem Programm sollten die der Kunst, der Natur, der Religion und der Wissenschaft gewidmeten Räume miteinander verbunden sein.

Lit.: Architectural Review 1932, 95-99
Country Life 9/1956, 1176-1179

Kat. P 17 Abb. 52-53
LONDON, Chiswick House
Hothouse und Conservatory
1813 von Samuel Ware
(Verändert erhalten)

Lord Burlingtons Palladio-Begeisterung ließ die Villa Rotonda bei Vicenza nahezu ein zweites Mal in Chiswick entstehen. Die ihm nachfolgende Familie der Dukes of Devonshire erweiterte das Haus, der sechste Herzog kaufte 1812 im Osten Land hinzu, auf dem 1813 nach dem Entwurf des Architekten Samuel Ware vor dem Halbrund des Italienischen Gartens die 92 m lange, sechsteilige Glashausgruppe entstand. Über die ursprüngliche Bauform der mehrmals – da aus Holz – aufgebauten Pflanzenhäuser gibt ein Stich Alphands Auskunft. Der zentrale Conservatory- Block mit Rotunde – mittlerweile ein Vieleck – war gegen die Treibhaus-Flügelbauten stärker als heute unterschieden. Breite Pilaster, dazwischen Fenstertüren und ein ornamentaler Glasfries betonten seine Funktion als Schauhaus. Die zwei langen und die beiden kurzen Pultdachhäuser hatte Ware sowohl in der Höhe wie im Grundriß an den vier Anschlußstellen zurückgestuft und Fenster auf gemauerten Brüstungen angeordnet. Das spätere Vorverlegen der langen Fassaden auf die Flucht des Conservatory-Blocks läuft der Logik dieser Bauform zuwider. Kurze, breite Querschiffe mit Satteldächern erschließen heute ihre Mitten, früher genügten vorangestellte Windfänge. Weit eleganter stellte sich die ehemalige Rotunde dar mit radialer statt paralleler Sprossenführung, mit drei verschieden geneigten Kegeldachflächen anstelle der heutigen Tambourkuppel über dem vieleckigen Ringpultdach. Nur die schlanken gußeisernen Rohrstützen darunter scheinen noch von 1813 zu stammen.

Lit.: J.A. Alphand, Les Promenades de Paris, Paris 1867-1873 (Abb.)
J. Harris, The Artist and the Country House, London 1979, 182-185, 261
Journal of Local History Society, London 6/1981
Journal of Garden History, London 2/1982, 133-142

Kat. P 18 — Abb. 54
LONGLEAT HOUSE, Wiltshire
Orangery
ca. 1814 von Jeffry Wyatville
(Erhalten)

Dank der Hinzuziehung des französischen Bildhauers Maynard gehört das Longleat House mit seinen charakteristischen Erkern und den gerahmten Kreismotiven zu den wenigen Beispielen der englischen Frührenaissance. Auf der gegenüberliegenden Seite des Parterregartens wird das gleiche Rund in der Attika der Orangerie dreifach wiederholt. Die siebenachsige Pfeilerkolonnade mit zwei schmalen, nur gering versetzten Endrisaliten, hohem profiliertem Gebälk und Satteldach hinter der krönenden Balustrade ist nur auf den Front- und Giebelseiten verglast. Über vier vorgelegte Stufen, ein rundes Wasserbecken mit Brunnenschale und Fontäne ist der klassisch proportionierte Bau mit seiner feinen Textur axial auf das Hauptgebäude ausgerichtet. Nur wenig unterscheidet ihn in seinem Äußeren von Wyatvilles Orangerie von Belton House.

Lit.: H. Repton, Fragments on the Theory and Practise of Landscape Gardening, London 1816, 115-123
Gardener's Magazine 1833, 425
Journal of Horticulture and Cottage Gardener 1873, 9-11
Country Life 9/1956, 594-597

Kat. P 19 — Abb. 55-56
BELTON HOUSE, Lincolnshire
Orangery
ca. 1815 von Jeffry Wyatville
(Erhalten)

Wyatvilles ebenso großzügiger wie schlichter Orangeriebau steht erhöht über dem abgesenkten Parterregarten mit rundem Wasserbecken und Fontäne. Er verkörpert den erreichten Entwicklungsstand des zwischen Pfeilern und Gebälk in Dach und Wänden verglasten Pflanzenhauses auf eine neue Weise: durch die frei im Raum stehende, ein verglastes Satteldach tragende Eisenkonstruktion. Ihre Stützenreihen sind von den Außenwänden zurückgesetzt, wodurch Spannweite und die für das Dachgefälle erforderliche Firsthöhe reduziert werden. Vom Glasdach ist dank der Dachbalustrade nichts zu sehen. Im Innern entsteht eine »Raum-im-Raum-Wirkung«, die ästhetisch wie funktionell den Pflanzen einen idealen Standort im »Innenhaus« unter dem hellen Deckenspiegel bietet. Wyatvilles gußeiserne Stützen und Tragwerke sind von einer in England sonst unerreichten Schlankheit. Die Stützen, in vier daumenstarke, durch Ringe untereinander stabilisierte Stäbe aufgelöst, tragen über Kapitellen aus Akanthusblättern die in vier Richtungen abgehenden filigranen Fachwerke. Ihr materialsparendes Bauprinzip ist das gleiche wie das der Stützen: Aussteifende Ringe aus Gußeisen zwischen den stabförmigen Ober- und Untergurten.

Lit.: Gardener's Magazine 1840, 571f.
Country Life 1964, 562-565, 620, 700-703

Kat. P 20 — Abb. 57-59
WOBURN ABBEY, Bedfordshire
Conservatory
ca. 1818 von Jeffry Wyatville
(Erhalten)

Um Hollands zur Skulpturengalerie umgewandeltes Greenhouse von 1789 vollends von Pflanzen freimachen zu können, entstand ein weiterer Anbau im Osten, das von Wyatville entworfene Conservatory, dessen geschwungene Grundrißform sich der Wegeführung anpaßt. Massives Mauerwerk der geschlossenen Rückwand, 4,90 m hohe Pfeiler für die drei Frontseiten im Achsmaß von 2,75 m und ein 1,20 m hoher Architrav, der das Dachgesims als Attika überragt, bilden den Unterbau für die 6 m weit gespannten gußeisernen Bogenfachwerke mit waagerechtem

Obergurt. Ein umlaufender Deckenspiegel liegt ihnen auf, über dessen großer Mittelöffnung das gläserne Walmdach aufsteigt. Es wird von oberen Fachwerken in Dreiecksform getragen, die auf den unteren aufliegen. Voluten mit Ringen unter dem First stabilisieren die oberen, Radmotive mit Blüten und Lilien als Naben und Speichen die unteren Fachwerke. Die aufliegenden verglasten Holzrahmen des Daches konnten im Sommer entfernt werden. Die Entwicklung vom geschlossenen zum verglasten Dach mit eingestellter und mit freitragender Konstruktion wird an Wyatvilles Pflanzenhäusern von Longleat House, Belton House und Woburn Abbey sichtbar.

Lit.: Traité de la Composition et de l'Ornement des Jardins, Paris 1839, 137, Abb. 35
The Gardeners' Chronicle 10/1884, 462
The Illustrated London News 2/1889, 206-211
Country Life 3/1955, 854-858; 9/1955, 434-437, 488-491; 7/1965, 98-102, 158-161

Kat. P 21 Abb. 60-61
BRETTON HALL, Yorkshire
Camellia House (Kamelienhaus)
ca. 1816 von Jeffry Wyatville
(Erhalten)

Das eigenwillige Stein-Pflanzenhaus steht auf einem Podium oberhalb eines Hanges mit seiner Langseite nach Süden. Wohl um den rechtwinkligen Bezug zu den Wohngebäuden herzustellen, sind seine Enden Y-förmig gespreizt. Die siebenachsige, in Dach und Wänden verglaste, schmucklose Pfeilerkolonnade kontrastiert mit den durch toskanische Säulenbogenstellungen und Brüstungsmauerwerk hervorgehobenen vier Eckpavillons. Im Innenraum erinnern die gußeisernen Binder mit ihren Ring- und Rautenfüllungen an das Conservatory von Woburn Abbey, obwohl sich erst im oberen Drittel des Satteldaches ihr gebogener Untergurt vom Bindersparren löst. Spannstangen halten den Schub von den Gebälken fern. Eine Neuerung ist darin zu sehen, daß der Unterkonstruktion keine Holzrahmen mehr aufliegen. Gußeiserne Falzleisten treten an ihre Stelle.

Lit.: Gardener's Magazine 1829, 680-684; 1832, 361, 607f.
N. Pevsner, The Buildings of England, Yorkshire, West Riding 1967, 146

Kat. P 22 Abb. 62
LONDON, Bayswater, sog. »Hermitage«
Versuchsglashäuser
1816-1817 von J.C. Loudon
(Nicht erhalten)

Loudon entwickelte und erprobte den gebogten, schmiedeeisernen *sash bar*, das unter Wärmeeinwirkung walzbare Verglasungsprofil. In seinen Versuchsglashäusern erbrachte er den Nachweis für die vielseitige Verwendbarkeit gebogener Glas-Eisenkonstruktionen. Das Wohnhaus und eine zinnengekrönte Gartenmauer nutzte er als Anlehnwände. Auf engstem Raum standen folgende Glashausbauten zusammen: ein altes Anlehnhaus mit konventionellen Stehfassaden und Pultdach, seine Verbesserung mit vierfach geknickten, aufklappbaren Oberflächen, das Anlehnhaus von viertelkreisförmigem Querschnitt mit und ohne *ridge-and-furrow*-Dachstruktur, ein freistehendes spitzbogiges Haus, das verschiedene Anschlüsse demonstrierte und den Abschluß mit einer Halbkuppel. Das höchste der Glashäuser endete in einer gebogten Dachpyramide.

Lit.: J.C. Loudon, Remarks on the Construction of Hothouses, 1817
J.C. Loudon, Sketches of Curvilinear Hothouses, 1818
N. Pevsner, Early Iron, in: Architectural Review 9/1949

Kat. P 23-24 ohne Abb.
TATTON PARK, Cheshire

Kat. P 23: *Orangery*
1818 von Lewis Wyatt
(Erhalten)

Wyatts siebenachsiger Steinbau mit abgeschrägten Ecken, dreiachsigem Vorbau und verglastem Dach ist durch sein schweres Gebälk, durch Attika und Pfeilerkolonnade geprägt. Die abknickende Linienführung soll ihn besser im Sinne des Malerischen in den umgebenden Landschaftspark einpassen.

Kat. P 24: *Fernery (Farnhaus)*
1859, wahrscheinlich von Joseph Paxton
(Verändert erhalten)

Nur wenige Schritte sind es bis zum Vogelhaus und dem Farnhaus, ein schluchtenartiger, glasüberdeckter Pfad zwischen Farnen. Auf vertieftem Niveau angelegt, ist das Pflanzenhaus bis zum Ansatz des von genieteten Bindern getragenen verglasten Mansardendaches gemauert. Anstelle einer eigenen Außenwand wurde die von Vasen und Treillagen geschmückte Ummauerung des Küchengartens unmittelbar als Auflager für das Glasdach des Farnhauses verwendet.

Lit.: Gardener's Magazine 1831, 549f.
  Journal of Horticulture and Cottage Gardener 1900, 59f.
  Country Life 7/1964, 162-165, 292-296; 1976, 884-886

Kat. P 25   Abb. 63-64
DOWNTON CASTLE,
Hereford & Worcestershire
Pineapple House (Ananashaus)
1819-1820 von Thomas Andrew Knight
(Erhalten)

In der Anlage wie in seinen Details geht das Treibhaus auf die Ursprünge in der Entwicklung des gebogenen *sash bar* zurück. Downton war damals im Besitz von Th.A. Knight, dem ersten Präsidenten der Horticultural Society. In den »Transactions« der Gesellschaft wurden seine am 1. April 1817 verlesenen Verbesserungsvorschläge abgedruckt, die den Entwurf der berühmten gläsernen Halbkuppel vor gemauerter Rückwand von G.S. Mackenzie betrafen. Er kritisierte die Profilkonzentration und das fehlende Gefälle im Kuppelscheitel, was zu Undichtigkeiten führt, sowie die ungünstige Glasneigung zum Sonneneinfallswinkel am Fußpunkt. Sein Gegenvorschlag, den er mit Zeichnungen erläuterte, bestand darin, den Radius des Viertelkreises zu erhöhen und – bei gleicher Bautiefe – nur etwa die Hälfte davon im Querschnitt zu verwenden. Genau dieser flache, im Scheitel wie am Sockel spitzwinklig anlaufende Bogen ist das Charakteristikum des Ananas-Treibhauses in Downton. Die veröffentlichten Schnittzeichnungen mit dem typischen flachen Glasbogen, den zylindrischen Zuluftöffnungen in der Brüstung aus fünf Schichten Ziegelmauerwerk und andere Merkmale weisen das Glashaus als das originale Versuchshaus aus, wohl das älteste überlebende Beispiel aus dieser Frühphase.

Lit.: J.C. Loudon, Encyclopaedia of Gardening, 1822, 1238
  The Gardener's Magazine 1833, 17f., 209-212
    G.S. Mackenzie, On the Form which the Glass of a Forcing house ought to have, in order to receive the greatest possible quantity of Rays from the Sun. (Read 1.8.1815) in: Transactions of the Horticultural Society of London, Vol. II, 1817
    Th.A. Knight, Upon the Advantages and Disadvantages of Curvilinear Iron Roofs to Hot-Houses. (Read 1822) in: Transactions of the Horticultural Society of London, Vol. V, 1817

Kat. P 26   Abb. 65-66
RAMSGATE, Kent
Greenhouse, East Cliff Lodge
ca. 1822 von W. & D. Bailey nach dem System von J.C. Loudon
(Restauriert erhalten)

Das von Viertelkuppeln begrenzte Anlehnhaus mit geradem Mittelstück ist die funktionellste Bauform unter Loudons Glashaus-Typen. Es zeigt die schlanke Profilierung der tragenden Falzleiste, die in schwellendem Bogen vom Sockel aufsteigt und über ein leichtes Stützgerüst fast geradlinig den First erreicht. Noch zierlicher wirken die aus Rundeisen bestehenden nichttragenden Pfetten, die lediglich die Falzleisten auf Abstand halten und ihre unterschiedlichen Durchbiegungen ausgleichen. Sie werden gekreuzt von T-förmigen Rankgerüsten mit Spanndrähten unter den Haupttrippen. An höchster wie tiefster Stelle sind, vollständig in die Linienführung integriert, Klappflügel angeordnet, nur bei genauem Hinsehen erkennt man die auf dem Steinsockel ausgebildete Rinne. Es war der große jüdische Philantrop des viktorianischen Zeitalters, Sir Moses Montefiore, der sich das Standard-Glashaus Loudonscher Prägung an seine Gartenmauer bauen ließ, vielleicht das einzige erhalten gebliebene seiner Art.

Lit.: The East Kent Critic 7/1976
  P. Boniface, The Garden Room, Royal Comission of Hist. Monuments England 1982

Kat. P 27   Abb. 67-68
KASSEL - WILHELMSHÖHE
Palmenhaus
1822 begonnen, von J.C. Bromeis
(Verändert erhalten)

Östlich der langen Sichtachse, die das Herkules-Monument, das Schloß und die große Kaskade miteinander verbindet, ließ Landgraf Wilhelm IX. gegenüber dem Marstallgebäude die erste Pflanzenhausgruppe errichten (1795): Ein pavillonartiger Speisesaal, von dem aus große verglaste Türen ins Freie und in die anschließenden Gewächshäuser führen. Diesen hölzernen Bau ersetzte die 68 m lange, aus einer Mittelrotunde, Eckpavillons und Verbindungstrakten bestehende Glashausgruppe von 1822. Lediglich die architektonischen Steinpavillons – heute von gläsernen Pyramidendächern überdeckt – zeigen auf der Gartenseite noch die alten Proportionen. Die von einer Flachkuppel überwölbte Rotunde wurde 1887 durch einen unruhig wirkenden quadratischen Mittelbau ersetzt, den ein gläsernes Spiegelgewölbe mit sehr hohem Satteldachhaus überragt. Nach dem überlieferten Plan hatte Bromeis die Südfassade der Verbindungstrakte über den heutigen Architrav hinaus höher geführt und daran ein zur Rückseite abfallendes Pultdach angeschlossen. Die Baugruppe wirkte geschlossener, die Pavillons nicht so ungefügig. Zwischen das auf drei Seiten umschließende Mauerwerk war die frühe Eisenkonstruktion aus gußeisernen Halbsäulen gestellt, wahrscheinlich als Verblendung tragender Holzpfosten, wie sie auch Schinkels Palmenhaus auf der Pfaueninsel in Berlin (1831) zeigte. Heute unterstützt eine eiserne Bogenstellung die gläsernen Satteldächer, Verspannungen nehmen den Schub auf.

Lit.: J.C. Loudon, An Encyclopaedia of Gardening, London 1834, 207f.

Kat. P 28 ohne Abb.
PARIS, Rue Blanche, Jardin de M. Boursault
Serre Ornée
ca. 1822, Architekt unbekannt
(Nicht erhalten)

Direkt am Wohnhaus begann die Kette der meist schmalen und hohen Glashäuser, die sich mit wechselnden Vegetationszonen 150 m lang auf zwei Gartenseiten hinzogen und in dem als Landschaftsgarten gestalteten 15 x 9 m großen Wintergarten endeten. Sein Dach wurde im Sommer abgebaut. Eine andere Atmosphäre empfing den Besucher in der luxuriösen Kolonnade: Wie ein Tempel stand sie auf einem um fünf Stufen erhöhten Podium und führte vom Salon mit seinen Gemälden und Antiquitäten zum Billardraum und zur Bibliothek für Gartenbücher im kleinen Dachpavillon darüber und gab den Blick auf den tiefer liegenden Garten frei. Skulpturen, Pflanzenarrangements, Brunnen und Palmen waren unter dem gläsernen Dach aufgestellt. Im Winter wurden die demontierten Seitenschiffe wieder angesetzt, als Unterkunft für die Exoten, die im Sommer den Garten schmückten.

Lit.: J.C. Loudon, An Encyclopaedia of Gardening, London 1834, 101
Traité de la Composition et de l'Ornement des Jardins, Paris 1839, 135, Abb. 37
La Belgique Horticole 1851, 108-111

Kat. P 29 ohne Abb.
WOBURN ABBEY, Bedfordshire
Heathery (Erikenhaus)
ca. 1822 von Jeffry Wyatville
(Nicht erhalten)

Henry Hollands überdeckter Weg, der vom Herrenhaus ausgehend in großem Bogen an der Greenhouse-Skulpturen-Galerie und dem neueren Conservatory vorbeiführte, setzte sich im unmittelbar anschließenden, 4 m breiten Erikenhaus fort. Auf Stützen stehend, überbrückte es nicht nur einen Höhenanstieg im Park, es folgte auch im bogenförmigen Grundriß der Richtungsänderung der Wegeführung. Die ungewöhnliche Pflanzenhausbrücke von zwanzig Achsen verband als gläsernes Satteldachhaus zwei Endpavillons, von denen der an das Conservatory anschließende eine Treppe, der andere einen Vorraum zur oberen Geländehöhe aufwies. Die Abschlußwand war verspiegelt.

Lit.: J. Forbes, Hortus Woburnensis, 1833, 271-300

Kat. P 30 Abb. 69-70
WOLLATON HALL, Nottinghamshire
Camellia House (Kamelienhaus)
1823 von Fa. Jones & Clark
(Erhalten)

Wie Longleat und Hardwick zählt Wollaton Hall zu den berühmtesten Landhäusern der englischen Renaissance. Das Kamelienhaus ist der zum Gartenparterre abfallenden Schloßterrasse angefügt. Obwohl in der zeitgenössischen Literatur kaum erwähnt, enthält es bereits das im Conservatory von The Grange hochgelobte Bausystem: die von Halbtonnen aus Blech überdeckte Wegeführung im Wechsel mit verglasten Satteldächern über den Pflanzbeeten. Die das Regenwasser ableitenden Gußeisensäulen unterstützen kastenförmige Dachrinnen, zugleich Träger der Dachkonstruktion. Das in Länge und Breite beliebig addierbare System läßt sich leicht unterschiedlichen Grundrissen anpassen, wie es der unregelmäßige Baukörper in Wollaton Hall zeigt. Die Architektur beschränkt sich auf die vor die Fassade gestellten, von Vasen bekrönten toskanischen Säulen, die über ein verkröpftes Gebälk und Gesims miteinander verbunden sind und – wie die Konstruktion des Pflanzenhauses selbst – aus Gußeisen bestehen. Die Säulen des Innenraumes tragen Kapitelle, deren Formen die Kopfstücke der ägyptischen Papyros- und der Zeltstangensäule nachahmen.

Lit.: Journal of Horticulture and Cottage Gardener 1868, 375f.; 1876, 189-201
Country Life 1900, 496-501; 1917, 568-575, 592f.
J. Harris, The Artist and the Country House, London 1979, 74
R. Strong, The Renaissance Garden in England, London 1979, 56f.

Kat. P 31 ohne Abb.
WIEN, Kaisergarten (Burggarten)
Wintergarten an der Hofburg
1822-1824 von Chevalier de Remy
(Nicht erhalten)

Auf eine Länge von ca. 400 Fuß erstreckte sich der für Kaiser Franz I. in klassizistischen Formen errichtete Wintergarten. Er setzte sich aus fünf gleich hohen, miteinander verbundenen Bauteilen zusammen: Zwei schmale, die Baugruppe begrenzende »architektonische Pavillons«, die verbindenden Flügelbauten mit Schwanenhals und schrägstehender Fassade zwischen tragenden Holzpfosten, schließlich der sieben Achsen breite mittlere Salon mit einer verglasten Kolonnade aus korinthischen Säulen in Kolossalordnung. Balustraden krönen die Pavillons, geschlossene Attiken die Pflanzenhaustrakte. Auch an diesem Bau wird das gestalterische Prinzip sichtbar, zwischen einem Haus für Pflanzen in funktioneller Bauweise und den repräsentativen Salons in konventioneller Architektur zu unterscheiden. Eisen wird nur zur Fassung der Verglasung verwendet. Erst 1847 wurden die auf Gestellen angeordneten Pflanzen in eine natürliche Gartenanlage mit gewundener Wegeführung eingepflanzt. Ein unterirdischer Gang verband die Glashäuser mit den Appartements der Burg. Die Baugruppe wurde um 1900 abgerissen.
Lit.: F. Antoine, Der Wintergarten in der Kaiserlichen Königlichen Hofburg zu Wien, Wien 1852

Kat. P 32-34 Abb. 71-73
ALTON TOWERS, Staffordshire
Glashäuser
1824-1825 von Robert Abraham und Sohn

Von 1814 bis zu seinem Tode 1827 beschäftigte Charles XV, Earl of Shrewsbury, ständig hunderte von Arbeitern, Technikern und Handwerkern, um seine Ideen, exotische Bauten inmitten eines Landschaftsparks, zu verwirklichen: darunter die gußeiserne Pagode mit chinesischer Brücke, der gotische und der griechische Gartentempel, ein römisches Bad mit Kolonnade.

Kat. P 32: *Conservatory Range (Glashausgruppe)*
(Erhalten)

Abrahams ausgedehntes architektonisches Pflanzenhaus ist weithin sichtbar auf der oberen von drei Terrassen in den ansteigenden Nordhang eingelassen. Zwei Flachkuppeln und die mächtige Zentralkuppel in Form einer Glocke akzentuieren die drei Stein-Pavillons, deren sechs Eckrisalite von ebenso vielen Glockenkuppeln mit achteckigem Tambour gekrönt werden. Ananasfrüchte und eine Königskrone schmücken die neun Glaskuppeln. Große Vasen auf Postamenten und dekoratives Eisenwerk krönen die Steinarchitrave der verbindenden, früher unverglasten Kolonnaden aus gußeisernen, von Blattornamenten verzierten Pflanzensäulen. Mittelpunkt der Anlage ist die Grotte aus Tuffstein unter der zentralen Kuppel.

Kat. P 33: *Orangery*
(Beschädigt erhalten)

Ebenfalls von Abraham stammt ein zweites, über rechteckigem Grundriß errichtetes Pflanzenhaus, eine Orangerie mit vier Achsen. Sie wurde später durch zwei kuppelüberdeckte Pavillons – Kopien der Eckrisalite aus der großen Pflanzenhausgruppe – erweitert.

Kat. P 34: *»Gothic Conservatory«*
(Beschädigt erhalten)

Das Pflanzenhaus, das irrtümlich dem erst 1837 hinzugezogenen Architekten Pugin zugeschrieben wurde, hatte Loudon bereits auf seiner Reise 1831 gesehen und als »schlichte Kathedrale« beschrieben. Auch Loudons Bemerkung während seiner Reise von 1826 erwähnt das »Haus mit prächtigem Conservatory und Kapelle«. Nahezu 30 m lang ist das Pflanzenhaus mit dem hohen oktogonalen Mittelpavillon. Auf Terrassenniveau kreuzt es einen Gartenhof und verbindet die frühere Skulpturengalerie mit dem Salon. Über der verglasten Pfeilerkolonnade erhob sich ursprünglich ein steiles gläsernes Satteldach, der Mittelpavillon zeigt breite Spitzbogenfenster mit gotischem Maßwerk.
Lit.: J.C. Loudon, Encyclopaedia of Cottage, Farm and Villa Architecture and Furniture, London 1833, 980f.
J.C. Loudon, An Encyclopaedia of Gardening, London 1834, 328-333
Traité de la Composition et de l'Ornement des Jardins, Paris 1839

The Builder 1850, 602
The Illustrated London News 1860, 372f.
Journal of Horticulture and Cottage Gardener 10/1870, 287-290, 307-310

Kat. P 35   Abb. 74
TRELISSICK HOUSE, Cornwall
Conservatory
1825 von Peter Frederick Robinson
(Erhalten)

P.F. Robinson, Schüler von Henry Holland und bekannt für zahlreiche Landhäuser in verschiedenen Stilen, hat in »Designs for Ornamental Villas« (1827) das Trelissick House als Villa No. 3 dargestellt. 1825 baute er das bestehende Herrenhaus zu einem zentralen Block um, mit sechssäuligem Portikus und zwei eingeschossigen Seitentrakten. Auch dem im Osten angebauten dreiachsigen steinernen Pflanzenhaus mit gläsernem, basilikalem Satteldach hinter der Attika ist ein zweisäuliger Portikus vorangestellt. Sorgfältig sind seine Details, die ionischen Säulen, Podium und Freitreppe mit dem großen Portikus des Hauptgebäudes abgestimmt. Nur die großflächige Verglasung der Wände und die am Giebel angesetzte Apside betonen den Pflanzenhauscharakter. Das Innere gliedern Pilaster und ein kräftiges Gesims. Darüber erhebt sich das Glasdach.

Lit.: J. Britton, E.W. Brayley, Devonshire and Cornwall illustrated from Original Drawings ..., London 1832, 42
Country Life 1962, 54f.

Kat. P 36   Abb. 22-25
THE GRANGE, Hampshire
Conservatory
1824-1825 von Ch. R. Cockerell
Siehe Prototypen, S. 55

Kat. P 37   ohne Abb.
OAKLY PARK, Shropshire
Conservatory
1824-1825 von Charles Robert Cockerell
(Nicht erhalten)

Cockerell stellte den fünf Achsen des architektonischen Pflanzenhauses hohe Pfeiler voran, die in Höhe des gebogenen Dachansatzes Vasen trugen, ein Motiv, das sich in den Postamenten der Balustrade entlang den beiden Terrassenseiten wiederholte. Radial auf eine Brunnenschale zulaufende Blumenbeete schmückten den Platz vor dem Pflanzenhaus. Sein pultförmiges Glasdach mit dem kurzen Fassadenbogen wurde im Innern durch eine Arkade aus gußeisernen Pflanzensäulen mit weit ausladenden, aus Ranken gebildeten Voluten-Konsolen unterstützt.

Lit.: The Gardener's Magazine 1838, 212f.
Country Life 3/1956, 380-383, 426-429

Kat. P 38   Abb. 75-76
BICTON GARDENS, South Devon
Palm House
ca. 1825 als Treibhaus von W. & D. Bailey nach dem System von J.C. Loudon erbaut, 1841 von D. & E. Bailey zum Palmenhaus umgebaut
(Erhalten)

Hoch über dem von Le Nôtre entworfenen Italienischen Garten steht die alte tempelhafte Orangerie, Endpunkt der in die Landschaft ausstrahlenden Gartenachse. Zur Linken der Amerikanische Garten und das Mausoleum von Pugin, zur Rechten das Pinetum am Rande eines ausgedehnten Seengebietes. Die 150 Jahre alte berühmte Araucaria Allee liegt im Rücken einer bogenförmig an die Orangerie anschließenden Glashausanlage. Westlich davon steht das dreigliedrige, über türhohen Stehfassaden gebogte Palmenhaus. Sein in Viertelkreisen endendes Langschiff weist in Dachform und -struktur alle Merkmale Loudonscher »Lean-to curvilinear houses« auf. Es wird von einem breiten Querschiff mit apsidialem Abschluß gekreuzt, dessen steil ansteigender Dachbogen den flacheren des Längsschiffes weit überragt. In ihrer maximalen Spannweite und minimalen Profilstärke sind die eisernen Falzleisten, die das Prinzip des gebogenen *sash bar* verwirklichen, von unerreichter Kühnheit. Die gleiche Vollkommenheit zeigt die feinmaßstäbliche Textur aus schuppenförmiger Verglasung und engstehender – weil von der Herstellungsbreite des Glases abhängiger Sprossenteilung. Nachdem es feststeht, daß ein schon zuvor existierendes Pflanzenhaus im Sommer 1841 erhöht wurde, kann von folgender Hypothese ausgegangen werden: Das zuerst existierende Typenhaus der Fa. Bailey erstreckte sich entlang der gemauerten Rückwand ohne die zu Anfang der Entwicklung unübliche Stehverglasung. Es entsprach damit in Form und Ausführung dem frühen Anlehnhaus im King George's Park VI. Ramsgate. Erst 1841, als die Aufständerung vorgenommen wurde, fügte man die kühne Konstruktion des weitgespannten Mittelpavillons ein. Hierfür spricht auch die Datierung des für die Fa. D. & E. Bailey typischen Lüftungsaufsatzes, wie er 1840 beim Bau des Pflanzenhauses der Horticultural Society in Chiswick verwendet wurde.

Lit.: The Gardener's Magazine 1838, 510-512; 1842, 552, 555, 617, 621; 1843, 20-23, 46-52, 111-113, 138f., 164-166, 234-238, 301-306, 367f., 419-426, 495-497, 539f., 601-607, 653-657
Journal of Horticulture and Cottage Gardener 1871, 201-203, 221-223
N.D.G. James, The Trees of Bicton, Oxford 1969

Kat. P 39   ohne Abb.
LONDON, Bayswater House,
Porchester Terrace
Conservatory
1823-1825 von J.C. Loudon
(Erhalten)

Loudons für sich selbst entworfenes Wohnhaus, in dem er von 1825 bis zu seinem Tode 1843 lebte – in heutiger Fachliteratur unrichtig als Projekt von 1838 bezeichnet – ist Teil eines freistehenden Doppelhauses. Es sollte wie eine Villa aussehen, wozu die auf die Seite verlegten Eingänge, die Dreier-Anordnung der Fenster, vor allem aber das zentrale Pflanzenhaus auf der Straßenseite beitragen. In den kleinen Rundtempel mit gläserner Kuppel hatten die Bewohner nur indirekt Einblick über das Straßenfenster des Speisezimmers oder von der Veranda aus, die Loudon als Kolonnade um das Haus herumgeführt hatte.

Lit.: J.C. Loudon, The Suburban Gardener and Villa Companion, 1838 (Pläne)
J. Gloag, Mr. Loudon's England, Newcastle upon Tyne, 1970, 73-80

Kat. P 40   Abb. 77
BRETTON HALL, Yorkshire
Conservatory
1827 von Fa. W. & D. Bailey
(Nicht erhalten)

Wyatvilles konventionelles Pflanzenhaus von 1816 und die zukunftweisende Glaskuppel von 1827 standen sich im Park von Bretton Hall für eine kurze Zeitspanne gegenüber, »zwei der prächtigsten Pflanzenhaus-Strukturen im Königreich«, wie Loudon bemerkte. »... das kuppelförmige Haus ... wurde entworfen und ausgeführt durch Messrs. Bailey von Holborn, den wohlbekannten Hothouse Builders«, so stellt Ch. McIntosh die Urheberschaft dar. Der Kuppelbau von 18 m Höhe und 30 m Durchmesser gilt als die früheste der weitgespannten Eisenkonstruktionen, die ausschließlich unter Verwendung gebogener, tragender Falzleisten – hier von nur 5 cm Tiefe und 1,3 cm Stärke – errichtet wurden. Sie steigen vom gußeisernen Sockelband zu dem von zwanzig Säulen getragenen Ringarchitrav auf. Darüber der Tambour. Er trägt die wie Zeltstangen um eine Abluftöffnung zusammengestellten, zur Form einer Zwiebelkuppel gebogenen oberen Falzleisten. Ein vergoldeter Aufsatz in Form einer Krone verbarg die über Gewichte bedienbare Lüftungsklappe. Erst nach erfolgter Verglasung war die ungenügend ausgesteifte Konstruktion ausreichend stabil, von der Loudon schrieb, daß sie zuvor bei jedem Windstoß in Bewegung geriet. Nachteil der großen Bauhöhe war im Winter die Überhitzung im oberen Bereich der Kuppel, während in der Sockelzone Kälte und Eisbildung herrschten. Vorsichtig distanzierte sich Loudon 1829: »Über das gewölbte Warmhaus werden wir wenig sagen, weil es noch nicht vollendet ist.« Bereits drei Jahre später wurde die labile Struktur verkauft und abgerissen.

Lit.: The Gardener's Magazine 1829, 680f.
Ch. McIntosh, The Book of the Garden, 1857, 364
J.C. Loudon, An Encyclopaedia of Cottage, Farm and Villa Gardener, 1833, 980
J. Hartwig, M. Neumanns Grundsätze und Erfahrungen über den Bau und die Anlegung von Glashäusern aller Art, Weimar 1875, 134f., Taf. XI
Quellen: Originalpläne der Fa. Bailey in London, The Local History and Archives Collection, Marylebone Library

Kat. P 41   ohne Abb.
ABBOTSFORD HOUSE,
Roxburghshire, Scotland
Peach House (Pfirsichhaus)
von Sir Walter Scott
ca. 1825, wahrscheinlich von Edward Blore,
Ausführung von Fa. Smith
(Erhalten)

1812 übersiedelte Walter Scott in das kleine Landhaus am Ufer des Tweed. Die Erweiterung von 1818 enthielt neben Scotts Arbeitsraum ein Conservatory. Scott kaufte danach Land hinzu, ließ 1822 die alten Gebäude abreißen und nach Plänen von William Atkinson einen Neubau errichten, den er 1824 bezog. Unter dem Einfluß des befreundeten Edward Blore entstand ein mittelalterliches, türmereiches Wohnhaus. Östlich des von Mauern und Wachttürmen eingefaßten Eingangshofes bedeckt der ummauerte Garten ein zum Haus abfallendes Hanggelände. Ein axial ausgerichteter Weg führt zu Scotts Pflanzenhaus.

Der 5 x 3 Achsen große Steinbau wird von einem abgewalmten verglasten Satteldach aus hölzernen Sparren und eisernen Falzleisten überdeckt. Die gotisierenden Fensteröffnungen enden in Dreiecksbögen. Darüber Dachgesims und niedrige Attika aus Werksteinen. Die Giebelbögen der Fenster, vor allem aber die oktogonalen höhergeführten Ecktürmchen mit Gesims und »Täfelung« lassen vermuten, daß Scott ein Abbild von »Capability« Browns »Gotischer Orangerie« in Burghley House in seinem Garten schaffen wollte.

Lit.: A.A. Tait, The Landscape Garden in Scotland, Edinburgh 1980, 203

Kat. P 42 ohne Abb.
GATCOMBE PARK, Gloucestershire
Conservatory
ca. 1828 von George Basevi
(Erhalten)

Die An- und Umbauten spiegeln die im bürgerlichen Zeitalter hinzugekommenen Interessen der Besitzer wider. Nach Plänen des jungen Basevi entstanden zwei vom zentralen Wohnblock ausgehende geschwungene Flügelbauten. Im Osten die Bibliothek, die an den Speiseraum anschließt, im Westen das Pflanzenhaus, das die Wohnräume mit dem ebenfalls neu erbauten Billardraum verbindet. Das palladianische Landhausschema hat – nach Sezincote (1805) und Dodington (1812) – das Pflanzenhaus erneut zum Bindeglied zwischen Wohnhaus und Außenpavillon werden lassen. Während das filigrane Glasdach noch den originalen Zustand zeigt, fehlt heute der in Holz erneuerten Fassade die Hälfte der Zwischensprossen.

Lit.: N. Pevsner, The Buildings of England, Gloucestershire, 253f.

Kat. P 43 Abb. 78-80
DALKEITH PARK, Midlothian
Conservatory
1829 von William Burn
(Unverglast erhalten, Restaurierung vorgesehen)

Charles McIntosh, der berühmte Gartenschriftsteller, in den fünfziger Jahren des 19. Jahrhunderts Obergärtner in Dalkeith, nannte Burns zwölfsäuligen Rundtempel aus »weißem« Sandstein mit seinem kegelförmigen Dach »das beste Beispiel eines Architectural Conservatorys im Königreich«. Interessant sind Querschnitt und Konstruktion des Rundbaues. In der Gebäudemitte steht zwischen den Ringgewölben des Kellers eine mächtige, das Kaminrohr enthaltende Steinsäule, die bis über das Dach geführt ist. Sie trägt die radialen, gewaltigen Gußeisenbinder. Flache Untergurtbögen tragen über große Füllringe und Streben einen zur Gebäudeperipherie sich auffächernden Obergurt. Die wärmetechnisch wie konstruktiv günstige Kaminanordnung verstellt die Raummitte und beschmutzte durch die Abgase die Dachverglasung. Burns spezielles Renaissance-Stilmittel, das auch in seinen anderen Pflanzenhäusern wiederkehrt, ist ein reiches »Beschlagwerk« an den Steinbrüstungen und Treppengeländern der Ringterrasse, den gußeisernen Traufenbekrönungen und den Fassadenbrüstungen. Triglyphen und Medaillons schmücken das Gebälk, das über den toskanischen Säulen verkröpft und von Vasen gekrönt ist.

Lit.: Ch. McIntosh, Book of the Garden, 1853-1855, 412-415
The Cottage Gardener 1856, 35-37
Journal of Horticulture and Cottage Gardener 1870, 329-332
A.A. Tait, The Landscape Garden in Scotland, Edinbourgh 1930, 229, 231

Kat. P 44 ohne Abb.
LONDON, Buckingham Palace
Conservatories
1825-1830 von John Nash
(Erhalten)

Nashs Spätwerk, der Buckingham Palace, entstand unter unglücklichen Begleitumständen, denn der damals fünfundsiebzigjährige Nash wurde nach dem Tod seines Gönners, des Prinzregenten Georg IV., von den noch nicht beendeten Bauarbeiten suspendiert, die Edward Blore übernahm. Die drei vor den Ecken des Schlosses aufgestellten Pflanzenhäuser in Tempelform mit ionischer Säulenordnung folgen dem Vorbild des ebenfalls von Nash entworfenen Pflanzenhauses für den Barnsley Park. Selbst die aussteifenden Eisenringe in den verglasten Giebelfeldern finden sich wieder. Eines der Pflanzenhäuser baute Blore 1842-1843 für die königliche Familie zu einer Kapelle um. In ihren gelochten und verzierten Vollwandbindern, Säulen und Kapitellen aus Gußeisen setzte sich die antikisierende Ornamentik des Innenraumes fort. Das zweite Pflanzenhaus wurde abgetragen und durch Wyatville 1836 in Kew Gardens in der Nähe des Haupteinganges – heute das »Aroid House« (Haus für Aronstabgewächse) –

wiederaufgebaut. Das dritte Pflanzenhaus Nashs beherbergt heute die Queen's Gallery.
Lit.: N. Cole, Royal Parks and Gardens of London, 1877, 1-6
P. Coats, Gardens of Buckingham Palace, 1978

Kat. P 45   Abb. 26-31
SYON PARK, Middlesex
Great Conservatory
1827-1830 von Charles Fowler
Siehe Prototypen, S. 62

Kat. P 46   ohne Abb.
CHISELHAMPTON HOUSE, Oxfordshire
Conservatory
ca. 1830, Architekt unbekannt
(Erhalten)

Hoch über dem Fluß Thame steht im Garten das an eine gemauerte Rückwand gelehnte Pflanzenhaus auf einem Podium. Sowohl die geräumige Bauform wie die Weinreben unter dem Glasdach, wie auch zwei auf Weinfässern sitzende und Trauben hochhaltende Kinderskulpturen lassen auf den Verwendungszweck als Weinlaube schließen, wenn auch den gußeisernen Pfosten das Relief einer Hopfengirlande mit großer Fruchtähre aufgeprägt ist. Ein Flechtband aus Bleiguß und krönende Anthemien schmücken das Gebälk. Die feststehende Verglasung zwischen den eisernen Falzleisten war sicher ohne die massiven Holzrahmen ausgeführt, die heute die Proportionen und Konturen der Pfosten und Riegel vergröbern. Das fünfseitige polygonale Glashaus erhält seine Stabilität durch den mehrfach geknickten eisernen Architrav, der die Fassade abschließt und zugleich als Dachrinne ausgebildet ist. Die flachgewölbten Sprossen des Glasdaches steifen ihn gegen die Rückwand aus. Ein Stützring hält die Öffnung am Kuppelscheitel frei. Die sie überdeckende Glashaube kann hochgekurbelt und mit Hilfe von Seilen und Waagebalken gekippt werden.
Lit.: Country Life 1954, 216-219

Kat. P 47   Abb. 81
MAMHEAD HOUSE, Devonshire
Greenhouse und Pavilion
1827-1830 von Anthony Salvin
(Erhalten)

Im malerischen Stil der Tudor-Gotik des Hauptgebäudes ist auch das einer Kapelle ähnelnde Gewächshaus gehalten, das auf der oberen Terrasse über dem Rosengarten zum Greenhouse-Pavilion führt. Es ist Teil des weit nach Süden vorschießenden, von der symmetrischen Konzeption des Wohnblockes abweichenden Nebenraumtraktes. Mit seinen vier breiten, durch gußeisernes Maßwerk gefüllten Kirchenfenstern, den reich ornamentierten Bogenzwickeln und den Traufenbekrönungen aus Gußeisen kommt es Nashs Conservatory im Tudor-Stil von 1806 in Longner Hall, Shropshire, nahe. Den Innenraum überspannen fünf waagerechte, leicht überhöhte Steinbalken in schlanker Profilierung. Sie tragen über eine mittlere Stuhlsäule das aus Holz konstruierte, teilverglaste Satteldach. Der mehrgeschossige, über kreuzförmigem Grundriß errichtete Greenhouse-Pavilion beschließt als architektonischer Höhepunkt die Baugruppe. Seine den vier Himmelsrichtungen zugewandten Giebelfronten krönen Zinnen und Fialen.
Lit.: The Gardener's Magazine 1835, 127-132; 1842, 491-494, 531f.
Country Life 1955, 1366-1369, 1428-1431

Kat. P 48   Abb. 82
BERLIN, Pfaueninsel bei Potsdam
Palmenhaus
1830-1831 von Karl Friedrich Schinkel
und Johann Gottfried Schadow,
1845 Ergänzungen durch
Haeberlin
(Nicht erhalten)

Von einer »Insel der Empfindsamkeit« zur Idylle eines Landgutes wechselte der Charakter der Insel unter Friedrich Wilhelm II. und III. 1822 schuf P.J. Lenné hieraus einen Landschaftspark von malerischer Vollkommenheit. In dieser Zeit entstanden die Bauten Schinkels, das Kavalierhaus, das Schweizerhaus und schließlich das große Palmenhaus am Nordwest-Ufer. Sein Bau wurde durch die 1830 erworbene Foulchiron'sche Sammlung seltener Palmen ausgelöst. Schinkels Idee, einen regelmäßig strukturierten Glaskubus von 33 x 10 x 10 m wie eine Pflanzenvitrine in den Park zu stellen, bedeutete den Verzicht auf eine historische Baugestalt für das Pflanzenhaus. Dies wurde noch unterstützt durch das Fehlen eines Portals. Der Weg zum Palmenhaus führte über den als Schleuse dienenden Eckraum von den seitlichen Pergola-Arkaden her. Das hölzerne Glashaus-Skelett mit der geometrischen Struktur von Pfosten-, Riegel- und Sprossenunterteilungen läßt ein Scheibenmaß von 25 x 25 cm übrig. In den das Ganze stabilisierenden rückwärtigen Anbau, zweigeschossig und aus Mauerwerk, fügte Schinkel die anspruchsvolle Großform einer Apside ein, die sich noch aus der Fassade herauswölbte. Der kurz vor Baubeginn erworbene altbirmanische Kiosk fand hier Aufstellung. Islamische Motive und Gliederungen prägen das innen wie außen architektonisch durchgebildete, zum vorbeiführenden Uferweg orientierte Steinhaus. Eine gußeiserne Säulenarkade begrenzte die Apside zum Palmenhaus hin. Als die Krone einer mächtigen Fächerpalme das Dach erreicht hatte, wurde 1845 über den vier Mittelstützen ein kubischer Dachaufbau errichtet. Ihn überragte die Schinkels Architektur mißachtende indische Zwiebelkuppel. Eine ummauerte Grube schuf 1870 weitere 5,5 m Höhe. Doch ehe die Palme sie voll genutzt hatte, brannte Schinkels hölzernes Glashaus im Mai 1880 ab.

Lit.: The Gardener's Magazine 1837, 84
The Gardeners' Chronicle 1843, 69
E. Börsch-Supan, Berliner Baukunst nach Schinkel, München 1977, 147-149
M. Sperlich, Schinkel als Gärtner, in: J. Posener, Schinkel zu Ehren, (AIV) 1980, 364-391
M. Seiler, Das Palmenhaus auf der Pfaueninsel 1831-1880, in: Jahrbuch für brandenburgische Landesgeschichte 32/1981

Kat. P 49   Abb. 83-84
SHRUBLAND PARK, Suffolk
Winter Garden
1830-1832 von J.P. Gandy-Deering
(Erhalten)

Zu den 1830 begonnenen Erweiterungen des um 1771 von J. Paine erbauten Landhauses gehört der am Südende angefügte Wintergarten aus toskanischen Pfeilern, Gebälk und das Glasdach verdeckender Balustrade. Er wurde 3 x 7 Achsen groß auf der Südterrasse errichtet. Ihn überspannt innerhalb eines umlaufenden Deckenspiegels die frei im Raum stehende Eisenkonstruktion: gußeiserne Säulen, Sparren und Mittelpfette, unterstützt durch eine Unterspannung aus gekreuzten Speeren, die einen umflochtenen Ring unter dem First tragen. In den Wintergarten münden die umliegenden Räume des Erdgeschosses, wie im Obergeschoß die Fenster des Boudoirs. Treillagen, Treppenbalustraden, bemalte Wände, Wasserspiele und eine große Gallionsfigur des H.M.S. Shannon schmücken und beleben den sparsam mit Pflanzen dekorierten Raum.

Lit.: A. Barry, The Life and Works of Sir Charles Barry, London 1867, 118
M. Whiffen, The Education of an Ecclectic, in: Architectural Review 5/1949, 211-215
Country Life 1953, 948-951, 1654-1657, 1734-1737
M. Binney, The Making of an Architect, in: Country Life 8/1969, 494-498

Kat. P 50   Abb. 85
SCHLOSS FÜRSTENAU,
Steinbach im Odenwald
Orangerie
1832, wahrscheinlich von Gerhard Wahl
(Erhalten)

Die unweit des Schlosses im Park stehende, als Orangerie bezeichnete Pflanzenhausgruppe hat ihren Namen nur für den Mittelpavillon zu Recht, denn die anschließenden Glastrakte zeigen den typischen, leistungsfähigen Querschnitt des Sonnenfanghauses mit angelehnter Schrägverglasung für eine forcierte Pflanzenzucht. Der dreiachsige Orangen- und Gartenhaustempel steht auf einem Podium mit Freitreppe und Vasen auf Postamenten. Er ist durch Pilaster, Gebälk und Giebelfeld architektonisch hervorgehoben und trägt über dem Architrav die für seine Entstehungszeit charakteristische Inschrift: »Führerin sei Du Natur«.

Lit.: A. Röder, Schloß Fürstenau, Heidelberg 1959

Kat. P 51-52   ohne Abb.
WIEN, Penzing
Treibhäuser im Mayer'schen Garten

Johann Mayer, Bankier und Chef eines Großhandelshauses, ließ sich auf seinem weitläufigen Besitz nahe dem Schloßpark von Schönbrunn zwei eiserne Pflanzenhäuser erbauen, für die er den »Tudor Style« bzw. die »Imitazion des normannischen Styles« vorschrieb.

Kat. P 51: *Erstes Treibhaus*
1832 von Peter von Nobile
(Nicht erhalten)

Das erste der entgegen dem Wunsch des Bauherrn klassizistisch gehaltenen Häuser hatte eine aus 15 Spitzbogenfenstern zusammengebaute Fassade zwischen zwei massiven Eckpavillons. Das durchgehende Gesims schloß die Baugruppe zusammen, überragt von Attikabekrönungen der beiden Pavillons. Der Schnitt zeigt das von Sckells Pflanzenhäusern übernommene, das Licht reflektierende, vom Pultdach auf die Rückwand übergehende Putzgewölbe.

Kat. P 52: *Zweites Treibhaus*
1855 von Schedel
(Nicht erhalten)

Im zweiten Treibhaus wurde der massive Pavillon – ein Salon mit rückseitiger Apside – als höchster Bauteil in die Mitte der Baugruppe verlegt. Ein mächtiges gotisches Gruppenfenster mit Paß sowie eine ornamentierte und bekrönte Attika schmückten ihn, wobei Gußeisenplatten verwendet wurden. Die anschließenden, je vierachsigen Flügeltrakte besaßen die übliche Pfosten-, Riegel- und Sprossenfassade. Darüber der vorgenannte Schmuckfries, jedoch mit verändertem Motiv. Zwei nochmals niedrigere, in Front und Pultdach verglaste Anbauten beschlossen die Pflanzenhausgruppe.
Lit.: Allgemeine Bauzeitung 1838, 395f.

Kat. P 53   Abb. 86
HANNINGTON HALL, Wiltshire
Conservatory
1836, Architekt unbekannt
(Erhalten)

An die Baugruppe von 1653 aus zwei verbundenen Häusern mit Frontgiebeln wurde 1836 zum Garten hin das in Dach und Wänden verglaste Pflanzenhaus von 6 x 3 Achsen angebaut. Eine Dachbalustrade verdeckt das gläserne Satteldach. Die Felder der Pfeilerkolonnade sind durch Steinkreuze mit Kämpfern in Türhöhe unterteilt. Dahinter liegen verdeckt die hölzernen Rahmen von Fenstern und Türen, eine wärmetechnisch wie ästhetisch beeindruckende Lösung.
Lit.: N. Pevsner, The Buildings of England, Wiltshire, 1975, 235

Kat. P 54-55   Abb. 87-88
WREST PARK, Bedfordshire

Die freie Nachbildung des städtischen Hôtel de Matignon in englischer Landschaft ist ebenso ungewöhnlich wie sein Bauherr Thomas Philip, zweiter Earl de Grey. Für ihn stellte dieser Bau mit Orangerie und Torgebäuden sein erstes und zugleich letztes Werk als Architekt dar. Wegen seiner geringen Kenntnisse der französischen Architektur beschaffte de Grey sich diese aus Büchern wie aus J.F. Blondels »L'Architecture Française« von 1752. Zum Bauleiter bestellte er den Franzosen James Cléphane.

Kat. P 54: *Conservatory*
1836 vom zweiten Earl de Grey und James Cléphane
(Erhalten)

Dem zweigeschossigen Wohnblock mit Segmentfenstern, Mansard- und Pavillondächern sind zwei eingeschossige, massive Anbauten angefügt, wie sie bei Blondel als Verbindung zu den Nebengebäuden des Hofes dargestellt waren. Der rechte Anbau enthält den Speiseraum, der linke das ummauerte, auf einer Terrasse stehende Pflanzenhaus mit jeweils drei französischen Fenstern in den drei Fassaden. Einspringende Gebäudeecken, ausladendes Dachgesims und Attika geben dem Steinbau Kontur. Das abgewalmte, voll verglaste Satteldach mit Laterne wird von einer »eingestellten« Gußeisenkonstruktion aus halbierten, an der Wand stehenden Achteckstützen, von Fachwerkbindern und Pfetten getragen. Die Binder haben flachgewölbte Untergurte und sind über mächtige Voluten und Ringe bis unter die Laterne ausgesteift.

Kat. P 55: *Orangery*
1836 vom zweiten Earl de Grey und James Cléphane
(Erhalten)

Westlich des Herrenhauses steht erhöht über einem Parterregarten die einer Zeichnung aus Blondels »Maisons de Plaisance« nachempfundene Orangerie, eine neunachsige, von Eckpavillons gefaßte, massive Pfeilerbogenstellung mit verkröpftem Gesims, Dachbalustrade und krönenden Vasen. Der Mittelzugang zwischen einer Karyatide und einem Atlanten. Viel Bauornament, darunter Kapitelle in Form geflochtener Körbe mit hervorquellenden Rosen. Die Eckpavillons mit breiten Fenstertüren werden von französischen Kuppeln gekrönt. Das abgewalmte Satteldach des Langhauses mit Bindersparren aus Holz, die heute ein leichtes Eisenfachwerk unterstützt, ist verglast.
Lit.: Country Life 6/1970, 1250-1253; 7/1970, 18f.; 1974, 78-81

Kat. P 56   Abb. 89-90
VEN HOUSE, Somerset
Conservatory und Flower Arcade
1836 von Decimus Burton
(Erhalten)

Der 1698 bis 1701 nach Plänen von Richard Grange erbaute, einschließlich seines Attikageschosses dreigeschossige Wohnhausblock aus roten Ziegeln und Werksteingliederungen ist von klassischer Einfachheit. Burtons neuen Flügelbauten, dem Conservatory im Westen und einem Verwaltungsbau im Osten, gingen Entwürfe voraus. Der eine, Fowlers Conservatory von Syon Park ähnlich, mit drei gebogenen Flügeltrakten, die zu Außenpavillons führen; ein anderer zeigt ein Pflanzenhaus mit zentraler Kuppel, das doppelt so lang wie das heutige ist. Die schließlich ausgeführte Lösung paßt sich in Maßstab, Bauform und Lage der Situation am besten an. Eine glasüberdachte, beidseitig bepflanzte Blumenarkade, die als massive, siebenachsige Pfeilerbogenstellung vom Wohnhaus nach Westen zum Conservatory führt. Quergestellt und mit der Giebelfront zum Garten, schließt es die ausgedehnte Terrasse am Haus ab. Vier auf Postamenten vor die Fassade gestellte Säulen und zwei Eckpfeiler – jeweils mit verkröpftem Gebälk und Urnenbekrönungen – unterteilen die drei mittleren und die zwei halben flankierenden Achsen. Sie übernehmen vom Wohnhaus die korinthischen Kapitelle, denen ein ornamentaler Glasfries zugeordnet ist und die Ausbildung von Architrav, Fries und Hauptgesims. Die gläsernen Satteldächer der Blumen-Arkade und des Conservatorys sind ohne jeden architektonischen Anspruch und ordnen sich dem »dachlosen« Wohnhausblock unter.

Lit.: Decimus Burton, Designs for the Proposed Alterations and Additions to Ven House. (Archives Ven House)
Country Life 10/1898, 528-532

Kat. P 57 ohne Abb.
WOBURN ABBEY, Bedfordshire
»Botanical House«
1836-1838 von Jeffry Wyatville
(Nicht erhalten)

Den drei höchst eigenwilligen Pflanzenhäusern von 1789, 1816 und 1822 auf der Südseite des um die Wirtschaftsgebäude herumführenden überdeckten Weges folgte auf dessen Ostseite das sog. Botanische Haus, das Paxton »one of the old kind« nannte. Die mehr wissenschaftlich ausgerichtete Pflanzenhausgruppe war die Antwort des Architekten auf die Herausforderung durch den Laien Paxton mit dem zur gleichen Zeit in Chatsworth entstehenden »Great Stove«. Die Gruppe war 90 m lang mit dem aus Stein errichteten Palmenhaus in der Mitte. Je drei Glashäuser schlossen sich nach beiden Seiten an, die verschiedene Pflanzenarten aufnahmen.

Lit.: D. Linstrum, Sir Jeffry Wyatville. Oxford 1972, 123

Kat. P 58 Abb. 91-92
STRATFIELD SAYE HOUSE, Hampshire
Conservatory
1838 von Benjamin Dean Wyatt
(Erhalten)

Nach Waterloo 1817 wurde der Besitz vom Parlament erworben und dem Herzog von Wellington geschenkt. Das alte Herrenhaus von 1640 wurde für ihn hergerichtet. Das Pflanzenhaus stellte Wyatt in eine Baukörpernische, wo es einen Kopfbau mit holländischem Giebel verdeckt und sich auch sonst nicht recht einfügen will. Sechs breite Achsen und eine schmale für die Tür teilen die Südfassade, eine dreiseitige apsidenartige Erweiterung mit Dachverglasung darüber bildet den Ostgiebel des zwischen Pfeilern und Gebälk verglasten Satteldachhauses. Schwer wirken unter dem lichten Glasdach die aus gußeisernen Formträgern zusammengefügten Vollwandbinder. Durch untergeschraubte Firstdreiecke versteift und in der gemauerten Rückwand verankert, stabilisieren sie die Südfassade, wodurch den Raum kreuzende Spannstangen vermieden werden.

Lit.: The Gardener's Magazine 1896, 711f.
Journal of Horticulture and Cottage Gardener 1873, 225-227, 244f.

Kat. P 59 ohne Abb.
CAPESTHORNE HALL, Cheshire
Conservatory
ca. 1838-1839 von Joseph Paxton
(Nicht erhalten)

Etwa gleichzeitig mit dem »Great Stove« in Chatsworth errichtete Paxton ein 46 x 12 m großes, an das Wohnhaus angebautes Pflanzenhaus von basilikalem Querschnitt. An einem Ende stand es mit der Bibliothek, am anderen Ende mit der Kapelle in Verbindung. Obwohl Paxton – wie in Chatsworth – die drei Schiffe mit Bogenbindern aus Holz überspannte, wich er zugunsten einer einfacheren Herstellung mit den flachgeneigten Pult- und Satteldächern in *ridge-and-furrow*-Struktur von der Bogenform ab.

Lit.: Country Life 1977, 607-610

Kat. P 60-61 Abb. 93-95
BERLIN, Klein-Glienicke
Treibhaus und *Orangerie*
1839 von Ludwig Persius
(Erhalten)

Klein-Glienicke in der Havellandschaft des wasserreichen Südwestens von Berlin war seit 1824 Besitztum des Prinzen Carl von Preußen (1801-1883). Das Ensemble von Park, Garten und Gebäuden ist dem Zusammenwirken bedeutender Landschaftsgestalter und Architekten – P.J. Lenné, Fürst von Pückler-Muskau, K.F. Schinkel, Ludwig Persius – und einem kunstverständigen Bauherren zu verdanken. Die vom Park her nicht sichtbare, regelmäßige Ingenieurbaustruktur der sechs Obsttreibhäuser war früher von einem abgeschlossenen Gartenbereich umgeben. Das entsprach der Theorie von Sckell, daß »botanische Gärten mit ihren zierlichen Gewächshäusern ihrer künstlichen Formen wegen nicht mit den Naturgärten in Verbindung treten können. Solche regelmäßigen Anlagen müssen daher für sich bestehen.« Persius entwickelte diesen Gedanken weiter und lehnte die gebogte Glashausgruppe an eine mit Pilastern gegliederte, von zwei Türmen überragte lange Gartenmauer, ebenso Teil des Nebenraumtraktes wie architektonischer Abschluß zum Park. Auch die quer dazu schon im Park stehende Orangerie gestaltete Persius – obwohl mit der Glashausgruppe jenseits der Mauer verbunden – architektonisch als fünfachsiges Satteldachhaus, die sich, von einem axialen Weg gekreuzt, an eine Gartenmauer anzulehnen scheint. Die Aufgliederung der Treibhäuser in lange, mit Querwänden unterteilte Glashaustrakte und höhergeführte, als Eingänge dienende architektonische Eck- und Mittelpavillons erinnert an die drei Nymphenburger Pflanzenhäuser von 1807-1820. Weit fortschrittlicher als Sckell löste Persius das Problem der Verglasung. Inzwischen war Loudons Entwicklung der gebogenen schmiedeeisernen Falzleiste von 1817 auch auf dem Kontinent bekannt geworden, so im Jardin des Plantes in Paris. Spätestens durch die Veröffentlichung der Pariser Pläne in der »Allgemeinen Bauzeitung« von L. Förster 1837 mußte Persius von den gebogten Galerietrakten und ihren Details erfahren haben. Ein Vergleich mit dem von Persius im »Architektonischen Album« dargestellten gußeisernen Profil der gebogenen Sprossen zeigt, daß auch für Glienicke eine doppelte Verglasung mit zwei Anschlagnasen gezeichnet war, wenn auch nur mit einer ausgeführt. Selbst die geschwungene Profilierung des sich verjüngenden Profiloberteils mit dem abschließenden Rundstab ist identisch mit der in Paris. Wie dort endet der gläserne Bogen an der Auskragung gußeiserner Wandkonsolen, die jeweils im First einen durch Geländer gesicherten Dachlaufsteg tragen. Die Zuluftklappen in der gemauerten Brü-

stung und die Fortluftöffnungen zwischen den erwähnten Wandkonsolen vervollständigen die Übereinstimmung in den wichtigsten Details. Nur wenig konnte sich der gebogene Glashaustyp auf dem Festland durchsetzen, wohl wegen der Anpassungsschwierigkeiten für Lüftungsflügel, Beschattungseinrichtungen, Stellagen, Trennwände, vor allem aber wegen größerer Scheibenformate, die möglich wurden. Als dem einzigen noch existierenden Beispiel dieser Gattung in Deutschland kommt den Glienicker Obsttreibhäusern besondere Bedeutung zu. Die nach dem Krieg übriggebliebene, zugewachsene Pflanzenhausruine wurde zum Schinkeljubiläum 1981 vorbildlich restauriert.

Lit.: F.L.v. Sckell, Beiträge zur bildenden Gartenkunst ..., München 1825/Worms 1982, 217
M. Sperlich, M. Seiler, Schloß und Park Glienicke, in: Zehlendorfer Chronik, Berlin, 2/77
M. Seiler, Neue Untersuchungen zur ursprünglichen Gestaltung und zur Wiederherstellung des pleasuregrounds von Klein Glienicke, in: D. Heikamp (Hg.), Schlösser Gärten Berlin (Fest schrift für M. Sperlich), Berlin 1980
M. Seiler, Orangerie in Glienicke und Potsdam, in: Mitteilungen der Pückler-Gesellschaft, 3. Heft, 1983

Kat. P 62 Abb. 34-36
CHATSWORTH, Derbyshire
»The Great Stove«
1836-1840 von Joseph Paxton
Siehe Prototypen, S. 69

Kat. P 63 ohne Abb.
GRIMSTON PARK, Yorkshire
Conservatory
1840 von Decimus Burton
(Nicht erhalten)

Burton hatte im Osten einen Verwaltungsflügel, im Westen ein Conservatory an den bestehenden Wohnhausblock angebaut. Er verwandelte diesen dabei in eine italienische Villa mit klassischen Kolonnaden und eisernen Veranden, fügte am Übergang zum Pflanzenhaus den »italienischen« Turm, am anderen Flügel einen Glockenturm hinzu. In einer die Horizontale betonenden Linienführung erstreckte sich die Baugruppe entlang der von Skulpturen, Vasen und Boskett geschmückten Terrasse, die nach Nesfields Entwürfen in den sog. »Emperor's Walk« einmündete. Das Architectural Conservatory erweckte durch die Anordnung gekuppelter Pfeiler und wechselnder Dachformen den Eindruck von drei nebeneinander stehenden Pavillons; der Innenraum jedoch, lediglich durch Architrave unterteilt, bildete eine Einheit. Eine gläserne, aus eisernen Falzleisten gebildete Flachkuppel überdeckte den dreiachsigen, quadratischen Mittelpavillon, von einem eisernen Ringarchitrav über Eckabstützungen getragen. Abgewalmte, verglaste Satteldächer gaben den Seitenpavillons Licht.

Lit.: The Gardeners' Chronicle 9/1980, 300-302
Ch. Hussey, English Country Houses, Late Georgian, 1958, 230-238

Kat. P 64-65 ohne Abb.
CULZEAN CASTLE, Ayrshire

Der in Adams symmetrischem und achsenbetontem Castle-Stil in den fünfziger und achtziger Jahren des 18. Jahrhunderts errichtete Palast steht auf Felsen hoch über dem Meer. Zur Landseite fällt das Gelände in zwei, schon um die Mitte des 17. Jahrhunderts angelegten Terrassen zum geschützten Brunnenhof ab.

Kat. P 64: *Orangery*
ca. 1840, Architekt unbekannt
(Erhalten)

Die Orangerie steht am Ende des mittleren Terrassenweges, der von Mauern mit Zinnenbekrönungen eingefaßt ist. Das gleiche Motiv sitzt, als Attika verwendet, dem Gebälk der Orangerie auf, hinter der sich das gläserne Satteldach verbirgt. Den zwischen seinen Wandpfeilern verglasten Steinbau von 7 x 3 Achsen begrenzen Eckpilaster. Noch einmal nimmt ein Fries aus stilisierten Pechnasen (Maschikulis), das Dachgesims optisch unterstützend, den Castle-Stil auf. Im Innern tragen gußeiserne Rohrstützen auf Postamenten eine nicht mehr originale Dachkonstruktion aus Holz.

Kat. P 65: *Camellia House (Kamelienhaus)*
frühes 19. Jahrhundert, Architekt unbekannt
(Unverglast erhalten)

Unweit des ummauerten Gartens steht am Rande einer Baumallee die Ruine des einstigen Kamelienhauses, ein hoher quadratischer Mittelpavillon mit abgeschrägten Ecken, flankiert von zwei je fünfachsigen Flügelbauten. Spitzbogige Tür- und Fensterfassungen, Fialen zwischen den Dachzinnen der Attiken lassen den heute unverglasten Bau als gotisches Gartenmonument erscheinen.

Lit.: Schomberg Scott, Culzean. Official Guide, 1968
P. Verney, Gardens of Scotland, 1976, 38-49

Kat. P 66 ohne Abb.
LONDON, Gunnersbury Park
Orangery
ca. 1840 von Sydney Smirke
(Unverglast erhalten, Restaurierung geplant)

1835 ging der Besitz auf Nathan Meyer Rothschild über. Unverzüglich gab er Sidney Smirke den Auftrag, das Haus zu modernisieren und zu erweitern. Auch die Orangerie im Park gehörte dazu. Smirkes Entwurf, eine neunachsige, in Dach und Wänden verglaste Pfeilerkolonnade mit halbrundem Säulenportikus, weist große Ähnlichkeiten mit James Wyatts Orangerie in Heveningham Hall auf, obwohl in London der Portikus verglast und die Säulenordnung toskanisch ist. Über hoher Gebälkzone, Hauptgesims und Attika erhebt sich das Walmdach mit Laterne. In Smirkes Zeichnung erfährt sie eine besondere Hervorhebung durch ornamentale Gitter und Traufenbekrönungen. Im Innenraum ein umlaufender Fries mit abschließenden Blattornamenten unterhalb eines den Raum überspannenden Gebälks.

Lit.: Country Life 11/1982, 1480-1482

Kat. P 67 Abb. 96
STOKE ROCHFORD, Lincolnshire
Orangery
ca. 1841 von William Burn
(Erhalten)

Auf einem Gelände, auf dem bereits eine römische Villa gestanden hatte und das seitdem immer bebaut war, ließ Christopher Turnor ein neues Herrenhaus erbauen. An den zentralen Block des symmetrischen Hauses im jakobäischen Stil schließt auf der einen Seite ein zweigeschossiges Gebäude für die Verwaltung, auf der anderen Seite die von der Bibliothek zugängliche Orangerie an. Burn hatte sie in der Form eines lateinischen Kreuzes ganz aus Stein errichtet, einschließlich der Fensterpfosten und -riegel, dem krönenden Beschlag- und Schweifwerk über den drei Giebelfronten und den Vasen, die, auf der Attika stehend, die Pfeilerstellungen betonen. Flache Satteldächer überdecken Längsschiff und kreuzendes Querschiff. Sie verbergen sich hinter den drei Giebelbekrönungen. Der ungewöhnlich große Pfeilerabstand weist darauf hin, daß das steinerne Rahmenwerk der Fenster den Architrav abstützt.

Lit.: The Gardeners' Chronicle 1879, 44f.; 10/1880, 495, 499

Kat. P 68 ohne Abb.
PRESTWOLD HALL, Leicestershire
Conservatory
1844 von William Burn
(Erhalten)

Burn verwandelte das alte, georgianische Prestwold House in eine italienische Villa, die aus nur wenigen Elementen komponiert ist: aus dem Voranstellen dreigeschossiger, dreiachsiger Kopfbauten, die jeweils durch eine Baukörpernische getrennt sind. In jene auf der Südseite stellte Burn das fünfachsige, um eine Fensterbreite vorgezogene Pflanzenhaus. Von der Bibliothek wie vom Wohnraum ist es in seiner Längsachse zu betreten, drei Fenster öffnen sich aus den rückwärtigen Räumen in den Grünraum. Sein flachgeneigtes verglastes Satteldach wird von einer gußeisernen Konstruktion aus stabilen First- und filigranen Rundpfetten zwischen sichelförmigen Bindern getragen. Wegen der geringen Spannweite trennen sich Ober- und Untergurt erst im oberen Drittel des Binders. Hier dient ein angeformter, überplatteter Ring nicht nur zur Aussteifung, sondern auch zur Verschraubung des zweigeteilten Binders bei der Montage.

Lit.: Country Life 1959, 828-831, 890-893, 948-951

Kat. P 69 Abb. 97
HARLAXTON MANOR, Lincolnshire
Conservatory
ca. 1845 von William Burn
(Erhalten)

Das »exzentrischste und phantasievollste Herrenhaus der 1830er« nennt N. Pevsner das Lebenswerk von George de Ligne Gregory, der das Ende der vierundzwanzigjährigen Bauzeit nicht mehr erlebte. Die neomanieristische Architektur spiegelt seine Reisen durch Europa wider, auf denen er sich »die am höchsten entwickelten Beispiele ornamentaler Architektur ... vermerkte«. Das Architectural Conservatory, das an die Südostecke des Herrenhauses anschließt, ist ein vielgliedriger Bau aus Stein, der zwei nebeneinanderliegende, von gläsernen Satteldächern überdeckte Längsschiffe zeigt, die, um einen nur noch zur Hälfte sichtbaren großen Schaugiebel versetzt, an das Herrenhaus angebaut sind. Sie begrenzen den rückwärtigen Parterregarten und enden in Form dreiseitiger Apsiden mit abgewalmten Dächern. Den gleichen Abschluß weisen die zwei kreuzenden Querschiffe auf der Südseite auf. Im Norden ist das am Parterregarten endende durch einen zweiten, monumentalen, als Hauptportal ausgebildeten Schaugiebel abgeschlossen. Ein kleineres, von Wandsäulen flankiertes Portal mit Giebelverdachung und Aufsätzen für Akroterien nimmt die Mitte der Südseite ein. Sämtliche Pfeiler schmücken reich ornamentierte Vorlagen, deren Profilierung sich in den Pfosten der kleinteiligen Fenstertüren wiederholt. Von einem stark plastischen Beschlag- und Schweifwerk, von Voluten und Grotesken sind die beiden Schaugiebel überzogen, die – wie das über den Pfeilern verkröpfte Gesimsband – Dachbekrönungen aufnehmen sollten. Im Gebäudeinnern setzt sich die Ornamentik in barocker Übersteigerung fort. Ein Portal mit gedrehten Säulen und gesprengtem Segmentgiebel führt in das Hauptgebäude. Die gußeiserne Dachkonstruktion mit verschraubten Anschlußflanschen besteht aus Sparren, Längsträgern unter dem Laternenaufsatz und aussteifenden Pfetten, welche die eisernen Falzleisten tragen.

Lit.: The Civil Engineer and Architect's Journal 1839
The Gardener's Magazine 1840, 329-337
Journal of Horticulture and Cottage Gardener 4/1875, 258f.
Country Life 1957, 704-707, 764-767
Ch. Hussey, English Country Houses, Late Georgian, 1958, 239-248

Kat. P 70-71 Abb. 98-100
STUTTGART, Wilhelma
Pflanzenhausanlage für König Wilhelm I.
von Württemberg

Kat. P 70: *Maurische Villa*
1842-1846 von Ludwig Zanth
(Verändert erhalten)

»Diese Villa, in der Art der fürstlichen Landsitze Italiens gedacht, besteht in einem Wohngebäude, von Gewächshäusern, Säulengängen, Kiosken, Belvedere, Festsaal, Schauspielhaus und Dienstgebäuden umgeben, welche durch Gartenanlagen verbunden sind, in denen Blumenbeete, Wasserbecken, Springbrunnen und Baumpflanzen, regelmäßig angeordnet mit einander abwechseln.« So beschrieb Zanth sein Lebenswerk. Die maurischen Bauformen hatte der König zur Bedingung gemacht. Sein großes Vorbild für die Wilhelma war die Alhambra in Granada. Auf Reisen nach Frankreich und England sah Zanth im Pariser Jardin des Plantes die Pflanzenschauhäuser von 1835 in ihren Hausformen aus ornamentiertem Eisen. Woburn Abbey lieferte das Beispiel des überdeckten Spazierweges, der in weitem Bogen den inneren Garten- und Gebäudebereich umrundete und vier Pflanzenhäuser mit dem Hauptgebäude verband. In der Wilhelma dehnte Zanth die überdeckten Wandelgänge, eisernen Kioske und Treppenanlagen auf über 1 km Länge aus, die von der hochliegenden Villa ausgehend, das große Rechteck des oberen Parterregartens umschließen, sich für den unteren orientalischen Blumengarten, seine Bassins und Fontänen um das mächtige Rund zweier Apsiden auf 200 m ausweiten, am Bildersaal von 1845 vorbeiführen und sich am Festsaalbau wieder vereinen. Hier kreuzt die große Gartenachse, die vom krönenden Belvedere (1852) auf dem ansteigenden Hang hinter der Villa ausgeht und von der »Damascenerhalle« (1864) am Ende des Kanals begrenzt wird. Mit nicht geringerem Aufwand übertraf auch die »Maurische Villa« ihr Vorbild, das palladianische Pflanzenhaus von Syon Park. Im sonst gleichen siebenteiligen Bauschema – hier: massiver, kuppelüberdeckter Mittelpavillon mit Annexen, neunachsige eiserne Gewächshausarkaden, quadratische Außenpavillons – wurden die Pflanzen aus dem Mitteltrakt verdrängt, um stilgetreu dekorierten Prunkräumen Platz zu machen. Um den zentralen Festsaal gruppierten sich das Vestibül mit Brunnen, der Bildersaal, die Schlaf- und Badeappartements, sowie in den Annexen Salon und Speisesaal, die sich zu den Pflanzenhäusern öffneten. Von Rohaults eisernen Pavillons übernahm Zanth die gegenüber Fowlers Mischbauweise verbesserte Materialeinheit gußeiserner, reich ornamentierter Filigrankonstruktionen. Er erhöhte den dekorativen Effekt durch Herausnehmen der maurischen Arkadenbögen, Zackenringe, von Kapitell, Basis und Konsolen der Fassadenstützen aus der Verglasungsebene, die ungestört dahinter vorbeilief. Die Moschee in Schwetzingen, die Anlagen des Graf-Eberhard-Bades in Wildbad, der Royal Pavilion in Brighton, Zanths eigene Studien in Sizilien, vor allem aber Owen Jones Werk «Plans, Elevations, Sections and Details of the Alhambra« gaben Anregungen für die maurischen Motive und Stilelemente der Innenraumgestaltung. Gärten und Gebäude der Wilhelma dienen heute als zoologischer und botanischer Garten.

Kat. P 71: *Orangerie*
1852-1853 von Ludwig Zanth
(Verändert erhalten)

Inmitten der 230 m langen Gruppe von sieben Pflanzenhäusern steht die in Dach und Wänden verglaste Orangerie von 5 x 3 quadratischen Konstruktionsfeldern. Sie wird von gußeisernen Bogenfachwerken mit waagerechten Obergurten und Ringaussteifungen in beiden Richtungen überspannt. Fünfzehn *ridge-and-furrow*-Dacheinheiten – sie gehen offensichtlich auf Paxtons Kristallpalast von 1851 zurück – überdeckten die Unterkonstruktion in Querrichtung. Die heutigen drei Satteldächer in Gebäudelängsrichtung sind eine spätere Erneuerung.

Lit.: L. Zanth, Die Wilhelma, 1855
L'Illustration 1857, 229f.
Praktische Baukunst 1859, 313-318
The Garden 5/1872, 530f.
T.L. Donaldson, »Memoir of Louis de Zanth ...«, Paper read at The Royal Institute of British Architects, London 1859, 15-18
E.V. Schulz, Die Wilhelma in Stuttgart. Ein Beispiel orientalisierender Architektur im 19. Jahrhundert und ihr Architekt Karl Ludwig Zanth, Tübingen 1976 (Diss.)

Kat. P 72 ohne Abb.
RIPLEY CASTLE, Yorkshire
Glass House Range
ca. 1846, Architekt unbekannt
(Mit Ausnahme des Westflügels erhalten)

Die Orangerie, eine fünffachige ionische Pfeilerbogenstellung mit Dachbalustrade, nimmt mit ihren abgeschrägten Endfeldern und zwei weiteren Bogenstellungen der Giebelseiten die zentrale Position im ummauerten Garten ein. Sie könnte ebenso gut einer frühen Bauphase um 1780 wie einer um 1828 zuzurechnen sein. Ihre Umwandlung zum Palmenhaus um 1846 durch die von außen nicht sichtbare tonnenförmige Dachverglasung ist wohl zeitgleich mit den anschließenden gläsernen Anlehnhäusern, die an massiven Gartenhäusern mit begehbarer Dachterrasse enden.

Lit.: Journal of Horticulture and Cottage Gardener 1899, 238f.
Country Life 1932, 182-188, 210-216

Kat. P 73 Abb. 38
CHATSWORTH, Derbyshire
Conservative Wall
1846 von Joseph Paxton
Siehe Prototypen, S. 77

Kat. P 74-75 ohne Abb.
OSMASTON MANOR, Derbyshire

Kat. P 74: *Conservatory und Fernery (Farnhaus)*
1846-1847 von H.J. Stevens
(Nicht erhalten)

Der im viktorianischen Stil gehaltene Wohnblock stand durch eine zweigeschossige Passage – unten als offene Arkade entlang des Terrassengartens, oben als umschlossener Wintergang – mit dem Architectural Conservatory westlich des Hauses in Verbindung. Man betrat das dreischiffige, frei hinter Steinfassaden stehende Eisen-Gewächshaus über das in der Längsachse stehende eiserne Treppengerüst. Ein zweigeschossiger Fassadenaufbau mit verglaster Steinarkade im Erdgeschoß, darüber Rechteckfenster, Gebälk und Dachbalustrade, verkleidete rundum die Eisenkonstruktion von 9 x 5 Achsen, von denen je ein Feld auf die schmalen Seitenschiffe und drei auf das breite Mittelschiff entfielen, sämtlich von verglasten Satteldächern überdeckt. Ein Farnhaus war im Westen angebaut. Da jedes der drei Schiffe mit eigenen, überschlanken Rohrstützen frei stand, sorgten dekorative Gitter zwischen den Doppelstützen und am Wandanschluß für die nötige Aussteifung. Die Binder zeigten einen Tragebogen mit ornamentalen Ausfachungen im First- und Traufenbereich.

Kat. P 75: *Ridge-and-Furrow-Houses*
ab 1846, wahrscheinlich von Joseph Paxton
(Restaurierungsbedürftig erhalten)

An der Nordwand des Küchengartens stehen noch heute einige für das 19. Jahrhundert bemerkenswerte Technikbauten. Ihre Mitte nimmt ein ca. 30 m hoher quadratischer Abluft- und Aussichtsturm ein, der den nötigen Auftrieb erzeugen sollte, um die mittels langer Kanäle vom Wohnhaus herangeführte Fortluft der zentralen Warmluftheizung abzuführen. Die Feuerstellen der Zimmerkamine dienten hierbei als Zugverstärker. Zu beiden Seiten vor dem Turm, neben konventionellen Anlehn-Pflanzenhäusern, stehen zwei flachgeneigte »Ridge-and-Furrow«-Glashäuser von beträchtlicher Bautiefe. Gußeiserne, weitgespannte Fachwerkträger mit Ringaussteifungen tragen die aufsitzenden Regenrinnen, auf die sich die zu *ridge-and-furrow*-Dächern zusammengefügten Glasfalzleisten abstützen. Kannelierte Rohrstützen stehen auf den Einfassungen der Hochbeete. Über ihnen kreuzen sich Längs- und fischbauchartige Querfachwerke, letztere als aussteifende Pfetten, die in Feldmitte Längsträger stützen. Es ist anzunehmen, daß Paxton, der von 1846-1849 für die Gärten von Osmaston beschäftigt war, sein 1833 in Chatsworth erprobtes *ridge-and-Furrow*-System hier in großem Stil in Gußeisen verwirklicht hat.

Lit.: The Gardener's Magazine 1839, 450
Journal of Horticulture and Cottage Gardener 1875, 402-405, 428-430

Kat. P 76-78 Abb. 101-102
BIEBRICH bei Wiesbaden
Wintergarten und Pflanzenschauhäuser
im Schloßgarten

Die 1706 auf einer Rheinterrasse von Fürst Georg August begonnene Schloßanlage wurde erst 1740 und 1780 mit dem Bau der rückwärtigen Flügeltrakte vollendet. Nach Plänen Sckells begann 1817 die Erweiterung und Umwandlung des Französischen Gartens in einen Landschaftspark. Die Arbeiten wurde 1839 durch den Hofgartendirektor Thelemann zu Ende geführt.

Kat. P 76: *Wintergarten*
1846-1847 unter Leitung von Thelemann
(Nicht erhalten)

Auf dem Gelände des früheren Küchengartens an der östlichen Parkbegrenzung entstand die in vieler Hinsicht fortschrittliche Pflanzenhausgruppe. Bei einer Tiefe von 81 m öffnete sich ihre Breitseite von 45 m zu der im Süden vorgelagerten Rasenfläche, die ein Springbrunnen mit Skulptur und im Sommer Palmen und exotische Pflanzen schmückten. Sicher hatte man ihre Baukörpergliederung, Mittelrotunde und architektonische Eckpavillons, wie sie auch für das Schloß charakteristisch ist, nicht zufällig gewählt. Alle Pflanzenhäuser der vielgliedrigen Anlage waren, wie die im Pariser Jardin des Plantes und im Berliner Glienicke Park, in der damals fortschrittlichen englischen Bauweise mit gebogenen eisernen Falzleisten überdeckt. Einem Wasserfall vergleichbar, stuften sich, von Seitentrakten gefaßt, fünf schmale, je 35 m lange Kultur- und Ausstellungshäuser und fünf breitere Zwischenhöfe im Wechsel einen Hang herab, an ihren Enden von zwei längslaufenden, Einblick gewährenden Glashäusern eingefaßt. Sie überdeckten eine gewundene Wegeführung unter Laubdächern, die von den italienischen Eingangspavillons bis zu der T-förmig angeordneten, die gesamte Anlage überragenden Schauhausgruppe im Norden führte. Die enge Palmenhausrotunde erhob sich über ihre Seitentrakte und das rückseitig anschließende Koniferenhaus (12 x 18 m) mit Araucarien an einer ansteigenden, zu einem Ruheplatz führenden Rasenfläche. Der Wintergarten wurde nach zwanzig Jahren geschlossen. Der Herzog von Nassau verkaufte 1868-1869 die berühmte Pflanzensammlung an die Palmengartengesellschaft von Frankfurt am Main, die damit ihr neuerbautes Palmenhaus ausstattete.

Kat. P 77: *Pflanzenschauhaus* für die »Blumen- und Pflanzenausstellung« im April 1854
1853-1854 unter der Leitung von Thelemann
(Nicht erhalten)

Zwei gleichartige, siebenachsige Pflanzenschauhäuser von je 9 m Spannweite und 26 m Tiefe wurden als zweischiffige Halle an die Nordseite des Wintergartens angebaut. Ihre von maurischen Scheinarkaden verkleideten Wände blieben ohne Glas, ebenso die drei mittleren, von Ornamenten überzogenen Deckenfelder der jeweils fünfbahnigen Satteldächer. Die Giebelwände täuschten einen offenen Portikus mit einer gemalten Landschaft orientalischen Charakters vor.

Kat. P 78: *Pflanzenschauhaus* für die »Allgemeine große Blumen- und Pflanzenausstellung« 1861
ca. 1860-1861 unter der Leitung von Thelemann
(Nicht erhalten)

Noch einen Schritt weiter in der Loslösung von den Entwurfskriterien des funktionalen Pflanzenhauses ging das Schauhaus von 1861, dessen reich verzierter Giebel in seinem Mittelfeld die Büste des Herzogs von Nassau trug. In der fünfachsigen Halle von basilikalem Querschnitt schienen die dekorierten Konstruktionsglieder in den Pflanzenschmuck überzugehen: Rundbeete, aus denen Säulen sprossen, die ihrerseits Pflanzentische trugen und von Blumenschalen statt Kapitellen gekrönt wurden. Zweifach übereinander waren Pflanzenkörbe unter Hängesäulen gekettet, die Schmuckbögen der hölzernen Fachwerkbinder unterstützten. Die Dächer und Obergaden blieben unverglast geschlossen, die Seitenwände offen.
Lit.: Gartenflora 1854, 189-192; 1861, 281-285
  La Belgique Horticole 1855, 85-87
  L'Illustration Horticole 1861, 29f.

Kat. P 79 ohne Abb.
MONTACUTE HOUSE, Somerset
Orangery
1848 wahrscheinlich von Lewis Vulliamy
(Erhalten)

Das am Ende des 16. Jahrhunderts für Sir Edward Phelips, einen erfolgreichen Anwalt, erbaute Wohnhaus zählt zu den vollkommensten und am besten erhaltenen elisabethanischen Herrenhäusern. Charakteristisch ist am Haus und im architektonischen Garten die Verwendung von Obelisken als Bauschmuck. Sie krönen auch das Gebälk der dicht am Hause stehenden Orangerie. Größere markieren die Pfeilerpositionen neben dem als Eingang dienenden breiteren Mittelfeld sowie die Eckpfeiler, kleinere die restlichen vier Achsen der Pfeilerkolonnade. Deren Felder sind, wie das abgewalmte Satteldach, verglast. Eiserne Falzleisten liegen den Pfetten des hölzernen Sparrendaches auf und füllen, zu quadratischen Feldern gekreuzt, die senkrechten Schiebeflügel aus Holz.
Lit.: Country Life 1955, 850-853, 960, 1020
  G.S. Thomas, Gardens of National Trust, 1979, 170-172

Kat. P 80-82 Abb. 103
HERRENHAUSEN bei Hannover
Pflanzenhäuser im Königlichen Berggarten Herrenhausen

Die Personalunion England-Hannover, die 1837 mit der Rückkehr von König Ernst August nach Herrenhausen ihr Ende fand, bewahrte den architektonischen Großgarten vor dem üblichen Schicksal, im 18. Jahrhundert in einen Landschaftspark verwandelt zu werden. Verstärkt verlagerten sich die Aktivitäten auf das botanische Interesse, das in den Pflanzungen und Gewächshäusern des Berggartens nördlich von Schloß, Galerie und Orangerie gepflegt wurde.

Kat. P 80: *Orangerie*
1720-1723 von Christian Boehme
(Erhalten)

Nachdem das Schloß 1943 zerstört wurde, bildet das ursprünglich als Orangerie geplante Galeriegebäude am Nordende des großen geometrischen Gartens den architektonischen Mittelpunkt der Anlage. Die

Orangerie ist ein verputzter Fachwerkbau, der mehrfach verändert wurde, zuletzt 1823 in klassizistischem Formenkanon durch G.L. F. Laves. Ein hoher, fünfachsiger Mittelrisalit mit Attikageschoß und Dreiecksgiebel und zwei eingeschossige, zweiachsige Außenrisalite sind dem massiven Bau vorangestellt, der von einem abgewalmten Ziegeldach überdeckt wird. 23 Fassadenfelder geben über hohe Rundbogenfenster – noch mit gemauerten Brüstungen – den Pflanzen Licht. Eine quadratische Glasteilung aus eisernen Falzleisten prägt den Fenstertyp.

Kat. P 81: *Erstes Palmenhaus*
1791, Architekt unbekannt (nach einem Bestandsplan von W. Mertens von 1798)
(Nicht erhalten)

Beheizte Pflanzenhäuser gab es in Herrenhausen seit 1686, um die königliche Tafel mit Ananasfrüchten zu beliefern. Sie standen im südöstlichen Bereich des Berggartens. Die östliche Achse des großen Gartens setzt sich über die Mitte von Galerie und Orangerie nach Norden fort, in der weiter nördlich das um 1750 wahrscheinlich von Tatter erbaute »Glashaus zur Orangerie und ausländischen Gewächsen« stand, ein langer Fachwerkbau mit Schrägfassade und Schwanenhals. Als die Höhe für die heranwachsenden Palmen nicht mehr ausreichte, wurde 1791 das erste Palmenhaus errichtet. Es bestand aus drei je dreiseitig ummauerten Abteilungen verschiedener Höhe, deren Südfassaden durch Fenster zwischen einem tragenden Skelett aus Holzpfosten gebildet wurden. Im neunachsigen Mitteltrakt erreichte es eine Höhe von ca. 7,5 m. Die beiden fünfachsigen Seitentrakte waren nur etwa halb so hoch. Erst 1871 ersetzte G.H. Schuster das inzwischen mehrfach veränderte Pflanzenhaus durch eine verglaste Gußeisenkonstruktion vor gemauerter Rückwand.

Kat. P 82: *Zweites Palmenhaus*
1846-1849 von Georg Louis Friedrich Laves
(Nicht erhalten)

Die Verbindung einer zentralen Rotunde mit einem Rechteckbau gleicher Höhe, wie sie Laves Entwurf zugrunde liegt, hat ihre Tradition im englischen Pflanzenhausbau. Ähnlich wie Schinkels Palmenhaus auf der Pfaueninsel bei Potsdam, bestand der Baukörper aus einer dreiseitigen Verglasung zwischen Holzpfosten, gemauerten Eckpfeilern und massiver Rückwand. Beide waren sie 34,5 m lang, 10,8 m tief und 10,3 m bis zum Dachgesims hoch, über dem ein teilverglastes Walmdach hinter geometrisch geschmückten Attikagittern aufstieg. Gußeiserne Halbsäulen – in Hannover konisch sich verjüngend, kanneliert und mit korinthischen Kapitellen – waren den tragenden Holzpfosten vorgeblendet. Darüber lag eine dekorativ verglaste Gebälkzone. Windriegel stabilisierten die Fassadenfelder. Der zweigeschossige rückwärtige Anbau mit Pultdach war von den Gebäudeecken zurückgesetzt und ging in die sich herauswölbende Zylinderschale über. Ihr kegelförmiges Dach stieg bis zum First des Walmdaches an. Im Innern öffnete sich die Rückwand des Pflanzenhauses, dem Bogen der Rotunde folgend, für eine fünfachsige Loggia im Obergeschoß.

Lit.: Zeitschrift für Bauwesen 1916, 25-40
Umfangreiche Plansammlung im Niedersächsischen Hauptstaatsarchiv Hannover, Magazin Pattensen

Kat. P 83   Abb. 37
CHATSWORTH, Derbyshire
Water Lily House
1849-1850 von Joseph Paxton
Siehe Prototypen, S. 76

Kat. P 84   ohne Abb.
TERLING PLACE, Essex
Flower Passage (Blumenpassage)
1850, Architekt unbekannt
(Erhalten)

Die, eine rückseitige Gartenterrasse begrenzende, vom Haus wegführende Blumenpassage lehnt sich an eine massive Rückwand und schließt mit einer Vierteldrehung an ein außenstehendes Gebäude an. Während das flachgeneigte, am Fassadenübergang gebogte Glasdach nur von filigranen Flacheisenpfetten und Rundeisen-Hängewerken unterstützt wird, zeigt sich die gußeiserne Pfeilerkolonnade in voller architektonischer Durchbildung: mit Basis, Kapitell, einem innen zur Dachrinne geformten Architrav und Dachgesims.

Lit.: N. Pevsner, The Buildings of England, Essex, 1965, 347

Kat. P 85   ohne Abb.
HOLKHAM HALL, Norfolk
Conservatory
1850, Architekt unbekannt
(Im Mauerwerk erhalten)

Dreißig Jahre zogen sich die Bauarbeiten an der gewaltigen Gebäudeanlage hin – Palladios Villa Mocenigo auf englischem Boden –, der erst um 1850 ein Architectural Conservatory am südöstlichen seiner vier Flügel hinzugefügt wurde. Es steht auf einer Terrasse über dem Parterregarten, rückwärtige Wirtschaftsgebäude durch eine lange Mauer verdeckend. Siebzehn einst verglaste Pfeilerbogenstellungen umschließen den T-förmigen Grundriß und tragen ein kräftiges verkröpftes Gebälk, das den eisernen Bindern als Auflager diente. Zwei sich kreuzende verglaste Satteldächer überdeckten den Raum bis an seine gemauerten vier Frontgiebel.

Lit.: Country Life 5/1968, 1310-1314; 1980, 298-301, 359-362, 427-431
Andrea Palladio, Die vier Bücher zur Architektur, übertr. u. herausgegeb. von Beyer und Schütte, Zürich 1983, Abb. 95

Kat. P 86   Abb. 104
SANDON HALL, Staffordshire
Conservatory
1851 von William Burn
(Erhalten)

Vom Nordturm des zur gleichen Zeit erbauten Herrenhauses führt eine zum engen Viertelkreis gebogene, im Dach und zum Garten hin verglaste Blumenpassage zur *Conservatory Terrace* (Glashausterrasse) und zum Pflanzenhaus selbst. Die siebenachsige Steinarkade wird von einem flachgeneigten verglasten Satteldach hinter der umlaufenden Balustrade überdeckt. Kugelförmige Steinbekrönungen auf Postamenten markieren die nur durch breite Pilaster hervorgehobenen Eckpavillons und den zentralen Vorbau auf der Rückseite. Burns Beschlagwerk in der Außenarchitektur steht die üppige Gußeisenornamentik im Innern gegenüber. Von den Kapitellen zweier Säulenreihen getragen, unterstützen je vier Zackenbögen die quer- und längslaufenden Binder und Pfetten. Es sind Parallelfachwerke mit feinmaßstäblichen Stegperforierungen in geometrischen und vegetabilen Mustern, denen Verglasungsprofile aus Holz aufliegen. Die Bogenzwickel füllt ein ausschweifendes, in Blüten, Blättern und Knospen endendes Rankenwerk. Zwischen vier kreuzenden Querschiffswänden hindurch fällt der Blick auf die verspiegelte Außenwand, die den Bogengang optisch ins Unendliche fortsetzt.

Lit.: M. Girouard, The Victorian Country House, Oxford 1971, 196

Kat. P 87   ohne Abb.
MÜNCHEN
Erster Wintergarten der königlichen Residenz für König Max II.
1851-1854 von Franz Jakob Kreuter und August von Voit, Eisenbau der Fa. Cramer-Klett
(Nicht erhalten, 1922 abgebrochen)

An den Königsbau anschließend, sollte sich der Wintergarten über einer fünfachsigen Steinarkade parallel der Nordseite des Nationaltheaters in die Tiefe erstrecken. Das Projekt, das um einen Teil seiner rückwärtigen Ausdehnung beschnitten wurde, mußte von Voit fortgeführt werden, da Kreuter sich 1852 enttäuscht nach Wien zurückzog. Die Baulücke von 47 m wurde nun zur Länge des Wintergartens, der zum Max-Josef-Platz mit der Traufseite in schlichter Glas-Eisenstruktur abschloß. Ein 13 m hohes Satteldach überdeckte das 25 m breite, dreischiffige Glashaus, dessen Konstruktion aus Fachwerkpfetten und Polonceau-Bindern über dem 14 m breiten Mittelschiff von zwei Stützenreihen getragen wurde. Der Wintergarten war sowohl vom Königsbau wie vom Theater her zugänglich. Pflanzen- und Baumkulissen umgaben den sanft gemuldeten Rasen- und Tafelplatz. Im Süden der in Stein gefaßte und mit Vasen geschmückte Springbrunnen mit Treppenanlage zu der von Alabastersäulen getragenen Pergola. Im Norden eine leichte Anhöhe mit Palmen und Zypressen.

Lit.: V. Hütsch, Der Münchner Glaspalast 1854-1931, München 1980, 55

Kat. P 88   Abb. 105-106
FLINTHAM HALL, Nottinghamshire
Conservatory
1853-1854 von T.C. Hine
(Erhalten)

Die gewagte Konstruktion aus übereinandergestellten steinernen Fensterrahmen wirkt wie eine architektonische Entgegnung zu Paxtons Ingenieurstruktur des Kristallpalastes von 1851; vor allem die gläserne Halbtonne und das Giebelmotiv weisen darauf hin. Das zum Garten vorspringende Glashaus begrenzt die von Balustraden und Freitreppe gefaßte Terrasse der Wohnhausgruppe im Osten, die Linienführung von Dachgesims und Gebälk wird fortgesetzt. Beide, dem viktorianischen Tudorstil angenäherte Schauseiten füllt schlankes Rahmenwerk aus Stein, das auf einem aussteifenden, verkröpften Gebälk in Kämpferhöhe des Erdgeschosses aufsitzt. Die gleiche Säulenstellung wie am Ausgang vom Gartensaal ist auch dem Pflanzenhaus vorangestellt. Zwei mächtige Bogenfenster unterbrechen das Gebälk. Ihre radialen Steinsprossen nehmen das Motiv der Fächerrosette vom Ende des gläsernen Tonnendaches auf. Von der anschließenden Bibliothek öffnen sich – wie in einen Außenraum – breite Fenster und Türen in den Wintergarten. Darüber ragt die von der Galerie aus zugängliche Loggia zwischen die Baumkronen. Der Blick fällt auf die gegenüberliegende Wand, die mit Spiegeln belegt ist und die Raumgrenzen aufzuheben scheint. Von der gemauerten Ostwand ausgehend, überspannen zum Halbkreis geformte eiserne Falzleisten den Raum, von denen jede zweite durch aufgenietete, hochstegige Flacheisen verstärkt ist. Zusammen mit den am massiven Nordgiebel gehaltenen, die Verglasung durchstoßenden dreizehn Pfetten ergibt sich ein netzartiges Gewölbe. In der Kühnheit seiner Konstruktion ist das tragende Steinskelett ohne Beispiel.

Lit.: Country Life 12/1979, 2374-2377, 2454-2457; 1/1980, 18-21

Kat. P 89 Abb. 107-109
BROUGHTON HALL, North Yorkshire
Conservatory
1853-1854 von Andrews und Delaunay
(Erhalten)

In vier Bauphasen – um 1597, 1755, 1810 und 1839, deren letzte die Architekten W. Atkinson und G. Webster leiteten – , war die heutige, wie aus einem Guß wirkende Wohnhausgruppe entstanden, der 1853 auf der nach Süden gewandten Gartenseite ein Pflanzenhaus und ein Billardraum angefügt wurden. Wie der Portikus im Norden des Hauses steht auch das dreischiffige Pflanzenhaus im Süden in der Hauptachse, wo es die von zwei Säulenpaaren flankierte, ausgedehnte Eingangshalle nochmals um zwei »Baumkolonnaden« eindrucksvoll verlängert. Von Zypressen umwunden verbargen sich in ihnen die Säulen des Mittelschiffs, die an der Rotunde, dem Zugang zum Italienischen Garten enden. Pflanzensäulen aus Gußeisen mit ausladenden Konsolen aus Akanthusranken tragen den hölzernen Ringarchitrav, auf dem die eiserne Tambourkuppel mit Laterne aufsitzt. Bis zu ihrer Mitte sind die neunachsigen Seitenschiffe geführt, die, wie das breite, höhergeführte Mittelschiff von gläsernen Satteldächern überdeckt werden. Gußeiserne, ornamental perforierte First- und Eckaussteifungen, durch Zugdiagonalen verbunden, stabilisieren die Bindersparren. Von außen stellt sich das weit in den Italienischen Garten vorstoßende architektonische Pflanzenhaus in konventionellen Baugliedern dar: ionische Säulen- und Pfeilerkolonnaden, verkröpfte Gebälke, Kranz- und Giebelgesimse mit Akroterien, verglastes Tympanon mit gußeisernem Rankenwerk, worin sich gegenüber Paxtons nur wenige Jahre älterem Kristallpalast das gewandelte Verhältnis zur Ingenieurarchitektur spiegelt.

Lit.: Country Life 1950, 876-879, 1034; 1981, 270-272
 Ch. Hussey, English Country Houses, Late Georgian, 1958, 91-102

Kat. P 90-92 Abb. 110-113
SOMERLEYTON HALL, Suffolk
Glashäuser

Den auf elisabethanische Zeiten zurückgehenden Besitz erwarb Sir Samuel Morton Peto, ausführender Bauunternehmer des Hungerford Markets, der Nelson Säule und der neuen Parlamentsgebäude in London. Als einer der Bürgen für den Kristallpalast kannte er Joseph Paxton. Das spricht für dessen Urheberschaft an den *ridge-and-furrow*-Glashäusern im Küchengarten, wie an den dekorativen Conservative Walls davor. Die ausgereiften technischen Lösungen und klaren Details lassen jedenfalls auf einen erfahrenen Konstrukteur schließen. Als Bauunternehmer mit Kontakten zu potenten Eisenbaufirmen genügte Peto die Hinzuziehung des Bildhauers John Thomas als Architekt, den er von den Arbeiten am Londoner Parlament kannte und den er für die Stein- und Gußeisenornamentik ohnehin brauchte.

Kat. P 90: *Ridge-and-Furrow-Glashäuser*
ca. 1850, wahrscheinlich von Joseph Paxton
(Erhalten)

Wie in Osmaston stehen zwei dieser Häuser aus Gußeisen vor der Nordwand im Küchengarten. Die als Regenfallrohre dienenden quadratischen Fassadenstützen tragen ornamentierte Kopfstücke, in die die Rinnen der Dachstruktur einmünden. Satteldachförmige, festverglaste Rahmen steifen die Fassade aus und tragen die untergehängten hölzernen Klappflügel. Wichtigstes Bauelement sind die Parallelfachwerke unter den Dachkehlen, hier nicht mit Ringen – wie in Osmaston – sondern mit senkrechten Stegen ausgesteift. In der Rückwand verankert, überspannen sie stützenlos den Raum. Ihre Untergurte werden durch kreuzende Spanneisen fixiert, Glastrennwände, wo erforderlich, an ihnen befestigt, die offenen Gefache wie Fenster verglast. Die über hochliegenden Klappen in der zweischaligen Rückwand aufsteigende Fortluft tritt über die volle Länge des Glashauses durch Metallamellen aus.

Kat. P 91: *Conservative Wall*
ca. 1850, wahrscheinlich von Joseph Paxton
(Erhalten)

»Die am besten geeignete Anordnung ist zwischen dem *Pleasure Ground* und dem Küchengarten. Conservative Walls haben einen ornamentalen Charakter. Was uns notwendig erscheint, ist die Einteilung des Ganzen in Vor- und Rücksprünge, alles überragt von geeigneten Bekrönungen.« Diese Formulierungen Paxtons treffen auch für die ihm zugeschriebene Anlage in Somerleyton zu, die sich links und rechts des durch Steinpilaster und Wandnischen mit Vasen hervorgehobenen Zuganges zum Küchengarten erstreckt. Über seinem Gebälk sind Steinurnen mit bronzenen Aloe-Pflanzen aufgestellt. Seitlich schließen zwei in die Tiefe gestellte Eckpavillons für Kamelien an, zugleich Zugang für die nur zwei Meter tiefen Glastrakte entlang der Gartenmauer, die von zwei weiteren Pavillons begrenzt werden. Ein gußeisernes Ständerwerk ist durch den als Dachrinne ausgebildeten Architrav untereinander und – über Dreiecksbinder – mit der Rückwand verbunden. Ihnen liegen demontierbare, verglaste Holzrahmen in Form eines Satteldaches auf. Als Schiebeflügel angewandt, füllen sie paarweise die Fassadenfelder. Die gußeisernen Trauf- und Pfostenbekrönungen und die Dachbalustraden über den Eckpavillons sind ganz im Sinne von Paxtons Schriften. Seine Anlage in Chatsworth mag Vorbild für Somerleyton gewesen sein.

Kat. P 92: *Winter Garden und Palm House*
ca. 1854 von John Thomas
(1914 abgerissen, Steinarkaden und verglaster Korridor erhalten)

Die pompöse, von gemauerten Arkaden umschlossene Glashausgruppe von 50 m Länge wurde – im anglo-italienischen Stil – vor den nach Norden gelegenen Wohnräumen und den im Winkel anschließenden Stallungen errichtet. Ihre kreuzförmig angelegten Hauptwege, die von gläsernen Halbtonnen überdeckten »avenues«, führten in der Querachse vom Wohnhaus zum Garten, in der Längsachse durch einen Zwischentrakt mit Grotte zum Kleinen Palmenhaus, das eine flache Kuppel mit Laterne auf oktogonalem Tambour überragte. Über dem vertieft angelegten Zentrum, das von der Wintergartenpromenade umschlossen wurde, erhob sich über einem runden Becken mit Skulpturen und Fontäne die mehrstufige Glaskuppel. Zwei je sechzehnteilige Stützenringe trugen das aus einem Ringpultdach, Tambourkuppel und glockenförmiger Laterne zusammengesetzte Gewölbe. Die verbleibenden Dachflächen füllten gläserne Satteldächer, die, in Längsrichtung aneinandergereiht, durch wuchtige, die Regenrinnen aufnehmende Architrave unterbrochen waren. In der viktorianischen Außenarchitektur suchten die pompösen Moscheekuppeln die überladene Renaissancearchitektur der Steinarkaden noch zu übertreffen. Sie waren zum Eingangsportikus hin mehrfach gestaffelt und durch Pilaster, verkröpfte Gebälke mit Balustraden, die den Dachansatz verbargen, in prunkvoller Ornamentik strukturiert.

Lit.: Paxton's Magazine of Botany 9/1842, 60f.
  The Builder 1851, 355, 363
  The Garden 1872, 489f., 510f.
  L. Jewitt, S.C. Hall, Stately Homes of England, London 1874, 212-219
  Country Life 6/1982, 1668-1672

Kat. P 93 Abb. 114
ENVILLE HALL, Staffordshire
Conservatory
ca. 1854 von Fa. Gray & Ormson
(Nicht erhalten)

Der eher gotische als orientalische Wintergarten wandte sich mit seiner türmereichen Südfassade dem wenige hundert Meter entfernten Herrenhaus zu, dessen oktogonale Türme und gotische Fenster seine Architektur mitbestimmt hatten. Man wählte einen wirtschaftlich aufgeteilten Grundriß von 46 x 21 m, aus drei Längs- und fünf, von zwei schmalen Feldern unterbrochenen Querbahnen. Dieser Grundrißfigur wurden wenige, sich wiederholende Bauteile zugeordnet: Zwei mächtige, auf 23 m Höhe ansteigende Zwiebelkuppeln, zwölf achteckige, schlanke Türme mit geschweiften Helmen und Kreuzblumen, acht von flachen Segmentgiebeln abgeschlossene, ca. 9 m hohe Glasgewölbe. Während für die tragende

Konstruktion Gußeisen, für die Falzleisten Schmiedeeisen verwendet wurde, bestand der zweigeschossige Fassadenaufbau großenteils aus Holz. Das Skelett, Maßwerk, die Fischblasenfenster und Schmuckfriese waren vollständig verglast. Auf rationaler Basis zusammengefügt, entstand so aus nur wenigen Stilelementen eine malerisch bewegte Großstruktur in Rückwendung zum Historismus.

Lit.: Journal of Horticulture and Cottage Gardener 1864, 353-356, 372-376, 393-396
Country Life 1901, 336-342

Kat. P 94 ohne Abb.
MENTMORE HOUSE, Buckinghamshire
Conservatory
1850-1854 von Joseph Paxton und G.H. Stokes
(Erhalten)

Auf drei Seiten von Mauerwerk umschlossen, ohne Dachverglasung, erhält das siebenachsige Pflanzenhaus nur auf einer Seite Licht zwischen massiven Brüstungen, Pfeilern und Gebälk. Seine Pflanzenhausfunktion verleugnend, unterwirft es sich ganz der zeremoniellen Architektur des Wohnpalastes. Wie der symmetrisch gegenüberliegende Küchen- und Wirtschaftsblock begrenzt es den großen Eingangshof. Den zweigeschossigen Wohnblock selbst gestaltete Paxton nach dem Vorbild von Wollaton Hall mit mehr neo-jakobäischen Details, als sie das Original aufwies. Als Neuerung verwandelte er die zentrale Halle in ein glasüberdecktes Atrium mit umlaufender Galerie. Das hierfür verwendete *ridge-and-furrow*-Dach bleibt jedoch innen wie außen, über der dekorativen Lichtdecke bzw. hinter Dachaufbauten unsichtbar.

Lit.: The Builder 1857, 738f., 741
R. Kerr, The Gentleman's House, London 1871, 448f.

Kat. P 95-96 Abb. 115-116
AVINGTON PARK, Hampshire
Orangery und Conservatories

Kat. P 95: *Orangery*
ca. 1780 vom Dorfschreiner James Mould aus Holz geschnitzt
(1848 abgebrannt)

1780 wurde an den ausgedehnten Südtrakt hinter dem Wohnblock eine Pflanzenhausgruppe angebaut, damals vor dem großen Speise- und Festsaal. Der Dorfschreiner hatte sie nach Motiven vom Lettner der Winchester Kathedrale aus Holz geschnitzt: Ein hohes, über neun gotische Fenster belichtetes Pflanzenhaus zwischen zwei Eckpavillons, das von einem Pultdach überdeckt wurde. Von der Raumkombination Speisesaal/Pflanzenhaus und der Idee, dem Glashaus die gotische Architektur zuzuordnen, mögen das Conservatory von Carlton House (1807) – der Prinzregent war oft in Avington zu Gast – und die Orangerie in Ashridge (1822) beeinflußt worden sein. 1785 kam die als Bibliothek hergerichtete »Passage« hinzu, ein siebenachsiger Pavillon mit leicht geschwungener Glasfassade aus Gußeisen. Damit bestand eine durchgehende Verbindung bis zum Wohnblock. Das verglaste Maßwerk in den Bogenzwickeln und Pilastern und die gotisierende Sprossenführung in den Bogenfeldern der »Passage« lassen heute noch die Anpassung an die erste Pflanzenhausgruppe erkennen.

Kat. P 96: *Conservatories*
ca. 1854, Architekt unbekannt
(Erhalten)

Zwei gläserne Pavillons mit abgeschrägten Ecken und allseits gebogter Dachverglasung nehmen heute die Position der hölzernen Orangerie ein. Die hohe Südwand des früheren Festsaales ist von einem gußeisernen Architrav abgefangen, den vier massive toskanische Säulen unterstützen. Das Dach wurde durch ein zum Viertelkreis gebogenes Glasgewölbe ersetzt. Die Negativform der früheren Orangerie wird zum eindrucksvollen Bindeglied innerhalb der Pflanzenhausgruppe, wie zwischen Glas-Eisen- und Steinarchitektur. Aus wenigen Baugliedern sind die architektonischen Pflanzenhäuser zusammengesetzt: Je elf gußeiserne Fassadenelemente mit Rundbogenfenstern in arhythmischer Sprossenteilung, mit verglaster Gebälkzone und dekorativen Zwickelfüllungen steifen das filigrane Skelett aus ornamentierten Säulen und profilierten Rinnengesimsen aus. Von einem zweiten, vor der Rückwand stehenden Tragegerüst werden die Falzleisten des gestuften Dachgewölbes getragen. Die Vielzahl architektonischer Bauglieder läßt von dem Gerüst eine Raum-im-Raum-Wirkung ausgehen, die auf eine zweite Bestimmung, z.B. als Vogelhaus oder als Rahmen für ein besonderes Pflanzenarrangement hinweist.

Lit.: Country Life 1922, 882-889
Official Guide 1979

Kat. P 97-98 Abb. 117-118
KARLSRUHE
Pflanzenhäuser im Botanischen Garten der
Großherzoglich Badischen Residenz

Kat. P 97: *Orangerieentwürfe, ausgeführte Glashäuser*
1819, 1824 von Joh. Jakob Friedrich Weinbrenner
(Nicht erhalten)

Am Nordwestrand des fächerförmig vor dem Schloß sich ausbreitenden Lustgartens standen schon drei Orangeriegebäude, das mittlere dem Hoftheater vorangestellt, bevor 1790 mit der Planung des botanischen Gartens jenseits der Randbebauung begonnen wurde. Von mehreren Entwürfen, darunter eine symmetrische Anlage mit zentraler Pantheon-Rotunde in der mittleren Baugruppe, kamen nur zwei vor der alten Orangerie geplante Gewächshäuser zur Ausführung: dreiseitig ummauerte Pultdachhäuser, dreigeteilt, mit seitlichen Eingangsanbauten, reflektierenden Putzgewölben bis zum Ansatz des Schwanenhalses, mit schrägstehender oder geknickter Südverglasung zwischen Holzpfosten.

Kat. P 98: *Verbundene Baugruppe aus Pflanzenhäusern und massiven Zwischenbauten*
1853-1857 von Heinrich Hübsch, 1863, 1868-1872
Erneuerung in Eisen durch Bergmüller
(Verändert erhalten)

Für den Neubau forderte der Regent die Verbindung mit dem Schloß. Hübsch, Schüler von Weinbrenner, lehnte »das Prinzip einer starren Symmetrie und geometrischen Strenge« ab zugunsten einer »größeren Freiheit und Mannigfaltigkeit der Formen, einer Berücksichtigung des malerischen Effektes«. Damit wurde die Herausforderung der Stuttgarter Wilhelma (1846) angenommen bei gleichzeitiger Kritik ihres ästhetischen Konzeptes, vielleicht auch des damit verbundenen Eisenbaues. Kostengründe zwangen wohl zur Holzkonstruktion. Sie wurde in den sechziger Jahren in Eisen ersetzt. Vom westlichen Schloßflügel bis zu dem fast 350 m entfernten Kuppelbau am entgegengesetzten Ende des botanischen Gartens bestand eine durchgehende Verbindung von Gängen, Galerien und Pflanzenhäusern, beginnend mit dem sog. Hirschgang, der zu einem Gelenkstück, zum massiven Rundturm führte. An seine Rundung schloß im stumpfen Winkel die verglaste Holzkonstruktion des älteren »Caphauses« an. Es folgt der zurückschwingende Bogen der gemauerten Galerie, die den Italienischen Sommergarten einfaßte und im Winter aus ihren Bogenfenstern den Blick in den Wintergarten freigab. An ihre Mauern lehnt sich heute das um 1870 von Holz auf Eisen umgestellte Gerüst des Wintergartens, das im Sommer entfernt werden konnte, wie auch die Glaspaneele für Dach und Fassade. Als Zugang diente das benachbarte, von zwei Rundtürmen flankierte massive Torgebäude. Sein Obergeschoß war zu einem Festsaal ausgebaut. Im Wechsel zwischen Steinarchitektur und Glashausstruktur folgt die symmetrische Baugruppe des von verglasten Flügelbauten flankierten hohen Palmenhauses, eine Pfeilerkolonnade aus rotem Sandstein, die sich oberhalb des Gurtgesimses in den Karyatiden des Attikageschosses fortsetzt. Zum Rückschwung des Wintergartens kontrastierte hier der halbrunde Vorbau des »Victoria-Regia-Hauses« (heute abgerissen) mit den ausschwingenden Bögen der beiden vorgelagerten Terrassen. Der quadratische Wohnpavillon des Hofgärtners endlich – ein Gegenstück zum Palmenhaus – beschließt die lange, nach Süden ausgerichtete Gebäudereihe. Dagegen zeigt die den Garten im Westen begrenzende Baugruppe einen gröberen Maßstab, der auf die Dimensionen der öffentlichen Gebäude am inneren Zirkel abgestimmt ist. Auch hier gilt das Kompositionsschema malerischer Unregelmäßigkeit: Links des massigen Orangeriegebäudes die verglaste Kuppel mit Tambour über einem wuchtigen Steinunterbau, rechts der turmartige Quadrant der »Vorhalle« mit krönendem Belvedere. Seine pyramidale Dachform und das Karyatidengeschoß wiederholen das Baumotiv des Palmenhauses. Der Mannigfaltigkeit der Baugestalt entspricht der Stilwechsel in der Architektur, die den Eindruck eines in langen Zeiträumen gewachsenen Gebäudekonglomerates erweckt.

Lit.: Praktische Baukunst 1857, 151
  A. Tschira, Orangerien und Gewächshäuser, Berlin 1939, 116f.
  Gartenflora 1875, 325-331
  Revue de l'Horticulture 1896, 16-18

Kat. P 99 ohne Abb.
WITLEY COURT, Worcestershire
Conservatory
ca. 1858 von Samuel Dawkes
(Als Ruine erhalten)

Westlich der großen Gartenachse mit breiter Front nach Süden steht das Architectural Conservatory: eine ionische Säulenarkade von 13 x 5 Bogenstellungen mit Eckpfeilern, Gebälk, Attika und Vasenbekrönungen, die den Bogenansatz des abgewalmten gläsernen Satteldaches verdeckten. Eine Brüstung aus Postamenten unter den Säulenbasen, dazwischen Balustraden, erweckt den Eindruck, als würde die Hausterrasse, auf deren Rand das Pflanzenhaus steht, an diesem vorbeiführen. Zwei gebogene Treppenläufe zum Gartenparterre sind dem dreiachsigen Mittelrisaliten vorangestellt. Archivolten mit Schlußsteinen, Festons in den Bogenzwickeln, Friese und eine ornamentierte Gesimsausbildung schmücken die Fassaden und werden im Innern wiederholt, wo eine Blendarkade die Rückwand gliedert. Zum Wohnblock führt ein dreigeschossiger, zum Viertelkreis gebogener Flügelbau, dem an seinem zum Garten gewandten Südende ein quadratischer Pavillon mit zweigeschossiger Säulenstellung voransteht.

Lit.: Journal of Horticulture 1/1873, 11-14 (Abb.)
Gardeners' Chronicle 1873, 812, 845, 860; 1881, 503f.

Kat. P 100   Abb. 119
HALIFAX, Yorkshire, Belle Vue
Conservatory
1858, wahrscheinlich von Fa. Brook
(Erhalten)

Frank Crossley, aus einfachen Verhältnissen stammend, schuf die größte Teppichweberei im Vereinigten Königreich. Er erwarb in zentraler Lage von Halifax Land, das Paxton zum Landschaftspark formte. 1857 schenkte er den »Peoples Park« der Stadt. Danach erst ließ er sich am Park ein Wohnhaus durch Umbau herrichten und am Terrassenende oberhalb des sog. »sunken garden« das Pflanzenhaus anbauen. Ein schlichter, apsidial endender Längsbau, den ein halbrundes Glasgewölbe überdeckt. Wahrscheinlich ein Firmenprodukt nach Katalog, besteht es doch aus der Aneinanderreihung nur eines einzigen Fassadenelementes aus Gußeisen. Die verglaste Arkade mit korinthischen Halbsäulen steht auf einem Sockel aus Werkstein. In den Bogenzwickeln sind Kreismotive eingefügt, die drei weitere Zwickel entstehen lassen. Darüber die zu Lüftungsflügeln ausgebildete »Gebälkzone«, alles – bis auf den kleinsten Zwickel – verglast. Die zum Dachgesims gegossene Rinne mit Bekrönung schließt die Fassade ab.

Lit.: The Building News 11/1857, 121, 200
The People's Park, A Handbook, Halifax 1857
The People's Park, Halifax, Jubilee of Opening, 1857-1903, Calderdale Central Library, Halifax

Kat. P 101-102   Abb. 120-121
PARIS, Jardin du Luxembourg

Kat. P 101: *Orangerie*
1840-1841 von Alphonse de Gisors
(Erhalten)

Parallel zur großen Gartenachse, westlich des Palais, ließ Gisors den in Werkstein gefaßten Ziegelbau von fast 60 m Länge errichten. Die Südfassade mit sieben mächtigen, von breiten Archivolten gefaßten Rundbogenfenstern zeigt eine hohe Brüstungs- und Sockelzone, die dem Ansatz der Citrusgewächse über ihren Pflanzkästen entspricht. Auf gleich hohen Postamenten stehen vor den Eckpilastern Skulpturen. Vasen über der Attika betonen die Ecken. Büsten, die von Volutenkonsolen getragen werden, füllen Wandnischen. Darunter sind Relieftafeln eingelassen. Trotz historisierender Architektur wird das additive, serielle Denken des Industriezeitalters sichtbar.

Kat. P 102: Petit Luxembourg
Jardin d'Hiver des Senatspräsidenten
1840-1841 von Alphonse de Gisors
(Erhalten)

Die Umwandlung der königlichen Residenz von Maria Medici zum Sitz des Senats begann um 1800 und zog Erweiterungsbauten 1836-1841 nach sich. Alphonse de Gisors war der Architekt. Zu seinen letzten Arbeiten zählt die sorgfältige Restaurierung des Kreuzganges des 1625 errichteten Klosters und die stützenfreie Eisenüberspannung des einstigen Klosterhofes mit einem gläsernen Spiegelgewölbe. Darunter wurde der elegante Wintergarten für den Wohnsitz des Senatspräsidenten eingerichtet. Je zwei vier- und fünfachsige, korbbogige Steinarkaden mit flachen Brüstungen umschliessen das bepflanzte Atrium mit dem von einer Skulptur geschmückten Wasserbecken in der Mitte. Die gleiche Arkadenausbildung mit einer ornamentalen Pfeilervorlage zwischen den Fenstern wiederholt sich an den zum Park gewandten West- und Südfassaden. Im oberen Drittel zurückschwingend, von Steinpolstern überdeckt, die Voluten tragen, leiten die Steinvorlagen zur Attikazone über und nehmen den Schub der eisernen Glasfalzleisten auf. Dazwischen geflügelte Engelsköpfe als Schlußsteine unter dem Hauptgesims.

Lit.: Gourlier, Biet, Grillon, Tardieu, Choix d'Edifices Publics (Deuxième Section), 1837-1844, 15; Abb. 212f., 272-275

L'Illustration 1843, 180f.; 1862, 77f.
Revue de l'Architecture et des Travaux Publics 1869, 8f.;
Abb. 2-6
Encyclopédie d'Architecture, 1887/88, 10-13

Kat. P 103   ohne Abb.
DOWNE, Kent
Greenhouse und Laboratorium
von Charles Darwin
ca. 1860, Architekt unbekannt
(Erhalten)

1842 übersiedelte Darwin nach Down House, wo die meisten seiner Werke entstanden. Ihre Praxisbezogenheit – zu der das Greenhouse mit Laboratorium beigetragen hat – verschafften ihm die phänomenale Anerkennung der Öffentlichkeit. Mehrfach unterteilt, erstreckt sich die schlichte Konstruktion aus Stein, Holz und Glas in beachtlicher Länge vor einer Gartenmauer. Ein Pultdach mit niedriger Stehfassade auf gemauerter Brüstung, gußeiserne Eckaussteifungen und Unterspannungen der hölzernen Hauptsparren, durchgehende Reihen von Klappflügeln entlang First und Fassade prägen diesen zweckmäßigen Pflanzenhaustyp wie tausend andere im Lande.

Lit.: The Illustrated London News 12/1887, 686 (Abb.)
The Gardeners' Chronicle 1888, 359f.
Historical and Descriptive Catalogue of the Darwin Memorial at Down House, Downe, Kent

Kat. P 104   ohne Abb.
LYME PARK, Cheshire
Orangery
1862 von Alfred Darbyshire
(Ohne Kuppel erhalten)

Das 1720 von Giacomo Leoni erneuerte Herrenhaus wurde 1816 von Lewis Wyatt nach Osten um zwei Vorbauten für den Speisesaal und die Bibliothek erweitert, die Terrasse davor neu angelegt. An ihrer langen Nordseite erstreckt sich die Orangerie in Form einer klassischen Pfeilerkolonnade mit geschlossenen Endfeldern, in die Figurennischen eingelassen sind. Das Ganze war einst von einer gläsernen Kuppel gekrönt, die dem Mittelvorbau mit drei Seiten eines Oktogons als architektonischer Bezug heute fehlt. Eine Pfosten- und Riegelteilung im Rechtecksystem aus schlanken Werksteinsprossen, überschnitten durch eine im Halbkreis geführte Sprosse, unterteilt die 3 x 3 Fassadenfelder für die Verglasung. In Raummitte unter der früheren Kuppel ist ein rundes Wasserbecken in die dekorative Fußbodenarchitektur aus Fliesen, Rosten und Beeteinfassungen eingelassen. Hängewerksunterspannungen unterstützen das abgewalmte Satteldach aus eisernen Falzleisten, das sich hinter den Dachbalustraden verbirgt. Einst krönten Vasen, Urnen und Pinienzapfen die Postamente in den Pfeilerachsen.

Lit.: Country Life 1974, 1724-1727, 1858-1861, 1998
G.S. Thomas, Gardens of the National Trust, 1979, 166-168

Kat. P 105-107   ohne Abb.
ASHRIDGE, Hertfordshire
Glashausanlage

Die heutige, in malerischer Unregelmäßigkeit einen ansteigenden Höhenrücken begleitende Baugruppe von mehr als 300 m Länge wurde von James Wyatt 1808 im Stil der »Gothic Revival« begonnen und von seinem Neffen Jeffry Wyatt fortgesetzt.

Kat. P 105: *Conservatory*
ca. 1814 von Jeffry Wyatt
(Verändert erhalten)

Das Pflanzenhaus entstand durch Umwandlung des »überdeckten Weges«, der auf der Gartenseite vom Speisesaal zur Kapelle führte. Als Architectural Conservatory hatte es die Form einer elfachsigen gotischen Arkade mit Mittelrisalit. Das Glasdach war hinter Fialenbekrönungen verborgen.

Kat. P 106: *Orangery*
1822 von Jeffry Wyatt
(Verändert erhalten)

Ein zweites Pflanzenhaus errichtete Jeffry Wyatt 1822 an der Stelle des alten jakobäischen Wohnhauses am östlichen Ende der Baugruppe. Die hohe und langgezogene Orangerie ist durch die vor die Fassade gesetzten Strebepfeiler charakterisiert. Neun Achsen entfallen auf den Haupttrakt, je drei auf die beiden vor die Fassade gezogenen Endpavillons mit abgeschrägten Ecken. Die hohen spitzbogigen Arkadenöffnungen werden durch Fensterkreuze in jeweils vier gotische Fenster mit Sprossenwerk unterteilt. Im Innern eine zweite Stützenreihe; als Fassadenabschluß eine zinnenbekrönte Attika.

Kat. P 107: *Fernery (Farnhaus)*
1864 von Matthew Digby Wyatt
(Erhalten)

Obwohl Wyatt der Baukommission des Crystal Palace angehörte und mit Brunel die fortschrittliche Paddington Station erbaute, zeigt sein Entwurf ein im neogriechischen Formenkanon üppig ornamentiertes Steinhaus. Der fünfachsigen Pfeilerbogenstellung mit verkröpftem Gebälk war ein giebelüberdachter zweisäuliger Portikus vorangestellt, ein Motiv, das Wyatt an den dreiachsigen Giebelfronten mit dem flachen Relief von Pilastern wiederholte. In der Ausführung verlängerte er den Bau auf sieben Achsen, fügte ihm an der massiven Rückwand eine dreiachsige Grotte hinzu und reduzierte den ornamentalen Aufwand. Die noch originale Hängewerkskonstruktion unter dem abgewalmten Satteldach entspricht dem System der Bahnhofshallen.

Lit.: H. Repton, Fragments on the Theory and Practise of Landscape Gardening, London 1816, 137-144
J.C. Loudon, Encyclopaedia of Gardening, 1822, 1233f.
D. Linstrum, Sir Jeffry Wyatville, Architect to the King, Oxford 1972, 98-105

Kat. P 108   Abb. 122
PARIS, Rue de Courcelles
Jardin d'Hiver der Prinzessin Mathilde
ca. 1864, Architekt unbekannt
(Nicht erhalten)

Mittelpunkt der exklusiven Zusammenkünfte von Schriftstellern, Künstlern und Offizieren im Salon der Prinzessin Mathilde, Tochter von Jérôme Bonaparte, war der ringförmig um einen runden Wohnpavillon angelegte Wintergarten aus Glas und Eisen. Sparren, Pfetten und gußeiserne Tragwerke wurden von Pflanzen umrankt oder durch unterspannte Seidenzelte den Blicken entzogen. Die Wohn- und Empfangsräume der Prinzessin öffneten sich mit hohen Fenstertüren in eine wechselvolle, für unterschiedliche Gesellschaftszwecke eingerichtete Wohnlandschaft: Kostbare Sitzmöbel, Teppiche, Skulpturen, Bilder, Vitrinen voller Kuriositäten verbanden sich mit dem Reichtum der Natur.

Lit.: L'Illustration 1869, 218f.

Kat. P 109-110   Abb. 123
CASTLE ASHBY, Northamptonshire

Wyatts Pflanzenhäuser geben dem östlichen Italienischen Garten das architektonische Gesicht. So steht die Palmenhausgruppe am Ende der großen Gartenachse im Norden, während die »Archway Houses« – nach außen gewandt und mit einem Torbau dazwischen – den Garten im Süden beschließen. Als Entrée flankieren sie den auf das Palmenhaus zuführenden Hauptweg. Ihr Name weist auf zwei je vierachsige Arkadentrakte hinter ihnen hin, die zusammen mit der hohen, von gekuppelten Säulen gefaßten Bogenöffnung vom Garten aus dem Anblick einer »Gloriette« nahekommen.

Kat. P 109: *Palm House*
1861-1865 von Matthew Digby Wyatt
(Erhalten)

Das dreizehnachsige Architectural Conservatory aus Stein im freien italienischen Stil zeigt eine malerische Baugruppierung: Arkaden prägen die drei höher geführten Pavillons, Kolonnaden die sie verbindenden Zwischentrakte. Um den quadratischen Mittelpavillon dominieren zu lassen, fügte Wyatt ein Attikageschoß mit umlaufendem Figurenfries aus Terracotta hinzu. Dachbalustraden mit Postamenten für Bekrönungen schließen die fünf Teilbaukörper zusammen und verdecken die Reste der Glas-Eisenarchitektur: *ridge-and-furrow*-Dächer und die prismatische Achteckkuppel des Mittelpavillons. Ihr oktogonaler Grundriß wird im Wasserbecken darunter wiederholt. Die ornamentale Durchbildung der für den Steinbau typischen Bauglieder setzt sich im Innenraum fort, dessen fünf Raumabschnitte über Arkaden der Querwände verbunden sind. Mehr noch als beim Farnhaus von Ashridge vollzog Wyatt die Abkehr von der funktionalen Glashausstruktur, die Nachteile ungenügenden Lichteinfalls in Kauf nehmend.

Kat. P 110: *»Archway Houses«*
1861-1865 von Matthew Digby Wyatt
(Erhalten)

Die beiden den Garteneingang flankierenden Pflanzenhäuser spiegeln den Aufbau der Zwischentrakte des Palmenhauses in kleineren Dimensionen wider: sechsachsige Pfeilerkolonnaden mit korinthischen Kapitellen, drei *ridge-and-furrow*-Satteldächer hinter Balustraden, das mittlere breiter. Zwei Reihen gußeiserner, mit Palmenkapitellen geschmückter Säulen tragen die als Regenrinnen ausgebildeten Dachkehlen und dienen selbst als Fallrohre. Wendeltreppen aus Stein führen zu der begehbaren Dachterrasse über den zum Park gewandten Arkaden.

Lit.: Country Life 1898, 16-19, 48-50; 1904, 666-675, 702-711; 1926, 422-431

Kat. P 111   Abb. 124
CAMBERWELL bei London, Denmark Hill
Conservatory
1868 von Banks und Berry, Eisenbau durch Fa. A. Handyside
(Nicht erhalten)

Henry Bessemer, Inhaber von mehr als 100 Patenten, Erfinder des Verfahrens zur Erzeugung kohlenstoffarmen Flußstahls, wodurch die Produktion auf das Zehnfache anstieg, der Preis auf ein Viertel fiel, umgab sich auf seinem 16 ha großen Grundstück mit Nachbildungen aus Natur, Architektur und Technik. Auch der an das Wohnhaus angebaute Wintergarten war von ihm inspiriert. Über kreuzförmigem Grundriß erhob sich bis auf 12 m Höhe die aus vierzig gewalzten Falzleisten konstruierte, über zwei Ornamentbänder stabilisierte Spitzkuppel. Ihr Durchmesser von 6,3 m entsprach der Seite des quadratischen Zentralraumes, der von Arkaden mit dekorativen Flächenfüllungen und einem gemusterten Fensterband umschlossen war. Die mit Ausnahme der Falzleisten aus Gußeisen bestehende Konstruktion zeigte üppige Dekorationen, wie spiralförmig gekerbte Säulenschäfte mit eingelegten Kupferschnüren, die, wie die Akanthusblätter der Kapitele, vergoldet waren. Aus glasierten Ziegeln mit eingelegten Ornamenten bestand der Fußboden mit Darstellungen der vier Jahreszeiten, aus Marmor die Pflanzenbecken und Stützenpostamente. Die Raummitte schmückte ein in Marmor gefaßter Brunnen mit der Skulptur einer Nymphe, das Ganze umgeben von Postamenten für Majolikavasen aus Sèvres, Pendant zu den von der Decke hängenden Pflanzenschalen.

Lit.: Engineering 1/1870, 6-8
      The Garden 1872, 170-172
      Illustrated London News 4/1875, 335
      W.H. Blanch, The Parish of Camberwell, London 1875/1976 (Reprint), 411-415

Kat. P 112-113   Abb. 125-126
TOTTENHAM HOUSE, Wiltshire

Cundys gewaltiges Herrenhaus von 1825 zeigt das palladianische Landhausschema der Villa Trissino: den zentralen Block, der über viertelkreisförmige Flügelbauten mit zwei Außenpavillons in Verbindung steht.

Kat. P 112: *Orangery*
1826 von Thomas Cundy
(Unverglast erhalten)

Die Position des südlichen Außenpavillons nimmt die langgestreckte Orangerie ein, die an das geschwungene Pflanzenhaus anschließt. Der auf einem Podium stehende hohe Mauerwerksbau mit Gebälk, Attika und Dachbalustrade öffnet sich über eine siebenachsige Säulenkolonnade und zwei Halbachsen zum Italienischen Garten. Ein Portikus mit vier Paar ionischen Säulen ist dem Südgiebel vorangestellt. Das flach geneigte Satteldach bleibt unsichtbar.

Kat. P 113: *Conservatory*
1826 Mauerwerksflügel von Thomas Cundy, 1870 Anbau des Conservatorys aus Eisen
(Restaurierungsbedürftig erhalten)

Im Zuge von Erneuerungs- und Verschönerungsarbeiten um 1870 hat das anschließende, zum Viertelkreis gebogene Pflanzenhaus seine heutige Gestalt erhalten. Nur die Rückwand von 1825 – toskanische Blendkolonnaden mit zentralem Löwenportal – ist aus Stein; nichts weist hier auf das dahinterliegende Pflanzenhaus hin, dessen flaches, an den Enden abgewalmtes Glasgewölbe hinter Steinbalustraden verborgen bleibt. Die Gartenfassade von 1870 – eine elfachsige verglaste Kolonnade – hält sich, obwohl aus Gußeisen, an Konzeption und Proportionen des Steinbaues. Ihre toskanischen Säulen zeigen die originale Kapitellausbildung einschließlich Abdeckplatte, wie auch die attische Basis. Der Säulenschaft vermeidet jedoch – wie Turners verglaste Pilaster in Glasnevin – die für den Eisenbau unnötige Materialmassierung. Eine Kannelierung imitierend, ist er in Stäbe aufgelöst, die durch innenliegende Ringe korbartig zusammengehalten werden. Zwischen jeweils zwei solcher Halbschalen binden schlanke Verglasungsrahmen ein. Durch Umwandlung des Bauornaments in Lochungen und Schlitzungen – wie im Ringarchitrav des Conservatorys von Syon House – wird in der Gebälkausbildung der materialgerechte Charakter eines Hohlkörpers sichtbar. Wohl nachträglich errichtete man vor den drei ersten Südfenstern des Wohnblocks einen quadratischen, gemauerten Wintergarten mit eingestellter Eisenkonstruktion für eine Flachkuppel.

Lit.: The Gardener's Magazine 1831, 136-139; 1834, 413-419
      H.M. Colvin, A Biographical Dictionary of English Architects 1660-1840, London 1954, 89, 162f., 207
      N. Pevsner, The Buildings of England, Wiltshire, 1975, 470

Kat. P 114 Abb. 127
MORLANWELZ-MARIEMONT, Belgien,
Parc de Mariemont
Serres und Jardin d'Hiver
ca. 1840, 1870, Architekt unbekannt
(Erhalten)

Mit dem Bau des Wohnpalastes von 1830 für die mit Kohlengruben reich gewordene Familie Warocque wurde auch der Park neu im Landschaftsstil angelegt, gefolgt von der auf einer Anhöhe gegenüber liegenden Pflanzenhausgruppe. Die quer zur Symmetrieachse der kompakten Anlage stehende neunachsige Orangerie mit ausladendem Dachgesims und Eckquaderung erhält über hohe Rundbogenfenster Licht. Sie überragt vier auf sie zulaufende, spitzbogige Glashäuser aus selbsttragenden Falzleisten. Zwei an den Terrassensprung gelehnte Glashäuser mit gebogtem Übergang zum Sockel flankieren die große Freitreppe. Ihre Vorräume sind in wuchtigen Steinunterbauten verborgen, die überlebensgroße Stiere aus Eisenguß tragen, eine dem Brüsseler botanischen Garten vergleichbare Situation. 1870 erhielt die Orangerie ihr heutiges halbtonnenförmiges Glasdach, das Innere wurde in einen Wintergarten verwandelt.

Lit.: R. Pechère, Parcs et Jardins de Belgique, Brüssel 1976, 106-110
Bulletin du Musée de Mariemont, vol. 4, 1973

Kat. P 115 ohne Abb.
SCARBOROUGH, North Yorkshire,
Wood End, Sitwell House
Conservatory
1871, Architekt unbekannt
(Verändert erhalten)

Lady Louise Sitwell erwarb 1870 das am Nordhang des Ramsdale Tales gelegene Anwesen und ließ von den beiden Häusern das eine zur Hälfte niederlegen um – unter Einbeziehung einer Baulücke – einen Wintergarten an dessen Stelle zu errichten. Über einer offenen dreiachsigen Steinarkade als Höhenausgleich für den nach Osten steil abfallenden Hang erhebt sich das von einem abgestumpften Pyramidendach mit Laterne überdeckte Architectural Conservatory. Wie ein Atrium ist es auf drei Seiten von ummauerten Räumen umgeben und nur im Dach und in der hohen Ostfassade verglast. Ornamental ausgebildete Fassadenstützen, verkröpfte Gesimse, Gebälke und Kämpfer, ein vorgeblendetes Rankgerüst in Arkadenform verleihen der dreiachsigen, in sieben vertikale Bahnen unterteilten zweigeschossigen Fassade architektonischen Anspruch.

Lit.: H. Turner, A Sitwell Home Restored, in: The Field, 5.4.1952

Kat. P 116 Abb. 128
MÜNCHEN, Residenz
Zweiter Wintergarten der Residenz
für König Ludwig II.
1870-1871 unter Leitung von Hofgartendirektor Karl von Effner, Eisenbau von Fa. Cramer-Klett
(Nicht erhalten)

Für Ludwig II. sollte der nordwestliche Dachaufbau des Festsaalbaues neugestaltet werden, einschließlich eines »eisernen Dachpavillons«. 1868 fertiggestellt, wurde der Pavillon bis März 1870 um 10 m erweitert und zum Wintergarten umgebaut. Wenige Tage danach befahl Ludwig II. seinen Abbruch und ordnete die Neuerrichtung in größtmöglichen auf dem Dach verfügbaren Dimensionen an. In nur elf Monaten war das gewaltige Glasgewölbe vollendet, einschließlich der aufwendigen Isolierung des Kupferbeckens für den See und der üppigen Bepflanzung. Nach der auf 1300 m² vergrößerten Neuerrichtung umfaßte der Wintergarten einen 68 m langen und ca. 17 m breiten Längsbau, an den nach Süden, zum Kaiserhof hin, T-förmig der nur ca. 9 m lange und etwa 19 m breite Querbau anschloß. Beide Trakte wurden von halbkreisförmig gebogenen, innerhalb der doppelten Verglasung liegenden Gitterträgern überspannt. Aus zwei gewalzten U-Profilen setzte sich der Untergurt zusammen, auf dessen Stegbleche die Diagonalen aufgenietet waren. Vor der gläsernen Fächerrosette, die das Querschiff abschloß, breitete sich eine Seelandschaft mit Brücke, Fischerhütte und Nachen aus, umschlossen von einer Wegeführung. Vorbei am indischen Fürstenzelt, Thronsessel, maurischen Kiosk und Wasserfallgrotte, endete sie hinter dem »Laubgang« an der Bibliothek der königlichen Wohnung. Der gegenüberliegende Raumabschluß war als Himalaya-Landschaft ausgemalt, die unmerklich in die tropische Vegetation des Wintergartens überging. Nach König Ludwigs Tod (1886) wurde der Wintergarten mit seiner aufwendigen Technik stillgelegt, da Feuchtigkeitsschäden die Dachdecke zu zerstören drohten. 1897 demontierte man die Glas-Eisenkonstruktion.

Lit.: Gartenflora 1886, 611-613
Über Land und Meer 1886, 1061f.
L.v. Kobell, König Ludwig II. von Bayern und die Kunst, München 1900, 13, 19-23, Abb. 35-37

Katalog   Private Pflanzenhäuser

Kat. P 117   ohne Abb.
GENT, Belgien
Wintergarten des Comte de Kerchove
de Denterghem
1873 von M. Bureau
(Nicht erhalten)

Die Abmessungen des dreizehnachsigen, zu seiner Zeit größten Pflanzenhauses in Belgien betrugen 50 x 21 m bei 13 m Höhe. Den bewährten, von Pult- und Satteldächern überdeckten basilikalen Querschnitt mit allseitig umlaufenden angelehnten Seitenschiffen, Galerien und Wartungsstegen ließ Kerchove in einer Mischkonstruktion aus Holz und Eisen errichten, um das für die Pflanzen schädliche Abtropfen rostigen Schwitzwassers zu vermeiden. Dem Eingang gegenüber, vor dem Hintergrund der sich auffächernden Giebelrosette, türmte sich eine bizarre bewachsene Felsengruppe mit Wasserfall und Grotte bis über die Galerie empor. Man konnte über einen Pfad mit Aussichtsplattform zu ihr aufsteigen. Ein Bach durchfloß den mit Baumfarnen und vielen exotischen Gewächsen als Flußtal gestalteten Innenraum. Kerchove war Bürgermeister von Gent und Präsident der königlichen Gesellschaft für Landwirtschaft und Botanik.

Lit.: The Gardeners' Chronicle 3/1875, 336-339 (Abb.)
    Revue de L'Horticulture 1875, 84-86

Kat. P 118   ohne Abb.
WIEN, Kaiser-Joseph-Str. 41
Wintergarten des Freiherrn L. von Haber
1872-1875 von W. Bäumer
(Nicht erhalten)

Auf der Rückseite des Gartenhofes hinter dem herrschaftlichen Wohnhaus wurde auf der Bel Etage der Wintergarten über einer Grottenhalle errichtet. Auf die Achse der Tordurchfahrt bezogen, öffnete er sich mit seiner verglasten, von einer Halbtonne überdeckten Giebelfront zum Hof. Die ihn flankierenden zwei schmalen Eckrisalite mit korinthischen Pilastern und Gebälk setzten sich im Innenraum des Pflanzenhauses fort. Das Erdgeschoß bestand aus rustiziertem Mauerwerk. Über einen Galerietrakt stand der Wintergarten mit den Fest- und Speisesälen wie auch mit dem Billardraum in Verbindung.

Lit.: R.C. v. Lutzow, L. Tischler, Wiener Neubauten, Wien 1876, 17, Taf. 56-63

Kat. P 119   Abb. 129
OLD WARDEN, Bedfordshire
Conservatory und Grotte im sog. Schweizer Garten
1876 von Lord Ongley
(Erhalten)

1830 begann Lord Ongley den Ortskern von Old Warden als Schweizer Dorf und einen Park als Schweizer Garten anzulegen. In ihm verbirgt sich hinter aufgeschütteten Hügeln die T-förmige Anlage eines durch Grotten erschlossenen Pflanzenhauses mit zentraler Kuppel. Man betritt über einen offenen Vorraum den finsteren Grottengang, der auf eine bizarr geformte schmale Lichtöffnung zuführt. Jenseits der hellen Felsenkammer scheint sich die Grotte ins Dunkle fortzusetzen. Die gläserne Kuppel darüber fällt wegen der räumlichen Enge nicht ins Blickfeld, umso mehr die links und rechts hinter Felsentoren sich ausbreitenden Pflanzentäler, auf die ein Radfenster im Giebel wie eine Sonne scheint. Als Himmel überdeckt ein flaches Glasgewölbe die Szene, unterstützt durch eine Firstpfette, die sich auf eine ornamentale Fachwerkbrücke auflegt, getragen von zwei zierlichen Säulen. Sicher ist der Glashaustrakt mit seinen schlanken Falzleisten und schmalen Glasbahnen älter als die im Grottentrakt aufgeprägte Jahreszahl 1876, wahrscheinlich stammt er aus den dreißiger Jahren, was – verglichen mit der kuppelüberdeckten Grotte in Alton Towers (1824) – eine bessere Einordung in die Zeit des »Picturesque Style« ergibt.

Lit.: M. Binney, A. Hills, Elysian Gardens, London 1969, 62
    Country Life 2/1977, 364f.

Kat. P 120   Abb. 130-131
WELBECK ABBEY, Nottinghamshire
Underground Conservatories
1876, Architekt unbekannt
(Renovierungsbedürftig erhalten)

Der exzentrische 5. Duke of Portland ließ drei mit dem Wohnhaus verbundene unterirdische Bibliothekssäle (72 m) anlegen. 1875 schloß sich ihnen unter der Erde eine Kapelle an, die zum Ballsaal und zur Bildergalerie (53 x 20 m) verwandelt wurde. Drei Reihen mehrscheibiger, prismatischer Glasoberlichter in Rechteck- und Achteckform mit Lüftungsklappen in den Aufsetzkränzen – Vorläufer der heutigen Lichtkuppeln – spendeten so reichliches Licht, daß mit Hilfe von Pflanzeninseln die Illusion

117

eines Wintergartens entstand. Der wohl 100 m lange, in einem Terrassensprung verborgene »Rose Corridor« war dagegen ein echtes Pflanzenhaus mit fast gefällelosem Glasdach. Von den oberirdischen Bauten seien genannt: die von eisernen Bogenfachwerken und fünfzig Innenstützen getragene, ca. 4000 m² große Reitschule, vierzig *Lodges* im Neo-Tudor-Stil und Conservative Walls, Wein- und Pflanzenhäuser – eines nur für eine bestimmte Nelkenart – von insgesamt 500 m Länge.

Lit.: L. Jewitt, S.C. Hall, Stately Homes of England, 1877, 327-356
The Graphic 6/1889, 655f.
The lllustrated London News 6/1889, 746; 12/1891, 791f.
N. Pevsner, The Buildings of England, Nottinghamshire, 1979, 195-199

Kat. P 121 ohne Abb.
CARDIFF CASTLE, Glamorganshire
Peristyle Roof Garden
1876 von William Burgess
(Erhalten)

Entlang der noch aus der Römerzeit stammenden vier Meter dicken Befestigungsmauer entstanden seit dem 15. Jahrhundert auf der Innenseite verschiedene Wohnbauten, auf der Außenseite fünf Türme von malerischer Unregelmäßigkeit. Der »Bute Tower« von William Burgess nimmt den Speiseraum, das Boudoir der Lady Bute, den Schlafraum des Lords und den als Peristyl gestalteten Gartenhof auf dem Dach auf. Die zur Aufstellung der Pflanzen vertieft angelegte Mitte des Dachgartenhofes umstehen zwölf reich ornamentierte, die Dachüberstände tragende Gußeisensäulen. Nur die Glasüberdeckung fehlt noch zum Wintergarten.

Lit.: Journal of Horticulture and Cottage Gardener 1877, 252-254
Gardeners' Chronicle 1882, 10f.; 1893, 295-297
M. Girouard, The Victorian Country House, Oxford 1971, 125-130 (Abb.)

Kat. P 122 Abb. 132
HASLEV, Dänemark, Gisselfeld Kloster
Pflanzenhaus, sog. Paradehus
1876, wahrscheinlich von J.D. Herholdt
(Erhalten)

Dem von Wasser umflossenen Wohnblock liegt das gläserne »Paradehus« gegenüber, 12 x 5 Achsen groß und von einem abgewalmten Satteldach mit Laterne überdeckt. Beidseitig schließen niedrige Anlehnhäuser mit Pultdächern an. Nach dem modernen Prinzip der vorgehängten Fassade sind die gußeisernen Rahmen der zweischaligen Verglasung vor und hinter der tragenden Pfosten- und Riegelkonstruktion vorbeigeführt, was diese vor Nässe und Auskühlung schützt und sie schlanker erscheinen läßt. Die angeformten Profilierungen, Anschlüsse und Rohrdurchführungen lassen eine Konstruktion aus Gußeisen erkennen. J.D. Herholdt, der um 1875 Restaurierungsarbeiten am Kloster durchführte, war auch der Architekt der Kopenhagener »Gußeisenbibliothek« (1860), was für seine Urheberschaft am »Paradehus« spricht.

Lit.: J. Sestoft, Danmarks Arkitektur, Bd. 2, Kopenhagen 1979

Kat. P 123-129 Abb. 133-142
BRÜSSEL
Les Serres Royales von Laeken
1875-1892 von Alphonse Balat (Konstruktion: M. Durieu und Société de Construction La Dyle, Louvain; Bepflanzung: Wills, Royal Exotic Nursery, South Kensington, London)
(Erhalten)

König Leopold II. konnte mit den Geldern aus der extensiv genutzten Kolonie Kongo sein auf mehrjährigen Reisen erwachtes Interesse für exotische Pflanzen in den Bau der wohl größten Anlage privater Planzenhäuser umsetzen. 1.500 m verglaste, mit Pflanzen geschmückte Gänge, die teils eingegraben, teils oberirdisch, selbst Höhenzüge im Gelände überwindend angelegt sind, verbinden die weit auseinanderliegenden, ca. fünfzig Pflanzenhäuser von insgesamt 40.000 m² Glasoberfläche, sämtlich aus Glas und Eisen, die alte und die neue Orangerie ausgenommen. Die südliche, symmetrische Baugruppe von zehn Häusern schließt axial an die alte, in Stein erbaute Orangerie und an den nordöstlichen Seitenflügel der Schloßanlage an, die nördliche erstreckt sich entlang der Avenue du Parc Royal. Alphonse Balat brachte für diese Aufgabe die Erfahrung seines »Victoria-Regia-Hauses« mit, das er 1854 im Park Leopold bereits mit außenliegender Konstruktion errichtet hatte.

Kat. P 123: *Alte Orangerie* (vor 1865) mit Annexen: *»Serre du Théâtre«* und *»Serre Salle à Manger«* (1883)

Der 120 m lange Steinbau öffnet sich zum Schloßhof über eine 8 m hohe, 27achsige Pfeilerkolonnade, überragt von Dachbalustraden und Vasenbekrönungen. Mächtige Säulenbogenstellungen zwischen Eckpilastern betonen den Mittelpavillon mit dem Haupteingang. Nur wenige Schritte sind es bis zum Anfang der gläsernen Schauhausgruppe mit dem gewaltigen Wintergarten. Er ergänzt die im Sommer für Konzerte, Ausstellungen und Gesellschaften genutzte Orangerie, die 1883 an das Nordwestende angebaute »Serre Salle à Manger« und den gegenüberliegenden Theaterpavillon zum Raumprogramm eines öffentlichen Wintergartens. Die massive Rückwand der Orangerie nutzen zwei schmale Anlehnglashäuser. An die Rückwand des Theaterpavillons lehnt sich ein basilikales, gebogtes Glashaus in T-Form mit seitlich angefügten niedrigen Halbkuppeln, die »Serre du Théâtre«.

Kat. P 124: *Jardin d'Hiver* (1875-1876)
mit Annexen für Farne und Palmen

In der großen Erschließungsachse steht die basilikal gestufte Wintergartenkuppel, durch ihre Annexe mit der alten Orangerie und der »Serre du Congo« verbunden. Wie am Palmenhaus von Kew gab Balat den gläsernen Halbtonnen der Annexe den gleichen Radius wie den peripheren Ringgewölben der Kuppel. Darüber erhebt sich eine Tambourkuppel mit Laterne und mächtiger Königskrone. In der Konstruktion geht Balat eigene Wege. Eine massive Ringkolonnade von 42 m Durchmesser trennt den zentralen, um einige Stufen vertieft angelegten Hallenraum vom 8 m breiten Umgang. Aus hellem Marmor sind ihre 36 dorischen Säulen und der Ringarchitrav, welcher sowohl die 36 kurzen Bogenfachwerke der Ringgewölbe, die im Innern auf Sockelvorlagen der Brüstungen enden, trägt, und zugleich – über Pfosten des Tambours – die vom Kuppelscheitel ausgehenden, am Sockel endenden großen Bogenfachwerke abstützt. Denn diese setzen ihren flachen Bogen, die Fassaden durchbrechend und die basilikale Stufung überspringend, fort, bis sie – zur Ableitung des Gewölbeschubs – auf die äußeren Sockelvorlagen auftreffen. Eine Säulenbogenstellung schmückt und stabilisiert den Tambour. Fantasievoll ist im Kuppelscheitel das Zusammenlaufen der 36 Bogenfachwerke gelöst, die hier auf einen Blütenblättern ähnelnden Kranz von zwölf Hufeisenbögen auftreffen. Die Zahl der Lastangriffspunkte ist dadurch auf ein Drittel reduziert, so daß der den Okulus umschließende Druckring samt Laterne als Zwölfeck ausgeführt werden konnte. Ringpfetten, die als Fachwerke ausgebildet sind, tragen die radialen Falzleisten für die außenliegende Einfachverglasung der Tambourkuppel. Zwei als Minarette ausgebildete, sechseckig sich verjüngende Kamintürme aus genieteter Blechkonstruktion flankieren den Übergang zur Orangerie.

Kat. P 125: »*Serre du Congo*« (1886)

Als Pendant zum Jardin d'Hiver folgt zehn Jahre später das türmereiche Kongo-Haus. Auf den quadratischen Unterbau eines Spiegelgewölbes stellt Balat ein zweites, kleineres, in das vier Ecktürme und ein oktogonaler höherer Zentralturm eingelassen sind. Diese Geometrie in Konstruktionsglieder umzusetzen, bedeutete – wie am Bau zu sehen – die Herstellung vieler unterschiedlicher Bauteile. Den Kontrast zwischen abstraktem Sockelgewölbe und architektonischem Dachaufsatz verstärkte Balat durch Arkadenmotive in den Fassadenfeldern, Fries- und Gesimsausbildungen und durch die kräftigen Knäufe auf den Spitzen der fünf Turmkuppeln. Das gotisierende Eingangsportal bildet einen weiteren architektonischen Kristallisationspunkt in der Monostruktur.

Kat. P 126: »*Weiße Treppe*« und »*Embarcadère*«

Über das die Hauptachse fortsetzende »Glashaus der weißen Treppe« gelangt man, von Pflanzenterrassen begleitet, in die um vieles tiefer liegenden, »Embarcadère« genannten zwei Querschiffe. Ihre Glasgewölbe ähneln Spitztonnen. Das erste, breitere fängt die Treppe mit einem höhergeführten Mittelpavillon auf. Schlanke Gußeisensäulen tragen mit ihrem Kapitell über kurze Gebälkstücke die Ober- und Untergurte der filigranen Bogenbinder. Das äußere, schmalere Querschiff mit zwei quadratischen Endpavillons, das zwischen einer Palmenreihe den Blick in den Landschaftspark mit seinen Seen freigibt, öffnet sich über drei glasgedeckte Eingänge zur vorgelegten Terrasse.

Kat. P 127: *Neue Orangerie, »Serre Maquet«
und »Serre aux Palmiers«* (1885)

Das Hanggelände im Nordwesten abfangend, wurde die Neue Orangerie parallel zur großen Schauhausgruppe errichtet, eine rustizierte Steinarkade mit Balustraden entlang der begehbaren Dachterrasse. Rechtwinklig schließt sie an die apsidial endende »Serre Maquet« an. Das leicht spitzbogig überwölbte Glashaus mit Stehfassade, dekorierten Bogenbindern und Fachwerkpfetten ist über eine kurze Glaspassage mit dem Jardin d'Hiver in seiner Querachse verbunden. Vom anderen Ende der Orangerie führt das Gangsystem der bepflanzten Galerien am »Pavillon der Narzissen« und an der »Serre de Diane« vorbei zur nördlichen Pflanzenhausgruppe. An ihrem Ende steht über kreuzförmigem Grundriß das Palmenhaus, die »Serre aux Palmiers«, ein Glashaus mit Stehfassade und gebogten Dächern. Das kurze hochaufragende Querschiff endet im Halbrund und ist von einem flachen Gewölbe überdeckt.

Kat. P 128: *»Serre-Chapelle«, auch »L'Eglise en fer« genannt (1892)*

Noch weiter im Norden, an höchster Stelle des Parks und nahe dem »Japanischen Turm«, errichtete Balat eine eiserne Kuppelkirche. Die gläserne Kuppel von 22 m Durchmesser umrundete ein vier Meter breiter, von einem Ringgewölbe überdachter Wandelgang. Er folgte dem Umriß eines Zehnecks, dessen Seiten jeweils eine bepflanzte kuppelüberdeckte Apside – wiederum mit Seiten eines Zehnecks – vorangestellt war. Ebensoviele Frontgiebel, über dem Tambour lückenlos aneinandergereiht, ließen die Kuppel wie eine Zackenkrone erscheinen. Heute ist die Kuppel erneuert, die restliche Konstruktion in großen Teilen erhalten. Eine Arkade mit zehn gekuppelten Marmorsäulen trägt die Fassade des Tambours, die Tragwerke der Kirchenkuppel und des Ringpultdaches. Der Gewölbeschub wird von den Bindern des Ringgewölbes aufgenommen. Sie durchstoßen die Fassaden und übertragen ihn auf die außenliegenden Sockelvorlagen des Zehnecks.

Kat. P 129: *Galerien*

Die vom Wintergarten am Schloß bis zur »Serre Chapelle« verlaufenden Pflanzengalerien machen die Wintergartenillusion vollkommen, erlauben sie doch ausgedehnte Spaziergänge und den Besuch der Pflanzenhäuser auch in der kalten Jahreszeit. Die nur im Dach verglasten Passagen sind in die Erde eingegraben, um den freien Blick um das Haus, den ungestörten Zugang zum Park zu bewahren. Die Illusion wird verstärkt durch eine Lichterkette, die von außen die auf Geländeniveau endenden gläsernen Satteldächer beleuchtet. Wände und Teile des Daches sind berankt, von Pflanzenpolstern überzogen. Die umglasten, oberirdisch zwischen Bäumen den Hang hinaufsteigenden Treppenläufe wirken wie Laubengänge. Unter Gartenwegen gibt es Tunnel mit Spiegeleffekten.
Lit.: The Gardeners' Chronicle 11/1876, 614 (Abb.)
Revue den l'Horticulture 1876, 279f.; 1894, 55-57
La Belgique Horticole 1883, 5-12 (Abb.)
Ch. de Bosschere, Les Serres Royales de Laeken, Brüssel 1920, 1-109 (Abb.)
J. Clément, Alphonse Balat, Architecte du Roi (Académie Royale de Belgique, Classe des Beaux-Arts, Memoires), Brüssel 1956, 1-68

Kat. P 130 ohne Abb.
BODNANT GARDENS, North Wales
Conservatory und Fernery (Farnhaus)
ca. 1877, Architekt unbekannt
(Erhalten)

Der 1847 von der Familie des heutigen Lord Aberconway erworbene Besitz wurde 1949 vom späteren Präsidenten der Royal Horticultural Society dem National Trust übereignet. Terrassen- und Wassergärten, ein Gartentheater wurden am oberen Hang angelegt mit dem um 1875 veränderten Wohnhaus und der Glashausgruppe. Ein ausgedehnter Landschaftspark mit Pinetum und Felsengarten prägt den Talgrund. Gartengebäude und Skulpturen ergänzen das Zusammenspiel von Architektur und Gartenkunst zu einem Ensemble von seltener Vollkommenheit. Wie im Stich von 1848 führt eine Gruppe von Kultur- und Treibhäusern von der Straße zum Conservatory, das vom Wohnhaus zugängig ist und mit einem Farnhaus in Verbindung steht. Künstliche Felsen und Spiegeleffekte verstärken die Naturillusion.
Lit.: The Gardeners' Chronicle 1884, 207, 209, 212 (Abb.)
The Garden 1888, 551f.
Country Life 1961, 554-556

Kat. P 131 ohne Abb.
BADEN bei Wien, Marchetstraße 76
Wintergarten
1878, Architekt unbekannt, Glasfenster von Gayling
(Erhalten)

Die Kurstadt war Sommersitz von Kaiser Franz I. Sie weist interessante Glas-Eisenkonstruktionen auf, wie die »Sommerarena« – ein Freilufttheater mit verschiebbarem Glasdach – und das große Glashaus der Stadtgärtnerei.
Der Wintergarten, der auf der Pariser Weltausstellung von 1878 gezeigt worden war, ist aus Gußeisen, eingefaßt von schmalen Veranden und überdeckt von einer Loggia über zwei Drittel der Dachterrasse. Offensichtlich wurde die Villa für den vor ihrer Strassenfassade errichteten symmetrischen Eisenbau passend entworfen. Zwischen Sockel, Architrav und Dachgesims steht eine Pfostenfassade, in der Bogen-

fenster mit farbiger Bleiverglasung und hinterglaste Felder mit ornamentalem Gitterwerk abwechseln. Brüstungsriegel und Kämpfer gliedern das zierliche Maßwerk. Die Loggia ist eine dreiachsige Säulenarkade mit dekorativ gefüllten Bogenzwickeln, Architrav und Dachgesims, alles aus Gußeisen.

Kat. P 132 Abb. 143
PREGNY bei Genf
Jardin d'Hiver und Volière (Vogelhaus)
für Alphonse de Rothschild
ca. 1879, Architekt unbekannt
(Erhalten)

Das Palais am Ufer des Genfer Sees (1864) war Paxtons letztes Werk. Ein elegantes und großräumiges Pflanzen- und Vogelhaus, das von französischer Handschrift geprägt ist, steht am Ende der östlichen Hausterrasse. Seine ausgereifte Konstruktion nimmt die Position der siebzehn Gebäudeachsen ein, von denen drei auf den höhergeführten Mittelpavillon entfallen. Nur wenig sind die tragenden Pfosten und aussteifenden Riegel aus Walzprofilen gegenüber den Falzleisten verstärkt. Verspannungen und innen angeordnete Windstreben, die geschickte Verbindung von Hängepfosten, Zugdiagonalen und Arkadenbögen zu einer längsstabilisierenden Fachwerkzone oberhalb der Fenstertüren vermeiden jegliche Materialmassierung. Symbolformen der Orangerie prägen die flächenfüllende Sprossenteilung mit dem Arkadenmotiv, die Gebälkzone des Mittelpavillons mit der Figuration einer Bossenquaderung. Den Haustyp mit Stehfassade und Dachüberstand überdecken flachgewölbte unverglaste Walmdächer. Ein Stich von E. André, Verfechter des »style naturel«, scheint hier einer französischen Eisenbaufirma als Vorlage gedient zu haben.
Lit.: Ed. André, Parcs et Jardins, Paris 1879, 811, Fig. 470

Kat. P 133 Abb. 144-145
BAGSHOT, Surrey
Conservatory des Duke of Connaught
1880 von Ferney
(Erhalten)

Das kleine Pflanzenhaus mit Satteldach wurde auf hohem Sockel in eine längliche Baukörpernische am Ende des Herrenhauses eingefügt. Es ist eine für die Spätzeit typische Mischkonstruktion aus Holz und Eisen. Trotz geringer Größe sind alle Ausstattungsmerkmale eines Wintergartens vorhanden: Felsenwerk mit Wasserfall, Bach und Goldfischteichen neben Tür und Fenstern des rückwärtigen Speiseraumes, ein dekorativer Fliesenboden, aus dessen Mitte zwischen Pflanzen und einer ornamentalen Brunnenfassung eine Fontäne aufsteigt. Die Bauform paßt sich der vorgegebenen Situation geschickt an: in der Querachse von Speiseraum und Fontäne ist ein breiter Mittelrisalit mit Frontispiz ausgebildet, in der Längsachse, der Tür zum Boudoir gegenüber, ist ein den Eingang aufnehmendes kleines Giebelhaus vorangestellt. Die tragende Konstruktion aus Pfosten und Hauptsparren in Holz wird an First und Traufe durch dekorativ gefüllte, gußeiserne Dreiecksrahmen ausgesteift. Auch für Pfetten und Falzleisten, für Gesimse, die als Rinne ausgebildet sind, findet Eisen in schlanken Profilen Verwendung.
Lit.: The Gardeners' Chronicle 1880, 225f. (Abb.)

Kat. P 134 Abb. 146
HERRENHAUSEN bei Hannover
Drittes Palmenhaus im Königlichen Berggarten
1879-1880 von Auhagen (Konstruktion: Eisenwerke Lauchhammer)
(1944 zerstört)

Von einem Entwurf Auhagens, der vom alten, nur 12 m hohen Palmenhaus von Laves nur noch drei Außenwände als Kulisse belassen hätte, sollte zunächst nur der rückwärtige Teil – hinter Laves Bau – ausgeführt werden: ein 30 m hoher, von einem Pyramidendach überdeckter Turmbau mit zwei hohen Satteldachflügeln. Erst während der Bauarbeiten beschloß man, den Altbau komplett abzubrechen, so daß auch der südliche Teil des Glashausneubaues verwirklicht wurde. Er zeigte die Giebelseite einer Basilika mit Sattel- und Pultdächern. Bei Abmessungen von 33,6 x 28,2 m wurden 510.200 Kilogramm Eisenkonstruktion verbaut. Ähnlich dem Berliner Palmenhaus (1858) im alten botanischen Garten stand eine durch Galerien ausgesteifte gekuppelte Stützenstellung hinter den Fassaden, in Hannover jedoch auf eine genietete Konstruktion aus Fachwerkstützen übertragen. Das zu seiner Zeit höchste Pflanzenhaus verdient wegen der kühnen technischen Konzeption Beachtung.
Lit.: Deutsche Bauzeitung 1879, 245
Zeitschrift für Bauwesen 1960, 25-40
K.H. Meyer, Königliche Gärten, Dreihundert Jahre Herrenhausen, Hannover 1966, 258

Kat. P 135   ohne Abb.
SCHLOSS NEUSCHWANSTEIN
Wintergarten mit Grotte für König Ludwig II.
1880-1881 von J. Hofmann
(Erhalten)

Wie an den Wohnpavillon auf dem Dach der Münchner Residenz ließ König Ludwig II. auch seinen Räumen im Schloß Neuschwanstein einen Wintergarten anfügen. Von geringer Ausdehnung kragt er wie ein gläsernes Vogelnest vor die hoch aufragende Burgfassade. Mit dem Arbeitszimmer ist er über eine farbig beleuchtete Felsengrotte mit Wasserfall und Felsentür – die Grotte des Venusberges – verbunden.

Lit.: H. Kreisel, Die Schlösser Ludwigs II. von Bayern, Darmstadt 1956, 65-81

Kat. P 136-137   Abb. 147-149
WIEN, Schloß Schönbrunn
Pflanzenhäuser im botanischen Garten

Der 1748 gegründete botanische Garten liegt, wie die Menagerie, im Westen der vom Schloß zur Gloriette führenden Gartenachse. Von den Pflanzenhäusern der Gründungszeit steht heute nur noch die Orangerie östlich des Schloßhofes, zu Kaiser Josephs Zeiten schmückender Rahmen für Festtafeln, Schauspiele und Bälle.

Kat. P 136: *Palmenhaus*
1882 von Franz Ritter von Segenschmidt
(Eisenkonstruktion: Fa. Ignaz Gridl)
(Erhalten)

Die Bauform – drei quadratische bzw. rechteckige Pavillons, die jeweils aus zwei von einer Tambourzone getrennten Spiegelgewölben mit Lüftungslaternen bestehen und untereinander durch Halbtonnen verbunden sind – unterscheidet sich von dem hohen Palmenhaus in Kew lediglich durch die hinzugekommenen Außenpavillons. Die Gesamtlänge von 111 m und die Breite der Flügeltrakte von 15 m sind gleich, Breite und Länge des Mittelpavillons von 28 x 39 m liegen nur um je 2 m unter den Maßen von Kew. Dem technischen Fortschritt folgend ist jedoch die Glasteilung auf größeren Scheibenmaßen aufgebaut, nur noch acht statt in Kew fünfzehn Bahnen je Konstruktionsfeld. Für die Konstruktion wurden statt der innenliegenden Vollwandträger von Kew außenliegende Parallelfachwerke für Binder und Pfetten verwendet. Lag die Konstruktion früher im warmen Bereich, so jetzt ebenso konsequent im kalten. Sie kann ohne störende Gerüste im Innenraum von außen gewartet werden. Vorbilder sind das Palmenhaus im Frankfurter Palmengarten und – weniger konsequent – der Jardin d'Hiver in Laeken bei Brüssel. In der Außenarchitektur beschränkt sich das Bauornament auf die durch eine Säulenarkade geschmückte Tambourzone. Ornamentierte Gußeisensäulen mit Archivolten, die durch Ringe stabilisiert werden, sind der Verglasung vorangestellt. Im Innenraum wird die tragende Säulenarkade zur architektonischen Fassung der drei Großräume. Die Säulenkapitelle gliedern Konsolen aus, von denen ein Dienstbündel und die Arkadenbögen aufsteigen.

Kat. P 137: *Sonnenuhrhaus*
ca. 1890, Architekt unbekannt
(Erhalten)

Vom Vorgängerbau gleichen Namens steht noch der massive architektonische Kopfbau, an den das hohe, fast 50 m lange Glashaus anschließt: ein Haustyp vor gemauerter Rückwand mit flachem, abgewalmtem Dachgewölbe, das von genieteten Bogenfachwerken und Gitterstützen getragen wird. Zwei flache Eingangsvorbauten mit Jugendstilornamenten erschließen das sonst schmucklose Pflanzenhaus.

Lit.: Illustrirte Zeitung 1882, 323
     Dr. Neuberts Deutsches Gartenmagazin 1883, 6-10
     Der Bautechniker 1885, 265f.
     Gartenflora 1903, 605-607
     E.M. Kronfeld, Park und Garten Schönbrunn, Wien 1923, 114-130, 135-156

Kat. P 138   Abb. 150
CRAIG-Y-NOS CASTLE, Wales
Conservatory, Glass Corridor, Winter Garden
1882, Architekt unbekannt
(Conservatory und Winter Garden nicht erhalten, Glass Corridor im Victoria Park in Swansea verändert wiedererrichtet)

Adelina Patti, die »victorian primadonna«, erwarb 1878 den Besitz und fügte ihm mehrere Anbauten hinzu, darunter im Süden das an einen kleinen Speisesaal anschließende Conservatory von 24 x 8 m. Es war auf der oberen der zum Fluß Tawe steil abfallenden Terrassen gelegen und stand über einen 15 m langen Glass Corridor mit dem Wintergarten (24 x 18 m) in Verbindung. Die mit zahlreichen Glastüren ins Freie geöffneten Pflanzenhäuser waren in *ridge-and-furrow*-Kon-

struktion überdeckt, der Glaskorridor wurde von einer gläsernen Halbtonne überwölbt.
Lit.: The Gardeners' Chronicle 1887, 464f.
The Graphic 1888, 558f. (Abb.)

Kat. P 139 ohne Abb.
HALTON HOUSE, Buckinghamshire
Winter Garden
1882-1888 von William R. Rogers
(Nicht erhalten)

Der an den Mittelrisalit des Hauptgebäudes angefügte Bau war auf einer von Balustraden und Freitreppen umgebenen Terrasse errichtet: ein Steinskelett über quadratischem Grundriß mit drei apsidialen Ausbuchtungen, das eine Glaskuppel mit Laterne auf gemauertem Tambour überdeckte. Sämtliche Fassaden waren in verglaste toskanische Säulenbogenstellungen aufgelöst mit ornamentierter Gebälkzone, Gesims und Dachbalustrade. Sieben kleinere Glaskuppeln gaben den vier Ecken des Wintergartens und den Apsiden zusätzliches Licht. Alfred Charles de Rothschild – Millionär und exzentrischer Junggeselle – dirigierte in dem luxuriös ausgestatteten Wintergarten sein eigenes Orchester.
Lit.: The Gardeners' Chronicle 1889, 379f., 383, 436f.
Country Life 1897, 664-666; 1973, 1062-1064

Kat. P 140 ohne Abb.
WADDESTON MANOR, Buckinghamshire
Conservatory
1889 von Hippolyte A.G.W. Destailleur
(Erhalten)

Von einem Hügel, der bei der Jagd sein Gefallen fand, ließ Baron Ferdinand de Rothschild die Kuppe abtragen, um dort einen Wohnpalast – wie ein französisches Château – zu errichten, zugleich Aufbewahrungsort für seine Kunstsammlungen zum 18. Jahrhundert. An die fünfzig Pflanzenhäuser, darunter eine Glaskuppel mit einer Palmenlandschaft entstanden in kurzer Zeit. Berühmt ist das im Halbkreis erbaute, ausgedehnte Vogelhaus von 1889 im französischen Stil des 18. Jahrhunderts mit Grotte und drei kunstvollen Pavillons in üppiger Gußeisenornamentik. Das in einen Rücksprung zwischen Haupt- und Nebentrakt des Herrenhauses eingefügte steinerne Conservatory ist im *mixed style* der spätviktorianischen Festungsarchitektur kaum auszumachen. Sein viertelkreisförmiger Grundriß verbindet den Frühstücksraum über ein von der Terrasse zugängiges Vorzimmer mit dem großen Speisesaal. Den Weg begleiten Pflanzenbeete in ornamentaler Steinfassung und zwei breite, zweigeteilte Korbbogenfenster, die zusammen mit der zum Garten führenden Glastür und einem gläsernen Auge im Deckengewölbe dem kleinen Pflanzensalon Licht geben.
Lit.: Gardeners' Chronicle 1885, 820-822; 1886, 800f.
Country Life 1959, 66-69
National Trust Studies 1979, 77-89

Kat. P 141 ohne Abb.
LONDON, Greenwich, Avery Hill
Winter Garden
1891 von T.W. Cuttler
(Erhalten)

Für einen reichen Importeur entstanden bis 1885 im *mixed style* monströse Erweiterungsbauten an ein schon bestehendes Haus. Zu den Attraktionen gehören eine der frühesten Installationen des elektrischen Lichts, das türkische Bad, ein mit Marmor verkleideter Billardraum und die ausgedehnte Wintergartenanlage. Sie steht auf einer Terrasse über dem flachen Südhang. Von den drei glasüberwölbten Ziegelbauten ist der durch seine hohe Glaskuppel dominierende mittlere, ein quadratischer Block, den sich in die Tiefe erstreckenden Nebentrakten vorangestellt. Im Raster sind die Fassaden durch gekuppelte Arkadenfenster zwischen Pilastern aufgeteilt, wobei die Mitte durch ein Palladio-Motiv und breite Blendgiebel über dem umlaufenden Dachgesims betont wird. Die quadratische, an den Ecken abgeschrägte Tambourkuppel steht – von einer sechzehnsäuligen eisernen Arkade getragen – frei inmitten des gläsernen Pyramidendaches. Acht genietete Bogenträger steigen von den korinthischen Kapitellen zum achteckigen Druckring unter der Laterne auf, die von einer Skulptur gekrönt wird. Das Tambourgesims auf Schneckenkonsolen soll auch der Kuppel das Erscheinungsbild eines architektonischen Pflanzenhauses aufprägen.
Lit.: R. Walters (Hg.), Historic Buildings in London. An Inventory by the Greater London Council, London 1975, 23

Kat. P 142 ohne Abb.
STANDEN, West Sussex
Conservatory
1894 von Philip Webb
(Erhalten)

Hoch über dem Medway Tal steht neben einem alten Farmhaus das einzige von Philip Webb noch existierende, größere Wohngebäude mit Innendekorationen von William Morris. Die lichte, malerische Hausgruppe, ihre verschiedenen Materialien und Farben zeigen die Abkehr von den Standards des viktorianischen Zeitalters. Fünf holzverschalte Giebelhäuser prägen die Gartenfront auf der Südterrasse. Der im Westen an das Wohnhaus angeschlossene Erdgeschoßflügel enthält das Pflanzenhaus aus Ziegelmauerwerk mit fünf zum Licht hin abgetreppten Bogenstellungen unter dem Dachgesims. Weniger über die in tiefe Nischen zurückverlegten Holzfenster als durch das gläserne Pultdach mit rückwärtigem Lüftungsaufsatz erhält das Pflanzenhaus Licht. Zwei Türen verbinden es mit dem Wohnraum. Der äußere Bogen mit offenem Vorplatz und Treppe trägt ein kleines, ziegelgedecktes »Sommerhaus«, das die unpretentiöse Baugruppe beschließt.

Lit.: Country Life 1970, 494-497; 1983, 1100-1102
G.S. Thomas, Gardens of the National Trust, 1979, 220f.

Kat. P 143 Abb. 152
WIEN, Hofburg
Glashausanlage im Kaisergarten (Burggarten)
1906 von Friedrich Ohmann
(Eisenkonstruktion: Fa. Wagner)
(Erhalten)

1899 wurde Friedrich Ohmann, Professor der Kunstgewerbeschule in Prag, nach Wien berufen, um den Bau der »Neuen Hofburg«, die im Nordwesten den Burggarten begrenzt, zum Abschluß zu bringen. Damit war auch eine Modernisierung des unmittelbar anschließenden »Alten Wintergartens« von 1824 verbunden, der noch keine Dachverglasung besaß und Konstruktionen aus Holz aufwies. Ohmanns Neubauentwurf behielt die Aufreihung der Baugruppe vor einer massiven Rückwand bei: zwei gebogte funktionsbetonte Pflanzenhäuser zwischen drei architektonischen Pavillons. Ohmann griff nicht nur das Motiv der Säulenkolonnade wieder auf, er hielt sich auch an deren begrenzte Abmessungen. Sechssäulig, mit ionischen Kapitellen und krönenden Urnen über der Attika, steht die steinerne Architekturkulisse auf einem vierstufigen Podium zwischen rustizierten Eckpfeilern. Skulpturen markieren diese Eckpositionen wie die der Außenpavillons, die um ein Attikageschoß mit Turmhelm höhergeführt sind. Die gestiegenen Raumanforderungen führten jedoch zu einem größeren Mittelbau, der – hinter der Repräsentationsfassade vorbei und sie überragend – seine neue Technik offen zur Schau stellt. Wie bei einem Dampfkessel wölben sich die Giebelfronten des boilerartigen Gehäuses heraus, das keine Assoziationen an konventionelle Hausformen zuläßt. Das Relief der außenliegenden Bogenträger und die gebogene Liniatur der Falzleisten verstärken den Ingenieurbau-Charakter und übertragen ihn auf alle drei Glashäuser, dem Palmenhaus in Frankfurt vergleichbar. Mit Jugendstilornamenten hat Ohmann vor allem das Gebäudeinnere geschmückt. Um auch außen am Eisenbau dekorative Akzente zu setzen, genügten Ohmann wenige Roll- und Beschlagwerke, Girlanden und Ziergitter, die sich mit der großen Menge der Nietköpfe in das Zusammenspiel der Materialien Stein, Eisen und Glas, der Ornamentik und der Bauskulptur einfügen.

Das Achsmaß des Mittelbaues beträgt 3,9 m bei einer Höhe von 13,8 m bis zum Scheitel der gläsernen Halbtonne. Die siebenachsigen, von Vierteltonnen überwölbten Seitentrakte sind im Raster von 4,3 m geteilt; Zwischen- und Paßfelder bleiben unberücksichtigt. Einschließlich der Endpavillons, die Vorräume und Eingänge zur Pflanzenhausgruppe enthalten, beträgt die Gesamtlänge, wie die des alten Wintergartens, 120 m. Hinzu kommt ein 25 m langes viertes Glashaus, das die Lücke bis zur östlichen Torausfahrt aus dem Burggarten füllt. Mit Stehfassade, Pultdach und gekuppelten Säulenstellungen vor den Endfeldern leitet es bereits zur Stein- und Hausarchitektur über.

Lit.: R. Wagner-Rieger, Wiens Architektur im 19. Jahrhundert, Wien 1970, 264-277
Plansammlung im Archiv der Hofburg

Kat. P 144 Abb. 151
LANCASTER, England, Williamson Park
Palm House
ca. 1907 von John Belcher
(Konstruktion: Fa. W. Richardson & Co.)
(Erhalten)

Am Rande eines Hochplateaus über der Stadt steht das St. Peter in Rom nachgebildete, 40 m hohe Ashton Memorial, von vier Steinmodellen seiner eigenen Baugestalt umgeben. Es war ein Geschenk des Barons Ashton an die Stadt Lancaster, dazu bestimmt, als »Tempel der Erinnerung und des Lernens«, als Naturkundemuseum, zu dienen. Gegenüber liegt das Palmenhaus, vielleicht Palladios Basilika in Vicenza nachempfunden. Von dem langrechteckigen Glaseisenbau ist nur das mächtige Spiegelgewölbe mit Laterne unverhüllt zu sehen; denn Belcher stellte der Glasfassade mit Bogenfenstermotiven eine Kolonnade aus toskanischen Säulen, Gebälk und Urnenbekrönungen voran. Sie stützt eine weitere Verkleidung, den bis zum Ansatz des Dachgewölbes reichenden Tambour mit den charakteristischen Rundfenstern. Die tragende Konstruktion aus Walzprofilen steht hinter dieser Architekturkulisse im Innenraum, auf der Gebäuderückseite durch Mauerwerk ausgefacht.

Lit.: The Architectural Review 1908, XII; 1909, 248-50
B. Jones, Follies & Grottoes, London 1974, 267f.

Pflanzenschauhäuser
*der botanischen Gärten, Gartenbaugesellschaften,
Stadt- und Handelsgärtnereien,
Weltausstellungen*

Botanische Gärten Dem Wissensdrang der Renaissance sind die frühesten botanischen Gärten zu verdanken. Sie gingen aus den klösterlichen Heil- und Gewürzkräutergärten hervor. Zuerst richteten die aufblühenden italienischen Universitäten botanische Gärten ein: Pisa 1543, Padua 1545; es folgten Florenz 1545, Zürich 1556, Bologna 1567, Leiden 1577, Leipzig 1580, Montpellier 1597 – um nur einige wichtige zu nennen. Erst 1621-1632 griff diese Bewegung nach England über mit der Gründung des Universitätsgartens in Oxford. Ein dort erhaltener Pflanzenkatalog von 1648 verzeichnet 1600 Pflanzen. Der Garten nannte sich, der Tradition folgend, anfangs noch »Physic Garden«; ebenso auch die zweite englische Gründung in Chelsea (London), die die Society of Apothecaries 1712 als »Physic Garden« anlegte.

Der Bau von Gewächshäusern in diesen frühen botanischen Gärten wurde nicht lange nach den Gründungen in Angriff genommen. Die bereits um 1800 einsetzende Kultivierung von Orchideen, Palmfarnen, Kannenpflanzen und Palmenarten, sowie das Treiben von Erdbeeren, Pfirsichen und Pflaumen in Warmhäusern zeigt, daß die Entwicklung des Gewächshausbaues in botanischen Gärten zum zweckgebundenen Spezialhaus tendierte[1].

Doch nicht nur wissenschaftliche Institutionen und Gesellschaften – wie später die Londoner Gartenbaugesellschaften – traten als Gartengründer auf, sondern auch Könige, Fürsten und reiche Privatleute. Sie legten in ihren Gärten botanische Abteilungen an. Seit dem 16. Jahrhundert hatten Reisende und Kaufleute die »orientalischen« Pflanzen wie Tulpen, Lilien, Narzissen und Hyazinthen aus dem Osten mitgebracht. Seit dem 17. Jahrhundert reisten und sammelten auch die Gärtner, wie die Dynastie der Tradescants, Hofgärtner Charles I. Sie führten die Platane und den Tulpenbaum in England ein. Joseph II. ließ um 1760 westindische Tropenpflanzen nach Schönbrunn bringen. In Herrenhausen wurden die Wendlands, Hofgärtner in mehreren Generationen seit 1795, durch ihre Pflanzenkultivationen bekannt.

Aus der Fülle privater botanischer Gärten, die bis heute überlebten, ragen drei durch Größe und Pflanzenreichtum hervor:

In Frankreich der botanische Garten der Villa Thuret auf Cap d'Antibes, 1856 durch den Botaniker G. Thuret für subtropische und mediterrane Arten angelegt, darunter Eukalyptus, Mimosen und artenreiche Palmenanpflanzungen.

In England sind es die Tresco Abbey Gardens auf den Isles of Scilly, Cornwall. Seit 1834 gestaltete der Botaniker A. Smith einen riesigen subtropischen Garten auf der fast baumlosen Insel mit Exoten von Südafrika, Australien, Neuseeland, Madeira, Mexiko.

In Italien ist es der Orto Botanico in La Mortola, Ventimiglia. Der bis zum Meer abfallende Terrassengarten wurde 1847 als Akklimationspark durch den Engländer Th. Hanbury geschaffen.

Eine ehemals private Gründung waren auch die Royal Botanic Gardens in Kew, 1759 von Augusta, Princess of Wales, ins Leben gerufen und erst 1841 dem Publikum zugänglich gemacht. Während des 19. Jahrhunderts betrieb dieser berühmte botanische Garten, der heute 45.000 Pflanzenarten zählt[2], die Pflanzeneinführung in großem Stil. Von den Expeditionen, den entdeckten Spezies und ihren Sammlern kündet eine Tafel im General Museum. Auch die Kolonialgärten übernehmen eine Mittlerrolle, so in Bogor (Java), Peradeniya (Ceylon), Singapur, Kalkutta, Rio de Janeiro, Sydney, Kirstenbosch (Südafrika).

Als Folge eines wachsenden öffentlichen Interesses an den Naturwissenschaften erweiterte sich das Aufgabengebiet der botanischen Gärten. Wie in einem lebenden naturkundlichen Museum sollten die Pflanzenschätze vor einem breiten Publikum zur Schau gestellt werden. Dennoch blieben die wissenschaftlichen Ziele vorrangig: Anzucht und Pflege der unterschiedlichsten Pflanzen; Akklimatisierung und Kultivierung nicht nur der Wildpflanzen sondern auch der Ziergewächse, wie Blumen und Gehölze und die Verbesserung der Nutzpflanzen durch Neuzüchtungen; vergleichende Pflanzenstudien als Aufgabe für Forschung und Lehre; das regelmäßige Führen einer Samentauschliste, schließlich der Aufbau eines Herbariums[3]. Seine Vervollkommnung wurde umso wichtiger, je weniger es gelang, alle bekanntgewordenen Pflanzenarten in einem Garten unterzubringen. Hier wurden die auf Expeditionen herbarisierten Exemplare identifiziert, numeriert, etikettiert und als Typus klassifiziert.

Eines der umfangreichsten Herbarien des 19. Jahrhunderts befindet sich noch heute im Conservatoire des botanischen Gartens in Genf[4], der 1816 durch A.P. de Candolle gegründet und von vier Generationen der Familie de Candolle ausgebaut wurde. Den Grundstock des Herbariums bildete die Sammlung des Pariser Bankiers B. Delessert, der unter dem Einfluß Rousseaus wertvolle alte Herbarien erwarb. Er vermachte dem Genfer botanischen Garten 86.000 Arten in 250.000 Pflanzenproben. Im Laufe der Jahre wurden weitere Schenkungen integriert, darunter auch 400.000 Pflanzenmodelle der Candolles selbst, so daß das Genfer Institut heute vier Millionen Pflanzenmuster vorweisen kann und innerhalb der Weltrangliste den vierten Platz einnimmt. Ebenso umfassend ist die 1824 gegründete botanische Bibliothek. Sie hält tausend laufende Zeitschriften bereit, darunter das »Botanical Magazine« von Curtis mit kostbaren Illustrationen, 70.000 Bände des 16. und 17. Jahrhunderts, Folianten und Quarten des 18. Jahrhunderts und die wichtigsten Standardwerke des 19. Jahrhunderts.

Während noch im alten Orto Botanico in Padua[5] alle Pflanzenbeete in einer kreisrunden dekorativen Anlage von 85 m Durchmesser Platz fanden, vergrößerten sich durch Zunahme des Pflanzenbestandes und der Entwicklung der Fachdisziplin die Freilandanlagen um spezielle Abteilungen für Pflanzengeographie, Systematik, Gehölze, Nutz- und Arzneipflanzen, Wasser- und Sumpfpflanzen, Zierblumen u.a. Jedoch haben diese vom Geist der Wissenschaft geprägten nüchternen Gartenpartien in den wenigsten Fällen die Anlageform botanischer Gärten bestimmt. Meist sind sie in das Gesamtkonzept eines Landschaftsgartens eingebettet worden.

Die Schwierigkeit, tausenderlei Gewächse aus allen Klimazonen mit ihren unterschiedlichen Ansprüchen an Licht, Temperatur, Boden und Feuchtigkeit aufzuziehen, hätte sich ohne umfangreiche Pflanzenhausanlagen nicht meistern lassen. Anordnung und Lage der Pflanzenhäuser ist in vielen botanischen Gärten zum Blickfang geworden. Oft bilden die auf einer aufgeschütteten Terrasse angelegten Schauhäuser eine miteinander verbundene Gruppe (»Range«) mit dem Palmenhaus als dominierendem Mittelpunkt zwischen symmetrisch anschließenden, in Breite und Höhe sich zurückstufenden zwei bzw. vier Flügelbauten. Die Teilbaukörper sind durch Glaswände gegeneinander abgetrennt und auf ein spezielles Klima sowie auf unterschiedliche Pflanzenhöhen abgestimmt. Der höhergeführte Mittelpavillon enthält oft eine Empore, um Palmen und andere hochwüchsige Pflanzen auch in ihren Wipfeln betrachten zu können.

Gartenbaugesellschaften Pflanzenbegeisterung und Gründerehrgeiz haben in Großbritannien und überall in Europa die sich dem Gartenbau widmenden Gesellschaften und Vereine entstehen lassen. Die Wechselbeziehungen zwischen Naturwissenschaft und praxisbezogenem Alltagsdenken waren unkomplizierter und naiver als heute, die botanischen Wissenschaften so populär, daß sie vom Einzelnen wie von der Gesellschaft als Aufgabe verstanden wurden. Eine Brücke zwischen Gelehrsamkeit und Volksbildung zu errichten, schwebte Alexander von Humboldt vor, als er mit seinem Werk »Ansichten der Natur« (1808) in literarischer Form einen wissenschaftlich begründeten Umriß des Kosmos gab oder bei öffentlichen Vorträgen in der Berliner Singakademie einem breiten Zuhörerkreis das naturwissenschaftliche Weltbild erläuterte.

Die in London entstandenen Gesellschaften[6] – 1788 Linnean Society, 1804 Horticultural Society, 1839 Royal Botanic Society – schließlich wurden zur wichtigsten Informationsquelle für Fachleute und interessierte Laien. Konnten doch in den Schauhäusern der Gesellschaften ein ausgesuchtes Pflanzenmaterial begutachtet und alle Fragen geklärt werden, die durch die Flut der Gartenbücher und -zeitschriften und durch das Angebot der Gartenbaufirmen ausgelöst worden waren. Die Horticultural Society grenzte sich gegen die wissenschaftlichen Aufgaben der botanischen Gärten ab, indem sie solche Pflanzen, die weder schmückend *(ornamental)* noch nützlich *(useful)* sind, aus ihren Kollektionen herausließ, wie ein Pflanzenkatalog vermerkte. In ihren Sitzungen hörten die Mitglieder Vorträge und diskutierten ihre Erfahrungen, die dann in den »Transactions« veröffentlicht wurden. Von hier ging die Idee der gebogten Glasfronten für Pflanzenhäuser in alle Welt, auch wurde die Verwendung des Eisens anstelle von Holz diskutiert. Ausgedehnte Korrespondenzen, Fachbibliotheken, die Züchtung verbesserter Pflanzenarten in eigenen Gärten, z.B. im Horticultural Garden in Chiswick, die Ausbildung von Berufsgärtnern – zu denen auch der junge Paxton gehörte –, vor allem aber die gut besuchten Gartenbauausstellungen machten die Gesellschaften bekannt. Quer durch alle Schichten reichte das Interesse am Gartenbau. Nachdem Königin Victoria die Schirmherrschaft über die Horticultural Society übernommen hatte, besuchte sie 1842 die Gärten in Chiswick. Auch Prinz Albert – Präsident der Gesellschaft seit 1858 – betätigte sich aktiv an deren Aufgaben. Noch heute wird die Gesellschaft von dem nicht nachlassenden Interesse am Gartenbau getragen. Es finden Ausstellungen und Preisverleihungen statt, und die Bibliothek ist eine der umfassendsten für den Gartenbau. Anstelle der aufgegebenen Gärten in Chiswick und South Kensington entstand ein neuer, weit größerer Garten westlich Londons in Wisley.

Gartenbaufirmen Endlos scheint die Zahl der bis zum Ende des 17. Jahrhunderts zurückreichenden Gartenbaubetriebe, die ihre Pflanzenschätze in reich dekorierten Schauhäusern dem Publikum darboten.

Pflanzenschauhäuser

Loudon berichtet 1824 in seiner »Encyclopaedia«, daß »die Holländer als das am meisten Handel treibende Volk in Europa ... schon zur Zeit der Kreuzzüge aus der Levante und den beiden Indien Blumen mit nach Hause brachten, ... daß man in ihren Gärten mehr seltene Gewächse fand, als im übrigen Europa ... Um Amsterdam, Harlem und Antwerpen herum kann man die vornehmsten Baumschulen und Blumisten Gärten finden«[7]. Die Holländer belieferten bis zur Zeit Ludwigs XIV. alle europäischen Höfe mit Frühobst. In London bezog die 1681 gegründete »Brompton Park Nursery« von London & Wise – mit 40 ha die größte Gartenbaufirma Englands – viele Pflanzen aus Holland. Die englischen »Commercial Gardens«, meist am Rande der Städte gelegen, deren Bedarf an Gemüse, Früchten, Blumen, Garten- und Gewächshauspflanzen ständig stieg, nahmen gewaltige Flächen ein (Abb. 153). Im Westen Londons, beiderseits der Straße nach Twickenham, erstreckten sie sich allein auf eine Länge von sieben Meilen. Der Bedarf dieser Betriebe an Kultur- und Schauhäusern (Abb. 154) führte dazu, daß die technische Entwicklung des Pflanzenhausbaues ständig vorangetrieben wurde und sich die ersten Eisenbaufirmen als »Hothouse Builders« spezialisierten. So übernahm z.B. die Londoner Firma W.& D. Bailey die Rechte für Loudons Entwicklung des gebogten *Sash Bar* – des tragenden Verglasungsprofils für gebogte Dächer.

Für die »Hackney Nursery« – 1750 durch den Deutschen J. Busch gegründet und 1771 von dem Holländer C. Loddiges übernommen – errichtete Bailey ein 36 m langes Kamelienhaus mit gebogtem Querschnitt (Abb. 155). Als Schauhaus stand es in der hufeisenförmigen, 300 m langen Reihe der Glashäuser gegenüber einem hohen, spitzbogigen Palmenhaus. Hatte der Besucher die Gewächshausgruppe mit ihrem künstlichen Klima verlassen, tat sich ihm die große Sammlung der unter freiem Himmel kultivierten Freilandpflanzen auf, das Arboretum. In alphabetischer Reihenfolge standen hier auf der einen Seite 1.200 Baumsorten, auf der anderen 1.500 Rosen und eine Vielzahl von Kräuterpflanzen. Im Zentrum der fast 3 ha großen Freilandanlage befand sich die amerikanische Sammlung. Als die Gärtnerei 1854 aufgegeben wurde, erwarb Paxton den gesamten exotischen Pflanzenbestand und stattete damit den gerade erbauten Kristallpalast in Sydenham aus.

Weltausstellungen Die Ära der Weltausstellungen eröffnete Paxton 1851 mit dem Kristallpalast im Londoner Hyde Park, der wegen seiner einem Pflanzenhaus ähnelnden Glas-Eisenkonstruktion und wegen der in das Querschiff einbezogenen Baumgruppe »Great Metropolitan Conservatory« genannt wurde. 1852-1854 konnte er zu einem noch größeren Wintergarten erweitert in Sydenham wiederaufgebaut werden. Hier verbanden sich in der Atmosphäre einer Gartenpromenade Kunst- und Industrieausstellungen, eine Konzeption, die auch von den nächsten Ausstellungsbauten übernommen wurde. Die nach New York (1853) und nach den Ausstellungen in Dublin (1853) und München (1854) folgende nächste Weltausstellung in Paris (1855) fand ebenfalls noch ohne international beschickte Gartenbauausstellung statt, wenn auch gegenüber dem Industriepalast eine Pariser Gartenbauausstellung – darunter vier Pflanzenhäuser – besichtigt werden konnte. Als Prinz Albert 1862 in South Kensington die zweite englische Weltausstellung eröffnete, zeigte sich eine neue Ausstellungskonzeption. Unterhalb des von Arkaden eingefaßten und von einem großen Pflanzenhaus gekrönten Italienischen Gartens der Horticultural Society, erstreckte sich der auf Dauer geplante Ausstellungspalast. Zusammen mit dem Horticultural Garden, den später hinzugekommenen Galeriegebäuden und der Albert Hall sollte er Teil eines großen Kunst- und Bildungszentrums werden. Der wie ein Palastgarten gestaltete Horticultural Garden stand zwar im Mittelpunkt der ausgedehnten Anlage, hatte jedoch mit dem Charakter einer Gartenbauausstellung noch nichts gemein. Auch die »Exposition Universelle Permanente« in Auteuil (1863) und der »Dublin Exhibition Palace« (1865) behielten den Wintergarten als Teil des Gesamtentwurfes bei, eine Konzeption, die in der Pariser Weltausstellung von 1867 aufgegeben wurde. Das Pflanzenhaus verlor seine repräsentative Bedeutung und wurde selbst zum Ausstellungsgut. Vierzehn Glashäuser internationaler Eisenbaufirmen standen im umgebenden »Jardin Reservé«. Mit der Pariser Weltausstellung von 1900 erreichte die Entwicklung zur selbständigen Gartenbauhalle in den 230 m langen, am Quai d'Orsay gelegenen drei Pflanzenhäusern von Ch.A. Gautier – »Les Palais de l'Horticulture« – ihren Höhepunkt, was sowohl das Ausmaß der Gebäude als auch ihre Architektur betraf.

Anmerkungen

1. Combles erwähnt in: École potagère, Paris 1750, Obsttreibhäuser in Trianon, Versailles
2. E. Hyams und W.Mac Quitty, Great Botanic Gardens of the World, London 1969
3. H. Reisigl, Blumenparadiese der Welt, Innsbruck 1964
4. R. Weibel, Le Conservatoire botanique de Genève, Genf 1965
5. The Gardeners' Chronicle, 6.1.1877, S. 9-10; 25.11.1876, S. 685f.
6. H.R. Fletcher, The Story of the Royal Horticultural Society, Oxford 1969
7. J.C. Loudon, An Encyclopaedia of Gardening, London 1834, S. 68-70

Pflanzenschauhäuser
Vier Prototypen

1. Serres im Jardin des Plantes in Paris
*1833-1835 von Charles Rohault de Fleury,
Ausführung durch Fa. Travers
Abb. 156-165*

Geschichte Als Leibarzt von Louis XIII erlangte Guy de la Brosse im Januar 1626 die königliche Zustimmung zur Anlage eines Arzneigartens, für den 1633 das Gelände erworben und dessen Bebauung und Bepflanzung durch ein Edikt vom Mai 1635 freigegeben wurde. 1640 wurde der Garten dem Publikum zugänglich gemacht. Nach der Umwandlung und Neubenennung des bisher medizinisch genutzten Gartens in »Jardin Royal des Plantes« im Jahre 1718 mußten weder Direktion noch Personal ausgebildete Mediziner sein. Als Dufay 1732 die Leitung des botanischen Gartens übernahm, konnte er daher die bisher auf Sammlung und Anzucht medizinischer Pflanzen ausgerichteten Arbeiten auf den gesamten botanischen Bereich ausdehnen. Dem 1714 von Vaillart erbauten ältesten Gewächshaus »du cafier«[1] folgten 1792 weitere größere Häuser unter Bernardin-de-Saint-Pierre, die bereits die Lage der heutigen Treibhäuser am Fuß des großen Labyrinths einnahmen. Georges Louis Buffon, Direktor von 1739-1788 vergrößerte das Gelände des Jardin Royal auf die doppelte Fläche, pflanzte die 400 m und 500 m langen Kastanien- und Lindenalleen, erbaute das Amphitheater, die Laboratorien, das Hôtel de Magny und begann mit der Vergrößerung der naturgeschichtlichen Galerien, deren Fertigstellung er jedoch nicht mehr erlebte.

Im Dekret des Nationalkonvents vom 10. Juni 1793 wurden die Auswirkungen der Revolution auch für den botanischen Garten spürbar. Der »Jardin Royal« hieß von nun an »Museum d'Histoire Naturelle«. Die königlichen Menagerien von Versailles und Rancy wurden aufgelöst und die Tierbestände dem Pariser Garten hinzugefügt, wie auch eine reiche Ausbeute an privaten Sammlungen, Bibliotheken und wertvollen Pflanzen, die Thouin[2] aus den »Gärten der Gefangenen und Verbannten« abtransportiert hatte.

In der ersten Hälfte des 19. Jahrhunderts trugen bedeutende Naturwissenschaftler wie Lamarck, Cuvier, Saint-Hilaire, Claude Bernard, aber auch botanische Maler wie Redouté und Huet, durch ihre Arbeiten zum Ruhm des Jardin des Plantes bei.

Von 1793-1819 entstanden die meisten Gebäude des zoologischen Gartens im Nordosten des Geländes. Auch im Bereich des botanischen Gartens wurde gebaut. Auf dem schon von Buffon aufgeschütteten Hügel in der Querachse des westlichen großen Parterres errichtete der damalige Architekt des Museums, Jacques Molinos, 1794 zwei die Wegachse flankierende Warmhäuser mit eisernen Fensterrahmen. Ebenfalls nach Plänen Molinos, der mit L. Legrand zusammenarbeitete, wurde 1795-1800 die siebzehnachsige große Orangerie erbaut. Östlich des kleinen Labyrinths erstreckte sie sich – 8 m breit, 9 m bis zur unverglasten Wölbung hoch – auf eine Länge von ca. 66 m.

»Nachdem beide Architekten aus der École de Rome ausgeschieden waren«, so berichtet Paul Marmottan, »hatten sie aus Reaktion gegen den Rokokostil für ihren Bau den neogriechischen Stil adoptiert, die Säulen nach denen des Tempels von Paestum, eine Fassade ganz in verglasten Maueröffnungen mit Gewölbebogen«[3]. Diese Orangerie wurde 1928 abgerissen.

Bis 1835 war die ungefähr 100 m lange Reihe der unmittelbar an das Labyrinth sich anlehnenden fünf Pflanzenhäuser in Benutzung. Um den Ausbau des Gartens zu Ende zu bringen, beschloß die Regierung 1833 die Aufnahme eines Kredits zum Ankauf der restlichen Grundstücke und zur Errichtung von Galerien für Botanik, Mineralogie, Zoologie, einer Bibliothek, eines Wasserbehälters, neuer Pflanzenhäuser und eines Affenhauses. Das waren die Bauaufgaben, die der neue Architekt des Museums, Charles Rohault de Fleury, bei seinem Amtsantritt vorfand.

»Damit die neuen Pflanzenhäuser des Museums angemessen ausfielen und nichts versäumt wurde ...«[4] sandte die Stadtverwaltung Rohault 1833 auf eine Reise nach England, um dort die technischen Fortschritte im Bau von Pflanzenhäusern zu studieren. Die Ergebnisse hielt Rohault in Zeichnungen und erläuternden Texten fest[5]. Rohault interessierten besonders die Glashäuser der Gartenbaufirma von C. Loddiges in Hackney, London, deren seit 1818 bewährtes Heizungssystem er schließlich für Paris übernahm.

Nach Rohaults Entwürfen entstanden in den folgenden Jahren: bis 1835 der westliche der gebogten Pflanzenhausflügel und die beiden die Querallee flankierenden Pavillons sowie das Wasserreservoir; bis 1836 das »Palais des Singes«, das Affenhaus; bis 1837 die langgestreckten »Galeries de Minéralogie et de Géologie«, die auch eine Bibliothek enthielten. Von 1854 stammte eine ca. 52 m lange »Serre Hollandaise« aus Holz mit einem Aquarium in der mittleren Abteilung. Das Haus war direkt vor der gebogten Pflanzengalerie auf der Terrasse errichtet worden. Während einer zweiten Studienreise Rohaults[6] 1850 durch Belgien und nach London, die mit einem Besuch des großen Palmenhauses in Kew verbunden war, bestätigte sich, daß die neuen Pavillons sowohl im Grundriß als auch in der Höhe zu gering dimensioniert waren. Die Lösung dieser Bauprobleme wurde durch die Tatsache erschwert, daß Rohaults Pflanzenhausgruppe bis auf den östlichen Galerietrakt vollendet war und jede neue Konzeption auf die vorhandene Substanz Rücksicht nehmen mußte. Anfang der fünfziger Jahre legte Rohault verschiedene Entwürfe für ein größeres Palmenhaus vor, für deren Verwirklichung jedoch keine Mittel zur Verfügung standen. Erst 1889, nach dem deutsch-französischen Krieg, errichtete Jules André statt eines großen Pflanzenschauhauses einen eher unscheinbaren Wintergarten an dem für den östlichen Galerietrakt noch immer freigehaltenen Standort; er wurde 1934 durch den weit größeren des Architekten Berger ersetzt, der, heute noch erhalten, als temperiertes Haus benutzt wird. Schließlich kam es 1908 zum Abriß und Wiederaufbau von Rohaults Pflanzenhausgruppe auf dem alten Grundriß, doch in vereinfachten Konstruktionen und Formen.

Gartenanlage Im Südosten der Stadt, unmittelbar an der Seine, am Pont- und an der Gare d'Austerlitz gelegen, umfassen die botanischen und zoologischen Gärten heute eine Fläche von ca. 30 ha[7]. Das unregelmäßige Viereck des Grundstücks grenzt im Osten mit dem Quai Bernard an die Seine. Während die südliche Geländehälfte den botanischen Garten, die Pflanzenhäuser und Galerien aufnimmt und im Stil eines »Jardin Français« gehalten ist, mit Alleen, Parterren, mit axial und symmetrisch hierzu ausgerichteten Gebäuden, ist der nördliche Bereich als »Jardin Paysager« ausgebildet.

Von den acht um das Gelände verteilten Eingängen ist der an der Place Valhubert als Hauptzugang mit eigener Vorfahrt ausgebildet. Die beiden von hier ausgehenden Lindenalleen münden nach fünfhundert Metern in die Treppenaufgänge der »Galeries de Zoologie«. Der stark plastisch gegliederte Steinbau, 1877-1889 von Jules André im griechisch-römischen Formenkanon erbaut, enthält im Innern eine frei sichtbare Eisenkonstruktion. Sie überspannt und unterstützt die bis zum Oberlicht 21 m hohe Ausstellungshalle und die sie umgebenden drei Galeriegeschosse. Über zwei Portiken mit der im Norden flankierenden Pflanzenhausgruppe und dem langgestreckten Galeriegebäude für Mineralogie und Geologie im Süden verbunden – beide Bauanlagen von Rohault –, weist diese größte Gebäudegruppe des Jardin des Plantes strenge symmetrische und axiale Bezüge auf.

Das gesamte südöstliche Quartier war früher von einem dreigeteilten Parterre eingenommen. Heute ist der südliche Streifen an der Rue Buffon mit den »Galeries d'Anatomie« – 1898 von Ch.L.F. Dutert – und der »Salle d'Exposition« bebaut. Die ursprünglich hier angelegten Bosketts der vier Jahreszeiten und verschiedene Baumschulen existieren nicht mehr. »Ein abgeböschtes Parterre mit abwechslungsreichem Blumenarrangement in eleganter Zeichnung von M. Decaisne«[8] bildete den Mittelpunkt des geometrischen Gartens. Im nordwestlichen Quartier nördlich der Pflanzenhausgruppe haben sich aus den Anfängen des Gartens die 1635 von De la Brosse angelegten Labyrinthe bis heute erhalten. Das Hôtel de Magny und das für Vorlesungen im Sommer bestimmte Amphitheater – beide unter Buffon begonnen – sind dem Eingang an der Rue Cuvier und der Randbebauung, den Professorenhäusern, im ältesten Gartenteil zugeordnet.

Östlich des Amphitheaters, im nordöstlichen Quartier, beginnt der zoologische Garten. Aus der Zeit vor 1900 stehen hier noch mehrere für die historische Entwicklung interessante Gebäude, wie das große Vogelhaus (37 x 25 m, 12 m hoch, von 1888), die Rotunde für die Elefanten (1804-1812), die Menagerie der Reptilien (1874), das Raubtierhaus (1825) und schließlich das 1836 von Rohault erbaute Affenhaus mit großem Eisenkäfig von 18 m Durchmesser und 8 m Höhe. Ein gewundener, in zwei Teiche endender Flußlauf und die unregelmäßige, engmaschige Wegeführung durchziehen das Gelände. Im Südwesten des Quartiers, in der Lage der 1928 abgerissenen Orangerie von J. Molinos, wurde 1931 der Alpengarten angelegt, der zum Hügelgelände des kleinen Labyrinths überleitet.

Entwürfe Rohaults Pläne[9] zeigen eine ca. 177 m lange Pflanzenhausgruppe, deren symmetrische Hälften zu beiden Seiten der 16 m breiten, freigehaltenen Mitte angeordnet sind. Jede beginnt mit einem Pavillon von fünf Achsen, an den die von zwei einachsigen Vestibülen flankierte, fünfzehnachsige Galerie anschließt[10]. Auf den ersten Blick kann man drei verschiedene Bautypen unter den $2 \times 4 = 8$ Teilbaukörpern ausmachen. Sie sind aus einfachen stereometrischen Grundformen, Quader, Würfel, Vierteltonne, auf der Basis weniger Grundmaße zusammengesetzt. Das Quadrat 4 x 4 m bestimmt Pavillon und Vestibül, das Rechteck 3,5 x 4 m die Galerien.

Man betritt jede der beiden Pflanzenhausgruppen über die Vestibüle. Ihre würfelförmige Bauform mit den flachen Pyramidendächern ist in Angleichung an den zweifach gebogten Querschnitt der Galerie im Obergeschoß zurückgestuft. Vom Erdgeschoß, das zwei Konstruktionsfelder umfaßt ($2 \times 4 \times 4$ m $= 32$ m^2), läßt sich die vorgelagerte Terrasse, der Pavillon, die untere Galerie mit rückwärtigen Magazinräumen und die halbkreisförmige Wendeltreppe erreichen. Das nur halb so große Obergeschoß erschließt – von den am Pavillon anliegenden Vestibülen aus – dessen rückwärtige Empore, die obere Pflanzengalerie und den ihr im Freien vorgelagerten Wartungssteg.

Rohaults Maßsystem baut im Grundriß wie im Schnitt auf einem Modul von vier Metern auf, der selbst die Terrassen und Freitreppenanlagen einschließlich ihrer Bauglieder fixiert. So bestimmt das Modulmaß die Gruppe in ihren drei durchlaufenden Längsachsen, von denen zwei auf die Galerien und auf die ein Modul langen Vestibüle entfallen, während drei dem fünf Module langen Pavillon angehören (3 x 5 x 4 x 4 = 240 m^2). Zwei Module legen die Höhenstufung der Vestibüle, die Radien der zweifach gebogten Galerien und die Höhe der Pavillonfassaden fest, jeweils oberhalb der gemauerten, ein Meter hohen Brüstungen gemessen. Differenziert löste Rohault die Aufteilung eines Teils der Querachsen. Um eine kleinere Fassadeneinteilung der Galerieflügel gegenüber den dominierenden Pavillons zu erreichen, reduzierte er bei ihren je fünfzehn Feldern das Modulmaß auf 3,5 m anstelle des 4 m Achsmaßes der Pavillons. Sehr einfallsreich ist die Idee des Überschiebens der beiden je 5 m hohen Galerien im Querschnitt. Rohault macht die 1 m hohe Brüstung der oberen Galerie für den Betrachter unsichtbar, indem er sie von außen mit dem Glasbogen der unteren Galerie überdeckt. So präsentiert sich die in zwei Geschossen gebogte Glas-Eisenarchitektur als scheinbar freistehender Ingenieurbau. In der eindrucksvollen Außenansicht der konventionell strukturierten Pavillons und Vestibüle betonen die plastisch aus der gläsernen Front heraustretenden ornamentierten Halbsäulen die vertikale Fassadengliederung. Zwei zusätzliche, nur hier vorhandene Zwischenpfosten unterteilen das jeweils 4 m breite Fassadenfeld in drei Bahnen auf das für Fensterflügel geeignete Maß von ca. 1,26 m. Jede dieser Bahnen besteht aus sechs durch schmale Sprossen gehaltenen Glasscheiben von 21 cm Breite, dem von der französischen Glasherstellung abhängigen Maß. Die Unterteilung in 3 x 6 = 18 Scheiben, die auch in den Galerien mit ihren nur 3,5 m auseinanderliegenden Haupttragerippen beibehalten wird, bewirkt wiederum eine maßstäbliche Verkleinerung der Galerietrakte gegenüber den Pavillons. Dagegen treten die auf der Nordseite angefügten 6 x 12 m großen Anbauten, die im Keller und Erdgeschoß die Heizung, im Obergeschoß Wohnungen für Heizer und Gartenchef aufnehmen, kaum in Erscheinung. Großenteils im Hang verborgen, sind die von Pultdächern überdeckten Steinanbauten noch um 4 m gegenüber den Giebelfronten der großen Schauhäuser zurückgesetzt.

Die Voraussetzungen eines solchen Entwurfkonzeptes sind zweifellos bei J.N.L. Durand[11] (1760-1834), in seinen Schriften und Architekturvorlesungen an der École Polytechnique zu suchen, die die immer freier werdende Handhabung des Klassizismus möglich machten. Gemäß Durands Lehrmeinung haben Nützlichkeit und Wirtschaftlichkeit absoluten Vorrang vor der Nachahmung von Ordnungen, Formen und Verhältnissen antiker Gebäude, wenn ihre Anwendung auch nicht verworfen werden kann. Durand rät zu den einfachsten der griechischen und römischen Vorbilder, weil sie am besten Auge und Vernunft befriedigten. Doch werden die unterschiedlichen Positionen beider Architekten deutlich. Denn Durands System rationaler Schulregeln war für den monumentalen Steinbau entwickelt worden. Rohault, Schüler der École Polytechnique und der École des Beaux-Arts, übertrug mit dem Gespür für die architektonischen Möglichkeiten in einer von der Technik bestimmten neuen Bauaufgabe Durands Kombinationsmethode auf den Glas-Eisenbau.

Nach seiner zweiten englischen Reise drängte Rohault auf den Ausbau des noch immer fehlenden östlichen Galerieflügels. Das Mißverhältnis zwischen dem im Lichten 18 m hohen Mittelpavillon im Palmenhaus von Kew und den nur halb so hohen des Pariser Jardin des Plantes, sowie deren räumliche Enge, suchte Rohault durch verschiedene Erweiterungsentwürfe[12] zu beseitigen. Seine erste Lösung sah einen 24 m hohen, in zwei Apsiden endenden mittleren Querbau vor, der, in der unbebauten Mitte angeordnet, beide vorhandenen Pavillons um je eine ihrer fünf Achsen abgedeckt hätte. Der im Osten anschließende neue Galerietrakt sollte an seinem Ende durch spiegelbildliche Verdopplung des zweifach gebogten Querschnitts zu einem gläsernen Halbrund ausgeweitet werden, das einen massiven rückwärtigen Teil umgreift. Dessen Giebelansicht wäre so nahezu verdeckt worden. Doch hätte dieser Entwurf die Abriegelung des »Jardin Paysager« bedeutet, von den ästhetischen Nachteilen, wie z.B. den deplazierten architektonischen Pavillons in Hausform, einmal abgesehen.

Die zweite Lösung verlagerte das im Lichten nur noch 15 m hohe und 28 m breite Palmenhaus, das in seiner gebogten basilikalen Form mit überbreitem Mittelschiff (20 m) mehr an Paxtons »Great Stove« in Chatsworth als an das Palmenhaus in Kew erinnert, auf die unbebaute Ostseite. Es sollte die langgezogene Baugruppe anführen, wobei die ursprüngliche Mitte durch eine zweigeschoßige Überbauung mit offenem Erdgeschoß geschlossen worden wäre. Um die Dominanz des mächtigen Flügelbaues zu mildern, hatte Rohault sich mit 15 m äußerer Höhe begnügt und die fehlenden ca. 5 m innen durch Absenken des Fußbodens um die Terrassenhöhe gewonnen. Die von Viertelbögen überdeckten Seitenschiffe und die Emporen verblieben auf ihrem ursprünglichen Niveau.

Entgegen der irrtümlichen Darstellung in der Fachliteratur, dieser Palmenhaus-Entwurf sei 1854 von Rohault gebaut worden, sei hier festgehalten, daß zu seinen Lebzeiten keiner der Vorschläge verwirklicht wurde. Noch 1869 kritisierte ein englischer Bericht den »ärmlichen Aspekt der Häuser« mit der Begründung: »Ein Ball im Hôtel de Ville ... kostet über 30.000 Pfund, während der arme Jardin des Plantes von einem Drittel dieser Summe ein ganzes Jahr existieren muß.«[13] Erst nach Rohaults Tod entstand 1889 – zusammen mit der »Galerie de Zoologie« von Jules André – ein gläserner Wintergarten von »80 m Länge und nur 12 m Breite«[14]. Dieses Längenmaß ist offensichtlich zu groß und kann entsprechend den örtlichen Verhältnissen und den damaligen Lageplandarstellungen nur 60 m betragen haben. Das ebenfalls André zuzuschreibende dreischiffige Glashaus paßte sich – von Süden gesehen – nahezu dem Vorbild der alten, zweifach gebogten westlichen Galerie an, denn der neu gewonnene Querschnitt des jetzt basilikalen Baues war deren spiegelbildliche Verdopplung, eine Referenz zwar an Rohaults meisterliche Architekturkonzeption, doch keine Lösung im Sinne eines großräumigen, hohen Palmenhauses.

Rohaults Pflanzenhäuser wurden 1874 und 1908, wahrscheinlich von Ch.L.F. Dutert, auf den alten Grundrissen und ohne Veränderung ihrer Grundkonzeption in vereinfachter Ausführung und mit modernen Konstruktionen ersetzt. Nun überspannen schwere Gitterträger aus zusammengesetzten, vernieteten Walzprofilen in einem Bogen frei den Innenraum, die acht schlanken Innenstützen und das filigrane Raumfachwerk der Dachkonstruktion wurden so überflüssig. Das ehemals abgewalmte Satteldach wurde durch ein Spiegelgewölbe ersetzt. Am Dachaufsatz fehlt die Abwalmung an der Giebelseite, neu ist hier der auskragende Wartungssteg mit Geländer. Die Konstruktionsglieder wurden kräftiger dimensioniert, die Stegbleche innen wie außen in sich wiederholenden Jugendstilformen unterschnitten, auch an den Bogentragwerken der Dachkonstruktion und unter den Rinnenkästen. Zum Nachteil der feinmaßstäblichen Struktur reduzierte sich die Anzahl der Glasbahnen je Fassadenfeld von 3 x 6 auf 3 x 4 = 12 Bahnen. Anstelle der innenliegenden, in die Detaillierung der Fassadenstützen einbezogenen Regenfallrohre wurden diese, jetzt außen sichtbar, vor den Gebäudeecken geführt, mit unschönen Verkröpfungen am Sockel. Von der westlichen Galerie blieben das innere Mauerwerk, Treppen und Steingewölbe und die Zweigeschossigkeit erhalten. Dagegen ersetzte man die bogenförmige Verglasung, die heute nur noch an einer gekrümmten Außenleiter am Vestibül abzulesen ist, durch Pultdächer über niedrigen Stehfassaden. Damit verkehrte sich das ursprüngliche Gestaltungsprinzip, gebogte Ingenieurstrukturen für die Galerien und Satteldächer für die Hausformen der »architektonischen« Schau-Pavillons, in sein Gegenteil. Fast unverändert überdauerten die Vestibüle, nur das westliche steht nicht mehr[15]. Der Pflanzenpavillon im Jardin des Plantes von Rouen (1840), dessen Ansichtszeichnung mit Terrasse und Freitreppe Rohaults Plänen zum Verwechseln ähnlich ist, vermittelt noch heute eine gute Vorstellung von der Gußeisenornamentik der Fassaden, wie von der stabförmigen Dachkonstruktion des gleichen Unternehmers Travers. Neben Liège (1842) sind auch die Pflanzenhausgruppen von Glienicke (1839), Bordeaux (1859) und Rennes (1863) von Paris beeinflußt.

Konstruktion Wie ein Vorgriff auf die allseits verglasten Palmenhäuser von Chatsworth und Kew erscheinen aus heutiger Sicht die damaligen Galerietrakte mit den beiden gestuft übereinanderliegenden Glasbögen gleichen Durchmessers. Denn ihren Schauseiten war weder die Zweigeschossigkeit des Innenraumes noch die Menge des für Decken und Wände eingebauten Mauerwerks anzusehen, das den Erddruck des Hügels abfing und der Eisenkonstruktion Halt gab. Die im Innenraum vorherrschenden Mauerwerks- und Gewölbekonstruktionen machten Eisenbauteile überflüssig. Allein die zum Viertelkreis gebogenen eisernen Falzleisten riefen den Eindruck eines ganz aus Eisen und Glas bestehenden Ingenieurbaus hervor. Transparenz und Leichtigkeit waren jedoch nicht der einzige Grund für die Wahl des gebogten Querschnitts. Wie aus Rohaults Reiseberichten hervorgeht, überzeugte ihn die in England entwickelte Theorie von der wirkungsvolleren Sonneneinstrahlung auf eine gekrümmte Oberfläche. Ebenso berief er sich darauf, daß die neuen englischen Pflanzenhäuser nicht mehr Holz sondern gewalztes Eisen verwandten. »Diese Eisenprofile bieten den Sonnenstrahlen im Gegensatz zu Holz weniger Hindernisse...« Den größten Vorteil sah er jedoch in der verbesserten Stabilität eines gebogten Profils: »Die Bogenkrümmung der glastragenden Rippen erlaubt es, den Querschnitt des Eisens, das eine große Widerstandskraft erreicht hat, herabzusetzen und kann daher dem Pflanzenhaus bei vergrößertem Volumen mehr Eleganz geben.«[16]

Während des ersten Englandaufenthaltes 1833 empfing Rohault für seine Überlegungen zur zweckmäßigsten Konstruktion wertvolle Anregungen[17]. Unter den Reiseskizzen, die Rohault später als exakte Zeichnungen veröffentlichte, findet sich als die wohl wichtigste Anregung eines der Pflanzenhäuser vom Colosseum, Regent's Park, von 1829, mit zweifach gebogtem Querschnitt. Wie später die Pariser Galerien stand es vor einer mit Erde hinterfüllten Rückwand. Gegenüber dieser Lösung hatte Rohault den Pariser Galeriequerschnitt verbessert: Durch die Einführung eines Nebenraumtraktes in der rückwärtigen, am weitesten vom Licht entfernten Dunkelzone. Das Einziehen einer Zwischendecke schuf zwei gleichwertig ausgeleuchtete Galerien, die innere Stützenreihe entfiel, zusätzliche Magazinräume wurden gewonnen.

In einer Rohaults Oeuvre gewidmeten Publikation[18] von 1884 schließt der Autor jegliche Beeinflussung durch englische Vorbilder aus. Rohault »empfing zwar Anregungen, aber keine Lösung seiner Fragen. Man wird, wenn man die englischen Reiseskizzen mit der Bauausführung seiner Pläne in Beziehung setzt, begreifen, daß die Entwurfsidee ihm allein gehört.« Rohault selbst schrieb »von den vorzüglichen englischen Treibhäusern, die ich gezeichnet hatte, und von denen einige uns als gute Muster dienten.« Doch blieb die Integration der Einzellösungen in das komplexe Pariser Glashaus-Ensemble mit seiner Fülle originaler Ideen zur Architektur und Gartenkunst wie gleichfalls zu Konstruktionen, Details und zur Haustechnik Rohaults alleiniges Verdienst.

Die Pflanzengalerien   Im Rücken der oberen Galerie verstärken Pfeilervorlagen mit überdeckenden Segmentbögen die 10 m hohe Erdmauer, wodurch im Achsmaß von 3,5 m Nischen entstehen, die als Pflanzenbeete genutzt werden. Doppelt so breit ist das in Raummitte als Wanne ausgebildete Beet angelegt. Zwei Wartungsgänge erschließen die mit Lüftungseinrichtungen versehenen Brüstungen und Rückwände sowie auch die Beete selbst. Sie verlaufen auf dem niedrigen Niveau der Pflanzenbeetsohlen, so daß die hochliegenden Beete gut von Warmluft umspült und die Pflanzen bequem gewartet werden können. Zwei Glastrennwände unterteilen die Galerie in drei unterschiedlich beheizte Klimazonen, aus deren mittlerer Abteilung eine Treppe die Magazine des Erdgeschosses erschließt. Außenliegende Revisionsgänge mit Geländer führen über die ganze Länge der Galerien. Die um 4 m nach Süden verschobene untere Galerie ist im Querschnitt wie die obere ausgebildet, jedoch um rückwärtige, durch Schotten unterteilte Magazine erweitert. Bogenförmig sind die Querwände durch ein senkrecht stehendes Gewölbesystem entlang der Rückwand miteinander verbunden, das den Erddruck des ansteigenden Hanges abfängt. Es wird durch die Deckengewölbe weiter verstärkt, die in Gußmörtel über Leergerüsten ausgeführt sind. Das übrige Mauerwerk besteht aus Bruchsteinen in Kalkmörtel.

Als Auflager und oberer Abschluß der gebogenen Glassprossen dient eine Längsschiene, die von den Kragenden gußeiserner Konsolen gehalten wird. Über die Konsolen spannen sich begehbare Laufroste als Wartungsstege. Die sie als Wetterschutz überdeckenden gerippten Gußplatten können, zusätzlich zur normalen Lüftung, auf ein Drittel ihrer Länge geöffnet werden. In der Detailausbildung des Laufstegs und seines Geländers reduziert Rohault das komplizierte Ineinandergreifen der verschiedenen Anschlüsse auf wenige, in Gußeisen vorgefertigte Formstücke. Alle erforderlichen Details sind angeformt[19].

Waren die Lüftungsklappen im Revisionssteg dazu bestimmt, die sommerliche Hitze abzuführen, entwickelte Rohault ein ausgeklügeltes Heizungs- und Lüftungssystem für den Normalbetrieb: Frischluftklappen in der unteren Brüstung lassen die Kaltluft direkt oberhalb von vier in Bodenkanälen geführten Heizungsrohren einströmen. Die so erwärmte Luft zirkuliert über runde Maueröffnungen in den Rückwänden durch das Magazin, steigt über Deckendurchbrüche in die obere Galerie auf, wo sie von zwei weiteren Rohren im Bodenkanal nachgeheizt wird und schließlich oberhalb der rückwärtigen Pflanzennischen über Mauerkanäle ins Freie entweichen kann. Um im Winter Wärme zu sparen, läßt sich der obere Abgang versperren. Die sich abkühlende Luft sammelt sich im Fußboden des rückwärtigen Ganges und wird über Stichkanäle in einen längs der Galerierückwand verlaufenden Erdkanal eingeleitet. Dieser führt bis zum Zuluftschacht, der den Kamin ringförmig umgibt. So können die Heizkessel statt kalter Frischluft die noch warme Rückluft aus den Pflanzenhäusern ansaugen. Eine direkte Verbindung der beiden Lufträume der Galerien ist durch Klappen in der oberen Brüstung möglich, da der untere Glasbogen über sie hinweggreift.

Die Pavillons In Längs- und Querrichtung der Pavillons sind die Achsabstände gleichgehalten. Nur wenige Konstruktionsglieder erfordert so die Dachkonstruktion, um aus ihnen das abgewalmte Satteldach mit aufgesetzter Laterne zusammenzufügen: zwei unterschiedliche Sparren und Diagonalen, je eine Hängestange und eine Stuhlsäule – die Pfosten über den freien Mittelstützen –, schließlich die Spannstange, die meisten Profile vermutlich von gleichem stabförmigem Querschnitt. Es heißt, daß angesichts der filigranen Konstruktion »den Architekten eine kaum zu verbergende Unruhe quälte, bis seine Arbeiter auf die Idee kamen, sich in großer Zahl auf dem Dachstuhl zu einer Mahlzeit zusammenzufinden. Sie zeigten ihrem Chef Vertrauen, indem sie sein Werk mit einem unvorhergesehenen Gewicht belasteten und ihn so über dessen Stabilität beruhigten«[20].

Soweit Rohaults Dachkonstruktion aus den vorhandenen Plänen rekonstruiert werden kann, bestand sie in Längsrichtung aus Parallelfachwerken mit Andreaskreuzen, die von den acht gußeisernen Innenstützen getragen wurden. Auf ihre Obergurte stützten sich die vier Wände des Lüftungsaufsatzes und die frei aufliegenden Sparrenlagen des großen Walmdaches ab. Die seitliche Stabilisierung von Laterne und Innenstützen übernahmen Dreiecksbinder. In Abständen von 4 m verbanden sie die Außenstützen bzw. die gemauerte Rückwand mit den beiden inneren Stützenreihen, wobei der Untergurt als Spannriegel auch über das Mittelfeld lief. Hängewerke in Satteldachform quer über den Seitenwänden des Dachaufsatzes trugen die Firstpfette mit den wiederum frei aufliegenden Sparrenlagen. Drei Windaussteifungen waren in der Ebene der Untergurte der oberen und unteren Hängewerke über je einem Konstruktionsfeld eingebaut.

Leider hat Rohault die Detailausbildung seiner Dachkonstruktion auf keiner der neun Plantafeln dargestellt. Dagegen ist der konstruktiven und dekorativen Durchbildung der Außen- und Innenstützen, der Rinnenkästen, Regenfallrohre und Fassadenriegel ein ganzes Blatt mit Schnitt-, Ansichts- und Grundrißzeichnungen gewidmet. Die Außenstützen und Fassadenriegel bestanden aus gegossenen Hohlprofilen mit U-förmigem Querschnitt und angeformten Anschlußflanschen. Sie waren zur Raumseite offen, so daß leicht an ihre Schraubverbindungen heranzukommen war. Allein sechs verschiedene Formstücke erforderte jede Außenstütze; eines davon, die Schneckenkonsole unter dem Rinnenkasten, übernahm zugleich die Wasserführung bis zum offenen Einlauftrichter des frei hinter der Stütze stehenden Regenfallrohres. Das im Sockel eingemauerte unsichtbare Fußstück der Stütze war seitlich gespreizt, um den axial austretenden Bogen des Fallrohres, der ins Freie mündete, durchzulassen. Konsequent hat Rohault die zur Ornamentierung bestimmten Fassadenprofile als volumenbildende Hohlkörper ausgebildet, die Innenstützen dagegen – als »unarchitektonische« Bauglieder – auf einen fast unsichtbaren kreuzformigen Querschnitt von 18 cm Außenmaß – bei 9 bzw. 11 m Höhe – reduziert.

Als tragende Sparren- und Fassadensprossen für die verschiedenen Spannweiten in Dach und Fassade standen drei gewalzte Falzleisten von gleicher statischer Höhe, aber unterschiedlicher Stärke zur Verfügung, jedes mit 2 x 2 Fälzen für eine doppelte Verglasung. Darunter befand sich ein zusammengesetzter Zwischenpfosten aus massivem Kern und zwei aufgesetzten Halbprofilen. Er teilte die 4 m breite Konstruktionsachse in drei Fassadenfelder auf, die eine für Öffnungsflügel geeignete Breite aufwiesen. Rohault bildete sie in einem Pavillon als Wendeflügel, im anderen als nach außen öffnende Klappflügel aus[21].

Um die Temperatur des westlichen Pavillons im Winter auf 15° C halten zu können – das östliche temperierte Glashaus erforderte nur eine Mindesttemperatur von 5° C – ist eine Kombination von Dampf- und Luftheizung vorgesehen worden, wie sie sich bei den Pflanzenhäusern von Loddiges in Hackney seit fünfzehn Jahren bewährt hatte. Für 9.000 m³ Luftraum hat Rohault drei Röhrenöfen für die Luftheizung und zwei Dampfkessel im unterkellerten Anbau hinter dem westlichen Pavillon vorgesehen. Die in Röhren erwärmte Luft wird vor dem Eintritt in die Pflanzenhäuser über ein Becken mit warmem Wasser geführt, um sie zu befeuchten, damit die Pflanzen nicht austrocknen. Gußeiserne Rohrbatterien von 10 cm Durchmesser verlaufen unter dem Umgang des westlichen Pavillons entlang der Südfront und auf den vier Wänden seiner um 2 m vertieften großen Bodenwanne. Die in Kübeln auf dem Boden stehenden tropischen Pflanzen umgibt nochmals ein hoher, Warmluft führender Luftkanal. Rohaults Ermittlungen auf seinen Studienreisen zum Thema Heizung, die tabellarischen Auswertungen ausgeführter Anlagen und seine Berichte an den Minister, besonders aber die aufwendigen Maßnahmen am Bau lassen den Eindruck entstehen, als wäre die Hälfte der Architektenarbeit diesen Problemen der Heizung und Lüftung gewidmet gewe sen.

Die technische Beschreibung der Pariser Pflanzenhausgruppe ließe sich um weitere Angaben zur künstlichen Beregnung, Beschattung, Entwässerung ergänzen. Sie würden nur bestätigen, daß Rohault sich den technischen Entwicklungsstand seiner Zeit erarbeitet und in zukunftweisenden Lösungen angewandt hatte. Die Tatsache, daß hier der Architekt die sonst Fachingenieuren zukommenden Installationsplanungen in die Hand nahm, befähigte ihn, aus den Grenzen konventioneller Architektur auszubrechen. An die Stelle des einseitig ästhetisch ausgerichteten architektonischen Pflanzenhauses setzte Rohault das aufeinander abgestimmte Zusammenspiel funktioneller, technischer und ästhetischer Lösungen, ein gleichsam organisches, der Natur verwandtes »Bauprinzip«.

Stil Die feste Verknüpfung von formalem Parterregarten und ornamentaler Architektur, der Zusammenklang der technisch-funktionellen Strukturen mit dem Landschaftsgarten und die ausgewogene Abstimmung dieser Komponenten untereinander machen sicher die Stärke des so außerordentlich eigenständigen Stils von Rohault aus. Wie ein »graziöser Wasserfall aus Krystall, der aus dem Hügel des Labyrinthes emporzuquellen scheint«, stellten sich die zweifach gebogten Pflanzengalerien dar, gleichsam die Fortsetzung des im Norden angrenzenden Landschaftsgartens. Rohault bewirkte das Zusammenspiel naturhafter und technischer Schönheit durch die unkonventionelle, von der Funktion geprägten Form der gläsernen Vierteltonnen, durch ihre in den Hang eingebettete Lage, was ihnen die allseitige Körperlichkeit eines Bauwerkes nahm.

Eine entgegengesetzte Tendenz lassen die Pavillons erkennen, für die Rohault die herkömmliche Hausform mit abgewalmtem Satteldach wählte. Als repräsentative Schauhäuser in zentraler Lage erhielten sie eine dem englischen »Architectural Conservatory« vergleichbare ornamentale Durchbildung. Sie sind eindeutig dem geometrischen Parterregarten im Süden zugeordnet. Architektonische Terrassenanlagen verstärken die Verflechtung mit dem Außenraum, indem den Fassadenstützen ebensoviele gußeiserne Pflanzengefäße auf Postamenten und den jeweils fünf Fassadenfeldern fünfteilige Freitreppenanlagen gegenüberstehen.

Einen dritten Schwerpunkt in Rohaults Komposition bildet die von Süden nach Norden ansteigende, den architektonischen Garten mit dem Landschaftsgarten verbindende Rampe, die zwischen den Pflanzenpavillons hindurchführt, zugleich Symmetrieachse der sich gegenüberliegenden, gleichlangen Baugruppen, der Glashäuser und der »Galeries de Géologie et Minéralogie«. Sie schneidet sich mit der großen Längsachse der Parterregärten im »Bassin des Nymphaea«. Hierauf hatte Rohault den Mittelrisalit des massiven Museumsbaues ausgerichtet mit den »zwei großen Fensterstöcken ..., welche den Anblick des Gartens, der Treibhäuser und des Eingangs zum Labyrinth genießen lassen«[22]. Ursprünglich sollte eine eiserne Bogenbrücke zusammen mit den architektonischen Pavillons das Tor zum Landschaftsgarten bühnenhaft umrahmen, der Kulisse eines Theaterprospektes vergleichbar. Neben ihrer Funktion als Verbindung zwischen den in Traufenhöhe umlaufenden Wartungsstegen beider Pavillons war der sog. »Technikbrücke« – sie wurde nicht ausgeführt – vor allem eine ästhetische Aufgabe zugedacht: Fassung des architektonischen Gartenparterres, der in den Raum ausstrahlenden Gartenachse und die Rahmung eines Landschaftsbildes. Es zeigt eine von baumbestandenen Hügeln umschlossene Talschlucht, in die der aus dem Vordergrund aufsteigende Weg mündet. Rohaults Ansichtszeichnung läßt diese gestalterische Absicht erkennen, wie sie z.B. in Berlin auf der Pfaueninsel 1807 verwirklicht wurde.

Sucht man in der Geschichte der Gartenkunst nach Vorbildern für die durch visuelle Feinfühligkeit sich auszeichnende Disposition, so bietet sich der Vignola zugeschriebene Renaissancegarten der Villa Lante in Bagnaia von ca. 1564 an, wo die aufsteigende Mittelperspektive die Hauptrolle für den Zusammenschluß der Terrassenanlage übernimmt, während die beiden symmetrischen Casinobauten auf die Seiten verlagert sind. Rohaults Komposition erinnert auch an die entwicklungsgeschichtliche Spätphase der Orangerien, wie sie A. Tschira am Beispiel des Gartens von Weikersheim dargestellt hat: »Der Gedanke des beherrschenden Mittelbaues ist noch lebendig. Nur ist dieser Bauteil selbst verschwunden, seine Hohlform aber blieb erhalten und an seine Stelle tritt, gerahmt von dieser Hohlform, der unbegrenzte Außenraum.«[23]

Den architektonischen Charakter der dominierenden Pflanzenschauhäuser betonten nicht nur Hausform, Dachüberstand und abgewalmtes Satteldach, auch die tragenden vertikalen und horizontalen Bauglieder wurden durch aufgesetzte Ornamentik im Stil klassizistischer Steinarchitektur hieran angepaßt. In den Baustoff Gußeisen übersetzt, durchziehen sie – plastisch aus der sonst flächenhaften Fassade hervortretend – die verglasten und nur durch senkrechte Sprossen strukturierten drei Gebäudeseiten. Vertikal in Form übereinanderstehender kannelierter Halbsäulen, deren untere längere scheinbar auf dem vorspringenden Sockelmauerwerk aufsitzen, während die oberen, zur Unterstützung der natürlichen Perspektive verkürzten Säulen, von gußeisernen Postamenten getragen wurden, die in voller Höhe in das verglaste dekorative Band des Mittelfrieses eingebunden sind. In der horizontalen Gliederung dominiert der reich ornamentierte Mittelfries, der sich als Geländer des Wartungsganges vor den oberen Pflanzengalerien fortsetzt. Er bewirkt das zweigeschossige Aussehen der Pavillons, das im Innern nur die rückwartige Empore rechtfertigt. Die früher farbige Verglasung betonte den Fries zusätzlich gegenüber den nach oben und unten anschließenden farblosen Glasbändern. Zusammen mit der Erdgeschoßbrüstung und dem Dachgeländer – als unterer und oberer Fassung der beiden Glasbahnen – entsteht so eine fünffache Höhenschichtung, deren durchgehende Linien die Pavillons, Galerien und Vestibüle optisch zusammenbinden.

Im Vergleich mit der architektonisch geformten Außenfassade kennzeichnet das Gebäudeinnere ein extremer Kontrast. Die außen voll durchgebildeten Säulen, Riegel und Postamente werden innen als unverkleidete Hohlprofile ohne jedes Ornament gezeigt. Frei sichtbar hinter den Fassadenstützen stehen die Regenfallrohre mit ihren Einlauftrichtern, und auch die technische Struktur des linienhaft ausgemagerten Dachgerüstes bleibt ohne Dekoration. Rohaults künstlerische Auffassung vom geeignetsten Erscheinungsbild der Eisenkonstruktion im Innenraum stimmt mit der eines Artikels im »Moniteur des Architectes« überein, in dem es im Zusammenhang mit Wintergärten heißt: »Man muß ... die eisernen Dachstühle leichter machen ... so unsichtbar wie möglich. Der Spaziergänger muß sich in Illusionen wiegen, damit er den Käfig, in den er eingeschlossen ist, vergessen kann. Er muß sich einbilden, daß er inmitten der Natur allein mit sich ist.«[24] Jede Ornamentierung des »Käfigs« von innen, die in dem durch Dach und Wände einfallenden Gegenlicht ohnehin kaum erkennbar wäre, hätte zu dessen optischer Verfestigung geführt. Noch zwölf Jahre später hielt der Architekt Charpentier im Wintergarten an den Champs-Elysées an diesem Grundsatz fest. Dessen ähnlich filigrane Konstruktion veranlaßte Gottfried Semper zu dem harten Urteil vom »nackten Eisenbahnstyl«[25], wie er auch in Rohaults Werk zu finden ist. Nicht der »Käfig« kontrastiert mit der exotischen Pflanzenszene. Allein die gemauerten Rückwände – in den Pavillons von Treillagen bedeckt und durch apsidenförmige Pflanzennischen rhythmisiert – durchziehen als ornamentales Leitmotiv Rohaults Pflanzenhäuser. Die Zusammenschau funktionell-technischer und formal-architektonischer Strukturen, jede am rechten Ort, mußte in den Augen konventioneller Architekturtheoretiker einen Stilbruch bedeuten.

Anmerkungen

1. »... weil sich dort die erste Kaffeebaumpflanze erhob, die aus Leiden an Louis XIV geschenkt wurde.« In: Paris Illustré, Guide de l'Étranger et du Parisien, 1870 und 1873, S. 863
2. Gabriel Thouin, Professor der Gartenkunst, schuf den »Jardin Paysager«, die französische Variante des Englischen Gartens bzw. Landschaftsgartens
3. Communication de M. Paul Marmottan sur la grande serre du Jardin des Plantes, in: Ville de Paris 1928, Commission du Vieux Paris, S. 187;
Pläne in: Depury (Architecte), Modèles de Serrurerie, Paris o.J. (Library of Royal Institute of British Architects, London)
4. Über das naturhistorische Museum in Paris, in: Allgemeine Bauzeitung 1837, S. 271
5. Charles Rohault Fils, Muséum d'Histoire Naturelle, Paris o.J. (Bibliothèque du Musée National d'Histoire Naturelle, Paris); Übersetzung: Carl Rohault der Jüngere, Das naturhistorische Museum in Paris, Wien 1837
Über englische Treibhäuser; Übersetzung nach dem Reisebericht von Ch. Rohault und de Mirbel; in: Allgemeine Bauzeitung 1837, S. 395-400
6. Charles Rohault de Fleury, Handgeschriebene Originalberichte mit Skizzen von 1851; über: Jardin Botanique Bruxelles, Jardin Botanique Liège, Serres de M. Mackoy, Liège, Jardin Botanique Gand, Serres Chaudes et Jardin de Kew, Jardin de Frogmore et Serres de M. Perry, Chauffage Healy et Burbidge.
7. Die Kew Gardens, London, nehmen zum Vergleich ei-

8. Paris Illustré, Coll. des Guides-Joanne 1870 und 1873, S. 856f.
9. wie Anm. 5
10. Die östlichen Galerien wurden 1833-35 in der Ausführung zurückgestellt.
11. J.-N.-L. Durand, Précis des Leçons d'Architecture données à l'École Polytechnique, Paris 1802-1809
12. Die fotografische Bestandsaufnahme der Plansammlung verdanke ich dem Ministère des Affaires Culturelles, Direction de l'Architecture, 4ème Agence des Bâtiments de France, Paris und besonders Architekt Petit.
13. W. Robinson, The Parks, Promenades and Gardens of Paris, 1869, S. 76
14. La Nouvelle Serre du Muséum, in: L'Illustration 1889
15. In diesem Zusammenhang bedürfen drei Aussagen Siegfried Giedions über Rohaults Pflanzenhäuser der Richtigstellung. 1941 vermerkte er (Giedion, Space, Time and Architecture, 1941, S. 114):
    a. »... (ein) Prototyp aller großen Gewächshäuser in Eisenkonstruktion. Die erste große Konstruktion, die aus einem einfachen, eisernen Rahmenwerk bestand ...«
    b. »... Rohaults Gewächshaus, das heute noch steht ...«
    Während die erste These bereits 1949 von N. Pevsner in einem kurzen Artikel an Hand weit früherer englischer Beispiele widerlegt wurde (N. Pevsner, Early Iron, in: Architectural Review 9/ 1949, S. 188f.), hat sich die zweite bis heute in verschiedenen Veröffentlichungen erhalten. Sie wurde mit dieser Untersuchung richtiggestellt.
    c. »In einem 1849 geschriebenen Artikel berichtete der Architekt Gottfried Semper von einem noch viel ehrgeizigeren Plan für diese Gärten. Vor dem Sturz Louis-Philipps 1848 gab es ein phantastisches Projekt zur Überdeckung des ganzen botanischen Gartens mit einem transportablen Glasdach, das im Sommer entfernt werden konnte.«
    Hier hat Giedion einen richtigen Sachverhalt auf das falsche Projekt bezogen. Es handelt sich nicht um den Jardin des Plantes, sondern um das Palais National. Wörtlich heißt es bei Semper: »Vor der Vertreibung des Hauses Orléans ging man mit dem Plane um, den ganzen weiten Garten des Palais National zu einem einzigen, großartigen Wintergarten umzuwandeln mit transportablem Dachwerke, so daß für den Sommer die Pflanzen im Freien gestanden wären...« (G. Semper, Der Wintergarten zu Paris, in: Zeitschrift für praktische Baukunst 1849, S. 524).
16. wie Anm. 5
17. wie Anm. 5; Allgemeine Bauzeitung 1837, S. 395f.
18. Oeuvre de Charles Rohault de Fleury (Architecte), ohne Autor, Paris 1884 (Library of Royal Institute of British Architects, London)
19. So waren der gegossenen Bodenplatte allein die folgenden Details angeformt: Gehrost mit Aufkantung zur Aufnahme eines gerippten Deckels und zur Wasserabführung, Anschlüsse an die Endschienen der oberen und unteren glastragenden Rippen, die zugleich beide gegen Regen überdeckt wurden, Wassernase, Anschlußmuffen zur benachbarten Bodenplatte und schließlich der Anschluß an die Geländerpfosten, die bei der Montage gleichzeitig dazu dienten, durch eine einzige Verbolzung die vier Elemente - Pfosten, Endschienen, Bodenplatte und Konsole - auszurichten und miteinander zu verbinden.
20. wie Anm. 18
21. M. Neumann, Grundsätze und Erfahrungen über den Bau und die Anlegung von Glashäusern aller Art, Weimar 1875, S. 142
22. wie Anm. 4
23. A. Tschira, Orangerien und Gewächshäuser, Berlin 1939, S. 60
24. Des Jardins d'Hiver, in: Moniteur des Architectes 1846, S. 21f.
25. vergl. Anm. 15 (Literatur zu c.)

2. Conservatory der Royal Botanic Society in London, Regent's Park, Inner Circle
*1845-1846 von Decimus Burton (Architekt)
und Richard Turner (Ingenieur);
zweiter und dritter Bauabschnitt 1871 und 1876
Abb. 166-169*

Geschichte   Die Entstehungsgeschichte des jetzt öffentlichen Parkes im Herzen Londons, in dem 1840 die Royal Botanic Gardens in der ungewöhnlichen Form einer Kreisfläche angelegt wurden, führt auf das Jahr 1793 zurück. Damals hatte der oberste Garteninspektor John Fordyce den Auftrag, die Zukunft der königlichen Besitzungen durch langfristige Pläne zu klären. Für das Gelände nördlich von Portland Place, der damaligen Marylebone Farm im heutigen Regent's Park, setzte er die Summe von 1.000 Pfund aus, um über einen öffentlichen Wettbewerb möglichst viele Architektenvorschläge einzuholen. Doch fehlte es an der nötigen Resonanz. Erst 1809 legte John White, Inspektor des Herzogs von Portland, an den der größte Teil der Ländereien verpachtet war, einen Entwurf vor, dessen Grundlinien noch in den späteren, von John Nash (1752-1835) erstellten und schließlich zur Ausführung bestimmten Plänen zu erkennen sind.

Nashs Entwurf basierte auf der Idee, das Carlton House und den St. James's Park im Süden über die herrschaftlich herzurichtende »Via Triumphalis« (Pevsner) – Regent Street und Portland Place – mit einem neuen Parkgelände im Norden als Pendant und Endpunkt zu verbinden. Der Marylebone Park, in dem auch ein Lusthaus für den Prinzregenten in bevorzugter Lage geplant war, sollte Wohnstätte und Treffpunkt der »Well To Do«[1] sein. Nash erschloß den Park im Süden über den bereits in die städtische Bebauung hineinreichenden Circus, dem heutigen Park Crescent. In der Verlängerung von Portland Place, einer von Adam angelegten breiten Prachtstraße mit Denkmälern in der Straßenmitte, setzte sich die Erschließungsachse als breiter Promenadenweg über die ganze Ausdehnung des Parkgeländes fort, im Süden von einer Querachse gekreuzt, die über den Great Circus, die späteren Gärten der Royal Botanic Society, das westliche Gelände mit dem weitverzweigten »Ornamental Water« erschloß. Dieses der Natur nachgebildete, von Inseln durchsetzte Seengebiet war nach Reptons Theorien als suburbane Landschaftsszene geplant. Ursprünglich sollten hier fünfzig Villen entstehen, eingebettet in das Wiesen- und Baumgelände und umschlossen von den »Terraces«, einer mehrgeschossigen Wohnbebauung am Rande des großen Parkrunds.

Bis 1862 waren Straßen, Wasserflächen, Bepflanzung, der südliche, nur halbrunde Circus und die meisten der den Park begrenzenden »Terraces« ausgeführt. Hinter der palastartigen Fassadenarchitektur konnten die Bewohner städtisches Leben mit der englischen Vorliebe für das Wohnen auf dem Lande verbinden. Bald waren acht der geplanten Villen errichtet und von Decimus Burton 1827 im Nordosten die Gärten der Zoological Society of London angelegt, denen zwei Jahre später das »Colosseum« genannte Panorama folgte. Erst spät hatte sich der Charakter einer Gartenresidenz des Adels, deren Wege eher Reitern und Kutschen als Fußgängern angemessen waren, in den eines öffentlichen Parks gewandelt. Für das Publikum wurde er erst 1838 freigegeben. Der nach Loudon »unfertige Zustand einer effektlosen Innenszenerie«[2] änderte sich schließlich 1840, als man mit der Umgestaltung des als «Jenkin's Nursery« genutzten Geländes vom Great Circus zum Garten der Royal Botanic Society – wiederum unter Mitwirkung von Decimus Burton – begann.

1839, als sich die Royal Botanic Society of London konstituierte, hatte man die Ziele der Gesellschaft so formuliert: »Für die Förderung der Botanik in allen ihren Verzweigungen und ihrer Verwendung für Medizin, Künste und Fabrikation und für die Gestaltung botanischer und ornamentaler Gärten innerhalb der unmittelbaren Nachbarschaft der Metropole«[3]. Ein vom Streben nach Universalität geprägtes Garten- und Raumprogramm, das von »vielen Noblemen und Gentlemen jeder politischen Richtung, Förderern von Wissenschaft, Kunst und Fabrik unterstützt wurde«[4], lag dem Pachtantrag von 1838 in Form eines Gartenplanes des Architekten Henry Laxton zugrunde: Vom zentralen, kuppelüberdeckten Conservatory – in Nashs Plänen die Walhalla – führte ein skulpturengeschmückter Viadukt über den Italienischen Garten mit Casino zum Museums- und Bibliotheksbau. Felsen, Tunnel, Höhlen und Hügel mit Einsiedelei, Schweizer Hütte und Aussichtstürmen, eine Seelandschaft mit Inseln, Brücken, Kiosken und Pagoden stellten das illusionistische Gegenstück dar. Den Gartenbau vertraten orientalische, holländische, medizinisch-botanische und Wasser-Gärten. Systematische und regional inszenierte Pflanzendarstellungen, Pflanzenhäuser, das Rosarium und ein Arboretum konnten vom 800 m langen »Grand Walk« erreicht werden.

Laxton, der bereits maßgeblich am Gartenplan von Beulah Spa beteiligt war, hatte man inzwischen zum Inspektor der Gesellschaft bestellt. Mit den Ausführungsarbeiten am Gelände war nach seinen Plänen schon begonnen worden, als Ende des Jahres 1839 die Gesellschaft beschloß, über einen offenen Wettbewerb neue Entwürfe einzuholen, denn Loudon hatte in einem Schreiben an die *Times* gegen die »Cockney-Gardens, die in einem zusammengepreßt sind«[5], protestiert. Einundzwanzig Vorschläge, meist von Architekten, darunter allein vier von Laxton, wurden eingereicht. Man hatte sie für die Öffentlichkeit mehrere Monate bis Mitte 1840 ausgestellt. Loudon, der die Gesellschaft beriet, beurteilte jedoch alle Arbeiten als von geringer Qualität. Auf seine Empfehlung hin erhielt Robert Marnock (1800-1889) die Position eines ersten Kurators der Royal Botanic Society. Schließlich wurden er und Decimus Burton beauftragt, einen gemeinsamen Entwurf für den Garten und das Conservatory anzufertigen.

Burton (1800-1881) hatte gerade die Arbeiten für die Gärten der Zoological Society im Norden des Regent's Park beendet. Neben den vier Villen, die von ihm 1818-1833 dort entstanden, war es vor allem das Colosseum (1823-1827), eine neogriechische Version des Pantheon und Burtons bedeutendster Bau im Regent's Park, der ihn schon in jungen Jahren als Architekten für öffentliche Gebäude qualifizierte. Hinzu kamen seine Erfahrungen beim Bau des größten Pflanzenhauses seiner Zeit, des im gleichen Jahr 1840 in Zusammenarbeit mit Joseph Paxton fertiggestellten »Great Stove« in Chatsworth. Burtons erste Idee zum neuen Conservatory läßt der vom 16. Juli 1840 datierte und noch im gleichen Monat angenommene Lageplanentwurf erkennen. Danach bestand die konventionelle Baugruppe aus einem U-förmigen, in zwei Apsiden endenden Satteldach-Trakt, der einen kuppelüberdeckten Rundbau umschloß. Drei kurze Zwischentrakte verbanden die beiden Baukörper, wodurch zwei Innenhöfe entstanden. Die Abmessungen der kompakten Baugruppe betrugen 96 x 64 m, eine für die damalige Zeit gewaltige Fläche, größer als die ausgedehnte palladianische Gruppe des Pflanzenhauses von Syon. Sie übertraf die überbaute Fläche des »Great Stove« in Chatsworth – von McIntosh bereits als Mammut bezeichnet – um fast das Doppelte. Burton war von Paxtons überdimensionalem Pflanzenhaus ebenso beeindruckt wie von dessen Argumenten zugunsten einer Holzkonstruktion anstelle der Verwendung von Eisen, wie von der neuen Dachstruktur des *ridge-and-furrow*-Systems. Er übernahm diese Charakteristiken in seine ersten Entwürfe.

Nachdem die Jahre nach 1840 mit den umfangreichen Arbeiten für die Herrichtung des Parkgeländes vergingen, hatte sich die Royal Botanic Society im Juni 1844 wieder mit Burtons Entwurf befaßt, von dem heute noch eine Zeichnung aus dem Jahre 1842 existiert[6]. Der Ausführung nach diesen Plänen und einem Modell wurde zugestimmt. Im April 1845 legte Burton jedoch überarbeitete Pläne vor, die anstelle der früheren Holzkonstruktion ein eisernes First-und-Kehle-Dach und statt der zentralen Kuppel eine kostengünstigere Apsis aufwiesen. Die für den zentralen Teil, den ersten Bauabschnitt, eingeholten Angebote widerlegten Burtons frühere Meinung, daß die Ausführung in Holz billiger als in Eisen sein würde. Die Hammersmith Iron Works des Ingenieurs Richard Turner aus Dublin unterboten für ein Gebäude ganz aus Glas und Eisen das Angebot der Fa. Cubitt & Co. für eine Mischkonstruktion aus Holz und Eisen.

Damit hatte sich Burton mit Turner in gleicher Weise und zur selben Zeit verbunden wie beim Palmenhaus in Kew und zuvor in Chatsworth mit Paxton, was später zu zahlreichen Meinungsverschiedenheiten über die wahre Urheberschaft an den drei großen Pflanzenhäusern führte[7].

Sicher muß hierbei berücksichtigt werden, daß bei den Ingenieurbauten die konstruktiven und herstellungsbedingten Einflüsse auf den Entwurf des Architekten beträchtlich sind. Als Beweis dafür, daß Burton sich die Zuständigkeit für die Gesamtplanung nicht aus der Hand nehmen ließ trotz des unbestreitbar großen Einflusses, den Turner auf die Ausführung genommen hat – kann ein Brief Turners vom 29.11.1845 an den Sekretär der Society angesehen werden, in dem es heißt: »Ich werde voll und ganz einverstanden sein, in jeder Hinsicht bezüglich des Ganzen durch Mr. Burton geleitet zu sein, ich vertraue voll seinen Überlegungen von Anfang bis zum Ende und garantiere, daß seine Entscheidungen für mich immer verbindlich sein werden.«[8]

Der erste Bauabschnitt des Conservatorys wurde am 20. Mai 1846 für das Publikum eröffnet. Als »Garten der Freude, der alle unsere Ideale verwirklicht«, beschrieb Ch. Knight den Wintergarten: »Man tritt von der schneidenden, frostigen Luft draußen und dem blumenlosen Anblick der universalen Natur in eine sanfte und wunderbare Atmosphäre, die nicht im geringsten Maß bedrückend ist. Die herrlichsten Düfte wogen hin und her, bei jeder Bewegung der Glastüren. Vögel, die in den Ästen singen, lassen dich wieder und wieder pausieren, um zu fragen, ist das der Winter? Ist das England?«[9]

Königin Victoria, Gast bei Blumenschauen, Festen und Patronin der Society, bemühte sich, Frauen als Mitglieder zu werben. Ihr Gemahl, der Prince Consort, hatte ab 1855 die Präsidentschaft inne. Doch gelang es nicht, die ursprünglich von Burton geplante große Konzeption des Wintergartens zu verwirklichen. »Nur ein Viertel des Originalentwurfes«[10], von der südlichen, an den Garten angrenzenden Hälfte der Mittelteil, umfaßte aus Kostengründen der erste ca. 1.250 m² große Bauabschnitt. Zwar wurde 1871 – mit dem Ostflügel – und 1876 – mit dem Westflügel – durch Turners Firma die angefangene Baugruppe zu einem optischen Abschluß gebracht, doch mußten beide Glashaustrakte aus privaten Beiträgen der Mitglieder finanziert werden. Dadurch wurde lediglich eine Vergrößerung auf 1.650 m² statt der geplanten 4.730 m² erreicht[11]. Die begrenzenden Flügelbauten waren um jeweils 50 Fuß (2 x 15,2 m) näher zur Mitte gerückt, die verdoppelnde Spiegelung der südlichen Gebäudehälfte nach Norden entfiel ganz. Auf den noch freigehaltenen Flächen entstand bald eine ungeordnete Bebauung, als man hier Sammlungshäuser, ein

»Victoria-Regia-Haus« und Wirtschaftsgebäude errichtete, für die im ersten Entwurf keine Flächen ausgewiesen waren. Ein rückwärtiger, verglaster Zugang vom »Inner Circle« zum Conservatory trennte diesen Bereich von den 1851 im Nordosten angelegten Flächen für Ausstellungszwecke.

Um 1900 suchte man durch »artfremde« Anlagen wie Croquet- und Tennisplätze, Klubhaus und Café neue Mitglieder zu gewinnen. Doch gelang es nicht, die finanzielle Lage zu stabilisieren. 1932 löste sich die Gesellschaft auf, das Conservatory wurde abgebrochen.

Gesamtanlage Burtons und Marnocks Entwurf von 1840 für Garten und Pflanzenhaus war im Gegensatz zu den Vorschlägen Laxtons und des späteren Wettbewerbs von großer Einfachheit. Die Mitte des Gartens nahm ein ausgedehnter Freiraum ein, durchschnitten von der großen Promenade, die vom Haupteingang im Süden mit Anschluß zur Marylebone Road in gerader Linie auf die Symmetrieachse der Conservatory-Baugruppe zulief.

Aus einer Rekonstruktion des Gebäudegrundrisses zur vollen Größe des Gesamtentwurfs von 1845 geht hervor, daß die Gebäudeenden der Südfassade genau auf die Plazierung zweier Hügel abgestimmt waren, ein größerer im Osten, in dem sich ein Wasserbehälter verbarg und eine kleinere Erhebung mit Baumgruppe im Westen. Die Freistellung des Pflanzenhauses wurde dadurch vermieden, und die sich in die Tiefe erstreckende gewaltige Ausdehnung der nicht sehr hohen Baugruppe blieb unsichtbar. Auch die Verhältnisse auf der Gebäuderückseite, die im Entwurf von 1840 noch beziehungslos an den »Inner Circle« anstieß, sollten verbessert werden durch eine zusätzliche axiale Erschließung von Norden vermittels Spiegelung der Gartenfassade. Eine leichte Verschiebung der Promenaden- und Gebäudeachse nach Westen vergrößerte die östliche Gartenfläche, um hier das geplante, weitverzweigte Seengebiet, den vom Aushub aufgeworfenen Hügel und die botanischen Pflanzensysteme im nordöstlichen Gartenbereich aufzunehmen.

In der östlichen Gartenhälfte hatte Marnock Pflanzen für landwirtschaftliche Zwecke, für Kunst und Fabrikation, in geometrisch geformte Flächen gesetzt, die ein lichtes Arboretum umgab. Weiter südlich wurde 1851 das Haus des Sekretärs mit dem anschließenden Museum errichtet, 1897 gefolgt von der Gartenbauschule und dem Laboratorium von 1902. Der Gartenentwurf Marnocks entsprach den Theorien und praktischen Empfehlungen, ja sogar einem ausgeführten Beispiel des großen Gartentheoretikers J.C. Loudon, der den malerischen Stil um Elemente der Gartenkunst und Botanik bereicherte.

Das Hauptmotiv des Gartens, die geradlinige große Promenade, bestimmte schon Laxtons Plan von 1838. Wie in Loudons Entwurf für den botanischen Garten von Birmingham, mit dessen Anlage 1831 begonnen wurde, verkörpert sich in der vom Gebäude ausgehenden Achse die Einheitlichkeit des Ausdrucks. Das auf der oberen von zwei Terrassen wie auf einem Podium stehende Conservatory, gerahmt von Hügel- und Baumkulissen, wird zum bühnenhaften Abschluß des Landschaftsraumes, dessen gläserner Vorhang die künstliche exotische Pflanzenszene mehr zur Schau stellt als verbirgt.

Entwurf Der mit Hilfe verschiedener Quellenangaben rekonstruierte Planungsstand von 1845 für das noch ungeteilte Conservatory[12] läßt noch Burtons Entwurf von 1840 erkennen: drei in die Tiefe gestellte, apsidial endende Längsschiffe, das mittlere anstelle der früheren Rotunde durch größere Breite und Höhe hervorgehoben. Durch einen vorderen und einen rückwärtigen Quertrakt sind sie so miteinander verbunden, daß zwei große Innenhöfe entstehen. Burton füllte sie mit je vier weiteren parallel zu den Hauptschiffen geführten Satteldachhäusern. Im Entwurf von 1840 waren die Höfe noch ohne Überdeckung.

Der Ausführungsentwurf zeigte die konsequentere Lösung mit einer großflächigen Glasüberdachung; denn die transparente Glas-Eisenbauweise hatte die Lichthöfe überflüssig gemacht. Aus gleichen Konstruktionselementen zusammengesetzt, erhebt sich, das Bauschema künftiger Ausstellungsbauten vorwegnehmend, ein vielgliedriger, hier fünfzehnschiffiger Großbaukörper über dem gerasterten Grundriß.

Von der großen Promenade, über Freitreppe und Terrasse kommend, betritt der Besucher das gegenüber den anderen Trakten doppelt so breite (50 Fuß = 15,24m) Mittelschiff, das im Norden in die axiale Fortsetzung der Promenade zum »Inner Circle« einmündet. Kreuzgängen vergleichbar, die einen östlichen und einen westlichen Innenhof umschließen, umrundet die innere Wegeführung zwei je 30 x 30 m große Pflanzenflächen zu beiden Seiten des Mittelschiffs. Spitzbogige Satteldächer überdecken die drei in Nord-Süd-Richtung auf Apsiden zuführenden Wege, wie die parallel hierzu ausgerichteten *Sheds* über den Pflanzflächen.

Die Grundrißaufteilung führt dazu, daß einschließlich des zusätzlich unterstützten breiteren Mitteltraktes (50 Fuß) alle fünfzehn Teilbaukörper mit nur einer einzigen Spannweite von 25 Fuß (7,62 m) bei gleich breiten Binderabständen von 8 Fuß, 4 Zoll (2,54 m) überdeckt werden. Da auch die Längenmaße sämtlicher Teilbaukörper durch 25 Fuß teilbar sind, verwendete Burton dieses Maß bzw. seine Halbierung oder Drittelung als Stützenabstände. Die weitere Unterteilung der Dachflächen in zwölf Glasbahnen je Binderfeld ergibt einen einheitlichen Abstand der Glassprossen im gesamten Gebäude von 8 1/3 Zoll (0,212 m). Im Palmenhaus von Kew sind es 10 Zoll (0,254 m). Das wie in Kew ganz auf Wirtschaftlichkeit angelegte Maßsystem läßt vermuten, daß Turner, der für seine Produktion hiervon den größten Vorteil hatte, die Entwicklung wesentlich beeinflußt hatte.

Diese für das Gesamtprojekt getroffenen Feststellungen gelten auch für das ausgeführte Gebäude, mit dessen erstem Bauabschnitt jedoch nur die Mitte der südlichen Gebäudehälfte verwirklicht wurde: fünf von Satteldächern überdeckte Nord-Süd-Trakte, von denen das Mittelschiff die ursprünglich geplante doppelte Breite erhielt. Mit seinem apsidialen Abschluß überragt es die traufseitig zum Garten gewandten flankierenden Südflügel. Während sich dahinter die vier Nord-Süd-Trakte verbergen konnten, blieb der Wechsel von Trauf- und Giebelseiten im Osten und Westen bis zur Verwirklichung des zweiten und dritten Bauabschnitts sichtbar. Erst dann fand die Pflanzenhausgruppe, um jeweils zwei Trakte schmäler als ursprünglich geplant (2 x 2 x 25 Fuß = 30,48 m), ihren seitlichen Abschluß. Anstelle der früheren Spannweite von 25 Fuß wurden beide Seitenschiffe jedoch 30 Fuß (9,14 m) breit ausgeführt, mit einer zusätzlichen Stützenreihe unter den Firsten. Nicht erreicht werden konnte mit der »kleinen Lösung« die nur dem Gesamtprojekt eigene Übereinstimmung von Gebäudestruktur und innerer Verkehrsführung, die – einer liegenden 8 vergleichbar – auf zwei Rundgänge der Besucher abgestimmt war.

Konstruktion Unter den großen Pflanzenhäusern seiner Zeit nimmt das im Regent's Park insofern eine Sonderstellung ein, als es die größte Flächenausdehnung mit der geringsten Bauhöhe verbindet. Im Endzustand hätte seine Grundfläche von 4.700 m² die des Palmenhauses in Kew um das

Doppelte übertroffen, und das bei einer lichten Raumhöhe von nur 14 Fuß (4,27 m) bis zum Ansatz der Satteldächer. Der kompakte, flächige Hallengrundriß entstand durch additives Zusammenfügen einfacher Satteldachhäuser der wirtschaftlichen Spannweite von 25 Fuß (7,62 m) mit nur wenigen, die riesige Baumasse gliedernden architektonischen Hervorhebungen. Die auf den Wechsel von Pflanzflächen und Wegeführung abgestimmte Systembaulösung der Fa. Jones & Clark für die Conservatories von Wollaton Hall und The Grange findet hier ihre Fortsetzung. Wäre das Conservatory in vollem Umfang gebaut worden, könnte man es wegen seiner rationalen Baustruktur und des für Ausstellungszwecke idealen Funktionsablaufes als Prototyp eines Weltausstellungsgebäudes ansehen.

Die niedrige Bauhöhe, von der Ch. McIntosh in seinem »Book of the Garden« schreibt, »sie ist ganz in unserem Sinne«[17], kann sicher auf den Bauherrn der Gesellschaft, den Kurator Robert Marnock, zurückgeführt werden. Als Gärtner hatte er das 1827 errichtete, über 18 m hohe kuppelförmige Pflanzenhaus von Bretton Hall zu betreuen. Wegen seiner extremen Höhe und Querschnittsform war es im Winter nicht gleichmäßig zu beheizen. Marnock schrieb in seinem »Botanical Journal« von 1845[18], daß »das Glas in Bodennähe oft mit dickem Eis bedeckt war, während die oberen Teile der hohen Bäume eine Temperatur von zuletzt 90° F oder 100° F (ca. 35° C) ertragen mußten, die ... Auswirkungen auf die Pflanzen waren ruinös.« Marnock setzte sich auch mit den Vor- und Nachteilen der Holz- und Eisenkonstruktion auseinander. In »The Gardener's Journal« forderte er, daß »vom Fußboden aufwärts weder Dach noch Seiten aus undurchsichtigem Material« sein dürften. Das architektonische Pflanzenhaus mit »Pilastern oder Säulen in herkömmlichen Proportionen, Friesen, Gesimsen« lehnte er ab, um für die Pflanzen ein Optimum an Lichteinfall zu erreichen. Im Conservatory im Regent's Park gab es daher den verglasten Pilaster aus Gußeisen. Mauerwerk fand keine Verwendung, nicht einmal für die sonst üblichen Brüstungen mit Lüftungsklappen. Flügeltüren in den südlichen und nördlichen Fassadenfeldern ersetzten sie, deren Zweckmäßigkeit für eine Lüftung im Winter allerdings bezweifelt werden muß.

Für Turners Handschrift sind die im gesamten Gebäude ausgeführten spitzbogigen Satteldächer typisch, die an die Stelle der von Burton vorgeschlagenen *ridge-and-furrow*-Struktur traten. Diese Dachform, welche die Vorteile des gebogten Daches mit denen des geradlinigen Pultdaches verbindet, hat weniger gebogene Scheiben und ist mit ebenen Lüftungsflügeln ausgestattet. Sie besitzt einen geringeren Luftraum und vermeidet das »Nullgefälle« im Scheitel. Turner verwandte sie 1839 beim Palmenhaus in Belfast und 1843 für die Glashausgruppe in Glasnevin. Mit dieser hatte das Conservatory im Regent's Park noch ein weiteres Merkmal gemeinsam, die in jeder Achse zu beiden Seiten des Firstes angeordneten eisernen Schiebeflügel. Turners sinnreicher Öffnungsmechanismus nutzte ihre Schwerkraft aus. Um sie zu schließen, wurde über einen Kettenzug mit Umlenkrollen und Handkurbel eine unter dem First montierte Walze gedreht, die gleichzeitig die Seilzüge sämtlicher Schiebeflügel aufwickelte (Schließen des Fensters) oder diese abließ (Öffnen). Weitere technische Details waren zu dieser Zeit bereits erprobt: Die zugleich als Fallrohre dienenden Säulen zur Ableitung des Regenwassers, das sich in unterirdischen Zisternen sammelte und zur Bewässerung der Pflanzen in hochliegende Behälter gepumpt wurde. Sodann die Warmwasserheizung und der außerhalb des Gebäudes zwischen Bäumen versteckte Kamin.

Für die schlanken Rohrstützen, für Pilaster und die als Regenrinnen ausgebildeten Dachgesimse verwendete Turner Gußeisen, für die filigrane Dachkonstruktion Schmiedeeisen. Ihre immer gleiche Spannweite von 25 Fuß war auf die alleinige Überdeckung durch glastragende Falzleisten – Loudons *sash bars* – abgestimmt, die auf den von Stütze zu Stütze gespannten Rinnenträgern aufsaßen. Sich gegenseitig abstützend und von statisch günstiger gebogener Form, konnten sie zu dünnen materialsparenden Stäben ausgewalzt werden, was sowohl die Wirtschaftlichkeit als auch die Lichtdurchlässigkeit der Konstruktion erhöhte.

Wegen des freien Zugangs für die Besucher und zur Lüftung hatten die Nord- und Südfassaden Doppeltüren zwischen den Pilastern erhalten. Die Heizrohre mußten daher, statt hinter der Brüstung, in Heizkanälen geführt werden, die 91 cm tief entlang den Fassaden und in Raummitte verliefen. Die Warmluft wurde in bestimmten Abständen über Stichkanäle in den Raum entlassen. Mit Hilfe eines zweiten Warmwasser führenden Heizsystems aus flachen, abgedeckten Rinnen konnte über zahlreiche Klappen die nötige Luftfeuchtigkeit für den Raum eingestellt werden. Die Heizungsräume mit zwei Kesseln befanden sich unterirdisch außerhalb des Pflanzenhauses in gleicher Lage wie der Kamin.

Ch. McIntosh, wie Loudon ein anerkannter Schriftsteller des Garten- und Pflanzenhausbaues, beurteilte die technische und funktionelle Qualität von Burtons und Turners Conservatory so: »Würde der Bau nach den Originalplänen beendet, so gehörte er zu den besten Typen der bestehenden Warmhausarchitektur und würde sogar jenen in Kew in der Richtigkeit der Proportionen übertreffen, wenn nicht in der Architektur, so doch für die Pflanzenkultur.«[19]

Stil Mit dem Palmenhaus von Glasnevin (1848) hatte das Pflanzenschauhaus im Regent's Park neben anderem den als Schmuckelement, zur Fassadengliederung und zur Stabilisierung verwendeten verglasten Pilaster gemeinsam. Er findet sich in Turners »Domical Conservatory« wieder und kann geradezu als Erkennungszeichen seiner architektonischen Pflanzenhäuser angesehen werden. Die charakteristischen Konturen des »Split Pilaster« waren einem gußeisernen Rahmen mit aufsitzendem Kapitell angeformt. Ausfachungen aus rotem und blauem Glas füllten die Flächen[20]. Die im Dach unterbrechungslose Sprossenteilung setzte sich zwischen den Pilastern als vertikale Fassadenstruktur fort. Um deren Eigenständigkeit unter dem ornamentalen Gesims zu betonen, erhielten die gläsernen Bahnen dekorative Abschlüsse in Form eiserner Halbbögen, die unter dem Dachgesims wie unter den Kapitellen eine Tragefunktion vortäuschten. Architrav und Pilaster als die markantesten konventionellen Bauglieder – hier Türpfosten und Aussteifungselement zugleich – gliederten die Baugruppe horizontal wie vertikal und verliehen den für das große Publikum bestimmten Schauhäusern den Charakter eines architektonischen Pflanzenhauses.

Löste Rohault in Paris das Proportionsproblem seiner Gußeisensäulen durch deren Übereinanderstellung zur zweigeschossigen Fassade, so übernahmen Burton und Turner die Maßverhältnisse der Pilaster unbekümmert aus der Steinarchitektur. Die dem Stein gegenüber verbesserte Widerstandsfähigkeit des Gußeisens berücksichtigten sie, indem Eisen in der Fläche eingespart wurde, wo es konstruktiv überflüssig war. In Anpassung an die Glasarchitektur des Pflanzenhauses ersetzte man es durch farbiges Glas.

Burtons ursprünglicher Entwurf symmetrischer Haupt- und Nebendominanten überstand die Verwandlung in Turners rationale Eisenbaustruktur ohne Preisgabe klassischer Stilprinzipien. Die material-, konstruktions- und stilgerechte Umsetzung in Glas und Eisen forderte beide, Architekt und Eisenbauer.

Als zweite Großstruktur eines Pflanzenhauses – sechs Jahre nach Paxtons »Great Stove« in Chatsworth – , jedoch als erste ganz aus Glas und Eisen, ist das Conservatory im Regent's Park in Entwurf und Konstruktion vom Systemdenken, vom industriellen Herstellungsverfahren und vom Montagebau geprägt. Es hat bereits die Fesseln einer Monostruktur abgestreift und verwirklicht unter der Maxime der freitragenden eisernen Falzleiste ein bis dahin unbekanntes Maß an Flexibilität.

Anmerkungen

1. G.F Chadwick, The Park and the Town, 1966, S. 31
2. J.C. Loudon, Encyclopaedia of Gardening, 1834, S. 335
3. N. Cole, The Royal Parks and Gardens of London, 1877, S. 15
4. The Builder 9.7.1859, S. 456-457
5. The Gardeners' Chronicle 7.9.1861, S. 809;
   Cockney: Londoner der unteren Klassen
6. Westminster Library, Marylebone Road, London
7. H.R. Hitchcock, Early Victorian Architecture, 1954; Architectural Review, Febr. 1957, S. 127f.; The Builder 1845, S. 295-303; Derbyshire Countryside, Leeds 21, 1956, S. 12f; Quarterly Report of the Royal Botanic Society, Regent's Park, 1888, S. 217
8. Marylebone Public Library, London
9. Ch. Knight, Cyclopaedia of London, 1851
10. Ch. McIntosh, The Book of the Garden, 1857, S. 368
11. The Builder 1846, S. 290
12. Zur Rekonstruktion des Gesamtprojektes von 1845, für das bisher keine Originalpläne aufgefunden werden konnten, liegen folgende Aussagen vor:
    »Die vorgesehenen Maße der Struktur betragen 300 Fuß Länge auf 200 Fuß Breite [91,44 x 60,96 m]« (Ch. Knight, London, Vol. V, 1843, S. 317);
    Der Bauabschnitt von 1846 ist »in Wirklichkeit nur der der halbe Mittelteil des geplanten Gebäudes« (The Builder 1846, S. 290);
    »Der fertige Wintergarten wird 50.982 Fuß [ca. 4.730 m^2] Oberfläche enthalten« (The Builder 1846, S. 290);
    »Der erste Bauabschnitt umfaßt nur ein Viertel des Originalentwurfs« (J. Loudon, Encyclopaedia of Gardening, 1850, S. 279-280).
    Daraus folgt, daß sowohl rückwärtige wie seitliche Erweiterungen geplant waren. Die Spiegelung des 100 Fuß tiefen ersten Bauabschnittes nach Norden, um das genannte Maß von 200 Fuß zu erhalten, liegt ebenso nahe wie die beidseitige Hinzufügung der bis 300 Fuß noch fehlenden 2 x 75 Fuß, d.h. sechs weitere Normtrakte von jeweils 25 Fuß. Die beiden äußeren erhalten apsidiale Abschlüsse nach dem Vorbild des zweiten und dritten Bauabschnittes. Das östliche endet genau in einer Einbuchtung des Hügels. Die in der Literatur angegebene Grundrißfläche von 4.730 m^2 deckt sich mit der Rekonstruktion des Gesamtprojektes, das erst den sinnvollen Funktionsablauf mit Zugang vom Garten und vom Inner Circle einschließlich der repräsentativen Fassaden zeigt. Im Lageplan füllt das Gesamtprojekt exakt die um den ersten Bauabschnitt freigehaltenen Flächen.
13. Ch. Knight, London, Vol. V, 1843, S. 317
14. wie Anm. 11
15. wie Anm. 11
16. J. Loudon, Encyclopaedia of Gardening, 1850, S. 279-280
17. wie Anm. 10
18. Marnock, Botanical Journal, 1845, S. 633
19. wie Anm. 10, S. 369
20. R. McGrath and A.C. Frost, Glass in Architecture and Decoration, (1937) 1961^2 S. 118

3. Palm House in The Royal Botanic Gardens Kew bei London
1844-1848 von Decimus Burton (Architekt) und Richard Turner (Ingenieur)
Hammersmith-Werke, Dublin
Abb. 170-174

Geschichte Die heutigen botanischen Gärten in Kew gehen auf die Initiative der Prinzessin Augusta, Witwe von Frederick, Prince of Wales zurück. 1759 beauftragte sie William Aiton[1], einen Teil ihrer Ländereien um Kew House – etwa 36.000 m² – in einen exotischen Garten zu verwandeln. In der Wahl ihres Architekten hatte Prinzessin Augusta eine ebenso glückliche Hand. William Chambers (1723-1796) war einer der ersten Architekten seiner Zeit, der die orientalische Architektur, Inneneinrichtung und Gartengestaltung auf Reisen nach Bengalen und China studiert hatte[2]. Durch königliches Dekret wurde er zusammen mit Robert Adam zum »Architect of Works« ernannt. 1760-1762 – nach fünfjährigem Italienaufenthalt – errichtete er für die Gärten von Kew House die »Alhambra«, die »Moschee« und die Gartengebäude im klassischen und orientalischen Stil, wie die »Pagode«, mehrere Gartentempel, die »Römische Ruine« und die Orangerie[3].

Als Prinzessin Augusta 1772 starb, übernahm ihr Sohn Georges III. den Besitz, ein ebenso großer Pflanzenliebhaber wie seine Mutter. Er bewohnte das Haus seiner Großeltern in Richmond, das inmitten großer Gärten lag, die sich unmittelbar an die Ländereien von Kew House anschlossen. Die trennende »Love Lane«[4] wurde erst 1802 geschlossen und die beiden Gärten zusammengelegt. Sie hießen fortan Kew Gardens.

Georges III. wählte 1772 Joseph Banks, der Kapitän Cook 1771 auf seinen Forschungsreisen begleitet hatte, zum botanischen Berater. Banks wurde 1778 Präsident der Royal Society. Er knüpfte zahlreiche Überseekontakte und veranlaßte Expeditionen zur Südsee, nach Westindien, Kalkutta, Australien, China, Brasilien, Südafrika und dem Kongo. So wuchsen die Sammlungen von Kew Gardens schnell an. Wenn die neuen Pflanzen blühten, hielt sie der Maler Francis Bauer in Zeichnungen fest[5], und Banks Bibliothekar taufte die Exemplare.

Nur um wenige Monate überlebte Banks Georges III., der 1820 starb. Herbarium, Bibliothek und die botanischen Zeichnungen fielen an das Britische Museum. Die verwaisten Gärten, denen die wissenschaftliche Leitung fehlte, fanden durch Georges IV. und William IV. nicht mehr die notwendige Unterstützung. Wohl entwarf Jeffry Wyatville ein aus Holz konstruiertes Palmenhaus mit seitlichen Flügelbauten von insgesamt 61 x 15 m Grundfläche und 12 m Höhe, doch wurden die Bauabsichten während der Regierungszeit Georges IV. nicht verwirklicht. Um den dringlichsten Raumbedarf für den exotischen Pflanzenbestand zu decken, wurde schließlich 1836 eines der beiden an den Buckingham Palast angebauten Conservatories abgetragen und in Kew Gardens nahe dem Haupteingang wiederaufgebaut. Neben Chambers Orangerie von 1761 zählt das von John Nash gestaltete, tempelhafte Architectural Conservatory, heute »Aroid House« genannt, zu den ältesten Pflanzenhäusern des Gartens.

Als Victoria 1837 Königin wurde, führten die Klagen über Kew Gardens zur Gründung eines Komitees[6], das über den Zustand der Gärten berichten sollte. Der lange Zeit zurückgehaltene Bericht wurde schließlich 1840 dem Parlament vorgelegt. Noch im gleichen Jahr gingen die Gärten in die Verwaltung der »Commissioners of Woods and Forests« über. Ab 1841 wurden sie dem Publikum zugänglich gemacht.

1841 übernahm William Hooker (1785-1865), Professor für Botanik in Glasgow, die Leitung von Kew Gardens. Bis zu seinem Tod war er vierundzwanzig Jahre dort tätig und wurde von seinem Sohn Joseph abgelöst, der seit 1855 als »Assistant Director« mit ihm zusammengearbeitet hatte; er übernahm das Amt für die nächsten zwanzig Jahre. Zu Lebzeiten der beiden Hookers, die auch als Verfasser botanischer Werke große Anerkennung fanden, wurde der Grundstock für das Herbarium – heute auf fast sieben Millionen Pflanzen angewachsen – und für die nun 100.000 Bände umfassende Bibliothek geschaffen.

Neben den wissenschaftlichen Arbeiten, die Kew zum botanischen Zentrum der Welt machten, wurde endlich die Planung zum Bau eines Palmenhauses wiederaufgenommen, darunter Wyatvilles Projekt, das 10.000 Pfund kosten sollte. Einen weiteren Entwurf lieferte der Architekt Robinson für ein Pflanzenhaus von gleichfalls 61 m Länge, jedoch 30,5 m Breite und 16,76 m Höhe. Doch fand er keine Zustimmung. Burton und Turner, die Erbauer des Conservatorys im Regent's Park, legten mehrere konkurrierende, doch sich schließlich ergänzende Entwürfe für ein Gebäude ganz aus Glas und Eisen vor, das man 1844 zur Ausführung bestimmte. Die Urheberschaft des endgültigen Entwurfes ist auch heute noch umstritten[7]. Zweifellos hat Burton die Gesamtform des Palmenhauses, seine Proportionen und die sparsame Ornamentik wesentlich bestimmt, so daß ihm die formale Bereinigung und das Sichtbarmachen der Konstruktion im Sinne einer Ingenieur-Architektur zuzuschreiben ist. Turner, den Charles Mc Intosh im »Book of the Garden« (1853) als einen »der ersten Hothouse-Architekten« bezeichnet hatte[8], ergänzte die Arbeit Burtons vom konstruktiven Ingenieurbau her. Auf Eisenkonstruktionen spezialisiert, widerlegte er durch Preisofferten seiner Hammersmith-Werke in Dublin Vorurteile, daß ein aus Holz konstruiertes Gebäude billiger als eines aus Eisen und Glas sein mußte. Turners im Palmenhaus von Kew erstmals angewandte Erfindung, schmiedeeiserne Bogenbinder durch Rohrpfetten mit inneren Zugstangen zusammenzuspannen, wurde 1846 patentiert. Auch Turners Vorschlag, die im Vertrag vorgesehenen Gußeisenbinder durch solche aus gewalztem Eisen zu ersetzen, wurde angenommen, nachdem man eine in voller Größe errichtete Teilstruktur geprüft hatte. Ein maßstäbliches Gesamtmodell, Turners getestete Konstruktion, seine Pläne und Kostenanschläge waren die Unterlagen, zu denen Burton am 7.3.1844 in einem an die »Commission of Woods and Forests« gerichteten Schreiben Stellung nahm. Trotz Befürwortung der praktischen Ausführung übte er Kritik an Turners Kirchenbau-Stil und an der überflüssigen Ornamentik. Er empfahl, auf zwei Stützenreihen zu verzichten und schlug verbesserte Proportionen für den Mittelbau vor.

Nach vierjähriger Bauzeit wurde 1848 das damals größte eiserne Glashaus vollendet. Das hohe funktionelle, technische und baukünstlerische Niveau sicherte ihm nicht nur einen der ersten Plätze unter den Vorläuferbauten der modernen Architektur, sondern bewahrte auch den 1944 durch Bomben geschädigten Bau vor dem Abbruch. Nach Ende der Wiederherstellungsarbeiten konnte das seit 1952 geschlossene Glashaus – ohne Veränderung der historischen Bausubstanz – am 2.6.1959 dem Publikum wieder zugänglich gemacht werden.

In Anerkennung seiner Verdienste wurde Burton zusammen mit dem Landschaftsarchitekten William Andrews Nesfield (1793-1864) bei der Neuplanung des Parkgeländes und der Brachflächen hinzugezogen. Ebenso betraute man ihn mit der Planung des »General Museums« (1857) und mit dem Bau eines noch größeren Pflanzenhauses, dem als Wintergarten gestalteten, 1859 begonnenen »Temperate House«. Mit der 1882 von James Fergusson errichteten »Marianne North Gallery« für Pflanzen- und Landschaftsbilder und weiteren Bauabschnitten des »Temperate House« war bis 1899 die Bautätigkeit im wesentlichen abgeschlossen. Heute befinden sich 20.000 m² unter Glas.

Die Größe von über 1,2 Millionen Quadratmeter erreichten die Gärten von Kew schließlich 1897, als Königin Victoria die »Queen's Cottage Grounds« dem öffentlichen Garten schenkte. Das Interesse des Publikums an der Verbindung von »Pleasure Ground« und Einrichtungen für Bildung und Wissenschaft ließ die Besucherzahlen von ca. 9.000 (1841) auf über 400.000 (1858) ansteigen.

Gesamtanlage   Die Royal Botanic Gardens in Kew liegen am Ostufer der Themse nahe Kew Bridge, ca. 15 km südwestlich der City of London. Mit Dampfboot und Eisenbahn waren sie schon im 19. Jahrhundert für den Massenverkehr erschlossen. Die Gärten umfassen heute eine Fläche von etwa 121,4 ha (300 acres). Im Westen und Osten von der Themse und Kew Road begrenzt, setzen sie sich nach Süden im Old Deer Park und im Norden in einer öffentlichen Grünfläche – Kew Green – fort. Hier, nahe Kew Bridge, befindet sich der Haupteingang[9]. Drei weitere Zugänge entlang der Kew Road erschließen die nahegelegenen Untergrund-, Eisenbahn- und Busstationen.

Seinerzeit war ein topographisch reizloses und zudem unfruchtbares Gelände allein mit den Mitteln der Gartenkunst neu zu gestalten. Breite, sich kreuzende Sichtachsen durchdringen die Tiefe des parkartigen Landschaftsraumes. Sie finden ihren Abschluß in markanten Architekturformen, in der 50 m hohen Pagode[10], im Syon House jenseits der Themse und im großen Palmenhaus als ihrem Zentrum. Wie für eine Skulptur, die umgangen sein will, legt sich um diese Mitte ein Netz von Wegen und Pflanzflächen in geometrisch axialer Anordnung. Es umschließt den Rosengarten im Westen, »The Pond« im Osten des Palmenhauses und steht über eine langgestreckte Promenade, dem »Broad Walk«, mit dem Haupteingang in Verbindung. Gewundene Wege führen den Besucher durch das ausgedehnte Arboretum in die Bambus-, Azaleen-, Wasser- und Felsengärten, wobei die kreuzenden, rasenbewachsenen Sichtachsen weite Einblicke in den Park freigeben.

Die belehrenden und wissenschaftlichen Funktionen des Gartens konzentrieren sich in den baulichen Anlagen, in den zahlreichen Pflanzenhäusern, den verschiedenen Museen[11], der Galerie[12], dem Herbarium und in den Gebäuden für Verwaltung, Bibliothek und Laboratorium. Neben einer Vielzahl ökonomisch orientierter Anzuchts- und Aufbewahrungshäuser bleibt es jedoch den großen, öffentlich zugänglichen Schauhäusern vorbehalten, die Pflanzen aus den exotischen Gebieten der Erde in ihren natürlichen Lebensgemeinschaften zu zeigen. Die bedeutendsten Schauhäuser sind: Die Orangerie (1761) von William Chambers, das »Aroid House«, 1836 in Kew wiederaufgebaut, von John Nash, das Große Palmenhaus (1844-1848) von Decimus Burton und Richard Turner, das Tropical Water Lily House (1852) von Richard Turner und das Temperate House, auch Wintergarten genannt (1861, 1862, 1897, 1899) von Decimus Burton und der Firma Thomas Cubitt.

Zwischen dem Haupteingang und der Themse liegen Kew Palace (1631), »The Dutch House« mit einem architektonischen Garten aus dem 17. Jahrhundert und »The Queen's Garden«, der nach altem Vorbild neu hergerichtet und 1969 für das Publikum wieder eröffnet wurde.

Programm und Entwurf   Als symmetrisch-geometrische Kunstform mit sphärisch gewölbten Oberflächen, frei in die Raummitte gestellt wie eine Skulptur auf ihrem Sockel – der Erdterrasse –,

Fig. 28 Palm House, Kew;
Grundriß und Schnitt,
Modulsystem zur Maß-
Koordinierung

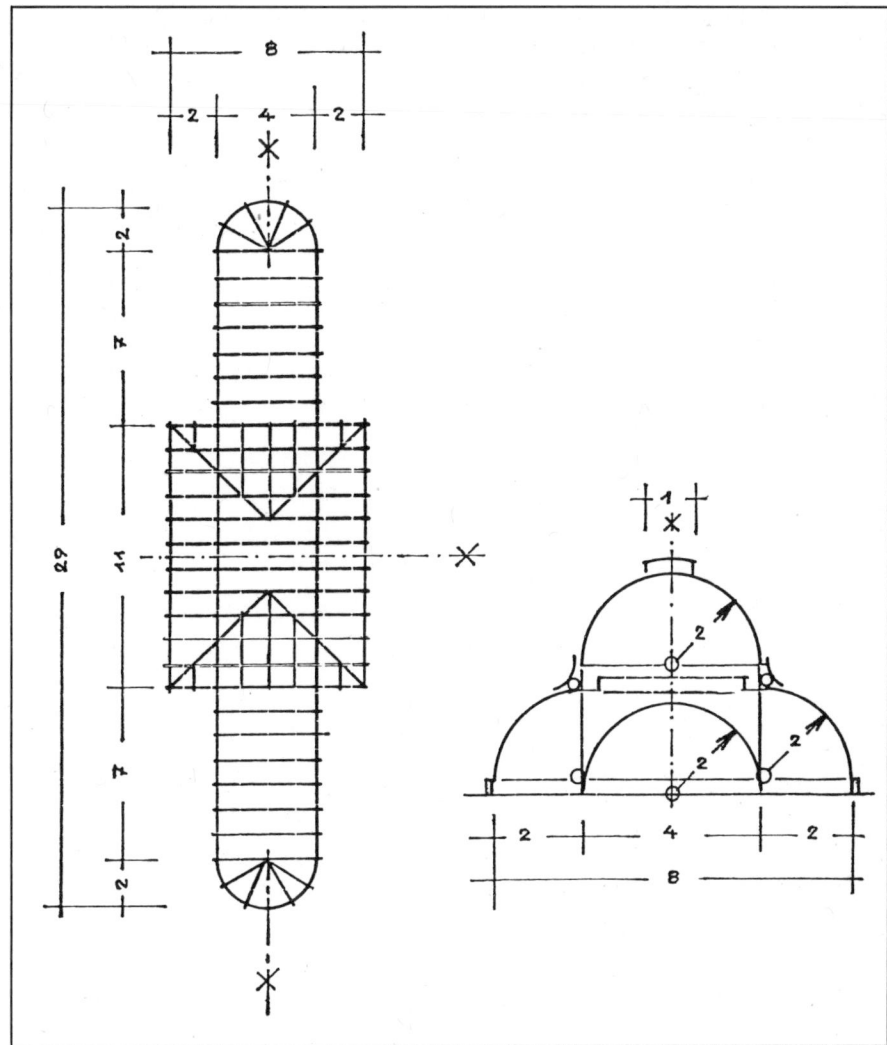

stellt sich das Große Palmenhaus dar. Die allseitige Anwendung des gebogten Querschnitts mit seinen fließenden Übergängen anstelle geradliniger Wand- und Dachflächen läßt keine Assoziationen mit bekannten Strukturen konventioneller Architektur wie Wand, Dach, Stütze, Gesims, Fenster zu.

Von dem einen Meter hohen Steinsockel getragen, erhebt sich die gebogene Eisenkonstruktion bis auf zehn bzw. zwanzig Meter. Gläserne Halbzylinder, deren Enden von Kugelabschnitten begrenzt sind, überdecken die jeweils 15,24 m breiten und 34,29 m langen Seitenflügel. Von doppelter Breite und Höhe ist der basilikale Mittelpavillon. In ihm setzt sich die Außenflucht der Flügelbauten in zwei Stützenreihen fort, die in 8 m Höhe – über einem Kranz von Lüftungsflügeln – Glasgewölbe des gleichen Durchmessers von 15,24 m tragen. Die Seitenschiffe des Mittelbaus werden von Viertelbögen überdeckt.

In seinem aus Viertel- und Halbbögen zusammengesetzten basilikalen Querschnitt mit umlaufender Empore entspricht der Mittelpavillon dem acht Jahre älteren »Great Stove« in Chatsworth, die konstruktiv bahnbrechende Neuentwicklung Paxtons. Wie in Chatsworth hatte Burton die Giebelseiten des Mittelpavillons, der Querschnittsform der Längsseiten folgend, basilikal abgewalmt. Sie treffen in den Ecken kielbogenförmig aufeinander. Als ästhetische Verbesserung wirken die in Kew einheitlichen Bogenradien von Seiten- und Mittelschiff, die im »Great Stove« noch erheblich voneinander abwichen. Sie kommen zu verstärkter Wirkung durch Wiederholung an den Flügelbauten und integrieren sie so – besser als die geplanten »Säulenhallen« von Chatsworth – in eine Baugestalt wie aus einem Guß.

Um die Abmessungen und das Zusammenspiel der Bauelemente zu steuern, wie um ihre Verschiedenartigkeit zu reduzieren, wendete Burton Methoden der Maßkoordinierung an. Den Binderabstand, hier Konstruktions- oder Großmodul (M2) genannt, legte man mit einem Viertel der Spannweite (im Regent's Park: ein Drittel) fest: M2 = 15,24 : 4 = 3,81 m (12 Fuß, 6 Zoll). Um das Teilungsmaß für die Verglasung, den Kleinmodul (M1) zu bestimmen, wurde der Großmodul in 15 Glasbahnen unterteilt: M1 = 3,81 : 15 = 0,254 m (10 Zoll), ein für die Glasherstellung günstiges Maß. So wie sich alle Gebäudeschnitte aus Viertel- oder Halbbögen des immer gleichen Durchmessers 15,24 m (4 x M2) zusammensetzen, so sind auch sämtliche Gebäudeabmessungen Vielfache des Großmoduls M2 = 3,81 m. Mittelbau: 11/8 = 41,91 m/30,48 m; Flügelbauten: 9/4 = 34,29 m/ 15,25 m; Gesamtlänge: 29 x 3,81 = 110,49 m.

Die Anwendung der gleichen rationalen Prinzipien führte zu einer Fassadenlösung, die sowohl herstellungstechnisch wie in bauphysikalischer Hinsicht ihrer Zeit weit voraus war. Die Außenhaut erfüllt schon das Prinzip einer modernen »vorgehängten Fassade«, die unterbrechungsfrei über die zurückliegende Unterkonstruktion der schweren Bogenbinder hinwegführt. Diese gegen Witterungseinflüsse und Auskühlung (Schwitzwasser) schützend, kann sich die Außenhaut unter Hitze und Kälte dehnen und zusammenziehen, da ihre Falzleisten gleitend auf den Rohrpfetten gelagert sind.

Die Breiten sämtlicher Glasbahnen werden durch den Kleinmodul M1 = 0,254 m bestimmt, ein Vorteil für die Herstellung, von Nachteil jedoch wegen der Uniformität des kleinteiligen Rasters über mehr als hundert Meter Gebäudelänge. Mit Hilfe vorgeblendeter breiter Deckprofile, die zugleich die Dehnungsfuge zwischen zwei halben Falzleisten überdecken, wird der unter der Dachhaut verborgene Großmodul der tragenden Bogenbinder (M2 = 3,81 m) wieder sichtbar gemacht, eine kraftvolle Struktur, welche die Verglasung wie mit Adern durchzieht.

Ein Fehler zeitgenössischer[13] und heutiger Grundriß- und Fassadenzeichnungen, die das Palmenhaus um 7,62 m verkürzt darstellen, soll hier richtiggestellt werden: Die Länge der beiden Flügelbauten bis zum Ansatz der Apsiden beträgt je sieben Konstruktionsachsen, nicht sechs.

Konstruktion Anstelle der ursprünglich vorgesehenen gußeisernen Bogenträger kamen auf Vorschlag Turners gewalzte, 9 Zoll (22,86 cm) hohe I-Profile zur Ausführung. Mit Hilfe von Schablonen erhielten sie ihre vorgegebene Form und wurden als 3,66 m lange Werkstücke zu den benötigten Viertel- und Halbbögen zusammengesetzt. Die I-Profile sind in gußeiserne Fassungen gesteckt, die in dem einen Meter hohen Granitmauerwerk des Sockels verankert sind. Entlang dem Stützenkarree des Mittelpavillons ruht ihr oberes Ende in einem zweiten Schuh, der, von den Konsolen des Säulenkopfes getragen, sowohl die Ausleger für die Empore, wie die Aussteifungsträger zwischen den Säulen, wie die oberen Bogenbinder des Mittelpavillons aufnimmt. Deren Fußpunkte sind nach innen versetzt, um den Querschnitt der Rohrstützen für den Ablauf des Regenwassers freizuhalten, das aus den gußeisernen Gesimsrinnen des Obergadens zufließt. Eine zweite Rinne entlang der Seitenschiffe und Flügelbauten verläuft auf dem umlaufenden Steinsockel. Jeweils vier, in den Ecken sechs dekorativ geschwungene Gußeisenkonsolen mit rosettenverzierten Befestigungspunkten bilden einen weitausladenden Säulenkopf, der jedem der ankommenden Tragprofile ein Auflager entgegenstreckt und so die Architektur des Innenraumes wesentlich mitbestimmt. An der Basis erreichen die Gußeisensäulen einen Durchmesser von einem Fuß (30,48 cm).

Turners patentierte Neuentwicklung für Kew sind die das Gebäude horizontal aussteifenden Rohrpfetten mit innenliegenden Zugstangen, die in Abständen von ca. drei Metern die Distanz zwischen zwei Bindern fixieren. Nach dem Ausrichten der Bogenträger wurden die 2,9 cm starken Zugstangen angespannt, und so die gesamte Unterkonstruktion zug- und druckfest miteinander verbunden. Für die Auflagerung der Verglasungsprofile zog Turner eine zweite Pfette ein, die sich als dünnes Rundeisen auf die vom Glas zu weit entfernte Rohrpfette aufständert.

Für die Be- und Entlüftung, besonders für die regelbare Heizungsanlage sind in Kew aufwendige Maßnahmen getroffen worden: Mittels gußeiserner Klappen im Brüstungsmauerwerk wird die Frischluft eingelassen. Sie erwärmt sich über einer Rohrbatterie, die entlang dem Mauersockel unter der Steinabdeckung der 1,10 m breiten Pflanzenstellagen verläuft. Die Lüftungsflügel für die Abluft in den Laternenaufsätzen und im Obergaden sind mit den Zuluftklappen im Sockel durch Gestänge gekoppelt, um eine wirksame Durchlüftung zu sichern.

Der Fußboden des Palmenhauses besteht aus 1,5 m breiten, mit Steinplatten bedeckten Wegen, die mit großen Flächen aus perforierten Gußeisenplatten (1,27 x 1,27 m) abwechseln. Das Ganze ruht auf einem von gußeisernen Ständern getragenen doppelten Trägerrost. Hier liegen die Rohre der Warmwasserheizung auf. Der insgesamt 1,60 m hohe Doppelboden ist ein früher Vorläufer heutiger Konstruktionen, die ebenfalls der Installationsführung dienen. Im aufsteigenden Warmluftstrom über den gelochten Bodenplatten stehen die Pflanzen in Gefäßen. Sie können leicht ausgetauscht werden und behindern sich nicht gegenseitig in ihrem Wurzelwachstum. Für eine ausreichende Luftfeuchtigkeit sorgen offene, wassergefüllte Tröge, die von den Regenrinnen auf der Sockelbrüstung beschickt werden. Geschlossene Behälter, aus deren Ventilen Dampf abgelassen werden konnte, waren im Hohlraum des Doppelbodens angeordnet.

Zwei Keller zwischen Mittelpavillon und Seitenflügeln nahmen die zwölf Heizkessel auf. Nach dem Vorbild des »Great Stove« in Chatsworth wurde zu ihrer Beschickung mit Kohle, zum Abtransport der Schlacke und zur Ableitung der Rauchgase ein ca. 170 m langer Tunnel gegraben. Er nahm die Rauchrohre bis zum 29 m hohen Kaminturm auf. Zwischen hohen Bäumen stehend, ohne Bezug zum Palmenhaus, ist der aus Ziegelmauerwerk errichtete Turm nach Art eines italienischen Campanile gestaltet. Er enthält am Kaminkopf zusätzliche Feuerstellen, die den Zug der Rauchgase verbessern sollten. Außerdem war hier ein Wasserreservoir untergebracht, von dem aus Leitungen bis in Höhe der Palmenempore führen, um auch hohe Bäume von oben besprühen zu können.

Die schuppenförmig sich überdeckenden, ca. 24 x 61 cm großen Glastafeln der Dachflächen folgen der Bogenkonstruktion und sind gekrümmt. Die Glastafeln bestanden aus starkem »Scheetglas«, das im Zylinder geblasen und danach aufgeschnitten und geglättet wurde. Um besondere Einrichtungen zur Beschattung einzusparen, ermittelte man in zahlreichen Versuchen und Messungen, daß die Beimischung von Kupferoxyd bei der Glasherstellung die beste Wirkung für den Lichtschutz der Pflanzen erbrachte. Sie verlieh der Erstverglasung ihren blaßgelben, grünlichen Farbton[14].

Stil »Ich glaube nicht, daß es richtig wäre, für ein aus Glas und Eisen konstruiertes Gebäude, dessen Hauptfunktion das Licht ist, irgendeinen für Gebäude aus Stein bestehenden Architekturstil zu übernehmen«, schrieb Burton zum Entwurf des Palmenhauses[15]. Burtons Ablehnung jeglicher, die funktionelle und konstruktive Zweckform verschleiernder Stilelemente führte bei den Palmenhäusern von Kew und Chatsworth zu einer Komposition, welche die »ursprünglichen architektonischen Werte der Zweckbauten des 19. Jahrhunderts« im Sinne der »Functional Tradition« auf reinste Weise verkörpert[16]. Benevolo spricht vom »Parallelismus der geistigen Methodik«, der seinen »Ursprung in der analytischen Mentalität jener Zeit« hat und zu »klassischen Effekten« führt[17].

Burtons großer Wurf konnte gelingen, weil er während der Zeit seiner Mitarbeit an den Systembauten in Chatsworth und im Regent's Park gezwungen war, sich mit den statischen, konstruktiven und produktionstechnischen Problemen der Holz-, Glas- und Eisenbauweise auseinanderzusetzen. Als geschulter Architekt wußte er die Gesetzmäßigkeiten weit besser als ein Gärtner oder Eisenbauer zu artikulieren, um sie als »bereinigte« Ingenieurarchitektur zur Grundlage der dritten Großstruktur eines Pflanzenhauses zu machen. Während Paxtons hölzerner »Mammut« in Chatsworth durch seine mächtige Baugestalt beeindruckte, ging es im Regent's Park um den ersten großen Glashauskomplex ganz aus Eisen. Durch Aneinanderreihung wirtschaftlich dimensionierter Glashaustrakte sollte er in Etappen entstehen. In Kew wurde aus Paxtons uniformem Systembau eine hierarchisch gegliederte Baugestalt von großem Beziehungsreichtum. Ihre Geometrie ist zugleich Ausdruck einer optimalen Konstruktionsform, wie sie die wenigen strukturellen Elemente im Gebäudeinnern widerspiegeln. Als körperhaftes Haut- und Knochensystem stehen sie im Gegensatz zu den im Licht verschwimmenden linienhaften Stäben und Stangen des Conservatorys im Regent's Park.

Den wenigen dekorativen Elementen des Palmenhauses kommt in ihrem Anordnungsschema eine quasi funktionelle Bedeutung zu. Im Rhythmus des Konstruktionsmoduls setzen von Füllringen unterstützte, zugleich schubaufnehmende Aussteifungsbögen und gußeiserne Voluten an den Gewölbeansätzen schmückende Akzente. Die geometrische Strenge der scharf gegeneinander abgesetzten Teilbaukörper wird damit an den Nahtstellen durch ein dekoratives Übergangsmotiv überspielt, die Teile werden zur Gesamtform zusammengebunden. Im Innern des Palmenhauses krönt das gleiche Volutenmotiv – hier in symmetrisch verdoppelter Anordnung – den Scheitel der Bogenbinder. Das Prinzip, den Schwerpunkten der Gebäudegeometrie dekorative Elemente zuzuordnen, wiederholt Burton an den Verknüpfungspunkten der Konstruktion. So in Form blattförmiger Rosetten an den Anschlüssen der Rohrpfetten, wie an denen der weit ausladenden Stützkonsolen.

Die folgenden Entwicklungsstufen sind gleichermaßen charakteristisch für die Umsetzung des Bauornaments in das Material Gußeisen, wie für seine schließliche Loslösung aus dem ursprünglich zur Steinarchitektur gehörenden kompositorischen Verband. Während der Architekt Fowler im Conservatory von Syon Park die architektonischen Bauglieder Säule, Archivolte, Ringarchitrav aus perforierten gußeisernen Halbschalen zu volumenbildenden Hohlprofilen zusammensetzte, um einerseits die höhere Festigkeit des Gußeisens materialsparend zu nutzen, andererseits die Proportionen der Steinarchitektur beizubehalten, entschied sich Rohault bei seiner Pariser Pflanzenhausgruppe – wiederum aus materialbedingten Gründen – für deren Miniaturisierung. Spielerisch waren den von Natur aus schlanken eisernen Fassadenpfosten und -riegeln zierliche Halbsäulen, Friese, Löwenköpfe etc. vorgeblendet. Doch nur nach außen, um im Innern »den Käfig vergessen zu machen«. Turner ging mit seinem verglasten Pilaster vom Conservatory im Regent's Park in der Materialanpassung und Abstraktion noch einen Schritt weiter. Er stellte zwar das Abbild des massiven Pfeilers in richtigen Proportionen dar, jedoch auf seine Konturen reduziert. Die konstruktiv unnötige Innenfläche des eisernen Rahmens wurde farbig verglast. Schließlich vollzog Burton im Palmenhaus von Kew den endgültigen Verzicht auf die gußeiserne Nachbildung von Baugliedern der Steinarchitektur, eine Einstellung, der sich Paxton im Kristallpalast von 1851 anschloß. Das losgelöste, auf sich selbst zurückgeführte Dekorationsmotiv wird in Kew dem »ungestörten« Eisenskelett in Schwerpunkten der Komposition und Konstruktion lediglich aufgesetzt.

Anmerkungen

1. William Aiton betreute vierunddreißig Jahre als Curator den Pflanzenbestand der Gärten von Kew House und später von Richmond Lodge.
2. William Chambers, Designs of Chinese Buildings, Furniture, Dresses etc., 1757; A Treatise on Civil Architecture, 1759
3. William Chambers, Plans, Elevations, Sections and Perspective Views of the Gardens and Buildings at Kew in Surrey. 1763
4. Love Lane: früher der alte Reitweg von Richmond Palace zur Pferdefähre über die Themse; entspricht dem heutigen Holly Walk.
5. J.R. Sealy, Lebenswerk großer Botaniker. In: Country Life 6/1959
6. Das Komitee bestand aus John Lindley, damals Professor der Botanik an der Londoner Universität und den Gärtnern Paxton und Wilson, die 1838 die Zustände in Kew kritisierten. Lindleys Vorschlag, Kew in einen nationalen botanischen Garten als Zentrum der Botanik und des Gartenbaues für die britischen Kolonien umzuwandeln, war nicht im Sinne der »Lords of Treasury«, die das Komitee beauftragt hatten. Sie wollten die Sammlungen von Kew auflösen und boten die Pflanzen im Februar 1840 der Horticultural Society für ihren Garten in Chiswick an. Die Pflanzenhäuser in Kew sollten nach ihrem Willen in Weintreibhäuser umgewandelt werden. Der Rat der Society, von Paxton und Lindley beeinflußt, lehnte das Angebot entrüstet ab.
7. R.G.C. Desmond, Who designed the Palm House in Kew Gardens? In: Kew Bulletin, Bd. 22 (2), 1972; J. Hix, Richard Turner: Glass Master. In: The Architectural Review 11/1972
8. Iron Conservatory Killikee bei Dublin; Belfast Botanic Garden (ab 1839); Curvilinear Range in Glasnevin Botanic Garden bei Dublin (ab 1843)
9. George Godwin, Buildings and Monuments. London 1858, S. 25: 1848 nach dem Entwurf von Decimus Burton errichtet
10. 1761-1762 von W. Chambers
11. General Museum, 1837 von Decimus Burton; Reference Museum 1847; Wood Museum
12. Marianne North Gallery, 1882 von James Fergusson, Pflanzen- und Landschaftsbilder aus dem späten 19. Jahrhundert
13. The Builder, 15.1.1848, S. 30
14. R. Hunt of the Museum of Economic Geology, »The injurious Effect on the Vegetation arising from the Use of white Sheet Glass ...« A Paper before the British Association. In: The Builder 1848, S. 31
15. Burtons Report vom 7.3.1844 an die Commissioners of Woods and Forests, zitiert nach R.G.C. Desmond, vergl. Anm. 7
16. L. Benevolo, Geschichte der Architektur des 19. und 20. Jahrhunderts. München 1964, Band 1, S. 63-77
17. wie Anm. 16

4. Conservatory der Royal Horticultural Society, Weltaustellung von 1862 in South Kensington, London
1860-1861 von Francis Fowke, Ausführung der Eisenkonstruktionen durch Firma Handyside & Co.
Abb. 175-182

Geschichte   Mit den Überschüssen aus der ersten Londoner Weltausstellung (1851) erwarben die Royal Commissioners Bauland in South Kensington, um Gebäude für Künste und Wissenschaften zu errichten. Doch mußte das Gelände für die 1861 geplante zweite Ausstellung verwendet werden; denn der hierfür vorgesehene Battersea Park schied wegen Erschließungsproblemen als Bauplatz aus[1]. Hinzu kam, daß die Horticultural Society, der Prinz Albert als Präsident vorstand, im Januar 1859 um Überlassung eines ca. 80.000 m² großen Geländes in South Kensington ersuchte, um hierauf einen Schaugarten anzulegen. Der bestehende Garten der Gesellschaft in Chiswick sollte wegen seiner Abgelegenheit zukünftig nur noch als Experimentier-Station genutzt werden. Schon im Juli erklärten die Commissioners ihr Einverständnis[2].

Damit waren die Voraussetzungen für eine gegenüber 1851 gewandelte Ausstellungskonzeption geschaffen. Vorschlägen von Henry Cole folgend, dem schon am Crystal Palace mitwirkenden Organisator für 1861, sollten die Ausstellungsgebäude nicht mehr für temporäre sondern für permanente Nutzung geeignet sein, um später als Kulturzentrum – wie ursprünglich geplant – zu dienen. Anregungen von Prince Albert gingen in die gleiche Richtung[3]. Um diesen Baukomplex mit Garten und Conservatory der Society zu einem repräsentativen Ensemble zu verknüpfen, legte der Architekt Sydney Smirke 1859 erste Entwürfe vor. Doch wurde ein Plan von W.A. Nesfield[4] im Frühjahr 1860 zur Ausführung bestimmt. Er erinnert an eine Schloßanlage: Über geometrische Terrassengärten hinweg stehen sich der Ausstellungspalast und das Conservatory – die traditionelle Position der Orangerie in der Achse einnehmend – gegenüber, verbunden und flankiert von Arkaden-Promenaden entlang rückwärtiger Galeriegebäude.

Captain Francis Fowke (1823-1865), der 1855 mit Cole zur Pariser Weltausstellung entsandt worden war, um hierüber zu berichten, wurde zum Superintendenten der Gebäude berufen. Im Juli 1858 begann er mit den Plänen für die Arkaden der Randbebauung, im März 1859 lag die Konzeption für den Ausstellungspalast vor. 1860 waren Fowke, Smirke und Nesfield sowie der Superintendent der Horticultural Society, George Eyles, ein Mitarbeiter Paxtons in Chatsworth und am Kristallpalast, mit der Verwirklichung der Schaugärten beschäftigt. Fowke plante zudem im Norden das 73 m lange Conservatory, die südlichen Arkaden, beide Musikpavillons, die hydraulischen Anlagen für die verschiedenen Kaskaden und Wasserbecken und den neuen Versammlungsraum der Gesellschaft hinter den östlichen Arkaden. Smirke entwarf die geschwungenen nördlichen und die zentralen Arkaden, sowie – in Zusammenarbeit mit Eyles – die architektonischen Terrassen und Freitreppen[5].

Am 5. Juni 1861 wurden die Horticultural Gardens eröffnet. Weder die Galeriegebäude noch die Weltausstellungsgebäude waren zu dieser Zeit fertiggestellt, da wegen des Krieges zwischen Frankreich, Österreich und Italien die Arbeiten zum Erliegen gekommen waren.

Die weitere Entwicklung verlief kontrovers. Denn die Öffentlichkeit fühlte sich wegen fehlenden Wettbewerbs für das Weltausstellungsgebäude und ohne die Diskussion von Fowkes Entwurf übergangen. Die Kritik hatte schon mit einem offenen Brief Paxtons vom 5.2.1861 an die Times begonnen. Die »monotone Architektur«, die seitliche, »falsche Plazierung« zweier gewaltiger Kuppeln, welche die Gebäudemitte unbetont ließ, stießen auf Ablehnung[6]. Mit ihrem Durchmesser von 41 m bei 76 m Gesamthöhe übertrafen sie die von St. Peter in Rom und St. Paul in London. Dennoch kam der 350 x 200 m große, für eine permanente Nutzung geplante, 300.000 Pfund teure »Brick Palace«[7], ein Mauerwerksbau mit eingestellter Eisenkonstruktion, zur Ausführung. Paxtons Kristallpalast von 1851 hatte dagegen nur 127.000 Pfund gekostet.

Prinz Albert starb im Dezember 1861. Auf seinen Tod führte man es zurück, daß die Besucherzahlen und Einnahmen der im April 1862 eröffneten Weltausstellung hinter den Erwartungen zurückblieben. Nach Ausstellungsende gelang es Cole nicht, die nötigen Gelder für den Erwerb des Gebäudes durch die Society of Arts zu beschaffen oder Sammlungen des British Museums dort unterzubringen, nicht zuletzt wegen der Unbeliebtheit des Gebäudes in der Öffentlichkeit. So wurde es im Dezember 1864 abgerissen. Ein Teil des Materials, darunter eine der großen Kuppeln, fand beim Bau des ersten Alexandra Palace im Norden Londons Verwendung.

Noch im gleichen Jahr begann Fowke mit dem Entwurf für die im Norden an das Pflanzenhaus anschließende Royal Albert Hall of Arts and Sciences mit 8.000 Sitzplätzen, welche die Form eines römischen Amphitheaters erhalten sollte. Sein unerwarteter Tod führte dazu, daß mit den Bauarbeiten erst 1867 begonnen werden konnte, nach Plänen von Henry Scott, der auch die 335 m langen Galeriegebäude entwarf, die endlich auf dem freigehaltenen Geländestreifen im Rücken der Arkaden errichtet wurden. Die ellipsenförmige Albert Hall überdeckte der Ingenieur Ordish mit einer gewaltigen, 67 x 57 m frei gespannten schmiedeeisernen Dachkuppel. Als der Bau am 29. März 1871 eröffnet wurde, war die Idealkonzeption von 1858 für ein »der Verbreitung intellektueller und ästhetischer Werke (gewidmetes) ›Civic Centre‹«[8] endlich verwirklicht, wenn auch die Baulücke, die der Abbruch des Weltausstellungsgebäudes gerissen hatte, noch immer offen stand.

Endgültig geschlossen wurde die Baulücke südlich der Horticultural Gardens erst durch das heute noch bestehende Natural History Museum, dessen Pläne Alfred Waterhouse 1866 in Angriff nahm; denn Fowke, der zwar den Wettbewerb gewonnen hatte, starb 1865. Der 1873 begonnene Bau war erst 1881 vollendet, gerade in dem Jahr, in dem die Horticultural Society wegen finanzieller Rückstände ihre Kündigung erhielt. Den hiergegen angestrengten Prozeß verlor sie 1882 endgültig. Die finanziellen Nöte zwangen die Gesellschaft, den alten Garten in Chiswick auf ein Drittel seiner Größe zu verkleinern und einige Glashäuser abzubrechen. Im März 1888 endete das »Kensington Abenteuer«. Das Conservatory wurde verkauft und abgerissen.

Außer der Albert Hall und Teilen der östlichen und westlichen Arkaden, die heute noch stehen, erinnert noch die geschwungene Straßenführung, die den ehemaligen gebogenen Arkaden folgt, und das Denkmal für die Weltausstellung von 1851 mit einer Statue von Prinz Albert an die alte Anlage. Die Überbauung des Gartengeländes mit insgesamt neun Instituten, Kollegs und Museen setzte bereits 1883 ein und endete 1933-1935 mit dem Geological Museum.

Gesamtanlage   Südlich von Kensington Gardens, umschlossen von vier Straßenzügen, waren die Royal Horticultural Gardens auf dem nach Süden leicht abschüssigen Gelände wie ein von Arkaden eingefaßter riesiger Peristylgarten angelegt. Im Osten und Westen die hinter den Bogenstellungen aufsteigenden Galerietrakte, im Norden das von der großen Garten- und Symmetrieachse in zwei Hälften geteilte gläserne Conservatory, das mit den verglasten Seitenkuppeln des gegenüberliegenden Ausstellungspalastes korrespondiert. Allein 85.000 m² des mehr als doppelt so großen Straßengevierts nehmen der Gartenhof, das Pflanzenhaus und die Arkaden ein. Noch weiter nördlich, schon jenseits des Conservatorys, doch mit diesem in Verbindung stehend, schließt die Albert Hall an, über die hinaus die Achse schließlich in das Parkgelände von Kensington Gardens eindringt; dort steht – gleichsam ein Zeichen setzend – das 53 m hohe Albert Memorial (1863-1872), das 1877 durch einen gewaltigen Glasdom überdeckt werden sollte.

In starkem Kontrast zu diesem in viele Bauglieder aufgelösten und lückenlos mit Ornamentik, Figurengruppen und Reliefs überzogenen Monument steht die wuchtige Baumasse der Albert Hall. In dem kuppelüberdeckten Steinoval mit vier Portiken sieht Pevsner Einflüsse von der Dresdener Oper (1837-1841) des Architekten Semper, der von 1849 bis 1853 in London lebte[9] und den Prinz Albert sehr schätzte. Von Süden gesehen, überragte der Koloß das Conservatory und die in Terrassen abfallenden Horticultural Gardens, deren Wegeführung und Arkaden auf ihn zuliefen. Seine zentrale Lage in der Hauptachse, aus der die Kuppeln des Ausstellungspalastes verbannt waren, bekräftigt die Dominanz der Albert Hall für die Gesamtkonzeption der Anlage.

Der bevorzugten Blickrichtung nach Norden folgt der Aufbau des Gartenraumes, der die natürliche Perspektive unterstützt. Er verschmälert sich in drei Stufen zum Conservatory hin, sowohl durch Fassadenvorsprünge der Arkaden, wie durch Höhenversatz der auf diese Weise entstehenden drei Terrassengärten. Vorbildern der Renaissance folgend, schließen rechts und links des Pflanzenhauses geschwungene Arkaden an, die, in quadratischen Pavillons endend, den oberen Gartenbereich umfangen. Es sei hier an die gleiche Baugruppierung des Conservatorys in Syon Park erinnert. Sydney Smirke hatte die Arkaden den Säulenbogenstellungen der Villa Albani nachgebildet. Roter Ziegelstein fand Verwendung mit Dekorationen der Friese und Spandrillen aus ornamentiertem Mauerwerk, glasierten Terrakottas, gebrannten Fliesen. Die Arkaden des mittleren und unteren Gartenbereichs von insgesamt 1.000 m Länge unterschieden sich in ihren Stilimitationen. Während die südlichen von Captain Fowke Ähnlichkeiten mit den Kreuzgängen von San Giovanni in Laterano, Rom, aus dem 12. Jahrhundert aufwiesen, hatte Smirke für die mittleren Vorbilder aus dem Mailand des 15. Jahrhunderts gewählt. Die Galeriegebäude von H. Scott erhoben sich zweigeschossig hinter den mittleren Arkaden, mit denen sie wie mit der Dachpromenade in direkter Verbindung standen. Ihre Fassade im italienischen Dekorationsstil schmückten Friese, Gesimse, Säulen und Steinlagen in sandfarbener Terrakotta; das Mauerwerk bestand aus roten Ziegeln, alles Materialien, »die dauerhafter gegen einen Londoner Winter sind als sogar Granit«[10].

Die Architektur der den Gärten zugewandten Seite des Weltausstellungsgebäudes war noch monotoner als die in zeitgenössischen Kritiken bemängelte Architektur der Straßenfronten. Auf H-förmigem Grundriß erhoben sich gleichhohe, von Satteldächern überdeckte Haupt- und Querschiffe, über deren Kreuzungen gewaltige Spitzkuppeln die beiden Haupteingänge im Osten und Westen markierten. Die offenen Flanken nach Süden und zu den Gärten hin füllten niedrige zweigeschossige Trakte mit Innenhöfen. Vier Ecktürme begrenzten die drei Straßenfronten.

Sucht man nach Vorbildern für den Palastgarten von South Kensington, lassen sich Parallelen zur Italienischen Gartenanlage des Kristallpalastes in Sydenham (1852-1854) aufzeigen. Paxton hatte dort Palast und Garten als riesiges Vergnügungs- und Bildungszentrum gestaltet, das bei aller viktorianischen Prachtentfaltung volkstümlich blieb. Schon in Sydenham existierten die in mehreren Stufen ansteigenden Conservatory-Terrassen, war die Symmetrieachse als breite Promenade ausgebildet, die sich um ein Wasserbecken gabelte. Die beiden östlichen und westlichen Nebenachsen finden sich ebenso wieder, wie die Aufgliederung in drei Gartenbereiche, von denen der untere mit einer Baumkulisse abschloß.

Konstruktion Dem blockhaften, dreischiffigen Pflanzenhaus aus Eisen liegt ein quadratischer Konstruktionsraster von 15 Fuß (4,57 m) zugrunde. 3 x 14 Achsen (13,72 x 64,01 m) entfallen auf das höhergeführte Mittelschiff, das von einer an den Giebelseiten abgewalmten, gläsernen Halbtonne überdeckt wird. Einschließlich der Lüftungslaterne erreicht es die beträchtliche Höhe von 22,86 m über dem Hallenboden. Auf halber Höhe setzen die Pultdächer des dreiseitig umlaufenden Seitenschiffes an, mit einer Bautiefe, die einem Rastermaß von 4,57 m entspricht. Fowke übernimmt damit das architektonische Schema der Stufung von Terrassen, von Arkaden- und Galerietrakten. Noch einmal wiederholt er es im geschwungenen Vordach der eisernen »Verandah«, das sich mit seinen schlanken Säulen auf den Steinbalustraden der Conservatory-Terrassen abstützt. Wiederum wird die Gebäudehöhe halbiert, wird der schon um die Seitenschiffe angewachsene Baukörper auf seinen drei Gartenseiten heruntergestuft und so an die Terrassen angepaßt.

Der rückwärtige Trakt weicht sowohl in Höhenlage, Bautiefe, wie im Material vom Bauschema des Pflanzenhauses ab. Er ist um 1,20 m erhöht, 7,01 m tief und zeigt zum Mittelschiff tragende Mauerwerkspfeiler, dazwischen je zwei dekorative Säulenbogenstellungen. Er unterfährt gewissermaßen die hintere gußeiserne Säulenreihe des Hauptschiffes und schneidet sie in Emporenhöhe, 6,71 m über dem Hallenboden ab, eine Lösung, die von der Zeitkritik als »Telescope Gallery« bezeichnet und als »Abnormität« abgelehnt wurde[11]. Denn links und rechts des Mittelpodests reichen die Eisensäulen bis auf dessen Balustrade herunter, die gegenüberliegende, ungestörte Säulenreihe schließlich steht auf dem Hallenboden. Sie erreicht die enorme Höhe von 11,89 m bei einem Durchmesser von nur 8 Zoll (20,32 cm). Ihre Herstellungslänge hatte man durch sichtbare Flansche zweigeteilt. Selbstkritisch bemerkte Matheson, Ingenieur der Firma A. Handyside & Co: »Bei der Konstruktion eines ähnlichen Gebäudes sollte das gleiche Gesamtbild beibehalten, aber größere Festigkeit gegeben werden, ohne Kostenerhöhung, durch eine geringe Vergrößerung des Eigengewichts und durch bessere Maßnahmen zur Aufnahme des Schubs aus dem gebogenen Dach.«[12] Hierfür war wenig getan; denn die Bogenträger des Mittelschiffs enden oberhalb des fachwerkartig ausgebildeten Obergadens, ohne über diesen hinweg mit den Stützenköpfen biegesteif verbunden zu sein. Matheson hatte sie aus vier Winkelprofilen und dekorativ perforierten Stegplatten nach Art eines Doppel-T-Trägers zum Bogen von 35,6 cm Profilhöhe bei 13,72 m Spannweite zusammengesetzt. Die vorwiegend auf Druck beanspruchte Tragstruktur des Mittelschiffs aus Gußeisensäulen, Bogenbindern und stabilisierenden Längsverbänden des Obergadens zeigt folgerichtig eine kräftigere Dimensionierung. Dagegen sind die Pult- und Satteldächer der Seitenschiffe und des rückwärtigen Traktes durch wenig Schub aufnehmende, weil zugbeanspruchte Filigrankonstruktionen geprägt. Ihre unterspannten T-Träger und Hängewerke liegen im halben Achsabstand von 2,285 m rings um das Mittelschiff herum den Untergurten der Obergaden auf. Alle Tragwerke werden durch Pfetten ausgesteift und sind von der Sekundärstruktur der Falzleisten für eine Glastafelbreite von 36,4 cm überdeckt. Wie die gesamte Konstruktion hatte Fowke auch die großen Diagonalkreuze der Windverbände frei im Raum sichtbar gelassen. Horizontal verspannen sie die Bogenträger unter dem Laternenaufsatz, vertikal, zweifach übereinander, die Giebelsäulen des Mittelschiffes.

Entwurf, Stil »Eisenwerk ist nicht von architektonischer Schönheit. Seine Qualitäten sind verstandesmäßiger Art, nicht ästhetisch; strukturell, nicht dekorativ.«[13] So urteilte die führende Bauzeitschrift Englands in der zweiten Hälfte des 19. Jahrhunderts über den einst begeistert gefeierten neuen Baustoff. »Armselig und unkünstlerisch [wie] ein Stationsdach oder das Oberlicht einer Fabrik« heißt es dann weiter in Anspielung auf die häufige Anwendung des Eisenbaues für untergeordnete Zwecke, die sicher mit dazu beigetragen hat, die Gegenbewegung des Eklektizismus für anspruchsvollere Architekturaufgaben auszulösen. Die *Zeitschrift für praktische Baukunst* kritisierte 1866 in einem Artikel über Eisen-Architektur das Zeitalter, in dem »viele Kunstfächer fast nur mehr im Schlepptau der Industrie fortkommen«. Sie lehnte es ab, »in einer ausgebreiteten Anwendung des Eisens eine neue Periode der Architektur aufblühen [zu] sehen ... Wir glauben uns berechtigt, auszurufen: Die erste Bedingung der Architektur ist Stein!« Auf »das Treibhaus im Garten der Horticultural Society zu Kensington« eingehend, bezeichnete sie dessen Architektur als »Käfigsystem, ... das keine wohlgefällige Auflösung zugelassen habe ... Dort, wie in den meisten Eisenkonstruktionen, sehen wir den allgemeinen Eindruck von Bogenstellungen nachgeahmt, ohne daß die Bögen wirklich tragen, ohne daß die Säulen dort enden, wo sie zu enden scheinen, und oft sogar ohne daß die allergewöhnlichsten traditionellen Formen befolgt seien; so finden wir Säulen ohne Kapitell, ohne Ausladung, ohne Fuß, Bögen ohne Auflager und Abnormitäten wie die ›Telescope Gallery‹, weil eben die architektonische Ausstattung weder durchgehend das ... ausdrückt, was die einzelnen Bestandteile leisten, noch durchgehend dem folgt, was die Traditionen anderer Stile vorschreiben.«

Die zwiespältige Zeitkritik läßt die stilistische Unsicherheit gegenüber der Ingenieurbauweise erkennen, suchte man doch nach der Jahrhundertmitte sich wieder am Steinbau, an dessen Formenkanon, seinen Proportionen und der ihm eigenen Werkgerechtigkeit zu orientieren. Fowke bemühte sich, dem eklektizistischen Anspruch nachzukommen:

Wohl selbst als belehrendes Ausstellungsobjekt gedacht, präsentiert sich das Ensemble von South Kensington in historisierenden Baugruppierungen und im Formenkanon der Steinarchitektur. Nichts erinnert mehr an die rational geometrischen Ingenieurstrukturen des programmatischen Vorgängerbaues von 1851, Paxtons Kristallpalast. Fowke stellte ihm seinen eklektizistischen »Brick Palace« gegenüber mit dem von Bogengängen und Galerietrakten umschlossenen Palastgarten und dem Conservatory als krönenden Abschluß. Typisches Beispiel für diesen Eklektizismus ist die motivgetreue Nachbildung der Arkaden der Villa Albani. Als offene, Palast und Garten verbindende Wandelgänge ließ Fowke sie am Pflanzenhaus wiederaufleben. Er übernahm die zeremonielle Wegeführung auch im Innern des Wintergartens, der schließlich ganz den Grundriß der Villa Albani (Rom, 1746-1760 von Carlo Marchionni) widerspiegelt.

In der wegen ihrer Zielsetzung von Kardinal Alessandro Albani als »Casino« bezeichneten Sammlungs- und Ausstellungsstätte fand Fowke den wesensverwandten Vorgängerbau für das Schauhaus von South Kensington, wie dieses Conservatory und Begegnungsstätte zugleich. Der gedehnte, tonnenüberwölbte Galeriesaal, der sich vor den frei aufgestellten Skulpturen als Wandelhalle dreiseitig zum Garten öffnet, wurde zum Charakteristikum für das Pflanzen-Conservatory. Bühnenhaft schloß acht Stufen über dem Hallenboden das neun Meter breite Podium an, ein Ort gesellschaftlicher Selbstdarstellung, von dem aus die Bewegungsabläufe für das Publikum wirkungsvoll in Szene gesetzt wurden: Auf kurzem Weg zur Albert Hall und zum Conservatory, über die inneren Bogengänge zu den Garten-Arkaden, über Treppen und Emporen zur Dachpromenade. Ein Programm, das den rückwärtigen Trakt – des Kasinos wie des Conservatorys – zum Herzstück eines auf die Gesamtanlage übergreifenden Ordnungssystems machte.

Nicht so das äußere Erscheinungsbild. Denn für ein gläsernes Pflanzenhaus war der scheinbar dachlose Kubus und die Lochfassade der Villa Albani ein wenig geeignetes Bauschema. So liegt es nahe, hierfür nach einem anderen berühmten Gebäude der italienischen Architekturgeschichte zu suchen, auf die man sich in South Kensington spezialisiert hatte. Offensichtlich entschied sich Fowke für Palladios Basilika von Vicenza (ab 1549), das am Rande eines Platzes freistehende langrechteckige Stadthaus mit hohem, abgewalmten Tonnendach und den charakteristischen kielbogenförmigen Dachverschneidungen. In London durch ein linienhaftes eisernes Skelett auf seine bloße Bauform reduziert, wird daraus eine transparente Hülle, die dem massiven Steinunterbau aus Treppenanlagen, Bogengängen und rückwärtigem Galeriegeschoß gleichsam aufgesattelt zu sein scheint.

Die prägnante Baugestalt der neunachsigen Basilika hatte sich in eine überdehnte Gebäudestruktur von sechzehn Konstruktionsfeldern verwandelt. Die Umsetzung der plastischen Steinarchitektur mit ihrem lebendigen Spiel von Masse und Öffnung in die mit einer Glashaut flächig ausgefachte Eisenkonstruktion, der Ersatz der bildhaften, eine ganze Bauachse füllenden Serliana durch ein kleinmaßstäbliches serielles Bogenfensterschema konnten dem Vorbild nicht gerecht werden. Während die Basilika am Rande eines städtischen Platzes steht und auf volle Breite ihre Loggien zu ihm öffnet, führte die Haupterschließungsachse in Kensington zentral auf das Pflanzenhaus zu, ohne daß die Architektur hierauf Bezug nahm.

Durch Hinzufügung der dreiseitig umlaufenden »Verandah«, ein von dekorativen Eisensäulen, Bögen und Konsolen unterstütztes geschwungenes Vordach, versuchte Fowke die undifferenzierte Baumasse aufzulockern und an die Linienführung der Arkaden anzuschließen. In den stufenartigen Rücksprüngen der drei Conservatory-Terrassen, von »Verandah«, Seitenschiffen und Obergaden wird schließlich die nach außen ansteigende Raumform des riesigen Peristylgartens, bewirkt durch die horizontale Schichtung der Terrassen, Arkaden und Galeriegebäude, wiederaufgenommen.

Im Innern des Pflanzenhauses dominierte die ornamentale Steinarchitektur der rückwärtigen Arkaden, die am großen Podest zur Albert Hall ihren Ursprung hatten und sich, die Fassaden durchstoßend, um das ganze Rund der Gärten fortsetzten. Die Idee der Durchdringung mutet wie ein Vorgriff auf das 20. Jahrhundert an. Doch weist der unterschiedliche Stil der äußeren Arkaden gegenüber ihrer Fortsetzung im Innenraum noch auf das klassizistische Prinzip der Baukörpertrennung hin. Während Smirke die geschwungenen äußeren Arkaden denen der Villa Albani nachbildete, übernahm Fowke für die Arkadengänge im Conservatory Vorbilder aus dem Kreuzgang von San Giovanni in Laterano in Rom aus dem 12. Jahrhundert. Sie bestanden aus je drei auf Postamenten stehenden, 2,59 m hohen Schlangensäulen aus Terrakotta, besaßen doppelte Schaftringe und zeigten unterschiedlich ornamentierte Kapitelle. Darüber Zwillingsbögen aus roten Ziegeln, die mit hellen, diamantförmigen Einlagen ausgelegt waren. Godfrey Sykes entwarf und modellierte diese Arbeiten, Blanchard führte sie aus[14].

Im Rücken des großen Podestes, das dem Atrium in der Villa Albani entsprach, überdeckte eine dreifache Bogenstellung im Stil der inneren Arkaden den Durchgang zur Albert Hall. Zusammen mit den flankierenden Wandpfeilern trugen sie einen von zwei Skulpturen geschmückten Balkon. Von ihm hatten die Besucher der Albert Hall einen Ausblick in das Pflanzenhaus und über die Gärten.

Erst 1862, zur Weltausstellung, wurde der dekorative Mosaikfußboden verlegt: Kleinmosaik aus gesägtem Marmor in geometrischen Anordnungen und »Alexandrine Work« aus weißen Marmorplatten, in die purpurroter Porphyr oder grüner Serpentin eingelegt wurde. Auch hatte man Ton in quadratische Formen von 6 Zoll (15,24 cm) Seitenlänge gefüllt und mit gußeisernen Platten ein Relief in die Oberfläche geprägt, dieses mit andersfarbenen Tonen abgeglichen und das Ganze zur glasierten Tonfliese gebrannt. Für das »Alexandrine Work« gab es berühmte Vorbilder, so in Westminster Abbey und in der Kathedrale von Canterbury.

Die das Ganze überdeckende Eisenkonstruktion könnte man sich als bloßen Wetterschutz wegdenken, ohne daß dem Szenarium der Treppen, Podeste, Bogengänge und Galerien, der Flanier- und Pflanzenflächen, der Vasen und Skulpturen etwas fehlen würde. Sie waren Staffage für ein Publikum, das hier Rollen der Selbstdarstellung, wie im Theater, einnehmen konnte. So blieb das »Käfigsystem«, meist filigrane Spannkonstruktionen, als nicht zur Szene gehörig, undekoriert. Nur der Zentralraum war von Säulen mit Palmenkapitellen eingefaßt, Ringmotive schmückten seinen Obergaden, darüber die gläserne Halbtonne, die von dekorativ gelochten Bogenträgern getragen wurde. Wie es scheint, hat Fowke über den dreifachen Rückgriff in die Architekturgeschichte geschwiegen, so daß der Bau in der Unverbindlichkeit eines eklektizistischen Vokabulariums verblieb. Erst heute offenbaren sich uns Herkunft und Sinngehalt des Ensembles: Die Bauform des im Mittelpunkt öffentlichen Lebens stehenden Stadthauses von Vicenza verband sich mit der zeremoniellen Grundrißorganisation der zur Präsentation von Kunstschätzen erbauten Villa Albani. Den Innenraum bestimmten die Arkaden eines Kreuzganges, Sinnbild des Wandelns um den umschlossenen Garten, den die Glasgewölbe des 19. Jahrhunderts zum Wintergarten werden ließen.

Anmerkungen

1. »Brompton or Battersea for the Exhibtion of 1861«, in: The Builder, 16.10.1858, S. 697
2. H.R. Fletcher, The Story of the Royal Horticultural Society 1804-1968. Oxford 1969, S. 186f.
3. Marble Halls, Drawings and Models for Victorian Secular Buildings. Ausstellungskatalog des Victoria and Albert Museums, 1973, S. 96
4. The Horticultural Proposed Garden, in: The Builder 19.5.1860, S. 311-312
5. The Builder, 8.6.1861, S. 390f.
6. The Builder, 9.2.1861; The Civil Engineer and Architect's Journal, 1.4.1861, 1.4.1862
7. B. Bradford, The Brick Palace of 1862. In: Architectural Review 7/1962, S. 15-21
8. N. Pevsner, The Buildings of England, London II, Harmondsworth 1974, S. 253
9. Pevsner, wie Anm. 8
10. The Builder, 4.5.1861, S. 301
11. Zeitschrift für praktische Baukunst, 1866, S. 210
12. E. Matheson, Works in Iron. Bridge and Roof Structures. London 1873, S. 251-254
13. The Builder, 10.12.1870, S. 977f.
14. The Builder, 20.7.1861, S. 496f.

79 Pflanzenschauhäuser – Katalog

Register zum Katalog

Der Katalog bringt die Objekte in chronologischer Reihenfolge, wodurch Entwicklungen im Pflanzenhausbau besonders deutlich werden. Das vorangestellte Register ist dagegen alphabetisch geordnet, um ein schnelles Nachschlagen einzelner Objekte zu ermöglichen. Die angegebenen Ziffern beziehen sich auf die Katalognummern.

Amsterdam:
  Industriepalast . . . . S 50
Asson, Jardin Exotique:
  Serre . . . . S 68
Belfast, Botanic Garden:
  Palm House . . . . S 16
  Tropical Ravine House . . . . S 17
Berlin, Königlicher Botanischer Garten, Potsdamer Straße:
  Palmenhaus-Rotunde . . . . S 36
  Winterhaus . . . . S 37
  Großes Palmenhaus . . . . S 38
  Victoria-Regia-Haus . . . . S 39
Berlin, Dahlem, Königlicher Botanischer Garten:
  Große Schauhausgruppe . . . . S 78
  Subtropenhaus . . . . S 79
Bern, Botanischer Garten:
  Palmenhaus, Orangerie . . . . S 46
Birmingham, Botanical Gardens:
  Glashausentwurf mit Ringgewölbe . . S 10
  Glashausentwurf mit Spitzkuppel . . . S 11
  Pflanzenhäuser . . . . S 30
Bordeaux, Jardin Public:
  Grandes Serres . . . . S 42
Brüssel, Jardin Botanique:
  Serres der Société Royale d'Horticulture . . S 7
Caen, Jardin Botanique:
  Serres und Orangerie . . . . S 44
Cambridge, University Botanic Garden:
  Glasshouse Range . . . . S 67
Dublin:
  Exhibition Palace und Winter Garden . . . S 51
Dublin, Glasnevin, National Botanic Gardens:
  Curvilinear Range . . . . S 23
  Palm House . . . . S 24
Dublin:
  The Great Industrial Exhibition of 1853 . . S 31
Edinburgh, Royal Botanic Garden:
  Tropical Palm House . . . . S 40
  Temperate Palm House . . . . S 41

Edinburgh, The Caledonian Horticultural Society Gardens:
  Winter Garden . . . . S 27
Florenz, Giardino d'Orticultura:
  Serra . . . . S 56
Frankfurt am Main, Gärtnerei Rinz:
  Pflanzenschauhaus . . . . S 34
Frankfurt am Main, Palmengarten:
  Pflanzenschauhäuser . . . . S 76
Gand (Gent), Jardin Botanique:
  Serres . . . . S 20
Glasgow, Botanic Gardens:
  Glasshouse Range . . . . S 64
Glasgow, Queen's Park:
  Projekte, Glashaus . . . . S 45
Glasgow, Springburn Park:
  Conservatory . . . . S 75
Glasgow, Tollcross Park:
  Conservatory . . . . S 63
Glasgow, Victoria Park:
  Fossil Grove House . . . . S 66
Innsbruck, Botanischer Garten der Universität:
  Gewächshausgruppe . . . . S 77
Kopenhagen, Botanischer Garten der Universität:
  Pflanzenhäuser . . . . S 55
Leiden, Hortus Botanicus:
  Pflanzenhäuser . . . . S 1
Liège (Lüttich), Jardin Botanique:
  Serres . . . . S 22
Liverpool, Sefton Park:
  Palm House . . . . S 71
Liverpool, Stanley Park:
  Conservatory . . . . S 73
London, Chiswick, The Horticultural Society's Garden:
  Conservatory . . . . S 19
London, Covent Garden Market:
  Roof Conservatories . . . . S 9

London, Hackney, Loddiges Nursery:
    Palm House . . . . S 4
    Camellia House . . . . S 5
London, Hyde Park:
    Crystal Palace 1851 . . . . S 28
London, Regent's Park, The Royal Botanic Society Gardens:
    Conservatory . . . . S 25
London, South Kensington, Horticultural Gardens:
    Conservatory . . . . S 43
London, The Royal Botanic Gardens Kew:
    Aroid House . . . . S 8
    Palm House . . . . S 26
    Water Lily House . . . . S 29
    Temperate House . . . . S 47
Louvain (Löwen), Jardin de l'Université:
    Serres, Orangerie . . . . S 6
Lyon, Parc de la Tête d'Or, Jardin Botanique:
    Serre . . . . S 58
    Grandes Serres . . . . S 59
    La Serre Victoria Regia . . . . S 60
Marseille, Parc Borély, Jardin Botanique:
    Serre Chaude . . . . S 3
Meise bei Brüssel, Jardin Botanique National de Belgique:
    La Serre Victoria . . . . S 32
Montpellier, Jardin de Plantes:
    Orangerie . . . . S 2
München, Industrieausstellung im Alten Botanischen Garten:
    Glaspalast . . . . S 33
München, Königlich Botanischer Garten:
    Große Gewächshäuser . . . . S 52
Nantes, Jardin des Plantes:
    Serres . . . . S 70
Orléans, Jardin Botanique:
    Orangerie, Serres . . . . S 21

Paris, Auteuil, Bois de Boulogne, Nouveau Jardin Fleuriste:
    Grandes Serres . . . . S 72
Paris, Auteuil, Palais d'Exposition Permanente:
    Jardin d'Hiver . . . . S 49
Paris, Champ de Mars:
    L'Exposition Universelle de 1867 . . . . S 53
    L'Exposition Universelle de 1900:
    Le Palais de l'Horticulture . . . . S 74
Paris, Jardin des Plantes:
    Serres . . . . S 12
    Jardin d'Hiver . . . . S 69
Paris, La Muette:
    Les grandes Serres de la Ville de Paris . . . S 35
Rennes, Jardin des Plantes:
    Serres, Orangerie . . . . S 48
Rouen, Jardin des Plantes:
    Serres de Trianon . . . . S 18
Sheffield, The Botanical and Horticultural Gardens:
    Glasshouse Range . . . . S 13
Southport, Merseyside, Churchtown, Botanic Gardens:
    Fernery . . . . S 57
Southport, Merseyside, Hesketh Park:
    Conservatory . . . . S 54
Strasbourg, Botanischer Garten, Kaiser-Wilhelms-Universität:
    Großes Gewächshaus . . . . S 62
Tarbes, Jardin Massey:
    Serres . . . . S 61
Tübingen, Alter Botanischer Garten:
    Gewächshaus . . . . S 65
Zürich, Botanischer Garten der Universität:
    Vorderes Gewächshaus . . . . S 14
    Palmenhaus . . . . S 15

Kat. S 1 ohne Abb.
LEIDEN, Niederlande
Pflanzenhäuser des Hortus Botanicus
1599, 1742, 1850, 1870, Architekten unbekannt
(Orangerie erhalten, Wintergarten und Glashäuser abgebrochen)

Der Universitätsgarten, 1587 von Carolus Clusius gegründet, ist einer der ältesten der Welt. Boerhave lehrte hier und veröffentlichte in »Elementa Chemiae« u.a. seine Erkenntnisse über den Neigungswinkel von Pflanzenhausverglasungen. Von 1599 datiert das erste, die ganze Breite des nur 40 x 31 m großen ummauerten Gartens einnehmende »Winterhaus«. Nur die dreizehnachsige Orangerie von ca. 1742, ein Ziegelbau mit Mittelrisalit, Walmdach und hohen zweiflügeligen Fenstertüren ist von den zahlreichen Pflanzenhäusern erhalten. Viele von ihnen wurden nach der dritten und größten Erweiterung (1818) des schließlich auf 2 ha angewachsenen Gartens errichtet. Darunter ein hohes, spitzbogiges Glashaus von ca. 1850 unmittelbar vor dem Ostgiebel der Orangerie. Es entsprach dem Typ des Conservatorys von Chiswick (1840, Fa. Bailey). Seine filigranen Falzleisten wurden über Rohrpfetten von gußeisernen, randverstärkten Bogenbindern mit unterbrochenen Stegen getragen. 1870 konnten die Wasserpflanzen in ein kreisrundes »Victoria-Regia-Haus« einziehen. Der seit den fünfziger Jahren geltenden Norm folgend, enthielt es Mittel- und Ringbecken unter einer gewölbten, flach ansteigenden Glasglocke. Die Binder aus zwei, durch Stegbleche verbundenen T-Profilen, trugen hochkant stehende Flacheisen-Ringpfetten. Dünne Rohrsäulen, auf dem Rand des inneren Beckens stehend, unterstützten sie an jeweils drei Punkten mittels nach innen und außen gebogener T-Spreizen. Eine goldfarbene Krone nach dem Vorbild der »Serre Victoria« in Brüssel (1840) schmückte den Kuppelscheitel. Seit dem Bau der aus siebzehn Glashäusern bestehenden U-förmigen Pflanzenhausgruppe (1937-1938) existiert von denen des 19. Jahrhunderts keines mehr.
Lit.: The Gardeners' Chronicle, 5/1877, 598-600

Kat. S 2 ohne Abb.
MONTPELLIER, Frankreich,
Orangerie des Jardin des Plantes
1804 von Lagardette, unter P.-M.-A. Broussonet erbaut
(Erhalten)

Der botanische Garten von Montpellier, die früheste Gründung in Frankreich, wurde 1593 unter Henri IV als Teil der medizinischen Fakultät eingerichtet. Von den drei großen, nach ihren Erbauern P.-M.-A. Broussonet (1804), Ch.-F. Martins (1861) und J.-E. Planchon (1887) bezeichneten Pflanzenhäusern steht heute nur noch die Orangerie von 1804. Anstelle des großen Kalthauses von 1861 im Nordwesten des Geländes wurde ein Jahrhundert später der heutige Wintergarten errichtet. Dagegen sind die in den fünfziger Jahren abgerissenen Anzuchthäuser von 1887 ohne Nachfolger geblieben. Die Grundform eines Parterregartens vom Anfang des 18. Jahrhunderts hatte sich in der Ecole Botanique erhalten und bestimmte noch 1804 die axial hierauf ausgerichtete Orangerie. Der auf einer Terrasse freistehende Bau aus rustikal belassenem Bruchsteinmauerwerk mit Werksteineinfassungen ist über eine Arkade von dreizehn Bogenstellungen mit zurückliegenden zweiflügeligen Fenstern nach Süden geöffnet.
Lit.: L'Illustration, Paris, 1857, 395-396
   H. Harant, D. Jarry, Le Jardin des Plantes de Montpellier, Montpellier 1968

Kat. S 3 ohne Abb.
MARSEILLE, Parc Borély,
Serre Chaude im Jardin Botanique
1803-10 von Penchand, architecte directeur des travaux publics du département
(Nicht erhalten)

In dem Haus für exotische Pflanzen, für ihre wissenschaftliche Erforschung und für ihre Betreuer nahm das Warmhaus den bevorzugten Platz auf der Südseite zwischen zweigeschossigen Kopfbauten ein. Es muß mit seiner auf hohem Sockel stehenden korinthischen Säulenkolonnade von elf Achsen (24 m) einen attraktiven Anblick geboten haben, wenn im Sommer die Fensterrahmen entfernt wurden. Elf Glasoberlichter im Pultdach gaben zusätzliches Licht. Dahinter ein die Kopfbauten verbindender Flurtrakt, im Obergeschoß als Bibliothek genutzt und vom Versammlungsraum zum Demonstrationsraum führend, jeder mit einer Säulenloggia verbunden. Im Erdgeschoß links der Eingangsraum zum Pflanzenhaus mit Skulpturen, rechts die Orangerie, dahinter die Räume des Gärtners.
Lit: Gourlier, Biet, Grillon, Tardieu, Choix d'Edifices Publics, vol.1, Paris 1825-36

Kat S 4-5   Abb. 183-184
LONDON, Hackney,
Palm House und Camellia House
von »Loddiges Nursery«

Die beiden berühmten Pflanzenhäuser der Gärtnerei waren in G. Loddiges Zeichnungen vom Dezember 1818 für eine zentrale Dampferzeugungsanlage noch nicht eingetragen, in einem Lageplan Loudons, der 1826 publiziert wurde, jedoch bereits enthalten. Die Urheberschaft für das Kamelienhaus, »das Parallelogramm, mit gebogenem Dache und Enden«, nimmt Loudon für sich in Anspruch: »Nach unserem Entwurf...«. Die Urheberschaft Paxtons für das Palmenhaus ist aufgrund der oben genannten Daten nicht gegeben. Erst 1836 entwickelte er in Chatsworth ein Verfahren für die gebogene Holzkonstruktion – geschichtet und aus Teilsegmenten zusammengesetzt.

Kat S 4: *Palm House*
ca. 1819, Architekt unbekannt
(Nicht erhalten)

Der Großverbraucher für Wärme, das 16 m breite, 19 m lange und bis zur Spitze des basikalen Querschnittes 10 m hohe Glashaus, wurde unmittelbar neben der neuen Heizzentrale errichtet. Es war mit seinem 3,50 m breiten Seitenschiff so in die 300 m lange U-förmige Pflanzenhausanlage eingefügt, daß es Teil des inneren Rundweges wurde. Rohaults Beschreibungen lassen nur den indirekten Schluß zu, daß sowohl die Verglasungsrahmen wie auch die tragenden Konstruktionen des spitzbogigen Hauptdaches von 9 m Spannweite und der Pultdächer der Seitenschiffe aus Holz bestanden. Denn trotz großen Interesses am Eisenbau erwähnt er nur, daß die Säulenreihen des Mittelschiffes aus gußeisernen Röhren mit Kapitellen bestanden.

Kat S 5: *Camellia House (Kamelienhaus)*
ca. 1824 von J.C. Loudon und Firma D.& E. Bailey
(Nicht erhalten)

Das 36 m lange, 7 m breite und knapp 6 m hohe Glashaus aus eisernen Falzleisten lehnte sich gegen die vorhandene Mauer eines rückseitig angebauten niedrigeren Pultdachhauses. Es stand dem Palmenhaus auf der anderen Seite der U-förmigen Pflanzenhausreihe gegenüber. Sein Grundriß endete beidseitig in Viertelkreisen. Zwei Säulenreihen von ca. 3,15 m Achsabstand trugen das flach gebogte, auf der Brüstung aufliegende Pultdach. Es war auf der rückwärtigen Mauerkrone 1,30 m hoch in Glas und Eisen aufgestelzt. Die Dimensionen der Konstruktionsglieder erscheinen heute kaum glaubhaft. Nur 80 bzw. 40 mm betrugen die Durchmesser der acht mittleren Gußeisensäulen bzw. der acht, nur 1 m hinter der Brüstung stehenden schmiedeeisernen Stangen, 140 mm die Pfettenhöhe über der mittleren Stützenreihe. Die eisernen, 160 mm auseinanderstehenden Falzleisten für die Verglasung waren 40 mm hoch bei nur 13 mm Breite. Ein Vergleich mit dem in East Cliff Lodge, Ramsgate aufgefundenen, noch erhaltenen Anlehnhaus gleichen Typs, zeigt die Kühnheit der in Hackney verwirklichten Großform.

Lit.: Reference Libraries, London Borough of Hackney
      J.C. Loudon, Encyclopädie des Gartenwesens, Weimar 1826, 403; Tafel 57, Fig. 741
      Allgemeine Bauzeitung 1837, 395-400

Kat. S 6   Abb. 185-186
LOUVAIN, Belgien
Serres und Orangerie des Jardin de l'Université
1827 unter der Direktion von van der Straeten
(Erhalten)

Das für Orangerien häufig verwendete Architekturschema, die Pflanzen in einem gläsernen Funktionsbau zwischen architektonischen Endpavillons unterzubringen, liegt auch dieser gut 60 m langen Baugruppe zugrunde. Fassadenvorsprung, Eckquaderung und das vierseitig für Tür und Fenster angewandte Palladio-Motiv geben den Endbauten das größere architektonische Gewicht gegenüber der neunachsigen Pfeilerarkade der Orangerie, die zudem im Sommer ohne Fenster ist. Sie wurde später überbaut und vollfächig mit Bogenfenstermotiven verglast. Zwei halbe Glaszylinder mit abgestumpften Kegeldächern sind den Pavillons als temperierte und warme Pflanzenhäuser vorangestellt. Ihre Fassaden zeigen siebzehn mehrfach unterteilte Bogenfelder aus filigranem eisernen Stabwerk, die den unteren von drei Stützringen tragen, auf denen die Falzleisten des Daches aufliegen. Ein zweiter, wie auch der obere Druckring, werden von aufgespannten Streben – wie bei einem Regenschirm – gegen die gußeiserne Mittelsäule abgestützt.

Lit.: M. Neumann, J. Hartwig, Grundsätze und Erfahrungen über den Bau und die Anlegung von Glashäusern aller Art, 4. Auflage, Weimar 1975, 151, Tafel XIII, fig. 113

Kat S 7   Abb. 187-189
BRÜSSEL, Jardin Botanique
Serres der Société Royale d'Horticulture
1826-1829, erste Pläne von T. Suys, zweite Planung von Gineste, Theaterdekorateur; Ausführung unter Leitung des Gründungsmitgliedes der Gesellschaft Meeus-Wouters; Gartenplanung von Petersen.
(Verändert erhalten)

Für die hoch über dem Tal der Senne thronende, wie ein Lustschloß mit seinen Terrassen und Gärten verflochtene Gebäudeanlage könnte Schloß Sanssouci (1747) in Potsdam mit seinem gläsernen Weinberg Anregung gegeben haben, sowohl für die von einer Ringkolonnade umschlossene Pantheonrotunde mit dem Lichtauge im Scheitel der Kuppel, wie für die an die Terrassensprünge angelehnten niedrigen Glashäuser. Die Brüssler Baugruppe ist ein frühes Beispiel für den Typ des mit einem komplexen Raumprogramm verbundenen Pflanzenhauses: Unter der zentralen Kuppel befindet sich der Ausstellungssaal, das »Palais de Flore«. Fünf Durchgänge führen in die umschließende, 6 m breite Palmenhauspromenade, die über ein Ringpultdach und die dorische Säulenkolonnade, beide verglast, Licht erhält. Über zwei kurze Passagen gelangt man zu den Sonderräumen auf der Gebäuderückseite, denen 1852 ein Konzertsaal, die große Bibliothek und das Herbarium angefügt wurden. Auf der Gartenseite schließlich die je 34 m langen Glashaustrakte im funktionellen Anlehnhaus-Querschnitt. Sie verbinden den dominierenden runden Mittelpavillon von 30 m Durchmesser mit den rechteckigen, achtsäuligen Endpavillons von 20 m Länge, die, nur in der Front verglast, als Orangerien dienen, sämtlich durch Säulenstellungen, Gebälk und Attika gegenüber de Glashaustrakten architektonisch hervorgehoben. Wie die Bauaufnahme von Rohault zeigt, waren das Ringpultdach und die – früher steileren – Anlehntrakte ursprünglich in Holz konstruiert.

Lit.: Zeitschrift für Praktische Baukunst, 1851, 327-334, Tafeln 35, 36, 37
M. Neumann, Art de Construire et de Gouverner les Serres, Paris 1844, 95-96
J. Balis, E. Witte, R. Tournay, Histoire des Jardins Botaniques de Bruxelles«, Brüssel 1970

Kat. S 8   Abb. 190-191
LONDON, The Royal Botanic Gardens in Kew
»Aroid House«
1825-1830 von John Nash am Buckingham Palace errichtet;
1836 von Jeffry Wyatville in Kew verändert wiederaufgebaut
(Erhalten)

Der Entwurf, den Nash für das tempelhafte Architectural Conservatory von Barnsley Park erstellt hatte, kam ihm 15 Jahre später für die unter Zeitdruck stehenden Arbeiten am Buckingham Palast sehr gelegen. Gleich dreimal verwendete er hier das Motiv der verglasten jonischen Säulenkolonnade mit gläsernem Satteldach, ornamentaler Gebälk- und Tympanonausbildung. Zwei der Podiumtempel mit ihren breiten Freitreppen, dem Tympanon mit tief eingeschnittenen Radfenstern über dem von sieben Giebelsäulen getragenen Gebälk flankieren heute noch die große Gartenterrasse des Palastes. Das dritte Tempel-Conservatory wurde unter William IV demontiert und 1836 dem botanischen Garten in Kew gegeben. Wyatville ersetzte die am früheren Standort verbliebene Säulenkolonnade durch neue Pfeiler auf der elfachsigen Südseite. Nashs Gußeisenbinder, mächtige, zur Materialersparnis gelochte dreieckige Platten, zeigen in ihren elf Aussparungen das Rundfenstermotiv der Giebelfelder. Von zwei Reihen Gußeisensäulen mit Kapitellausbildung getragen, stützen sie sieben gußeiserne Pfetten mit angeformten, aussteifenden Binderanschlüssen. Darüber die Falzleisten für die Verglasung.

Lit.: Gardeners' Chronicle (Supplement), 8/1876, 2
Country Life, 9/1965, 600

Kat. S 9   Abb. 32
LONDON, Covent Garden Market
Roof Conservatories
1828-1831 von Charles Fowler
(Nicht erhalten)

Zur gleichen Zeit wie das Conservatory von Syon House und in ähnlicher Konzeption errichtete Fowler auf der östlichen Dachterrasse des Covent Garden Market eine 53 m lange Baugruppe für den Pflanzen- und Saatgutverkauf zweier Gartenbaufirmen. Der massive Kernbau mit Annexen und einem Brunnen davor – ähnlich wie in Syon – verdeckte den Giebel der Markthalle. Nur die beiden 18 m langen Flügeltrakte mit Satteldächern waren verglast.

Lit.: J.C. Loudon, The Architectural Magazine, Vol. V, 1839, 670 (Abb.)

Kat S 10-11   Abb. 192
BIRMINGHAM
Glashaus-Entwürfe für die Botanical Gardens von Edgbaston

Nach Gründung der Botanical and Horticultural Society 1829 und dem Erwerb des Holly Farm Geländes im Südwesten der Stadt, beauftragte man Loudon mit den Planungsarbeiten. Jedes der in ihrer Konzeption zukunftsweisenden Pflanzenhäuser war als Rundbau von 61 m Durchmesser geplant und sollte am Haupteingang in der nordöstlichen Ecke des Gartens an höchster Stelle plaziert und auf eine diagonal das Gelände durchziehende breite Promenade ausgerichtet werden. Doch fehlte es an Geld, so daß 1832 der botanische Garten ohne größeres Pflanzenhaus eröffnet wurde.

Kat. S. 10: *Glashaus-Ringgewölbe*
1831 von J.C. Loudon
(Nicht gebaut)

Das über vier Eingänge erschlossene ringförmige Pflanzenhaus umschließt einen Innenhof mit zentralem Turm, dessen ornamentale Ringkolonnade aus Stein ein hinter Gebälk und Attika verborgenes Wasserbecken trägt. Der Querschnitt zeigt zwei um Gangbreite auseinandergerückte, durch Stützen abgefangene Anlehnhäuser mit vertieft angelegtem Wartungsgang zwischen den Dachhälften. Ein Band von Lüftungsflügeln bildet die niedrige Stehfassade. Mit der schräg an die Brüstungen gelehnten Frühbeet-Verglasung endet das 9 m hohe Ringgewölbe.

Kat. S 11: *Glashaus-Spitzkuppel*
1831 von J.C. Loudon
(Nicht gebaut)

Die 30 m hohe Spitzkuppel inspirierte Loudon zu einer Idee, von der auch Frank Lloyd Wright 100 Jahre später bei seinem Entwurf für das Guggenheim Museum ausging. Er legte um das zentrale Atrium – hier stehen die höchsten Palmen – eine spiralförmige, bis in den Kuppelscheitel aufsteigende Aussichtsrampe für die Besucher, von der nach innen wie nach außen die stets wechselnde Pflanzenszene betrachtet und die beiden oberen Geschoßplattformen begangen werden können. Drei Ringe als Rahmen ausgebildeter Doppelstützen, die jeweils Wegeführungen einfassen, tragen Decken und Glasgewölbe. Wie bei Loudons erstem Entwurf, sind die oberen Rahmenriegel als im Dach eingekerbte Wartungsstege begehbar. Innere Glasabtrennungen – gegen den Palmenhof und zwischen Grundrißquartieren – sollten die verschiedenen Klimazonen gegeneinander abtrennen.

Lit.: J.C. Loudon, An Encyclopaedia of Gardening, London 1834, 336, 339
The Gardener's Magazine, 1839, 456-457

Kat. S 12   Abb. 156-165
PARIS, Jardin des Plantes
Serres
1833-1835 von Charles Rohault de Fleury
Siehe Prototypen, S. 132

Kat. S 13   Abb. 193-194
SHEFFIELD, West Riding
Glasshouse Range in den Botanical and Horticultural Gardens
1834-1836 von B.B. Taylor
(Restauriert, ohne *ridge-and-furrow*-Trakte erhalten)

Im März 1834 erwarb die Sheffield Botanical Society das zum Fluß Porter abfallende, 7, 6 ha große Hanggelände. Der Architekt Taylor wurde im Juli 1834 aufgrund eines Wettbewerbes mit Paxton im Preisgericht mit der Gebäudeplanung beauftragt. Die Gruppe erstreckt sich über 91 m und besteht aus drei Architectural Conservatories zwischen vier funktionalen *ridge-and-furrow*-Glashäusern. Ihr Anstieg zur gemauerten Rückwand läßt sich noch heute an Treppen und Abböschungen erkennen, so wie es Paxtons Pine House in Chatsworth von 1833 zeigt. Paxton kann also nicht – wie behauptet wird – von Taylor zur *ridge-and-furrow*-Struktur des Kristallpalastes angeregt worden sein. Die sieben- bzw. dreiachsigen Steinpavillons zeigen vorangestellte korinthische Pfeilerkolonnaden, Steinbrüstungen und holzgerahmte Fenster. Im Innern besteht die entlang der Wände eingestellte Konstruktion aus Gußeisensäulen. Über einen schmalen Deckenstreifen trägt sie die nur aus eisernen Falzleisten, Abstand haltenden Rundeisen und Querverspannungen bestehenden Spiegelgewölbe der quadratischen Außenpavillons (ca. 3.000 Glasscheiben) und das abgewalmte, leicht spitzbogige Glasgewölbe des Mittelpavillons (ca. 10.000 Glasscheiben).

Lit.: Report of the Commitee of the Sheffield Botanical Society 1834, Sheffield Public Libraries, Reference Department
Gardener's Magazine, 1836, 496-498
R. Seddon, The Paxton Pavilions at Sheffield, in: Architectural Review, 1961

Kat. S 14-15 ohne Abb.
ZÜRICH
Pflanzenhäuser im Botanischen Garten der Universität

Das 1767 von der »Naturforschenden Gesellschaft« erworbene und zu einem geometrischen Garten hergerichtete Schimmelgut an der Sihl, auf dem 1781 nach dem »Muster des Senkenberg'schen Gartens zu Frankfurt am Main ein Gewächshaus erbaut ward«, ging 1833 mit der Gründung der Züricher Hochschule auf den Staat über. Der Garten wurde daraufhin 1836-1837 auf das zur Universität günstiger gelegene »Bollwerk zur Katz« am Schanzengraben verlegt.

Kat. S 14: *Vorderes Gewächshaus*
1837-1838 unter der Leitung des Obergärtners Th. Fröbel
(Erhalten)

1838 entstand auf der unteren, nach Südosten hingewandten Terrasse das 24 x 6 m große, 7 m hohe Glashaus. Das gußeiserne, nur im Dach zweischalig verglaste Pultdachhaus enthält eine tropische und eine temperierte Abteilung. Es mußte alsbald für das noch fehlende Raumprogramm dreiseitig umbaut werden.

Kat. S 15: *Palmenhaus*
1850 von Fa. R. Rieter, 1875 umgebaut
(Erhalten)

Von 1844 und 1850 datieren zwei auf der mittleren Terrasse gegen eine Erdmauer gelehnte, langrechteckige Pultdachhäuser zwischen drei gemauerten Vorräumen. Das nur sechs Meter hohe Palmenhaus wurde ihnen ein Jahr später im Südwesten angefügt. Es nimmt den Grundriß eines Oktogons ein und entspricht im Aufbau seiner Pfostenfassade dem frühen Haus von 1838. Zwischen den Gesimsen in Höhe der oberen und unteren Dachverglasung sind verglaste Klappflügel aus Holz angebracht, um den Hohlraum reinigen und entlüften zu können. Senkrechte und diagonale Stäbe innerhalb der Doppelschale steifen Ober- und Untergurte – zugleich Glashalteprofile – gegeneinander aus.

Lit.: Gardeners' Chronicle, 1863, 607
Gartenflora, 1856, 4-14, 20-21; 1964, 73-75
H. Schinz, Der Botanische Garten und das Botanische Museum der Universität Zürich, in: Zürcher Monatschronik, 1937

Kat. S 16-17 Abb. 195-197
BELFAST, Botanic Garden
Palm House und »Tropical Ravine House«

Kat. S 16: *Palm House*
1839-1840, 1852-1853 von Charles Lanyon; Flügelbauten ausgeführt von Richard Turner, Dublin; Mittlerer Kuppelbau von Fa. Young, Edinburgh
(Erhalten)

Aus finanziellen Gründen konnte erst zwölf Jahre nach Gründung der Belfast Botanic and Horticultural Society mit dem ersten Bauabschnitt begonnen werden: zwei dreizehnachsige, gegen eine gemauerte Rückwand gelehnte Pultdachhäuser von je 19,80 m Länge. Der Platz zwischen und neben den beiden Glaseisenbauten wurde für drei dominierende Mittel- und Endpavillons freigehalten. Die Flügelbauten sind Turners erste bekannte Glashäuser, die er mit den Hammersmith-Werken ausführte. Die geradlinigen Pultdächer, die am Fassadenanschluß mit ausgeprägter Kurve in die Senkrechte überleiten, erinnern an Loudons gebogten, hier allerdings aufgeständerten Typ des Anlehnhauses. Wegen der Spannweite von 6,10 m sah Turner für die tragenden Falzleisten jedoch eine durchlaufende Fachwerkpfette vor, die wie ein Schmuckfries mit kräftiger Gußeisenornamentik gefüllt ist. Sie wird von schlanken Säulen getragen. Verzierte Rundeisenbögen schwingen sich von den Säulen zur Halt gebenden Rückwand. Lanyons erst dreizehn Jahre später ausgeführter, die 13,70 m breite Baulücke füllender Mittelpavillon, eine basilikale, um 6,10 m in die Tiefe »verlängerte« Tambourkuppel, hat gegenüber dem ursprünglichen Entwurf erheblich an Höhe (14 m) und Bautiefe (20,30 m) gewonnen. Sie läßt die neuen Dimensionen der Palmenhäuser von Chatsworth und Kew erkennen und paßt sich mit ihren gebogten Oberflächen der im Äußeren der Baugruppe wirksamen Ingenieurarchitektur an. Vierzehn gußeiserne Säulen unterstützen mit gebogenen Kopfbändern einen hohen Ringarchitrav. Er trägt sowohl das nach den Flügelbauten geformte Ringpultdach des umlaufenden Seitenschiffes, wie die Pfosten des Tambours. Die fünf Glasbahnen je Feld enden in einem verglasten Schmuckfries unter dem kräftig hervortretenden, als Rinne ausgebildeten Gesims.

Kat. S 17: *»Tropical Ravine House«*
1885-1886, Architekt unbekannt
(Erhalten)

Der einschiffige Ziegelbau mit gläsernem Satteldach ist um eine ausgedehnte, der Natur nachgebildete Schlucht herumgebaut, mit Bach, Wasserfall, Felsenwerk und einer berühmten Sammlung von Farnen. Man betritt das an einen Hang gebaute Haus über seine verglaste, 13,70 m breite Giebelseite auf der Höhe der umlaufenden Galerie, von der aus der Blick in die tiefe, mit tropischen Pflanzen bedeckte Schlucht fällt. Nur wenig über der Kopfhöhe kreuzen die Zugstangen eiserner Hängewerke den Raum. Ihre Obergurte aus Walzprofilen tragen das hölzerne Satteldach mit fortlaufender Firstlaterne, das aus einer verglasten Sparrenlage auf Pfetten besteht. Eine Brücke aus Eisen führt über die Schlucht zur anderen Seite. Für ein »Victoria-Regia-Becken« wurde das Haus 1902 auf 56 m verlängert.
Lit.: E. Mc Cracken, The Palm House and Botanic Garden Belfast, Belfast 1971

Kat. S 18 Abb. 198
ROUEN, Frankreich
»Serres de Trianon« im Jardin des Plantes
ca. 1840 von Lejeune,
Ausführung von Firma Travers
(Erhalten)

Wenige Jahre nach Rohaults Pflanzenhausgruppe im Pariser Jardin des Plantes wurde 1837-1842 der heutige botanische Garten am Ufer der Seine eingerichtet. Am Ende der großen Gartenachse war nach Pariser Vorbild eine 80 m lange Pflanzenhausgruppe aus drei architektonischen Pavillons und zwei gebogten Zwischentrakten geplant, von der jedoch nur das mittlere Drittel zur Ausführung kam. Gegen Norden lehnt sich die Gruppe an eine massive Rückwand, in die halbrunde Wandnischen eingelassen sind. Dahinter ein niedriger Nebenraumtrakt. Der Unternehmer Travers lieferte – wie für Paris – die stabförmige Hängewerkskonstruktion des Walmdaches, die Rondelet in vier Tafeln festgehalten hat. Flacheisensparren werden an den Fußpunkten von gegabelten Zugeisen umgriffen, die an drei runden Hängestangen, die mittlere mit zwei gespreizten Streben, in gußeisernen Knoten befestigt sind. Das Ganze ruht auf winkelförmigen Schwellen und ist durch fünf Flacheisenpfetten stabilisiert. Die Spannweite von nur 7,50 m und der Fortfall der in Paris noch vorhandenen Laterne machen Zwischenstützen entbehrlich. An schmückenden Architekturgliedern finden sich Rohaults wasserführende Schneckenkonsolen unter den Rinnenkästen wieder, wie auch die zweigeschossigen, durch einen verglasten Ornamentfries unterbrochenen, pompejanischen Halbsäulen. Die gekuppelte Säulenstellung steht auf Steinvorlagen des Brüstungsmauerwerks. Eine neunachsige Orangerie, deren Eisenkonstruktion mit Steinimitationen verkleidet ist und sieben, durch einen Erschließungstrakt verbundene »serres hollandaises« (1863) von der Fa. Schwartz und Meurer vervollständigen den Bestand noch originaler historischer Pflanzenhäuser.
Lit.: J. Rondelet, G.A. Blouet, Traité de l'Art de Bâtir, (Supplément), Paris 1848, Tafeln 87-91, 206-08

Kat. S 19 ohne Abb.
LONDON, Chiswick Gardens
Conservatory der Royal Horticultural Society
1840 von D.& E. Bailey
(Nicht erhalten)

Mit dem vom Duke of Devonshire 1821 erworbenen 13 ha Pachtland stand der 1804 gegründeten Gesellschaft ein ausreichend großes Grundstück zur Verfügung, um hierauf einen Experimentiergarten für Früchte, Gemüse, eine umfangreiche ornamentale Abteilung und ein Arboretum anzulegen. Man verband den Aufbau des Gartens mit einer Gartenbauschule. Joseph Paxton war 1823 einer der ersten Schüler. Seine besondere Begabung hatte der Duke bald erkannt und nahm ihn 1826 in seine Dienste mit nach Chatsworth, wo Paxtons dynamischer Aufstieg begann. 1838, beschloß die Gesellschaft eine Glashausgruppe zu errichten, die zu den größten der Welt gehören sollte. Eine zentrale Kuppel von über 36 m Durchmesser war geplant mit zwei je 60 m langen und 9 m breiten Flügelbauten von 8 m Höhe. Aus Kostengründen wurde jedoch nur der westliche der beiden Trakte gebaut. Sein freies Ende zeigte einen apsidialen Abschluß, der Ostgiebel hingegen endete mit dem letzten der fünfzehn spitzbogigen Fachwerkbinder. Sie bestanden aus Gußeisen mit zum First sich verjüngenden, durchbrochenen Stegen. Je zwei halbe Binder waren unter den von Fa.

Bailey entwickelten 14 Lüftungsaufsätzen miteinander verbolzt und durch Pfetten zur tragenden Unterkonstruktion verbunden. Gegen den Gewölbeschub hatte man die niedrigen Mauerbrüstungen auf das dreifache ihrer Breite treppenförmig zum Fundament hin anwachsen lassen.

Lit.: J.C. Loudon, Encyclopädie des Gartenwesens, 5. Heft, Tafel 43, Weimar 1825
The Floricultural Cabinet and Florist's Magazine, vol. VII, 1839, 119
Ch. Knight, The Horticultural and Royal Botanic Societies, in: Cyclopaedia of London, vol. V, 1843, 305-320
Journal of Horticulture and Cottage Gardener, 1871, 360-361
The Gardeners' Chronicle, 1872, 1130

Kat S 20   ohne Abb.
GAND (Gent), Belgien
Serres des Jardin Botanique
um 1840, Architekt unbekannt
(Nicht erhalten)

Reiseskizzen von Rohault zeigen, welchen Stand 1850 die noch unfertige Gruppe eiserner Schauhäuser in Gent erreicht hatte. An den 14 m breiten oktogonalen Mittelpavillon mit Freitreppe, zweigeschossiger, architektonisch ausgebildeter Fassade und Pyramidendach – er erinnert an die im botanischen Garten von Liège – schloß ein 24,30 m langes, neunachsiges Glashaus an. Seine 4,50 m hohe Stehfassade war von einem verglasten Satteldach überdeckt. Ein gemauerter Endrisalit nahm Treppe und Eingang auf. Die Gruppe stand unmittelbar östlich der neunachsigen Orangerie, eine ornamentale Pfeilerkolonnade mit Vasenbekrönungen.

Lit.: Revue Générale de l'Architecture et des Travaux Publics, 1849-50, 254-55
Zeitschrift für praktische Baukunst, 1851, 327-34

Kat. S 21   Abb. 199-200
ORLEANS
Orangerie und Serres im Jardin Botanique
1836-1841 von Pagot
(Erhalten)

Die ca. 72 m lange, dreigliedrige Pflanzenhausgruppe erstreckt sich parallel zur längsgerichteten Linienführung des geometrisch aufgeteilten, seinerzeit nur etwa 400 x 100 m großen Gartens. Ein vierflächiges Parterre ist mit seiner Querachse, Wasserbecken und Fontaine auf die Gebäudemitte ausgerichtet. Hier steht auf einem dreistufigen Podium die elfachsige, aus Werksteinen errichtete Orangerie, eine Pfeilerkolonnade mit heute mächtiger Attika. Sie wurde nachträglich erhöht, als man das früher opake Dach durch ein spitzbogiges, abgewalmtes Glasgewölbe ersetzte. Bogenfachwerke in schlanker Profilierung sitzen auf Wandkonsolen auf und überspannen den zum Palmenhaus umgewandelten hohen Raum. Zugeisen verbinden die Auflager zur Schubentlastung. Beidseitig schließen zwei als Warmhaus und temperiertes Haus genutzte Pultdachhäuser an, die sich an massive Rückwände lehnen. Ihr tragendes Eisenwerk besteht aus dreizehn Flacheisenbögen, die in Abständen von ca. 1,50 m von den niedrigen Brüstungen zur Rückwand aufsteigen. Abstand haltende Stäbe, die dosenförmigen Verbindungselementen entspringen, sowie der Bogenscheitel selbst unterstützen drei Pfetten aus Vierkanteisen. Sie stabilisieren das Rinnenprofil und die aus Pfosten, Riegeln und eisernen Fensterrahmen gebildete Stehfassade. Im Rhythmus der Binderachsen sind ihr ornamentale Gußeisensäulchen vorangestellt, um der Ingenieurkonstruktion architektonischen Anspruch zu verleihen. Die Stabwerke und Details zeigen noch den originalen Zustand von 1841.

Lit.: Gourlier, Biet, Grillon, Tardieu, Choix d'Edifices Publics, vol.2, Paris 1837, 1844

Kat. S 22   ohne Abb.
LIEGE, Belgien
Serres des Jardin Botanique
1841-1842 von J.E. Rémont,
Stadtarchitekt von Liège
1883 vervollständigt von Noppius
(Nicht erhalten)

1836 wies ein königliches Dekret die Stadt Liège an, für ein botanisches Institut die notwendigen Gebäude und Gartenanlagen auf neuem Grundstück herzustellen. Die Pläne von Rémont sahen ein 125 m langes, von zwei oktogonalen gläsernen Pavillons unterbrochenes Glashaus vor, das sich in zwei übereinandergesetzten Bögen gegen eine massive rückwärtige, zweigeschossige Bebauung lehnt und in Apsiden gleichen Querschnitts endet. Die Mauerwerkstrakte enthielten Unterkünfte für die Gärtner, sowie Feuerstellen, Depots, Magazine, Herbarium, Bibliothek, Museum und ein Auditorium. Aus Kostengründen konnte vorerst nur die zentrale Glashausgruppe und der östliche, 16 m hohe Pavillon gebaut werden. Erst 1883 folgte das zweite Oktogon. Daran angefügt, beschlossen massive Zwischentrakte, zweigeschossige Eckpavillons und gemauerte Apsiden – sämtlich für Zwecke des Instituts – die ursprünglich weit eindrucksvollere, weil ganz in gebogtem Glas und Eisen geplante Pflanzenhausgruppe. Nicht nur der zweifach gebogte Querschnitt, das rechteckig gestufte Vestibül, sondern auch die Details der Brüstungsanschlüsse, Wartungsstege etc. stimmten mit Rohaults Pflanzenhausgruppe in Paris überein.

Lit.: Revue Générale de l'Architecture et des Travaux Publics, 8/1849-50, 254-58; 332-36; 9/1851, 201-203
The Gardeners' Chronicle, 3/1884, 373-75
Revue de l'Horticulture, 1884, 109-113
La Belgique Horticole, 1862, 264-69

Kat. S 23-24 201-203
DUBLIN
Glashäuser in den National Botanic Gardens, Glasnevin

Kat. S 23: *Curvilinear Range*
1843-1844, 1845-1846, 1847-1848, 1849 von William Clancy, Richard Turner, William Turner
(Erhalten)

Mit Unterstützung des Irischen Parlaments erwarb die Dublin Society 1795 vier Meilen nördlich des Stadtzentrums ein zum Fluß Tolka abfallendes Gelände und legte den botanischen Garten an. Der schlechte Zustand der ersten, aus Holz erbauten Pflanzenhäuser führte 1842 zum Planungsauftrag an D. Ferguson (School of Art), dessen Entwurf jedoch auf Turners Betreiben hin für eine Ausführung in Holz geändert wurde. Für den ersten Bauabschnitt von 30 x 5,50 m, der Loudons gebogtem, apsidial endenden Anlehnhaus entsprach, wurde Turner von W. Clancy unterboten, doch erhielt er den Zuschlag für den zweiten Bauabschnitt des gleichartigen Westflügels. Der Mittelpavillon wurde von Turner als basilikales Architectural Conservatory von 7 x 4 Achsen, mit gebogten und abgewalmten Dächern vor gemauerter Rückwand im dritten Bauabschnitt errichtet und wohl auch entworfen. Hierauf weist der farbig verglaste Pilaster aus ornamentierten Gußeisen hin. Vierzehn gußeiserne Säulen, die durch Halbbögen aus Rundeisen untereinander und mit den Fassaden rahmenartig verbunden sind, stützen das höhergeführte Mittelschiff, das von freitragenden Falzleisten überspannt wird. Zugstangen sind in der massiven Rückwand verankert. Sie kreuzen den Raum und fixieren Pilaster und Säulen in Höhe der Pflanzenkapitelle. 1869 wurden Mittel bewilligt, um die nur 5 m breiten Anlehnhäuser auf das Doppelte zu verbreitern. Turners Sohn William ließ die massiven Rückwände der Ost- und Westflügel abbrechen und fügte rückseitig den gleichen Glasbogen hinzu. Mit den ebenfalls im vierten Bauabschnitt errichteten quadratischen Ecktürmen löste Turner das Anschlußproblem der um neunzig Grad gegeneinander versetzten Querschnittsflächen von Flügel- und Zwischentrakten.

Kat. S 24: *Palm House*
1884 von James Boyd & Son, Glasgow (Paisley)
(Erhalten)

An der Stelle des alten Palmenhauses steht heute der größere und höhere Neubau aus Glas, Eisen und Teakholz. Vom März bis zum September 1884 mußte er Zug um Zug unter Abriß des Altbaues und ohne den Pflanzenbestand zu entfernen, aufgestellt werden. Das im First 20 m Höhe erreichende Glashaus ist von rechteckigem Grundriß (30 x 24 m), dessen Ecken am Südgiebel abgeschrägt sind. Es lehnt sich im Norden an eine massive, dem basikalen Querschnitt folgende Rückwand. Ein gemauerter, zweigeschossiger Anbau gibt dieser Halt. Die Sattel- und Pultdächer von Haupt- und Seitenschiffen sind an den Übergängen zur Fassade gebogt. Zehn der zwölf Paare gußeiserner Innensäulen unter dem höhergeführten Mittelschiff werden zur Unterstützung der in der Dachlinie verlaufenden Obergurte von gewalzten Bogenträgern überspannt. Fachwerkartig sind sie in den drei Bogenzwickeln mittels Nieten verbunden. Zwei äußere Wartungsstege und eine Innengalerie in 8 bzw. 14 m Höhe von gut 200 m Gesamtlänge werden zur Längsaussteifung herangezogen. In Ost-West-Richtung sind dem Palmenhaus in seiner Querachse zwei niedrige Satteldachhäuser für Kamelien und Orchideen angefügt.

Lit.: Gardeners' Chronicle, 1864, 989, 1011, 1083, 1134; 1884, 487-89, 525-26
Revue de l'Horticulture, 1885, 206-08
J. Hix, Glass Master, in: The Architectural Review, 10/1972, 287, 298
E. Diestelkamp, E. Ch. Nelson, Richard Turner's Legacy, in: Taisce Journal, 1979

Kat. S 25 Abb. 166-169
LONDON, Regent's Park
Conservatory der Royal Botanic Society
im Inner Circle
1845-1846, 1871, 1876 von Decimus Burton und Richard Turner
Siehe Prototypen, S. 144

Kat. S 26 Abb. 170-174
LONDON, The Royal Botanic Gardens
in Kew
Palm House
1844-1848 von Decimus Burton und Richard Turner
Siehe Prototypen, S. 152

Kat. S 27 ohne Abb.
EDINBURGH
Winter Garden der Caledonian Horticultural
Society
1848 von William McNab,
Ausführung Fa. Drummond
(Nicht erhalten)

Dem seinerzeit 6 ha großen Royal Botanic Garden, Inverleith Row, wurden 1867 weitere 4 ha der 1809 gegründeten Caledonian Horticultural Society hinzugefügt. Auf dem damaligen »grünen Hügel« stand auf einer Terrasse der Wintergarten von 1848. Das 38 x 9 m große, basilikale Architectural Conservatory aus Glas und Eisen war mit den architektonischen Giebelfronten seiner drei Querschiffe nach Norden orientiert, um die ausgestellten Blumen länger in ihrer Blüte zu erhalten. Die gebogten Dächer krönte eine zentrale, von gußeisernen Säulen getragene Tambourkuppel. Darunter drei Brunnenschalen mit Fontäne. Bis unter die Firstlaterne des Längsschiffs war dessen einzige Stützenreihe geführt. Über dekorative Ausleger trug sie die verglasten, als Fachwerke ausgebildeten Obergaden.
Lit.: The Gardeners' Chronicle 7/1849, 103

Kat. S 28 Abb. 204-205
LONDON, Hyde Park
The Great Exhibition of the Works of Industry,
»Crystal Palace« (Kristallpalast)
1850-1851 von Joseph Paxton; Eisenkonstruktionen
von Fa. Fox & Henderson
(Nicht erhalten)

Der im Juni 1850 nachträglich eingereichte Entwurf Paxtons zum ersten Londoner Weltausstellungsgebäude war gegenüber 233 konkurrierenden Wettbewerbsarbeiten erfolgreich und setzte die unter großem Zeitdruck stehenden Bauarbeiten in Gang. Den Ausschlag gaben die von Paxton an seinen Pflanzenhäusern in Chatsworth erprobten und in den Entwurf übernommenen Skelettbauweisen aus Holz und Eisen. Auch für den Ausstellungsbau lösten sie die Probleme der Überspannung großer Stützweiten, der gleichmäßigen Ausleuchtung mit Tageslicht und der Entwässerung großer horizontaler Dachflächen. Als einziger Bieter konnte Paxton den Ausstellungsbeginn zum ersten Mai 1851 garantieren. Denn gegenüber einem Mauerwerksbau ließ sich die Produktion der Bauelemente – Stützen, Träger, Glas- und Holzausfachungen – in verschiedenen Werken vorfertigen. Am Bau mußten die Teile nur noch montiert werden, was zugleich die geforderte Demontage und Wiederverwendung nach Ausstellungsende begünstigte. Die *ridge-and-valley*-Dachkonstruktion des von Paxton im gleichen Frühjahr fertiggestellten »Water Lily House« mit dem unterspannten Rinnenbalken und der Entwässerung durch gußeiserne Rohrstützen lieferte das »Know How« für die Überdeckung der fünf 564 m langen Längsschiffe. 14,64 m bzw. 21,96 m breit und 1-, 2-, 3 Geschosse hoch, wurden sie durch sechs einachsige Galerietrakte voneinander getrennt und stabilisiert. Um eine Gruppe alter Ulmen auf dem Baugelände zu erhalten, ergänzte Paxton seinen Entwurf um ein 33 m hohes Querschiff, das er mit der am »Great Stove« erprobten, aus Holzlamellen zusammengefügten Bogenbinderkonstruktion auf eine Breite von drei Achsen (3 x 7,32 m = 21,96 m) frei überspannte. Wie in Chatsworth wurde die Halbtonne von der Ridge and Furrow Dachstruktur überdeckt. Die Ähnlichkeit mit einem Pflanzenhaus »zur künstlichen Industrietreiberei« trug dem Ausstellungsbau die Bezeichnung »Kristallpalast« (Crystal Palace) ein.
Lit.: E. Werner, Der Kristallpalast zu London 1851, Düsseldorf 1970
The Civil Engineer and Architect's Journal 1850, 387-390; 1852, 57-65
L'Illustration 1851, 219-222

Kat. S 29 Abb. 206-207
LONDON, The Royal Botanic Gardens
in Kew
Water Lily House
1852 von Richard Turner
(Erhalten)

Nachdem 1846 in Kew ein erster Versuch fehlgeschlagen war, die Victoria Regia aus Samen heranzuziehen, gelang dies mit der im Februar 1849 aus Südamerika eingetroffenen zweiten Sendung. Von einer dieser Pflanzen konnte Paxton in Chatsworth bereits im November des gleichen Jahres ein über 1 m großes

Blatt und die erste in England gewachsene Blüte der Königin Victoria in Windsor Castle präsentieren. 1851 bewilligten die Commissioners auch für Kew ein solches Haus. Turner errichtete es im darauffolgenden Jahr in der Längsachse des gebogten Palmenhauses: ein quadratischer siebenachsiger Glas-Eisen-Bau in Hausform mit Satteldach auf gemauerter, durch Volutenvorlagen geschmückter Brüstung mit kleinem Eingangsvorbau gleichen Querschnitts. Im Innern – wie in Chatsworth – das große runde Becken von 11 m Durchmesser und vier kleine Becken in den Gebäudeecken. Ornamentierte Bauglieder aus Gußeisen, wie Fassadenpfosten, Giebelfriese und Dachrinnen, die als Gesimse kaschiert sind, charakterisieren das Äußere als Architectural Conservatory. Bis auf 5,20 m Höhe steigen die 14 m weit gespannten Dreiecksbinder an. Ihre T-förmigen Obergurte bestehen aus Walzeisen. Füllringe verbinden sie mit den gebogenen Untergurten, beide aus Rundeisen.

Lit.: Zeitschrift für Bauwesen, 1887, 67-82, Abb. 72
Handbuch der Architektur, 4.Teil, 16.Halbband, 4.Heft, Darmstadt 1893, 426

Kat. S 30   Abb. 208-209
BIRMINGHAM,
Plant Houses (Pflanzenhäuser)
im Botanical Garden
ca. 1834, 1854, 1870, 1885, Architekten unbekannt
(Bis auf das Kuppelhaus von 1834 z.T. verändert erhalten)

Nach Loudons Plänen wurde zwar der Garten angelegt, seine Glashaus-Entwürfe blieben jedoch unverwirklicht. Stattdessen entstand ca. 1834 ein kleines Kuppelhaus mit angelehnten Seitenflügeln, das die Lage des heutigen 47 m langen Terrace Greenhouse (1885) einnahm. Für die von Paxton geschenkte Victoria-Regia-Pflanze errichtete man das Tropical Lily House, das 1854 für das Publikum eröffnet wurde. Der dreischiffige, von Satteldächern überdeckte Bau von ca. 20 x 12 m, der in Nähe des Gartenausgangs heute noch steht, wird von Rohrstützen mit kräftigen Konsolen, beide aus ornamentierten Gußeisen, getragen. Unmittelbar vor der zum Garten gerichteten Südfassade folgte 1870 das nahezu quadratische Palmenhaus von ca. 18 x 19 m. Die zwölf unterstützenden, reich ornamentierten Gußeisensäulen, die untereinander durch Halbbögen mit dekorativen Füllungen ausgesteift sind, blieben mit der restlichen Tragekonstruktion erhalten. Doch renovierte man die gekuppelten, kleinteiligen Bogenfenster »hinweg« und ersetzte sie durch weniger maßstäbliche große Rechteckscheiben. Auch der von einer Halbtonne mit Giebelrosette überdeckte Garteneingang wurde abgebrochen, ein Motiv, das seit 1885 den vier höhengestaffelten Sattelhaustrakten der Greenhouse Range vorausteht.

Lit.: The Gardeners' Chronicle, 9/1872, 1291-93; 1893, 723-24
J. Hartwig, M. Neumanns Grundsätze und Erfahrungen über den Bau und die Anlegung von Glashäusern aller Art, Weimar 1875, 134-35, Tafel X
Journal of Horticulture and Cottage Gardener, 5/1885, 420-22

Kat. S 31   Abb. 210
DUBLIN
The Great Industrial Exhibition of 1853
1852-1853 von John Benson
(Nicht erhalten)

Das Projekt geht auf den reichen Eisenbahnkontraktor William Dargan zurück, der angesichts der wirtschaftlichen Notlage Irlands den Versuch wagte, unter Einsatz von 80.000 Pfund Glanz und Glorie des Kristallpalastes von 1851 auf die Metropole seines Heimatlandes zu übertragen. Aus »laminated wooden ribs« von 30 m Spannweite bestanden die Bogenbinder, die des Kristallpalastes um 8 m übertreffend. Drei halbtonnenförmige Querschiffe bestimmten den Bau, das mittlere an Breite und Höhe dominierend. Vorn und hinten endeten die »Transepte« jeweils in Apsiden, die von Viertelkuppeln überdeckt waren, dem Conservatory vom Regent's Park vergleichbar. Von niedrigen Zwischentrakten flankiert, traten sie plastisch aus den Vorder- und Rückfassaden hervor. Die architektonische Funktion von Turners dekorativem Glas-Eisen-Pilaster übernahm in Dublin ein Spiel von zweigeschossigen, vor die Eingangsfassade gesetzten Galerien mit reicher Gußeisenornamentik. Ihre Weiterführung als 7,50 m breite Promenade zwischen den drei Ausstellungshallen gab zugleich ein stabiles Tragegerüst ab, um Lasten und Schub aus den Tonnengewölben aufzunehmen.

Lit.: The Builder, 8/1852, 534; 9/1852, 589, 593; 1/1853, 9; 5/1853, 321-23, 329
L'Illustration, 1853, 175, 293

Kat. S 32 ohne Abb.
MEISE bei Brüssel
Jardin Botanique National de Belgique
»La Serre Victoria«
1854 von Alphonse Balat
(Restaurierungsbedürftig erhalten)

Nach der Schließung des Brüsseler zoologischen Gartens (Parc Leopold), in dem Balats Glashaus mit seiner zukunftsweisenden, weil außenliegenden Konstruktion zuerst Aufstellung fand, transportierte man es in den seit 1870 öffentlichen botanischen Garten von Brüssel, wo es 1878 in der Querachse des Italienischen Gartens als »Victoria-Regia-Haus« wiedererrichtet wurde. Das um einige Stufen im Boden eingelassene oktogonale Pflanzenhaus überspannten acht schmiedeeiserne Bogenfachwerke, die sich mit ausgeprägter Rundung aus den Ecken des niedrigen Brüstungsmauerwerkes erhoben und nahezu geradlinig zum Druckring unter der Lüftungslaterne aufstiegen. Um den Abstand zwischen Glasgewölbe und Pflanzenbecken gering zu halten und um abtropfendes Schwitzwasser zu vermeiden, wurden die je vierzehn Glasfalzleisten einer Gewölbeseite an den Untergurten der Bogenfachwerke befestigt, die sich so als außen liegende, ornamental ausgefachte Konstruktion darstellten. Acht zierliche Fachwerkbügel setzten über der Gebäudemitte die linienhafte Struktur in Form einer Königskrone fort. Beide Merkmale übernahm Balat im Jardin d'Hiver von Laeken. 1941 wurde der botanische Garten einschließlich der »Serre Victoria« nach Meise verlegt.

Lit.: J. Balis, E. Witte, R. Tournay, Histoire des Jardins Botaniques de Bruxelles, Brüssel 1970

Kat. S 33 ohne Abb.
MÜNCHEN
Glaspalast der Industrieausstellung
im Alten Botanischen Garten
1853-1854 von August von Voit, königlicher Oberbaurat
(1931 durch Brandstiftung zerstört)

Maximilians II. Forderung, daß Teile des Industriepalastes nach der Ausstellung als Palmenhaus für den botanischen Garten genutzt werden sollten, setzte die transparente Holz-, Glas- und Eisenbauweise voraus. Die kurze Planungs- und Bauzeit von August 1853 bis zum Juli 1854 zwang zu »schnellen Konstruktionen«, so daß es nahe lag, den unter ähnlichen Bedingungen erbauten Londoner Kristallpalast von 1851 zum Vorbild zu nehmen. Nicht nur die Bauform, ein langgestreckter, basilikal abgetreppter, dreigeschossiger Galeriebau mit kreuzendem Querschiff, ist für beide Paläste charakteristisch. Aus Termingründen konnte Voit die ursprünglich anstelle der Londoner Halbtonne geplante zentrale Kuppel nicht verwirklichen. Er überdeckte schließlich alle Dachflächen des 233 m langen, max. 82 m breiten Glaspalastes mitsamt den 23 m frei gespannten Mittelschiffen mit Paxtons bewährter Dachstruktur in *ridge-and-furrow*. Gußeiserne, 1,25 m hohe Parallelfachwerke zwischen hohlen »Entwässerungsstützen« bildeten das Tragwerk im Quadratraster von 5,84 m.

Lit.: Illustrirte Zeitung, 7/1854, 40-41; 9/1854, 202

Kat. S 34 ohne Abb.
FRANKFURT AM MAIN
Pflanzenschauhaus der Gärtnerei Rinz
1855, Architekt unbekannt
(Nicht erhalten)

Jacob Rinz, Sohn des Stadtgärtners Sebastian Rinz, ließ auf eigene Kosten ein permanentes Glashaus errichten, um dem Mangel eines seit langem vom Gartenbauverein beantragten Schauhauses abzuhelfen. Das 42 x 16 m große basilikale Glashaus, dessen Seitenschiffe von Vierteltonnen, das Mittelschiff von einer Halbtonne überdeckt waren, entstand in Glas und Eisen. Der Querschnitt entsprach dem des Mittelpavillon vom Palmenhaus in Kew (1848) mit Abmessungen, die auf die Hälfte reduziert waren. Das Pflanzenhaus endete mit einer Apside. Zur Straße hin war eine massive, konventionell gegliederte Schaufassade mit Skulpturenschmuck vorangestellt, die das Mittelschiff mit einem Frontgiebel, die Seitenschiffe mit kubischen Pavillons abfing. Über eine »Veranda« schloß im Westen ein langgestrecktes »Camellienhaus« an, von dem – wie in Biebrich (1848) und La Muette, Paris (1856) – eine Reihe niedriger Satteldachhäuser direkt zugängig waren, darunter ein »Victoria-Regia-Haus«. Nach Abriß 1864 wegen eines Straßenneubaues fand seine Grundform im großen Frankfurter Palmenhaus (1871) Wiederauferstehung.

Lit.: Gartenflora, 1855, 165

Kat. S 35 Abb. 213
PARIS
»*Les grandes Serres de la Ville de Paris*«
in La Muette
ca. 1856 von Fa. Carre
(Nicht erhalten)

Durch die Umgestaltung des Stadtbildes in der Ära Haussmann wuchs die Zahl der Promenaden, Plätze, öffentlichen Gebäude, Parks und Gärten an, die betreut und mit Pflanzen ausgestattet werden mußten. Die 1855 gegründete erste Stadtgärtnerei nahe dem Château de la Muette erlaubte eine preiswerte und vorausschauende Produktion von jährlich drei Millionen Pflanzen. Die »Grandes Serres« für Palmen und für die 250 Kamelien der Kaiserin Josephine aus ihrem aufgegebenen Wintergarten in Malmaison dehnten sich auf 100 m aus. Ganz aus gebogtem Glas und Eisen waren sie um zwei Stufen vertieft mit niedriger Brüstung angelegt. Die Mitte des östlichen Flügels schmückte ein rundes Wasserbecken mit bewachsener Felsengruppe. Halbkreisförmig stiegen die Glasgewölbe vom Sockelmauerwerk auf. Im Bogen von 15 m Durchmesser überspannten sie das zentrale Palmenhaus, das von zwei Seitentrakten gleichen, aber um 2 m schmaleren Querschnitts flankiert wurde. Senkrechte Giebelwände schlossen die Gruppe ab. Eine mittlere Säulenreihe aus Gußeisen unterstützte in Abständen von 4,76 m die Bogenscheitel. Sie teilte jeden der drei Trakte in sieben Konstruktionsachsen, die ihrerseits durch jeweils vier gebogte, Pfetten tragende Sparren unterteilt wurden. Auf die Pfetten schließlich brachte man die gebogenen eisernen Falzleisten für die Verglasung auf, vier je Sparrenfeld, insgesamt 4 x 4 x 7 x 3 = 336 Stück.

Lit.: La Belgique Horticole, 1864, 101-103; 1867, 277
The Gardeners' Chronicle, 3/1867, 208
W. Robinson, The Parks, Promenades & Gardens of Paris, London 1869, 139-158
Nouvelles Annales de la Construction, 6/1874

Kat. S 36-39 Abb. 211-212
BERLIN
Pflanzenhäuser im Königlichen Botanischen Garten, Potsdamer Straße
(heute: Heinrich von Kleist Park)

Die Geschichte des botanischen Gartens geht auf 1679 zurück, als der große Kurfürst seinen Hopfengarten »zur Cultivierung von Gemüse und edlen Obstsorten« bestimmte. Unter König Friedrich I. als Lustgarten mit Treibhäusern und einer Orangerie für Hoffeste genutzt, von Friedrich Wilhelm I. als »Hof-Apothekengarten« der Societät der Wissenschaften unterstellt, wurde das im Siebenjährigen Krieg verfallene Gelände ab 1801 durch den Botaniker K.L. Willdenow rekultiviert. Noch vor Lennés Ankunft 1816 – später königlicher General-Garten-Direktor – gestaltete er den Garten im »freien Landschaftsstil« um.

Kat. S 36: *Winterhaus* (1820)
und *Palmenhausrotunde* (1821)
von Karl Friedrich Schinkel, Geheimer Oberbaurat
(Nicht erhalten)

Schinkels erster Entwurf vom März 1820 für eine aus Bohlensparren konstruierte Rotunde, »deren in der Mitte stehender Schornstein in Form einer Säule dem Gebäude zugleich als Zierde und Haltung dient«, kam aus Kostengründen nicht zur Ausführung. In den Londoner Ranelagh Gardens war die Rotunde mit Mittelsäule vorgebildet (1742), die Schinkel für das Jagdhaus von Fürst Radziwill wie für den Gartensitz der »Großen Neugierde« im Park von Glienicke anwendete. 1821 wurde im Westen der bebauten Eingangszone auf einem niedrigen Ringsockel aus Stein das aus ca. 34 hölzernen Sparren und 7 umlaufenden Querriegeln bestehende Pflanzenhaus in Form eines Kegelstumpfes, der an französische Revolutionsarchitektur erinnert, errichtet. Zwei gemauerte Eingänge und zwei Kamine in der Nord-Süd-Achse waren die einzigen architektonischen Attribute an dem sonst geometrisch gehaltenen, abstrakt strukturierten Baukörper.

Kat. S 37: *Winterhaus für neuholländische Pflanzen*
(*Conservatorium*)
1820 von K. F. Schinkel
(Nicht erhalten)

Anstelle des ersten Rotunden-Entwurfes für ein Winterhaus, wurde der im Juni vorgelegte zweite Entwurf, ein neunachsiges, dreiseitig verglastes Langhaus mit flach geneigtem, abgewalmten Satteldach noch im gleichen Jahr 1820 ausgeführt. Charakteristiken von Schinkels berühmtem Palmenhaus auf der Pfaueninsel (1831) waren hier vorweggenommen. So die von massiven Eckpfeilern flankierte und von vier schlanken Mittelsäulen unterstützte Holzkonstruktion vor gemauerter Rückwand, die sich zu einem rückwärtigen, durch zwei dorische Säulen abgeteilten Nischenraum für die königliche Familie öffnete.

Vor allem aber Schinkels architektonische Lösung der verglasten breiten Gebälkzone oberhalb eines schmalen Glasfrieses in Höhe der Halbsäulenkapitelle. Sie blieben im Sommer unverändert, »wenn die Fenster und das Dach weggenommen sind und das Gebäude als Dekoration des Gartens dienen soll«.

Kat. S 38: *Großes Palmenhaus*
1857-1858 nach Angaben von Gartenbauinspektor Carl David Bouché durch Baumeister Härter entworfen und von Regierungs- und Baurat Nietz verändert ausgeführt
(Nicht erhalten)

Das nach Osten ausgerichtete 53 x 17 m große Pflanzenhaus – ein 17 m hoher Mittelpavillon mit zwei Flügeltrakten von 11 m Höhe – erhob sich auf einer, die Kellergewölbe verbergenden Terrasse. Jeder der drei Bauteile war entlang den Fassaden von einer 1,31 m tiefen Doppelreihe gußeiserner Rohrsäulen im Abstand von 2,82 m umschlossen. Sie bildeten ein Tragegerüst für innere Schaugalerien und Wartungsstege, auch auf dem Dach und dienten zur Befestigung der Fassaden und zur Windaussteifung. Gußeiserne, 80 cm hohe Parallelfachwerke in Quer- und Längsrichtung der Säulenreihen waren mit diesen rahmenartig verschraubt. Zusammen mit vierzehn Gitterträgern aus vernietetem Schmiedeeisen unterstützten sie das Rinnensystem der *ridge-and-furrow*-Dachstruktur, eine Konstruktion, die gegenüber der des Crystal Palace auch die letzten Holzbauteile durch – aufwendigere – Gußformstücke ersetzte. »Kolossale Glastafeln« von 1,3 m² Größe und 13 mm Stärke schützten im Dach gegen Hagelschlag, grünes »Aachener Spiegelglas« gegen zu starke Sonneneinstrahlung und eine zusätzliche, in Holz gefaßte innere Verglasung gegen die winterliche Kälte. Treppe, Arbeitssäle und Gärtnerwohnungen befanden sich in einem höhergeführten fünfgeschossigen Anbau aus Stein auf der Gebäuderückseite.

Kat. S 39: *»Victoria-Regia-Haus«*
1882 von Bauinspektor F. Schulze
(Nicht erhalten)

Das 1852 aus Holz errichtete, quadratische »Victoria-Regia-Haus« mußte wegen Fäulnis durch den Neubau von 1882 südlich des großen Palmenhauses ersetzt werden. Sein ein Meter hoher Mauersockel nahm die Form eines Zehnecks ein. Er umschloß ein rundes Mittelbecken von 8,50 m Durchmesser mit 1,50 m breitem Umgang und einem unterteilten Ringbecken gleicher Breite. Darüber erhob sich das flach ansteigende, spitzbogige Eisengewölbe: Gratbinder aus 15 cm hohen I-Profilen, die über einem Druckring mit aufsitzender Lüftungslaterne die das Ganze überragende Königskrone trugen. Ringpfetten aus 10 cm hohen Flacheisen und ein Schub aufnehmender eiserner Ringanker zu Füßen der Binder vervollständigten die für Pflanzenhäuser dieses Typs charakteristische Konstruktion.

Lit.: The Gardener's Magazine, London 1836, 295-305
 Illustrirte Zeitung, 1858, 361-62
 Gartenflora 1859, 21
 Deutsches Magazin für Garten- und Blumenkunde, 1859, 273-275
 Architektenverein Berlin (Hg), Berlin und seine Bauten, 1896, 252-56

Kat. S 40-41 Abb. 214-216
EDINBURGH
Palm Houses im Royal Botanic Garden

Ein kleiner Universitätsgarten für medizinische Kräuter stand 1670 am Anfang der Entwicklung, die erst 1820 durch Übersiedlung des umfangreichen Pflanzenmaterials nach Inverleith Garden zu Ende kam. Seitdem hat sich das Gelände 1867 und 1876 durch Erweiterungen nach Süden und Westen auf 22 Hektar fast vervierfacht.

Kat. S 40: *Das alte Tropical Palm House*
1834, Architekt unbekannt
(Verändert erhalten)

1834 entstand am Nordende des Gartens das erste der beiden architektonischen Palmenhäuser. Das Bauschema – eine gemauerte Außenschale mit eingestellter, im Dach verglaster Konstruktion – löste sich von dem der Pionierbauten wie Bretton Hall und Brighton (Antheum) mit ihren ganz aus Eisen konstruierten basilikalen Großkuppeln, deren Instabilität zur Demontage bzw. zum Einsturz geführt hatte. Der oktogonale Grundriß machte einfache Pultdächer möglich, die von einem parallel zur Außenwand geführten, von acht Gußeisensäulen getragenen Architrav gestützt sind. Um 1860 wurden Teile der bestehenden Dachkonstruktion durch eine gußeiserne ersetzt. Die von sechzehn Hauptrippen getragene Kuppel erreicht eine Höhe von 14,30 m bei einem Durchmesser des gemauerten Unterbaues von 18,30 m, wobei vier längere Oktogonseiten mit vier kürzeren alternieren. Anstelle der großen Wandöffnungen zeigen Stiche noch Einzelfenster.

Kat. S 41: *Das neue Temperate Palm House*
1856-1858 von R. Mathieson
(Erhalten)

Wie in vielen Pflanzenhäusern machte das Wachstum der Palmen einen höheren Neubau notwendig, der 1858 dem Oktogon in genau gleicher Bautiefe von 18,30 m nach Westen vorangestellt wurde. Seine Abkehr von den Formen der Ingenieurarchitektur ist für einen Bau der zweiten Jahrhunderthälfte verständlich. Die Einbuße an Licht durch eine mächtige Pfeilerbogenstellung aus Mauerwerk von 7 x 4 Achsen, hoher Brüstung und Gebälkzone, kompensierte der Architekt durch ein zweigestuftes Glasgewölbe von noch einmal der gleichen Höhe wie die der Steinfassade, insgesamt 21,50 m. Das basilikale, dem Palmenhaus in Kew vergleichbare Gewölbe stützt sich auf vierzehn Bogenstellungen, die von den Kapitellen hoher, mehrstufiger Gußeisensäulen aufsteigen. Dekorative Ausfachungen füllen die Bogenzwickel, die gleichen, die zur Aussteifung der Hauptrippen des Dachgewölbes Verwendung finden. Ähnlich dem Palmenhaus in Kew übernehmen aussteifende Stangen das horizontale Zusammenspannen der Bogenträger. Sie unterstützen zugleich die filigranen Falzleisten der Verglasung, hier mittels Scheiben, deren Ränder gekerbt sind, um sie ohne Behinderung der Dehnungsbewegungen zu führen.

Lit.: The Gardeners' Chronicle, 5/1874, 662-63; Supplement: 9/1875, 1-6
The Royal Botanic Garden Edinburgh, The Garden Companion, Edinburgh 1970

Kat. S 42 Abb. 217
BORDEAUX
Die *Grandes Serres* des Jardin Public
1856-1859 von Charles Burguet, Architecte de la ville
(Nicht erhalten)

Die Rücken-an-Rücken-Anordnung der über 90 m langen Glas- und Steinhaustrakte erinnert an den frühen Wintergarten der Kaiserin Josephine in Malmaison. Auch in Bordeaux war der Wohntrakt – hier des Direktors – hinter der Glashausgruppe gelegen, dazu Studiensäle und Vorräume. Die im Stil Louis XVI gehaltene, massive Rückfront, eine durch drei Risalite gegliederte Pfeilerbogenstellung mit Dachbalustrade, setzte sich in den eisernen Gesimsen und Dachgalerien, in den gekuppelten Eisensäulen, den Bogenfenstern und in den Sockellinien der drei gläsernen Mittel- und Eckpavillons der Vorderseite fort. Diese, auf hohem, die Kellerräume enthaltendem Podium errichtet, von Spiegelgewölben mit Laterne überdeckt und durch breite Freitreppen hervorgehoben, beherrschten die gläserne Gartenfassade. Wie im Pariser Jardin des Plantes wurden die architektonischen Pavillons – der mittlere erreichte 17,50 m Höhe – durch zweifach gebogte Glashaustrakte in Formen und Strukturen der Ingenieurarchitektur verbunden.

Lit.: R. Coustet, Charles Burguet et l'Architecture Metallique, Bordeaux 1974

Kat. S 43 Abb. 175-182
LONDON, South Kensington
Conservatory der Horticultural Society,
Weltausstellung von 1862
1860-1861 von F. Fowke
Siehe Prototypen, S. 160

Kat. S 44 ohne Abb.
CAEN, Frankreich
Serres und Orangerie im Jardin Botanique
Vor 1861; Neubau der Orangerie 1874
von G. Auvray, Stadtarchitekt
(In Teilen verändert wiederaufgebaut)

Von der dreiteiligen Baugruppe aus Orangerie, Kalt- und Warmhaus, die auf einer nach Süden ausgerichteten Terrasse stand, wurde 1861 der massive Mittelpavillon durch Feuer zerstört. Die eisernen, spitzbogig überdeckten Glashausflügel mit ihren elfachsigen Stehfassaden blieben dagegen erhalten. Auvray schloß 1874 die Lücke durch einen zweiten, siebenachsigen Orangeriebau im Stil der Neo-Renaissance. Das Pflanzenhausprogramm wurde ergänzt durch sieben, auf die Fassaden zulaufende kleine Satteldachhäuser und ein »Victoria-Regia-Haus«. Von der gesamten Gruppe steht heute nur noch die im 20. Jahrhundert wiederaufgebaute, auf das Erdgeschoß und die wesentlichen Bauglieder reduzierte dritte Orangerie und die perfekte Imitation eines ca. 8 m hohen Baumstamms, der im Innern den Kamin verbirgt.

Lit.: Revue de l'Architecture et des Travaux Publics, 1875, 51-52 (Pläne)

Kat. S 45 ohne Abb.
GLASGOW, Queen's Park
Projekte und ausgeführtes Glashaus
1860 von Joseph Paxton; 1871 von John Kibble; 1905 Glashaus
(Glashaus erhalten)

Paxtons Entwurf sah in der Mitte der großen Terrasse einen massiven Block mit Steinarkade – für ein Museum oder einen Konzertsaal – vor, von dem aus zwei lange, glasüberdeckte Pflanzen-Promenaden zu bewirtschafteten Eckpavillons führen sollten. 1871, neun Jahre nach Eröffnung des Parks, machte John Kibble, ein wohlhabender Geschäftsmann, seiner Vaterstadt das Angebot, seinen 1885 in Coulport errichteten Wintergarten für den Queen's Park zur Verfügung zu stellen. Auf eigene Kosten wollte er die gebogte Glashausgruppe mit ihren zwei Kuppeln nach Glasgow schaffen lassen, um sie dort, westlich des Haupteinganges von Queen's Park, vergrößert wieder aufzubauen. Wasser, Felseninseln, Pflanzen, Blumen und Skulpturen, sowie ein Konzertsaal für 5.000 Personen – alles unter Glas – sollten die Attraktion des Parks werden. Aufgrund von Uneinigkeiten im Stadtrat – man konnte sich nicht über die moralischen Qualitäten des Nebeneinanders von Skulpturen, Alkoholausschank und öffentlichen Toiletten einigen – zog Kibble sein Angebot zurück, das dann vom botanischen Garten angenommen wurde, wo der »Kibble Palace« noch heute steht. Der schließlich 1905 ausgeführte Glas-Eisen-Holzbau, eine oktogonale Tambourkuppel auf quadratischem Unterbau mit zwei langen Satteldachhäusern und vorgebauten Eingangshaus, kann seine reichen, wenn auch nur geplanten Vorgängerbauten nur unvollkommen ersetzen.

Lit.: Glasgow Herald, 15.7.1867; 10.3.1871
    The Bailie, 12.11.1873
    D. Mc Lellan, Glasgow Public Parks, Glasgow 1894

Kat. S 46 ohne Abb.
BERN, Schweiz
Palmenhaus und Orangerie im botanischen Garten an der Rabbentalhalde
ca. 1860-1861, Architekt unbekannt
(Erhalten)

Auf dem als englischer Garten angelegten Hanggelände entstanden auf der oberen Terrasse vier temperierte – bzw. warme Satteldachhäuser, dahinter das im Grundriß H-förmige Hauptgebäude. Neben dem mittleren Orangerietrakt waren in den zweigeschossigen Eckpavillons Hörsaal, Sammlungen und Gärtnerwohnungen untergebracht. 1906 stockte man den Bau auf und fügte einen rückwärtigen Hörsaal hinzu. In den nach Norden ansteigenden Hang des spitz zulaufenden Grundstückes ist auf zwei Drittel seiner Höhe ein eisernes, 5 x 3 Achsen zählendes Palmenhaus von 22 m Länge eingelassen. Vernietete Gitterbinder mit gebogenem Untergurt tragen das abgewalmte Satteldach, das von einer 3 x 1 Achsen großen Lüftungslaterne gleicher Bauform überragt wird. Die rückwärtige Galerie dient auch der Erschließung einer Reihe kleiner Versuchspflanzenhäuser, die, auf den hohen Hang gesetzt, noch vom abgeschleppten Hauptdach überdeckt werden. In die westliche Böschung verlegte man die Orangerie, ein 24,50 x 7,50 m großer Mauerwerksbau mit achtachsiger Pfeilerarkade. Die steilere Ostseite des asymmetrischen Satteldaches ist zusätzlich verglast. Über den als Heizung genutzten Eckraum sind Orangerie und Palmenhaus miteinander verbunden.

Lit.: Walter Rytz, Geschichte des Botanischen Gartens in Bern, o.D. (Pläne Gartenarchiv)

Kat. S 47 Abb. 218-221
LONDON, The Royal Botanic Gardens in Kew
The Temperate House
1859 Entwurf von Decimus Burton; 1861 Oktogone, Ausführung Fa. William Cubitt & Co; 1862 Mittelpavillon; 1897 Süd-Pavillon; 1898 Nord-Pavillon
(Restauriert erhalten, mit Veränderungen der Verglasungskonstruktion)

Die aus fünf aneinandergereihten Glashäusern bestehende Gruppe ist 191,5 m lang. Sie steht im Pleasure Garden auf einer 1,20 m hohen Terrasse und ist über Freitreppen und Eingänge in den vier Himmelsrichtungen zugängig. Die basilikal gestuften End- und Mittelpavillons von jeweils 9 x 5 und 17 x 11 Achsen – sämtlich mit abgewalmten Satteldächern – werden durch zwei oktogonale Zeltdachhäuser miteinander verbunden. Ihre Dachformen entsprechen einer Forderung des Bauherrn Sir William Hooker, der statt gebogener, geradlinige Sparren zur Auflage von verschiebbaren, verglasten Holzrahmen wünschte. Um Kosten zu sparen, drang Cubitt darauf, im großen Pavillon anstelle von Burtons aus dem Grund aufsteigenden Vollwandbogenträgern, Fachwerke mit elliptischem Untergurt aus Walzeisen zu verwenden. Sie werden von doppelstielige, durch Riegel ausgesteifte Gußeisenstützen getragen, zwischen denen die längsstabilisierende Empore hindurchführt. Auch Burton folgte dem gewandelten Zeitgeschmack und stellte den niedrigen Fassaden eine ornamentale Steinarchitektur aus verputzten und stuckdekorierten Pfeilern mit Vasen- und Urnenbekrönungen, Segmentbogenfenstern und verkröpften Gesimsen voran. Die Eingangsvorbauten in der Querachse sind durch gläserne Giebelrosetten und Skulpturenschmuck hervorgehoben.

Lit.: Supplement to the Gardeners' Chronicle, 8/1876, 8-9
   Gartenflora, 1898, 75-78
   The Builder, 1/1861, 23-25
   The Garden, 5/1872, 527; 6/1872, 658-60

Kat. S 48   Abb. 222
RENNES, Frankreich
Serres und Orangerie im Jardin des Plantes, Le Thabor
1862-1863 von Jean Baptiste Martenot
(Reste erhalten)

Seit Anfang des 19. Jahrhunderts bestanden Pläne für den Ersatz zweier alter Pflanzenhäuser an der Rue de la Palestine. Ihre Verwirklichung 1862-1863 durch Martenot gab dem Garten neuen Aufschwung und führte ab 1866 zu seiner Erneuerung durch die vom Parc de la Tête d'Or (Lyon) her bekannten Gartenarchitekten Gebrüder Buhler. Ihr Rokoko-Parterre mit dem Landschaftspark im Hintergrund war über zwei ornamentale Wasserbecken, Wegeführung und Freitreppen auf die beiden fünfachsigen Orangeriegebäude und auf den Mittelpavillon der siebenteiligen, 88 m langen Pflanzenhausgruppe ausgerichtet. Rustizierte Säulenbogenstellungen mit Dachbalustraden, in den Bogenzwickeln Steinmedaillons mit den Köpfen führender Botaniker, prägten die architektonischen Orangerietrakte aus Werkstein, welche die Gruppe beschlossen. Ihre jeweils letzten Achsen hatte Martenot – wie auch die Ecken des nahezu quadratischen, eisernen Mittelpavillons – abgeschrägt. Letzterer war von einem gläsernen Spiegelgewölbe mit Dachgalerie und krönender Laterne überdeckt. Zwei weitere Pavillons, die seine Bauform wiederholten, dazwischen gebogte Anlehnhäuser gaben dem vor einer gemauerten Rückwand stehenden Glaseisen-Ensemble fast das gleiche Erscheinungsbild, das Burguets weniger eklektizistisch anmutende Pflanzenhausgruppe im Jardin Public von Bordeaux (1856) prägte.

Lit.: Archives Municipales de Rennes

Kat. S 49   Abb. 223
PARIS
»Palais d'Exposition Permanente« in Auteuil
1862-1863 von Liandier, Lehmann und Peignet, Ingenieur Schmitz
(Nicht erhalten)

Am südwestlichen Stadtende, an der Straße nach St. Cloud entstand der Palast als »immerwährende Weltausstellung«. Das Langhaus wurde von einem zentralen Querschiff mit einer 105 m hohen Vierungskuppel gekreuzt, die »eine majestätische Baumgruppe von Cedern« überdeckte. Einschließlich der vier massiven Eckpavillons und des kreisförmigen Konzertsaales für 10.000 Personen am Südende des Mittelschiffes, betrug die gesamte Gebäudelänge 480 m. Am Südende schloß der mit 25 m Durchmesser weit kleinere, zweite Kuppelbau an, der Wintergarten von basilikalem Querschnitt. Ein Stützenring trug die in Arkaden aufgelöste Tambourzone unter der zentralen Glaskuppel, die ein Ringgewölbe mit gemauerter, von Bogenfenstern durchbrochener Stehfassade umgab. Dem Kuppelbau war auf seiner Eingangsseite ein langgestrecktes, spitzbogig überdecktes Glashaus (49 x 8 m) vorangestellt, der Baulösung des Kibble Palace in Glasgow vergleichbar.

Lit.: L'Illustration 1862, 57-58
   The Builder, 9/1862, 637; 10/1862, 768-69
   The Civil Engineer and Architect's Journal, 1863, 4-5

Kat. S 50   ohne Abb.
AMSTERDAM
Industriepalast
1864 von C. Oudshoorne
und den Ingenieuren Ordish und le Feuvre
(Nicht erhalten)

Ein Vergleich des Amsterdamer Austellungsbaues mit dem 1864-1866 erbauten ersten Londoner Alexandra Palace, einem typischen Wintergarten, zeigt die gleiche, vom Pflanzenhausbau ausgehende transparente Bauweise aus Glas und Eisen. Jeweils wird ein basilikales fünfschiffiges Langhaus von einem mittleren Querschiff mit zentraler, auf über 60 m ansteigender Kuppel gekreuzt, wird in der Innen- und Außenarchitektur versucht, dem Vorbild einer Kathedrale mit Vierung, Haupt- und Seitenschiffen, mit Emporen, Giebelrosetten, farbigen Kirchenfenstern und aufstrebenden Architekturgliedern nahezukommen. Der Wintergarten in London vermied in seinem Bestreben, von der Ingenieurarchitektur loszu-

Katalog Pflanzenschauhäuser

kommen, sogar die Verglasung der Satteldächer, die in Amsterdam noch als gläserne – unarchitektonische – Viertel- und Halbtonnen gezeigt wurden. Das architektonisch-gesellschaftliche Leitbild hatte die Bauten stärker geprägt als ihre unterschiedliche Zweckbestimmung.

Lit.: L'Illustration, 1877, 276
　　　Illustrirte Zeitung, 1865, 315-16

Kat. S 51   Abb. 224-225
DUBLIN
Exhibition Palace and Winter Garden
1865 von Alfred G. Jones,
Ingenieure Ordish & Le Feuvre
(Nicht erhalten)

Der Wettbewerbsentwurf von Jones sah für das komplexe Raumprogramm nicht die fast zur Regel gewordene Lösung der von Querschiffen gekreuzten Langhaus-Wintergartenpromenade vor. Für die Zirkulation des Publikums sollte vielmehr ein massiver, höhergeführter Kernbau von zwei glasüberwölbten Hallen und zwei Promenaden umrundet und von der zentralen Eingangshalle durchstoßen werden, das Ganze in Form einer liegenden Acht. Zwei-, bzw. eingeschossige Portiken sind den drei Hallengiebeln auf der Vorfahrtseite vorangestellt. Tempelhafte Dachhäuser, Kuppeln und ein Aussichtsturm sollten die Attraktivität des Palastes verstärken. Die Hallen- und Promenadenführung, sowie die vorbildliche Grundrißorganisation kamen jedoch verändert zur Ausführung. Zwei drei-bzw. fünfschiffige Glashallen von 145 x 90 m Schenkellänge umschlossen schließlich winkelförmig den Kernbau. Er enthielt Konzertsäle, Lese- und Konferenzräume, Speise- und Erfrischungssäle, eine Bildergalerie, sowie die zentrale Eingangshalle. Jones entwarf für den die ganze Länge der Gartenterrasse einnehmenden Wintergarten einen basilikalen, auf 18 m ansteigenden, dreischiffigen Glaseisenbau mit großer, in den Garten vorspringender Mittelapside. Das 15 m breite Hauptschiff überspannten Gitterbogenträger, deren Obergurte zur Ableitung des Gewölbeschubs den Obergaden durchbrachen und sich zusammen mit fächerförmig ausstrahlenden Parallelgurten auf den Satteldächern der Seitenschiffe abstützten. Gußeiserne Binder, Riegel, Stützen und Fassadenelemente, eingehängte Emporen versteiften die Seitenschiffe zu stabilen, das halbrunde Mittelgewölbe aussteifenden Rahmen.

Lit.: The Builder, 1865, 281, 345 (Pläne 278-79)
　　　Allgemeine Bauzeitung, 1865, 21-25
　　　Civil Engineer and Architect's Journal, 4/1866, 108

Kat. S 52   Abb. 226-227
MÜNCHEN
Die *Großen Gewächshäuser*
im Königlich Botanischen Garten
1860-1865 von Oberbaurat August von Voit
(Nicht erhalten)

Ursprünglich wollte man den 1854 im botanischen Garten erbauten »Glaspalast« nach Ausstellungsende abbrechen und aus seinen Teilen neue Pflanzenhäuser errichten. Durch den Beschluß, den Industriepalast zu erhalten, mußte ein neuer Standort im Nordwesten des Geländes bestimmt werden. Voit begann mit der Planung zweier streng symmetrischer Baugruppen, der oberen, auf einer Terrasse stehenden, für Museum und große Gewächshäuser – 75 m lang, in Rücken-an-Rücken-Anordnung – und der unteren für kleine Gewächshäuser und das Aquarium. Voits »erste Anforderung an die Gewächshäuser: ... die Annäherung der ... Außenwände an die Gipfel der Pflanzen ...« mag die Vielgliedrigkeit der aus elf rechteckigen, quadratischen, viertel- und halbzylindrischen Teilbaukörpern zusammengesetzten Glashausgruppe bewirkt haben, die von Pult-, Sattel-, Walm-, Kegel- und Kuppeldächern vier verschiedener Traufhöhen überdeckt war. Mehr überzeugt Voits Lösung für eine in Profil und Verglasung isolierte Fassade »in solcher Weise, daß die Constructionsteile der äußeren von der inneren Wand vollständig getrennt sind und sich nur an wenigen Verbindungsstellen berühren.« Voits nach außen verlegte Tragekonstruktion bewirkte, daß ihre großen Eisenmassen nicht mehr aufgeheizt werden mußten, daß entsprechend weniger Schwitzwasser anfiel und die Konstruktion für Revision und Anstrich leichter als von innen zugänglich war. Unbekümmert verwendete Voit technische und architektonische Strukturen, selbst für tragende Bauglieder, nebeneinander: Nackte Walzprofilstützen neben Rohrstützen in reicher Gußeisenornamentik, Dachüberstände mit Rinne und Gesims gegenüber gebogenen Glasübergängen zwischen Dach und Fassade. Unvermittelt durchstießen die Gitterbinder der zentralen Kuppel das konventionelle Walmdach des Mittelpavillons. Man ist versucht, in all dem eine Weiterentwicklung der Ideen Rohaults von seiner Pariser Glashausgruppe zu sehen.

Lit.: Zeitschrift für Bauwesen 1867, 315-24, Pläne 37-39

Kat. S 53 Abb. 228
PARIS
L'Exposition Universelle de 1867,
Champs de Mars
1867 von J.B.S. Krantz, unterstützt durch Architekt
Hardy und Ingenieur Duval,
Gartenplanung von Alphand
(Nicht erhalten)

Als zweckmäßigstes Austellungssystem wählte Le Play die doppelte Klassifikation nach Produkten und Ländern, was zum Entwurf der acht ovalen Ringhallen (494 x 384 m) führte. Die beiden inneren Galerien für Bildende Künste, Archäologie und Geschichte der Arbeit umschlossen den 56 x 166 m großen »Jardin Central«, einen Palmengarten mit Fontänen, Skulpturen und zentralem Kiosk. Hier sollte ursprünglich die Gartenbauausstellung stattfinden. Die äußeren Freiflächen zwischen dem Umriß des ovalen Ausstellungspalastes und der rechteckigen Straßenbegrenzung des Marsfeldes nahm eine im englischen Stil gehaltene Parkanlage ein, die der 8 m breite »Grand Boulevard« durchzog. Er verband die vier Gartenquartiere. Das östliche, den Jardin Reservé, hatte Alphand für die Darstellung des Gartenbaues hergerichtet, mit Seen, Hügeln, Felsen, Grotten, Aquarien, Wasserläufen und Brücken. Etwa vierzehn Pflanzenhäuser meist französischer Eisenbaufirmen fanden hier Aufstellung. Darunter ein gebogtes, basilikales Glashaus die »Grande Serre Monumentale« mit apsidialem Abschluß. Der zeltartige Anbau auf der Rückseite, ein Gartenrestaurant, hatte Ähnlichkeit mit einem Schweizer Haus, wie mit einer Theaterbühne. Die zwiespältige Architektur thronte auf einem Felsenhügel, von dem drei Wasserfälle herabstürzten.

Lit.: Journal of Horticulture and Cottage Gardener, 5/1867, 327-329, 370
L'Illustration, 1867, 56-57, 120-21

Kat. S 54 Abb. 229
SOUTHPORT, Merseyside
Conservatory im Hesketh Park
1868 Parkanlage von Edward Kemp,
wahrscheinlich mit Pflanzenhaus
(Erhalten)

12 ha Dünengelände hatte der Pfarrer Charles Hesketh der Stadt geschenkt. Kemp unterstützte durch Aushub und Aufschüttungen die Separierung des Geländes in verschieden gestaltete Mulden und Täler, die durch Randbepflanzungen zusammengefaßt und durch Serpentinen-Wege erschlossen wurden. Am Ufer des von bewaldeten Hügeln eingefaßten Sees steht auf hohem Podium das dreischiffige Pflanzenhaus aus Glas und Eisen. Es ist von zwei schmalen und einem breiten mittleren Satteldach überdeckt, deren rosettengeschmückte Giebelfronten zum See zeigen. Ein verglastes, von ornamental perforierten Gußeisenkonsolen getragenes Pultdach umgibt den Bau als wettergeschützte »Verandah«.

Lit.: Guide to Southport and Lytham 1900 (Southport References Libraries)

Kat. S 55 Abb. 230-231
KOPENHAGEN
Pflanzenhäuser des Botanischen Gartens
der Universität
1871-1874 von Tyge Rothe, J.C. Jacobsen
(Erhalten)

Die vierte Neuanlage des botanischen Gartens seit 1600 wurde begünstigt durch den kostenlosen Grunderwerb im Tausch gegen den fast 100 Jahre alten botanischen Garten in Charlottenburg, die Vorteile der zentralen Stadtlage und die finanzielle Förderung durch J.C. Jacobsen, Besitzer der »Carlsberg Brauerei«. Seitdem diese 1867 – unversichert – durch Feuer zerstört worden war, war Jacobsen ein aktiver Verfechter der – unbrennbaren – Glaseisen-Bauweise. Auf der nach Süden gewandten oberen Terrasse erstreckt sich auf eine Länge von 94 m die aus drei basilikalen Rotunden und den verbindenden Zwischentrakten bestehende große Glashausgruppe. Ein schmaler Gürtel von ummauerten Nebenräumen ist den drei mittleren Bauteilen auf ihrer Nordseite angefügt. Wie in Brüssel füllt ein parallel laufender Trakt niedriger Anlehnhäuser – schattenlos – den Höhensprung zur unteren Terrasse. Diese ist mit der oberen durch eine axiale Freitreppenanlage verbunden, deren Neigungswinkel dem der anschließenden Pultdächer gleicht und die auf ein rundes Becken mit Fontäne zuführt. Beide Baugruppen verbindet die unterkellerte Terrasse. Zwei niedrige Satteldachhäuser in Nord-Süd-Richtung vervollständigen die symmetrische Anlage.

Beeindruckend ist der Anblick von Nordosten, wo sich der gläserne Pavillon eines zwölfseitigen Wasserpflanzenhauses vor die gleichartige Kulisse der kleinen und großen, laternenbekrönten Kegeldachrotunde schiebt. Ihre Tamboure werden von gußeisernen Säulen – 18 im Mittelpavillon – von Konsolen und

Ringarchitraven unterstützt, die zugleich die Innen- und Außengalerien, sowie die Sparren der hier sich anlehnenden Ringpultdächer tragen. 30 m Durchmesser und 19 m Höhe erreicht die alles überragende Mittelrotunde. Den zahlreichen Lösungen verbesserter Fassadenisolierung fügte man in Kopenhagen weitere Varianten mit dem wärmedämmenden Baustoff Holz hinzu. So die Isolierung tragender Eisenprofile durch angepaßte Holzschalen bzw. ihre Verlegung in den Hohlraum zwischen äußerer und innerer holzgerahmter Verglasung. Dampfbeheizte Rohre im unteren Bereich der Hohlräume halten sie frei von Schwitzwasser, bzw. bringen Schnee zum Schmelzen. Die für Kopenhagen gewählten geradlinigen Sattel- und Kegeldächer anstelle gewölbter – englischer – Dachformen waren hierzu Voraussetzung.

Lit.: J.C. Jakobsen und Tyge Rothe, Description des Serres du Jardin Botanique, Kopenhagen 1879
The Gardeners' Chronicle, 10/1879, 493-94
Deutsche Bauzeitung, 3/1881, 133-34, 145-46
La Belgique Horticole, 1882, 196-200
O. Olsen, Oase i Byen, Kopenhagen 1970

Kat. S 56 ohne Abb.
FLORENZ
Serra des Giardino d'Orticultura
1878-1879 von Giacomo Roster
(Erhalten)

Florenz war der Hauptsitz der toskanischen Gartenbaugesellschaft, die zur internationalen Ausstellung 1874 einen Kongreß für Botaniker veranstaltete und hierfür das große Pflanzenschauhaus (11 x 5 Achsen) aus Glas und Eisen erbauen ließ. Es verkörpert den basilikalen Haustyp mit gebogten Dächern: ein Muldengewölbe über dem höhergeführten Mittelschiff, Vierteltonnen über den umlaufenden Seitenschiffen. Architekturelemente gliedern und schmücken die Fassaden, die sich als ornamentierte Gußeisenarkaden auf niedriger Mauerbrüstung darstellen. Darüber verkröpfte Dachgesimse, unterbrochen von fünf spitzbogig überdeckten Eingangsportalen auf den drei Schauseiten. Ihre Giebelfelder ziert üppiges Maßwerk in prismatischen und vegetabilen Formen, überragt von Firstbekrönungen. Zwischen den Säulenkapitellen schwingen dekorative Flachbögen in gestufter Linienführung. Maurische Hufeisenbögen überspielen die Vertikalsprossen des Obergadens. Auch im Innern setzt sich ein stetiger Stilwechsel fort im orientalischen Dekor durchbrochener Gußeisenkonsolen, Zackenbögen und Säulenkapitelle, in den aufgelösten Andreaskreuzen des von vierundzwanzig Gußeisensäulen getragenen Galerieumganges.

Lit.: Gardeners' Chronicle, 10/1880, 565
G. Lenzi Orlandi, Ferro e Architettura a Firenze, Florenz 1978

Kat. S 57 ohne Abb.
SOUTHPORT, Merseyside
Fernery (Farnhaus) in den Botanic Gardens, Churchtown
1876, Architekt unbekannt
(Erhalten)

Der Landschaftspark wurde 1875 von der »Churchtown und Southport Botanic Garden and Museum Company« angelegt. Jenseits des Sees steht auf einer Terrasse hinter Glasveranden und gußeiserner Eingangsloggia der zweigeschossige Museumsbau. Wie ein altes Werbeplakat zeigt, sollte ursprünglich zu seiner Rechten ein gewaltiger gläserner Wintergarten entstehen. Stattdessen wurde das schlichte, aus zwei gemauerten Längswänden und glaseisernem Satteldach konstruierte Farnhaus errichtet. Sein beeindruckendes Innere ist von Felsenwerk, bemoosten Grotten und rustikalen, den Anblick des Glasdaches verdeckenden Tuffsteinbögen in eine mit Farnbäumen, Philodendren, Palmen etc. überwucherte Schlucht verwandelt, durch die sich der Weg schlängelt.

Lit.: Gardening World, 1885, 823
Gardeners' Chronicle, 1891, 363-364
Guide to Southport and Lytham, 1900

Kat. S 58-60 Abb. 232-233
LYON
Serres des Jardin Botanique,
Parc de la Tête d'Or

Im Oktober 1856 legten die Schweizer Gartenarchitekten Denis und Eugène Buhler Pläne für einen Landschaftspark vor, der auf dem von der Stadt erworbenen, über 100 ha großen Grundstück am östlichen Rhoneufer eingerichtet werden sollte. Der öffentliche Park mit seinem 16 ha großen See enthält neben dem botanischen auch einen zoologischen Garten.

Kat. S 58: *Serre*
1857 von Denis Buhler, Architecte Paysagiste
(In wesentlichen Teilen erhalten)

Im Zentrum des geometrisch angelegten botanischen Gartenteils liegt die 40 m lange, in Eisen konstruierte Glashausgruppe, die mit ihrem 5,75 m hohen Mittelpavillon auf das gegenüberliegende »Victoria-Regia-Haus« ausgerichtet ist. Kuppelabschnitte überdecken seinen nahezu oktogonalen Grundriß (9 x 7 m), an dessen Langseiten die beiden Seitenflügel anschließen. In Apsiden endend und von halbrundem Querschnitt erreichen sie nur 3,75 m Höhe. Sechs Reihen abnehmbare, gebogene Lüftungsflügel sind dem 1,20 m auseinanderstehenden Rahmenwerk aus Sparren und Pfetten in der Form aufgelegt, daß sie allseits mit ihren T-förmigen Randleisten in Rinnenprofile greifen, die eindringendes Wasser abführen. Die Rinnen selbst werden von hochkant stehenden Flacheisen getragen. Die Konstruktion sitzt gemauerten Brüstungen auf.

Kat. S 59: *Grandes Serres*
1877-1881 unter der Leitung des Chefingenieurs Domenget und des Direktors Ernst Faivre erbaut
(Verändert erhalten)

Wohl aus Kostengründen wurden zunächst drei basilikale Palmenhäuser schmucklos in Holz erbaut und mit ihren Längsseiten giebelständig aneinandergereiht. 1875 mußten Teile des angefaulten Trägergerüstes durch Eisen ersetzt werden. Man beschloß daraufhin, die beiden nächsten Pflanzenhäuser, die der bestehenden Dreiergruppe 1877 im Osten und 1878 im Westen hinzugefügt wurden, voll und ganz aus Glas und Eisen zu erstellen. Beide Langhäuser haben abgeschrägte Ecken und spitzbogige, abgewalmte Glasgewölbe über niedrigen Stehfassaden. Während das östliche noch von gewalzten Bogenträgern unterstützt wird, mit schubaufnehmenden Streben vor den Fassaden und Blechaufständerungen unter First und Traufen, kamen im westlichen, dem heutigen Kamelienhaus, bereits genietete Bogenfachwerke mit dekorativen Flacheisenrauten zur Anwendung. 1880 mußten die mittleren, baufällig gewordenen hölzernen Pflanzenhäuser abgerissen werden. Sie wurden in der ursprünglichen basilikalen Form durch eiserne, untereinander in offener Verbindung stehende Nachfolgebauten ersetzt. Das 21 m hohe mittlere Palmenhaus ist nicht nur breiter und mit 31 m länger, sondern aufgrund seines Obergadens auch 7 m höher als die beiden benachbarten Glashäuser. Zwei Reihen von je fünf weit auseinanderstehenden zweigeschossigen Gußeisensäulen, die durch flache Bögen untereinander und gegen das Seitenschiffgewölbe ausgesteift sind, tragen – an die statische Grenze gehend – nahezu alle Lasten. 1972 wurde das mittlere Palmenhaus durch einen weniger elegant konstruierten Nachfolgebau in abknickender statt gebogener Linienführung ersetzt.

Kat. S 60: »*La Serre Victoria-Regia*«
1887 als Erweiterung eines früheren Hauses,
Architekt unbekannt
(Nicht erhalten)

Der Standort des Wasserpflanzenhauses war von funktioneller und formaler Bedeutung, lag er doch zwischen Freiland- und Gewächshauspflanzen, dort, wo die Radialwege des halbrunden Lehrgartens, die Achsen der Glashausgruppe und des breiten Querboulevards zusammentreffen. Auf kreisrundem, nur ca. 80 cm hohem Mauersockel erhob sich der sechzehnseitige, an seinen Rändern gebogte, sonst jedoch geradlinig zur Mittellaterne flach ansteigende Glasaufbau. Wegen des Wasserdrucks, wie auch um die Auskühlung des äußeren Ringbeckens zu reduzieren, wurde das Haus einige Stufen im Erdreich eingelassen, wodurch zugleich die notwendige Kopfhöhe im schmalen Umgang um das im Durchmesser 8,50 m große Mittelbecken zustande kam. Die Beckenränder auf Brüstungshöhe und das niedrige Glasgewölbe schufen ideale Verhältnisse für den Besucher wie auch für die dem Licht nahegerückten Pflanzen.

Lit.: R. Douin, Le Jardin Botanique de la Ville de Lyon, (Annales de l'Université) 1954
Gartenflora, 1864, 286
Nouvelles Annales de la Construction, 1861, 20-21

Kat. S 61 Abb. 234
TARBES, Frankreich
Serres des Jardin Massey
1882 von Fa. Saint-Eloy
(Erhalten, heute als Ausstellungsbau genutzt)

Placide Massey widmete sein Leben der Botanik; er leitete die Gärten der Königin Hortense und den Jardin Fleuriste von Sèvres. 1850 kehrte er zurück, um seine Ideen von einem Park mit Museum und Jardin d'Hiver zu verwirklichen. Das von ihm erworbene 14 ha große Gelände fiel nach seinem Tod 1852 an die Stadt. Erst 1881 erteilte sie den Auftrag zum Bau der Pflanzenhausgruppe nach den Vorgaben des Stadtarchitekten: ein quadratischer Mittelpavillon mit Tambourkuppel und krönendem, achtsäuligem Glockentürmchen, flankiert von fünfachsigen Seitentrakten, deren Stehfassaden von flach gewölbten Walmdächern überdeckt sind. Besonders wird der kuppelüberdeckte Mittelpavillon hervorgehoben, durch je drei hohe Bogenfenster zwischen den gekuppelten Eckpfosten (verglaster Pilaster wie in Rouen) und das umlaufende Attikageländer, alles von einem vorgeblendeten, dekorativen Rollwerk aus Schmiedeeisen überzogen.

Lit.: Le Musée Massey, Tarbes (Archives)

Kat. S 62 ohne Abb.
STRASBOURG
Großes *Gewächshaus* im botanischen Garten der KaiserWilhelms-Universität
1877-1882 von H. Eggert
(Nach Zerstörung im 2. Weltkrieg abgerissen)

Nicht nur wegen der gleichen Baulänge und der Rücken-an-Rücken-Anordnung erinnert die gleichermaßen gestenreiche wie stereotype massige Baugestalt (75 x 9 m) an Voits großes Glashaus im Münchner botanischen Garten. Statt des üblichen Voransetzens baulicher Dominanten, wurden die 11 m hohen quadratischen Eckpavillons und der 20 m erreichende Mittelpavillon in einer Höhenstaffelung hinter ausdruckslose, die Bauflucht einhaltende »Vorbauten« zurückgenommen, die oktogonale Mittelrotunde oberhalb ihres Ringpultdaches noch ein zweitesmal. Das an ein Schlachtschiff erinnernde Schema der Zurückstaffelung wegen Schußfreiheit – hier Schattenfreiheit – wurde an den Gebäudeenden mehrfach, bis hin zu den apsidial ausgebuchteten Giebelvorbauten wiederholt. Der zur Straße gewandte massive Nordtrakt, an den sich das eiserne Glashaus lehnt, zeigte ein gewohntes Architekturbild, wenn auch zwischen dem Charakter einer Haupt- oder Nebenfassade schwankend. So flankierten 20 m hohe, auf Postamenten freistehende Kamine, mehr Architekturdenkmal als Schornstein, das Eingangsportal zum Mittelpavillon.

Lit.: Zeitschrift für Bauwesen, 1888, 200-211

Kat. S 63 Abb. 235
GLASGOW
Conservatory, Tollcross Park
Ca. 1880 Ost-West Trakt, ca. 1905 Nord-Süd Trakt, Architekten unbekannt
(Erhalten)

Im Osten der Stadt liegt der 33 ha große Park, an dessen Nordrand die in zwei Bauetappen entstandene, heute kreuzförmige Glashausgruppe steht. Das ältere, qualitätvollere Pflanzenhaus ist ein achtzehnachsiger, apsidial endender Längsbau mit niedrigen Stehfassaden über flachem Sockel und wird von einem Satteldach mit gebogten Übergängen zur Fassade überdeckt. Walzeisenträger, die eine längsaussteifende hölzerne Laterne tragen, sitzen auf der gußeisernen Pfosten- und Riegelkonstruktion – zugleich Dachrinne – auf. 1905 wurde eine oktogonale Kuppel samt quadratischem Unterbau und Eingangs-Giebelhaus in das Pflanzenhaus eingefügt. Die mittleren sechs Achsen mußten der »Verschönerungsaktion« weichen. Das rückwärtig angebaute, ungebogte Satteldachhaus ergänzt den Grundriß zum Kreuz.

Lit.: The Gardeners' Chronicle, 1899, 147-48
J. Cameron, Glasgow Public Parks, Glasgow, 1908

Kat. S 64 ohne Abb.
GLASGOW
Glasshouse Range in den Botanic Gardens
1882-1883 von Firma Boyd & Son
(Erhalten)

Wegen der Ausdehnung der Stadt mußte der Garten 1839 »zusammen mit der originalen Gruppe von Glashäusern« von Sandyford in seine heutige Lage am Kelvin Fluß umgesiedelt werden. Vierzig Jahre später machte der schlechte Zustand der Häuser die Neubauten von 1882 erforderlich. Man errichtete sie an gleicher Stelle auf einer mitten im Garten gelegenen Terrasse als 98 m lange, aus elf Teilbaukörpern symmetrisch zusammengesetzte Glashausgruppe. Sie bildet ein breites U mit dem 13 m hohen, basilikalen Palmenhaus (26 x 17 m) in der Mitte. Es wird von Pultdächern überdeckt. Seine Pfosten-, Riegel- und Sparrenkonstruktion aus Teakholz – wie sie auch für alle anderen Häuser verwendet wird – erhält durch eiserne Säulen und Bogenstellungen unter dem Obergaden, durch Verstärkungsbögen mit ornamentalen Zwickelfüllungen unter den Hauptsparren, zusätzliche Unterstützung. Dem Palmenhaus und

Kat. S 65   Abb. 237

den ähnlich gestalteten kleineren Eckpavillons sind ein Anlehnhaus und fünf kurze, auf ihre Mitten zuführende Satteldachvorbauten angefügt.

Lit.: The Gardeners' Chronicle, 3/1884, 269-70, 275, 279
       Revue de l'Horticulture, 1882, 158-164

Kat. S 65   Abb. 237

TÜBINGEN
Neues *Gewächshaus*
im Alten Botanischen Garten
1885-1886 von Baurat Koch
(nach Verlegung des botanischen Gartens 1970 unter Bürgerprotest abgerissen)

Die Glashausgruppe von 1886 entstand als Ersatz für eine überalterte Anlage, ein reiner Zweckbau, wenn ihm auch ein manieristisches Prunk- und Schmuckportal in Gußeisen-Renaissance vorangestellt wurde. Der Entwurf war einfach und entsprach alter Tradition, die weit vorspringenden, Schatten werfenden Orangeriebauten ausgenommen. Je ein niedriges (5,75 m) und hohes (8,40 m) Satteldachhaus flankierten als Warm- bzw. Kalthäuser den 13 m Höhe erreichenden, von einem Pyramidendach mit Laterne überdeckten Mittelpavillon. Die 51 m lange, 10 m bzw. 8 m tiefe Glashausgruppe war nahezu vollständig aus Walzeisen konstruiert mit schwerfälligen, genieteten Profilkombinationen.

Lit.: Pläne des Universitätsbauamtes Tübingen 1970
       Bauwelt 10/1969, 1344-46

Kat. S 66   ohne Abb.

GLASGOW
»Fossil Grove House«, Victoria Park
Ca. 1888, Architekt unbekannt
(Erhalten)

Im Westen des 1887 eröffneten Parks nahe dem Felsengarten, steht ein vielbesuchtes »Pflanzenhaus«, das ein Dutzend über 200 Millionen Jahre alte, mächtige Baumstämme mit ihren Wurzelansätzen überdeckt. Erst 1887 entdeckte man unter einem Steinbruch das eindrucksvolle Naturdenkmal und errichtete über dem alten Grund den 23 x 10 m großen Ziegelbau. Sein verglastes Satteldach mit Lüftungslaterne wird von Gitterträgern aus miteinander vernieteten Walzprofilen und Stegblechen getragen.

Lit.: D. Mc Lellan, Glasgow Public Parks, 1894

Kat. S 67   Abb. 236

CAMBRIDGE
Glasshouse Range im University Botanic Garden
Ca. 1855, 1888-1891, Architekten unbekannt
(Erhalten)

1831 erwarb die Universität das heutige, 16 ha große Gelände. In den fünfziger Jahren wurde eine Pflanzenhausgruppe aus Holz errichtet, vier rechteckige Eck- und zwei Mittelpavillons, alle mit abgeschrägten Ecken, die durch schmale Glaskorridore um einen Innenhof verbunden waren. Auch beim Bau der zweiten Pflanzenhausgruppe wurde das Prinzip, die einzelnen Häuser durch einen Glaskorridor zu erschließen, beibehalten, jedoch in neuer Lage entlang des nördlichen Gartenrandes mit kammartig nach Süden vorstoßenden, heute acht Glashäusern. 1932-1933 wurden sie in Teak erneuert. In der Mitte ist das quadratische Palmenhaus mit abgestumpftem Pyramidendach und großer, 13 m Höhe erreichender Laterne. Ihm ist nach Süden das Tropical Aquarium angegliedert. Um die noch freien Fassadenbereiche legt sich wie ein Gürtel, ein schmales, niedriges Anlehnhaus. Durch Eisen unterstützte sowie »eisenarmierte« Holzkonstruktionen und die Verwendung eiserner Verglasungsleisten bewirken das lichte Erscheinungsbild der Gruppe.

Lit.: The Gardeners' Chronicle, 11/1882, 587
       S. M. Walters, A Guide to the Cambridge University Botanic Garden, 1977

Kat. S 68   ohne Abb.

ASSON (Basse Pyrénées), Frankreich
Serre im Jardin Exotique
1889 von Fa. Maury und Stöckel
(Erhalten)

Das Sprossenwerk und die wenigen stabilisierenden und tragenden Elemente dieses späten Glashauses erinnern in ihrer linienhaften Ausmagerung an die Leistungsfähigkeit früher Konstruktionen. Das auf der Pariser Weltausstellung von 1889 ausgestellte Pflanzenhaus besteht aus einem architektonischen Zentralpavillon in Hausform mit Dachgesimsen, Portal und Fassadenschmuck, der von niedrigen, funktionalen Flügelbauten flankiert wird, hier von gebogtem Querschnitt, niedriger Stehfassade und in Apsiden endend.

Lit.: Archives Saint-Pie Frère, Asson, Basse Pyrénées

Kat. S 69 Abb. 165
PARIS
Jardin d'Hiver im Jardin des Plantes
1889 von Jules André
Siehe Prototypen, S. 136ff.

Kat. S 70 Abb. 238
NANTES, Frankreich
Serres im Jardin des Plantes
1895, Architekt unbekannt
(Erhalten)

Für seine zweite Eröffnung 1865 verwandelte sich der Garten »in einen wissenschaftlichen Ort und in einen solchen für Annehmlichkeiten« mit Hügeln und Gewässer. Die Serre Chaude (1844), die dazu bestimmt war, »die zahlreichen Importe des Kapitäns Armange aufzunehmen«, wurde 1895 durch die fünfteilige Pflanzenhausgrupppe aus Glas und Eisen ersetzt: Ein Mittelpavillon mit zwei Annexen in architektonischer Hausform, flankiert von niedrigen spitzbogigen Satteldachtrakten. Obwohl auch die Mittelgruppe gemauerte Brüstungen und abgewalmte, gebogte Dachformen aufweist, ist sie doch durch ihre Stehfassaden, die Pfosten- und Riegelkonstruktion, das ausladende Dachgesims, vor allem aber durch vorgeblendetes Rankenwerk aus Schmiedeeisen architektonisch hervorgehoben. Das dekorative Geflecht überzieht den Wintergartenteil mit Bekrönungen, Konsolen, Friesen, und dem fassadenhohen Bogenfenstermotiv mit Fächerrosette, ganz im Gegensatz zur schlichten Falzleistenstruktur der Seitentrakte. Im Innern schmücken Rosetten, Stegperforierungen und Zierkonsolen die genietete Konstruktion aus zusammengesetzten Walzprofilen.
Lit.: A. Rousseau, Jardin des Plantes Nantes, 1969

Kat. S 71 Abb. 239-241
LIVERPOOL
Palm House im Sefton Park
1895-1896 von Fa. Mackenzie & Moncur
(Erhalten)

Im Mai 1871 eröffnete Prince Arthur den vom Pariser Jardin d'Acclimatation beeinflußten Landschaftspark. Ende 1894 kam es zur Vorlage eines mit der Fa. Mackenzie & Moncur entwickelten Palmenhaus-Projektes, das dank der Kostenübernahme durch den wohlhabenden H. Yates Thompson ausgeführt

wurde. Der allseitig verglaste Zentralbau steht an erhöhter Stelle inmitten kreuzender Wege, auf die seine vier Eingangsvorbauten ausgerichtet sind. Über oktogonalem Grundriß sind drei Tambourkuppeln stufenartig zurückspringend übereinandergesetzt. Sie erreichen 22 m Höhe. Jede hat die gleiche schuppenförmige Verglasung aus rechteckigen, ebenen Scheiben, jede dieselben bekrönten Rinnengesimse aus Gußeisen. Übereinstimmend bestehen die Tambourzonen aus verglasten gußeisernen Säulenbogenstellungen, die – wenig konstruktiv – auf einem Kranz verglaster Lüftungsklappen stehen. Eingefügte Pilaster zur Aufnahme der Rinnenentwässerung und zum Verdecken der dahinter stehenden Konstruktion erwecken den Anschein tragender Bauglieder. Überspielt von der üppigen Bepflanzung innerhalb und außerhalb der breiten Ringpromenade sind acht Gußeisensäulen mit ornamental perforierten Konsolen die wichtigsten Konstruktionsglieder im Gebäudeinneren. Sie tragen die mit Lochblechen belegte Empore und die 8 x 3 gebogenen Gitterbinder der unteren Ringkuppel, die sich vor der Innenfassade in ebensovielen Gitterstützen fortsetzen. Von der Empore steigen in den Eck- und Mittelpositionen die 8 x 2 Gitterbinder der mittleren Kuppel auf. Sie enden am oktogonalen Druckring unter der Laterne. Vor den Gebäudeecken stehen auf hohen Granitsockeln acht Statuen berühmter Männer, die sich um die Erforschung und Einführung von Pflanzen wie um die Gartenkunst verdient gemacht haben: Le Nôtre, Linaeus, Mercator, Darwin, Kapitän Cook, Columbus, Parkinson und Prince Henry The Navigator.
Lit.: The Gardeners' Chronicle, 1872, 1004-05
   The Garden, 1872, 124-26
   The Builder, 8/1867, 625, 5/1872, 402

Kat. S 72 Abb. 242
PARIS
Grandes Serres des »Nouveau Jardin Fleuriste de la Ville de Paris«, Auteuil
(Bois de Boulogne)
1898 von Jean-Camille Formigé,
Eisenbau von Schwartz und Meurer
(Erhalten)

An ihrem neuen Standort stehen der Stadtgärtnerei 9 ha gegenüber 1,8 h von La Muette (1856) zur Verfügung. Vom monumentalen Haupteingang auf erhöhtem Niveau kommend, überblickt man die architektonische Anlage: Das Parterre mit Brunnen, Reliefs und Masken an den Terrassenwänden, darauf rechts wie links die Giebel von je sechs spitzbogigen Anzuchthäusern. Dem Beschauer gegenüber erhebt sich die Gruppe der 100 m langen Grandes Serres mit dem auf 16 m Höhe aufsteigenden Mittelpavillon (16 x 16 m) und den vier anschließenden 8 m und 7 m hohen Flügelbauten, die auch im Grundriß von 15 m auf 14 m zurückgestuft sind. Der Spitzbogen ist das beherrschende Element. In allen vier Himmelsrichtungen über dem Mittelpavillon angewendet, erzeugt er ein Klostergewölbe. Als mächtiger Bogenbinder über der vollen Hausbreite fängt er die Fassaden ab, öffnet sie zu den Flügelbauten und bildet, risalitartig vorspringend, das Eingangsmotiv. Wasser, Brücken, Felsen und gewundene Wegeführung im Innern der Grandes Serres verstärken den Eindruck, daß hier über die Funktionserfüllung hinausgehende Qualitäten im Sinne eines Gesamtkunstwerks angestrebt und verwirklicht wurden, ein ungewöhnliches und ehrgeiziges Ziel für eine Stadtgärtnerei.

Lit.: Le Génie Civil, 8/1898, 229-33

Kat. S 73   Abb. 243
LIVERPOOL
Conservatory im Stanley Park
1899 von Firma Mackenzie & Moncur
(Erhalten)

Hoch über einer Miniaturlandschaft mit See, Steinbrücken und gotischen Architekturen steht das langgestreckte Pflanzenhaus aus Glas und Eisen am Rand des Parks auf einer von Stufen gesäumten Terrasse, den Gartenausgang in der Querachse auf einen gußeisernen achteckigen Musikpavillon ausgerichtet. Für das Pflanzenhaus genügte ein einziger Gebäudeschnitt, um den basilikalen Längsbau mit abgewalmten Satteldach in seinen Details festzulegen. Die auf einem Band von Lüftungsklappen stehende gußeiserne Säulenbogenstellung zwischen Pilastern ist die gleiche wie im Sefton Park, was auch für die zwei Reihen Konsolen tragender Gußeisensäulen unter dem Obergaden und für die Gitterbinder der Dachkonstruktion gilt. Auf der langen Gartenseite ist dem Glashaus eine von Säulen getragene »Verandah« mit gläsernem Satteldach vorangestellt. Im Innern ein Becken mit der Statue der Flora.

Lit.: Pevsner, Buildings of England, Lancashire, 1/1969, 212

Kat. S 74   Abb. 244
PARIS
»Le Palais de l'Horticulture«, Cours de la Reine, Weltausstellung von 1900
1900 von Charles Albert Gautier
(Nicht erhalten)

Hart am Rande des nördlichen Seine-Ufers hatte Gautier die auf 237 m ausgedehnte »Doppelpalastanlage für die Gartenbaukunst« errichtet: zwei spitzbogige Langhäuser aus Glas und Eisen von 17,50 m Höhe und Breite, die über kurze Halsstücke in quergestellte ovale Glasgewölbe mündeten. Jede Gruppe erreichte 83,50 m Gesamtlänge. Die spiegelbildlich zur Mitte gewandten Giebelfronten faßten ein Blumenparterre ein, das mit dem unteren Uferweg über eine breite Treppenanlage in Verbindung stand. Hier befand sich auch der Zugang zum unterirdischen »Aquarium de Paris«. In der Mitte der Anlage sollte ursprünglich eine Fußgängerbrücke die Ausstellungsbauten beider Seineufer verbinden. An die sieben Achsen der Gartenbauhallen fügte Gautier ebenso viele, in Apsiden endende Querschiffe von 8,50 m Länge und ca. 10,00 m Höhe an, die offen miteinander verbunden sind. Die Hallengiebel, wie die an den Gebäudeecken aus Eisengerüsten bestehenden 20 m hohen Pylone, schmückte ein reiches Gitterwerk von grün gestrichenen hölzernen Treillagen im Formenkanon des beginnenden Jugendstils. »Eine wahre Erquickung nach all dem falschen Pomp«, lobte H. Muthesius die Glashausanlage.

Lit.: Le Génie Civil, 1900, 126-128
      Gartenflora, 1901, 463-67

Kat. S 75   ohne Abb.
GLASGOW
Conservatory im Springburn Park
1902, ausführende Eisenbaufirma Simpson & Farmer
(Erhalten)

Das Schauhaus samt Inhalt und einen Musikpavillon spendete J. Reid von den »Hyde Park Locomotive Works«. Der 46 x 18 m große, von einem gläsernen Spiegelgewölbe mit Laterne überdeckte Hallenbau von 8 x 4 Achsen ist bis auf Höhe seiner umlaufenden Besucherempore von Ziegelmauerwerk umschlossen. Er wird von eisernen Bogenbindern aus genieteten Parallelfachwerken 18 m hoch frei überspannt. Eine repräsentative, zweiarmige Treppenanlage erschließt die Empore. Von Eisensäulen mit Kapitell und Basis getragen und von üppig dekorierten

Geländerstäben eingefaßt, wirkt sie – wie die konventionellen Fenster und Wände des Erdgeschosses – als architektonische Umschließung eines Gartenhofes. Darüber spannt sich das vom hellen Licht überstrahlte filigrane Glas-Eisengewölbe. An den Langseiten des Gebäudes schließen je zwei von Satteldächern überdeckte Schauhäuser für spezielle Pflanzenarten an. Um auch von außen die Gebäudefunktion zu symbolisieren, waren dem massiv wirkenden Baukörper gläserne Schaugiebel an den Gebäudeecken und das große Giebelmotiv des Eingangspavillons vorangestellt.

Lit.: D. Mc Lellan, Glasgow Public Parks, Glasgow 1894

Kat. S 76   Abb. 245
FRANKFURT AM MAIN
Neue *Pflanzenschauhäuser* im Palmengarten
1906 von H. Ritter (Fa. Philipp Holzmann)
nach Angaben von Gartendirektor A. Siebert
(Verändert erhalten, seit 1988 nur noch die – neuplazierte – »Mittelhalle«)

Mit den Pflanzentransporten aus den Biebricher Wintergärten des Herzogs von Nassau wechselten 1869-1870 auch einige der Gewächshäuser nach Frankfurt über, die bis 1905 ihren Dienst taten, um dann einer »Neuanlage von großem Umfang«, die Gartendirektor Siebert anregte, Platz zu machen. Von der Bauform her kommt die Frankfurter »Mittelhalle« (61 x 13 m) den Pariser Grandes Serres in Auteuil nahe. Der gleiche quadratische zentrale Pavillon – in Frankfurt 15 m hoch – in Hausform mit ausladendem Dachgesims, von einem gläsernen Muldengewölbe überdeckt, an den die nur wenig schmäleren spitzbogigen Flügeltrakte, die sich im vollen Querschnitt zu ihm öffnen, anschließen. Stützenfrei überspannen spitzbogige Gitterbinder mit zusätzlichem Flacheisendekor die »Mittelhalle«. Ihre gemauerten Langseiten gewähren über große, verglaste Korbbogenöffnungen Einblick und Zugang in elf Schauhäuser. Eine Perseus-Gruppe vor dem Ostgiebel und ein Wasserbecken mit Brunnenschale und wasserspendender Figur unter der zentralen Kuppel, stehen in den mit Palmen, Farnen und Bambus besetzten Pflanzenflächen. An die »Mittelhalle« sind nach Norden sechs 26,50 m lange Satteldachhäuser jeweils im Abstand von 1,80 m angefügt, im Süden fünf, darunter das 16 m breite »Victoria-Regia-Haus« mit ornamentalem Mittel- und Randbecken. Sein Satteldach wird von ausgeschmückten Fachwerkbindern getragen, deren Untergurte sich in drei Bögen über zwei fünffachsige Stützenreihen schwingen.

Lit.: Zentralblatt der Bauverwaltung, 5/1907, 283-286

Kat. S 77   ohne Abb.
INNSBRUCK
Gewächshausgruppe des Botanischen Gartens der Universität
1909 von Fa. Gridl, Wien,
Bauführung von Baurat Ph. Mitzka
(Renovierungsbedürftig erhalten)

Die 55 m lange Glashausgruppe lehnt sich an eine gemauerte, auf zwei Drittel ihrer Länge durch Nebengebäude ausgesteifte Rückwand, die gegen die Fallwinde des im Norden aufragenden Gebirges schützt. Fünf Pflanzenhäuser sind aneinandergebaut: das 14 m hohe, kastenförmige Palmenhaus mit abgewalmten Satteldach und die je zwei in Höhe wie Bautiefe zurückgestuften Flügeltrakte. Pultdächer überdecken sie. Der nüchterne Charakter wird durch die schmucklosen Glaskuben der Eingänge und der Dachlaterne, durch Leitern und Laufstege vor der gemauerten Rückwand, noch verstärkt.

Lit.: E. Heinricher, Geschichte des Botanischen Gartens der Universität Innsbruck, Jena 1934

Kat. S 78-79   Abb. 246-248
BERLIN
Pflanzenschauhäuser im Königlichen
Botanischen Garten in Dahlem

Kat. S 78: *Große Schauhausgruppe*
1899-1909 von Baurat Alfred Körner
(Das Tropenhaus wurde leicht,
die vorderen Glashäuser völlig verändert)

Auf zwei Terrassen erhebt sich in der Achse des Italienischen Gartens die 150 x 75 m große Pflanzenhausgruppe, die zwei Gartenhöfe bis auf ihre Zugänge umschließt. In der hinteren Zeile das 60 m lange, auf 26 m ansteigende spitzbogig überwölbte »Große Tropenhaus«. Über niedrige Satteldachhäuser steht es mit den von flachen Spiegelgewölben überdeckten quadratischen Eckpavillons (je 400 m^2) und vier kleineren, dem Garten zugewandten basilikalen Pavillons in Verbindung. Die freigehaltene Mitte nimmt das in einer siebenseitigen Apside endende, gebogte Wasserpflanzenhaus ein mit der im Halbrund die beiden Gartenhöfe erschließenden Treppenanlage. Ein Tropensumpf mit Felsen im Hintergrund des »Victoria-Regia-Beckens« und Grotten mit Aquarien im Untergeschoß bilden einen Höhepunkt in der malerischen Landschaftskomposition des durch zwanzig Abteilungen führenden Rundganges. Dem Naturalismus im Innern steht der Konstruktivismus in der Außenarchitektur gegenüber: Geknickte Profilträger, Pfetten und das rautenförmige Netz von Zugdiagonalen prägen die Dächer der Eckpavillons. Stabilisierende Gitterträger, zugleich Wartungsgang umschließen sie. Am »Großen Tropenhaus« ist es das Gerüst aus sich durchdringenden Gitterbindern und Fachwerkpfetten-Laufstegen, das aus dem Innenraum verbannt ist. Denn um es zu warten und das Schwitzwasser fernzuhalten, um es nicht unnötig aufzuheizen, hängt die Glasdecke zwischen isolierenden Holzsprossen aus amerikanischen Pitch-Pine unterhalb der Konstruktion.

Kat. S 79: *Subtropenhaus*
1899-1909 von Baurat Alfred Körner
(Erhalten)

Mit einem zum Garten vorangestellten gläsernen Schaugiebel aus großer Bogennische und flankierenden, von Zeltdächern gekrönten Treppentürmen, stellt sich das basilikale, auf 16 m ansteigende Pflanzenhaus (875 m^2) dar, einem Entwurf Schinkels (1830) für eine Basilika ähnlich. Die genietete Konstruktion aus zusammengesetzten Walzprofilen und Stegblechen spiegelt die der vorbeschriebenen vier kleinen Pavillons der Schauhausgruppe wider: Gestufte, der basilikalen Form folgende Rahmen, die unter den Obergaden durch Gitterträger stabilisiert und durch zwei Reihen gußeiserner Pendelstützen unterstützt werden. Die an diesem Haus außerhalb der Konstruktion vorbeilaufende, in Holzrahmen gefaßte Verglasung konnte im Sommer über Innen- und Außengalerien demontiert werden. Aus den von Schmuckkonsolen getragenen Geländerpfosten sprießen vegetative Jugendstilornamente aus Schmiedeeisen und beleben die uniformen Langseiten der gläsernen Basilika.
Lit.: Urban, Geschichte des Königlichen Botanischen Gartens, Berlin 1888
Centralblatt der Bauverwaltung, 5/1897, 229-235
Zeitschrift für Bauwesen, 1909, 202-222, 335-359, 477-496

Öffentliche Wintergärten
der Städte, Seebäder und Kurorte,
verbunden mit Theater, Museum, Kunstgalerie,
mit Panorama, Zoo, Aquarium, Zirkus,
mit Hotel, Krankenhaus und Schule

Ein Vorläufer dieser »Erholungsstätten für große Städte« sind die Londoner »Pleasure Gardens« des 17. und 18. Jahrhunderts, die später auch in Paris Mode wurden. W. Wroth[1] hat über sechzig dieser Vergnügungsstätten in den Londoner Stadtbezirken zusammengetragen. Zu den bekanntesten gehörten »Ranelagh Gardens« (1742-1803, *Abb. 249*) in Chelsea mit der Konzert- und Ballhaus-»Rotunda« und die an der Themse gelegenen »Vauxhall Gardens« (1661-1859, *Abb. 250-251*). Ihre schattigen Spazierwege, abendlichen Illuminationen, Maskeraden, Feuerwerke, Open-Air-Konzerte und festlichen Mahlzeiten in den »supper-boxes« (Speiseabteile) zogen alle Volksschichten in ihren Mußestunden an. Noch um 1848 war die Beliebtheit so groß, daß es Pläne gab, diese Promenaden in Wintergärten zu verwandeln[2].

Für das feuchte Londoner Klima verlangte die von April bis September während Saison nach einer wetterfesten Hülle, die das Promenieren auch im Saale zuließ. Die 1742 mit einem »öffentlichen Frühstück« eröffnete Rotunda der Ranelagh Gardens, ein kreisförmiges, mit dem Pantheon verglichenes Gebäude von 46 m Durchmesser (Pantheon 43,20 m), verlegte daher sowohl die Promenade wie auch die »Supper Boxes« in das Gebäudeinnere. Etwa einhundert dieser Abteile ließen sich wie Logen in zwei ringförmigen Rängen unterbringen. An ihnen vorbei »rund um die Rotunda zu gehen, war eine der Vergnügungen des Platzes «[3]. Hier zeigten sich die Großen der Gesellschaft dem Volk, das dafür den Eintrittspreis von einem Schilling bezahlte.

Man ist versucht, im Pariser Jardin d'Hiver, in seinen drei Apsiden, den umrundenden Promenaden, dem Orchester, den nur noch dekorativen überdimensionalen Kaminen des Salons Anklänge an die Londoner »Pleasure Gardens« zu sehen. Denn inmitten der Ranelagh-Rotunde, zwischen einer das Dach abstützenden oktogonalen Pfeilerstellung, prasselte tatsächlich ein mächtiges Kaminfeuer. Der umbaute Gartenteil der Vauxhall Gardens war – ähnlich dem Pariser Grundriß – durch zwei gegenüberliegende und eine den langgestreckten Hain beschließende »Supper-Box«-Apside charakterisiert. Auch hier führten Promenaden um das Ganze herum, verliehen schirmartig unterspannte Stoffbahnen der Rotunde ein festliches Gepräge, dem Salon des Jardin d'Hiver in Paris vergleichbar. Die Vauxhall Gardens wurden 1859 als letzte der »Pleasure Gardens« des 18. Jahrhunderts geschlossen.

Vom Wintergarten des 19. Jahrhunderts, dem »Pleasure Garden« unter Dach, war damit nur die erste Hälfte, das Vergnügungsprogramm verwirklicht. Noch blieb der Garten vor der Tür. Auf beschränktem Stadtgrundstück konnte die »Ring of Folly«-Rotunde[4] (Rundweg der Narretei) sogar ohne ihn auskommen, sich selbst genug, reicher noch im Raumangebot und stärker auf das tragende Architekturvorbild, das römische Pantheon, ausgerichtet. Im Januar 1772 öffnete das Londoner »Pantheon in the Oxford Road« von James Wyatt seine Pforten, das »Winter Ranelagh«[5], wie Horace Walpole den für öffentliche Unterhaltung eingerichteten Bau im Herzen Londons nannte. Die wie ihr antikes Vorbild im Opaion offene, hier jedoch verglaste Rotunde umgab ein Ring von Kolonnaden, an den sich vierzehn reich ausgestattete Spielsäle, Galerie-, Restaurations- und andere Räume anschlossen. In Nischen am Fuße der Rotunde hatte man neben den traditionellen Statuen von Gottheiten solche der Britannia, von Georg III. und Königin Charlotte aufgestellt, ein Brauch, den die Wintergärten des 19. Jahrhunderts in realistischen Darstellungen übernahmen. Das »Winter Ranelagh« des 18. Jahrhunderts war nicht nur ins Zentrum der Stadt vorgedrungen, es hatte die Saison für die Vergnügungen auch auf das ganze Jahr ausgedehnt.

Von den Rotunden des 19. Jahrhunderts zeigte das dem Pantheon nachgebildete Colosseum im Regent's Park (1829) erste Elemente eines Wintergartens in den arabischen und gotischen Pflanzen- bzw. Vogelhäusern, durch die hindurch die äußere Promenade führte. Im Brüsseler botanischen Garten bereits in das Gebäude (1829) einbezogen, umschließt eine Palmenpromenade die Rotunde – das Palais de Flore –, die gleiche Baulösung, zu der in Lyon (1855) noch ein äußerer Kranz von Naturszenen hinzutritt. Entlang Raubtierkäfigen, um einen tropischen Garten und einen Wassergarten herum führen Ringpromenaden in den gläsernen Kuppelbauten des zoologischen Gartens von Surrey (1831), von Hove bei Brighton (1833) und des Kibble Palace (1873). Der Jardin d'Hiver von Laeken (1876) zeigt das Architekturvorbild Pantheon in seinem Innern schließlich so, wie es gedacht war: Eine architektonische Raumfassung aus Stein, darüber das Himmelsgewölbe, dargestellt als gläserne Kuppel statt als massives Kassettengewölbe aus der Zeit ohne Glas und Eisen.

Indem die öffentlichen Wintergärten des 19. Jahrhunderts unter einem Dach die Attraktionen der »Pleasure Gardens« vereinten, wurden die ehedem großen Gartenflächen entbehrlich. Ihr Verkauf zu Bauzwecken war angesichts der immer wertvoller werdenden Grundstücke in guter Stadtlage ohnehin nicht aufzuhalten, was den Untergang der »Pleasure Gardens« noch beschleunigte. Auf kleinstem Raum und auch in der schlechten Jahreszeit – den Bedürfnissen des städtischen Lebens angepaßt – bot von nun an der öffentliche Wintergarten seine Dienste an: als grüne Lunge und wettergeschützte Promenade, als Zentrum gesellschaftlicher Kommunikation, als Stätte künstlerischer, belehrender und dem Vergnügen dienender Veranstaltungen, offen für Jedermann.

So schließt sich der Kreis. Traf sich bei den Banketten und Sommerfesten in den Orangerien und Orangerieschlössern höfischer Lustgärten eine »ausgewählte Öffentlichkeit«, die den Adel und die Spitzen der Gesellschaft repräsentierte, so hatte im 19. Jahrhundert jeder Bürger Zutritt zu den öffentlichen Wintergärten. In der Entfaltung von Prunk standen sich die höfischen und bürgerlichen Pflanzenhäuser in nichts nach, wurde doch – wie in vielen Bauprogrammen des 19. Jahrhunderts – die Palastarchitektur übernommen, um das Selbstbewußtsein und Weltverständnis des Bürgers, der sich als Herr über Natur und Technik empfand, zu symbolisieren. Die Namen, die man den Wintergärten gab, lassen das höfische Vorbild erkennen: Kristallpalast, Château des Fleurs, Floral Temple, Palais de l'Horticulture, Palais Végétal, Palais des Plantes, Palace of Flowers und schließlich Palace of the People. Der letzte der »Paläste für das Volk« stand inmitten eines Arbeiterviertels im Londoner East End. Nach dem Motto, daß »nichts zu gut für das Volk sein könnte«, sollte sich dort der Besucher, losgelöst von der Realität in der prunkhaft überhöhten Atmosphäre der

»Queen's Hall« eins fühlen mit den Großen der Geschichte, die, vertreten durch dreiundzwanzig Skulpturen von Königinnen, hergestellt aus Pappmaché, beide Seiten der Halle einnahmen. An diesen Festsaal schlossen mit dem Wintergarten und der Bibliothek weitere, dem Raumprogramm bei Hofe entlehnte Räume an, die schließlich in das auf den Benutzer zugeschnittene Ausbildungsangebot einer polytechnischen Schule mit Werkstatträumen, Kochschule, Turn- und Schwimmhallen übergingen.

In seinem Pamphlet von 1851[6] »Was soll aus dem Kristallpalast werden?« umriß Paxton seine bürgerlich-idealistischen Vorstellungen für den »Winter-Park und Garten unter Glas« mit Fuß-, Fahr- und Reitwegen, der zugleich ein »öffentlicher Ort der Erholung und Belehrung« sein soll, »offen für viele Möglichkeiten, sich seines Geistes und seiner Gesundheit zu erfreuen ... Für ein temperiertes Klima würde zu jeder Jahreszeit gesorgt sein«, so daß es »immer möglich wäre, sich auf angenehme Weise körperlich zu betätigen.« Doch weitete Paxton, ganz folgerichtig für die Sichtweise des Bildungsbürgertums des 19. Jahrhunderts, den neuen gesellschaftlichen Anspruch auch auf pädagogisch-kulturelle Aufgaben aus, die in der Nachfolge des Kristallpalastes von Sydenham eine Flut von Neugründungen öffentlicher Wintergärten auslösten: »Besondere Möglichkeiten wären für eine Entwicklung großen Ausmaßes der botanischen, geologischen und vogelkundlichen Wissenschaften gegeben ... Der Geschmack der Individuen würde durch Vertrautmachung mit Kunstwerken höchsten Ranges gehoben, wie auch durch Betrachtung besonders schöner Exemplare der Natur ohne Mißbildungen.«

In der baulichen Konzeption zeigen viele Wintergärten ein im 19. Jahrhundert häufig angewandtes Bauschema für Pflanzenhäuser mit verbundenem Raumprogramm: das der Baukörpertrennung. Es unterschied zwischen einem Glashaus für Pflanzen, meist in den Formen der Ingenieurarchitektur und einem den menschlichen Bedürfnissen besser angepaßten Mauerwerksbau in traditionellen architektonischen Gliederungen.

Grundtypen sind:
1. die Hintereinander-Anordnung beider Baukörper entlang einer gemeinsamen Achse wie z.B. im »Winter Garden and Aquarium«, Great Yarmouth (1875-1876),
2. die Rücken-an-Rücken-Anordnung zweier Längsbauten, wie sie der »Jardin d'Hiver« der Kaiserin Josephine in Malmaison (1804-1805) oder der »Palace of the People« im Londoner East End (1886-1892) zeigen,
3. die T-förmige Anordnung der Baukörper, die für eine freie Lage im Park und für die Grundrißbeziehung zwischen zwei Großräumen Vorteile aufweist. Zahlreiche Wintergärten, wie das »Palmen und Gesellschaftshaus« in Frankfurt am Main (1869-1871) und die Charlottenburger »Flora« (1871-1874) folgten diesem Bauschema: ein quergestelltes massives Saalgebäude mit rückseitig angebautem gläsernen Palmenhaus in der Längs- und Symmetrieachse. Unter den Nachfolgebauten ist der Palmengarten zu Leipzig (1900) das wohl späteste Beispiel.

Für die Verbindung von Theater und Wintergarten ist die Angliederung des Pflanzenhauses als Vestibül (Eden Theater, Paris) oder als Promenade typisch (People's Palace, East London und New Pavilion and Winter Garden, Blackpool). Eine interessante Alternative verkörpert das Palmenhaustheater in Göggingen bei Augsburg (1885-1886), in dem beide Funktionen in einem Raum zusammengefaßt sind.

Überwiegt jedoch die Mittelpunktsfunktion des Wintergartens als Aufenthalts-, Repräsentations- und Erschließungsraum für ein umgebendes Raumprogramm (Palace of the People, Muswell

Hill, London, 1858) oder ist der Wintergarten selbst Herzstück eines Vergnügungsetablissements wie im »Krystall-Palast« von Leipzig (1881-1882), fand man zur klassischen Baulösung des allseits umbauten Atriums, des Wohnhofes unter offenem Himmel, zurück. Bepflanzt und unter Glas genommen, kehrt es das Verhältnis von Haus und Garten, von Innen und Außen in sein Gegenteil. Es löst nicht nur – wie in der Antike – die Probleme städtischer Wand-an-Wand-Bebauung, ersetzt die verlorengegangene Natur und wird zur Quelle des Lichts, zu der hin sich die Räume öffnen, sondern ist Ort der Selbstdarstellung für das ihm übergeordnete Raumprogramm, für Hotel, Museum, Theater, Krankenhaus oder für ein gewerbliches Unternehmen, dem der Wintergarten zugeordnet ist. Seine Mode findet vor allem hierin ihre Erklärung.

In einen lichtdurchfluteten Naturraum verwandelt, läßt das Wintergarten-Atrium die angrenzenden Raumgliederungen zu Kulissen hinter Bäumen werden, wie in der freien Landschaft. Eine Illusion, die sich noch verstärkt angesichts der Verwendung von Elementen der Außenarchitektur, der Tieferlegung des Wintergartens um Sockelhöhe und der Perspektive, die sich in umgekehrter Richtung beim Blick aus den umschließenden Gesellschaftsräumen, Speisesälen, Terrassen und Galerien in das Pflanzenhaus ergibt (Central-Hotel, Berlin, 1878-1880 und Glyptothek, Kopenhagen, 1906). Hier, wie ebenso in den zentralen, glasüberdeckten Lichthöfen der »London Coal Exchange« (1849), der Pariser »Magasins au Bon Marché« (1869-1872), der »Galeries de Zoologie« (1889) im Pariser Jardin des Plantes – sämtlich ummauerte Galeriebauten mit eingestellter Eisenkonstruktion – erwies sich die Jahrtausende alte Atrium-Idee als die beste aller Baulösungen.

1849 übte Gottfried Semper Kritik am »nackten Eisenbahnstyle«, wie er die frei den Raum überspannenden filigranen Stab-Eisenkonstruktionen des Pariser Jardin d'Hiver bezeichnete. Semper begründete das »Mißlingen dieser Versuche, der Eisenkonstruktion für die ernste Architektur einen Ausdruck zu geben« damit, daß sich das Eisen »dem Auge um so mehr entzieht, je vollkommener die Konstruktion ist«[7], ein Effekt, der in der Theorie des zum Himmel offenen Naturraumes jedoch durchaus beabsichtigt war. Gerade in der Verbindung traditioneller, schwer lastender Steinfassaden, die von kristallin wirkenden oder sphärisch geformten Glas-Eisen-Strukturen durchbrochen und gekrönt werden, lag ein großer Anreiz für eine schöpferische Weiterentwicklung der im Steinbau befangenen traditionellen Architekturrezeption. Die »Flora« in Köln (1863-1864) und zahlreiche Nachfolgebauten, aber auch Börsen, Warenhäuser, Museen und andere städtische Bautypen sind hierfür Beispiel. Nur in ihren umschließenden, meist mit dem Kranzgesims endenden Mauerschalen würden sie Sempers Forderung gerecht, daß sich die Baukunst «mit diesem gleichsam unsichtbaren Stoffe nicht einlassen darf, wenn es sich um Massenwirkungen handelt«[8].

Die ästhetische Kritik am Londoner Kristallpalast von 1851, »dessen Teile gleichsam nur aneinandergeschoben und aufeinandergeschichtet ..., dessen Außenwände auf allen Seiten und in allen Höhenlagen gleichartig behandelt sind«, ließ den engagierten Verfechter der Eisenarchitektur A.G. Meyer[9] zu dem Schluß kommen, daß er »im Sinne architektonischer Kunst also nur auf einer primitiven Stufe steht.« Beide Kritiken sind für das Bestreben zu Anfang der zweiten Hälfte des 19. Jahrhunderts symptomatisch, die Abwendung der Ingenieurbauweise von den historischen Leitbildern der Architektur wieder rückgängig zu machen. Vom Erfolg der Wende zeugt das Erscheinungsbild der öffentlichen Wintergärten, die sich zudem in dieser Jahrhunderthälfte rapide vermehrten.

Von der Glashaus-Mode (»Mania for the Conservatories«) erfaßt zeigten sich nicht nur die großen Städte, auch Kurorte und Seebäder brauchten die Attraktionen des Wintergartens für ihre Gäste, sei es als Refugium bei schlechtem Wetter oder zur Verlängerung der Saison. Nochmals wurde das ohnehin komplexe Raumprogramm aus Konzerthalle, Ballsaal und Theater, aus Gesellschafts-, Lese- und Restaurationsräumen, die sich um den Wintergarten gruppierten, ausgeweitet. Bäder, vor allem aber Rollschuhbahn und Seewasseraquarium kamen hinzu.

Von allen europäischen Metropolen wies London, dessen Bevölkerung von 1801 bis 1851 von 0,96 auf 2,4 Millionen anstieg, die größte Zahl von Wintergärten auf. Zwar knüpften einige von ihnen an den Vergnügungscharakter der »pleasure gardens« des 17. und 18. Jahrhunderts an, doch bekannten sich die meisten Unternehmungen zu anspruchsvolleren Zielen. Um der Forderung des bürgerlichen Zeitalters nach Volksbildung nachzukommen, weisen die Gebäudegrundrisse Räume für die polytechnische Ausbildung auf, Ausstellungsflächen für die Darstellung kulturgeschichtlicher und naturwissenschaftlicher Zusammenhänge, für Industrieprodukte zur Demonstration des technischen Fortschritts. Kommerzielle Interessen bestimmen die Einrichtung von Basaren, um Waren aus aller Welt zu verkaufen. Integrierte Wintergärten inmitten unterschiedlichster Raumprogramme wie Theater, Konzertsaal, Panorama, Skulpturengalerie, Ausstellungsräumen, Aquarium und Rollschuhbahn besaßen in London das Colosseum im Regent's Park (1845-1846), der Crystal Palace, Sydenham (1852-1854), die Floral Hall, Covent Garden (1860), die beiden Alexandra Palaces, Muswell Hill (1864-1866 und 1873-1875), das Westminster Aquarium mit Sommer- und Wintergärten (1875-1876), der Albert Palace, Battersea Park (1884-1885) und schließlich der People's Palace for East London (1886-1891).

Als gesellschaftsbezogene Bauten unterscheiden sich die öffentlichen Wintergärten von den sachbezogenen Pflanzenschauhäusern, die allein durch ihre Pflanzenhausfunktion geprägt sind. Während diese überlebten, gingen die von der Gesellschaft des 19. Jahrhunderts abhängigen Wintergärten mit der Veränderung dieser Gesellschaft unter.

Anmerkungen:

1. W. Wroth, The London Pleasure Gardens of the eighteenth Century, 1896
2. The Builder, 1848, S. 477
3. A Guide-Book, 1793, vgl. Anm. 1, S. 204
4. London Magazine, May 1774, zit. nach Anm. 1
5. H. Walpole an Sir H. Mann, Florenz, 26.4.1771
6. J. Paxton, What is to become of the Crystal Palace? 1851, S. 10-13
7. G. Semper, Der Wintergarten zu Paris, in: Zeitschrift für praktische Baukunst, 1849, S. 521
8. wie Anm. 7
9. A.G. Meyer, Eisenbauten, ihre Geschichte und Ästhetik, 1907

Öffentliche Wintergärten
Fünf Prototypen

1. Jardin d'Hiver in Paris
1847 von Charles Theodore Charpentier,
Vorprojekt von H. Meynadier de Flamalens
Abb. 252-258

Baugeschichte   »Von mehreren kunstliebenden Männern entworfen..., die es für eine Schande hielten, Paris noch ohne einen solchen Schmuck zu sehen, der selbst in mittleren Städten Englands und Deutschlands nur selten fehlt«[1], wurde im Februar 1846 der erste Wintergarten an den Champs-Elysées eröffnet. Er war Vorläufer des weit größeren, an gleicher Stelle errichteten Jardin d'Hiver vom Dezember 1847. Mit dem Argument, »daß ein Etablissement dieser Art leicht ein gutes Spekulationsobjekt werden könnte«, bewirkten die Initiatoren die Gründung einer Aktiengesellschaft, der Société Immobilière des Champs-Elysées zur Finanzierung des Projekts.

Das erste Wintergartengebäude besaß noch eine Holzkonstruktion. Sein simples verglastes Satteldach wurde von vier mit Pflanzenkörben dekorierten Pfostenreihen getragen. Ein Felsenbassin mit Fontäne schmückte die Mitte der im englischen Gartenstil gehaltenen Bepflanzung. Zur Vermehrung und Vorratshaltung der Gewächse dienten zwei mehrfach unterteilte Seitengebäude, für das Herrichten und den Verkauf von Buketts stand ein Raum am Eingang zur Verfügung. Der große Publikumserfolg, der sich trotz des damals hohen Eintrittspreises von einem Franc pro Person und trotz der geringen Attraktivität des Gebäudes einstellte, führte schon bald zu der Erkenntnis, daß der Wintergarten für Paris zu klein geraten war[2].

Schon wenige Monate später, am 5. Juli 1846 wurde ein Entwurf des Pariser Bauunternehmers H. Meynadier de Flamalens angenommen, der am selben Platz ein 108 m langes Glashaus mit massivem mehrgeschossigen Eingangsgebäude errichten wollte. Das Gesamtmaß von 150 m übertraf das des alten Wintergartens fast um das Fünffache. Im August 1846 reichte Meynadier Kostenanschläge ein und wies Unternehmer nach, die sich verpflichteten, für die Einhaltung der Termine und Kosten hohe Kautionen zu hinterlegen. Die vom Erdaushub bis zum »emaillierten Fontaine-Candelaber nach Modell« reichende Kalkulation ist als interessantes Zeitdokument in der »Zeitschrift für praktische Baukunst« von 1850 auf neun Seiten abgedruckt.

Abrupt ließ die Direktion Ende September die bereits begonnenen »Grundarbeiten einhalten..., indem ... anbefohlen wurde, den Plan umzuarbeiten, um die Ausdehnung zu vermindern und gewisse Anordnungen zu ändern«[3]. Offensichtlich muß es zu Unstimmigkeiten zwischen der Gesellschaft und dem Architekten gekommen sein. Denn Meynardier hatte in einer von ihm herausgegebenen Schrift[4] kritisiert, daß für das dem Wintergarten vorgelagerte Eingangsgebäude nur eine Breite von 16 m übriggeblieben war. »Die Spekulation erheischte eine Verminderung auf dieses Maß von den 50 m, die früher dem Architekten versprochen waren und dieser mußte ... sein Projekt verstümmeln.« Mit einigen Änderungen, darunter eine geringfügige Reduzierung der Hauptabmessungen, nahm der Bauherr in der Generalversammlung vom 4. März 1847 den überarbeiteten Entwurf, dem Gutachten anerkannter Gartenfachleute beilagen, erneut an.

Danach müssen sich für Meynadier widrige Ereignisse überstürzt haben, denn der noch im gleichen Jahr eingeweihte Jardin d'Hiver wurde als das Werk des Architekten Charpentier (1797-1867) ausgegeben. In letzter Minute mußte es der Konkurrenz gelungen sein, den Auftrag an sich zu ziehen. Vermutlich handelte es sich um die »Gesellschaft der besonderen Unternehmer«, denen Meynadier mit seinen durch Kautionen abgesicherten Angeboten und den verschiedenen Gutachten im Jahr 1846 »zuvorkommen« wollte. Doch kamen die Sieger bald unter Zeitdruck, denn nach dem Abriß des alten Wintergartens forderten die Aktionäre, daß der neue, seiner Bestimmung als Jardin d'Hiver gemäß, noch im Winter 1847/48 zur Verfügung stehen sollte. Unter zeitweiligem Einsatz von ca. 1.000 Arbeitern wurde der Bau mit seinen umfangreichen technischen Einrichtungen, mit der künstlerischen Ausstattung und Bepflanzung nach der auch für heutige Verhältnisse unglaublich kurzen Bauzeit von nur acht Monaten am 20. Dezember 1847 eröffnet, vierzehn Tage nach dem Wintergarten in Lyon. Es überrascht daher nicht, daß an den weitgehend ausgearbeiteten Plänen Meynadiers nur wenig Änderungen vorgenommen wurden. Eine Veröffentlichung von 1860[5] zeigt kommentarlos Grundriß und Schnitte des Ingenieurs Rigolet für die Eisenkonstruktion des Jardin d'Hiver, noch ohne die Bodenabsenkung des Mittelschiffs. Offensichtlich gehören die Pläne zum kostensparenden Gegenentwurf Charpentiers.

Auch nach heutigen Vorstellungen würde man den ausgeführten Bau im Vergleich zu Meynadiers Entwurf als Plagiat ansehen. Nicht nur wegen übereinstimmender Bauformen und gleicher Zuordnung von Funktionen, sondern auch wegen der Vielzahl übernommener Detaillösungen, wie die gekuppelten Säulen in gleicher Anzahl und in demselben Achsmaß, das vertieft angelegte Mittelschiff, die Verspiegelung zwischen den Fenstern der Apsiden, ja selbst das Motiv der »hängenden Gärten«, die umlaufende Pflanzengalerie am Fußpunkt des tragenden inneren Dachbogens finden sich wieder. Einige der Unterschiede sind auf Einsparungen zurückzuführen; es fehlte der Salon mit Kaminen, Diwanen, Fauteuils und die zum Glashaus geöffnete Übergangszone. Die Dekorationen innerhalb der Eisenkonstruktion wurden auf ein Minimum reduziert. Eine wesentliche Verbesserung stellte die optische Ausweitung des Langhauses im Bereich der beiden seitlichen Annexe dar; denn Charpentier verzichtete hier auf die Außenwände und setzte ein Glashaus in die Lücke. Meynadiers Entwurf zeigte dagegen durchgehend gemauerte Wände. Das Glasdach endete – wie überall – auf der Mauerkrone, und die beiden Annexe schlossen als niedrige selbständige Bauten an die Außenwände an.

Beim Ankauf verschiedener Pflanzensammlungen, darunter mehrere tausend Kakteen, Orchideen und 1.400 Kamelien, wurde kein Aufwand gescheut. Als Prunkstück galt die wegen ihrer Größe berühmte Araucaria excelsa aus dem Pariser Jardin des Plantes, die die Gartenverwaltung, »bewegt von einem Gefühl des uneigennützigen Nationalbewußtseins« für nur 10.000 Francs an den Jardin d'Hiver verkaufte, obwohl der König von Preußen dafür 20.000 Francs geboten hatte[6]. »Seit Bestehen des Etablissements hatten wir jeden Sonntag ein Konzert und in der Woche eins bis drei, sodann im Verlauf der Zeit sechs prachtvolle Bälle à 10-20 Francs, mehrere Musikfeste à 10-15 Francs, Industrieausstellungen und Vorlesungen zum Besten der Armen und Waisen, verschiedene Vorstellungen von Künstlern, botanische Vorlesungen, politische Vereine...«[7]

Ursache für die kurze Lebensdauer der Wintergarten-Anlage waren ihre immensen Kosten. Zu dem Aufwand von »1 Mio. Francs für das Gebäude ohne Pflanzen, 300.000 Francs für das Inventar der Gärtnerei und 200.000 für Mobilien usw.« kam die gewaltige Summe von 2 Mio. Francs für den Erwerb des Baugrundstückes an den Champs-Elysées. Die Betriebskosten für Heizung, für den Gartendirektor mit sechs Gehilfen und einem Kassierer sowie für die Unterhaltung des Gebäudes betrugen 22.000 Francs im Jahr. Wie Gottfried Semper 1849 berichtete[8], machte die Gesellschaft »infolge der Februar-Revolution und wegen stattgefundener Betrügereien bankrott und steht gegenwärtig unter dem Sequester der Creditoren«. Ein nüchterner englischer Kritiker, der diese Entwicklung bereits wenige Monate nach der Eröffnung voraussah, prophezeite damals: »Dieser neue Wintergarten ist fraglos das prächtigste Gartengebäude in Europa. Die einzigen Personen, die Grund zu klagen haben, werden die Anteilseigner sein. Sie gehen einem glorreichen Ruin entgegen ... Der Gartenteil wird ein Fehlschlag werden, die einzige Hoffnung besteht in den hinzukommenden Vergnügungen von Bällen, Konzerten, Blumenschauen oder im Verkauf von Kunstwerken.«[9] 1851, drei Jahre später, berichtete ein anderer Besucher über den Wintergarten: »Wir fanden ihn ziemlich schmutzig und vernachlässigt vor, besonders das Vestibül und andere angrenzende Apartments, die eine Anzahl von sehr schlechten Bildern enthalten ... Das Gebäude scheint hauptsächlich für besondere Feste genutzt zu werden.«[10] In den sechziger Jahren versuchte man noch mit Bagatelle-Spieltischen, chinesischen Shows und Schießständen das Etablissement am Leben zu erhalten. Schließlich »hörte der Wintergarten auf zu bestehen, weil die Forderung nach Bauland in jener Gegend so groß wurde, daß er für einen phantastischen Preis verkauft wurde, um jene Paläste zu errichten, welche die Champs-Elysées säumen«[11].

Entwurf Die Herausforderung, die die neuen öffentlichen Bautypen des 19. Jahrhunderts an die Architekten stellten, suchten diese durch Anknüpfen an exemplarische Bauten der Architekturgeschichte zu bestehen. Auswahlkriterien waren eine ähnliche Funktionserfüllung und eine »passende« Grundrißorganisation. Für den Pariser Jardin d'Hiver hatte der Bauunternehmer Meynadier offensichtlich im Palais und Parterre des nahegelegenen Jardin du Luxembourg die Leitlinie für sein formales und funktionelles Entwurfskonzept gefunden, ein Vorbild, das in der zeitgenössischen Kritik keine Erwähnung fand. Die Erweiterungs- und Neubauten von Alphonse Gisors in den vierziger Jahren – »Chambre des Pairs«, Orangerie – hatten den Park als beispielhaftes Gesamtkunstwerk verstärkt in das Bewußtsein der Pariser gerückt[12].

Meynadiers offener Vorhalle an den Champs-Elysees – dem Bautyp der Cour d'Honneur vergleichbar – folgte ein mehrgeschossiger Eingangsbau für Ausstellungs-, Gesellschafts- und Erfrischungsräume, der im Erdgeschoß ganz vom großen Vestibül ausgefüllt wurde. Wie das des Palais du Luxembourg war es, von zwei Säulenreihen unterteilt, in die Tiefe entwickelt und endete im Halbrund. Von den drei weiterführenden Zugängen erschloß der mittlere eine als Gartensaal dienende, mächtige Raumschale. Meynadier hatte sie – im Gegensatz zu dem halbrunden Unterbau der »Salle des Séances« im Palais du Luxembourg konsequent zum eigentlichen Jardin d'Hiver hin geöffnet und ihr eine schmale, siebenachsige Gartengalerie vorgelagert. Davor die von Eckpavillons flankierte große Terrasse, sämtlich Raumelemente des Palais du Luxembourg, das zum axial anschließenden großen Parterre eine baukörperlich gleichgehaltene Gartenfront einschließlich Mittelrisalit und einer Uhr zeigt.

Hinter der vorbeschriebenen Straßenrandbebauung erhob sich der im Dach verglaste Jardin d'Hiver. Seine charakteristische, von Rundungen bestimmte Grundrißform mit den erhöht umlaufenden, von Balustraden gesäumten Promenaden, den vertieften Parterren, Wasserbecken, bepflanzten Böschungen und Freitreppen ist von frappierender Übereinstimmung mit dem großen Gartenparterre des Jardin du Luxembourg. In der Form eines lateinischen Kreuzes, wie der Parterregarten, durchdrangen sich zwei Hallenbaukörper gleichen Querschnitts: das in halbrunden Mauerwerksschalen endende, von hohen Bogenfenstern durchbrochene Querhaus der Konzerthalle (60 m) und das die große Terrasse und den »überdeckten Garten« aufnehmende Langhaus (86 m). Auch den dritten, längeren Kreuzarm prägten Vierung und apsidialer Abschluß. Schon in zeitgenössischen Darstellungen wurde die Dreikonchenanlage mit einer Kathedrale verglichen[13]. Abweichend vom Entwurf seines Vorgängers hatte Charpentier das um zwei Anbauten auf 41 m verbreitete, also fünfschiffige Langhaus mit einem einzigen Glasbogen überdeckt, der bis auf das Geländeniveau geführt war. So erinnerten in dem achtachsigen, 26,40 m großen Gartenteil weder Wände, Fenster, noch ein basilikal gestuftes Dach an einen gegen den Außenraum abgegrenzten, konventionellen Baukörper. Im Anblick des Gartens und des von Licht überfluteten Glasgewölbes glaubte der Besucher – das »Käfigsystem« vergessend – im Freien zu promenieren.

Beträchtliche Vorteile ergaben sich durch die Tieferlegung des Mittelschiff-Fußbodens um 1,80 m. Sie bewirkte nicht nur den Gewinn an Raumhöhe, wie sonst durch basilikale Dachstufungen, sondern sie erleichterte auch den Zugang zu den hinter dem Höhensprung untergebrachten Lese- und Spielräumen, Büros und Toiletten, zu Café und Konditorei. Die bessere Sicht auf das Parterre von den höherliegenden Seitenschiff-Promenaden aus und der Vorteil, das Geländeniveau im bepflanzten Mittelschiff frei variieren zu können, mögen zu dieser Lösung beigetragen haben, die später oft wiederholt wurde: So in Horeaus Lyoner Jardin d'Hiver (1847) und im »Palais d'Hiver« des Pariser Jardin d'Acclimatation (1860).

Vieles erinnert an die »Pleasure Gardens« von Vauxhall in London, mit ihren charakteristischen »Supper-Box-Apsiden« und der zeltartig von Stoffbahnen überspannten Rotunde, an die Rundum-Promenade und den großen Kamin der Ranelagh-Rotunde. Sie gaben für den am Anfang der Entwicklung stehenden Pariser Jardin d'Hiver willkommene Innenraum-Motive und Anknüpfungspunkte an traditionelle Vorbilder ab.

Konstruktion Mauerwerk von 8,50 m Höhe umschloß die vier Kreuzarme des Jardin d'Hiver, unterbrochen durch die 26,40 m langen, seitlichen Annexe des »bedeckten Gartens«. Von jeweils halbrundem Grundriß stemmte es sich dem Schub und den Lasten aus der überdeckenden Eisenkonstruktion entgegen. Jede der drei Apsiden von ca. 31 m Durchmesser war an den Enden durch übereck geführtes Mauerwerk ausgesteift und wie die Eisenkonstruktion in neun Felder geteilt. Acht von ihnen mit hohen Rundbogenfenstern, die das Arkadenmotiv der gekuppelten Säulenstellungen auf der Innenseite der Promenade fortsetzten. Das mittlere neunte Feld nahm die den Salon beschließenden Neo-Renaissancekamine und die Figurennische am Ende des »bedeckten Gartens« auf. Parallel zur Außenwand trugen zwei Doppelreihen gekuppelter Gußeisensäulen mit ihren inneren Stützen die 18 m weit gespannten Bogenträger des Mittelschiffes, mit ihren äußeren die Spitzbögen über den 5,50 m breiten Seitenschiffen. Stuhlsäulen überbrückten die Differenz zwischen den tragenden Bogenkonstruktionen – zugleich Raumform – und den Pfetten und Falzleisten der alles überdeckenden flachen Glaswölbung, die eine ganz gegensätzlich wirkende äußere Bauform schuf. Im Scheitel hatte man die Sparren zu einem ansteigenden First aufgebogen, um ein ausreichendes Gefälle zu sichern. Zehn Glasbahnen lagen den 3,30 m weit gespannten, die Hauptsparren aussteifenden Pfetten auf. In Höhe der Stützenkapitelle – gleich Höhe der Mauerkrone – übernahmen dekorativ ausgefachte Segment-Bogenkonstruktionen die Längsaussteifung der doppelten Säulenstellung. Ein Querriegel verband sie miteinander. Er bildete das Auflager für zwei von fünf Stuhlsäulen, die nicht nur die gebogenen Hauptsparren der Dachhaut, sondern zugleich die darüber verlaufenden Revisionsgänge trugen. Drei weitere Laufstege stützten sich auf die Mitte des Tragbogens und auf die Umfassungswände ab. Dunkel zeichneten sie sich gegen die transparenten Dachflächen ab und wiederholten so mehrfach die charakteristische Kreuzform des Grundrisses. Die vier diagonalen Bogenfachwerke über dem Vierungsquadrat markierten die Dachkehlen der Gewölbeschnittlinien. Nach Angaben von »L'Illustration« vom Dezember 1847 wurden insgesamt 100.000 kg Gußeisen für Stützen und Anschlüsse sowie 175.000 kg Schmiedeeisen verarbeitet.

Der ungestufte Querschnitt des Jardin d'Hiver verringerte zwar die Zahl der Dachanschlüsse und der unterschiedlichen Details, doch vergrößerte er den zu beheizenden Luftraum um die Zonen zwischen Dachhaut und Innenkontur der tragenden Konstruktion. Mit der Vielzahl ihrer linienhaften Zug- und Druckglieder erinnert sie an R. Turners »Curvilinear Range« im botanischen Garten von Dublin (1842-1850) wie an seinen Wettbewerbsentwurf für die Londoner Weltausstellung von 1851. Dessen Querschnitt ist dem des Jardin d'Hiver ähnlich, wenn auch auf ein freistehendes Eisenskelett größerer Spannweite übertragen. Mit der gekuppelten Säulenstellung wurden spätere Entwicklungen möglich, wie die der von Schaugalerien gekreuzten Doppelstützen im »Temperate House« von Kew Gardens (1860-1899) und im Londoner Kristallpalast. Fast übereinstimmend ist ihre Anordnung in der Kölner »Flora«.

Verbilligungen wurden bei den ortsfesten Dekorationen vorgenommen. Denn Meynadier ließ noch für den inneren Verputz Versuche mit »glänzendem Zement, den Stuck nachahmend« durchführen, den er in Rot bis zum Beginn des Bogens und darüber in Weiß zur Ausführung bringen wollte. Für Friese, Archivolten und Säulenbänder hatte er »dekorative Emaillen«, für die Ornamentik des Eisenwerks »ausgeschnittene Arabesken aus wasserdichtem, undurchdringlichem Hanf« vorgesehen. Während diese Arbeiten nicht zur Ausführung kamen, wurden seine Vorschläge zur Verspiegelung der Wandpfeiler in den Apsiden übernommen, was sicher die Bezeichnung »Kristallpalast« bewirkt haben mag. Die Wände waren »mit Spiegelglas bis obenhin belegt und dieses durch tiefe Holzarbeit gedeckt«, um die Zusammenfügung der Glasplatten zu verbergen. »Aus der doppelten Brechung der Öffnungen für das Tageslicht und der nur scheinbaren, mit Spiegeln belegten, entstehen perspektivische Effekte, deren größter Reiz eben das Unbestimmte ist und diese Anordnung gibt unter anderen den tausendmal wiederholten Linien eine Ausdehnung, welche nur die Täuschung bewilligt, die Wirklichkeit aber ausschließt.«[14] »Die Holzverzierung, wie die untere Seite der äußeren Gallerien ist ultramarin gestrichen.«[15] Asphaltfliesen mit eingelegten Mosaikarbeiten bedeckten die Fußböden. Sie wurden bei Bällen mit grünen Teppichen ausgelegt. Das Eisenwerk war weiß. Später angebrachte Zinkrinnen unter der Dachkonstruktion sollten den aufkommenden Beschwerden wegen abtropfenden Schwitzwassers begegnen.

Für die Beheizung hatte Meynadier ursprünglich eine Warmluftheizung mit Luftbefeuchtung vorgesehen. Durch Herstellung und den Verkauf von Koks sollte ein kostenfreier Heizungsbetrieb ermöglich werden. Ausgeführt wurde jedoch eine Warmwasserheizung. Schon 1849 berichtete der Architekt Kreuter[16], daß diese sich für den großen Luftraum nicht bewährt habe und inzwischen eine Dampfheizung mit zwei Heizkesseln eingebaut worden sei. Eine mittlere Temperatur von 13-15° C »als die eines ewigen Frühlings unserer gemäßigten Zone« konnte auch im Winter gehalten werden. Die Dampfrohre bestanden aus 3 m langen Kupferrohren von 4 Zoll Durchmesser, die unter allen Wegen geführt und mit gußeisernen Rosten abgedeckt wurden. Nach Angabe des Ingenieurs Moely konnte 1 m Rohr 140 m³ Luftraum auf 13° C heizen[17]. Auch das Wasser der zahlreichen Fontänen und Wasserbecken war temperiert. Ursprünglich hatte Meynadier sogar eine Kühlung für den Sommer vorgesehen. Danach »konnte die Luft, die sich zu sehr erwärmt hatte, wie z.B. während eines Balles, durch den Wasserregen aus den Drachen und Schlangen abgekühlt werden; dies blieb später weg«[18].

Stil Während seines Pariser Aufenthaltes im Frühjahr 1849 setzte sich Gottfried Semper in einer vernichtenden Kritik mit dem Jardin d'Hiver auseinander[19]. Mißfallen hatte ihm nicht nur der »enorme Glaskasten von ziemlich formlosem und stumpfem Grundplane« sondern auch die »architektonisch-künstlerische Auffassung dieser Aufgabe, die, wir müssen uns dieses gestehen, bis jetzt bei uns auf die aller roheste und ursprünglichste Weise, in einer Art von nacktem Eisenbahnstyle ihre Lösung gefunden hat.« Seiner akademischen Auffassung widersprach es zudem, »daß man die Prätension hatte, dieses Gerüst als Grundmotiv auch in die architektonischen Teile der Anlage und selbst in die Façade des Baues hinüberspielen zu lassen.« Semper kritisierte schließlich »das exotische, das übertrieben gekünstelte Prinzip der Gartenkunst ... Lieber hätte ich unsere Kirschbäume und Sommerstauden in der Blüte wiedergefunden ... als jene Millionen von exotischen Topfpflanzen mit wunderlichen Blumen und noch wunderlicheren Namen ...« Nachdem Semper noch den »unglücklichen sichtbaren eisernen Dachstuhl« in der neuen Bibliothek St.Geneviève von Labrouste angriff, führte er »das Mißlingen dieser Versuche, der Eisenkonstruktion für die ernste Architektur einen Ausdruck zu geben«, auf die Tatsache zurück, daß das Eisen sich »dem Auge um so mehr entzieht, je vollkommener die Construction ist«, weshalb die Baukunst »mit diesem gleichsam unsichtbaren Stoffe sich nicht einlassen darf, wenn es sich um Massenwirkungen handelt.« Indem Semper sich auf die Griechen und Römer berief[20], hielt er die Verwendung von Metall – außer für dekoratives Gitterwerk – nur in volumenbildenden Großprofilen, d.h. »blos in Blechform für die Baukunst anwendbar«[21]. Für die richtige Gestaltung eines Gartens verlangte Semper, daß diese als »Fortsetzung der architektonischen Ordnung ... eines Hauses als Brennpunkt der Kunst« zu geschehen habe. »Nur als großartiges Beiwerk zu einem noch wichtigeren Hauptwerke und mit allen daraus erfolgenden Zwischengliederungen, hat ein Wintergarten Sinn und künstlerischen Nachhalt.«

Nichts von alledem hatten jedoch Architektur, Dekoration und Gartengestaltung des Jardin d'Hiver zum Ziele. Als privates Spekulationsobjekt sollte der Wintergarten schnell und preiswert gebaut werden. Er sollte vielen Zwecken dienen und hierfür jederzeit leicht veränderbar sein. Um existieren zu können, mußte er breite Bevölkerungsschichten ansprechen. Der Charakter eines Vergnügungsetablissements verlangte nach illusionären Mitteln, Fahnen, verspiegelten Wänden, Seidenzelten, Illuminationen, Wasserspielen und dem Raffinement einer künstlichen Naturszenerie im hellen Licht unter glas-eisernen Gewölbekonstruktionen. Gerade diese illusionistische Gestaltung wurde von den zeitgenössischen Kommentatoren überschwenglich gepriesen und führte zu Namensgebungen wie: »Eine Welt des Traumes«[22], »Wunderbarer Tempel der Flora«[23], »Freuden der arabischen Nächte«[24], »Feenschloß« und – als wohl treffendste Bezeichnung – »Kristallpalast«[25]. Da bisher nur bekannt war, daß die satirische Zeitschrift »Punch« erstmals Paxtons Weltausstellungsgebäude von 1851 so genannt hatte[26], liegt es nahe, hierin eine Ideenverbindung zum Pariser Jardin d'Hiver zu vermuten mit seinen die Raumgrenzen aufhebenden Spiegelwänden und Glasdächern.

Der Jardin d'Hiver besaß nur eine Schauseite, die sich – 16 m breit – zu den Champs Elysées hin öffnete. Alle anderen Außenwände waren entweder eingebaut, oder sie befanden sich in einem von Nachbargrundstücken umschlossenen Innenhofgelände. Die stilistischen Elemente der Eingangsfront »müssen etwas Einladendes haben und vollkommen geeignet sein, alle benutzten und motivierten Teile des Ganzen zu charakterisieren«[27], so beschrieb Meynadier die Überlegungen zu seinem Entwurf, der »ein Dach von voller Gewölbeform« vorsah, das »nach den Champs Elysées eine weite Glasschnecke zeigt, ... Symbol des Treibhauses. Die Glasrundung ist überragt von einem Belvedere aus Bronze, dessen Eingang zwei feuersprühende ... Drachen bewachen«[28].

In der Ausführung verbildlichten fünf hohe Rundbogenfenster und das von dekorativem Eisenwerk getragene gläserne Satteldach am Eingang die Funktion des Wintergartens. Der von Balustraden geschmückte, die Vorfahrt umrundende Balkon nahm das Motiv der im Halbkreis um den Salon geführten Promenaden-Terrasse wieder auf. Das Angebot des Etablissements wurde darauf zur Schau gestellt: Wasserkünste, Pflanzenarrangements und Kunstgegenstände. Den Balkon unterstützten vier Karyatiden von Klagmann, der in der Manufaktur von Sèvres als Bildhauer arbeitete. Die werbewirksame, bühnenhaft zur Straße geöffnete Architekturszene hatte Charpentier mit dem vom anschließenden Galerietrakt kommenden Glasdach überdeckt, das an den Champs Elysées nach drei Achsen abrupt mit dem letzten Bindergespärre endete.

Die Reihe der einem Atrium ähnlichen Oberlichträume eröffnete der zwischen Nachbarhäusern eingezwängte, über ein Vestibül mit Kasse und Garderobe zugängige Bildersaal, in dem auch Zeitungen auslagen und Pflanzendekorationen verkauft wurden. Seine Empore zum Einnehmen von Erfrischungen stand mit Speise- und Gesellschaftsräumen in Verbindung. Der in die Tiefe führende Saal war zugleich Durchgang zum eigentlichen Wintergarten. Die hier wegen des Grundstückzuschnitts notwendige Richtungsänderung hatte schon Meynadier durch Einführung halbrunder Raumschalen auf geschickte Weise gelöst. Mit dem dritten der fächerförmig aufgeweiteten Vorräume betrat der Besucher die dem Glaspalast vorgelagerte breite Terrasse. Von der Orchesterempore überdeckt, stellte sie sich als Loggia dar, die auf den Überraschungseffekt hin komponiert war. Sie eröffnete nicht nur den ersten Blick auf den sich ausbreitenden Wintergarten, sondern konfrontierte den das Etablissement verlassenden Besucher nochmals mit dem Abbild des Geschauten, das die verspiegelte Rückwand zurückwarf.

Auch die hier stehenden Skulpturengruppen nutzten diesen Effekt: Vier »prächtige Tierstücke in Bronze auf Piedestalen, ... die Kämpfe eines Löwen mit einem Stier, eines Pferdes mit einer Hyäne, eines Windspieles mit einem Eber, eines Leoparden mit einer Boa«[29] darstellend. Die Symbolik des Kampfes ums Dasein geht auf die Erkenntnisse von Malthus und auf die Veröffentlichungen von Darwin (1809-1882) zurück. Sie war für das positivistisch eingestellte 19. Jahrhundert von großer Faszination, bestätigte sie doch die Überlegenheit des Menschen gegenüber der Natur. Die häufige Wiederholung des Motivs, wie z.B. im benachbarten Jardin des Plantes bezeugt seine Mode. Rechts und links der zum Festsaal führenden Freitreppe waren zwei hochaufragende Brunnenanlagen aufgestellt, ebenfalls von Klagmann: je vier von Kinderfiguren getragene, um einen Säulenschaft gruppierte Wasserbecken, aus deren gemeinsamer Mittelskulptur sich Kaskaden ergossen. »Diese Fontänen sind aus geringem Zink und würden ganz sicher die Ehre verdienen, aus Bronze oder Carraramarmor zu bestehen.«[30] In gleicher Ausführung befanden sich zwei weitere Brunnen am Zugang zum »bedeckten Garten«. Auch sie entstammen der Manufaktur von Sèvres wie die Karyatiden des Haupteinganges. Ihre viermalige Wiederholung – durch Zusammensetzung aus vier gleichen Grundelementen sogar insgesamt sechzehn Mal – läßt den kunstgewerblichen Ursprung und die industrielle Serienfertigung erkennen.

Bälle, an denen sieben- bis achttausend Personen teilnahmen, und Konzerte fanden im ovalen Salon unter einem raumfüllenden dreifarbigen Seidenzelt statt, das an die Tradition des Musiksaals der berühmten Rotunde der Londoner Vauxhall Gardens anknüpft. Es verdeckte die vor dem nächtlichen Himmel ausdruckslose Glasüberdachung des Salons, schützte vor abtropfendem Schwitzwasser und reflektierte das Licht zahlloser Wachs- und Gasflammen der über zwanzig Kronleuchter und Lüster gegenüber dem durch »buntfarbige Sonnen« erhellten, im Halbdunkel verschwimmenden Garten. Die Verkleidung der Apsidenwände mit Spiegeln hob die Raumgrenzen auf und vervielfältigte die Lichtquellen. Die Anwendung des Spiegeleffektes für Pflanzenhäuser und die Namensgebung »Kristall Palast« mögen hier ihren Ursprung haben. Dem Festsaal gaben zwei über drei Meter breite, in den Scheitel der Apsiden eingefügte Renaissance-Kamine – ebenfalls von Klagmann – optischen Halt. Sie vermittelten das Fluidum eines Salons und wirkten als Raumabschluß.

Mehr noch als der verspiegelte Festsaal unter dem luftigen Seidenzelt, war der »bedeckte Garten« von dem Effekt der illusionistischen Ausweitung des Raumes geprägt. Jede Ähnlichkeit mit einem von Wänden umschlossenen Raum meidend – worauf schon die Namensgebung hinweist – überdeckte Charpentier die acht Gartenachsen mit einem das Himmelsgewölbe symbolisierenden gewaltigen Glasbogen, der auf dem Erdreich aufsaß, weit außerhalb der Position, in der sich sonst das Außenmauerwerk befand. Als Eingangsmotiv für den »bedeckten Garten« wiederholte er das des Salons, die von Knabenskulpturen getragenen vierschaligen Fontänen. »Wie zwei Wächter bewachen sie den Eingang zum Gewächshaus.«[31] Dessen begrenzende Mauerschale war – den Apsiden des Querhauses vergleichbar – zwischen hohen Bogenfenstern verspiegelt. Als Pendant zum raumbeschließenden Motiv der Renaissance-Kamine türmte sich hier ein dem Stil des englischen Gartens angepaßtes Felsenmassiv in der Raumachse empor. Darauf, von einer Wandnische gefaßt, »ein Geier, der ein Lamm in seinen Klauen emporheben will ... Zu den Füßen dieser Gruppe tritt das Wasser, welches den Wasserfall bilden soll, aus einer Öffnung hervor, stürzt sich in drei übereinanderliegende Becken, verschwindet dann unter dem dort ziemlich hochgelegenen Wege und kommt diesseits desselben wieder hervor und nimmt nun seinen Lauf zum Bassin in den malerischsten Krümmungen und Wendungen.«[32]

Zu einem Raumganzen wurden Garten und Salon durch die hoch über dem kleeblattförmigen Grundriß schwebenden Pflanzengalerien zusammengebunden. Die enge Reihung ihres gußeisernen Unterbaus aus gekuppelten Säulenstellungen und ausgeschmückten doppelten Segmentbögen war von großer optischer Wirksamkeit, hinter der die eigentliche Tragefunktion der bis zum Glasgewölbe aufsteigenden Stuhlsäulen zurücktrat. Mit ihrem Bewegung erzeugenden Effekt waren die dreiundsechzig ausschwingenden Arkaden zugleich ein treffendes Begleitmotiv für die das Glashaus umrundende 200 m lange Promenade. In Querrichtung wurde sie von einer Folge eiserner

Spitzbögen überdeckt, deren Umrißlinien den »Perron« als eigenständigen Raum im Großraum erscheinen ließen. Anfang und Ende des Weges war die große rechteckige Terrasse. Als Loggia und Aussichtsplattform vermittelte sie dem Besucher einen statuarischen Bildaufbau, ganz gegensätzlich der dynamischen Folge wechselnder Perspektiven, wie sie sich ihm auf der geschwungenen Promenade darboten.

Die stilistische Analyse des Jardin d'Hiver läßt – wie in der Malerei des 19. Jahrhunderts – zwei Kompositionsprinzipien nebeneinander erkennen: die fortschrittliche Kunstrichtung des Realismus, hier als Gestalt gewordene, funktionelle Ingenieurarchitektur und die Kunstrichtung des Idealismus mit ihrer Tendenz zur Überhöhung der Wirklichkeit, die sich sowohl illusionistischer Mittel als auch historisierender Stilelemente bediente.

Ausstattung und Pflanzenarrangement Hauptattraktion war der »bedeckte Garten«, der als *Jardin Paysager* (Landschaftsgarten) von Robillard dem Älteren, dem für das Pflanzenarrangement verantwortlichen Gärtner, angelegt worden war. Die kompositorischen Elemente späterer Wintergärten und Gesellschaftshäuser, wie der »Flora« in Köln oder des Palmenhauses in Frankfurt hatten hier ihr Vorbild.

Für einen besseren Überblick lag der Garten vertieft, wie ein Parterre. Er zeigte die Formen eines »künstlichen Thales«, dessen grüne Rasenflächen, von gewundenen Wegen und Büschen durchzogen, zu der von einer Kaskade umrauschten bizarren Felsenpartie im Hintergrund anstiegen. Aus dem von üppiger Vegetation umwucherten Talgrund boten sich Ausblicke auf eine mächtige Norfolktanne und auf die bis zum Glasgewölbe emporschießende Fontäne. Der Garten war eingefaßt von der erhöhten Promenade mit ihren Skulpturen, Brunnen und Kübelpflanzen, den zierlichen Arkadenbögen, die in 10 m Höhe einen »einzigen luftigen Blumenkorb« gleich den hängenden Gärten von Semiramis trugen. In den verspiegelten Flächen der Apsiden mit ihrem illusionistischen, die Konturen des Raumes aufhebenden Effekt schien sich die Gartenanlage nach draußen fortzusetzen. Auf einem Rundgang boten sich malerische Ausblicke: »Das Bassin, in dem sich zwei Schwäne stolz wiegen, und das eine Muschelform von ca. 9 m Breite hat ... hier eine Laube, lieblich durch Schlingpflanzen, Akazien usw., beschattet, hier ein Reservoir mit üppigen Wasserpflanzen, unter denen sich zahlreiche Goldfischchen verstecken ... hier ein Blumentisch, weithin alles mit Aroma erfüllend; dort ein weiter Käfig mit seltenen fremden Vögeln; dort eine Cascade, ein Quell, ein verstecktes Plätzchen für Verliebte, ein Kinderspiel ... Ungemein beleben diesen zauberhaften Ort die frei umherflatternden Vögel ... Auch fehlt es nicht an Bänken, Gartensesseln und Stühlen in den mannigfaltigsten Mustern.«[33] Wie aus Meynadiers Kostenanschlag hervorgeht, war vorgesehen, »daß die Ansichten der Fontainen und anderer Wasservorrichtungen, in 52 Abwechselungen bestehend, jede Woche geändert werden können«[34].

Die zwanglose Atmosphäre einer Gartenpromenade wurde zum verbindenden Element des komplexen Raumprogramms für Vergnügungs- und kulturelle Veranstaltungen ebenso wie für die kommerziellen Einrichtungen der Gastronomie, des Detailhandels und der Verkaufsausstellungen mit Objekten aus »Thon, Glas, Zink, Eisen, Rohr, Blecharbeiten, Werkzeugen aller Art, Produkte von Gyps, Hanf, sämtlich die Gartenkunst betreffend ...«[35]. Sie wurden auf den erhöhten Umgängen zwischen Kübelpflanzen mit Orangen, Magnolien und Myrthen zur Schau gestellt, in den Jahren vor der großen Londoner Weltausstellung sicherlich noch eine Attraktion für das Publikum. An den Buffets des Blumenhändlers, des Konditors und Limonadenverkäufers, »im Café versorgt von Plache und Poirée, den berühmten Eiskonditoren des Faubourg Saint-Germain, in der Ausstellung von Gemälden und Kunstobjekten, konnte man ohne hinauszugehen alle Ansprüche und den größten Teil der Vergnügen des Lebens befriedigen«[36]. Die ideale Akustik des Konzertsaales, die man auf den guten Resonanzboden des elastischen Glasgewölbes zurückführte, wurde mit Erfolg genutzt, um die tägliche Promenade im Wintergarten durch musikalische Unterhaltung noch attraktiver zu machen. Blumenausstellungen füllten hierbei den sonst leeren Raum des Salons. Ursprünglich war auch ein Theater geplant.

Das Miteinander von Wintergarten und Konzertsaal ohne gegenseitige Abtrennung, wie es noch in der Kölner »Flora« und im Kurtheater von Göggingen bei Augsburg wiederholt wurde, nicht mehr jedoch im Frankfurter Palmengarten, hatte Gottfried Semper wegen der hohen Kosten für die Heizung und wegen des notwendigerweise exotischen Pflanzenbestandes kritisiert. Er hielt eine räumliche Trennung von Wintergarten und Konzertsaal für besser, weil dann »europäische Pflanzen, ... Kirschbäume und Sommerstauden, ... allenfalls Orangen, Myrthen, Lorbeer« bei Wintertemperaturen um 5-6° C statt der tropischen Gewächse hätten gehalten werden können. »Das Exotische, das übertrieben gekünstelte der Gartenkunst ... mißfällt mir.«[37]

Die weit unbefangenere Reaktion des Publikums scheint jedoch der Kritiker der »Allgemeinen Gartenzeitung« wiedergegeben zu haben, der Paris wegen der politischen Verhältnisse im April 1848 verlassen mußte »in Folge eines Circulairs, das die französischen Arbeiter überall verbreiteten ..., um alle Ausländer zu entfernen, unter der Drohung, im Fall einer Weigerung das Etablissement zu zerstören.« Er schreibt: »Man muß den Wintergarten besuchen, wenn die Sonne im Untertauchen begriffen ist, wenn Tausende von Personen die Säle und Wege füllen, wenn die Masse von einem Ende zum anderen wogt und ein Wiener Strauß den Cristall-Palast und alle Herzen durch seine Musik erbeben macht ... In eine andere Welt glaubt man sich versetzt, wenn man allein durch die Hallen um Mitternacht geht, wenn der Mond geisterhaft den Raum erhellt ... und von Zeit zu Zeit ein Vogel aufgeschreckt seinen Ruheplatz verläßt. Die einfallenden Luftzüge selbst könnte man für schwebende Geister halten und das Lärmen der Luft durch die Dampfröhren scheint aus der Unterwelt heraufzutönen.«[38]

Anmerkungen:

1. Jérôme Fischer, Briefliche Mittheilungen über den Jardin d'Hiver in Paris, in: Allgemeine Gartenzeitung XVI, 1848, S. 180
2. The Gardeners' Chronicle, 14. 2. 1846, S. 102: Abmessungen des Hauptgebäudes 30-36 m lang, 9 m breit, ca. 5 m hoch.
3. H. Meynadier de Flamalens, Der Wintergarten in Paris, in: Zeitschrift für praktische Baukunst, 1850, S. 46
4. H. Meynadier de Flamalens, Jardin d'Hiver, Théorie et Pratique, Plan et Description Pittoresque, Paris 1848. Eigentum der Bibliothèque Historique de la Ville de Paris
5. Moniteurs des Architectes 1859-1860, Pl. 693-696
6. L'Illustration, 12/1847, S. 295
7. wie Anm. 1
8. Gottfried Semper, Der Wintergarten zu Paris, in: Zeitschrift für praktische Baukunst 1849, S. 516
9. wie Anm. 2, 29. 1. 1848, S. 70
10. The Builder, 23. 8. 1851, S. 523
11. The Garden, 3. 2. 1872, S. 249
12. Die Geschichte des Gartens dargestellt in einem Artikel »Serres du Luxembourg« in: L'Illustration 1862, S. 77-79; »1810, Baraguay, architecte du Luxembourg, entreprit une transformation complète du jardin ...«; Ensemble-Plan von Schloß und Garten bei Gourlier, Biet, Grillon & Tardieu, Choix d'Edifices Publics, Paris 1837-1844, S. 15
13. L'Illustration 12/1847, S. 295
14. wie Anm. 3, S. 38
15. wie Anm. 1, S. 173
16. wie Anm. 8; Kreuter studierte zu dieser Zeit französische und englische Pflanzenhäuser. 1851 entstand nach seinen Plänen der erste Wintergarten auf der Münchner Residenz.
17. wie Anm. 8, S. 520
18. wie Anm. 3, S. 66
19. wie Anm. 8, S. 520-524
20. wie Anm. 8; Semper bezog sich auf die ehemals bronzenen Balken des Pantheons in Rom.
21. wie Anm. 8; unter Verwendung hohler Blechträger projektierte Semper eiserne Dächer für das Museum in Dresden. Die Konstruktion wurde jedoch verworfen.
22. wie Anm. 8, S. 520; Bericht des Architekten Kreuter
23. wie Anm. 6
24. wie Anm. 9
25. wie Anm. 1, S. 180
26. Men who saved Kew Gardens, II, in: Country Life, 16. 9. 1965, S. 683; N.Pevsner, Architektur und Design, München 1971, S. 257
27. wie Anm. 3, S. 29
28. wie Anm. 3, S. 29-30
29. wie Anm. 1, S. 174
30. wie Anm. 6
31. wie Anm. 1, S. 174
32. wie Anm. 31
33. wie Anm. 1, S. 174
34. wie Anm. 3, S. 60
35. wie Anm. 1, S. 173
36. wie Anm. 6
37. wie Anm. 8, S. 523
38. wie Anm. 1

2. Palace of the People und The Alexandra Palaces I & II, Muswell Hill, London

Palace of the People
1858, Projekt von Owen Jones (Architekt) und Sir Charles Fox (Ingenieur)
Abb. 259-261

Geschichte Nach dem Tode von Thomas Rhodes, dem Großonkel des späteren Kolonialpolitikers Cecil Rhodes, fielen 1856 die Rhodes Fields auf den Höhen im Norden Londons seinen Enkeln zu. Sie suchten durch den Bau eines Wintergartens den Besitz gewinnbringend aufzuwerten; denn sie befanden sich in finanziellen Schwierigkeiten. Vorbild war der zwei Jahre zuvor eröffnete Crystal Palace im Süden Londons. Seine hohen Besucherzahlen ließen auch für das Pendant im Norden erwarten, daß die »Spekulation in Gußeisen« aufgehen würde. Eine nahegelegene, wegen ihres heilkräftigen Wassers vielbesuchte Quelle – Mus Well – gab der Anhöhe ihren Namen. Zu den günstigen Voraussetzungen für das Projekt zählte die Größe des Einzugsgebietes nördlich der Themse mit seinen ca. 1.5 Millionen Einwohnern und den zahlreichen Verkehrsverbindungen, dazu der geplante Bahnanschluß.

Ende 1858 erfuhren die Londoner durch eine Ausstellung von Zeichnungen in St. James Hall von dem für »Volksbildung und körperliche Regeneration aller Klassen der Gesellschaft« geplanten »Palace of the People«. Architekt war Owens Jones (1809-1874)[1]. Er hatte die dekorative Ausmalung im Crystal Palace von 1851 und den »Alhambra Hof« im Sydenham Palace geschaffen und wurde 1857 vom Royal Institute of British Architects mit der Goldmedaille ausgezeichnet. Nach einjähriger Planungszeit und sorgfältigen Kostenermittlungen gab Ende 1859 die neugegründete »Great Northern Palace Company Limited« einen Prospekt zur Zeichnung von 40.000 Anteilen zu je zehn Pfund heraus. Der Besitz von zehn Anteilen sollte zum zehnjährigen freien Eintritt berechtigen. Im weniger günstig gelegenen Crystal Palace von Sydenham, wo man allein in den zwölf Monaten bis Ende Oktober 1859 1,4 Millionen Besucher zählte, wurde bereits eine Nettorendite von 7,5% erwirtschaftet. Von den 450 acres (182 ha) Land, die sich die Gesellschaft gesichert hatte, waren 150 für den Palace und den umgebenden Park bestimmt, 30 für Einrichtungen zur Förderung von Kunst, Wissenschaft, Literatur, Musik, Gartenbau und für Belange der Eisenbahn. Der Rest von 270 acres, der nach dem Bau des Palace eine beträchtliche Wertsteigerung erwarten ließ, war für Vorstadtvillen vorgesehen. Im Prospekt wurde als Ziel des Unternehmens genannt: »Die Vermittlung von englischer Geschichte, Geographie, Astronomie, Geologie, Mineralogie und Bergbau nach systematischen Grundsätzen. Gartenbau, Wirtschafts-Botanik und die Anlage von Zierpflanzungen werden praktisch gelehrt und in großem Umfang dargestellt. Eine feste Summe vom Erlös ist für Vorträge, Preise und andere Maßnahmen bestimmt. Besondere Angebote werden an Colleges, Schulen und interessierte Gesellschaften ergehen, um die genannten Wissensgebiete zu fördern«.[2]

Den an höchster Stelle des Muswell Hill geplanten Palace sollten »architektonische Terrassengärten in frühen englischen, italienischen, holländischen und französischen Stilen umschließen, auch solche im modernen Stil, um den Fortschritt ornamentaler Gartenkunst zu repräsentieren«. Einrichtungen für Bogenschießen, Cricket und Reiten waren ebenso vorgesehen wie beispielhafte Anlagen des Gartenbaues. Das Ganze sollte in einen von Tieren bevölkerten Landschaftspark eingebettet werden, den »ein Fahrweg durchzieht, um auch Invaliden und Reitern die Beobachtung der Sportereignisse und die Freude an den Schönheiten der Szene zu ermöglichen«[3]. Die im Vergleich zum Crystal Palace mehr erzieherische und moralische Ausrichtung des Projektes ist auf den Einfluß von Lord Brougham, Reformer des Erziehungswesens, zurückzuführen, der »geistige und körperliche Entspannung für die arbeitenden Klassen« forderte, »worauf sie auf Grund ihrer täglichen Arbeit einen moralischen Anspruch haben«[4]. Einflußreiche Kunst- und Literaturzirkel unterstützten das Projekt.

Das mangelnde Interesse der Öffentlichkeit an der Zeichnung von Anteilen, das schließlich zur Aufgabe des ganzen Unternehmens zwang, hatte offensichtlich in der Programmgestaltung seinen Ursprung. Der Mißerfolg veranlaßte den früheren Manager des Crystal Palace, Francis Fuller, im Juni 1860 zu dem Gegenvorschlag, Park und Palast nach dem Vorbild von Sydenham als Vergnügungszentrum herzurichten. Auch dieses Projekt scheiterte an der Finanzierung. 1863 erwarb schließlich die ein Jahr zuvor gegründete »Alexandra Park Company« das Gelände von den Rhodes-Erben und eröffnete es als Alexandra Park noch im gleichen Jahr mit einer Blumenschau für das Publikum, vorerst ohne den kostspieligen Palace, auf den die Londoner noch zehn Jahre warten mußten.

Entwurf, Konstruktion, Stil   Gegenüber dem Crystal Palace in Sydenham mit seiner überlangen Wintergarten-Promenade, an deren Rändern oft Abteilungen leerstanden, zeigte Owen Jones Entwurf bei geringeren Abmessungen eine Reihe von Verbesserungen[5]: so den direkten Zugang von der im Untergeschoß gelegenen Bahnstation in den Zentralraum der Bauanlage, den als Entrée und zur Erschließung dienenden Wintergarten. Seine Abtrennung durch Glaswände wurde als weiterer Vorteil angesehen, weil so das besondere Klima bewahrt und das Ausstellungsgut der anschließenden Hallen vor den schädlichen Einwirkungen zu hoher Luftfeuchtigkeit geschützt werden konnte.

Die Mitte der 395 m langen Baugruppe ist von der höhergeführten Pantheon-Rotunde des Wintergartens beherrscht, eine gläserne Kuppel von 66 m Durchmesser auf dem Unterbau einer massiven, vierundzwanzigsäuligen Ringkolonnade. Ihre eisernen Falzleisten liegen einem sekundären Pfetten- und Sparrensystem auf, das sich auf die fachwerkartige Primärkonstruktion von vierundzwanzig Bogenbindern und acht aussteifenden Ringträgern abstützt. Diagonal gespannte Zugeisen stabilisieren die entstehenden Gefache. Während die vertikalen Lasten der bis auf 54 m über den Hallenboden ansteigenden Kuppel von der Stein-Kolonnade abgetragen werden, übernehmen waagerechte Fachwerke in Höhe des ersten Galeriegeschosses den Horizontalschub. Jones hat sie im Grundriß zwischen dem Kuppelkreis und dem umschließenden Innenhofquadrat dargestellt. Den Ringarchitrav nutzte er als Pflanzentrog, vergleichbar den gußeisernen Segmentbögen des Arkadenumganges im Pariser Jardin d'Hiver, die als Pflanzenkörbe ausgebildet waren. Wegen der aufsitzenden Bogenfachwerke stand der Architrav ohnehin nicht als Emporenrundweg zur Verfügung, den Jones auf innenseitig angebrachte Kragkonsolen verlegte. Breite Treppen in der Gebäudelängsachse führen zu ihm hinauf und erschließen zugleich das erste der beiden Galeriegeschosse, die um den Luftraum der je 102 m langen basilikalen Längshallen herumgeführt sind. Beide Flügelbauten stehen über den quadratischen Mittelblock miteinander und mit dessen vier, die Treppenhäuser enthaltenden Ecktürmen in Verbindung. Ausstellungen zur englischen Geschichte, zur Astronomie, Geologie und Volkskunde, sowie zur Darstellung wertvoller Metalle, Stoffe und sonstiger Materialien waren hier vorgesehen.

Auch die freien Enden der Flügelbauten werden durch vier Treppen und Aussichtstürme markiert. Satteldächer mit *ridge-and-furrow*-Dachstruktur überdecken die 29,26 m breiten, höhergeführten Längsschiffe. Während das östliche für Ausstellungen der schönen Künste bestimmt war, sollte im westlichen eine ständige Schau von Industrieprodukten aller Nationen, von landwirtschaftlichen Geräten, Rohstoffen und – als Höhepunkt – von »Maschinen in Bewegung« gezeigt werden. Fünf breite Eingangsanlagen in den Gebäudelängsseiten erschließen die Ausstellungshallen. Darüber, in den Galeriegeschossen der Südfassade, Loggien mit Blick auf London.

An den Pariser Jardin d'Hiver erinnern die drei apsidialen Abschlüsse des Palace. Zwei der Rundbauten am Ende der Ausstellungshallen sind als Restaurant und Erfrischungsraum hergerichtet. Von fächerförmigen *ridge-and-furrow*-Dächern überdeckt, bieten sie als vorgeschobene niedrige Bastionen über dem abfallenden Gelände einen guten Ausblick in den umgebenden Landschaftspark. Eine dritte, weit größere Apside ist dem Wintergarten im Norden als Konzerthalle und Vortragssaal vorangestellt. Der viergeschossige Baukörper, der durch Wandelgänge mit dem Mittelpavillon verbunden ist, sollte 10.000 Personen Raum bieten. Eindrucksvoll steigt er vom Grunde des Parterregartens in zwei halbrunden und zwei blockhaften Stufen zur Wintergarten-Kuppel empor, von zwei Türmen flankiert.

Trotz der gewaltigen Baumasse gelang es Jones, den Palace in den Außenraum einzubinden: im Süden mittels der oberen und unteren Terrasse, den drei Freitreppenanlagen und den Vorlegestufen längs der Fassade, im Norden durch die architektonische, die Bahnstation überdeckende Steinterrasse am Italienischen Garten, die – von der Kolonnade aus Glas und Eisen gefaßt – zum Palace überleitet.

Von der zeitgenössischen Kritik wurde Jones Entwurf von 1858 als »neuartige Architektur in Glas und Eisen« gepriesen, »die in ihrer lichten Struktur ... Charakteristiken des Kathedral-Stils aufweist«[6]. Neuartig wohl wegen des Rückgriffs auf traditionelle Bauformen und Gliederungen anstelle einer von Technik und Geometrie geprägten funktionalen Bauweise, wie sie für die großen Ingenieurbauten der ersten Jahrhunderthälfte zwangsläufig und typisch war.

Owen Jones Entwurf entstammt bereits der Gegenbewegung zur »nüchternen Industriebauweise«, die um die Mitte des Jahrhunderts einsetzte. Für anspruchsvollere Glaseisenbauten bedeutete das eine stilistische Neuinterpretation im Sinne historisch gewachsener Architektur. So gliederte Jones die Baumasse durch hohe Ecktürme mit weit ausladenden Gesimsen und glockenförmigen Turmhelmen. Das Satteldach mit architektonischem Ortgang verdrängte die abstrakte Geometrie von Halbtonnen der beiden Crystal Palaces. Gotischen Kathedralen entlehnt sind die mächtigen Giebelrosetten, die in den Schatten tiefer Bogennischen rücken, dort, wo im Palmenhaus von Kew dynamische Kuppelschalen sich wölben. Architekturvorbild für den Wintergarten war wohl die »Ring of Folly«-Rotunde, die in ihrer Londoner Tradition auf das Colosseum (1829), das Pantheon (1772) und die Ranelagh Gardens (1742) zurückgeht. Jones verstärkte den illusionären Effekt der überdeckenden Pantheonkuppel – Symbol des Himmelsgewölbes – durch Sternenschmuck, der einem Netz diagonaler Zugeisen aufgeprägt ist. Ein weiteres Motiv mag für den People's Palace Anregung gewesen sein: die zu Halbkreisen gefaßten »Supper-Boxes« der Vauxhall Gardens. In den Restaurant-Apsiden kehren sie wieder. Zusammen mit dem mächtigen Halbrund der Konzerthalle, beschließen sie – ähnlich wie im Pariser Jardin d'Hiver – die Enden des T-förmigen Baukörpers. Owen Jones lehnte es ab, Architekturvorbilder zu kopieren. In seiner 1856 publizierten »Grammar of Ornament« stellte er die These auf, »die Grundgedanken, die in den Werken der Vergangenheit sichtbar werden, gehören uns, nicht ihre Ergebnisse«.

Ein Vergleich mit den schließlich zur Ausführung gekommenen Alexandra Palaces I und II zeigt, daß wesentliche Architekturmotive wie die Bogennische mit der Giebelrosette, die Zentralkuppel zwischen Satteldachtrakten und die den Bau begrenzenden Ecktürme wiederaufgegriffen wurden, wenn auch auf eine Mischbauweise übertragen. Entschied sich Jones für einen Glaseisenbau mit historisierenden Reminiszensen, so erweckte der Alexandra Palace I bereits den Eindruck eines architektonischen Steinbaues, während im Alexandra Palace II, noch hinter Steinfassaden verborgen, sich wieder Glasgewölbe ans Licht der Sonne wagen.

Alexandra Palace I
1864-1866 von John Johnson (Architekt), Alfred Meeson (Ingenieur),
1873 eröffnet
Abb. 262-263

Baugeschichte Nach dem Scheitern des ersten Projektes und dem Erwerb des Geländes durch die neugegründete Alexandra Park Company wurde der Park am 23. Juli 1863 mit einem dreitägigen Gartenbau-Fest für das Publikum eröffnet[7]. Zu Ehren von Prinzessin Alexandra von Dänemark, die einige Monate zuvor den Prince of Wales geheiratet hatte und damit Gattin des zukünftigen Thronfolgers Edwards VII. geworden war, erhielt er den Namen Alexandra Park. Nur wenig Aufwand war notwendig, um das an Naturschönheiten reiche Gelände nach Entwürfen des Landschaftsarchitekten Alexander Mackenzie – er gestaltete den Finsbury Park – herzurichten.

Den Bau des Palace versuchte die Gesellschaft dadurch zu verbilligen, daß sie von Firma Kelk & Lucas große Teile des im Abbruch befindlichen zweiten Londoner Weltausstellungsgebäudes von South Kensington (1862) erwarb[8], insbesondere dessen Eisenkonstruktion. Der aus dem Material des ersten Londoner Weltausstellungsgebäudes (1851) errichtete Crystal Palace von Sydenham mag hierzu angeregt haben. Bereits 1864 begannen auf dem Muswell Hill die Bauarbeiten[9], indem zuerst der auf dem Baugelände vorgefundene blaue Ton an Ort und Stelle zu Ziegeln für das Außenmauerwerk gebrannt wurde. Zur gleichen Zeit entstand als Provisorium nach Plänen von Johnson und Meeson ein 30 x 60 m großer Holzpavillon im Neo-Tudor-Stil, »Blandford Hall« genannt. Der von Galerien eingefaßte Saalbau besaß eine offene hölzerne Dachkonstruktion. Bis zu 1.500 Personen konnten in privaten Speise- und Teeräumen sowie im Saal bewirtet werden. Der Bau sollte die Zeit bis zur Fertigstellung des Palace überbrücken, eine Maßnahme, die sich dauerhafter als geplant erwies; denn mangels Kapital brach die Gesellschaft Anfang 1865 zusammen und die Arbeiten gerieten ins Stocken.

Nach dem Verkauf des gesamten Anwesens an die London Financial Association für 310.000 Pfund kam es zur Gründung der »Alexandra Palace and Muswell Hill Estates Management Company«. Unter der neuen Regie wurde der Palace 1866 zwar im wesentlichen fertiggestellt und ein

Jahr später die zwei Kilometer lange Rennbahn in Betrieb genommen, doch mußte die Company – wie ihre Vorgängerin und drei nachfolgende Gesellschaften – aus Kapitalmangel aufgeben. Der auf den ersten Mai 1869 festgelegte Eröffnungstermin, zu dem man die Prinzessin erwartete, wurde abgesagt.

Nachdem der Palace nahezu sieben Jahre leer gestanden hatte, öffnete er schließlich zum Geburtstag der Königin, am 24. Mai 1873, mit einem Konzert und einer Blumenschau ohne großes Zeremoniell seine Pforten[10]. Die Popularität des vieldiskutierten Palace und der seit zehn Jahren beim Publikum beliebten Parkanlagen war inzwischen so gewachsen, daß bis zum 9. Juni bereits 124.000 Besucher gezählt wurden. An diesem 9. Juni gegen Mittag, nur sechzehn Tage nach seiner Eröffnung, brannte der unter so vielen Schwierigkeiten erbaute erste Alexandra Palace bis auf seine acht Giebelmauern nieder[11]. Reparaturarbeiten an der großen Kuppel hatten das Feuer ausgelöst.

Entwurf Im Stil der Neo-Renaissance erhob sich der von Italienischen Terrassen umschlossene Galeriebau an höchster Stelle des Muswell Hill: ein basilikales, dreigeschossiges Längsschiff, das von drei gleichhohen Querschiffen gekreuzt und in den Vierungen von der zentralen Hauptkuppel und zwei Nebenkuppeln überragt wird[12]. Hinter den acht wuchtigen Giebelfronten des scheinbaren Mauerwerksbaues verbergen sich Eisenkonstruktionen, die die 26 m breiten Mittelschiffe stützenfrei überspannen. Zweigeschossige Ausstellungsgalerien von je 15 m Breite ergänzen den Querschnitt zu dem einer Basilika. Über verglaste Säulenbogenstellungen und Obergaden, nicht mehr über Sattel- und Pultdächer erhält der basilikale Baukörper Licht. Der angestrebte sakrale Charakter tritt besonders an den Giebelfronten in Erscheinung, in den mit farbigen Glasmalereien geschmückten, gewaltigen Fensterrosen. Über den Eingangsarkaden nehmen sie die gesamte, von Ecktürmen gerahmte Fläche des Mittelschiffes ein. Die Verwandtschaft mit Owen Jones Entwurf für den People's Palace ist offenkundig.

Eine der beiden Kuppeln des Weltausstellungsgebäudes von 1862 war auf mühevollem Transport quer durch London herbeigeschafft worden und überdeckte nun mit 52 m Durchmesser die mittlere, zum Zwölfeck ausgeweitete Vierung. Noch überragt von dem 15 m hohen Fahnenmast auf einer von Balustraden eingefaßten Plattform erhob sie sich 67 m über den Hallenboden, zu hoch, um bei Feuer vom Wasserstrahl noch erreicht zu werden. Die messingfarbene spitze Rippenkuppel hatte Johnson nur im Scheitel und Tambour – hier durch Lünetten – verglast. Den beiden äußeren Vierungsquadraten von 26 m Seitenlänge saßen über Pendentifs achteckige Tamboure mit Zeltdächern auf.

Wie schon 1858 von Owen Jones geplant, erhielten Park und Palace – zusätzlich zur Vorfahrt im Westen – einen Eisenbahnanschluß unter der Nordterrasse. Treppenanlagen führten direkt in die drei Querschiffe. Gleichzeitig mit der Eröffnung des Alexandra Palace konnte die neu erbaute Muswell Hill & Palace Railway in Betrieb genommen werden, die, von Südwesten kommend, an das Eisenbahnnetz der Great Northern Railway anschloß.

Raumprogramm Ursprünglich stand das Längsschiff (274 m) in offener Verbindung mit dem mittleren Querschiff (137 m) und den beiden äußeren (97 m), in deren nördliche Trakte die neue Gesellschaft kurz vor der Eröffnung ein Theater und eine Konzerthalle einbauen ließ. Die vielgerühmte Orgel von H. Willis, eine der größten, die jemals gebaut wurde, nahm mit dem Orchester und

Chor für tausend Musiker und Sänger die zentrale Position im Norden ein. Als Wintergarten diente das Längsschiff, dessen Seiten von langgestreckten Pflanzenbeeten gesäumt wurden. Springbrunnen und Statuen auf hohen Sockeln standen im Blickpunkt des promenierenden Publikums. In den Seitenschiffen waren »französische, italienische und amerikanische Höfe« aufgebaut, die »das Innere von Wohnhäusern aus verschiedenen Teilen der Welt mit lebensgroßen Figuren ihrer Bewohner«[13] darstellten. Abends beleuchteten Gaslampen die Szene. Über fünfzig Warengattungen hatte man in Glasvitrinen untergebracht. Es wurden lebensgroße Trachtenpuppen aus verschiedenen Ländern und Zeiten gezeigt, Antiquitäten, Gemälde, Tapisserien und Sammlungen von Porzellan. Königin Victoria lieh hierzu seltene Stücke aus. Zu den vielfältigen Veranstaltungen gehörten Opernkonzerte, aber auch Ausstellungen von Hunden, Katzen und Vögeln, von Blumen und Früchten, sowie sportliche Wettbewerbe, Feuerwerke und die abendlichen Promenadenkonzerte. Alles das hatte kaum noch Ähnlichkeit mit jenen erzieherischen Absichten, die fünfzehn Jahre vorher dem Raum- und Veranstaltungsprogramm des People's Palace zugrunde gelegen hatten.

Stil Mehr noch als Owen Jones in seinem Entwurf für den People's Palace (1858), vollzog Fowke im zweiten Londoner Weltausstellungsgebäude (1862) die Abkehr von den einst euphorisch gefeierten Lichträumen der Ingenieurarchitektur. War Jones Palace in seinem Erscheinungsbild noch der Glaseisenarchitektur verhaftet, bis hin zu historisierenden Türmen, Kuppel-, Glocken- und Satteldächern, so löste sich Fowke von der transparenten Bauweise und entwarf einen Mischbau mit Fassaden aus Stein. Als dauerhafte Konstruktion zur späteren Nutzung als Kunstmuseum bestimmt, sollte er »höhere architektonische Qualitäten« – solche der Steinarchitektur – verkörpern, ein Bemühen, dem der Erfolg versagt war. Denn mangels Zeit und Geld blieb das gestalterische Niveau unbefriedigend, die ornamentale Ausschmückung kärglich. Die öffentliche Ablehnung und der Abbruch von »Fowkes Scheune«[14] waren die Folge.

Johnsons zu dieser Zeit entstandene Entwurf des Alexandra Palace mußte daher bemüht sein, trotz Wiederverwendung der Eisenkonstruktionen aus Fowkes Bau dessen Mängel zu vermeiden. So übernahm er zwar die Grundkonzeption der drei, das Längsschiff kreuzenden Querschiffe, verwendete jedoch nur eine der beiden Großkuppeln, die er – im Gegensatz zu den seitlich plazierten von South Kensington – als Dominante über der mittleren Vierung anordnete. Die Überbauung der von den vier Schiffen eingefaßten Höfe entfiel zugunsten einer klaren Gebäudefiguration und wegen der veränderten Lichtführung. Denn im Alexandra Palace blieben die Dachflächen unverglast. Das Licht fiel über den Obergaden und die Seitenschiffe des basilikalen Querschnitts ein, der Kathedrale als dem neuen Architekturvorbild im Ausstellungsbau angepaßt. Damit war die endgültige Loslösung vom Bautyp Pflanzenhaus, der einst Paxtons Crystal Palace zugrunde lag, vollzogen. Mußten dort die Ausstellungsstücke vor abtropfendem Schwitzwasser und intensiver Sonneneinstrahlung durch untergehängte Stoffbahnen geschützt werden, so litten nun die Pflanzen der Wintergartenpromenade unter dem ungenügenden Lichteinfall. Erst im Alexandra Palace II verwirklichte man die Lösung des Problems, Owen Jones hatte sie schon in seinem Entwurf von 1858 vorgeschlagen: die räumliche Trennung zwischen Wintergarten und Ausstellungstrakten mit jeweils angepaßtem Lichteinfall.

Die vorgegebenen Eisenkonstruktionen und die begrenzten finanziellen Mittel zwangen zu einer einfachen Baugestalt, die zugleich einprägsam sein mußte, um sich von Fowkes indifferenter Baumasse in South Kensington abzusetzen. So beschränkte sich Johnson darauf, das dreigeschossige, tragende Eisenskelett in seinen Längsfronten durch verglaste, eiserne Säulenbogenstellungen auszufachen, den ins Auge springenden acht Gebäudeenden jedoch Giebelfassaden aus Stein in reicher Ornamentik voranzustellen. Wirkungsvoll waren sie auf der Terrasse des Muswell Hill den vier Himmelsrichtungen zugewandt, jede gleichgestaltet mit einer Eingangsarkade, darüber das neue sakrale Erkennungsmotiv, die Fensterrose in der Bogennische statt Paxtons giebelfüllender halbrunder Fächerrosette. Die verstärkte Plastizität der Baugruppe, die Zweifarbigkeit der verwendeten Ziegel, die Fenster mit ihren Glasmalereien, die reiche Ornamentik innen und außen, wie auch die intensive Farbgebung in den Räumen – blau, grau und gold auf schokoladenfarbenem Grund – alles läßt die Anstrengungen erkennen, dem Makel der Monotonie einer traditionslosen Industriebauweise zu entgehen.

Alexandra Palace II
1873-1875 von John Johnson (Architekt), Alfred Meeson (Ingenieur),
Kelk & Lucas (Baufirma), Handyside, Derby (Walzeisen),
Staveley Works, Staffordshire (Gußeisen)
Abb. 264-267

Geschichte   Noch am Tag des Brandes beschlossen die Direktoren der Gesellschaft, daß schon am nächsten Tag die Architekten- und Ingenieurgemeinschaft Johnson & Meeson – Planer des ersten Gebäudes – mit dem Entwurf für einen neuen Palace beginnen sollte. Um die öffentliche Anteilnahme an den Ereignissen zu nutzen, setzte man die Reihe der Feste im Freien fort, wobei die Ruinen des zerstörten Palastes nachts angestrahlt wurden[15]. Schon am 10. Oktober des gleichen Jahres begannen die Bauarbeiten. Auf der Baustelle waren täglich 800 bis 2.500 Arbeiter damit beschäftigt, 15 Millionen Ziegel zu vermauern und 2.100 Tonnen Eisenkonstruktionen – ein Drittel davon Walzeisen, zwei Drittel Gußeisen – zu montieren[16]. Es grenzte an ein Wunder, daß im Vergleich zu den fünfzehnjährigen Bemühungen um den ersten Palace dessen Nachfolger nach nur achtzehnmonatiger Bauzeit am 1. Mai 1875 durch den Lord Mayor eröffnet werden konnte[17]. Selbst die finanziellen Verluste aus dem Brand des ersten Gebäudes, das mit nur 120.000 Pfund versichert war, vermochten den Optimismus der Alexandra Palace Company nicht zu bremsen. Sie fühlte sich vielmehr durch den starken Publikumsandrang von täglich 8.000 Besuchern nach Eröffnung des ersten Palace so beeindruckt, daß der zweite Bau noch größer entworfen wurde. So nahmen die überbauten Flächen auf 30.000 m² zu. Mit ihnen wuchs die Vielfalt der Raum- und Veranstaltungsprogramme, die jedem Publikumsgeschmack gerecht werden wollten.

Damit war ein zu weiter Rahmen abgesteckt, der auch bei einer besseren Qualität des Gebotenen nicht mit Besuchern hätte gefüllt werden können. Die Reihe der Konkurse begann schon 18 Monate nach der Eröffnung. 1877, 1881 und 1883 wurde der Palace auf Auktionen angeboten, ohne daß sich Interessenten fanden. Innerhalb von zehn Jahren wechselte in dem von der Londoner Financial Association verpachteten Komplex achtmal das Management bei fünf Zusammenbrüchen. Von 1889 bis 1898 war der Palace geschlossen, Teile des Parkes wurden als Bauland verkauft. Als besondere Attraktion nahm zur Wiedereröffnung im Mai 1898 die erste elektrische Straßenbahn

Londons – sie wurde von deutschen Firmen gebaut – den Betrieb auf. Die 600 m lange Strecke führte vom Palace zu der im Osten gelegenen Wood Green Railway Station. Um die verbleibenden, immer noch ausgedehnten Anlagen vor weiterer Spekulation zu schützen und als Erholungsgebiet für den Norden Londons zu erhalten, wurde das Gelände 1900 von sechs benachbarten District Councils für 150.000 Pfund erworben und – durch Public Purpose Act vom 6. August 1900 für immer zweckgebunden – in öffentlichen Besitz überführt. Das von den Behörden eingesetzte Management versuchte seither mit beschränkten finanziellen Mitteln den Park und Teile des Gebäudes der Öffentlichkeit nutzbar zu machen. Seit 1936 von der BBC genutzt, wurden von hier die ersten Fernsehprogramme der Welt ausgestrahlt.

Entwurf und Raumprogramm Wie ein Vergleich des ersten mit dem zweiten Palace zeigt, wird der an gleicher Stelle und in denselben Maximalabmessungen von ca. 270 x 135 m errichtete Nachfolgebau wesentlich von zwei Tatsachen bestimmt: Es mußten die bei der Brandkatastrophe gewonnenen Erfahrungen berücksichtigt und die erhaltene Bausubstanz möglichst wiederverwendet werden. So heißt es im offiziellen Führer von 1875: »Im neuen Palace stellen die Central Hall, das Theater, der Konzertsaal und das Conservatory eine Reihe einzelner Gebäude mit massiven Ziegelwänden dar. Es ist ... unwahrscheinlich, daß sich von einem zum anderen [Gebäude] Feuer ausbreiten könnte.«[18] Die hohe zentrale Kuppel, von der seinerzeit das Feuer ausging, fehlt im neuen Entwurf. Dafür befinden sich an höchster Stelle vier Wasserbehälter für je 73.000 Liter. Sie sind in den Turmhelmen der vier 55 m hohen Ecktürme untergebracht, die den zu einem Rechteck ausgeweiteten Grundriß begrenzen. Die beiden 64 x 41 m großen Innenhöfe und die ihnen vorgelagerten »unbrennbaren« Conservatories trennen die von ihrer Bauweise her gefährdeten Nord- und Südtrakte, welche das Theater, die Konzerthalle und Restaurationsräume enthalten.

Die Vermutung, daß Johnson Gebäudereste in den neuen Entwurf übernommen hat, sei es aus Zeitersparnis oder Kostengründen, findet sich in der Struktur der 135 m langen Great Hall bestätigt. Ihre gemauerten Giebelfronten sind in Lage, Abmessung und architektonischer Gestaltung identisch mit dem zehn Jahre früher konzipierten Bau[19]. Das gilt ebenso für die freie Spannweite des Mittelschiffes von 26 m. Die Seitenschiffe von jeweils 15 m Breite entsprechen in Abmessungen und Stellung der vier Stützenreihen genau den früher zweigeschossigen, mitlaufenden Galerietrakten, wodurch die Ausweitung der Great Hall auf 56 m erreicht wird. Anstelle von Satteldach und zentraler Kuppel überdecken sechzehn zum Halbkreis gebogene Walzträger das Mittelschiff, wozu die Dreiecksgiebel des alten Palace nicht recht passen wollen. An den Ost- und Westfronten blieb nur das Mauerwerk des früheren Erdgeschosses erhalten, dessen Gliederung jedoch ebenso unmotiviert erscheint, wie die in der Höhe verkürzte Bogennische des Mittelrisaliten. In beiden Fällen fehlt die frühere Dreigeschossigkeit der Fassade mit ihren besseren Proportionen und korrespondierenden Architekturgliedern.

An die erzieherische und belehrende Sinngebung des unverwirklichten »Palace of the People« erinnert die zum prächtigsten Raum hergerichtete Great Hall. Für ein gemischtes Publikum bestimmt, war sie der größte Konzert- und Festsaal Londons. Sie konnte 12.000 Besucher und 2.000 Orchestermitglieder aufnehmen, die von der unterirdischen Bahnstation direkten Zugang hatten. Die Orgel und die Empore für Orchester und Sänger nahmen das nördliche Hallenende ein. Gegenüber, in der südlichen Giebelwand, die den Saal beherrschende, farbig verglaste Fensterrose. Im

Deckengewölbe wechselten zwei verglaste Bahnen mit geschlossenen Feldern in Neo-Cinquecentomalerei, die sich in den Stichkappen des Obergadens fortsetzte. Hier gaben die Lünetten farbiges Licht. An den Wänden der Seitenschiffe waren die Wappen englischer Städte aufgereiht. Entlang den Hallenstützen standen auf hohen Postamenten die Statuen englischer Könige und Königinnen. Sie waren lebensecht wie Wachsfiguren koloriert und trugen Kostüme ihrer Zeit. 1886 wurde diese Idee in der »Queen's Hall« des People's Palace for East London wieder aufgegriffen.

Von den beiden Innenhöfen war nur der westliche als offener Italienischer Garten mit Ornamentbeeten angelegt. Der östliche Gartenhof wurde in eine glasüberdeckte Ausstellungshalle verwandelt und diente, wie das anschließende Pflanzenhaus, als Basar für Kunstgegenstände und Industrieprodukte. Vier für Skulpturen und Gemäldeausstellungen bestimmte Galerietrakte bildeten die innere Verbindung zwischen der Great Hall und den zugleich als Eingangshallen genutzten Pflanzenhäusern. Wie im Entwurf von Owen Jones (1858), übernahm der Wintergarten die Funktion eines zentralen Erschließungsraumes, der den Besucher in einer Atmosphäre des Wohlbefindens empfing und ihm während der Veranstaltungspausen als Vestibül diente. Originell ist Johnsons Idee, die architektonische Pflanzenhausgruppe in ihrem typischen Erscheinungsbild – hoher Mittelpavillon mit flankierenden Seitenflügeln samt Italienischem Garten – wie ein Versatzstück in die Gesamtanlage zu integrieren. So führen zwei dieser Baugruppen im Osten und Westen den Palace in seiner Längsachse an, jeweils mit der herabgezonten Giebelfassade des ersten Palace verkleidet, die den Haupteingang enthält. Nicht mehr das sakrale Motiv der Fensterrose nimmt den Platz über den Eingangsarkaden ein. Die reduzierte Höhe reicht nur für die halbrunde Fächerrosette, seit Paxtons Crystal Palace Symbol des Wintergartens. Auch Johnson ließ ihrem Bogen die nunmehr Tradition gewordene Halbtonne aus Glas folgen. Sie überdeckt den ersten Anbau des im Grundriß T-förmigen Wintergartens und führt auf den quadratischen Mittelpavillon zu. Sein zweigeschossiger Fassadenaufbau aus Mauerwerk mit je drei hohen Bogenfenstern zum Gartenhof hin endet mit dem einst weit ausladenden Kranzgesims. Darüber das hochaufragende, gläserne Spiegelgewölbe. Zwei flankierende Seitentrakte von je vier Achsen vervollständigen die Pflanzenhausgruppe entlang der Gartenfront. Mit ihrer gebogten gläsernen Dachlandschaft durchbrach Johnson die historisierende Strenge seines ersten Alexandra Palace, der den Pflanzen keine artgerechte Heimstätte mehr bot, dessen Entwurf inzwischen zehn Jahre zurücklag.

Die für ein städtisches Publikum bestimmte, typische Wintergartenszene prägte auch das Innere von Johnsons Glashaus: Ornamental gefaßte Pflanzengruppen, Fontänen, Felsenwerk und Skulpturen. Frei im Raum erhob sich die luftige Konstruktion eines Vogelhauses. Die vor den Wänden stehenden gußeisernen Säulen und Pfeiler mit korinthischen Kapitellen, die über ein Gesims die 18 m weit gespannte Bogenbinderkonstruktion abstützten, waren mit Kletterpflanzen und hängenden Blumenschalen geschmückt.

Doch rückt die Great Hall nun in den Mittelpunkt der Anlage und zeugt vom eingetretenen Wandel zu unterhaltenden Großveranstaltungen hin. Um die Existenz des Unternehmens durch hohe Besucherzahlen zu sichern, mußten dem Publikum vielfältige Attraktionen geboten werden. Hierfür standen – außer den bereits besprochenen – noch die folgenden Räumlichkeiten zur Verfügung: entlang der Nordfront des Palace ein Konzertsaal für 3.500 und ein Theater für 3.000 Personen, deren Vestibüle von den Wintergärten aus betreten wurden. Auf der gegenüberliegenden Seite bestand Zugang zu den Bar-Buffets und zu den ausgedehnten Restaurationsräumen entlang den überdeckten Arkaden der Südfassade. Mit Blick auf London konnten die Besucher hier ihren Kaffee einnehmen. In zwei Geschossen wurden sie in den ausgedehnten Grill-, Kaffee-, Speise- und privaten Räumen für geschlossene Gesellschaften bewirtet, darunter ein 60 x 15 m großer Bankettsaal für 1.000 Personen. Gesellschafts-, Lese- und Billardräume, Sitzungs- und Rauchzimmer und die im Obergeschoß gelegenen Hotelräume sorgten in den beiden Südtrakten für einen Vierundzwanzig-Stunden-Service. In ihrem Untergeschoß waren Küchen-, Lager- und Wirtschaftsräume untergebracht. Zwei kleine Zimmertheater, Post- und Polizeistationen, im Gebäude verteilte Buffets, Toiletten und Garderoben, zwei Zugänge zum Bahnhof, Verwaltungs- und Personalräume vervollständigten das Raumprogramm.

Dazu war der Palace zu seinen besten Zeiten angefüllt mit Objekten von »allumfassendem Interesse«: eine ägyptische Villa mit Harem, ein modernes maurisches Haus, jeweils in originaler Größe, wie auch eine Gruppe von Lappen mit Schlitten und Rentieren. Die »Londesborough Collection« zeigte 1.337 Waffen, Rüstungen und Antiquitäten, die »Whitfield Collection« 1.463 naturgeschichtliche Ausstellungsstücke. Diese Atmosphäre der Kuriositäten setzte sich im Park fort, der neben einer Anzahl Schweizer Häuser, dem japanischen Dorf und dem im Wasser stehenden Pfahldorf, ein schwedisches Restaurant, ein norwegisches Haus und die originale, noch betriebene »Tudor Banqueting Hall« enthielt. Dazu kamen der Zirkus und der Vergnügungspark mit drei Seen und dem Skelett eines Wals. Schließlich die ausgedehnten Sportstätten.

Neben den großen Konzert- und Theaterveranstaltungen gab es einen Alexandra-Palace-Chor, eine hauseigene Military-Band und Promenadenkonzerte. Ausstellungen von Obst, Blumen, Pferden, Hunden, Geflügel, Käfig-Vögeln, Tauben, und Falken fanden ebenso statt wie Feuerwerke, Ballonaufstiege, Rennen, Wettbewerbe und Sportveranstaltungen jeder Art. Selbst für Kinderfeste, Vereins- und Schultreffen standen Palace und Park zur Verfügung.

Anmerkungen:

1. Drei Entwürfe von Owen Jones für ein gleichartiges Raumprogramm in St. Cloud bei Paris datieren von 1860.
2. Prospectus of »The Palace of the People«, ca. Dez. 1859
3. The Gardeners' Chronicle, 5. 2. 1859, S. 97
4. The Builder, 23. 7. 1859, S. 486
5. The Illustrated London News, 1860, S. 266
6. wie Anm. 5, 31. 3. 1860, S. 304
7. wie Anm. 4, 1. 8. 1863, S. 549
8. wie Anm. 5, 20. 2. 1864, S. 185
9. wie Anm. 4, 4. 6. 1864, S. 409
10. wie Anm. 5, 31. 5. 1873, S. 518
11. wie Anm. 4, 14. 6. 1873, S. 459
12. wie Anm. 4, 22. 3. 1873, S. 219, 220
13. The offical Guide to the Alexandra Palace and Park, 1875 oder später
14. Illustrirte Zeitung, 1867, S. 390
15. wie Anm. 5, 21. 6. 1873, S. 594
16. wie Anm. 4, 15. 8. 1874, S. 687, 688
17. wie Anm. 5, 8. 5. 1875, S. 450
18. The Alexandra Palace, Programme of Arrangements, Season 1875-76
19. wie Anm. 4, 30. 8. 1873, S. 689

Öffentliche Wintergärten - Prototypen

3. The Royal Aquarium, Summer and Winter Garden
Westminster, London
1875-1876, von A. Bedborough (Architekt),
Lucas Brothers (Generalunternehmer),
Thames Ironwork Company (Eisenkonstruktionen)
Abb. 268-271

Geschichte Als im November 1873 erstmals die Idee aufkam, im Herzen der Metropole einen Garten nicht nur für den Winter, sondern – wegen des feuchten englischen Klimas – auch für den Sommerbetrieb unter Glas zu legen und das Ganze mit einem Aquarium zu verbinden, besaß das Thema große Aktualität. Denn im August des vorangegangenen Jahres 1872 hatte das Aquarium in Brighton seine Pforten geöffnet, das erste in England, das zusammen mit einem Pflanzenhaus errichtet wurde. Seine ca. 50 Becken, ein Restaurant und die malerische Ausgestaltung mit Felsenwerk, Wasserfall, Grotten und Bepflanzung zog große Besuchermassen an.

Die Mode des Wintergartens mit verbundenem, immer umfangreicher werdenden Raumprogramm erreichte in den siebziger Jahren ihren Höhepunkt. Auf den ersten, im Mai 1873 abgebrannten Alexandra Palace, der in den sechzehn Tagen seines Bestehens 124.000 Besucher zählte, folgte 1875 der zweite mit nochmals größerer überbauter Fläche. Weit im Norden liegend, war er ebensowenig Konkurrenz wie der Crystal Palace von Sydenham im Süden Londons, dem 1871 ebenfalls ein Aquarium angegliedert worden war. Den näher gelegenen Conservatories der Royal Botanic Society im Regent's Park und der Horticultural Society in South Kensington fehlte das die Besucher anlockende Unterhaltungsprogramm der Wintergärten, so daß ihre wirtschaftliche Existenz ständig gefährdet war. Wegen der vielen Versuche, dies zu ändern, standen sie mit ihren nur am Gartenbau interessierten Mitgliedern fortwährend auf Kriegsfuß. Alles das kam dem Projekt von Westminster in seiner zentralen Lage zugute.

Auch die Idee, gegenüber der ehrwürdigen Westminster Abbey und in Nachbarschaft der Houses of Parliament ein bürgerliches Gesellschaftszentrum zu errichten, das kultur- und naturwissenschaftliche Einrichtungen mit der Atmosphäre eines Wintergarten vereint, geht auf die Zugkraft der »Pleasure Gardens« zurück, der kommerzielle Hintergrund des Unternehmens. Das Raumprogramm sollte trotz beschränkter Grundstücksfläche so komplex wie möglich sein: eine ausgedehnte Wintergartenpromenade, die das Vergnügen an der Musik mit dem Anblick der Aquarien verbindet, dazu eine Rollschuhbahn, zusammen an die 150 m lang, eine Kunstgalerie, auf der Empore ein Restaurant der höheren Klasse, verbunden mit Rauchzimmer und Billardraum, eine Bibliothek mit Lese- und Schreibräumen, sowie ein abgetrennter Theater- und Konzertsaal für 2.000 Personen. W.W. Robertson, der spätere Geschäftsführer des Unternehmens, ließ von A. Bedborough, Verfasser des Entwurfes für das Aquarium in Plymouth (1875), schon 1873 einen ersten Planungsvorschlag ausarbeiten. Es kam zur Gründung der »Royal Aquarium and Summer and Wintergarden Society«, sowie zur Ausschreibung eines beschränkten Architektenwettbewerbes. Daraufhin wurde Bedborough mit der Planung, die Firma Lucas Brothers mit der Ausführung beauftragt, die, nach Beendigung der Bauarbeiten am Alexandra Palace II, die ähnlich gearteten Baukonstruktionen von Westminster in Angriff nahm. Obwohl erst im Februar 1875 der Grundstein gelegt wurde, konnte der nahezu 180 m lange Gebäudekomplex nach elf Monaten, am 22. Januar 1876 seiner Bestimmung übergeben werden. Die Aquarien waren zu dieser Zeit noch nicht fertiggestellt, das Theater eröffnete am 15. April.

Ein Sprecher der Society erläuterte bei der Eröffnung[1] die Zweckbestimmung des Wintergartens, der »nicht nur eine volkstümliche Ausstellung, sondern ein Mittel intellektuellen Vergnügens und erzieherischen Fortschritts sein sollte«. In seiner Antwort betonte der Duke of Edinburgh, daß die Aquarien »die Liebe zur Naturgeschichte wecken, ... der Leseraum, das Orchester und die Kunstausstellungen den öffentlichen Geschmack kultivieren« mögen. Die gescheiterten Bemühungen, das zweite Londoner Weltausstellungsgebäude in South Kensington zur Förderung der Künste und Wissenschaften zu erhalten, erwähnte er nicht.

Die wachsende Volkstümlichkeit der vier Crystal- und Alexandra Palaces führte in Westminster zu einem Kompromiß[2]: Halb »Pleasure Garden« und »Music Hall«, halb den Idealen der Volksbildung verpflichtet. Auf der von Aquarien gefaßten Promenade drängte sich die Menge zwischen Pflanzen, Wasserspielen und Skulpturen, von Musik begleitet. Man speiste auf der Empore und sah den Rollschuhfahrern zu. In stilvoller Atmosphäre vor kulturell verbrämten Hintergrund suchte die bürgerliche Familie gesellschaftliche Kontakte, während die Vitalität der »music hall« und wechselnde Attraktionen das einfache Volk amüsierten. Mehr und mehr verdrängten Sensationen das ursprünglich von den Förderern der Wintergartenidee beabsichtigte Bildungserlebnis. Lebende Marionetten, Wiener Damen-Orchester, Militärkapellen, Professor Beckwith's Lady Swimmers (in den Aquarien) traten auf, ein Schießstand wurde eingerichtet. Um die Sensationslust zu befriedigen, zeigte man ein 300 m langes Panorama-Bild – Paris bei Tag und Nacht – , den Affenmenschen Krao, einen dreifüßigen spanischen Jungen, Dauerklavierspieler, Boxkämpfe mit einem Känguruh usw. Bildung ließ sich auch so vermitteln: »Ein halbes Dutzend Frauen und Männer weiß von Kopf bis Fuß« posierten auf Postamenten, klassische Skulpturen imitierend, was als »Der Traum des Michael Angelo« bezeichnet wurde. 1907 schloß das mehrfach umgebaute Theater, nachdem das Aquarium bereits 1903 abgerissen worden war.

Entwicklung des Wintergartens mit Aquarium Die Einbeziehung von Rollschuhbahn und Aquarium ergab für den Wintergarten eine Programmischung, die für die im Ausbau befindlichen englischen Küstenbadeorte besonders geeignet war. Die dort jederzeit mögliche, preiswerte Versorgung mit frischem Seewasser begünstigte den neuen Standort am Meer. Das erfolgreiche Experiment des Aquariums in Brighton erbrachte den Beweis. So folgte die Mode dem Strom der städtischen Bevölkerung in die Seebäder, deren Erholungswert gegenüber den sich verschlechternden Lebensbedingungen der Städte man erkannt hatte. Hier war der rechte Ort, um die Verwandlung des Wintergartens in ein Vergnügungszentrum zu vollenden.

Die baukörperliche Entwicklung des Aquariums setzte erst nach dem Vorläuferbau im Zoo des Londoner Regent's Park (1853) ein, »der einer Zeit angehörte, in der es üblich war, das erfolgreiche Ausstellungsgebäude von 1851 zu imitieren«[3]. Das Glashaus mit den auf Tischen stehenden Kleinaquarien konnte die sommerlichen Temperaturen nicht dämpfen. Auf dem Festland wurden daher die ersten Anlagen unter die Erde verlegt und wie Grotten ausgebildet. So im Bois de Boulogne

(1860), im zoologischen Garten in Hamburg (1864), in Le Havre (erneuert 1868) und Berlin (1869), im Parc du Trocadéro in Paris, insgesamt elf vor 1870. Auch das Aquarium in Brighton war – wegen des freien Seeblicks – auf einen Höhenversatz der Seeterrasse beschränkt. Es folgten die einfachen Längsbauten mit Becken entlang den Außenwänden für den Crystal Palace in Sydenham (1871). In den Aquarien von Manchester (1874) und Plymouth (1875) nahmen sie den Querschnitt einer Basilika an und stellten sich in gotisierendem Formenkanon dar. Die freie Baugruppierung des Wintergartens von Southport (1874), in der zwei als Pflanzenhaus und Musikpavillon ausgebildete Quergebäude über einen Promenadentrakt mit einem Keller-Aquarium in Verbindung standen, konnte die unterschiedlichen Funktionen am besten erfüllen. Schließlich die besonders wirtschaftlichen Kompaktbauten für die Aquarien von Great Yarmouth (1876) und Tynemouth (1878). In massiven Sockelgeschossen längs des Strandes untergebracht, waren sie zugleich Unterbau für die das Straßenniveau aufnehmenden Glaseisenkonstruktionen von Konzerthalle und Wintergarten. Sollten in Tynemouth noch ausgedehnte Badegebäude hinzukommen, so in Great Yarmouth ein zweiter Trakt aus Sockelbau und Glashaus für Rollschuhbahn und Wintergarten, »weil nicht davon ausgegangen werden kann, daß ein Aquarium genügend Anreize bietet«[4].

Städtebauliche Eingliederung   Im Westminster Distrikt gelegen, in einem Gebiet, das in der ersten Jahrhunderthälfte zum Slum abgesunken war, setzte der Wintergarten die mit dem Bau der Victoria Street (1852-1871) und der Victoria Station (1862) begonnenen Sanierungs- und Erschließungsarbeiten fort. Die Verkehrslage zwischen zwei Metropolitan Railway Stations, nahe dem St. James's Park, Charing Cross und Westminster Bridge war günstig. Seinem Standort gegenüber der Westminster Abbey und der Houses of Parliament kam eine gleichsam symbolische Bedeutung zu. Standen sich doch hier die Öffentlichkeit verkörpernden Bauten von Staat, Kirche und Gesellschaft ebenbürtig gegenüber.

Um den 10.000 m² großen, wertvollen Baugrund nördlich der Tothill Street voll ausnutzen zu können, für den nahezu der gleiche Geldbetrag aufzuwenden war, wie für die Gebäude selbst, wurde er bis auf einen rückwärtigen Fluchtweg entlang der Grundstücksgrenze vollständig überbaut. So mußte sich die auf 180 m ausgedehnte Baugruppe aus Aquarium, Wintergarten und Theater mit ihren Nebenräumen dem willkürlichen Zuschnitt der anschließenden Bebauung anpassen, was vor allem in der gegenüber der Great Hall axial verschobenen Front Hall innen wie außen nachteilig in Erscheinung trat. Die im Westen querstehende Concert Hall begrenzte als dritter Großraum die lange Gebäudefront. Noch verbleibende Zwickelflächen im Norden füllten Lese-, Verwaltungs-, Künstler-, Toiletten- und Technikräume.

Entwurf und Raumprogramm   Wohl in Anlehnung an den gerade fertiggestellten Alexandra Palace II hatte Bedborough Halbtonnen für die Überdachung der drei gleichartigen, jedoch unterschiedlich großen Hallenbauten gewählt, sie mit zweigeschossigen, von Satteldächern überdeckten Galerietrakten umschlossen und der gesamten in Eisen konstruierten Baugruppe architektonische Mauerwerksfassaden vorgeblendet. Jeder der drei Baukörper besaß eigene Eingangsanlagen und konnte getrennt genutzt werden: die zentrale Great Hall (48,66 x 103,39 m) über zwei je 12 m breite Vestibüle von der längs angrenzenden Tothill Street aus, die die Bauflucht fortsetzende Front

Hall (25,24 x 42,57 m) über Eingänge in den zwei Ecktürmen, welche die zur Westminster Abbey gerichtete Giebelfassade flankierten.

In beiden Hallenbauten bedeckten die Schaubecken der Aquarien – das größte 18,25 m lang – nahezu sämtliche längslaufenden Außenwände des Erdgeschosses. Der Raum davor wurde von der Zwischendecke der Seitenschiffe (12,16 m breit) gegen das voll im Licht stehende Mittelschiff (24,33 m) abgeschattet. Die Aquarien erhielten über Thermenfenster oberhalb des Wasserspiegels Licht. Eine die Lichtquelle verdeckende Blende über der Schauverglasung bewirkte, daß die Unterwasserszene klar hervortrat. Wegen der guten Temperaturhaltung des Speicherwassers im Sommer wie im Winter und wegen des Vorteils, den Wasserdruck direkt ins Erdreich ableiten zu können, verlegte man in Westminster neun zylindrische Unterflurtanks für insgesamt 3.632 m^3 Wasser unter den Holzfußböden des Mittelschiffs[5]. In der Mitte der Great Hall unterbrach das 18 m breite Halbrund der Orchesternische die Reihe der Aquarien, eine Anordnung, die aus der Promenaden-Funktion der Halle resultiert.

Konstruktion   Auch um Zeit und Kosten zu sparen – denn nur elf Monate Bauzeit standen zur Verfügung – hatte Bedborough die »schnelle Eisenkonstruktion« von Paxtons Crystal Palace übernommen: zum Halbkreis gebogene Gitterbinder, deren Ober- und Untergurte aus gekuppelten Säulen aufstiegen und durch zwei Reihen Andreaskreuze ausgefacht waren. Für die Wintergarten-Promenade besaß diese Bogenstellung Symbolcharakter. Auch in Westminster standen sich zwei dieser Systeme im Abstand einer Konstruktionsachse von 6,08 m (Sydenham 7,30 m) gegenüber. Aussteifende Fachwerkpfetten von doppelter Höhe als normal – hier 1,52 m – verbanden sie zu stabilen Tragegerüsten. 0,76 m hoch, überbrückten sie die zweifache Spannweite von 2 x 6,08 = 12,16 m bis zum nächsten Auflager. Den räumlichen Effekt, den die um 1,83 m in den Hallenraum vorspringenden Bogengerüste erzeugten, verglich »The Builder«[6] mit dem massiven Gurtbogen unter der dünnen Mauerwerksschale eines römischen Tonnengewölbes. Das statische Prinzip, Masse durch die Kraftlinien eines filigranen Raumfachwerks zu ersetzen, wird hier sichtbar. Die Durchbildung der Eisenkonstruktion (800 to) war der des Kristallpalastes in Sydenham von 1854 bis ins Detail verwandt. So könnten die in Westminster zur Ausführung gekommenen Säulenquerschnitte mit den vier abgeplatteten rippenartigen Verstärkungen für seitliche Anschlüsse den Gußformen des Kristallpalastes entstammen. Die bis zum Gewölbeansatz 9,73 m hohen Schäfte waren aus vier Rohrlängen mit Anschlußflanschen zusammengesetzt, die den lichten Raumhöhen und Konstruktionshöhen der Galerietrakte entsprachen. Gußeiserne Rahmen mit Andreaskreuzen steiften die gekuppelten Säulenstellungen aus und setzen sich als frei sichtbare Trägerroste unter den Galeriedecken fort. Auf den gemauerten Außenwänden aufliegend, binden sie die Mischbauweise aus Stein und Eisen ohne Dehnungsfuge zusammen. Schon zu Anfang des Jahrhunderts wußte man die Nachteile dieser Lösung durch die frei hinter der Vormauerung stehende, in sich abgebundene Eisenkonstruktion zu vermeiden.

Stil   Einige in Stein gehauene Delphine und Wassernixen, vor allem aber die werbewirksamen gläsernen Giebelrosetten wiesen auf die Zweckbestimmung des Westminster Palace hin. Wie die im Inneren anschließende Wintergartenpromenade, zeigten sie die dem Londoner Publikum vertraute Architekturrezeption von Paxtons Crystal Palace in Sydenham, worauf es Bedborough offensichtlich ankam. Denn selbst in der gegenüber der Great Hall nur halb so breiten Front Hall mochte er nicht auf den Symbolcharakter des von Doppelsäulen getragenen gebogenen Gitterbinders verzichten. Das »Schrumpfen« von Konstruktion und Details war eine ästhetische Notlösung und der Konzeption des elementierten Bauens mit einem Minimum unterschiedlicher Teile entgegengesetzt.

Zweiundzwanzig Jahre lagen zwischen den Wintergärten von Sydenham und Westminster, deren Innenräume sich in ihrem funktionalen Aufbau aus Glas und Eisen und in ihrer Ausstattung glichen, deren Außenarchitektur sich jedoch völlig unterschied. Paxtons Ingenieurbauweise, die aus Konstruktion und Raumform Architektur werden ließ, galt bereits wenige Jahre später, in den Bauten der Weltausstellungen von 1855 in Paris und 1862 in London als nicht mehr zeitgemäß. Es fehlte ihr die Orientierungsfunktion eines historischen Formenkanons. Erst dessen vertrauter Symbolgehalt gab dem Bauwerk das Gesicht, machte seine Einordnung in die traditionsbezogene Kultur des 19. Jahrhunderts möglich, deren Kontinuität nicht in Frage gestellt werden sollte. Wie bei den anderen großen Bauaufgaben der Zeit, den Bahnhöfen, Markthallen, Bädern, Museen und Ausstellungsgebäuden wurde die Ingenieurarchitektur auf ihre dienenden – funktionellen und konstruktiven – Komponenten zurückgeführt und ihres Anspruches auf Selbstdarstellung beraubt, oft ein formaler Kompromiß, da die Maßstäbe der historischen Baugestalten und -gruppierungen für die Großstrukturen des 19. Jahrhunderts nicht mehr ausreichten.

Die Außenarchitektur von Bedboroughs aus roten Ziegeln, Bath- und Portland-Stein errichteten Westminster Palace zeigt ein Gliederungs- und Dekorationsschema, wie es der römische Barock im 17. Jahrhundert entwickelt hatte und dessen »maniera grande« wohl seinen Vorstellungen von Monumentalität entgegenkam. Besonders erinnert das Motiv des ovalen Fensters mit schattengebender reicher Profilierung und Feston-geschmückter Tafel an Borrominis römische Fassaden. Es scheint S. Agnese an der Piazza Navona entlehnt zu sein. Jedoch hatte das Unverwechselbare des römischen Barocks – der plastisch bewegte Stil, Borrominis aus und einschwingende Mauermassen – Bedboroughs schematisierende Architektur nicht inspiriert. Er gliederte die nahezu unbewegten Flächen der beiden gleichwertig behandelten Geschosse durch eine Vielzahl von Pilastern, deren Intervalle durch verschiedene Fensterformen ausgefüllt wurden. Die besonders durchgebildete Ostfassade der Front Hall lag der Westminster Abbey mit den beiden Westtürmen Hawksmores gegenüber. Auch Bedborough entschied sich für eine Giebelfront mit zwei Ecktürmen. Ohne aus den Fassadenfluchten herauszutreten, flankierten sie das in einer gläsernen Fächerrosette endende Halbrund des Hallendaches. Im Erdgeschoß nahmen die Türme die beiden Eingänge auf. Oberhalb der Attikazone öffneten sie sich zu Loggien mit Säulenbogenstellungen. Pilaster mit Kompositkapitellen in Geschoßanordnung umrahmten mit Gurt- und Kranzgesimsen die Segmentbogenfenster des Erdgeschosses und die gekuppelten des Obergeschosses. Segmentgiebel, die Vasenbekrönungen trugen, betonten oberhalb der Attika die Fensterpositionen. Mit dem Beginn der nach Süden zur Tothill Street ausgerichteten Great Hall erschienen die Pilaster in Kolossalordnung. Sie rahmten kleine Rundbogenfenster mit Sohlbänken und Konsolen, welche die Aquarien belichteten. Um sich gegen die Architektur der Front Hall abzusetzen, endeten die Pilaster unterhalb einer Balustrade, deren Postamente Vasen krönten. Die beiden Eingangsrisalite zur Great Hall mit gekuppelten Eckpilastern erinnern mit Attikageschoß, Dreiecksgiebel und der Britannia als bekrönender Skulptur an ein Triumphtor. Gäbe es nicht die gläserne Fächerrosette als Giebelabschluß der Front Hall, bliebe die völlige Andersartigkeit der Innenarchitektur und die Existenz von Großräumen in der Außenarchitektur verborgen. Die Vertreibung der Glas-Eisen-Strukturen aus den Fassaden und ihre Verlagerung auf das Dach, wie sie auch der Alexandra Palace II zeigt, brachte eine Reihe von Vorteilen mit sich: Oberhalb von Attiken, Dachgesimsen und hinter Dachbalustraden störten sie nicht die eklektizistische Steinarchitektur. Die »reinliche« Trennung vereinfachte die Planung sowie die Bauausführung durch verschiedene Gewerke und sparte so Zeit und Geld. Für den Atrium-Typ des Wintergartens, zu dem auch der Bau von Westminster zählt, ist die Glasüberdeckung des vom Raumprogramm umschlossenen Großraumes die natürliche und – von der Lichtintensität her – auch die wirkungsvollste Lösung. Indem Bedborough für den Innenraum eine der Außenarchitektur völlig wesensfremde Architekturrezeption verwendete – Paxtons zum Inbegriff der Wintergarten-Promenade gewordene Ingenieurbau-Struktur aus Glas und Eisen –, nutzte er die Möglichkeiten der eingestellten Eisenkonstruktion zu einer Kulissenarchitektur ohne Beispiel. Das Gestalten mit architektonischen Versatzstücken – jedoch weit weniger eklektizistisch und ohne Stilbruch – demonstrierte der Architekt Johnson am Alexandra Palace II, wo er die gleichermaßen symbolgewordene Baugestalt einer konventionellen Pflanzenhausgruppe mit Innenszenerie und Italienischem Garten in die Gesamtanlage einfügte.

Anmerkungen:

1. The Illustrated London News, 29. 1. 1876, S. 99
2. Joh. M. Munro, The Royal Aquarium: Failure of a Victorian Compromise, American University of Beirut, Lebanon, 1971
3. The Illustrated London News, 30. 12. 1871, S. 638
4. The Builder, 10. 6. 1876, S. 561
5. Wie Anm. 1, 9. 10. 1875, S. 362
6. The Builder, 22. 1. 1876, S. 72

4. Gesellschaftshaus, Wintergarten und Sommertheater der Orthopädischen Anstalt Friedrich von Hessings in Göggingen bei Augsburg
1885-1886 von Jean Keller, Eisenkonstruktionen von Fa. Cramer-Klett
Abb. 272-275

Geschichte Früher ein Dorf vor den Toren der Stadt Augsburg, beherbergt Göggingen noch heute die im 19. Jahrhundert weltbekannte Heilanstalt des Orthopäden Friedrich von Hessing. Zu den Gebäuden des »Kuretablissements« gehören die »Neue Anstalt« (1887-1889 von Jean Keller) mit Krankenhaus, Liegehalle, Speisesaal und anschließendem Wintergarten. Ausgedehnte überdachte Wandelgänge begrenzen die Gartenanlage zur Straße hin. Für das internationale Publikum, das hier zu längeren Aufenthalten zusammenkam, gab es die als Logierhaus konzipierte romantische »Burg« und eine eigene Kirche. Ein Bauernhof, eine Ziegelei und verschiedene Werkstätten für Schlosser, Spengler und Schreiner existierten schon, bevor Hessing durch den gleichen Augsburger Architekten das »Gesellschaftshaus mit Wintergarten« – später »Kurtheater« genannt – errichten ließ. Der unweit auf separatem Grundstück inmitten einer kleinen Parkanlage gelegene Bau sollte das Unterhaltungsangebot für die Patienten ausweiten. Er steht mit zwei Speisesälen in Verbindung, die an die sogenannte »Frontseite«, an das Bühnenhaus mit seiner Orchesternische anschließen und einen vorgelagerten Gartenhof einfassen. Billardräume, Kegelbahn und Blumenhalle vervollständigen das Raumprogramm. Obwohl erst am 15. Mai 1885 die Baugenehmigung erteilt wurde, konnte das Etablissement dank der erfahrenen Eisenbaufirma Cramer-Klett – sie errichtete 1854 und 1871 die Königlichen Wintergärten auf der Münchner Residenz – schon am 25. Juli 1886 eröffnet werden.

Der mehrfache Besitzerwechsel nach dem Tode Hessings (1918) bedeutete für das Kurtheater wechselnde Nutzungen als Operettentheater, Schauspielhaus und Kino. Dabei wurden die Fenster der beiden Ränge zugemauert. Alle übrigen Lichtöffnungen – auch die Kuppel – erhielten Holzverkleidungen, der Innenraum wurde durch Einbauten verändert. Schließlich sollte das Gebäude abgerissen werden, um das Grundstück neu bebauen zu können. Ein Feuer 1972, das die brennbaren Hinzufügungen vernichtete, machte die Eisenarchitektur des Innenraums wieder sichtbar. Sie weckte das Interesse der Öffentlichkeit[1] und der Behörden an dem in Vergessenheit geratenen Bauwerk. Den vereinten Bemühungen um die Erhaltung des Kurtheaters ist es zu verdanken, daß die Stadt Augsburg 1974 beschloß, die zum Kauf angebotene Liegenschaft zu erwerben. Verschiedene Sicherungsarbeiten zur Erhaltung der Bausubstanz wurden seitdem ausgeführt[2].

Bauherr Friedrich von Hessing, 1838 als siebter Sohn eines Hafners in einem fränkischen Dorf geboren, verbrachte seine ersten Berufsjahre in einer Gärtnerei. Eine Schreinerlehre und die Ausbildung zum Orgel- und Klavierbauer schlossen sich an. Schließlich begann er mit großem Geschick Stützapparate und künstliche Gliedmaßen für Körperbehinderte zu bauen, eine Pionierarbeit auf dem im 19. Jahrhundert noch wenig erforschten Gebiet der Orthopädietechnik. Seine ambulanten

Behandlungen waren so erfolgreich, daß er 1868 die orthopädische Heilanstalt gründen konnte. Als führender Orthopäde seiner Zeit errichtete Hessing weitere Kuranstalten bei Bad Reichenhall und Rothenburg. 1899 pachtete er die Staatsbäder Bad Kissingen und Bad Bocklet. 1918 starb Hessing. Viele Ehrungen, darunter der Adelstitel waren ihm zuteilgeworden, wenn er auch zeitlebens Anfeindungen seiner akademisch gebildeten Fachkollegen ausgesetzt war[3].

Zweifellos hat das starke Engagement Hessings auch den Entwurf Jean Kellers maßgeblich beeinflußt. Adolf Wilbrandt, ehemaliger Direktor des Wiener Burgtheaters und 1892 Gast in Göggingen, berichtete von Gesprächen mit Patienten, nach denen »er [Hessing] sein Theater selbst gebaut habe ..., der ein Künstler sei und dabei ein mechanisches Genie, ... daß das ganze Haus [die Heilanstalt], in dem sich überall Zweckmäßigkeit mit erquickender Schönheit paart, von Hessing entworfen und jedes einzelne Stück nach seinen Zeichnungen ausgeführt sei«[4].

Gesamtanlage Während sich die »Neue Anstalt« als Randbebauung zweier Gartenhöfe darstellt, rückt das Palmenhaus-Theater als Solitär und architektonischer Höhepunkt an das Ende einer von der Straße in die Grundstückstiefe führenden Bau- und Gartenachse. Angeführt wird sie von einem zum Kurhaus umgebauten Ökonomiegebäude mit angrenzender Blumenhalle zum Gartenhof hin. Symmetrisch öffnet er sich, von einer Baumallee und von Restaurationstrakten flankiert, fächerförmig zur Schaufassade des Palmenhaus-Theaters hin. Die zentrale Bogennische über dem Orchester-Podium läßt die Achse durch das rückwärtige Bühnentor in das Theater eindringen, wo sie Zuschauerraum und Fürstenloge in symmetrische Hälften teilt. Sie tritt durch den Südausgang wieder aus und findet ihr Ende in dem gleichsam einen Schlußpunkt setzenden Vorfahrtsrondell im Park.

Angesichts der komplexen Nutzung des Gebäudes als Gesellschaftshaus, Wintergarten, Kur- und Sommertheater wundert es nicht, daß Architektur, Konstruktion und Raumprogramm eine Reihe von Besonderheiten aufweisen, die von der Theaterkonzeption abweichen. So wendet sich, in Umkehrung normaler Grundrißanordnung, die Rückfassade des Bühnenhauses – in den Plänen als »Frontseite« bezeichnet – zur Straße hin. Doch finden die Besucher hier keinen Eingang. Seitlich geführt, betreten sie das Gebäude über die Querachsen oder von der Südseite. Die reiche architektonische Gliederung der »Frontseite«, die sich symmetrisch um die in den Baukörper eingezogene, über zwei Geschosse reichende Orchesternische gruppiert, hatte allein ihren Sinn als Architekturkulisse und Schallwand für die im Gartenhof veranstalteten sommerlichen Konzerte.

Entwurf Entlang Baumreihen und Blumenbeeten, vorbei an exotischen Pflanzen, die den Sommer im Freien verbringen, gelangte der Besucher über zwei Vorfahrtrondelle zu den beiden Eingängen des Kurtheaters. Während der seitliche im Westen das Parkett und den unteren Umgang für das große Publikum erschloß, war der in der Längsachse angeordnete südliche Eingang den Besuchern des oberen Ranges vorbehalten. Zwei geschwungene Treppen aus Eisen führten zu ihm herauf, wo nach traditionellem Vorbild – der Bühne gegenüber – die Hofloge für fürstliche Patienten und die für Hessing selbst lag. Von hier eröffnete sich eine schier endlose Perspektive, wenn während der Vorstellungen die vom Bühnenhaus zum Gartenhof führende Toranlage[5] – sie war mit farbigen Gläsern ausgefacht – geöffnet war. Vom Palmenschmuck und den dekorativen Gußeisenarkaden des Zuschauerraumes gesäumt, fiel der Blick durch die Bühnenkulissen auf die im Hof perspektivisch angelegte Baumallee. Um den illusionistischen, die Raumgrenzen aufhebenden Effekt zu verstärken, umschloß eine mit Exoten bewachsene Böschung das um sechs Stufen vertiefte Theater-Parterre. Pflanzenstellagen teilten die Logen von »Parquet« und »Balkon« wie Gartenlauben. Kübel mit Palmen – auf Konsolen der Gußeisensäulen – schienen frei im Raum zu schweben. Reichliches Tageslicht, für ein Theater ungewöhnlich, für den Erhalt der Pflanzen aber unabdingbar, fiel über die in Pfeiler und Brüstungen aufgelöste Mauerwerksfassade ein. Mehr noch über den eisernen Obergaden mit seinen mächtigen Bogenfenstern. Ein doppeltes, zum Raum hin dekorativ geteiltes Sprossenwerk aus Stabeisen nahm die zweischalige Verglasung auf, die in dem zentralen Rosettenmotiv eines jeden Fensters farbige Akzente setzte. Sie korrespondierten mit den Farbgläsern der Lichtdecke unter der Dachlaterne wie mit den Oberlichten über dem »Balkon«. Bemalte Vorhänge dämpften das Tageslicht während der Vorstellungen. Für die große Zahl der Operetten und Volksstücke, der Café-Konzerte, Maskenbälle und Tanzveranstaltungen, die bis weit in unser Jahrhundert hier stattfanden, aber auch für die Promenade der Kurgäste, die in beiden Geschossen – oben über Brücken und Terrassen – die Restaurationstrakte miteinbezog, war so das Fluidum eines Wintergartens geschaffen.

Typologie Wollte man den Gögginger Bau mit einem traditionellen Theater vergleichen, so bietet sich das intime Markgräfliche Theater im nahegelegenen Bayreuth an, das auch zeitweilig Schauspieler nach Göggingen entlieh. Der Zuschauerraum, ein berühmtes Werk von Guiseppe und Carlo Bibiena (1745-1748) gehört mit seinen drei übereinandergesetzten Emporen zum Typ des barocken Logentheaters. Seine festliche Bauornamentik – bekränzte Säulen, die Kompositordnung, Voluten, Konsolen, Gesimse –, das Wechselspiel von Malerei und plastischer Form, die als schmückende Bauglieder ausgebildeten Brüstungen und Treppen blieben, in den Baustoff Gußeisen übersetzt, auch für das Kurtheater bestimmend. Dagegen bewirkte die Verglasung der Außenwände, die Abkehr von der Holzbauweise und ihr Ersatz durch eine filigrane Eisenkonstruktion weit größere Veränderungen: statt enger, Licht und Luft ermangelnder Logen besaß das Gögginger Theater breite, zum Promenieren geeignete Galerien mit einer flexiblen, jederzeit entfernbaren Bestuhlung.

Zu den bekanntesten Gesellschaftshäusern des 19. Jahrhunderts mit integriertem oder angegliedertem Pflanzenhaus zählen in Deutschland die »Flora« in Köln, 1863-1864 von einer Gartenbaugesellschaft gleichen Namens errichtet, der »Palmengarten« in Frankfurt am Main, 1869-1871, die »Flora« in Charlottenburg, 1871-1874 und der »Krystallpalast« in Leipzig, 1882. In der Einraumlösung stimmen die Anlagen von Köln und Leipzig weitgehend mit der des Kurtheaters überein. Ihre Wintergärten sind nicht, wie z.B. in Frankfurt am Main, einem massiven Gesellschaftshaus als gläserner Anbau angefügt. Saalbau und Palmenhaus verschmelzen vielmehr zu einem einzigen Großraum, der – von Galerien umschlossen und auf Bühne bzw. Orchester ausgerichtet – die Funktionen von Wintergarten, Ballsaal, Theater und Konzertraum in sich vereinigt. Von der Konstruktion her gesehen, waren es Mauerwerksbauten von basilikalem Querschnitt mit einer eingestellten Eisenkonstruktion. Das Hauptschiff mit der Randbepflanzung hatte man in Leipzig und Göggingen vertieft angelegt, eine Lösung, die wegen der besseren Sicht, dem Höhenschema eines Theater- und Gartenparterres gleichermaßen entspricht. Schon der Pariser Jardin d'Hiver hatte es vom großen Parterre des Jardin du Luxembourg übernommen.

Die Idee des einräumigen Palmenhaustheaters wurde jedoch nur in Göggingen verwirklicht. Entgegen dem ersten Entwurf von 1881 für den Leipziger Krystallpalast stellt ein Stich von 1882 den Theatersaal zwar mit gläsernem Dach jedoch ohne Pflanzenschmuck dar. Von allen Beispielen weist der 1878 in Blackpool an der englischen Westküste eröffnete »New Pavilion and Winter Garden« die größte Ähnlichkeit mit der Gögginger Anlage auf. Auch hier ist der Theaterraum von hufeisenförmigem Grundriß, der früher mit der erhöht umlaufenden, von Pflanzen und Skulpturen geschmückten Promenade in offener Verbindung stand. Wie in Göggingen kontrastiert der transparente Längsbau in Mischbauweise mit einem das Bühnenhaus enthaltenden massiven Quergebäude, markieren Risalite die Eingangspositionen, überragt von mächtigen Bogenfenstern, deren eisernes Sprossenwerk die farbig verglaste Rosette inmitten eines Bogenfrieses aus Kreismotiven zeigt.

Wenige Jahre vor Göggingen wurde 1883 das für 1.200 Personen dimensionierte Pariser »Eden-Theater« von Klein & Duclos eröffnet. Zwischen Nachbarhäusern eingezwängt, weist es eine Reihe von Ähnlichkeiten mit Jean Kellers freistehendem Theaterbau auf. Auch in Paris betritt man das Gebäude in der Längsachse über eine rechteckige, zweigeschossige Vorhalle, die links und rechts die Treppen zum Rang aufnimmt. Der Zuschauerraum mit seinen Proszeniumslogen besitzt Glockenform und wird von einer ausgemauerten, wie in Göggingen unsichtbar bleibenden Eisenkonstruktion aus vernieteten Bogenfachwerken überwölbt. Wegen der unmittelbar anschließenden Nachbarbebauung erhielt er den Charakter eines Wintergartens jedoch auf andere Weise: durch zwei ins Obergeschoß verlegte und von oben erhellte Großräume – Wintergarten und Indischer Hof – an denen das Publikum auf der dreiseitig umlaufenden Galerie vorbeiflanieren konnte.

Außenarchitektur   Die im Stil der Neorenaissance gehaltenen, mit barocken Elementen angereicherten Fassaden, die nichts von der den Innenraum prägenden Eisenarchitektur erkennen lassen, könnten von Sempers These beeinflußt worden sein, daß sich die Baukunst »mit diesem gleichsam unsichtbaren Stoffe nicht einlassen darf, wenn es sich um Massenwirkungen handelt«[6]. So wird das aus so unterschiedlichen Strukturen zusammengesetzte Ensemble allseits von einer Mauerschale umhüllt, die in der Art von Hausteinen verputzt ist, wobei Bossen, Diamant- und Keilsteine die Pilaster und Archivolten beleben. Horizontal schließen durchlaufende Brüstungsbänder, Gesimse und die gemeinsame Firstlinie Bühnen- und Palmenhaus zu einer kompakten, dreigeschossigen Baugestalt zusammen. Um sie wie aus einem Guß erscheinen zu lassen, überzog der Eklektizist Jean Keller das Ganze mit architektonischen, dem Steinbau entlehnten Versatzstücken, mit Treppentürmen, Portiken, Risaliten und einer Laterne, mit Balustraden, Balkonen, Schmuckgiebeln und Obelisken. Nicht alles, was die Pläne in verschwenderischer Fülle zeigen, wurde schließlich ausgeführt.

So endet die eingestellte Eisenkonstruktion nicht wie geplant mit einer verglasten Bogenstellung des Obergadens, auf die sich zum First ansteigende, in Quer- und Längsrichtung gekrümmte Flachtonnen auflegen, eine ebenso elegante wie konsequente Lösung der Glaseisenarchitektur. Statt dessen wurde, konstruktiv vereinfachend, ein strukturloses Satteldach ausgeführt, das sich von der Bogenform der Dachbinder ablöst. Bogenfenster und verbleibende Wandzwickel füllen den konventionellen Obergaden. Die Pflanzenhausfunktion wird in den überbreiten Rechteck- und Bogenfenstern, die sich im eisernen Obergaden nochmals ausweiten, sichtbar. Sie bewirken eine größere Transparenz des Wintergarten-Langhauses gegenüber dem Bühnentrakt. Während dieser nur wenige schmale, sprossenlos verglaste Fenster aufweist, sind jene des Palmenhauses durch das Rosettenmotiv, die Verwendung eiserner Sprossen und die Kleinmaßstäblichkeit ihrer Teilung mit bis zu vierzig Scheiben je Fenster als Verglasung eines Pflanzenhauses charakterisiert. Das veränderte Verhältnis von Fläche zu Öffnung läßt nur noch ein zur Fassadenstabilisierung erforderliches Skelett aus gemauerten Pfeilern und Brüstungen zurück, gerade ausreichend, um auch der zweiten Funktion des Wintergartens – ein Aufenthaltsraum für Menschen zu sein – gerecht zu werden. Denn die Speicherfähigkeit der massiven Bauglieder wirkt der Überhitzung an heißen Sommertagen entgegen, wie auch die geschlossenen Dachflächen gegen zu starke Sonneneinstrahlung und gegen abtropfendes Schwitzwasser im Winter schützen. Die zumeist in Mischbauweise errichteten Wintergärten der zweiten Jahrhunderthälfte gehen auf diese Erfahrung und nicht nur auf den eingetretenen Geschmackswandel zurück.

Konstruktion Als basilikaler, von einer Mauerschale umschlossener Galeriebau ist der Gögginger Wintergarten mit zahlreichen Ausstellungsbauten, Warenhäusern, Banken, Börsen und Museen des 19. Jahrhunderts verwandt. Belichtung und Belüftung des höhergeführten Mittelschiffes, die Aufnahme des Gewölbeschubs, sowie die Stabilisierung der hohen raumbegrenzenden Wand- oder Skelettkonstruktionen über die durch Zwischendecken ausgesteiften Seitenschiffe sind durch den günstigen Querschnitt dieses Bautyps von vornherein gelöst. Zweigeschossige, gußeiserne Säulenreihen tragen in Göggingen den ausgemauerten Trägerrost des Galeriebodens, darüber die von Oberlichtern durchbrochenen Pultdächer der Seitenschiffe und – über Konsolen, schon im Bereich des Obergadens – die das Mittelschiff frei überspannenden, zwischen Dach und Putzdecke verborgenen Bogenfachwerke aus genieteten Walzprofilen. Ihre Obergurte, die den ursprünglich geplanten Dachgewölben als Auflager dienen sollten, setzen daher in Kämpferhöhe der Obergadenfenster an, dort wo ihre wasserführenden Kehlen auslaufen sollten. Sinngemäß treten die Untergurte im Innenraum als Grate in Erscheinung, als Gewölberippen der untergehängten Putzschalen.

Innenarchitektur Losgelöst von den Umfassungswänden erhebt sich am Rande der Estrade die innere Raumfassung aus üppig dekoriertem, in einem dunklen Stahlblau schimmerndem Gußeisen: zwei Reihen übereinander stehender Säulen, von denen die untere – auf Postamenten stehend – das Galeriegeschoß, die obere – über Gurtbögen und Konsolen – das in profiliertem Holz und Stuck ergänzte, weit ausladende Kranzgesims trägt. Gegen die Helligkeit des Obergadens wirkt es wie ein Fassadenabschluß, über dem die in lichten Ocker- und Blautönen gehaltenen Gewölbeschalen zu schweben scheinen. Gekuppelte Säulenstellungen betonen flankierend die Längs- und Querachsen des Wintergartens, überzogen mit Girlanden, mit Beschlagwerk zwischen Schaftringen und endend in »mehrstöckigen« Kapitellen, wohl zum Höhenausgleich für Fertigsäulen nach Katalog. Während zum Parkett hin eine reliefartig ornamentierte Balustrade aus volumenbildenden Hohlprofilen die Logen begrenzt, wölben sich am Rande des Balkons Ziergitter, in vegetativen Mustern perforiert, korbartig heraus, »im herrlichsten Glanzgusse strahlend«[7].

Es ist zugleich die Kulisse eines Pflanzenhauses, die den Innenraum umfängt: die bis unter die Gewölbekappen aufschießende, nahezu vollständige Verglasung der Außenwände, aufgelöst in kleinteiliges filigranes Sprossenwerk, davor die aus den Pflanzenbeeten emporwachsende Säulenkolonnade, wie die schlanken Stämme eines Palmenhains, dessen dicht gefächerten Wedel den auf Konsolen schwebenden Kübelpalmen entstammen, das Ganze wie von geblähten Segeln überwölbt.

Jean Keller behielt die illusionistische Stilhaltung auch in anderen Ausstattungsmerkmalen bei: so im Landschaftsmotiv des Bühnen-Hintergrundprospektes, in den Akzente setzenden farbigen Gläsern der Fenster, Lichtdecken und des Bühnentors zum Gartenhof hin, in bemalten Deckenkappen, Wänden und Türen, in Vorhängen und Draperien und in den Groteskenmalereien über dem Bühnenportal. Doch war es die Fülle des Lichts, die das Zusammenspiel exotischer Pflanzen, der Farben, Formen, Materialien und Ornamente, die keine Fläche unausgedeutet ließen, mit dem Fluidum eines Wintergartens umgab. Als »feenhafter Musentempel«[8] wurde er überschwenglich gepriesen.

Anmerkungen:

1. M. Steinhauser und A. Debold-Kritter, Das Gögginger Kurtheater bei Augsburg, eine Glas-Eisen-Konstruktion, in: Kunstchronik, Oktober 1973
R.M. Ullrich, Das Kurtheater in Göggingen bei Augsburg, in: Bauwelt, 24. 1. 1975
2. A. Debold-Kritter, D. Dietrich, S. Patellis, L. Schätzl, R.M. Ullrich, Das Kurhaustheater in Augsburg-Göggingen, in: Arbeitsheft 14, Bayerisches Landesamt für Denkmalpflege, München 1982
3. G. Grosch, Der Orthopäde Friedrich von Hessing, München, 1970
4. A. Wilbrandt, F.H., Meister der mechanischen Heilkunst, Augsburg 1895. Zitiert nach Gerhard Grosch, Der Orthopäde Friedrich v. Hessing (1838-1918), München 1970
5. Leipziger Illustrirte Zeitung, 1886, S. 445-446
Wiener Bauindustrie-Zeitung, 8. 3. 1888, S. 279, 280
6. G. Semper, Der Wintergarten zu Paris, in: Zeitschrift für praktische Baukunst, Leipzig 1849, S. 521
7. Augsburger Kurier vom 28. 7. 1886, Nr. 173
8. Augsburger Abendzeitung vom 27. 7. 1886, Nr. 204

5. The People's Palace of East London
1886-1892, von E.R. Robson
Abb. 276-280

Geschichte Als im Mai 1887 im Beisein der Königin der erste Bauabschnitt des People's Palace eröffnet wurde, befand sich Sir Walter Besant unter den Ehrengästen, dessen 1882 erschienener Roman »All Sorts and Conditions of Men« die Spendenbereitschaft vermögender Kreise für das sonst unrealisierbare Projekt ausgelöst hatte. Kritisch setzte er sich mit den von Armut und Unwissenheit geprägten Verhältnissen in den Arbeitervierteln Ost-Londons auseinander, wo es für zwei Millionen Menschen keine öffentlichen Gebäude, Bildungs- und Vergnügungsstätten gab. Seine Heldin, die schöne Angela, Erbin eines großen Vermögens, wendet sich von ihren Gesellschaftskreisen ab, um in Stepney unter einfachen Menschen zu leben. Gegen Schmutz und Elend der Leute läßt sie einen Palast der Freuden bauen, dessen römische Theater, Tanzsäle, Bibliotheken und Schulen begeistern und seelische Gesundung versprechen.

Damit greift Besant Gedanken von Barber Beaumont auf, ein vielbegabter Künstler und Geschäftsmann, der bereits in den dreißiger Jahren – nur eine Meile vom späteren People's Palace entfernt – einen neoklassizistischen Bau mit Konzertsaal, Bibliothek und Museum errichten ließ, um den Arbeitern Kultur nahezubringen. Der Name »Eastern Athenaeum« und dessen Zielsetzung ist mit Henry Phillips Athenaeum Projekt (1825) in Brighton verwandt. Bei seinem Tode 1841 hinterließ Beaumont einen Fond von 13.000 Pfund mit der Auflage, damit für »die Entwicklung der Intelligenz, sinnvolle Entspannung und Unterhaltung« der Bewohner des Londoner East End zu sorgen[1]. Doch erst 1884 – wohl durch Besants Romanerfolg ermutigt – organisierte das »Beaumont Kuratorium« eine Soirée in Anwesenheit des Prinzen und der Prinzessin von Wales, bei der es zu größeren Schenkungen zugunsten einer Bildungsstätte für das Volk von East London kam. Ein Bericht der Royal Commission von 1883 hatte die Entwicklung gefördert: England würde seine führende Rolle auf den Weltmärkten wegen des Mangels an Arbeitern mit technischem Verständnis verlieren, wenn nicht mehr für ihre Ausbildung getan werde.

Im Juli 1885 wandte sich der Beaumont Trust mit Kalkulationen und dem Entwurf des Architekten Robson für einen People's Palace an die Öffentlichkeit zwecks Zeichnung von Anteilen für das 100.000 Pfund Projekt, unterstützt vom Prince of Wales, dem Erzbischof von Canterbury, dem Lord Mayor und von den führenden Tageszeitungen. »Bildung und Vergnügen für die Massen, die zu weit von den Quellen des West End entfernt wohnen«, war das erklärte Ziel. Für jene, die das gesellschaftliche Vergnügen suchen: den Wintergarten und die Konzerthalle. »Gegen Entartung und Unmoral«: Turnhallen und Schwimmbäder. Für Wissenschaften, Kunst und Literatur: die technischen Schulen, Werkstätten, Leseräume und Bibliotheken.

Nüchtern wies der Beaumont Trust in seinem Prospekt[2] auf »die glanzlose Öde und monotone Existenz der Massen hin, die jedoch Grundlage unserer wirtschaftlichen Größe und Vorbedingung für unsere Vergnügungen und für unseren Müßiggang sind.« Ebenso unverblümt und ohne Sentimentalität war die Sprache der Tagespresse[3], wenn über die Spendenfreudigkeit »jener mächtigen Londoner Grundeigentümer« diskutiert wurde, »deren Besitzungen in den letzten fünfzig Jahren enorm an Wert gewonnen haben. Während sie schliefen, ihre Zeit mit Vergnügungen oder Politik verbrachten, haben Denkarbeit, Geschicklichkeit und Körperkraft von Millionen Londonern ihre zentral gelegenen Grundstücke zu den wertvollsten der Erde gemacht ... Immer mehr bezweifeln, ob solche Vorrechte und Einkünfte noch vernünftig sind ... Warum sollten unsere ›Metropolitan Magnates‹ nicht durch Handlungen von überzeugendem Edelmut das Mißvergnügen aus der Welt schaffen? ... Warum sollte der Gedanke an die Öffentlichkeit, der die wohlhabenden Römer veranlaßte, ihren überschüssigen Reichtum der Einrichtung von Spielen und Bädern für die Armen zu widmen, in London fehlen? ... [In den Caracalla Thermen] gab es Räume für jede Art athletischer Übungen, ... Fontänen, geschmückt mit Statuen, Bibliotheken, geräumige Hallen und Vestibüle mit edlen Kunstobjekten, wo Dichter lasen, Philosophen lehrten ... Es gab eine Halle mit 1.600 Sitzplätzen aus poliertem Marmor.... Diese kostbaren Gebäude waren freiwillige Geschenke der Herrschenden und Vornehmen von Rom.«

Die Verwirklichung des Londoner Projekts, das aus Kostengründen mehrfach umgeplant werden mußte, wäre ohne die Unterstützung freigiebiger Mäzene, deren Schenkungen sich in den einzelnen Bauabschnitten widerspiegeln, nicht zu verwirklichen gewesen. So übernahm die Drapers Company (Tuchfabrik), von der das Gelände 1886 für 22.000 Pfund erworben wurde, in etwa gleicher Höhe die Herstellungskosten der Technical Schools und schenkte fünf Jahre später die nachträglich errichtete Südfassade des People's Palace für weitere 15.000 Pfund. Lord Iveagh (Sir Edward Guiness) ließ auf seine Kosten den im Westen angebauten Wintergarten für 14.000 Pfund errichten. Lord Roseberry bezahlte die Schwimmbäder, die damals zu den besten von London zählten. Mr. J. Dyer Edwardes spendete die Orgel, Hubert Stern ließ zum Gedenken an seinen Vater, Baron de Stern, den heute noch existierenden Uhrenturm errichten. Bereits zur Grundsteinlegung berichtete »The Builder«, daß »Sir Edmund Curry, Lord Roseberry, Mr. Brownlow und die East and West India Dock Company wertvolle [finanzielle] Hilfe geleistet haben«[4].

Für »eine Versammlungsstätte und Schule zur Förderung von Kunst und Wissenschaft«, wie der Architekt E.R. Robson seinen zweiten Entwurf für den People's Palace umriß[5], wurde im Juli 1886 in Anwesenheit des Prince of Wales der Grundstein gelegt. Das über 20.000 m² große Gelände hatte eine günstige Lage inmitten von East London auf der Nordseite der Mile End Road. Hier in Stepney wohnten vorwiegend Arbeiterfamilien, deren Zahl wegen des großen Arbeitskräftebedarfs der nahegelegenen Docks ständig zunahm. Von 1801 bis 1881 stieg die Bevölkerungszahl allein um 180.000 auf 290.000 gegenüber einem Stand von nur 99.000 nach dem letzten Weltkrieg[6]. Der erste Bauabschnitt, The Queen's Hall, konnte am 14. Mai 1887 in Anwesenheit der Königin eingeweiht werden, gleichzeitig mit dem Baubeginn für die polytechnischen Schulen im Osten des Grundstücks. Noch im Juni legte König Leopold von Belgien den Grundstein für die oktogonale Bibliothek, die ein Jahr später, kurz nach der Eröffnung der Schwimmbäder, zur Verfügung stand. Der dreigeschossige Schulbau folgte im Oktober. Er war lange Jahre Vorbild für zahlreiche neuentstehende polytechnische Schulen. Erst in den neunziger Jahren kamen die fortwährenden Bauarbeiten, deren Reihenfolge sich offensichtlich nach der Dringlichkeit bestimmte, zum Abschluß, mit dem in der Achse des Palace stehenden mächtigen Uhrenturm (1890), der über drei Geschosse gehenden Straßenfassade der Queens Hall (1891) und dem Wintergarten entlang ihrer Westseite (1892).

Nach dem Brand der Queens Hall von 1931 eröffnete George VI. weiter westlich einen neuen People's Palace nach Plänen von Campbell Jones and Smithers, der nach dem zweiten Weltkrieg vom Queen Mary College übernommen wurde. Wenn dieser Bau auch keinen Vergleich mit dem Literatur gewordenen »Palast des Vergnügens« von Sir Walter Besant zuläßt, so verwirklichen die ausgedehnten Collegegebäude der University of London mit ihren 2.300 Studenten doch die Vorstellung Barber Beaumont's von einem Kulturzentrum in East London.

Entwurf und Raumprogramm Robsons erster Entwurf zeigt einen zweigeschossigen, von Treppentürmen eingefaßten Mittelbau, den Glasgewölbe überdecken. Seinen Mittelrisalit krönt die gläserne Giebelrosette, Symbol des Crystal Palace. Darunter die Inschrift »Winter Gardens« auf einem breiten Gesimsband, das sich unter den figurengeschmückten Giebelfeldern zweier flankierender Seitentrakte fortsetzt, diese als »Library« und »Technical Schools« ausweisend. Das Ganze überragt ein zurückliegender quadratischer Mittelblock mit gläserner Spitzkuppel.

Der zweite Entwurf, der zur Zeit der ersten Grundsteinlegung publiziert wurde, aber bereits als überholt galt, verschob die Gewichte: Dreiteilung und Treppentürme wurden zwar beibehalten, doch rückte ein mächtiger, dreifach gestufter Kuppelbau nach vorn. Als »Social Room« ausgewiesen, verdrängte er den Wintergarten aus seiner Mittelposition, zur Tageszeit eine Spielfläche für Kinder, abends Gemeinschaftsraum für »jene, die gern zusammensitzen, sich unterhalten und ihre Pfeife rauchen wollen«[7]. Die dominante Rotunde dieses Gesellschaftsraumes, Symbol des »pleasure garden«, und noch 1900 dem amtlichen Führer des People's Palace aufgedruckt, blieb jedoch unverwirklicht. Priorität besaß die den Alltag und die Klassenschranken vergessen machende, wie ein Schloßsaal hergerichtete Queen's Hall. In der Breite der Eingangsrotunde von 23 m führte sie neunachsig 40 m in die Tiefe. Ihren elliptischen Querschnitt überspannten Eisenbinder, die ein Glasdach trugen, vom Raum her aber unsichtbar blieben. Zwischen ihre Untergurte waren Tonnengewölbe mit farbig verglasten Kassetten gehängt. Konzerte, Vorstellungen und Versammlungen für 2.000 (sitzende) bis zu 5.000 (stehende) Personen konnten hier Platz finden, wie auch eine Nutzung als großer Klubraum möglich war. Zur Festlichkeit des Saalbaus trug die Kunstgalerie entlang der Fensterwände bei. Karyatiden, in denen sich Eisensäulen verbargen, unterstützten sie. Auf Postamenten, von je zwei korinthischen Säulen gerahmt, standen die Statuen von zweiundzwanzig berühmten Königinnen auf der Galerie, »ausgewählt unter jenen, die ihrem Land von Nutzen oder bei ihrem Volk beliebt waren«[8], von Esther, der alttestamentarischen Königin bis Königin Luise von Preußen. Francis Verheyden modellierte sie aus Papiermaché, dem sogenannten »Roman Cartoon«, wie die inneren Skulpturen des Hôtel de Ville in Paris[9]. Königin Victoria, über dem Eingang auf einem Sessel sitzend, führte die Doppelreihe an.

Der in der Längsachse folgende Bibliotheks- und Lesesaal, im zweiten Entwurf noch halbkreisförmig, wurde oktogonal, als 16 m hoher, überwölbter Zentralraum mit Laterne ausgeführt. Zwei Galerien erschließen die bis an den Gewölbeansatz reichenden Buchregale. Mit großem Geschick gelang es Robson, den einst zentralen Wintergarten, der im zweiten Entwurf nur noch den vierten Teil eines Kreisrings ausmachte, in eine ausgedehnte Wintergarten-Promenade zu verwandeln. Nur 8 bis 10 m breit, war sie der 66 m langen Westseite des People's Palace vorangestellt, in ihrer Glaseisenarchitektur den Erholungsbereich verkörpernd. Terrassen- und Gartenanlage, begrenzt von den im Norden liegenden Schwimmbädern, schlossen an.

Pendant im Osten ist der an den Palace angebaute Trakt der »Technical School«. Das polytechnische Institut enthielt Werkstätten und Unterrichtsräume zur Darstellung moderner Technologien, wie Photographie, Magnetismus, Telegraphie, Akustik, Heizung, elektrisches Licht, Chemie, sowie Räume für Gebäudekonstruktion, Stein- und Ziegelbau. Eine Kochschule und eine Schule für Kunsterziehung ergänzte das Lehrprogramm für »beides, Kopf und Hand«[10]. Zahlreiche Clubs, welche auf die verschiedenen Interessen der Benutzer zugeschnitten waren, fanden in den Räumen des People's Palace die nötige Förderung: »Der Schach- und Damespiel-Club, der Debattierclub, der Gesangsverein, die Orchester und Military Bands, der Kunstverein und Skizzierclub, der literarische Club, der dramatische Club, die photographische Gesellschaft, der ›Social Club‹ für Mädchen, ... die Cricket-, Tennis-, Fußball-, Schwimm-, Geländeläufer-, Radfahrer-, Billardspieler-, Gymnastik-, Box- und sonstigen Clubs.«[11] Gegenüber bisherigen Wintergärten mit den üblichen Einrichtungen für Kommunikation, Bildung und Vergnügen führte das Programm von 1886 weiter. Denn seine Initiatoren bezogen Aktivitäten aus dem Alltagsleben, praktische Wissensvermittlung und soziale Aspekte ein. »Die Größe einer Nation kann nicht am Wohlstand und an sichtbarer Macht allein gemessen werden, hierzu gehört auch die Fähigkeit ihrer Bevölkerung, aus der großen Welt der Bücher, der Kunst und der Natur zu lernen.« Diesen Satz des verstorbenen Duke of Albany stellte »The Illustrated London News« einem Bericht über The People's Palace voran, in dem es weiter heißt: »Die Errichtung des People's Palace in East London war für das Britische Empire ein größerer nationaler Gewinn als die Annektion einer neuen Provinz.«[12]

Stil Sicher hat die Verquickung so vielfältiger Interessen, die zu einem abschnittsweisen, die Vorstellungen der Mäzene berücksichtigenden Bauen führte, dazu beigetragen, das stilistische Mixtum Compositum der eklektizistischen Architektur noch zu vergrößern. »The Builder« schreibt vom »orientalischen Charakter des halbkreisförmigen Eingangsportikus, von den mit vergoldeten Kuppeln bedeckten Minaretten, obgleich die Details im Renaissancestil gehalten sind«[13], die ausgeführte Fassade bezeichnet Pevsner als »griechisch empfundene Geschmacklosigkeit«[14]. Doch sahen Initiatoren und Architekt es als ihre Aufgabe an, das für die unteren Klassen Ost-Londons errichtete Bürgerzentrum den öffentlichen Gebäuden des West-Ends gleichberechtigt gegenüberzustellen, das heißt, es mit den Stilmitteln herrschaftlicher Architektur aufzuwerten, ja es berühmten Architekturvorbildern nachzubilden. Die palastartige Fassade und der große ornamentale Aufwand im Innenraum, die Atmosphäre einer internationalen Walhalla in The Queen's Hall mit ihren dreiundzwanzig Skulpturen bedeutender Königinnen, der Exklusivität ausstrahlende Wintergarten, alles war der Vision vom »Palast des Volkes« verpflichtet und spiegelte die Vorstellung der Mäzene wider, daß »nichts zu gut für das Volk sein könnte«[15].

So übernahm Robson die Baugruppierung des 1878 zur Pariser Weltausstellung von Davioud und Bourdais errichteten Palais du Trocadéro in seinem zweiten Entwurf: die in Bogenstellungen aufgelöste Rotunde, die von überschlanken Türmen und zweigeschossigen Pavillons flankiert wird. Nachdem sie – wohl aus Kostengründen – nicht zur Ausführung kam, wählte Robson für die Eingangsfassade das »Motiv des Royal Institute of Painters in Watercolours, Piccadilly«[16]. Auch der im Grundriß achteckige, kuppelüberdeckte Bibliotheks- und Lesesaal von 23 m Durchmesser folgte einem großen Vorbild. Im Raumzuschnitt, in der Anordnung der Möblierung und der dreigeschossigen, die Rückwände bedeckenden Büchergalerien war er eine getreue Nachbildung des Lesesaals im British Museum von London. Der langgestreckte Wintergarten läßt die Einflüsse zweier Vorgängerbauten erkennen. Sein Anordnungsschema entlang der Queen's Hall, mit der er sowohl im Erdgeschoß wie über die Galerie verbunden ist, wiederholt die Verflechtung, wie sie zwischen dem Opernhaus von Covent Garden und der ihr angegliederten »Floral Hall« bestand. Doch ließe sich hiermit die extreme Länge des Glashauses von 66 m bei nur 8 m Breite nicht erklären. Sie wurde für die gestreckten Proportionen einer Miniaturversion des Crystal Palace gebraucht, auf den die Bewohner des East End fortan nicht mehr verzichten mußten. Wie in Sydenham steht eine bogenförmig überdeckte Glashauspromenade auf der Terrasse über dem Garten, kreuzen drei, in East London nur wenige Meter vorspringende Transepte das Längsschiff, rahmen verglaste Architekturglieder die charakteristischen Bogennischen ihrer Giebelfronten, deren mittlere breiter und höher geführt ist und auf die eine Freitreppe zuführt.

Anmerkungen:

1. Prospekt von »The Beaumont Trust« vom Juli 1885: A People's Palace in East London
2. wie Anm. 1
3. The Daily Telegraph, 16. 5. 1888
4. The Builder, 26. 6. 1886, S. 914
5. The Illustrated London News, 27. 6. 1891, S. 846
6. N. Pevsner, The Buildings of England, London, Vol. II, 1974, S. 420
7. wie Anm. 4
8. wie Anm. 4, 14. 5. 1887, S. 716
9. wie Anm. 5, 14. 5. 1887, S. 541
10. wie Anm. 5, 13. 10. 1888, S. 423
11. wie Anm. 5, 15. 9. 1888, S. 316
12. wie Anm. 11
13. wie Anm. 4
14. wie Anm. 6
15. wie Anm. 11
16. wie Anm. 5

56 Öffentliche Wintergärten – Katalog

Register zum Katalog

Der Katalog bringt die Objekte in chronologischer Reihenfolge, wodurch Entwicklungen im Pflanzenhausbau besonders deutlich werden. Das vorangestellte Register ist dagegen alphabetisch geordnet, um ein schnelles Nachschlagen einzelner Objekte zu ermöglichen. Die angegebenen Ziffern beziehen sich auf die Katalognummern.

Anvers (Antwerpen), Jardin Zoologique:
   Jardin d'Hiver . . . . W 52
Bad Homburg v.d.H., Am Elisabethenbrunnen:
   Wandelhalle mit Glashaus . . . . W 15
Berlin:
   Frühe öffentliche Wintergärten . . . . . W 1
Berlin, Bahnhof Friedrichstraße:
   Wintergarten im Central Hotel . . . . W 41
Berlin, Charlottenburg:
   Flora . . . . W 26
Berlin, Tiergarten:
   Kroll'sches Etablissement . . . . . . W 8
Blackpool:
   Winter Garden, Pavilion . . . . W 39
   Tower Building, Winter Gardens . . . . W 40
Bournemouth, Hampshire:
   Winter Garden und Concert Hall . . . W 33
Brighton, West Cliff:
   Athenaeum, Oriental Garden . . . . . W 3
Brighton, Hove:
   The Antheum . . . . W 5
Brighton, Marine Promenade:
   Aquarium und Conservatory . . . . . W 24
Buxton, Derbyshire, Pavilion Gardens:
   The Pavilion Range . . . . W 23
Cheltenham, Gloucestershire:
   Winter Garden . . . . W 37
Eastbourne, Sussex, Devonshire Park:
   Winter Garden und Floral Hall . . . . W 30
Folkestone, Kent, Royal Pavilion Hotel:
   Winter Garden . . . . W 48
Frankfurt am Main, Palmengarten:
   Palmenhaus . . . . W 22
Glasgow, Botanic Gardens:
   The Kibble Crystal Art Palace . . . . W 25
Glasgow, Glasgow Green:
   The People's Palace . . . . W 54
Göggingen, Orthopädische Anstalt:
   Wintergarten . . . . W 49

Great Yarmouth, Norfolk:
   Winter Garden und Aquarium . . . . . W 32
   Winter Garden . . . . W 43
Köln-Riehl, Botanischer Garten:
   Flora . . . . W 19
Kopenhagen, Ny Carlsberg Glyptotek:
   Palmenhavn . . . . W 56
Leeds, West Riding, Infirmery (Krankenhaus):
   Winter Garden . . . . W 21
Leipzig:
   Krystall-Palast . . . . W 44
Leipzig, Handels-Gärtner Breiter:
   Wintergarten . . . . W 2
Llandudno, Wales:
   Winter Garden und Aquarium . . . . . W 38
London:
   The People's Palace for East London . . . W 50
London, Battersea Park:
   Albert Palace . . . . W 47
London, Covent Garden:
   The Floral Hall . . . . W 16
London, Hyde Park:
   Überdeckung des Albert Memorials . . . W 34
London, Muswell Hill:
   Palace of the People . . . . W 14
   Alexandra Palace (I) . . . . W 20
   Alexandra Palace (II) . . . . W 28
London, Oxford Road:
   Pantheon . . . . W 6
   Pantheon Bazaar und Aviary . . . . . W 7
London, Regent's Park:
   The Colosseum Conservatories . . . . W 4
London, Sydenham:
   Crystal Palace . . . . W 13
London, Westminster:
   Winter Garden und Aquarium . . . . . W 31
Lyon:
   Jardin d'Hiver . . . . W 11

Lyon, Quartier des Brotteaux:
    L'Alcazar . . . . W 12
Matlock Bank, Derbyshire, Smedley's Hydro:
    Winter Garden . . . . W 55
Matlock Bath, Derbyshire:
    The Pavilion . . . . W 46
Morecambe, Lancashire:
    Winter Garden und Aquarium . . . . . W 36
Paris:
    Jardin d'Hiver (I) . . . . W 9
    Jardin d'Hiver (II) . . . . W 10
    Eden Théâtre . . . . W 45
Paris, Bois de Boulogne, Jardin d'Acclimatation:
    Jardin d'Hiver . . . . W 17
    Le Palais d'Hiver . . . . W 51

Paris, Parc de St. Cloud:
    Palais de Cristal . . . . W 18
Pau, Basses-Pyrénées:
    Casino Jardin d'Hiver . . . . W 53
Plymouth, Devon:
    Aquarium . . . . W 29
Scarborough, West Riding:
    The Spa Buildings . . . . W 42
Southport, Lancashire:
    Winter Garden und Aquarium . . . . . W 27
Tynemouth, Northumberland:
    Winter Garden und Aquarium . . . . . W 35

Kat. W 1 ohne Abb.
BERLIN
Frühe öffentliche Wintergärten
der Unternehmer Bouché (1808); Voigt, Potsdam; Teichmann, Tiergarten (1818); Möve, Potsdamer Straße; Faust und Georg, innerhalb der Stadtmauern
(Nicht erhalten)

Die Doppelfunktion der Wintergärten als Haus für Pflanzen und Menschen, den einen zu Schutz und Pflege, den anderen zur Belehrung und zum Vergnügen, hat diesen Bautyp von Anfang an geprägt. Der späteren Verschmelzung beider Aufgaben geht eine Entwicklungsstufe voraus, die beide traditionelle Bauformen nebeneinander bestehen läßt: die funktionale für das vom Glashaus hergeleitete »Pflanzen-Cabinet«, die architektonische für den »Vergnügungssalon«, der zu Sommerfesten genutzten höfischen Orangerie ähnlich. So sind »die Bouchéischen Häuser gewöhnliche Treibhäuser, welche ziemlich lang, aber nur halb so breit sind ..., in kleine Cabinets eingetheilt, worin sich jedoch in keinem derselben mehr, als höchstens 12 bis 16 Menschen aufhalten können. In derselben Abteilung werden Pfirsiche, Wein und Blumen getrieben, eine andere ist dagegen wieder zu Suppenkräutern bestimmt, welche keine Wohlgerüche ausstreuen ...«. Seit 1818 führte das Etablissement Teichmann. »Diese Gärten sind ... Orangerien, mit Bodenfliesen, hoher Putzdecke und senkrechten Fenstern ..., beheizt durch Öfen, die von der Rückseite bedient werden. Orangenbäume und Myrten sind im Raum verteilt ..., hier und da von kleineren Pflanzen eingefaßt, um Gruppen von Gehölzen und Blumen zu bilden wie in den Pleasure Grounds ... Die Stämme sind von Tischen umschlossen, so daß jeder Baum aus ihrer Mitte zu wachsen scheint ..., immer erklingt Musik ..., einer rezitiert Gedichte, ein anderer hält einen Vortrag, einige singen, an Sonntagen werden kleine Theaterstücke aufgeführt ... Es gibt abgetrennte Salons für Billard, Kartenspiel und Gesellschaften ...«

Lit.: Allgemeines Teutsches Garten-Magazin, 1806, 468; 1810, 409
M.G.A. Fintelmann, Potsdam, Some Account of the Public Orangeries, or Public Winter Gardens, of Berlin, in: The Gardener's Magazine 1829, 251-252

Kat. W 2 ohne Abb.
LEIPZIG
Wintergarten des Handels-Gärtners Breiter
1809, Architekt unbekannt
(Nicht erhalten)

Schon früh verlagerte sich das Publikumsinteresse auf die Vergnügungseinrichtungen. »Nicht nur den Blumen-, Pflanzen- und Gewächsliebhabern sondern auch den Freunden eines anständigen geselligen Vergnügens eröffnet Herr Breiter vom Oktober bis April seinen Wintergarten ... Die Blumensäle gleichen kleinen Salons, von denen einer so groß ist, daß sogar Bälle darin gegeben werden, in einem zweiten wird gespiest, in einem dritten Caffee, Thee usw. genossen, in einem vierten wird gespielt, und ein fünfter, der steinerne Saal genannt, dient zu mancherlei Conversationen ... Über 600 Personen haben darin Platz ... An den Hinter- und Seitenwänden sind große Spiegel angebracht, welche mit den vorderen Glasthüren correspondieren, die ebenfalls von Spiegelglas sind und einen sehr täuschenden Effekt bewirken ... Durch alle diese Säle sind Stellagen geführt, auf welchen zusammen eine Anzahl von 25.000 Töpfen der schönsten und seltensten Blumen und Pflanzen stehen ... Durch die zierlichen gläsernen Kron- und Wandleuchter können die Säle sehr stark erleuchtet werden ...«

Lit.: Allgemeines Teutsches Garten-Magazin 1810, 408-10

Kat. W 3 Abb. 281
BRIGHTON, West Cliff
Athenaeum mit Oriental Garden
1825, Projekt von Amon Henry Wilds

Der seinen Zeitgenossen wohlbekannte Botaniker Henry Phillips, Autor des botanischen Werks »Sylva Florifera«, plante 1825 den Bau eines gläsernen orientalischen Palastes, der sein »Athenaeum« aufnehmen sollte. Die Namensgebung erinnert an Hadrians in Rom gegründete Hochschule mit Lehrstühlen für griechische und römische Rhetoren und war damals für Höhere Lehranstalten gebräuchlich. Der einem Pflanzenhaus ähnliche Palast nahm ein Institut für Literatur, Bibliothek, Lesesaal und ein Museum auf. In der »Schule der Wissenschaften für höhere Klassen« wollte Phillips selbst unterrichten. Der einbezogene orientalische Garten stellte eine reiche Pflanzensammlung zur Schau; Wege, Lichtungen und Laubengänge durchzogen sie. Für tropische Gewächse war ein abgetrennter, dampfbeheizter Bereich vorgesehen. Nach Gründung einer Finanzierungsgesellschaft fertigte A.H. Wilds Pläne an, die den Royal Pavilion in Brighton zum Vorbild hatten. Sie zeigten einen indischen Glaspalast mit drei nebeneinanderstehenden, von Zwiebelkuppeln gekrönten Rundbauten; der mittlere von beträchtlichen Dimensionen mit drei basilikal gestuften Tambour-Kuppeln. Arkaden zwischen hochaufragenden Pfosten füllten die Ringfassaden. Das Projekt mußte schließlich wegen Geldmangels aufgegeben werden. Jedoch verdankten zwei weitere berühmte Glas-Strukturen der Tatkraft Phillips ihre Entstehung: Die »Curvilinear Menagerie« (1832) in den von 1831-1856 existierenden Surrey Zoological Gardens, Southwark und das 1832-1833 erbaute Antheum in Brighton.

Lit.: H. Clunn, Famous South Coast Pleasure Resorts, Past and Present, London 1929, 105-06
P. Connor, Oriental Architecture in the West, London 1979, Abb. 150
The Gardener's Magazine, 1831, 692-694

Kat. W 4   Abb. 282-285
LONDON, Regent's Park
The Colosseum Conservatories
1829 von Decimus Burton, 1845 von Richard Turner
(Nicht erhalten, 1875 abgerissen)

Für die 2.000 Zeichnungen des »Panoramas von London«, die der Landvermesser Thomas Horner vom Kuppelkreuz der St. Paul's Cathedral aus angefertigt hatte, entwarf Burton 1823 eine sechzehnseitige, 34 m hohe Ausstellungsrotunde von 39 m Durchmesser mit dorischem Portikus, eine Wiederholung der traditionellen Gesellschaftsrotunde des Londoner Pantheons (1772) ebenso wie der »Ring of Folly«-Rotunde der Ranelagh Pleasure Gardens (1742). Ihren zentralen Kaminturm verwandelte Burton in ein rundes Treppengerüst mit Aufzug – der erste in London – um zwei hochliegende Aussichtsarkaden inmitten des 3.500 m² großen Rundbildes zu erschließen. Aus der inneren Promenade »rund um die Rotunda« wurde der äußere Rundweg durch Stalaktiten-Höhlen, durch das Schweizer Haus mit Ausblicken auf den Mont Blanc, das Mer de Glace, auf See und Wasserfall. Eine zweite Promenade führte durch drei über Zwischenbauten verbundene Conservatories, das älteste im Erdreich eingegraben mit gläserner Dachtonne und apsidialen Abschlüssen. Man hatte sich dem gewandelten Interesse an mehr Welterfahrung angepaßt, die Aera der Weltausstellungen kündigte sich an. Aus der Zeit vor 1829 stammt ein zweifach gebogtes, an die nördliche Grenzmauer angelehntes Glashaus, dessen oberes Gewölbe von gußeisernen Stützen, das untere von gemauerten Brüstungen getragen wurde. Rohault hat es auf seiner Studienreise 1833 gesehen, in seinen Aufzeichnungen festgehalten und sich von ihm wohl zur Bauform der Galerietrakte im Pariser Jardin des Plantes anregen lassen. 1835 und 1843 wechselte die frühe Wintergartenanlage mit dem noch außenliegenden Pflanzenhaus mangels Rentabilität den Besitzer. Ein verspiegelter Speisesaal, eine Eislaufbahn und von Decimus Burton die 90 m lange Gemäldegalerie kamen hinzu. Richard Turner schuf das von einer Steinkolonnade getragene gläserne Ringgewölbe über dem Boden der Rotunde – das Museum of Sculpture –, ohne daß der Blick von oben auf das große Rundbild beeinträchtigt wurde. Man errichtete auch die beiden reich ornamentierten, farbig verglasten »Arabesque Conservatories«, die das bestehende mit einer sechzehnseitigen Glaskuppel, dem »Gotischen Vogelhaus« mit Brunnenanlage und dieses mit dem Speisesaal verbanden.

Lit.: A Description of Colosseum, re-opened in 1845, London 1845
A Description of Royal Colosseum, re-embellished in 1849, London 1849 (Greater London History Library, County Hall)
E. Walford, Old and New London, 1873, 269-273
The Builder, 2/1874, 115
Abbildungen: The Local History and Archives Collection, Marylebone Library, London

Kat. W 5   ohne Abb.
HOVE, Brighton
The Antheum (The Anthaeum)
1832-1833 von Amon Henry Wilds und Ingenieur C. Hollis
(Nicht erhalten, 1833 eingestürzt)

Ermutigt durch den Erfolg der unter seiner Mitwirkung gebauten Glasmenagerie in den Surrey Zoological Gardens, griff Henry Phillips die Athenäum-Idee wieder auf, nun unter dem Namen »The Antheum«, dem Studium der Flora gewidmet (*Anthos* = Blume). Zusammen mit dem Ingenieur C. Hollis und dem Bauunternehmer English ließ er einen noch gewaltigeren Kuppelbau aus Glas und Gußeisen errichten, der mit 20 m bzw. 24 m Höhe und 50 m Durchmesser die Strukturen von Bretton Hall und der Glasmenagerie (30 m Durchmesser) weit übertraf. Die tragenden Rippen der Flachkuppel wurden bis zu 3 m unter das Gelände geführt und mit Hilfe von Eisenplatten in den gemauerten Fundamenten verankert. Durch Pfetten und Zugdiagonalen stabilisiert, sollten sie sich im Kuppelscheitel gegen eine den Druck aufnehmende steife Terrassenscheibe abstützen. Ein Observatorium mit Zwiebelkuppel überragte den Rundbau. Trotz der Proteste von Wilds und Hollis ließ Phillips Mittelstütze und Diagonalverstrebungen entfallen. Der Druckring wurde von 8 m auf 2 m Durchmesser reduziert. Am 29. August baute der Unternehmer English die mittragenden Baugerüste eigenmächtig ab, ohne das angeforderte Urteil des erfahrenen Ingenieurs John Rennie abzuwarten. Am Abend des nächsten Tages, nachdem Tausende »die größte Kuppel der Welt« und die Attraktionen des tropischen Gartens bewundert hatten, stürzte die im Druckring sich verformende Konstruktion wie unter Donnerschlägen zusammen. Phillips erblindete unter dem Schock der Katastrophe und starb 1840. Noch 1850 konnte J. Paxton die Trümmer an Ort und Stelle inspizieren. Er war nach Brighton gekommen, um die Konstruktionspläne des Antheums einzusehen, von denen er sich Anregungen für den Entwurf des Weltausstellungsgebäudes erhoffte.

Anm.: Ein früher Entwurf, der die in »The Mirror« beschriebene Glasmenagerie mit ihren Nebengebäuden darstellt, ist, undatiert und unbeschriftet, in London Borough of Hackney, Library Services, Archives and Local History aufbewahrt. Der innere Stützenring weist hier 48 Säulen auf.

Lit.: R. Sickelmore, History of Brighton, 1827, 94-95
J.G. Bishop, Brighton in the olden Time, 1892, 387
H. Clunn, Famous South Coast Pleasure Resorts, Past and Present, 1929, 105-107
A. Dale, Fashionable Brighton 1820-1860, 1947, 153-155, 172-173, 388

Kat. W 6-7 Abb. 286-287
LONDON, Oxford Road

Kat. W 6: *Pantheon*
1769-1772, 1795 von James und Samuel Wyatt
(Nicht erhalten)

»Winter Ranelagh« taufte Horace Walpole, der Gartenessayist und Besitzer von Strawberry Hill, das Londoner Pantheon, als es im Beisein von 2.000 Besuchern im Januar 1772 eröffnet wurde. Wyatts Rotunde, eine klassizistische Variante der Hagia Sophia in Konstantinopel, hatte auch eine »Ring of Folly« - Promenade wie Ranelagh; sie umrundete als zweigeschossige Kolonnade den skulpturengeschmückten römisch-byzantinischen Zentralraum. Von oben belichtet, erhob er sich auf quadratischem Unterbau, der durch zwei apsidial endende Anbauten in der Zugangsachse erweitert war. Vierzehn den verschiedenen gesellschaftlichen Vergnügungen gewidmete Räume umgaben die Rotunde. Gegen Eintrittsgeld konnte jedermann an den »Periodical Masquerades« und den »Music Promenades« teilnehmen oder die »Ausstellungen wissenschaftlicher Apparate«, wie etwa die des Ballonfahrers Lunardi besuchen. Nach dem Brand von 1792 entstand ein zweites Pantheon, das – 1812 in ein Theater umgebaut – mangels Wirtschaftlichkeit versteigert werden mußte.

Kat. W 7: *Pantheon Bazaar und Aviary (Vogelhaus)*
1834 von Sydney Smirke;
Conservatory von W. & D. Bailey
(Nicht erhalten)

Die Wiederauferstehung des Pantheons als Basar wurde erfolgreicher. Man trat von der Oxford Road in ein skulpturengeschmücktes Vestibül ein, das in offener Verbindung mit einer Galerie für den Bilderverkauf stand. Beide Geschosse grenzten an die dem Handel vorbehaltene »Basilika Hall« von 35 x 27 m. Dekorationen im Stil der Vatikanischen Loggien aus »Papier mâché« schmückten das hohe, von einer teilverglasten Halbtonne überdeckte Mittelschiff. Eine sechzehnsäulige Rotunde, in der Erfrischungen gereicht wurden, vermittelte den Übergang zur seitlich versetzten Raumfolge des Wintergartens und der Warteräume, die zur rückwärtigen Vorfahrt in der Great Malborough Street führte.

Das sogenannte Aviary, ein effektvoll mit Pflanzen dekoriertes Conservatory, diente den nach einer Ruhepause verlangenden Kunden. 28 x 8 m groß, war es spitzbogig überwölbt, die Mitte wie eine Vierung durch ein Quergewölbe betont, mit einer bis auf den Boden geführten Giebelverglasung. Der Raum endete, um vier Stufen erhöht, in der Grundrißform eines Zackenbogens, gleich einem durch Marmorsäulen und Bogenrippen dekorierten »Alkoven«, mit hohen Spiegeln an den Wänden und einer farbigen, über Arabesken erleuchteten Lichtdecke. Vergoldete Vogelkäfige, Papageienständer und ein Fontänenbrunnen mit Goldfischen rundeten die illusionistische Szenerie ab. Am anderen Ende des Pflanzenhauses betrat man durch die mittlere der drei verspiegelten maurischen Bogenstellungen den Warteraum der Aristokratie. Einflüsse auf den Pariser Jardin d'Hiver (1847) sind unverkennbar: Bildergalerie, richtungsvermittelnder Kuppelraum, rückseitig verspiegelte Terrasse mit Brunnen und Freitreppe, kreuzendes Vierungsgewölbe, Zeltmotiv des Basar-Warteraumes.

Lit.: The Mirror, 1835, 178-80
Allgemeine Bauzeitung, 1837, 430
The Civil Engineer and Architect's Journal, 1840, 201-202
Ch. Knight, Old and New London, 1843, 396-397

J. Timbs, Curiosities of London, 1885, 41, 639-640
The Architectural Review, 1916, 67-71; 1937, 7-10, 46-48
The Survey of London, 1963, Vol XXXI, 268-283

Kat. W 8 ohne Abb.
BERLIN, Tiergarten
Kroll'sches Etablissement
1843-1844 von Baurat Knoblauch,
nach Skizzen von Hofbaurat Persius
(Nach dem Brand von 1851 von E. Titz verändert wieder aufgebaut)

Das Baugrundstück hatte König Friedrich Wilhelm IV. dem Erbauer des Vergnügungslokals unter der Bedingung geschenkt, daß es »jederzeit demselben Zweck verbleibe und daß man sich bei der Ausführung an eine von dem Hofbaurathe Persius in allerhöchstem Auftrag entworfene Skizze zu halten habe«. Der Bau enthielt als »Ballokal, für Konzerte und zu festlichen Mahlzeiten« im Mitteltrakt den zweigeschossigen, von Logen umgebenen großen »Königssaal«, an dessen Enden die zu Wintergärten ausgebauten, ca. 30 m langen »Kolonnaden« – glasüberdeckte Pfeilerbogenstellungen – anschlossen. Von hier aus bestand unmittelbarer Zugang zum »Roccoco- und zum Renaissance-Saal« für geschlossene Gesellschaften. Da »die Pflanzen dem Wechsel der Temperatur, dem Zuge ... in einem solchen Lokal nicht widerstehen konnten«, entfernte man schon 1845 die Glasdächer und zog opake, mit Malereien geschmückte Decken ein. Ein Tunnel als Rauchzimmer, Billard- und sonstige Räume für »Spielapparate« ergänzten das Raumprogramm.
Lit.: Allgemeine Bauzeitung, 1846, 267-272

Kat. W 9 ohne Abb.
PARIS
Jardin d'Hiver (I)
1846, Société Immobilière des Champs Elysées
Siehe Prototypen, S. 200

Kat. W 10 Abb. 252-258
PARIS
Jardin d'Hiver (II)
1847 von Charpentier (Meynadier)
Siehe Prototypen, S. 200

Kat. W 11 Abb. 288-289
LYON
Glas-Eisen-Projekte (1843-1868)
und Jardin d'Hiver
1847 von Hector Horeau
(Nicht erhalten)

In visionären Glaseisen-Entwürfen suchte Horeau das auf seinen Reisen durch Ägypten, Nubien und Italien gesehene, von orientalischer Betriebsamkeit erfüllte Leben auch auf die Metrolpolen des Nordens zu übertragen. So im glasüberdeckten Wintergarten-Atrium als dem an das ungünstigere Klima angepaßten Begegnungs- und Freiraum par excellence. Das »Infiorata«-Projekt (1868) zeigt ihn mit bis zu sechs Wohngeschossen umbaut inmitten von Passagen, Läden, Turn-, Studien- und Festsälen, von Diorama und Observatorium. Die Idee städtischer Kommunikation lag schon dem Plan, die Cour Carré des Louvre mit einer gläsernen »Grande Vitrine« zu überdecken (1843) zugrunde. Der Architekt Pei verwirklichte sie 1988 in seiner 21 m hohen Glaspyramide am gleichen Ort. Es folgten die phantasievollen Glasüberdeckungen des Hofes vom Hôtel Americain (1853), verschiedener Pariser Boulevards (1862-1868) und – zwischen Maste gespannt – der Märkte von Leicester Square (1859) und Madrid (1868).

Weniger spektakulär fiel der unter großem Zeitdruck am linken Ufer der Rhône errichtete Jardin d'Hiver von Lyon aus. Eine von gläsernen Satteldächern überdeckte Promenade, die das vertieft liegende Garten-Parterre, ein abgestumpftes Quadrat von 22 m Seitenlänge umrundete. Sechzehn Pfosten aus Holz trugen die höhergeführte, laternenbekrönte Zeltdachkonstruktion mit Hilfe weitgespannter Bogenträger aus Schmiedeeisen. Mit den Bindersparren waren sie über dekorative gußeiserne Zwickelfüllungen aus Rad- und Rankenmotiven fachwerkartig verbunden. Hängende Pflanzenkörbe, ein Blumenrondell mit Fontäne schmückten den Zentralbau, verstreute Bauminseln die Promenade, die an Läden zum Verkauf von Bonbons, Vögeln und Kuriositäten vorbei führte. Diagonal waren dem 1.900 m² großen Wintergarten zwei Café- und Restaurant-Pavillons, sowie zwei Glashäuser für »seltene und kuriose Pflanzen« angefügt. Am 18. Dezember war der Lyoner Wintergarten nach nur siebenmonatiger Bauzeit vollendet, zwei Tage früher als der Pariser Jardin d'Hiver, zu dessen erstem Entwurf Horeau vom Architekten Meynadier beratend hinzugezogen wurde.

Lit.: Revue Générale de l'Architecture et des Travaux Publics, 1847, 410-412
L'Illustration, 1847/48, 511-14; 1856, 42-43
The Builder, 1848, 117
Gazette des Architectes et du Bâtiment 1868, 41-57
The Civil Engineer and Architect's Journal, 10.5.1851
P.H. Dufournet, Hector Horeau Précurseur, Paris 1980

Kat W 12   ohne Abb.
LYON, Quartier des Brotteaux
L'Alcazar
1852 von M. Denis
(Nicht erhalten)

Im Mittelpunkt steht nicht mehr das zirkulierende Publikum der »Pleasure-Garden«-Rotunde oder der Garten unter Glas wie im Jardin d'Hiver von Paris und Lyon, sondern eine kommerziell ergiebigere Mehrzweck-Rotunde von 40 m Durchmesser, »bestimmt für Bälle, Konzerte, wie ebenso für eine Reitertruppe oder einen olympischen Zirkus«. Die Idee der attraktiven »Ring of Folly«-Promenade ist dennoch geblieben. Ein Wintergarten-Rundweg, 6 m breit, von einem gläsernen Ringpultdach überdeckt, führt rings um den Ballsaal, mit diesem über Arkadendurchgänge und Balkone verbunden. Vom maurischen Vestibül mit seinen 6 m hohen Fontänen vor einer Spiegelwand geht es an Apsiden vorbei, die den Raum ausweiten, an Grotten mit verspiegelten Höhlungen, an Kaskaden, bizarren Felsmotiven, auf denen 1.500 verschiedene Pflanzen wuchsen bis an das in Kaskaden ansteigende »Wasserschloß« aus Tuffstein. Es wurde durch Gasflammen magisch hinterleuchtet. Über den vorgelagerten kleinen See führte – mitten durch ein 7 m hohes bepflanztes Felsmassiv – eine rustikale Brücke, an deren Enden »elegante Logen« zur Lektüre von Zeitschriften einluden.
Lit.: La Belgique Horticole, 1853, 331-334 (3 Abb.)

Kat. W 13   Abb. 290-291
LONDON
The Sydenham Crystal Palace
1852-1854 von Joseph Paxton;
Ausführung: Fa. Fox & Henderson
(1866 wurde das nördliche Querschiff, 1936 der gesamte Palace durch Feuer zerstört)

In seinem Pamphlet »What is to become of the Crystal Palace?« forderte Paxton vergeblich dessen Erhaltung als öffentliche »Lounge« mit Reit- und Fahrwegen, mit einer Promenade entlang den »Werken von Kunst und Natur«. Zu den vielen Vorschlägen, die demontable Eisenkonstruktion zu verwerten, gehörte der eines 300m hohen, in zwei quadratischen und drei oktogonalen Stufen ansteigenden Ausstellungsturmes. Schließlich wurde daraus in zweijähriger Bauzeit der mit 490 x 170 m doppelt so große Wintergarten im Süden Londons. Hoch über dem Italienischen Terrassengarten mit dem anschließenden Landschaftspark stehend, war der Bau durch seine gläsernen Halbtonnen mit *ridge-and-furrow*-Dachstruktur geprägt: drei Querschiffe, das mittlere 51 m hoch und 36 m breit, kreuzten das als Wintergartenpromenade mit ornamentalen Wasserbecken, Fontänen, Skulpturen und Monumenten inmitten exotischer Pflanzen ausgestattete Langschiff. Aufsehen erregten die zwanzig in der Konstruktion ausgesparten Höfe, die verschiedene Architekturepochen repräsentierten – wie z.B. der »Alhambra Court« von Owen Jones oder der »Byzantine Court« von M. D. Wyatt. Für die Händel-Festivals wurde 1857 ein Konzertraum für 4.000 Personen und eine Orgel mit 4.600 Pfeifen eingebaut. 1871 kamen ein Aquarium von 120 m Ausdehnung, später Schulräume für Kunst, Wissenschaft, Literatur, Musik und Technik hinzu. Zwei Eisenbahnstationen standen für die jährlich 2 Millionen Besucher zur Verfügung. Zur unteren führte die 220m lange, mit Pflanzen und Skulpturen geschmückte Glaspassage, zur oberen – 1865 von E. Barry erbaut – der heute noch erhaltene, von Pilzdecken überwölbte »Paxton Tunnel«. Der berühmte Eisenkonstrukteur Brunel errichtete die den Glaspalast flankierenden, 87 m hohen Wasser- und Kamintürme aus Gußeisen, die erst 1940 gesprengt wurden, um bei Luftangriffen kein Ziel zu bieten.

Lit.: The Civil Engineer and Architect's Journal, 1853, 241
Illustrirte Zeitung, 1854, 6-11, 20-21, 39-41, 69-70, 100-03 (Abb.)
L'Illustration, 1854, 88-90, 383-84, 388-89, 404-05 (Abb.)
The Builder, 1854, 299, 307, 403, 451, 498, 523 (Abb.); 1856, 338, 343, 355, 515 (Abb.); 1857, 34, 353; 1861, 302
O. Jones, The Alhambra Court, London 1854
E. Walford, Old and New London, 1873, 303-14
C.F. Chadwick, Paxton and Sydenham Park, in: Architectural Review, 1961, 123-127

Kat. W 14   Abb. 259-261
LONDON, Muswell Hill
Palace of the People
1858, Projekt von Owen Jones
Siehe Prototypen, S. 211

Kat. W 15 Abb. 292
BAD HOMBURG v. d. HÖHE
Wandelhalle mit Glashaus
am Elisabethenbrunnen
1857-1859 von R. Ludwig, Eisenkonstruktion von Fa. H. Fries
(Nicht erhalten)

Die 1842 erbaute Orangerie, südlich der 1834 wiederentdeckten Heilquelle »Elisabethenbrunnen«, verdankte ihre Existenz der Spielleidenschaft des Kurfürsten Wilhelm II. von Hessen, der dem Kasino vierzig Orangenbäume für eine Spielschuld überließ. Sie wurde im Sommer als Trink- und Wandelhalle genutzt. Eine offene Trinkhalle mit flachem, von gußeisernen Säulen und dekorativen Bogenfachwerken getragenem Satteldach folgte Ende der fünfziger Jahre. Die 75 m lange »Wandelbahn« schloß über eine doppelte Freitreppe an die ornamentale Brunnenfassung an. Mit dem Bau des quer zur Wandelbahn stehenden Glashauses für Winterkuren, wie sie die Ärzte empfahlen, fand das Ensemble seinen Abschluß. Das in Apsiden endende basilikale Pflanzenhaus wurde durch einen massiven Mittelpavillon mit gläserner Spitzkuppel über dem oktogonalen Tambour gegliedert. Mauerwerkspfeiler mit Vasenbekrönungen waren den von Pultdächern überdeckten Seitenschiffen vorangesetzt. Der Querschnitt und der die Wandelbahn abfangende architektonische Blendgiebel erinnerten an das vier Jahre zuvor eröffnete Schauhaus des Frankfurter Handelsgärtners Rinz.

Lit.: The Illustrated London News, 1871, 386
Handbuch der Architektur, 4. Teil, 4. Halbband, 1885, 270
Über Land und Meer, 1888, 723-725

Kat W 16 Abb. 293-297
LONDON, Covent Garden
The Floral Hall
1860 von Edward Middleton Barry,
Eisenkonstruktion von Fa. Henry Grisell
(Mit veränderter Dachkonstruktion erhalten)

In der Bow Street stehen der sechssäulige korinthische Theaterportikus auf steinernem Sockelgeschoß und die üppig dekorierte Crystal Palace-Architektur der Floral Hall aus Glas und Eisen – beide vom gleichen Architekten – nebeneinander. Letztere eine sechsachsige Bogenstellung mit verglasten, ringgeschmückten Pilastern, Spandrillen und Gebälk, mit zweiachsiger Bogennische, die bis in die mächtige Giebelrosette des aufragenden Mittelschiffs geführt war. Frederick Gye, der vielseitige Pächter der Royal Italian Opera, wollte offenbar zwei seiner langjährigen Ideen in dem Neubau vereinen: Die Roof Conservatories Fowlers (1830) auf dem Covent Garden Market durch »einen mächtigen zentralen Blumenmarkt« zu ersetzen und zugleich eine glasüberdeckte »geräumige und luxuriöse Promenade« zu schaffen. Seit achtzehn Jahren verfolgte ihn dieser Gedanke, dem Paxton in seinem Entwurf des 21 m breiten, im Erdreich eingelassenen »Victorian Way« (1855) rund um Zentral-London Gestalt gab. So verbindet die zwischen Theaterwand und Blockbebauung hindurchführende »Flower Arcade« den Markt mit der Bow Street. Ihr L-förmiger Grundriß von 23 m Breite und äußeren Schenkellängen von 30 und 67 m wurde im Knickpunkt von einer 30 m hohen Tambourkuppel mit Laterne gekrönt, deren Durchmesser von 15 m zugleich die Spannweite der zierlichen Bogenfachwerke über den beiden Mittelschiffen bestimmte. Gußeiserne Säulen mit weit ausladenden Schmuckkonsolen unterstützen sie im Achsmaß von 6,5 m. Untereinander sind sie durch Bogenträger und dekorative Zwickelfüllungen ausgesteift, die ein umlaufendes Gesimsband mit Düsen für festliche Gasbeleuchtung tragen. Die Säulen sind hohl und entlüften über ihre perforierten Kapitelle zwei ebenfalls von Eisensäulen unterstützte Kellergeschosse. Zum Markt hin hat Barry den fächerförmigen Schaugiebel mit Balkonen und einer offenen Erdgeschoßarkade an die beidseitig anschließende »Piazza«-Bebauung angepaßt. Wie beim Conservatory von Syon House übertrug Barry die Proportionen der Steinarchitektur mit Hilfe zusammengesetzter, dekorativ perforierter Hohlprofile materialsparend in Gußeisen. Die Floral Hall wurde für Empfänge, Festlichkeiten, für die beliebten Promenadenkonzerte und für die Oper benutzt, mit der sie über Balkone, Fenster und Zugänge in Verbindung stand. Ihre Verwendung als Blumenmarkt scheiterte am Einspruch des Dukes of Bedford, der wegen eigener Pläne – die Blumenmarkthalle von 1872, heute das Transportmuseum – keine Konkurrenz zuließ. Er übernahm schließlich 1887 die finanziell notleidende Floral Hall und eröffnete sie als Markthalle für ausländische Früchte. Noch mit gleicher Zweckbestimmung brannte sie 1956 ab, wobei Kuppel und Dachgewölbe zerstört wurden.

Lit.: The Builder, 10/1857, 610-611 (Abb.); 4/1859, 235-236 (Abb.); 2/1860, 88-89 (Abb.); 3/1860, 152; 7/1867, 534
The Civil Engineer and Architect's Journal, 1859, 211-212
Försters Allgemeine Bauzeitung, 1860, 215-219 (Abb.)
The Illustrated London News, 3/1860, 257, 267 (Abb.)

Kat. W 17 Abb. 298-299
PARIS, Bois de Boulogne
Jardin d'Hiver im Jardin Zoologique
d'Acclimatation
1860-1861 von Fa. Lefebvre
(Nicht erhalten)

Um »nach Frankreich fremde Pflanzen und Tiere einzuführen und zu akklimatisieren, die für eine Domestizierung oder für ornamentale Zwecke geeignet sind«, wurde 1860 der zoologisch-botanische Garten im Norden des Bois de Boulogne in Betrieb genommen. Schon ein Jahr später konnte der Jardin d'Hiver eröffnet werden. Ein unbekannter Spender hatte von der Handelsgärtnerei Gebr. Lemichez im nahegelegenen Villiers das »Palais des Fleurs« erworben und – um einen Salon für Lektüre erweitert – am Eingang des Jardin d'Acclimatation wiederaufbauen lassen. Drei von Gußeisen-Arkaden getragene und entwässerte spitzbogige Dachgewölbe, die äußeren von 6,50 m Spannweite, das mittlere 12,50 m breit, lehnten sich im Westen gegen eine Felsengrotte, durch die der Rundweg führte und hinter der sich die Heizung verbarg. Im Osten endete das 75 m lange Glashaus im Halbrund der sich verbindenden Seitenschiffe mit dem vorangestellten Haupteingang. Die ganze Länge durchzog ein gewundener, von Pflanzengruppen gefaßter Flußlauf mit rustikalen Brücken zwischen dem Promenadenumgang. Gegen die im Norden gemauerte Längswand lehnten sich schmale und niedrige Anzuchthäuser.

Lit.: L'Illustration, 1853, 179; 1860, 252-53

Kat. W 18 ohne Abb.
PARIS, Parc de St. Cloud
Palais de Cristal (Glashausentwürfe)
1860, 1861, 1881-1883 von Owen Jones, Joseph Paxton, Dumoulin

Verwirrend ist die Zahl der unausgeführten Projekte, die für das Pariser Gegenstück zum Crystal Palace von Sydenham, das »Palais de Cristal de Saint Cloud, Exposition Permanente de l'Industrie Française, Jardin d'Hiver et Parc de Plaisance« angefertigt wurden. Owen Jones bezeichnete so den ersten von drei Entwürfen aus 1860, der seinem Projekt für den »Palace of the People«, Muswell Hill, London (1858) nachgebildet war. Der zweite zeigte ein apsidial endendes, gestuftes Langhaus mit gläsernem Tonnendach und einer gewaltigen, aus dem Quadrat aufsteigenden Kuppel in Form eines Klostergewölbes. In seinem dritten Entwurf variierte er diese Konzeption, indem er dem Langhaus drei hohe kuppelüberdeckte Rotunden mit gestuften, zylindrischen Unterbauten voranstellte. 1861 legte Paxton einen vierten, mit dem letztgenannten nahezu übereinstimmenden Entwurf vor. Er hatte von der Société Anonyme bereits »das Amt des Chefarchitekten, Edwin Clarke das des technischen Beraters und Thomas Brassey das des Generalunternehmers angenommen«, als die »nicht-französischen« Aktivitäten Ende 1862 zum Erliegen kamen. Zwei anonyme Entwürfe und zwei des Architekten Dumoulin – eklektizistische Glas-Eisen-Steinbauten von bis zu 500 m Länge, 150 m Breite und 50 m Höhe des Mittelschiffes, bzw. 120 m für die zentrale Kuppel – wurden 1881 und 1883 veröffentlicht, der letzte dem »Palais d'Exposition Permanente« von 1863 in Auteuil ähnlich. Die Größe und auseinanderstrebende Vielfalt des Angebots für die Wissenschaften, Künste, Sport und Spiele, für Industrie, Geschichte, Theater, Wintergarten, Aquarium und Panorama, Amphitheater für die Kinder, Pressepavillon und Kirche, ließ schließlich das Unternehmen an seiner Unfinanzierbarkeit scheitern.

Lit.: L'Illustration, 2/1881, 125, 128
Centralblatt der Bauverwaltung, 8/1882, 302
F. Bercé, Un Projet de Palais de Cristal dans le Parc de Saint-Cloud, in: Bulletin de la Société de l'Histoire de l'Art Français, Paris 1982

Kat. W 19 Abb. 300-302
KÖLN-Riehl, Botanischer Garten
»Flora«
1863-1864 nach Skizzen von F. v. Arnim, ausgeführt von H. Märtens; Eisenbau: »Kölnische Maschinenbauanstalt zu Bayenthal«
(Verändert, ohne die kriegszerstörten Glasgewölbe erhalten)

Als 1857 der dritte botanische Garten dem Bau des Hauptbahnhofes weichen mußte, gründeten wohlhabende Bürger die Gesellschaft »Flora«, erwarben neben dem gerade eröffneten Zoologischen Garten 6,5 ha Land und beauftragten Peter Joseph Lenné mit der Gartenplanung. Eingebettet in den Landschaftspark umgeben historische Gärten in verschiedenen Stilarten die Wintergarten-Terrasse mit dem architektonischen Flora-Bau. Seine in vier Himmelsrichtungen ausstrahlenden, von mächtigen Fächerrosetten überragten 18 m hohen Giebelfronten, flankiert von den Eckrisaliten der Seitenschiffe, beschließen den kreuzförmigen Grundriß (57 x 22 m). Vom Halbbogen geprägt sind die gläsernen Dachgewölbe, die hohen Pfeilerbogenstellungen und Arkaden des Erdgeschosses, wie die in doppelter Zahl auftretenden Arkadenfenster des Attikageschosses. Die Zurückverlegung von Eisenkonstruktion und Verglasung auf die Innenkante der gemauerten Architekturschale gab den Arkaden und der Giebelrosette einen stark plastischen, zugleich die Materialeinheit bewahrenden Effekt; denn selbst die Hauptsprossen der Rosette ließ Märtens in Stein, nur 12 cm stark, ausführen. Im Innenraum dominiert das vielgliedrige gußeiserne Skelett, zweisäulig die Aussichtsgalerie fassend bis zum Ansatz der filigranen – heute nicht mehr existierenden – Bogenfachwerke, viersäulig an den Eckpunkten der an den Pariser Jardin d'Hiver erinnernden Vierung. Mit allen seinen Aussteifungsbögen und -ringen, Verbindungselementen, angeformten Befestigungshülsen ist das Eisenwerk noch heute zu sehen, in seiner schlanken, zurückhaltend ornamentierten Profilierung ein Kleinod unter den wenigen, in Deutschland erhaltenen Konstruktionen aus dieser Zeit. Fachliteratur, die angibt, die Flora sei 1945 abgerissen, soll hiermit richtiggestellt werden. Auch der einst unter dem Vierungskreuz stehende Neptunbrunnen von Ducel ist als Skulpturengruppe am See des Floraparks noch heute zu bewundern. Auf der Londoner Weltausstellung von 1862 wurde er erworben. Die Einraumlösung des Wintergarten-Festsaals ergänzten Galerieräume, Orchesterempore, Rauchzimmer, Damensalon und im Keller eine Bierhalle.

Lit.: Illustrirte Zeitung, 1864, 197
Gartenflora 1864, 274
The Illustrated London News, 1865, 596
The Gardeners' Chronicle, 1875, 396-398
Revue de l'Horticulture, 1886, 88-90
Architekten-Verein für Niederrhein-Westfalen (Hg.), Köln und seine Bauten, 1888, 334-335

Kat. W 20   Abb. 262-263
LONDON, Muswell Hill
Alexandra Palace (I)
1864-1866 von John Johnson und Alfred Meeson
siehe Prototypen, S. 214

Kat. W 21   Abb. 303
LEEDS, West Riding
Winter Garden, Infirmery (Krankenhaus)
1868 von George Gilbert Scott
und Ing. Rowland Mawson Ordish
(Nicht erhalten)

Der 82 x 140 m großen Krankenhausanlage im Pavillonsystem fügte Scott durch Überbauung eines Hofes das Wintergarten-Atrium hinzu. Das erinnert an Paxtons »Crystal Sanatorium«, das Lungenkranken Schutz vor der Londoner Luft bieten sollte, ein Entwurf von 1851 mit dem *ridge-and-furrow*-Tonnendach des Kristallpalastes, der jedoch nicht verwirklicht wurde. Die zu 80% aus Gußeisen bestehende, eigens entwickelte Konstruktion zeigte zwei fünfachsige ornamentierte Arkadenstellungen längs des 38 x 11 m großen Mittelschiffs, die ein abgewalmtes gläsernes Tonnendach trugen. Als Besonderheit war es nach dem Prinzip einer Kuppel konstruiert, die Obergaden ersetzten den schubaufnehmenden Ringarchitrav, als Druckring diente der quer ausgesteifte Fachwerkkranz des Laternenaufsatzes. Drei Reihen hölzerner Glasrahmen legten sich abknickend den aussteifenden Pfetten auf. Vier Meter breite, von Pultdächern überdeckte Seitenschiffe mit gemauerten Außenwänden umschlossen den von Pflanzeninseln und einer Fontäne geschmückten Hallenraum.

Lit.: The Civil Engineer and Architect's Journal, 1864, 4-5
The Building News, 1868, 355-356
The Builder, 1868, 470

Kat. W 22   Abb. 304-305
FRANKFURT AM MAIN, Palmengarten
Palmen- und Gesellschaftshaus
1869-1871 von Fritz Kayser; Eisenkonstruktion von Fa. Wiesche, Hirschel und Scharffe
(Verändert erhalten)

Der günstige Erwerb der vom Herzog von Nassau aufgegebenen Biebricher Pflanzensammlungen löste die Gründung der Palmengartengesellschaft, die Beschaffung städtischen Pachtlandes und die Entsendung eines Ausschusses zum Studium ähnlicher Anlagen aus. Die Nachteile des Kölner Einraum-Wintergarten-Festsaales der Flora haben wohl zur Frankfurter Lösung beigetragen, die Funktionen zu trennen und einen architektonischen Saalbau aus Stein neben die rationale Glas-Eisenstruktur des Palmenhauses zu stellen. Seit 1854 hatte man das Schauhaus des Handelsgärtners Rinz vor Augen, das mit seinem basilikal gebogten Querschnitt so überzeugte, daß er übernommen wurde. Im Garten stand die repräsentative, im »sogenannten neugriechischen Style gehaltene« Loggienfassade des Gesellschaftshauses – nach dem Brand von 1878 verändert – dem von einer Fontäne belebten Eingangsparterre gegenüber. Das funktionale Glashaus ist dagegen vom Landschaftspark umschlossen – der Pariser »Les Buttes - Chaumont« im Palmengarten – , mit Seen, Insel, Seilbrücke, Grotten und Wasserfall – Naturmotive, die auch den Innenraum prägen. Beide Großräume sind durch Glastüren, Fenster und Balkone verbunden, eine Terrasse mit Freitreppe führt zum tieferliegenden, neunachsigen Palmenhaus. In Abständen von 6 m überspannen auf 16 m Höhe ansteigende, korbbogige I-Träger das 32 m breite Mittelschiff. Das Vorbild der »Galeries des machines« der Pariser Weltausstellung (1867) übernehmend, wurden die außenliegenden genieteten Bogenträger fachwerkartig gegen die das Dach überragenden Pylone ausgesteift. Zugbänder oder Stützen im Raum konnten so vermieden werden. Untergehängte Pfetten tragen die Falzleisten der Verglasung, so daß die Konstruktion im Innenraum verdeckt ist. Als »Blütengalerie« umschlossen einst 6,50 m hohe, zum Viertelkreis gebogene Glasgewölbe das Palmenhaus auf seinen drei freien Seiten, die nach dem Krieg – weniger elegant – durch Seitentrakte von rechteckigem Querschnitt ersetzt wurden. Heute hat man sie dem ursprünglichen Zustand wieder angenähert.

Lit.: Gartenflora 1872, 114-118; 1886, 21-23
Deutsches Magazin für Garten- und Blumenkunde, 1873, 299-302
A. Siebert, Der Palmengarten zu Frankfurt a.M., Berlin 1895
A. Kerler und E. Schmitt, Pflanzenhäuser. In: Handbuch der Architektur IV.VI/4, Stuttgart 1906, 489ff.
G. Schoser, Der Palmengarten, Frankfurt a.M. 1981

Kat. W 23 Abb. 306-307
BUXTON, Derbyshire
The Pavilion, Pavilion Gardens
1870-1871 von Edward Milner;
1876 »Music Hall« von R.R. Duke
(Verändert erhalten)

Nach Eröffnung zweier Bahnlinien (1863) machte der Zustrom von Kurgästen zu den Thermalquellen Einrichtungen zur Unterhaltung und eine Wintergarten-Promenade für die schlechte Jahreszeit notwendig. Entlang des Flusses Wye legte Milner – ein Mitarbeiter Paxtons am Crystal Palace – die Pavilion Gardens an, zusammen mit der 122 m langen Glashausgruppe aus drei hohen Rechteck-Pavillons und verbindenden 9 m breiten Satteldach-Korridoren. Verkröpfte Gebälke über Gußeisensäulen mit Kapitellausbildung, vorangestellte Eingangsüberdachungen prägten die Conservatories, Bogenstellungen und Rundmotive, gußeiserne Traufenbekrönungen die Korridore. Den zentralen Konzertsaal mit überbreiten Bogenfenstern führte ein Frontispiz mit anschließendem Satteldach an, in das ein oktogonales Türmchen eingelassen war. 1876 wurde der Anbau der oktogonalen »Music Hall« von 31 m Durchmesser für 2.000 Personen notwendig, eine auf 21 m Höhe ansteigende, von Ringpultdächern umschlossene Kuppel. Mit Leseraum und Vogelhaus endet die komplexe Anlage.

Lit.: C.F. Wardley, The Rambler's Guide to Buxton, 1888, 24-26
The Builder, 1871, 630
The Illustrated London News, 1871, 323
Buxton and its Resources (Guide), London 1889, 13-14

Kat. W 24 ohne Abb.
BRIGHTON, Marine Parade
Aquarium mit Conservatory
1871-1872 von Eugenius Birch (Ingenieur)
und Architekt Nightingale
(Erheblich verändert erhalten)

Die vom Festland ausgehende Entwicklung des Groß-Aquariums der sechziger Jahre wurde in England erst 1871 in den Anlagen des Crystal Palace in Sydenham verwirklicht, gefolgt von Brighton, das die Serie der Vergnügungsetablissements in englischen Seebädern anführt. Einen Hochbau lehnte die Stadtverwaltung wegen der Meeresblickhöhe ab. So mußte das mit 218 x 30 m größte Aquarium der Welt im Höhenversatz der Seemauer untergebracht werden. Die vom tristen Äußeren ins Innere verlegte Ausschmückung in Ziegelmauerwerk, Werkstein- und Terrakotta-Ornamenten, glasierten Fliesen, Farbgläsern und dekorativem Guß- und Walzeisen findet hierin ihre Erklärung. Vom offenen Eingangshof mit Freitreppe kommend, gelangte der Besucher über die als Lese- und Vortragsraum genutzte Eingangshalle in den 75 m langen, von Aquarien gesäumten Schau-Korridor, darunter das mit 30 m größte Becken für Wale. Die Erschließungsachse setzte sich im architektonischen Wintergarten fort. Skulpturen schmückten seine begrenzenden Arkaden, dahinter Orchester und Tischaquarien. Perforierte Bogenträger aus Walzeisen überspannten den

Raum. Im anschließenden Farnhaus, wo hohes Felsenwerk einige Gußeisensäulen ersetzte, fand die Achse an einer Grottenwand mit Kaskade ihr östliches Ende. Im Westen mündete sie im Speisesaal. 1876 kamen Rollschuhbahn, Café, Billard-, Lese-, Skat- und Rauchzimmer hinzu, auf der Dachpromenade ein Musikpavillon und gläserne Windschutzwände.

Lit.: The Builder, 2/1872, 82; 8/1872, 641; 3/1873, 172; 6/1874, 531; 7/1874, 626-628; 6/1876, 560-561; 7/1876, 637
Engineering, 8/1872, 120
The Illustrated London News, 1872, 123, 240; 10/1878, 327
The Building News, 8/1874, 217-218
Deutsche Bauzeitung, 1874, 366

Kat. W 25 Abb. 308-312
GLASGOW, Botanic Gardens
The Kibble Crystal Art Palace
1872-1873 von Fa. James Boyd & Sons
größer wiedererrichtet
(Erhalten)

Vielseitig interessiert, befaßte sich der wohlhabende John Kibble mit so unterschiedlichen Dingen wie der Entwicklung eines Schiffsantriebes, einer Plattenkamera für Bildformate von einem Meter, Astronomie und Botanik. Um 1864 errichtete er in Coulport (Loch Long) ein Wohnhaus mit freistehendem Wintergarten für seine Sammlung tropischer Pflanzen. Die gebogte Glashausgruppe zeigt Loudons tragenden *sash bar* auf eine Großkonstruktion übertragen, ein in seiner Kühnheit unerreichtes, überlebendes Beispiel. Die in Weiß und Gold gehaltenen Kuppeln wurden von sechs- bzw. zwölfachsigen Ringarkaden aus Gußeisen getragen, mit reichem Arabeskenschmuck in den stützenden Zackenbögen, mit Rohrstützen, die durch gedrehte Kanneluren und Knospenkapitelle verziert waren. Unter den Glaskuppeln befanden sich schon damals runde Wasserbecken, eines mit der 6 m hohen Dracaena in der Mitte, das größere zeigte eine »romantisch aussehende Insel, darauf Felsen und Modelle der berühmtesten Ruinen aus Griechenland und Rom ... Entlang den Wänden, zwischen Pflanzengruppen und Blumen von allen Teilen des Globus, stehen an die fünfzig lebensgroße Statuen nach den größten Künstlern.« Kibbles Angebot, seinem Geburtsort Glasgow die Glashausgruppe samt Inhalt zu überlassen und sie gegen ein zwanzigjähriges Nutzungsrecht im Queen's Park kostenfrei und vergrößert wieder zu errichten, ging auf den botanischen Garten über. Dort konnte die 1872 auf dem Wasserweg herbeigeschaffte Konstruktion am 20. 6. 1873 als »Crystal Art Palace« eröffnet werden. Unverändert blieb die vorgelagerte basilikale Rotunde von 16,50 m Durchmesser, die sich mit dem in Apsiden endenden, spitzbogigen Quertrakt (45 m) und dem kurzen Eingangsvorbau in der Längs- und Symmetrieachse durchdringt. Als zentrales Pflanzenvestibül steht sie mit dem rückwärtigen, als Wintergarten, Konzerthalle, Ausstellungs- und Vortragssaal dienenden gewaltigen Kuppelbau (45 m Durchmesser) in axialer Verbindung, hier über einen gebogten breiten Glaskorridor. Die von zwölf Säulen getragene flache Tambourkuppel mit Laterne steht inmitten eines – wegen der Erweiterung – flachen Ringpultdaches, das bogenförmig in die niedrige Stehfassade übergeht. Eine zweite, jedoch vierundzwanzigsäulige Ringarkade unterstützt das Pultdach im äußeren Drittelspunkt. Ohne Binder und Pfetten, nur von unterspannten Rundeisen auf Abstand gehalten, überbrücken die eisernen Falzleisten beträchtliche Spannweiten, was zu ihrer leichten Verdrehung in Nähe der Laterne geführt hat. Bis zu fünftausend Personen konnte die Kuppelhalle fassen, wenn das Wasser im großen Rundbecken abgelassen wurde. Um 1880 erhielt es die heutige Bepflanzung aus mächtigen Baumfarnen. Einst konnten unterirdisch erzeugte Toneffekte und farbiges Licht den Wintergarten in eine Zauberwelt verwandeln.

Lit.: The Glasgow Herald, 8. 10. 1864; 10. 3. 1871; 7. 5. 1873; 21. 6. 1873
The Bailie, 14. 5. 1873; 4. 6. 1873; 25. 6. 1873; 12. 11. 1873
G.T. Smith, Kibble Palace, Dissertation 1971 (Glasgow Mitchell Library)

Kat. W 26 Abb. 313
BERLIN
»Flora« zu Charlottenburg
1871-1874 von Johannes Otzen begonnen, ab 1872 Hubert Stier; Ingenieure: W. und O. Greiner, Eisenkonstruktion: Vulkan AG
(Nicht erhalten)

Wohl unter dem Eindruck der Eröffnung des Frankfurter Palmengartens (1871) etablierte sich im gleichen Jahr die Aktiengesellschaft »Flora« zu Charlottenburg, um ein »Palmenhaus und Festlokalität ... innerhalb eines großen ... künstlerisch gestalteten Promenaden- und Konzertgartens« zu errichten. »Festsaal und Palmenhaus sind nach praktischen und technischen Rücksichten als zwei gesonderte Bauteile behandelt worden«, weil die »so innige Berührung mit dem Publikum der Pflanzenwelt schadet«. Wie in Frankfurt war der querstehende massive Saalbau T-förmig mit dem Palmenhaus verbunden, öffnete sich die architektonische Steinfassade über zweigeschossige Arkaden – in Frankfurt Kolonnaden – zur Terrasse und zum Blumenparterre mit Fontäne. »Für die Disposition des Saales war die Beziehung zu dem Palmenhause ... maassgebend, um das ... Publikum theilnehmen zu lassen an dem Anblick der Tropenvegetation.« Hierzu erhielten die Logen auf der Galerie Balkone zum Pflanzenhaus hin, zu dessen 2,50 m tieferliegenden Niveau auch in Berlin Glastüren, Terrasse und Freitreppe überleiteten. Zum beherrschenden Architekturmotiv wurde die 14 m hohe, 7,50 m breite verglaste Bogenöffnung in der Symmetrieachse. Stier wiederholte sie zur Terrasse hin in einem turmartigen Vorbau als hohe Bogennische. Er beschreibt den »monumentalen Ziegelbau, der in der Anwendung des mittelalterlichen Prinzips gestaltet ist«, der jedoch durch »natürlich schön gefärbte Ziegelflächen, ... farbige Terrakotten ... [die] akademische Farbeneinheit durchbricht, ... der eine Decke im Sinne gothischer Rathaushallen mit einer Mauerkonstruktion nach Art rheinischer Thermenanlagen verbindet«. Der Kontrast zum unverhüllten konstruktiven Gerüst des 65,50 m langen Palmenhauses konnte nicht größer sein. Den 41 m breiten, 17 m hohen Raum überspannten in Abständen von 5,64 m neun, zur Firstlaterne sich verjüngende Dreigelenk-Bogenfachwerke aus genieteten Walzprofilen. Ihr kastenförmiger Querschnitt wurde von 2,50 m hohen und ebenso weit vorspringenden Vorlagen des gleichhohen Sockelmauerwerks getragen. »Ästhetische Rücksichten veranlaßten den Abschluß des Palmenhauses durch eine Halbkuppel.« Stier sah hier »Vorteile ... für die Raumgestaltung ... gegenüber einer geraden Abschlußwand«, worin er sich von der Frankfurter Lösung absetzte, wie schon mit den im Raum sichtbaren Kasten-Fachwerken des »Scharnierdaches« und in den hufeisenförmig angeordneten Annexen der seitlichen Blumengalerien.

Lit.: Deutsche Bauzeitung 19.4; 17.5; 31.5; 7.6; 23.8.1873
H. Licht, Architektur Berlins, Berlin 1882, Abb. 61-63
Architektenverein zu Berlin (Hg.), Berlin und seine Bauten, 1896, 524-525
Berlin und seine Umgebung in Architektur, Landschaft & Plastik, 1880, Abb., im Eigentum der Bibliothek Schloß Charlottenburg

Kat. W 27   Abb. 314-316
SOUTHPORT, Lancashire
Winter Garden und Aquarium
1873-1874 von Maxwell & Tuke
(Nicht erhalten, 1933 und 1962 abgerissen)

Um den per neuer Eisenbahn in das »Montpellier des Nordens« anreisenden Gästen auch in der hier milden Wintersaison Unterhaltung zu bieten, gründete sich eine Gesellschaft für den Bau eines großen Vergnügungs-Etablissements entlang der 340 m langen Seefront. Gegenüber dem in den Untergrund verbannten Aquarium in Brighton lag es in einer attraktiv hergerichteten Gartenanlage und war aus drei malerisch unregelmäßig gestalteten Eisenbauten zusammengefügt. Auf einer Terrasse über der 150 m langen Außenpromenade standen sich eine apsidial endende »Kathedrale« als Konzertpavillon und das längere, gebogte Glashaus als Wintergarten gegenüber, beide quergestellt, 24 m hoch und von basilikalem Querschnitt. Zwischen ihnen der zweigeschossige, von vier hohen Treppentürmen eingefaßte Promenadentrakt mit Fachwerk-Giebelmotiven auf der Längsseite (52 x 13 m), zugleich Vestibül für den 2.000 Personen fassenden Konzertbau. Er war im Charakter eines historischen Festsaals mit Galerie und schwerem hölzernen Dachstuhl gehalten. Vorbauten auf der Landseite enthielten Veranda, Haupteingang und Treppe zu den unterirdischen Aquarien. Sie wurden durch Lichtaugen erhellt, die in das Fußbodenmuster der Promenade eingelassen waren. Das Conservatory (55 x 24 m) kann – wie das Aquarium in Westminster (1876) – in seinem konstruktiven Querschnitt als freie Interpretation von Paxtons Querschiff im Crystal Palace von Sydenham gelten. Giebelrosetten und zwei umlaufende Galerien mit Hänge- und Kletterpflanzen schmückten das zweistufige, an den Enden abgewalmte Glasgewölbe. Ein Seewasserreservoir, Leseräume im Alkoven-Anbau, eine Bildergalerie und im Untergeschoß Restaurationsräume, ergänzten das Raumprogramm, dem in den achtziger Jahren noch ein Zirkus angefügt wurde. Ornamentierter Beton fand für Pfeiler, Treppen, Überdeckungen, aber auch für Felsenimitationen Verwendung.

Lit.: The Builder, 9/1874, 793; 813
The Illustrated London News, 9/1874, 302; 10/1874, 311 (Abb.)
The Gardeners' Chronicle, 4/1875, 430
Official Guide to the Southport Gardens and Aquarium 1875
Stephenson's New Guide to Southport, 1887 (Southport References Library)

Kat. W 28 Abb. 264-267
LONDON, Muswell Hill
The Alexandra Palace (II)
1873-1875 von John Johnson (Architekt),
Alfred Meeson (Ingenieur)
siehe Prototypen, S. 217

Kat. W 29 ohne Abb.
PLYMOUTH, Devon
Aquarium
1875, Projekt von A. Bedborough

Gleichzeitig mit der Baugruppe von Aquarium und Wintergarten für Westminster plante Bedborough für eine freie Küstenlage – als Idealtypus – das Aquarium von Plymouth (91 x 30 m). Beide Gebäude waren mit ihren von Kopfbauten gefaßten Ecktürmen auf ein Gegenüber ausgerichtet, in London auf die Westminster Abbey, in Plymouth auf das Meer. In Plymouth befand sich das ergänzende Raumprogramm der Speise-, Billard-, Lese-, Schreib-, Rauch- und Warteräume im Obergeschoß des Kopfbaus, das Erdgeschoß war frei für die Eingangshalle. Konsequenter als in Westminster konnte so am Hallenende ein doppeltes, parallel geführtes System von Schaugängen und Aquarien beginnen. In Rücken-an-Rücken-Anordnung zeigt es zwei aneinandergesetzte basilikale Querschnitte, die wohl von dem 1874 fertiggestellten gotischen Aquarium in Manchester beeinflußt sind. Als abgedunkelte Promenade dient jeweils das 12 m hohe, spitzbogig überdeckte Hauptschiff von 7 m Breite, begleitet von zwei niedrigen, die Schaubecken enthaltenden Seitenschiffen. Glasbahnen in ihren Pultdächern geben den Aquarien Licht. Wie in Manchester gliedert Bedborough die gemauerten Fassaden durch Blindfenster. Eine querliegende Konzerthalle (24 x 15 m) mit oktogonaler Kuppel ist der Doppelanlage in ihrer Mitte eingefügt. Sie dient zugleich als Zugang zum Conservatory und zum Farnhaus mit Kaskaden und Felsenwerk, dahinter eine Rollschuhbahn.
Lit.: The Builder, 2/1875, 194; 4/1876, 338-339

Kat. W 30 ohne Abb.
EASTBOURNE, Sussex
Winter Garden und Floral Hall,
Devonshire Park
1874-1876, Architekt unbekannt
(Verändert erhalten)

Dem 7. Duke of Devonshire verdankt das elegante Seebad seinen aufgelockerten Gartenstadt-Charakter. Ihm war der Park gewidmet. Hier entstand im Anschluß an das Theater und in Ergänzung seines Raumprogramms eine ausgedehnte Wintergarten-Anlage mit der für Konzerte genutzten Floral Hall, die im Winter als Rollschuhbahn hergerichtet wurde, mit Festsälen, Restaurant, Lese-, Rauch- und Billard-Salons. Entlang den Kricket- und Rasen-Tennisplätzen steht die in Glas und Holz ausgefachte Eisenkonstruktion: zwei unterschiedlich hohe, parallel aneinandergebaute Längshallen mit abgewalmten, teilverglasten Tonnendächern über architektonischen Stehfassaden. Vorangestellt ist der um seine apsidialen Enden längere niedrigere Trakt mit dreiseitig umlaufendem Seitenschiff und begehbarer Dachterrasse. Nach 1900 verbarg man den nicht mehr zeitgemäßen Ingenieurbau hinter massiven Vorbauten, darunter – in der Symmetrieachse – das neobarocke Eingangsgebäude, das von einer großen Zentralkuppel und flankierenden Eckkuppeln in reichem Ornamentschmuck gekrönt wird.
Lit.: Norman May's Guide to Eastbourne, 1884
 Ch. Reynolds, The Album of Eastbourne, ca. 1900 (Eastbourne Central Public Library)

Kat. W 31 Abb. 268-271
LONDON, Westminster
The Royal Aquarium
and Summer and Winter Garden
1875-1876 von A. Bedborough
Siehe Prototypen, S. 221

Kat. W 32 Abb. 317
GREAT YARMOUTH, Norfolk
Winter Garden und Aquarium
1875-1876 von John Norton und Philip E. Masey
(Nicht erhalten)

Nach Brighton am Kanal und Southport an der Westküste eröffnete an der Ostküste das dritte große Seebad seinen komplexen Wintergarten. Das schmale Grundstück parallel zum Strand ließ für die drei unterschiedlichen Baukörper nur die Aufreihung an einer Längsachse zu. Sie erhoben sich auf einem gemauerten Sockelgeschoß mit breiten Segmentbogen-Arkaden, auf der Seeseite durch zwei Treppen-Risaliten mit gestuften Turmaufsätzen unterteilt, die eine Terrassen-Promenade flankieren. Zu ihr öffnet sich die ornamentale »Grand Hall« (59 x 17 x 17 m) für

Konzerte, Bälle und Bankette, eine elfachsige Pfeilerbogenstellung im italienischen Renaissancestil mit Dachbalustraden und Vasenbekrönungen. Zur Linken die basilikale Glaseisenkonstruktion des Wintergartens (42 x 27 m) mit dem Arkadenmotiv für Fassade und Obergaden unter der abgewalmten Dachtonne. Das apsidiale Ende schmückte ein Springbrunnen. Pflanzengruppen, Skulpturen und ein Vogelhaus gliederten sich an. Beide Großräume wiederholten sich im niedrigen Sockelgeschoß: als Rollschuhbahn mit Wendehalbkreis und als Aquarium. Jenseits des Nordturmes schloß ein dreigeschossiger massiver Block die Gruppe ab mit Erfrischungs-, Speise- und Leseräumen, Appartements für den Klub der Anteilseigner, sowie Personalräumen. Im Streben nach Attraktivität nutzte man selbst die Turmaufbauten als Seeblick-Loggien, die flachen Dächer der Vestibüle als Sonnendecks.

Lit.: The Builder, 6/1875, 538, 9/1876, 878
The Building News, 6/1875, 656
The Illustrated London News, 1876, 245-246, 878

Kat. W 33 Abb. 318
BOURNEMOUTH, Hampshire
Winter Garden und Concert Hall
1876-1877 von Fletcher, Lowndes & Co
(Hothouse Builder)
(1935 abgerissen nach der Eröffnung des New Pavilion 1929)

»Um gegen jene älteren Küstenbadeorte bestehen zu können, die ihren Besuchern mehr Attraktionen zu bieten hatten«, errichtete man 1874 im angrenzenden Southbourne einen in Tedworth Park günstig angebotenen, ausgedehnten Glaspavillon. In Bournemouth erwarb die Winter Garden Company die zentral gelegenen Cranborne Gardens und ließ einen für Pflanzenhäuser typischen Glas-Eisenbau mit Konzert- und Wintergarten-Annexen erstellen. Von zwei spitzbogigen, polygonal endenden Seitentrakten (21 x 15 m) flankiert, zeigte sich der Mittelpavillon (30 x 30 m) hinter überdeckter Vorfahrt als Architectural Conservatory. Gußeiserne Pilaster, Postamente, Gebälke, Traufenbekrönungen und konventionelle Fenster schmückten ihn. Sein Spiegelgewölbe wurde von einer bis 21 m aufsteigenden, gebogten Pyramiden-Kuppel mit Aussichts-Umgang überragt. Den Tambour trugen Gitterträger auf vier Ecksäulen, die dreiseitig umlaufende Galerie und die Mittelpfetten des Spiegelgewölbes ein sechzehnsäuliger Stützenkranz. Die Nutzung als Bildergalerie für Ausstellungen und Shows war niemals ein Erfolg. Besonders die Etablierung eines Zirkus unter den Glasgewölben schockierte die Honoratioren der Stadt. Erst die dritte Wiedereröffnung 1893 als »Tempel der Musik« mit einem ganzjährigen Orchester brachte die Wende und »der Ruhm des Bournemouth Municipal Orchestra breitete sich über den ganzen Globus aus«.

Lit.: The Illustrated London News, 1876, 563 (Abb.)
The Gardeners' Chronicle, 1/1877, 77
Ch.H. Mate, Ch. Ridde, Bournemouth 1810-1910. The History of a Modern Health and Pleasure Resort, 1910

Kat. W. 34 Abb. 319
LONDON, Hyde Park
Überdeckung des Albert Memorial
1877, Glashausentwurf von John Wills,
gezeichnet von A. Bedborough
(Nicht ausgeführt)

Das 53 m hohe Monument (1863-1872) stellt Prince Albert auf einem Podium unter hohem Baldachin sitzend dar, den Katalog der Weltausstellung in der Hand. Reliefs und Skulpturen verkörpern seine Gedanken: Kunst, Wissenschaft, Arbeitswelt und die Kontinente. Es waren Ideen, die John Wills wieder aufgriff, indem er dem Vorschlag, das Memorial durch einen gläsernen Dom gegen den Londoner Smoke zu schützen, zwei Wintergartentrakte hinzufügte »für die Darstellung der Vegetation in den verschiedenen Regionen der Welt«. Der das Memorial überdeckende, 104 m hohe gotisierende Glasdom über oktogonalem Grundriß von 61 m Durchmesser sollte von einer hochaufragenden Laterne, von schlanken Ecktürmen und mächtigen Blendgiebeln voll schmückenden Maßwerks gekrönt und umschlossen werden. Ein Kranz ornamentaler Portale und Kapellen sollte ihm vorangestellt sein. Im Osten wie im Westen waren hinter querstehenden Zwischentrakten die großen spitzbogigen Pflanzenhäuser (107 x 38 m) geplant. Trotz großen Interesses der Königlichen Familie scheiterte das Projekt an seinen immensen Kosten. John Wills hatte ein Jahr zuvor für König Leopold von Belgien die Dekorationen und Bepflanzungen des Jardin d'Hiver im Park von Laeken angelegt. Gewisse Übereinstimmungen des Londoner Glasdoms mit der gotischen »Serre Chapelle« von Laeken (1892) lassen daher auf die Übernahme von Wills Entwurf, wenn auch in kleinerem Maßstab, schließen.

Lit.: The Gardeners' Chronicle, 4/1877, 436
Art Journal, 1877, 158

Kat. W 35   Abb. 320-321
TYNEMOUTH, Northumberland
Winter Garden und Aquarium
1876-1878 von John Norton und Philip E. Masey
(Restaurierungsbedürftig erhalten)

Wenige Jahre genügten, um das mit Brighton (1872) in Mode gekommene Seebad-Programm zu einer Verpflichtung werden zu lassen. Der Entwurf für Tynemouth zeigte vor dem kompakten Wintergarten-Ensemble (102 x 37 m) am Dünenhang noch einen zweiten palastartigen Arkadenbau mit einer 420 m langen Seepromenade, eine pompöse Badeanlage, die jedoch nicht ausgeführt wurde. Auf dem oberen der beiden den Hang ausgleichenden Terrassengeschosse, in dem das Aquarium untergebracht ist, erhebt sich der von dreigeschossigen Kopfbauten mit Mansarddächern flankierte Wintergarten (69 x 18 m). Zwei quadratische Treppentürme begrenzen die Straßenfassade und die dreiseitig umlaufende obere Terrasse. Wieder verwenden die Architekten für die »Great Hall« das Motiv massiver Pfeilerbogenstellungen, hier jedoch weniger hoch, mit gekuppelten Fenstern und ohne Attika, dagegen mit umso höherem gläsernen Tonnendach; denn der Lichteinfall sollte für die Einraumlösung von Wintergarten und Gesellschaftsraum verbessert werden. Es kündigt sich die allmähliche Verdrängung der Pflanzen aus dem Wintergarten an.

Lit.:   The Builder, 1878, 565
        The Illustrated London News, 1878, 222
        The Building News, 1/1876, 60

Kat. W 36   Abb. 322-323
MORECAMBE, Lancashire
Winter Garden und Aquarium
1877-1878 von John Waugh und Herbert Isitt;
1896 Erweiterung von Mangnall & Littlewood
(Verändert und restaurierungsbedürftig erhalten)

»Little Bradford«, wie der wohlhabende Industriebezirk, hieß der Ortsteil um den Wintergarten, kamen doch die meisten Besucher von dort an die Irische See angereist. Dem in die Tiefe entwickelten, von eisernen Bogenfachwerken überspannten Galeriebau (61 x 18 m) ist ein massiver architektonischer Kopfbau zur Marine Road vorangestellt. Treppentürme flankieren eine vierachsige Loggia, die sie untereinander und mit den inneren Galerien verbinden. Darüber wird das gläserne Giebelmotiv des Wintergartens – Bogenfeld, Endbinder, und eiserne Volutenbekrönung als Abschluß der Lüftungslaterne – sichtbar. Vier Eingänge in den Türmen und seitlichen Annexen erschließen Seewasser- und medizinische Bäder, Restaurant, Aquarium und den Wintergarten-Konzertsaal mit Orchesterempore und beschützendem Sonnensegel unter dem Glasgewölbe. Innen wie außen ist das Vorbild des 1876 eröffneten Londoner Westminster Ensembles unverkennbar. Nochmals wiederholte 1896 der anschließende zweite Wintergarten das offenbar symbolträchtige Baukörper-Arrangement, wenn auch in steingewordener Phantasiearchitektur. Mit geschweiften und abgetreppten Volutengiebeln für Türme und Saalbau statt französischer Kuppeln und gläsernem Tonnendach, mit bekrönten Eckpfosten, Thermenfenstern und der nur noch aus einem Steinmeer hervorlugenden Wintergartenrosette.

Lit.:   The Illustrated London News, 12/1878, 490
        N. Pevsner, The Buildings of England. North Lancashire 1969, 179

Kat. W 37   Abb. 324
CHELTENHAM, Gloucestershire
Winter Garden
1877-1878 von J.T. Darby
(Nicht erhalten)

In dem wegen seiner Heilquellen und Bäder »von den oberen Klassen der Gesellschaft« vielbesuchten Kurort sollte eine Wintergartenpromenade mit Konzertpavillon – zugleich Ballsaal – und mit der Mode gewordenen Rollschuhbahn errichtet werden. Der aus einem Wettbewerb hervorgegangene Entwurf sah auf dem von Straßen umschlossenen Imperial Square eine kreuzförmige Baugruppe (75 x 40 m) aus sieben malerisch verbundenen Teilbaukörpern vor: zwei die Längsachse anführende, zweigeschossige Steintürme, reich ornamentiert, mit abgestumpften Pyramidendächern. Dazwischen je zwei zum Kreuz gefügte fünf- und zweiachsige Glashaustrakte, die bis auf die Höhe der Attika gemauert und von gläsernen, einseitig abgewalmten Dachgewölben abgedeckt waren. Das von einem Brunnen mit Fontäne geschmückte Mittelquadrat (15 x 15 m) nahm der ganz aus Glas und Eisen bestehende 30 m hohe Mittelpavillon ein. Ein gläsernes Spiegelgewölbe mit Laterne überdeckte ihn. Betongesimse aus Portland-Zement und gemauerte Pilaster mit Urnenbekrönungen gliederten die Wandfelder der vier

Kreuzarme, jedes durch ein dreiteiliges Fenster in Form des Palladio-Motivs geöffnet, eine Architektur, die sich im Innenraum fortsetzte. Darüber walzeiserne Bogenfachwerke mit breiten, ornamental zugeschnittenen Stegblechen zwischen Ober- und Untergurten.

Lit.: Norman May's Guide to Cheltenham, 1870, 67
The Builder, 7/1876, 694
The Building News, 1876, 1-2, 1887, 353
Illustrated London News, 1878, 442
R. Beachman, Cheltenham as it was, Silsden 1976

Kat. W 38 ohne Abb.
LLANDUDNO, Wales
Winter Garden und Aquarium
1877, Projekt von Driver und Rew
(Veränderte Ausführung von 1886 als »Pier Pavilion« erhalten)

Auch die »Queen of the Western Watering Places« hatte für das Standardprogramm der siebziger Jahre ein Grundstück an der Seepromenade reserviert. Der Entwurf zeigt einen bis unter die Terrassen geführten Aquarium-Unterbau. Darüber der kreuzförmige Glaspalast (52 x 34 m) mit breiter Freitreppe in der kurzen, von einer Bogennische gefaßten Querachse, dem Orchesterflügel direkt gegenüber. Wie in Cheltenham schließen spitzbogig überwölbte Quer- und Längsschiffe stumpf an den höher geführten Mittelpavillon an, den hier eine runde Spitzkuppel krönt. Das Ganze wird von wuchernder Gußeisenornamentik überzogen mit Schmuckfriesen, Balustraden und Bekrönungen, mit Säulenbogenstellungen, die durch geometrisches Maßwerk ausgefacht sind. Im hoch aufragenden Minarett verbirgt sich der Schornstein. Die Grundkonzeption des kreuzförmigen basilikalen Glashauses mit Eingang und Orchesterempore im kurzen Querschiff, wurde – weniger dekorativ – mit einfachen Pult- und Satteldächern 1886 im »Pier Pavilion« verwirklicht, heute ein Anbau an das Grand Hotel (1901), das an der Stelle von »The Baths, Reading Room and Billard Hall« (1855) steht.

Lit.: The Building News, 1877, 264
A. Kerler, E. Schmitt, Handbuch der Architektur, 4. Teil, 6. Halbband, 4. Heft, Darmstadt 1893, 444

Kat. W 39 Abb. 325-326
BLACKPOOL, Lancashire
Pavilion und Winter Garden
1875-1878 von Thomas Mitchell
(Leicht verändert, nicht mehr freistehend, erhalten)

Der wohl populärste englische Vergnügungs- und Badeplatz verdankte seine Vormachtstellung der aus dem Manchester District anreisenden Working Class, die sich der hier üblichen Freiheit von gesellschaftlichen und modischen Zwängen erfreute. Mitchells Wettbewerbsentwurf für den Wintergarten überzeugte durch eine 37 m hohe, den Haupteingang an der Church Street markierende Rotunde mit gläserner Kuppel. Die »Statuary Hall« war im Innern von einer Ringkolonnade, Galerie und reicher Ornamentik geprägt. Einst schmückte eine vergoldete Fontäne die Raummitte, umgeben von Farnen, Skulpturen und tropischen Pflanzen. Axial schließt die zweischiffige, glasüberdeckte »Floral Hall« (13 x 53 m) an, die einachsig als Wintergarten-Promenade unter gläsernem Tonnendach weiterführt. Einst nur durch ein gußeisernes Geländer getrennt, umrundet sie den einige Stufen tiefer angelegten, hufeisenförmigen »Grand Pavilion« (47 x 23 m) als dessen Seitenschiff. Durchsetzt mit Pflanzen, mit Kopien von Canova, Gibson, Duret, Donatello etc., mit Büsten der königlichen Familie und bedeutender Musiker, endet sie – 240 m lang – im großen Vestibül, dem für Kutschen bestimmten zweiten Haupteingang der Anlage. In der offenen Verbindung eines Konzert-, Versammlungs- und Ballsaals mit erhöht umlaufender Promenade, wird die auf die »Ring of Folly Rotunda« zurückgehende Grundrißkonzeption zahlreicher Wintergärten wiederaufgegriffen. Von außen zeigt der Pavilion-Winter Garden die Charakteristiken eines Theaterbaues. Sein apsidiales Ende, das seitliche Vestibül und der massive Kernbau des Pavillons erinnern an Gottfried Sempers erstes Dresdner Opernhaus (1841) im Stil der Renaissance, während die Fassadenarchitektur der Promenade wohl Sempers zweites neobarockes Opernhaus von 1871 zum Vorbild hatte. Daher die scheinbare Zweigeschossigkeit mit dem massiven Sockelgeschoß aus Pilastern, Architrav und Gurtgesims, darüber eine Säulenbogenstellung auf Postamenten, in Blackpool aus Eisen. Sempers Architekturmotiv, die das Dachgesims durchbrechende, vorangestellte Bogennische mit Eingangsportal findet sich in Blackpool vierfach wiederholt wieder, wobei das Wintergartensymbol, die gläserne Rosette, den Bogen füllt. Semper war den englischen Architekten ein Begriff durch seine mehrjährige Tätigkeit in London in den fünfziger Jahren.

Lit.: The Building News, 1878, 52
The Illustrated London News, 1878, 66

Kat. W 40 ohne Abb.
BLACKPOOL, Lancashire
»*Indian Pier Pavilion*«, »*Tower Building*«,
»*The Big Wheel*«, »*Winter Gardens*«
1877-1929, mehrere Architekten
(Erhalten, in ständigem Wandel begriffen)

Um sich gegen die Konkurrenz des Wintergartens von 1878 behaupten zu können, ließ die Gesellschaft des North Piers von Eugenius Birch den »Indian Pavilion« errichten, eine nach indischen Tempelvorbildern verkleidete Eisenkonstruktion auf dem Pier-Kopf. Der bereits 1877 eröffnete Pavillon bot anspruchsvolle musikalische Unterhaltung. Den größten Erfolg neben den weiteren Attraktionen – die erste elektrische Straßenbeleuchtung (1879) und die wohl früheste elektrische Straßenbahn (1885), beide entlang der Strandpromenade – erzielte der dem Eiffelturm nachgebaute 158 m hohe eiserne »Tower« mit Lift und Besucherplattform, der aus einem türmereichen Baukomplex (85 x 52 m) emporwächst (1894 von Maxwell und Tuke). Zwischen seinen vier gespreizten Füßen ein Zirkus mit Wasserschau. Der dreigeschossige Bau enthält ein Aquarium, eine Menagerie, Affen- und Vogelhaus und die Roof Conservatories, eine zweischiffige verglaste Satteldachkonstruktion aus Guß- und Walzeisen. The »Big Wheel«, das eiserne Riesenrad von 75 m Durchmesser war die Antwort und das »Himmelszeichen« des Wintergarten-Managements. Es mußte 1928 abgerissen werden, damit dem »Empress Ballroom« (3.000 Pers.) und der »Indian Lounge« (500 Pers.) – beide 1896 auf der Landseite der Wintergarten-Promenade errichtet – weitere Großräume auf der Seeseite hinzugefügt werden konnten. The »Spanish Hall«, »Baronial Hall« und »Olympia« – sämtlich im Dach teilverglaste Eisenbauten mit architektonischen Steinfassaden, die noch die Aufschrift »Winter Gardens« tragen – verdrängten die letzten Flächen des ehemaligen Gartengeländes.

Lit.: Engineering, 3/1893, 338 , 5/1895, 658-661 (Pläne)
Blackpool Tower, 24.5.1899
Blackpool Gazette, 25.9.1891

Kat. W 41 Abb. 327-328
BERLIN
Wintergarten im Central Hotel
am Bahnhof Friedrichstraße
1878-1880 von v.d. Hude und Hennicke;
Eisenbau: Harzer AG
(Nicht erhalten)

Nach dem Vorbild der Londoner Termini Hotels entstand das nach dem Kaiserhof (1877) zweite Berliner Grand Hotel in Verbindung mit einem Bahnhof. In dem fünfgeschossigen Hotel (109 x 84 m) mit 550 Betten sollte nach Vorstellung der »Eisenbahn-Hotel-Gesellschaft« ein großes »Concert- und Gartenlokal« im Innenhof geschaffen werden. Als tieferliegendes, glasüberdecktes Wintergarten-Atrium (75 x 23 m) schloß es unmittelbar an die Säulenbogenstellungen der drei großen »Speise- bzw. Conversationssäle« an. Zu den »Festlokalitäten« für 3.000 Personen – in Berlin die einzigen in dieser Größe außer den Kroll'schen Sälen – führte eine doppelte Freitreppenanlage. Ihr gegenüber die »Concert- und Theaterbühne«, die nach der Umwandlung des Wintergartens in ein Varieté (1888) zur größten Bühnenöffnung Europas umgestaltet wurde (1928). Die Kopfseiten nahmen die Eingangshalle ein und das Restaurationslokal zum Stadtbahnhof hin. Darüber fünf Logen mit Balkonen. Um das 17 m hohe abgewalmte Dachgewölbe in Abstand von der Hofumbauung zu halten und seine Fachwerkbogenträger abzustützen, wurde der Deckenrand als 3 m ausladende, eine schmiedeeiserne Kragkonstruktion verbergende Voute ausgebildet, dem Dachüberstand eines Atriums vergleichbar. Ab 1900 verdeckte ein elektrischer Sternenhimmel das Glasgewölbe. Nichts mehr außer dem Namen »Wintergarten« erinnerte daran, daß in dem mondänen Varieté einst Kies den Boden bedeckte, daß auf Tropfsteinunterbauten mit verspiegelten Aquarien Palmengruppen wuchsen, ein Grottenbecken sich unter dem Treppenpodest ausbreitete.

Lit.: Zeitschrift für Bauwesen, 1881, 175-188

Kat. W 42 ohne Abb.
SCARBOROUGH, West Riding
»*The Spa Buildings*«
1858 von Joseph Paxton und Henry Stokes;
1878-1880 von Verity and Hunt
(Verändert erhalten)

Schon das erste, 1737 durch Erdbeben zerstörte »Spaw«-Gebäude war mit einer Musikgalerie, mit Billard-, Karten- und Spielräumen ausgestattet. Nach der Sturmflut von 1837 wurde H. J. Wyatt mit dem mittlerweile dritten Bau beauftragt, dem 1839 eröffneten »Gothic Saloon« mit Zinnen und oktogonalen Ecktürmen. Der Eisenbahnanschluß führte 1847 zur Erweiterung des »Saloons« und 1857 zum

Auftrag an Paxton und Stokes, eine »Music Hall« für 2.000 Personen zu errichten. Über ein Vestibül mit gläsernem *ridge-and-furrow*-Dach mit dem alten »Saloon« verbunden, entstand die »Music Hall« zwischen zweigeschossig umlaufenden Galerietrakten mit vier Ecktürmen. Ihr von Schichtholz-Bogenbindern getragenes Mansarddach wurde durch eine eingestellte Konstruktion gestützt, die wie das Emporengeländer aus reich ornamentiertem Gußeisen bestand und in ihrer 100 m langen Fortsetzung als »Veranda« noch heute zu sehen ist. 1876 brannte Paxtons Bau aus. Im Wettbewerbsentwurf für den fünften Neubau der »Spa-Buildings« übernahmen Verity und Hunt Paxtons Steinfassade samt eiserner Veranda als Südflügel einer doppelt so großen (74 m) symmetrischen Baugruppe. Anstelle des Mansarddaches überdecken nun eiserne, teilverglaste Aufbauten die von Balustraden gefaßten Dachterrassen. Theater, Bildergalerie, Lese- und Billardräume, ein Roof Conservatory und Dachcafé mit *ridge-and-furrow*-Strukturen sind zur »Grand Hall« hinzugekommen. Mit dem »People's Palace and Aquarium« von 1877 am anderen Ende der Cliff Bridge, ein byzantinisch-arabisches Stilgemisch, wurden weitere Attraktionen für nochmals 5.000 Besucher geschaffen: Ballsaal und Theater, Seehund-, Alligator- und illuminierte Fischbassins, Grotten, Vogel- und Affenhäuser und Schießstände.

Lit.: The Scarborough Gazette, 22.7.1858
    The Illustrated London News, 9/1876, 278; 1880, 170
    The Building News, 10/1877, 406

Kat. W 43   Abb. 329-330
GREAT YARMOUTH, Norfolk
Winter Garden
1880-1881 von J. Watson und W. Harvey (Architekten), M. am Ende (Ingenieur) für Torquay erbaut; 1903 in Great Yarmouth wiedererrichtet
(Erhalten)

Für 1.300 Pfund erwarb die Yarmouth Corporation den seit zwanzig Jahren ungenutzt in Torquay stehenden, einst zehnfach teureren Wintergarten aus Glas und Eisen. Per Schiff wurde er nach Great Yarmouth transportiert und dort am Strand, dem Wellington Pier gegenüber wiederaufgebaut, heute »The Tyrolean Beer Garden«. 1881 eröffnete ihn die »Torquay Aquarium, Winter Garden and Skating Rink Corporation« als Teil eines weit umfangreicheren Projektes von 1876, das mangels Zeichnung von Anteilen nicht verwirklicht werden konnte. Der auf dem Raster von 12 Fuß (3,66 m) entwickelte Bau zeigt einen von Pult- und Pyramidendächern überdeckten basilikalen Mittelpavillon anstelle der ursprünglich geplanten Vierungskuppel. Zwei Satteldachhäuser (8 x 5 Achsen) mit Laterne bilden das Längsschiff, während das kreuzende Querschiff auf zwei einachsige Eingangshallen beschränkt bleibt. Die genieteten Gitterbinder sind durch unterspannte Bogenträger mit dekorativen Zwickelfüllungen verstärkt, so daß der 18,30 m breite Raum stützenfrei bleibt. In den Giebelfassaden wird der letzte Binder – mit reicher Gußeisenornamentik gefüllt – sichtbar. Pilaster, aussteifende Gebälkzonen, Dachgesimse und flachbogige Archivolten in den Fassadenfeldern kennzeichnen das Glashaus als Architectural Conservatory.

Lit.: Engineering, 11/1880, 428 (Pläne)
    The Builder, 11/1876, 1.128
    A.T. Walmisley, Iron Roofs, Examples of Design, London 1884, 27-28

Kat. W 44   Abb. 331
LEIPZIG
»Krystall-Palast«
1881-1882 Vorprojekt und Ausführungsentwurf von C. Planer; 1891-1892 Wintergarteneinbau von Architekt Jäger
(Nicht erhalten)

Durch den Besitzerwechsel von 1847 hatte sich das alte Schützenhaus Schinkels in ein »Vergnügungsanwesen« verwandelt, das nach weiterem Geländeerwerb 1870 neu eröffnet wurde. Vom Trianon mit seinen Bühnen, Logen und Salons führte eine Pergola zu grotesk-phantastischen Bauwerken. Die maurische Veranda, das Felsentor mit Kettenbrücke, Ruinen, eisflimmernde Alpengipfel, Schweizerhaus und Drachenfels machten den »Pleasure Garden« – er erinnert an das Colosseum im Regent's Park (1829, 1845) – über die Grenzen Europas hinaus bekannt. Nachdem ein Feuer 1881 den Trianonbau zerstört hatte, entwarf Planer für einen neuen Besitzer den die volle Grundstücksbreite einnehmenden »Krystallpalast« (56 x 90 m). Im Zentrum der Anlage, zwischen Schützenhaus, Estraden mit Nebensälen und rückwärtigem Zirkus sollte der glasüberdeckte Wintergarten-Theatersaal als Einraumlösung, wie in Köln (1864) und – später – in Göggingen (1887) entstehen. Ausgeführt wurde nur eine weit kleinere Version mit Restaurations- und Theatersälen im Erd- und Obergeschoß ohne Pflanzen, wenn auch mit azurblau verglastem Muldengewölbe über dem von Gußeisensäulen getragenen Galeriesaal. Der Gartenfassade waren zwei gußeiserne Veranden übereinander vorangestellt, die sich in Kolonnaden – unten Rollschuhbahn, oben Dachpromenade – in die Tiefe des Gartens fortsetzten und ihn – nach dem Vorbild von South Kensington (1862) – wie ein Peristyl umrundeten. Mit der »Albert Halle« von Architekt Roßbach (1887), einem zwölfseitigem, 32 m hohen Kuppelbau aus Eisenkonstruktionen und »Monier Cement« erhielt der Peristylgarten seinen pompösen Abschluß. Die Übereinanderanordnung von Zirkus und Diorama mit Aussichtsplattformen und Treppenturm in der Mitte – hier von zwölf Ringpultfachwerken abgefangen – weist nochmals auf das Colosseum im Regent's Park hin. Von Planers Raumprogramm fehlte jetzt nur noch der Wintergarten, der schließlich 1892 als T-förmiges 50 m langes Atrium so zwischen Veranda und Kolonnaden eingefügt wurde, daß ein restliches Peristyl von 1.000 qm vor dem Portalbau der »Albert Halle« verblieb. Er enthielt die Königsloge und wurde von einem mächtigen Viergespann aus Zinkguß gekrönt. Sowohl in der Vielfalt des Raumprogramms wie in dem organischen Zusammenschluß von Schützenhaus, Saalbau, Wintergarten, Gartenhof und Zirkusbau durch das verbindende System der Kolonnaden, war der »Krystallpalast« ein in Deutschland unerreichtes Beispiel für die Idee des öffentlichen Wintergartens.

Lit.: The Builder, 6/1882, 715
　　　Illustrirte Zeitung, 1882, 365, 368 (Abb.); 1887, 377, 572 (Abb.)
　　　Handbuch der Architektur, 4. Teil, 4. Halbband, 1. Heft, 1885, 141-43; 1904, 234

Kat. W 45　　　　　　　　　　　　　　　　Abb. 332
PARIS
Eden Théâtre
1882-1883 von W. Klein und A. Duclos,
Vorprojekt von Kuhnen
(Verändert erhalten)

In den »neuesten Bühnenspielhallen ... ist der Zuschauerraum mit Wintergarten, Foyers, Bufett und Rauchsalon umgeben, die mit demselben einen einzigen, mit orientalischer Pracht ausgestatteten Raum bilden«, heißt es im Handbuch für Architektur über den im Rang der Konzertcafés und Singspielhallen stehenden Theatertyp. Auf die »Follies-Bergères« und das Brüsseler Eden-Theater von Kuhnen (1876) folgte das Pariser gleichen Namens an der Rue Boudreau. Man betritt das Vestibül, »dessen ganz in Stuck ausgeführte Architektur an die indischen, in den Fels gehauenen Tempel erinnert« und steht den als Basare hergerichteten, labyrinthischen Pfeilerhallen gegenüber. Zum Foyer emporsteigend, weitet sich der Raum zu den ineinander übergehenden vier Theatersälen. Zur Linken der mit Pflanzen, Felsen und Wasserkünsten ausgestattete Wintergarten (23 x 15 m). Dekoratives Sprossenwerk und Glasmalerei schmückte seine plastisch bewegte Lichtdecke, orientalische Bogenstellungen aus zierlichem Gußeisen die Wände, Fenster und Durchgänge. Von den Kapitellen sprossen Rankenkonsolen auf, die scheinbar einen Deckenfries aus gläsernen Gewölbekappen tragen. »Ganze Wände sind mit Spiegeln bekleidet, welche die exotischen Pflanzen, die ganze phantastische Formenwelt der indischen Innenarchitektur widerspiegeln und in das Endlose zu vervielfältigen scheinen.« Zur Rechten des von »Galeries Promenoirs« umschlossenen Theater-Oktogons von 25 m Durchmesser öffnete sich der »Indische Hof« auf 10 m Länge zum Himmel mittels einer verschiebbaren elliptischen Glaskuppel, um »im Sommer die Abendfrische genießen zu können«. 4.000 Personen konnten im Hause »circuliren, sich nach Belieben an der Vorstellung ergötzen, oder sich in den Nebenräumen der Erholung etc. hingeben«. Das indische Märchen wurde mit Hilfe einer ausgemauerten Eisenkonstruktion verwirklicht. Bis auf 27 m Höhe erhoben sich ihre genieteten Fachwerkstützen, um das komplizierte Skelett der Theaterkuppel, die ebenen Gitterträger des »indischen Hofes« und die verglasten Satteldachbinder des Wintergartens zu tragen, sämtlich den Blicken entzogen.

Lit.: Encyclopédie d'Architecture, 1883, 14-19, 89-90 (Abb.)
　　　Gazette des Architectes et du Bâtiment, 1883, 2-3
　　　Handbuch der Architektur, 4. Teil, 4. Halbband, 1885, 122-26

Kat. W 46　　　　　　　　　　　　　　　　ohne Abb.
MATLOCK BATH, Derbyshire
»The Pavilion«
1883-1884 von John Nuttall
(Nicht erhalten)

Mit dem 70 m langen Wintergarten aus Glas und Eisen am Hang des Flusses Derwent sollte die mit dem Bahnanschluß verloren gegangene Exklusivität des Badeplatzes wiedererweckt werden. Romantische Felsengruppen, eine Höhle und der attraktive

Terrassengarten ergänzten das typische Wintergarten-Programm: ein zentraler Konzertpavillon mit kreuzendem Promenadentrakt, Rauchsalon und Leseraum. Das Ganze – der Mode folgend und wegen der geringen Herstellungskosten – in Form und Bauweise eines Pflanzenhauses, aus dem jedoch die Pflanzen fast verdrängt waren. Im nördlichen der ummauerten Eckpavillons, der zum Farnhaus hergerichtet war, führten sie ein zurückgezogenes Dasein. Er zeigte, wie der mächtige Konzertpavillon, die gleiche Bauform: quer zur Längsachse stehend, mit abgeschrägten Ecken, von einem gebogten gläsernem Ringpultdach mit Satteldachlaterne überdeckt. Eine wirtschaftliche Fassadenlösung, die die Anpassungsprobleme zwischen Glaswänden und architektonischen Säulenbogenstellungen vermied, lassen die verbindenden Satteldachhäuser erkennen. Konstruktion und Verglasung wurden gegeneinander versetzt, ein Prinzip, das sich am Mittelpavillon auch zweigeschossig bewährt.

Lit.: A.B. Granville, The Spas of England, 1841, 68-76
The Building News, 20.12.1888 (Abb.)
B. Bryan, Matlock Manor and Parish, London 1903, 190-195

Kat. W 47 Abb. 333
LONDON, Battersea Park
The Albert Palace
1884-1885, Architekt unbekannt
(Nicht erhalten)

Die Namensgebung für die 300 m lange glaseiserne Baugruppe erinnert daran, daß nach dem Wunsch des Prince Consort ursprünglich hier das Weltausstellungsgebäude von 1851 errichtet werden sollte. Die ungeordnet gewachsenen »Pleasure Grounds«, die bis zu 40.000 Besucher anzogen, waren in einen öffentlichen Park verwandelt worden, mit großer Ulmenallee, einem vertieft angelegten Subtropischen Garten (1864), Felsenwerk und ornamentalen Wasseranlagen. Der mehrfach geänderte Entwurf für die Baugruppe zeigte zuletzt – wohl aus Kostengründen – die Aneinanderreihung zweigeschossiger Einzelbauten aus Glas und Eisen, die auf einer Terrasse über breiter Promenade stehend, durch einheitliche Traufhöhen und Brüstungsbänder zusammengefaßt wurden, während darüber Tonnen-, Satteldächer und basilikale Kuppeln abwechselten. Für den östlichen Ausstellungsbau wurde die demontierte Konstruktion des Wintergartentraktes vom Ausstellungspalast in Dublin (1865) wiedererrichtet und damit die Traufhöhe der gesamten Baugruppe bestimmt. Sein apsidial endendes Querschiff durchbrach als einziger Bauteil die lange Bauflucht. Erfrischungsräume und Speisesäle, Kunst- und Bildergalerien verteilten sich entlang der zum See orientierten zweigeschossigen Südfassade. Nur die vom Giebel her erschlossene, zentrale »Connaugh Hall« mit Orchesterbühne, Orgel und Auditorium für 5.000 Personen war jedoch ein wirklicher Neubau. Der zweite Bauabschnitt im Westen, die symmetrische Dreiergruppe aus den Zentralbauten von Conservatory und Hippodrom, die ein in die Tiefe gestelltes Vogelhaus flankieren, kam nicht mehr zur Ausführung, da der finanzielle Erfolg ausblieb und das Unternehmen schon nach drei Jahren schließen mußte.

Lit.: J.J. Sexby, The Municipal Parks, Gardens and Open Spaces of London; their History and Associations, London 1905, 1-23
The Illustrated London News, 6/1884, 638

Kat. W 48 ohne Abb.
FOLKESTONE, Kent
Winter Garden des Royal Pavilion Hotels
1885 von J. Weeks & Co, Horticultural Engineers
(Nicht erhalten)

In dem vielbesuchten Seebad ließ die South Eastern Railway Company an ihr Hotel einen 51 x 16 m großen Wintergarten anbauen, der über einen Glaskorridor mit dem Hotel und über drei Eingangsvestibüle mit der vorbeiführenden Gartenpromenade in Verbindung stand. Für eine einfache Baukonstruktion waren sieben Schiffe mit abgewalmten *ridge-and-furrow*-Dächern Seite an Seite aneinandergebaut, das mittlere breiter und höher als die anderen und von einer oktogonalen Laterne gekrönt. Den hölzernen Fassadenpfosten vorangestellte dekorative Gußeisenpilaster trugen über Architrave ein scheinbares Attikageschoß, dessen dekorative Sprossenteilung offensichtlich farbig verglast war. Fortlaufende Firstbekrönungen und Konsolen unter dem Dachgesims vervollständigten das vorgeblendete architektonische Erscheinungsbild des Wintergartens. Auf niedrigem Mauersockel waren – wie in der Spätzeit üblich – die Baustoffe Holz, Eisen und Glas zu einer wirtschaftlichen Bauweise miteinander verbunden, wobei Holz als anpassungsfähige und isolierende Tragekonstruktion, Walzeisen für das filigrane, viel Licht bei wenig Auskühlung durchlassende Sprossenwerk und Gußeisen für serielle dekorative Bauglieder, für Verbindungselemente und Beschläge – wohl nach Katalog – Verwendung fanden.

Lit.: Journal of Horticulture and Cottage Gardener, 6/1885, 506

Kat. W 49   Abb. 272-275

GÖGGINGEN bei Augsburg

Gesellschaftshaus, Wintergarten und Sommertheater der Orthopädischen Anstalt Friedrich von Hessings

1885-1886 von Jean Keller

Siehe Prototypen, S. 227

Kat. W 50   Abb. 276-280

LONDON

The People's Palace for East London

1886-1892 von E. A. Robson

Siehe Prototypen, S. 233

Kat. W 51   Abb. 334-336

PARIS, Bois de Boulogne

Le Palais d'Hiver im Jardin d'Acclimatation

1892-1894 von Emile Bertrand

(Nicht erhalten)

Mit der Erweiterung der »Grande Serre« (1861) und den repräsentativen Zubauten im Westen, die zusammen die komplexe, 130 m lange Baugruppe des »Palais d'Hiver« bilden, entwickelte Bertrand die gerade im Leipziger »Krystallpalast« verwirklichte Wintergarten-Idee der Rundum-Promenade weiter. So fügte er der dreischiffig überdeckten Flußlandschaft einen 4 m breiten Umgang auf erhöhtem Niveau hinzu, dessen offene Flanken er im Süden durch das 8 m breite Kalthaus für Mimosen und Kamelien abdeckte, im Norden durch sechs apsidial endende kurze Warmhäuser für spezielle Pflanzenarten und einer »Serre Salon« (Glashaus-Salon) als Leseraum in der Mitte. Das Ganze überspannten Glasgewölbe aus selbsttragenden Falzleisten zwischen Rinnenträgern, die von gußeisernen Rohrsäulen unterstützt und entwässert wurden. Das Palmarium kreuzend – ein Steinbau (50 x 22 m) mit eiserner Empore und Parallelfachwerken unter gläsernem Walmdach – setzten sich beide Promenaden entlang Salons, Vestibül, Café, Restaurant rund um den Konzert- und Festsaal – wie im Pavilion von Blackpool (1878) – fort.

Hier fand die dekorative Eisenanwendung in Treppen, Galerien, in mächtigen Fachwerkkonsolen unter filigran ausgeschmückten Glas-Spiegelgewölben, in Bogenstellungen und Laternen ihren Höhepunkt. Wie die »Grande Serre« war auch der vertieft liegende Konzertsaal längs wie quer über Stufen an den Rundgang angeschlossen, der in der Vogelgalerie zwischen Volièren im Papageiensaal sein Ende fand. Freitreppen führten zum Aquarium im Untergeschoß mit seinen zwanzig Süß- und Seewasserbecken.

Lit.: The Builder, 3/1860, 204
    L'Illustration, 1860, 251-252; 267-268; 1861, 135-138
    Guide du Promeneur au Jardin Zoologique d'Acclimatation, 1865, 11-19
    Le Génie Civil, 8/1894, 257-259; 11/1895, 65-67 (Abb.)
    La Construction Moderne, 6/1892, 416

Kat. W 52   Abb. 337-338

ANTWERPEN

Jardin d'Hiver im Jardin Zoologique

1894-1897 von Emile Thielens

(Erhalten)

Entlang der Eingangspassage erhebt sich hinter einer eisernen Veranda das neobarocke, von zwei Ecktürmen flankierte »Palais des Fêtes« mit dem in Eisen konstruierten Konzertsaal. Der hochaufragende, im dreiachsigen Sockelgeschoß und zwischen einer Kolossalordnung verglaste Steinbau des Jardin d'Hiver begrenzt die Baugruppe zum Garten hin. Zwei der vier mächtigen Mauerwerkspfeiler setzten sich – nach Thielens Entwurf – in einer die Attika überragenden Archivolte fort und umschlossen einst eine verglaste Fächerrosette. Auf der Gartenseite dominiert ein Mittelrisalit, dem eine ummauerte Apside mit zweigeschossiger Fensterfassade und gläserner Halbkuppel angefügt ist. Filigrane Hängewerke unterstützen das aussteifende System von Walzträgern unter den abgewalmten Satteldächern und die Vierungsdiagonalen über dem kreuzförmigen Grundriß, so daß das Licht nahezu ungehindert in den nach der freien Natur gestalteten Innenraum eindringen kann: ein von Bäumen umstandenes Tal mit Teich, Grotte und gewundener Wegeführung. Über breite Fenster ist das Vestibül des Musée d'Histoire Naturelle zum benachbarten Wintergarten geöffnet und mit der umlaufenden Wartungsgalerie verbunden.

Lit.: Zoo, Revue Editée par la Société Royale de Zoologie d'Anvers, 5/1968; 4/1969

Kat. W 53 Abb. 339-340
PAU, Basses-Pyrenées
Casino-Jardin d'Hiver
1896-1898 von Emile Bertrand
(Erhalten, im Bereich des Wintergartens umgebaut)

Für das Casino sah man die Anlagen von Spa und Vichy als Vorbild an. Hinzu kam der Wintergarten zum »Zirkulieren, um unter exotischen Pflanzen sitzend Musik zu hören, ein wahrhaftes Sanatorium auch für die Kranken, wie es die Ärzte fordern«. Bertrands 1895 vorgelegtes Projekt eines 142 m langen »Palais d'Hiver«, das zwischen 34 m hohen Campanile-Aussichtstürmen den gebogten Wintergarten aus Glas und Eisen, nach Westen den Festsaal, im Osten den großen Spielsaal zeigt, dazu Salons für Konversation und Lektüre, ein Restaurant und Café, wurde nur im Mittelteil verwirklicht. Bertrands Entwurf für die Baugruppe im Pariser Jardin d'Acclimatation vergleichbar, umrundete in Pau eine Promenade unter 13 m hohem Ringgewölbe die von sechzehn Gußeisensäulen getragene, nur wenig höhere Zentralkuppel. Sämtliche Glasgewölbe des elliptischen Wintergartens, auch die Gewölbesättel der Ringarkade waren spitzbogig, deren selbsttragendes, filigranes Stabwerk an Loudons frühe Konstruktionen erinnert. Trichterförmig senkten sich je vier Gewölbeflächen zu den auffangenden quadratischen Einlaufwannen über den Säulenkapitellen, zum Ende des Jahrhunderts eine Glas-Eisen-Struktur von selten gewordener Schönheit. Unter dem von schlanken Säulen getragenen 7,50 m ausladenden gläsernem Vordachkranz lag die äußere Wandelbahn, von wo man den Blick auf die schneebedeckte Gebirgskette der Pyrenäen genießen konnte.

Lit.: H. Faisans, Maire, Exposé sur la Construction d'un Palais d'Hiver, (Sitzung des Conseil Municipal de Pau, 27.3.1894, 3-19)
G. Madaune, Le Palais d'Hiver au Parc Beaumont, Rapport présenté dans les Séances 6.-8.4.1895

Kat. W 54 Abb. 341-342
GLASGOW, Schottland
The People's Palace, Glasgow Green
1897-1898 von A.B. Mac Donald, City Engineer
(Erhalten)

Der im ältesten der sechzehn städtischen Parks dank Bürgerbeteiligung errichtete Palace »sollte das Leben der hart arbeitenden Bevölkerung erhellen«. Bis zu 2.000 Personen besuchten die Konzerte im funktional gestalteten Wintergarten aus Eisen. Das begleitende Raumprogramm – Museum, Bibliothek, Leseraum und Kunstgalerie – befand sich im massiven architektonischen Vorgebäude: ein dreigeschossiger, durch Risalite gegliederter Museumsbau mit gläserner Kuppel, an dessen Rückseite T-förmig das von Pultdächern und einem Satteldach überdeckte basilikale Glashaus anschließt. Seinem apsidialen Ende, wie den Langseiten sind kurze Eingangs-Satteldachhäuser mit gläsernen Fächerrosetten vorangestellt. Gebogte Übergänge zum Obergaden und eine Lüftungslaterne prägen das Mittelschiff. Die innenliegende Konstruktion aus walzeisernen Bogen- und Parallelfachwerken und I-Profilpfetten wird von Gußeisensäulen über dekorativ ausgefachte Konsolbögen getragen.

Lit.: Scotland's Magazine, 9/1962, 40-43
D. Mc Lellan, Glasgow Public Parks, 1894, 9-40

Kat. W 55 Abb. 343
MATLOCK BANK, Derbyshire
Winter Garden und Fernery (Farnhaus)
in »Smedley's Hydro«
1901, wahrscheinlich von George Statham
(Erhalten, verändert genutzt)

Vom Bauernhof mit Selbstversorgung über Spiel-, Lese-, Rauch- und Billardräume bis zu Sportstätten und einer Kirche reicht das Raumprogramm, das John Smedley den Patienten seiner hydropathischen Anstalt bot, dem der orthopädischen in Göggingen durchaus vergleichbar. Der fehlende Wintergarten wurde 1901 hinzugefügt und für Konzerte, Tanzvergnügungen, gymnastische Übungen und zur Erholung genutzt. Einige Kübelpalmen ausgenommen, hatten sich die Pflanzen in ein rückseitig angebautes Farnhaus zurückgezogen. Der Baukörper aus kreuzendem Längs- und Querschiff mit Giebelrisalit, krönender Kuppel über achteckigem Tambour, aus wechselnden Sattel- und Walmdächern mit und ohne Laternenaufbau wirkt vielgestaltig, ein Eindruck der sich durch die architektonischen Fassadenstrukturen noch verstärkt. Portalmotive mit Giebelverdachungen zwischen Rechteck- und Korbbogenfenstern füllen die von Eckpilastern und Gebälk gefaßten Fassaden. An den Giebelseiten täuschen scheinbare Frontispize mit gesprengten Segmentgiebeln Mehrgeschossigkeit vor. Dennoch sind es nur wenige, seriell gefertigte Elemente, aus denen sich in wechselnden

Anordnungen die in Mischbauweise – Holz, Guß- und Walzeisen – konstruierte Fassade zusammensetzt.

Lit.: The Matlock Companion and Illustrated Tourists' and Visitors Guide, 1883, 46
B. Bryan, Matlock Manor and Parish, London 1903, 221-231
L. du Garde Peach, John Smedley of Matlock and his Hydro, Derby 1954
(Derbyshire County Council, Library Matlock)

Kat. W 56 Abb. 344
KOPENHAGEN
Palmehavn in der Ny Carlsberg Glyptotek
1904-1906 von Vilhelm Dahlerup
(Erhalten)

Für die 1880 dem Staat geschenkten Sammlungen des Gründers der Carlsberg-Brauerei – J.C. Jacobsen – wurde 1892-1897 von Dahlerup im Stil der Neorenaissance der U-förmige Museumsbau errichtet, dessen Hof er 1906 in einen Wintergarten verwandelte, gleichzeitig mit dem rückwärtigen Erweiterungskomplex von H. Kampmann. Das innere Grundrißquadrat im glasüberdeckten Atrium-Hof der Glyptothek, das unmittelbar an das axiale Eingangsvestibül anschließt, ist von einer Kolonnade aus zwölf von Palmenkapitellen geschmückten, hohen Gußeisensäulen umschlossen, über denen sich die Pantheonkuppel mit kräftiger, verglaster Kassettenstruktur und einem Opaion im Scheitel wölbt. Ihr reich profilierter mächtiger Ringarchitrav ruht auf der Pfeilerbogenstellung des Tambours auf. Zum architektonischen Charakter des eingestellten Kuppelbaues kontrastiert die glas-eiserne Ingenieurstruktur über der restlichen Hoffläche, flache Bogenfachwerke unter Pultdächern, die in einen oktogonalen, den Kapitellen aufliegenden Gitterträger-Rost münden. Die Raum-im-Raum Wirkung der freistehenden Kuppel wird so einprägsam betont. Eingefaßt von den architektonischen Steinfassaden der zweigeschossigen, Ausstellungssäle enthaltenden Hofumbauung, beleben Palmen, Wasserbecken, Statuen, Promenaden, Pflanzenflächen und Ruheplätze das glasüberdeckte Atrium, ein spätes, vollkommenes Beispiel des öffentlichen Wintergartens, der in ein komplexes Raumprogramm integriert ist.

Lit.: La Construction Moderne, 9/1896, 67

Wiederkehr der Glasarchitektur

Die fortschreitende Verstädterung und der Traum vom Garten Eden, den die Glasarchitektur auf ihre Weise zu verwirklichen sucht, beschäftigen die Baukunst auch heute noch. Während die Architektur aus Glas und Eisen nach der Jahrhundertwende im Gewand des Jugendstils, des Expressionismus und des Internationalen Stils zu einem neuen Höhenflug ansetzte, fand die Mode des Wintergartens vorerst keine Fortsetzung. Zu seinem Rückzug aus dem öffentlichen und privaten Raumprogramm nach nahezu einhundert Jahren hatten die gesellschaftlichen Veränderungen und die Notzeiten der beiden Weltkriege beigetragen. Die gewandelte Naturauffassung zeigte sich der exotischen »Wildnis unter einer Glasglocke«[1] überdrüssig. Auch die glasüberdeckten Atrien der Banken, Börsen und Warenhäuser mit ihren aufwendigen Treppenanlagen, einst als Lichthöfe für die großen Bautiefen, zu deren Erschließung und zur Repräsentation geschaffen, verloren mit der Einführung des elektrischen Lichts und des strombetriebenen Aufzuges ihren eigentlichen Sinn; der dekorative Überschwang war stilistisch überholt. Die neuen Verkehrsmittel, Auto, Bus und Straßenbahn, das gewachsene Angebot an Werbung, Läden, Galerien und Straßencafés machte die großen Flanier- und Einkaufsstraßen zum neuen Erlebnisraum, Kino und Varieté ersetzten den Unterhaltungswert der Wintergärten.

Den Veränderungen der realen Lebensgrundlagen lief eine Vielzahl geistiger Erneuerungsbewegungen parallel, die sich im Bruch mit der Vergangenheit, des Historismus, einig waren. Es lag nahe, hierzu auf das immaterielle Gegenbild zum monolithischen Steinbau, auf die fortschrittliche Glaseisenbauweise des 19. Jahrhunderts zurückzugreifen und gegen die Leerformeln des eklektizistischen Formenkanons das noch unverbrauchte Vokabular von Naturvorbildern zu setzen. Der Jugendstil (1890-1910) bietet in Bauweise und Architektur Beispiele genug für eine solche Wiedererweckung des Pflanzenhaus-Phänomens. Das Eisen, sonst konstruktives Bauglied, machten die Ästheten des Art Nouveau zum Träger phantastischen Rankenwerks und schließlich zur vegetativen Komposition selbst. In den von sprießenden Pflanzenstengeln getragenen gläsernen Blütenkuppeln, die Victor Horta für das Brüsseler Hôtel Hassel (1893) und für verschiedene Stadthäuser schuf, hatte sich das Glashaus von einer transparenten Hülle zur floralen Kunstform gewandelt, die auch ohne lebende Pflanzen die Idee des Wintergartens – seine erste Wiedergeburt – verkörpert. Noch heute fasziniert der zentrale Lichthof der Pariser »Galeries Lafayette« (1906 von Chédanne) mit seinem auf die Raumgrenzen übergegangenen, zur eisernen Dekoration erstarrten Pflanzenschmuck.

Der formal-ästhetischen Erneuerung durch Glas, Eisen und Ornament steht die von England ausgehende Gartenstadtbewegung gegenüber, die versucht, der fortbestehenden Unwirtlichkeit der Metropolen durch weiträumige Vorstädte zu begegnen. Das hygienische, das »soziale Grün« trat an die Stelle der auf engen Raum beschränkten künstlichen Wintergarten-Oasen der People's Palaces, die einst durch mehr Kultur die Lebensumstände in den Elendsquartieren zu bessern trachteten.

E. Howard entwarf 1898 das Schema einer kreisförmigen Garden City, deren grünes Zentrum ein gläsernes Ringgebäude umrundet, Paxtons Idee des »Great Victorian Way« (1855) und die Tradition der Glaspassagen wiederaufgreifend. Nach Howards Plänen entstand 1902 in Letchworth die erste Gartenstadt. In Deutschland forderte Leberecht Migge »für jede Werkstatt 10 und für jede Esse 100« der neuen Schrebergärten, die sich als »Ehrenkranz ... um die lärmende Stadt legen«[2]. Le Corbusier wollte das Problem der »Stadtwildnis« durch deren Abriß lösen und sie durch »Turmhäuser« in einer Parklandschaft ersetzen (1920). Um auch mit komfortablen »Immeubles-Villas« (1922) ins Stadtinnere vordringen zu können, verwandelte er die horizontale in eine weniger flächenaufwendige vertikale Gartenstadt, die durch »hängende Gärten« charakterisiert ist und bereits einen Hotel- und Dienstleistungsservice vorsah. Die schließlich 1947-52 bei Marseille errichtete, auf »Pilotis« schwebende »Unité d'Habitation« für 1.500 Personen – ein Schiff im »Meer des Grüns« – ist 157 m lang und 56 m hoch. Größe, Dachaufbau und ein »Zwischendeck« für Läden und Gemeinschaftseinrichtungen erinnern an einen Ozeandampfer, dessen Funktionalität und sachlichen Stil Corbusier seit jeher bewundert hatte. In der autarken »Wohnmaschine« lebt der Hang des 19. Jahrhunderts zum komplexen Raumprogramm fort, wie ihn Hector Horeaus »Infiorata«-Wohnprojekt (1868) mit seinem kulturellen und kommerziellen Angebot so eindrucksvoll zeigt. Paßte sich dieses noch den gewachsenen Stadtstrukturen an, indem es ein Straßengeviert füllte und das Grün als Wintergarten in seine Mitte nahm, so stehen Corbusiers Solitäre allein auf weiter Flur. Sie sind nicht mehr architektonische Fassung eines Garten-, Straßen- oder Platzraumes, sondern haben das unbegrenzte Kontinuum des Landschaftsraumes zur Voraussetzung; ein Verlust an Urbanität.

Hatten solche Denkmodelle eine Veränderung der Kulturlandschaft zur Folge, suchten andere durch eine Erneuerung der Architektur auf die Gesellschaft selbst einzuwirken. Paul Scheerbart (1863-1915), Kritiker der bürgerlichen Welt, Dichter und Utopist, befaßte sich schon vor der Jahrhundertwende mit moralischen, technischen und ästhetischen Aspekten der »Glaskultur«, die den Menschen durch das Leben in lichten Räumen »vollkommen umwandeln« und ihn »auch in ethischer Beziehung bessern« könne[3]. Dem künstlichen, porenfreien Glas, das gegenüber den Naturprodukten Holz und Stein nicht durch Fäulnis, Schwamm und Verwitterung zerstört werden kann und so gleichsam die Unvergänglichkeit des menschlichen Geistes symbolisiert, rechnete er weitere seiner Qualifikationen zu: Kristallene Reinheit, Schwerelosigkeit, Transparenz und Immaterialität.

Scheerbarts Vorbild war »der gotische Dom, das Präludium der Glasarchitektur«, der den Innenraum mit gläsernen Farbtextur-Wänden umhüllt, ihn schattenfrei in dynamisches »Farbenlicht« taucht. Schon das 19. Jahrhundert hatte den »Kathedralstil« auserkoren, um in seinem Gewand die offenen Flanken der Glashäuser zu bekleiden, wenn diese menschlicher Nutzung – wie z.B. im Ausstellungsbau – dienen sollten. Damals glaubte man noch, auch die alten Architekturelemente und -gliederungen wiederbeleben zu müssen, um dem Vorwurf des »nackten Eisenbahnstyls«, der noch nicht als Ingenieurarchitektur empfunden wurde, zu entgehen. Hinter Mauerwerksgiebeln, opaken Satteldächern und Kuppeln, hinter Bogennischen, Serien uniformer Einzelfenster und Rosetten – so im Londoner Alexandra Palace I (1868) – ging jedoch die stilistische Einheit der Glasarchitektur verloren. Sie wiederzuerwecken und von der Stufe der Ingenieurbauweise auf die eines Gesamtkunstwerkes zu heben, war das erklärte Ziel Scheerbarts und der ihm nachfolgenden Architektengeneration, Bestrebungen wie sie noch das Weimarer Bauhaus als Schule für »Gestaltung, Architektur und Handwerk« bei seiner Gründung (1919) vertrat.

Scheerbart legte seine Gedanken in den 111 Thesen des Buches »Glasarchitektur« (1914) nieder. Es war Bruno Taut gewidmet, der sich 1918 mit gleichgesinnten Architekten, Malern und Schriftstellern zu einer Zelle der »Novembergruppe« zusammenschloß. Im Kreis der »Gläsernen Kette« (1919-1920) verfolgte man sozialutopische Ideen, tauschte Texte, Entwürfe und Skizzen farbig ausgeschmückter Glasbauten mit Titeln wie »Volkshausgedanke, Stadtkrone, Sternhaus, Zukunftskathedrale und Kristalltempel«. Taut sah darin »Utopien ... imaginärer Architekten«, die sich als »Vorbereitende« empfanden[4], nicht jedoch als Verfasser einer »nützlichen Architektur«. Im »gebauten Kristall«, der – wie Paxtons Crystal Palace (1851) – den für Dach und Wand gleichermaßen geeigneten Baustoff Glas zur Voraussetzung hat, in prismatischen lichtbrechenden Strukturen fand man zur abstrakten, der Malerei des Kubismus auf das Engste verwandten Formensprache. Wiederum hatte die Materialeinheit Glas in der Außenarchitektur die skulpturale Baugestalt aus einem Guß, in der Innenarchitektur den »Hellraum« möglich gemacht.

Bruno Tauts Pavillon der Glasindustrie auf der Kölner Werkbundausstellung von 1914, ein der Ananas in Form und Struktur nachgebildeter, farbig verglaster Kuppelbau, trug einige von Scheerbarts burlesken Glashaus-Versen: »Ohne einen Glaspalast ist das Leben eine Last. Das bunte Glas zerstört den Haß. Das Licht will durch das ganze All und ist lebendig im Kristall«. Zum Bau eines solchen Glaspalastes kam es jedoch nicht. Nur zwei Jahre, von 1918-1920 blieb die »Novembergruppe« zusammen, dann löste sie sich mangels realer Bauaufgaben auf. Statt einer mystischen »Kathedrale des Lichts« errichtete Walter Gropius 1925-1926 den sachbezogenen Werkstättentrakt des Bauhauses in Dessau, ein Prototyp des funktionalen Stils mit vorgehängter, über Eck geführter Glasfassade. Es war die gleiche Umkehr, die ihn 1923 im Bauhausbuch erklären ließ: »Wir wollen den organischen Bauleib schaffen, ... aus innerem Gesetz heraus ohne Lügen und Verspieltheiten«. Noch im ersten »Bauhausmanifest« vom April 1919, dem Feiningers Holzschnitt des »gebauten Kristalls« vorangestellt war, beschwor er den »Bau der Zukunft, der ... einst gen Himmel steigen wird als kristallines Sinnbild des neuen kommenden Glaubens«. Mit ihm vollzog eine ganze Architektengeneration den Wechsel vom Kultur- und Heilsbringer, vom Expressionismus der Nachkriegszeit zum Stil der »Neuen Sachlichkeit«: Taut, Poelzig, die Gebrüder Luckhardt, Bartning, Meyer, Mendelsohn, Hilbersheimer, Oud, Scharoun und Mies van der Rohe.

In ihren Werken lebte die die Baukunst revolutionierende Glaseisenarchitektur fort, noch immer ein Fundus unausgenützter funktioneller und ästhetischer Möglichkeiten. Im Hochhaus z.B., dem neuen Bautyp, der seine Existenz der hohen Belastbarkeit des Eisens und seiner Zusammenfügung zum vielgeschossigen tragenden Eisenskelett verdankt. Es macht die Massierungen von Mauerwerk überflüssig und läßt das Bauvolumen ins Unermeßliche ansteigen. Einhundertzehn Geschosse sind im Sears Tower von Chicago (1974) 443 m hoch übereinander gestapelt, als sollten sie den seit Babylon angestauten Höhendrang der Baugeschichte befriedigen. Im Wolkenkratzer werden die Probleme großstädtischer Verdichtung gelöst, er verleiht der City dominierende Gestalt. Es lag nahe, die aufgetürmten Eisenkäfige – wie dereinst die der Pflanzenhäuser – mit Glas zu umkleiden, da es doch besser als Stein geeignet ist, der aggressiven Stadtluft zu widerstehen.

Schon seit den zwanziger Jahren stand im gezogenen »Maschinenglas« hierfür ein industrielles Massenprodukt, im »Curtain Wall« ein Jahrzehnt früher, die nichttragende, vorgehängte Fassade zur Verfügung. Mußten die Glastafeln anfangs noch geschliffen und poliert werden, um die Qualität des verzerrungsfreien Spiegelglases zu erzielen, so entfiel diese Nachbehandlung mit der englischen Erfindung des »Float Glases«, die 1958 das Verfahren des Belgiers Fourcault ablöste. Im »Curtain Wall«, dem Verkleidungssystem für tafelförmige Ausfachungen, konnten schließlich die Vorteile des Montagebaues und der Materialeinheit Glas aus der Ära der Pflanzenhäuser auf den Geschoßbau übertragen werden. Denn eingefärbt, beschichtet oder verspiegelt, ist das Glas auch für opake Anwendung vor Wänden und Brüstungen geeignet. Seine Vielseitigkeit macht es zum Baustoff ohne Konkurrenz und begründet die zweite Glanzzeit der Glasarchitektur.

Schwerelos gleitet in den Faguswerken (1911 von Gropius und Meyer) das mit Glas und Brüstungstafeln ausgefachte Sprossenwerk an den Geschoßdecken vorbei. Noch sind es vertikale Bahnen, die von eisernen Gebäudestützen unterbrochen werden. Im Halladie Building, San Francisco (1918 von Polk) und im Werkstättentrakt des Dessauer Bauhauses (1926 von Gropius) treten auch diese hinter die transparente Fassade zurück. Der über Eck in freier Aufteilung strukturierte Glaskubus, die technische Lösung für die Visionen vom »gebauten Kristall«, ist möglich geworden. Das Thema dieser Fassaden ist nicht mehr die Schichtung des aus Mauerwerk gefügten Massivbaues, das Verhältnis von Stütze und Last, in Szene gesetzt durch das Stakkato der Lochfassade. Es ist auf die Funktion einer flächenfüllenden, von stabilisierenden Pfosten und Riegeln durchzogenen Verkleidung beschränkt, die Licht und Luft hereinlassen, Kälte und Feuchtigkeit zurückhalten soll. Den abstrakten Charakter der gerasterten Vorhangfassaden und die hieraus erwachsende Bedeutung der Umrißlinie und des skulpturalen Effekts haben die gläsernen Menschen-Silos des 20. Jahrhunderts mit den gebogten des 19. Jahrhunderts für Pflanzen gemeinsam.

Beispielhaft für das strukturelle wie für das skulpturale Gestaltungsprinzip und für die allseitige Anwendung des »Curtain Wall« sind Mies van der Rohes noch ganz dem Expressionismus verhafteten programmatischen Glashausentwürfe von 1921 und 1922: der eine für ein 20geschossiges Hochhaus von prismatischer Form – für den Berliner Wettbewerb »Turmhaus am Bahnhof Friedrichstraße« – der andere für ein 30geschossiges mit »gekurvten Umrißlinien«. Mies nimmt hierin zwei Entwicklungslinien vorweg, die in der Glasarchitektur bis in die Gegenwart fortwirken. Während für das »gekurvte« Hochhaus aufgrund von Modellstudien »das Spiel der erstrebten Lichtreflexe«[5] bestimmend war, sollte das Glas im ersten Entwurf vollen Einblick gewähren, um den »überwältigenden Eindruck der hochragenden Stahlskelette« und der Deckenscheiben nicht zu zerstören. Obwohl es zu dieser Zeit in Deutschland kein vergleichbares Hochhausprojekt gab, übersprangen Mies Architekturrezeptionen die der 50jährigen Hochhausentwicklung in den USA. Denn die frühen eisernen Skelettbauten der Chicago School, die nach dem großen Brand von 1871 errichtet wurden, stellten sich in zahlreichen Ausmauerungsvarianten noch als konventionelle Steinbauten mit Einzelfenstern dar.

Mies nannte das konstruktive Prinzip seiner offenen Glasarchitektur »Haut- und Knochensystem«[6], das Paxton achtzig Jahre früher am Beispiel des »Great Stove« in Chatsworth mit »Tisch und Tischtuch« verglich. Auch in seinen ausgeführten Werken behielt er die Material und Struktur freilegende offene Architektur bei, den steinernen Pflanzentempeln Nashs, wie den eisernen Pflanzenkäfigen danach durchaus vergleichbar. Wiederum sollte das Glas die Grenzen zwischen Innen und Außen »vergessen machen«, sei es in Mies' Barcelona Pavillon (1929), wo raumhohe Verglasungen das freie Spiel der Decken- und Wandscheiben unmerklich in ein Drinnen und Draußen scheiden, oder sei es das Farnsworth Haus (1946-50), das – vom Gelände abgehoben und rundum wie eine Vitrine verglast – Boden- und Deckenplatte zwischen vier Stützenpaaren schwebend zeigt.

Selbst in seinen Chicagoer Wohntürmen (Lake Shore Drive, 1951), 26geschossige, in Glas ausgefachte Eisenskelette, demonstrierte Mies die volle Raumöffnung ins Freie.

War man in den Wohnräumen des 19. Jahrhunderts bemüht, den Licht- und Schattenwurf der von Fensteröffnungen durchlöcherten Außenwand mittels Gardinen und Portieren in mildes Dämmerlicht umzuwandeln – in der Abschirmung des privaten Lebens gleichsam den harten Existenzkampf draußen leugnend – so bewirkte der Fortfall von Sturz, Brüstungen und »Wandpausen«[7] den schattenlosen Hellraum der »Neuen Sachlichkeit«. Ein früher Vorläufer ist die zentrale »Sala« des venezianischen Stadthauses (15. Jahrhundert), deren Kopfwände gänzlich in Säulenbogenstellungen aufgelöst sind. Sie holen das Licht herein und lassen es an Wandfresken entlang fluten. Ebenfalls beidseitiges Streiflicht, lediglich durch eine Wandpause für den Kamin unterbrochen, hellt die Seitenwände der begleitenden Wohnräume auf. Die Säulen, Archivolten und das gotische Maßwerk der mehrteiligen venezianischen Arkade schirmen dennoch gegen den Außenraum ab, ein Effekt, der den Glasausfachungen der modernen Lake Shore Apartments abgeht. Nur unzulänglich suchten die Bewohner mit Hilfe von Vorhängen die unerwünschte Durchsichtigkeit, Kälte, Hitze und Lichtfülle zu korrigieren.

Scheerbart empfahl die schon in den Pflanzenhäusern des 19. Jahrhunderts verwendete »doppelte Glaswand ..., da die Luft einer der schlechtesten Wärmeleiter ist«. Gegen Einblick und die »Erhöhung der Lichtintensität« sollte das farbgemusterte Glas schützen. Heute erfüllen mehrscheibige Isoliergläser mit einer getönten, reflektierenden Metallbedampfung sämtliche Zwecke auf einmal weit effektiver, wenn auch weniger künstlerisch. Allseits die Fassaden der geometrischen Solitärbauten bedeckend, wirken die Reflexionsgläser – erstmals von Saarinen am Bell Telephone Laboratories Research Center in New Jersey (1962) angewandt – als Spiegel von großstädtischem Format, der aus der Fußgängerperspektive mehr vom Himmel, von den Wolken in Farbe, Bewegung und wechselnder Helligkeit zeigt, als vom gebauten Gegenüber. Scheinbar kehrt so die Natur in die unwirtliche Metropole zurück, eine Wirkung, wie sie einst von den Miniaturlandschaften unter Glas, den öffentlichen Wintergärten ausging. Niemand kann sich der suggestiven Kraft des Spiegeleffektes entziehen, der die Wahrheit gestapelter Bürozellen durch Naturmotive überspielt, der Weiträumigkeit vortäuscht, dort, wo die bedrängende Baumasse in Wirklichkeit Halt gebietet. Die Vorstellungen Mies van der Rohes vom »Spiel der erstrebten Lichtreflexe« suchten die Architekten Schipporeit, Heinrich Associates – einst Schüler von ihm – in der gläsernen Kurvatur des Lake Tower von Chicago (1968) zum Leben zu erwecken. Für den zweiten Nachbau des »Turmhaus«-Entwurfes im Herzen Londons fehlt es noch an der Zustimmung der Behörden. Weit dramatischer wirken die »gekurvten Umrißlinien« des exklusiven Bonaventure Hotels in Los Angeles (1977 von Portman). Fünf verspiegelte Glaszylinder schießen wie Festungstürme über einem blockhaften Unterbau 30 bzw. 37 Geschosse hoch abweisend gen Himmel. Eintausendfünfhundert Gästeräume sind in der metallisch schimmernden Zwingburg untergebracht.

Noch eine dritte Entwicklungslinie der Glasarchitektur ist in Mies van der Rohes Werken begründet: die Umkehrung des »Haut- und Knochensystems« mit der nach Außen, vor die Glashaut verlegten Konstruktion, wie sie z.B. das Farnsworth Haus zeigt. Vor der raumhohen Verglasung der Crown Hall des Illinois Institute of Technology (1952-56) stehen Rahmen, die Dach und Wände übergreifen im Wechsel mit eisernen Zwischenstützen. Sie gliedern den strengen Glaskubus im Groß- und Kleinmodul, eine strukturbetonte neoklassizistische Architektur. Wiederum kann das 19. Jahrhundert hierzu Prototypen vorweisen: die außenliegenden Konstruktionen des Jardin d'Hiver von Laeken, der Palmenhäuser von Schönbrunn und des botanischen Gartens von Berlin, wie sie in formaler Übersteigerung hundert Jahre später zum Inbegriff spektakulärer High-Tech-Strukturen aus Glas und Eisen werden sollten. Als Beispiele seien Pianos und Rogers Pariser Centre Pompidou (1977) und Fosters Hongkong Bank (1986) genannt. Kaum könnte der Kontrast zur Glätte der uniformen Spiegelfassaden des skulpturalen Glashaustyps größer sein.

Scheerbarts Vision, »die Erdoberfläche würde sich sehr verändern, wenn überall die Backsteinarchitektur von der Glasarchitektur verdrängt würde, ... als umkleidete sich die Erde mit einem Brillanten- und Emailschmuck«, hat bereits in den USA ihre Verwirklichung gefunden: funkelnde Solitäre aus Glas, deren kubische, prismatische, sphärische und pyramidale Formen weder Fenster, noch Brüstungen, noch Wände erkennen lassen. Deren skulpturale, strukturelle oder postmoderne Architektur von den Gesetzen der Geometrie, der Statik, vom historischen Zitat, nicht jedoch von ihren Inhalten bestimmt ist. Sie erst scheinen die ästhetischen Entwürfe der »Gläsernen Kette« zu verwirklichen. Auch wenn jenen damals gesellschaftpolitische Ziele unterlegt waren, der expressionistische Habitus, das Pathos auf Alpengipfeln, die Introvertiertheit der »Kristallbauten«, alles das ist – als seien die Beweggründe austauschbar – auf die Architektur der Wettbewerbsgesellschaft übergegangen.

Lichtblitze aussendend und Autorität heischend, suchen die gläsernen Trutzburgen sich gegenseitig zu übertrumpfen, wie einst die mittelalterlichen Geschlechtertürme Oberitaliens. Rundum wachen tausende von spiegelnden Augengläsern, die immerwährende Präsenz demonstrieren, selbst jedoch den Einblick verwehren. Noch des nachts täuschen sie lichterfüllte Betriebsamkeit vor. Denn auch die modernen »Clans« wollen ihren Machtbereichen im Kampf ums Überleben, um die Gunst des Publikums für ihre Produkte, dynamisches Profil geben. Nicht mehr durch Zinnen, Wehrgänge und Pechnasen, sondern mit den Mitteln aggressiver Werbung: durch aufgetürmte Baumassen, die von der Potenz des Unternehmens zeugen und durch das Aufsehen erregende Design von morgen.

Zum bloßen Überbleibsel von solchen Individualbauten geworden, hat der öffentliche Freiraum an städtebaulicher Qualität, an Maßstäblichkeit, Dialog und Raumgestalt verloren. Der rollende Verkehr entwertete ihn vollends und löste die »neue« Unwirtlichkeit der Städte, die des 20. Jahrhunderts aus. Zwei Entwicklungen, die an urbane Vorbilder aus der Zeit vor dem Auto anknüpfen und sich des Glasbaustoffes bedienen, sollen sie heilen: das »fußläufige« Netz öffentlicher Verkehrs- und Freiräume einerseits und die sich von der Straße abwendende Atriumkonzeption städtischer Großbauten andererseits. Beide erinnern sie an die Reaktion, die ein Jahrhundert früher der Mode des privaten und des öffentlichen Wintergartens den Weg bereitete. Damals holte man die Natur in die unter der Industrialisierung leidenden Metropolen zurück und schuf den an die städtischen Bedürfnisse angepaßten glasüberdeckten Garten, der vom Wetter und von der Jahreszeit unabhängig macht. Heute ist ein zweites Netz des öffentlichen Freiraumes im Entstehen, das sich von der Zwangsehe mit dem Fahrverkehr befreit hat und die Annehmlichkeiten einer Promenade und eines Spazierweges bietet. Statt durch Wald und Flur führt es den Fußgänger vorbei an Ware und Kultur, dem gebauten Angebot der Großstadt. Wiederum wird es wertverbessernd unter Glas genommen: als wettergeschützte Mall und Fußgängerzone, als Einkaufszentrum, Passage, Ladengalerie und Piazza. Die allmählich zusammenwachsenden gläsernen Dachlandschaften sind geradezu ein Charakteristikum für die Lebensadern und Kristallisationspunkte der modernen Massengesellschaft. Der öffentliche Raum wird aus Tiefgaragen, Busbahnhöfen und Bahnstationen gespeist und erschließt in den USA – Fahrschneisen überbrückend und die Ebenen wechselnd – auch die Hochhausgiganten der City, indem er – wie im IDS-Center, Minneapolis – mitten durch ihre glasüberdeckten Zentralhöfe, ihre Atrien hindurchführt.

Die Grundstücksgrenzen maximal ausnützend, hat der kompakte Atriumbau die flächenaufwendigen Vorplätze, Vorfahrten und Eingangsanlagen aus ihrer angestammten Rolle verdrängt, wodurch die Bauhöhe verringert und der Ort repräsentativer Selbstdarstellung in das »ungestörte« Gebäudeinnere als kunstvoll inszenierter »Hellraum« verlegt werden konnte. Entgegen dem abweisenden Charakter der gerasterten Fassaden, die großstädtische Maßstäbe aufgreifen, wartet die Innenarchitektur umso mehr mit einer auf den Menschen bezogenen Material-, Detail- und Formenvielfalt auf. Gegen die Straßenschluchten, gegen die Nachbarbebauung sich abschließend, wie das antike Vorbild, wenden sich Hotelappartements, Verwaltungsräume, Einkaufsetagen, Schul- und Universitätstrakte, ja sogar Wohnungen wie die Ränge eines Theaters dem im Tageslicht schimmernden Großraum, dem Atrium zu. Ob als Entrée, zentraler Verkehrsraum, Lichthof und Klimapuffer für die umschließenden Galeriegeschosse genutzt, als klimatisierte Platzanlage, die in den Hochhäusern der USA zum Knotenpunkt für öffentliche und private Verkehrsmittel wird, ob als Erlebnisraum oder als bepflanzter Naturraum sich darstellend, immer steht das Atrium im Zentrum eines komplexen Raumprogramms. Seine Verwandtschaft mit dem öffentlichen Wintergarten des 19. Jahrhunderts, den schmuckverglasten Lichthöfen der Börsen, Banken und Warenhäuser ist unverkennbar.

In der ersten Hälfte unseres Jahrhunderts fand die Atriumidee nur in wenigen Bauten eine Fortsetzung. Das wegen trister Nachbarschaft nach dieser Konzeption erbaute frühe Larkin Building in Buffalo, New York (1904) und das späte spiralförmige Guggenheim Museum, New York City von 1959, beide von Frank Lloyd Wright, zählen hierzu. Mit Portmans wirtschaftlich so erfolgreichem Regency Hyatt Hotel in Atlanta und dem als Firmenrepräsentation beeindruckenden Ford Foundation Building in New York von Roche und Dinkeloo, beide von 1967, begann die Ausbreitung dieses fortan nicht mehr wegzudenkenden Bautyps. Seine Variationsfähigkeit reicht vom linearen Atrium des Eaton Centers, Toronto (1977-79 von Bregman, Hamman/Zeidler), das an die Einkaufspassage des 19. Jahrhunderts anknüpft, über die mehrfach übereinandergesetzten, einseitig belichteten Atrien von Hochhäusern bis zum gerade fertiggestellten State of Illinois Building, Chicago, von Murphy/Jahn, das eine gewaltige, über Dach schräg abgeschnittene Atrium-Rotunde zeigt, die durch alle Geschosse des gläsernen Tortenstückes getrieben wurde. Der 1975-77 von Cesar Pelli in New York errichtete Wintergarten »Niagara Falls« soll in einer abbruchreifen Gegend aufgrund seiner Attraktivität Geschäftsleute anregen, ihn als »pre built atrium« zu umbauen, um so einen toten Stadtteil wiederzubeleben.

Wie in Amerika orientierte sich die auf Europa übergreifende Bewegung an urbanen Vorbildern: Innenstraßen durchziehen als glasüberdeckte Promenaden und optische Leitlinien die Schul-, Universitäts- und Einkaufszentren, verbreitern sich zum Forum, dem lichtdurchfluteten Mehrzweckraum. Glasarchitektur prägt Bürger- und Vergnügungszentren, Bade- und Bürolandschaften. Nicht nur das Tropenhaus im Botanischen Garten von Dortmund wird von Glaskuppeln aus genormten Stabwerken überdeckt, sondern ebenso ein Fernheizwerk (1968). Schon zur Mode geworden, gehören Dachpflanzenhäuser zur Wohnanlage der Dokumenta Urbana in Kassel, geben Wintergartentürme den Ferienappartements in Scheveningen ein luxuriöses Ambiente. Daß man den Geist der Pionierzeit wiederbeleben möchte, beweist die häufige Übernahme ihres Erkennungsmotivs, der gläsernen Halbtonne mit Giebelrosette vom Querschiff des Crystal Palace (1851). Die »Galleria« der Frankfurter Messehallen (1982 von Ungers) wie auch das »Labour Conservatory« genannte Civic Center in Chester Le Street sind hierfür Beispiele. »Crystal Palace« heißt der Eingangsbereich des 305 x 235 m großen Glaspalastes »Convention Center« in New York (1986 von Pei), den ein filigranes Raumfachwerk in Weiterentwicklung von Paxtons ridge-and-furrow-Dachstruktur überdeckt. In die Tradition des berühmten Palmenhauses von Kew mit den ersten gebogenen Walzprofilen (1844-48) stellte der Architekt Arup die 140 m lange, gebogte Liverpool Festival Hall (1984), mit ihren 300 to Stahl ein Leichtgewicht angesichts der 60 m überspannenden, kalt gebogenen Eisenkonstruktion. Für Frankreich sei das »Forum des Halles« (1979 von C. Vasconi) auf dem Gelände der alten Pariser Markthallen genannt, das von den Glaseisenfronten eines unterirdischen Ladenzentrums umschlossen wird. Wie die Galerietrakte von Rohaults berühmter Pflanzenhausgruppe im Jardin des Plantes (1835), gleicht der zweifach gebogte Frontquerschnitt einem Wasserfall, der in zwei Stufen – hier vom Straßenniveau zum vertieft angelegten Forum – herunterfällt.

Den kraftvollen Impulsen, die vom Glashaus des 19. Jahrhunderts auf die Architekturentwicklung ausgegangen sind und die auch noch im 21. Jahrhundert wirksam sein werden, steht dessen nicht geringere Rolle als Initiator neuer Technologien gegenüber, welche die ökologischen Probleme einer wachsenden Erdbevölkerung und gestiegener Komfortansprüche lösen sollen. Für jeden der vier ökologischen Kreisläufe – Luft-, Wasser-, Energie-, Materialhaushalt – hält das Glashaus technische Lösungen bereit, wobei jenen, die sich mit der Nutzbarmachung der Sonnenenergie befassen, das größte Interesse zukommt. Denn sie verbrauchen weder Rohstoffe noch belasten sie die Umwelt durch schädliche Abbauprodukte. Die heutige Solararchitektur, deren Konzepte zur Anwendung des »Glashauseffektes« und der Methoden der Wärmespeicherung Legion sind, basiert auf den im 19. Jahrhundert entwickelten Baulösungen. Sie befaßt sich mit der sog. »passiven« Nutzung der Sonnenenergie, die auch in nördlichen Breiten eine gute Effektivität erreicht, wenn mit dem Gewinn an Energie eine Verbesserung des Wohnwertes in Wintergärten, Pufferräumen und Atriumlösungen einhergeht.

Auch »aktiven« Systemen, schon technische Apparaturen, liegt der Glashauseffekt zugrunde. Seien es Sonnenkollektoren, die Luft oder Flüssigkeiten als Wärmeträger aufheizen, oder aufsteigende Luft, die – unter ausgedehnten Glasflächen erhitzt – im Kamin eines Aufwindkraftwerkes Turbinen antreibt. In günstig gelegenen Erdregionen haben sie die Grenze zur Wirtschaftlichkeit schon erreicht. Es ist zu hoffen, daß die konkurrierende Technologie der Photovoltaik, der Direktumwandlung von Sonnenenergie in elektrischen Strom es ebenso weit bringt. Auf der Grundlage einer lichtempfindlichen Photozelle, der Solarzelle, deren aktives Element Silizium – wie Glas – dem unerschöpflichen Rohstoff Sand entstammt, wurde dieses Verfahren für die Raumfahrt entwickelt.

Damit wären auch weitere Voraussetzungen für die sog. »Orbital City«[8] geschaffen: ein Weltraum-Atrium, das für »erdgleiche« Tage auf einer geostationären Bahn geparkt ist, eine gewaltige zylindrische Struktur, die zur Erzeugung von Schwerkraft um ihre Achse rotiert. Licht, Wärme und elektrischer Strom kommen von der Sonne, auf welche die Endverglasung der Struktur ausgerichtet ist, während am entgegengesetzten Ende der Shuttle-Verkehr zur Erde andockt. Versorgungseinrichtungen und Gebäudesubstanz mit eingeschnittenen Straßen und einer Parklandschaft auf den Dächern umschließen die Atrium-Rotunde so, wie einst die Hohlwelt-Theorie die Welt sah: nach innen gekehrt.

Noch immer erweist sich die »introvertierte« Atrium-Konzeption als die beste aller Baulösungen, wenn es sich zu behaupten gilt gegen die Unwirtlichkeit des »Draußen«, seien es die Gassen der antiken Welt oder die durch Industrie und Verkehr geschädigten Städte des 19. und 20. Jahrhunderts, sei es die Menschenfeindlichkeit des Weltraumes, doch hoffentlich nie die einer zerstörten Umwelt auf Erden. Unter Glas genommen bietet das vom Tageslicht erhellte, klimatisierte Atrium dem Menschen als exotischem Wesen im Kosmos die gleichen Überlebenschancen, wie sie Pflanzenhäuser für die aus ihrer Heimat entführten Palmen, Orchideen und Baumfarne bereithalten. Jeweils gilt es das artgemäße Klima mit Hilfe des »Glashauseffektes« künstlich zu erzeugen, wobei die Symbiose von Mensch und Pflanze auch im Weltraum-Atrium beibehalten werden muß, soll dort der Aufenthalt von Dauer sein. Denn die Pflanzen dienen nicht nur als Nahrung, sie erzeugen auch Sauerstoff und nehmen das entstandene Kohlendioxid auf.

Eine solche sich selbst erhaltende Miniwelt unter Glas, die sog. »Biosphere II« ist in der Sonora-Wüste von Arizona im Entstehen. Vergleichbar dem von seiner Lufthülle umschlossenen sonnenbetriebenen »Raumschiff Erde«, verbinden sich hier Elemente des funktionalen Glashauses (Klima) und des Wintergartens (Environment), denen – als Höhepunkt der Glashaus-Entwicklung – erstmals das zum Überleben im Weltraum erforderliche Ökosystem hinzugefügt werden soll: Mensch, Tier, Pflanze und Mikrobe, Sonnenlicht, Luft und Wasser, Landschaft und Ozean. Das Experiment soll zeigen, ob in einem »nur« 9.000 m^2 großen Glashaus die Lebensprozesse in allen ihren Wechselwirkungen auf Dauer im Gleichgewicht gehalten werden können, wenn von »draußen« nur das Sonnenlicht hinzukommt. Das Überlebensmodell wird im Dezember 1989 auf zwei Jahre hermetisch verschlossen, hinter Bewohnern, die wie für die Arche Noah ausgewählt erscheinen. Einst noch irdische Visionen Loudons finden hier ihre späte Verwirklichung, obschon das Experiment, sollte es gelingen, weit spektakuläreren Visionen – der NASA – den Weg bereitet: Die Errichtung von Biosphären auf anderen Planeten.

Anmerkungen:

1 A. Lichtwark, Blumenkultus. Wilde Blumen. Berlin 1902, S. 70
2 L. Migge, Die Gartenkultur des 20. Jahrhunderts, Jena 1913, S. 7-8
3 P. Scheerbart, Glasarchitektur, in: Neuausgabe Reihe Passagen, München 1971, S. 98
4 Aus dem Prospekt zur »Ausstellung unbekannter Architekten«, Berlin 1919, in: B. Taut, Frühlicht 1920-1922, Bauwelt Fundamente, Berlin 1965
5 Mies van der Rohe über Hochhäuser, aus: Frühlicht, Heft 4, Magdeburg 1922
6 Mies van der Rohe nach S. Giedion, in: Raum, Zeit, Architektur, Ravensburg 1965, S. 357
7 Die geschlossene Wandfläche zwischen Tür- oder Fensteröffnungen. Nach E. Hubala, Venedig, Stuttgart (Reclam) 2. Auflage 1974
8 R. Saxon, Atrium Buildings, London 1983, S. 68

Abbildungen

Historisches Erbe

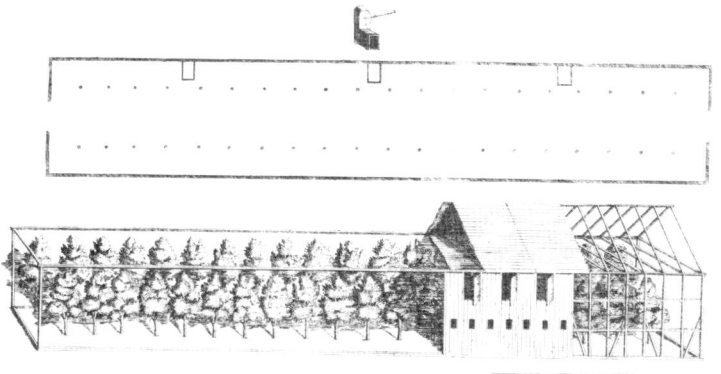

1   Salomon de Caus, Abschlagbares Orangenhaus im Heidelberger Hortus Palatinus, 1620

2   Villa Monastero, abschlagbare Orangerie, undatiert; heutiger Zustand wohl aus der 2. Hälfte des 19. Jahrhunderts

3   Wien, Unteres Belvedere, Großes Pomeranzenhaus (abschlagbare Orangerie), Anfang 18. Jahrhundert

Historisches Erbe

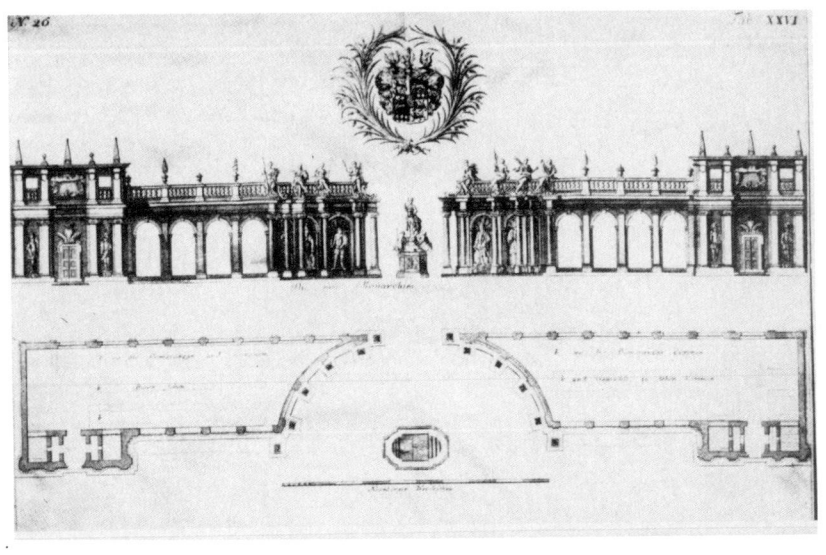

4 Versailles, Schloß, Terrassenorangerie, 1688
5 Gaibach, Orangerie, 1700
6 Weikersheim, Orangerie, 1719-23

Historisches Erbe

7 Margam Park, South Wales, Orangery, 1786-90 von Antony Keck

8 Chatsworth, Derbyshire, »The Duke's Greenhouse«, 1698 von W. Talman

Historisches Erbe

9 Warwick Castle, Warwickshire, Orangery, 1784-87 von William Eborall

10 Woburn, Bedfordshire, »The Greenhouse«, als Skulpturengalerie genutzt, 1787-88 von H. Holland

11 Weston Park, Staffordshire, »Temple of Diana«, 1765 von J. Paine

Historisches Erbe

12 Bowood House, Wiltshire, Orangery, 1769-70 von Robert Adam

13 Belmont Park, Kent, Conservatory, als Orangery (ohne Dachverglasung) erbaut, 1790 von Samuel Wyatt

14 Frampton Court, Gloucestershire, »Gothick Orangery«, ca. 1750 von William Halfpenny

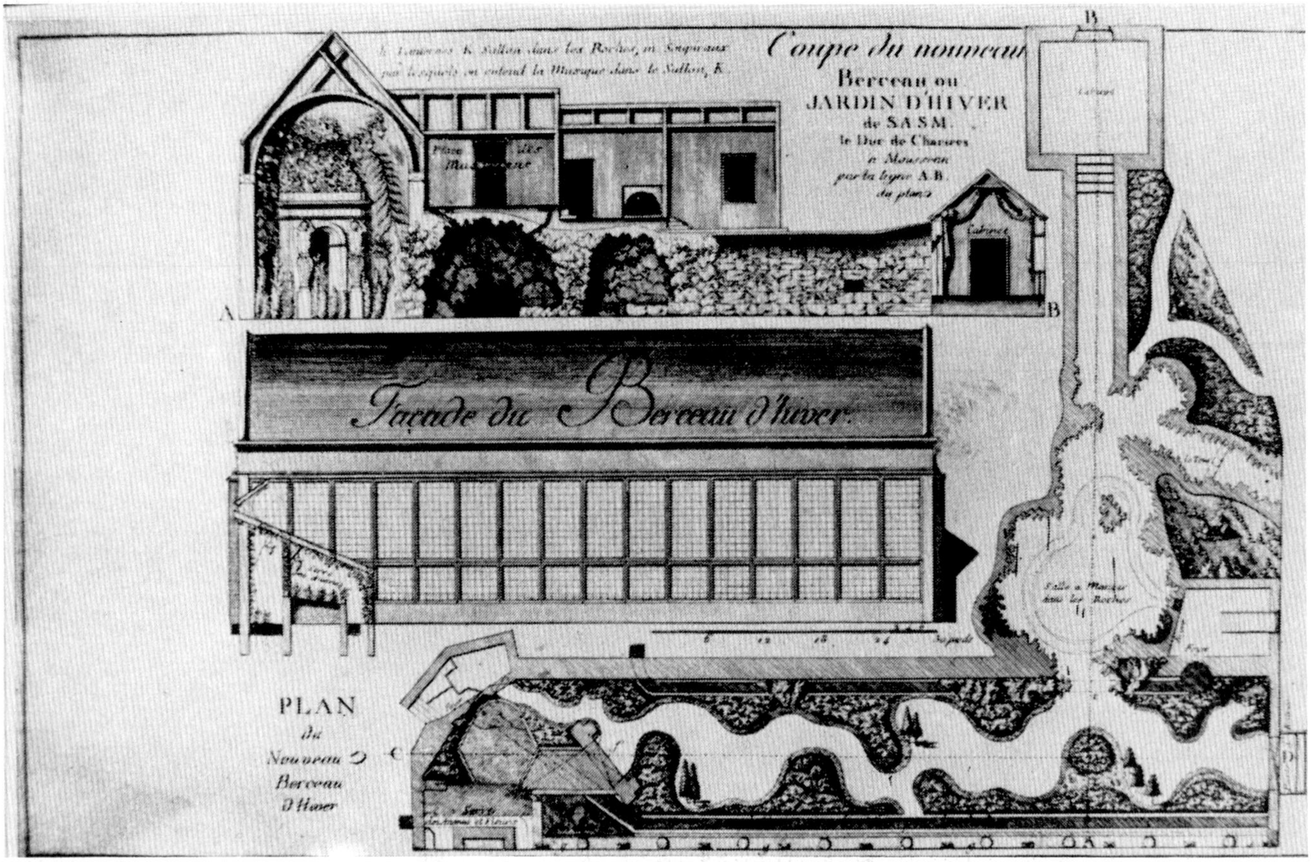

Historisches Erbe

15 Paris, Parc de Monceau, Jardin d'Hiver des Duc de Chartres, 1773-78 von L. C. de Carmontelle

16 Stuttgart, Schloß Hohenheim, »Eisernes Haus«, 1791 von R. F. Hr. Fischer

Historisches Erbe

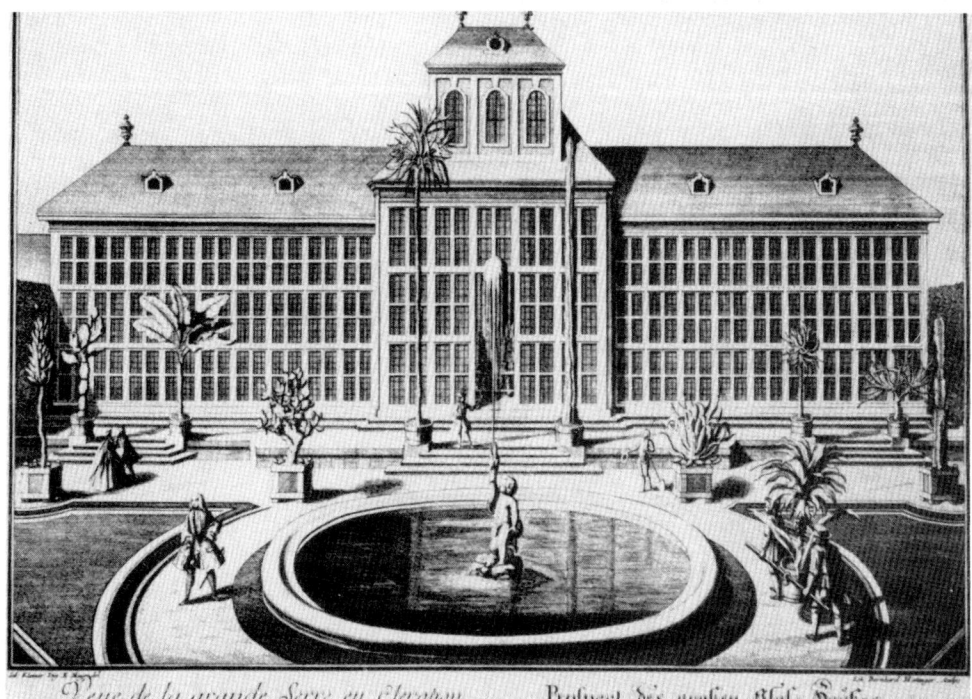

17 Stoneleigh Abbey, Warwickshire, Conservatory, als Orangery (ohne Dachverglasung) erbaut ca. 1770

18 Wien, Unteres Belvedere, Großes Glashaus, vor 1731

19 Schwöbber, Großes Glashaus des Barons von Münchhausen, vor 1714

Historisches Erbe

20 Salzburg, Schloß Hellbrunn, Glashaus mit Schwanenhals (Sonnenfanghaus), ca. 1740

21 Seligenstadt, ehem. Abtei, Glashaus mit Schwanenhals (Sonnenfanghaus), ca. 1760

Private Pflanzenhäuser - Prototypen

22 The Grange, Hampshire, »The Architectural Conservatory«, 1824-25 von Ch. R. Cockerell, Ansicht - Herrenhaus und Conservatory - von Südosten

23 The Grange (wie 22); Conservatory, Innenperspektive

23a The Grange (wie 22); Conservatory, Außenperspektive

Private Pflanzenhäuser - Prototypen

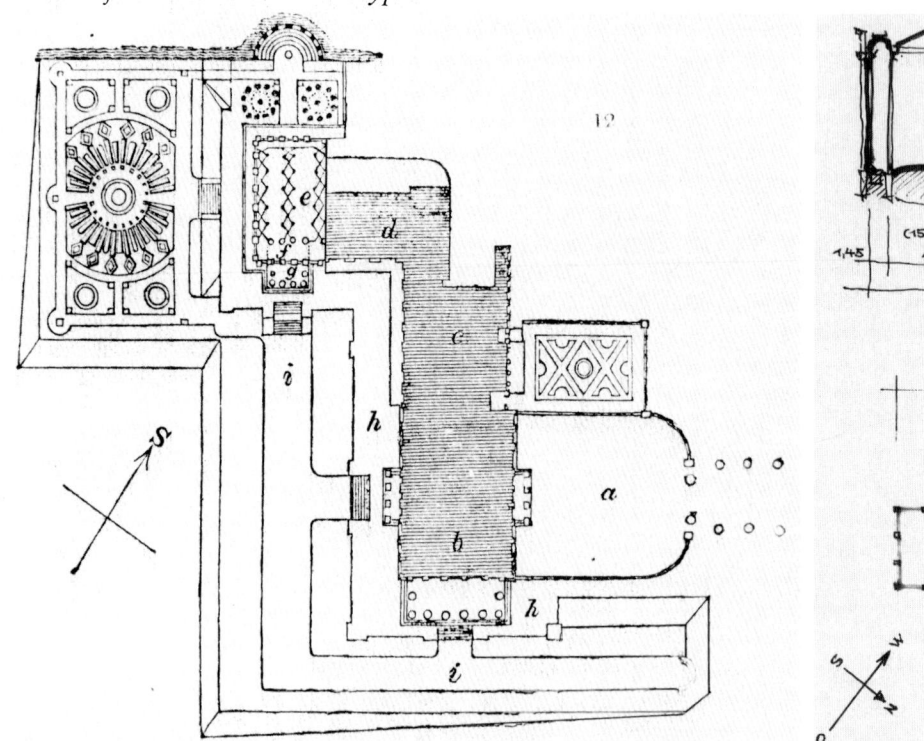

24 The Grange (wie 22); Herrenhaus und Conservatory, Gesamtgrundriß

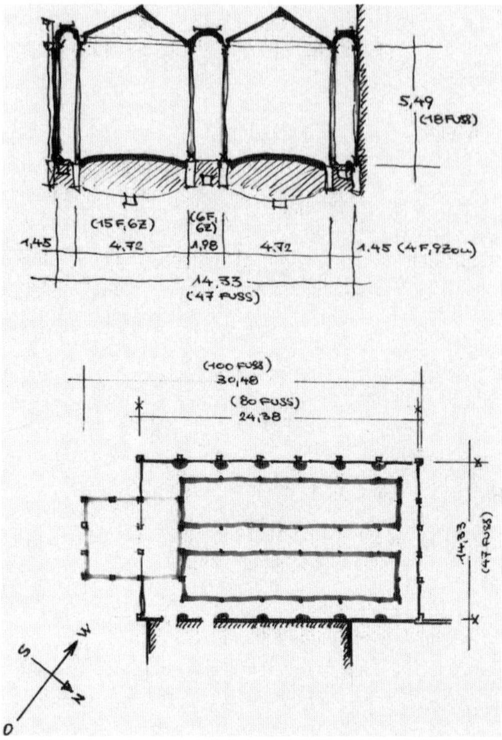

25 The Grange (wie 22); Conservatory, Grundriß und Schnitt (Skizze Ullrich)

26 Syon Park, Middlesex, The Great Conservatory, 1827-30 von Ch. Fowler; Grundriß und Gesamtansicht

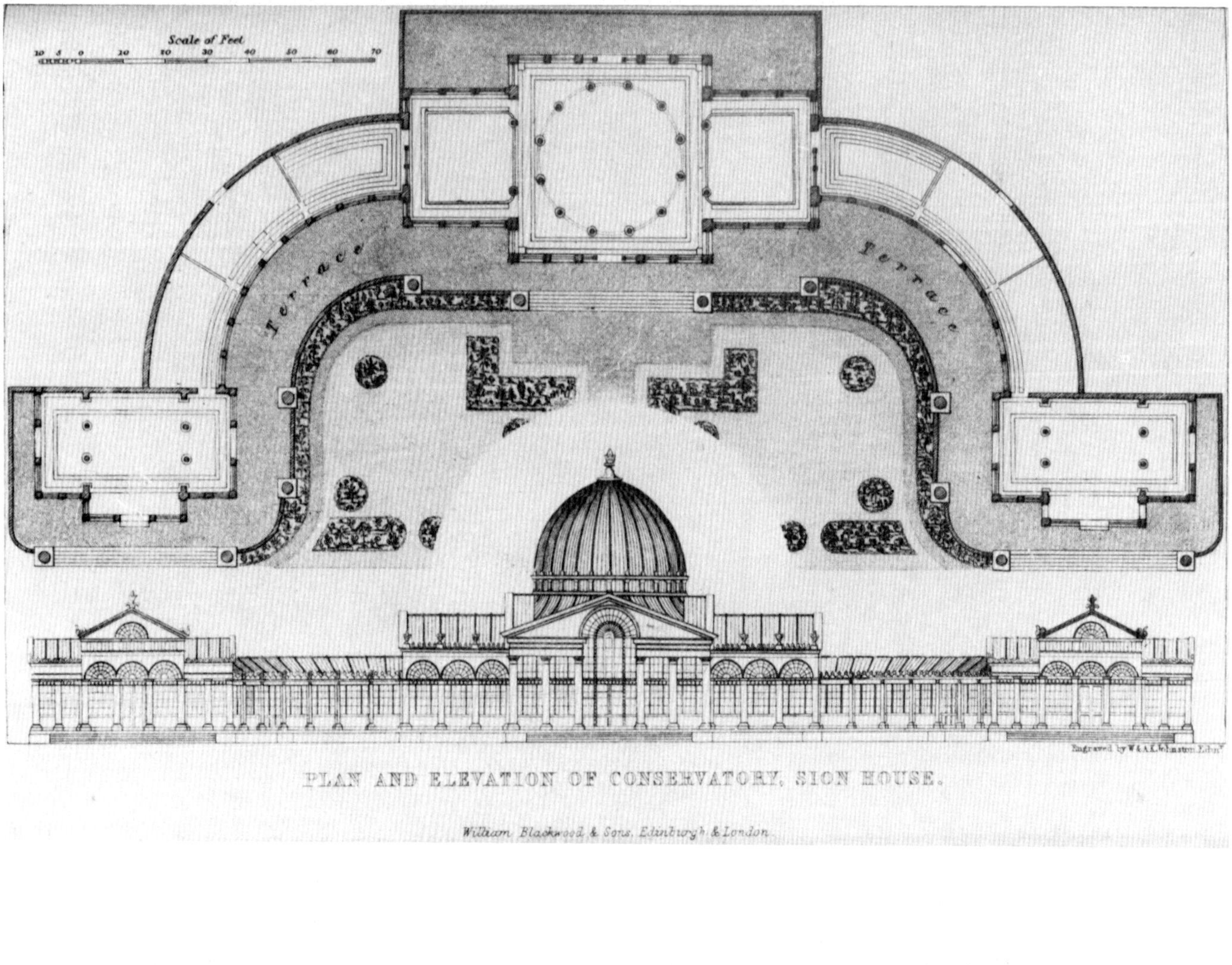

Private Pflanzenhäuser - Prototypen

27 Syon Park (wie 26); Conservatory, Ansicht vom östlichen Teil der Baugruppe

28 Syon Park (wie 26); Conservatory, Ansicht des Zentralbaues

Private Pflanzenhäuser - Prototypen

28a Syon Park (wie 26); Conservatory, Innenperspektive

Private Pflanzenhäuser - Prototypen

29 Syon Park (wie 26); Conservatory, Innenansicht vom Mittelpavillon

30 Syon Park (wie 26); Conservatory, Ringarkade der Kuppel

Private Pflanzenhäuser - Prototypen

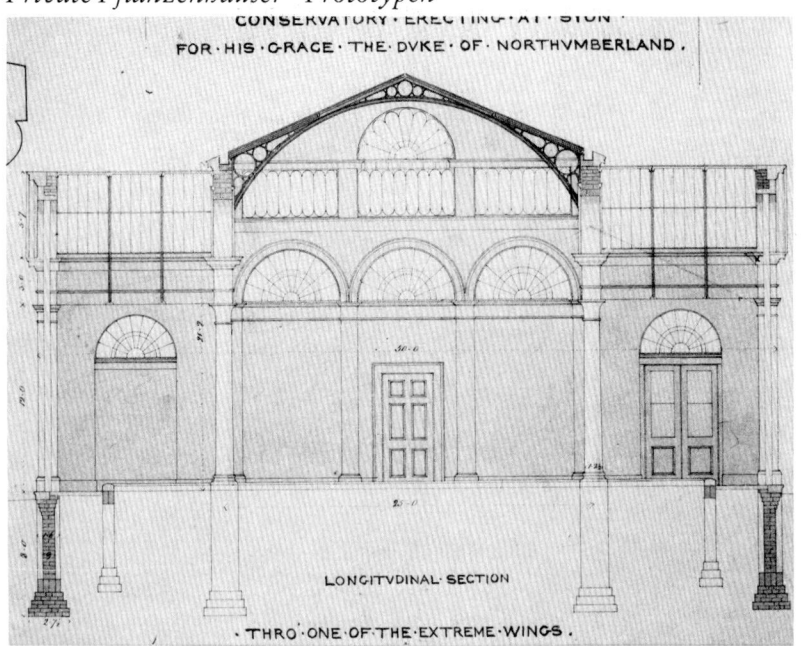

31 Syon Park (wie 26); Conservatory, Originalplan von Ch. Fowler, Schnitt durch einen Außenpavillon

32 London, Covent Garden Market, *Roof Conservatories* auf den östlichen Kolonnaden, 1828-30 von Ch. Fowler

33 Chatsworth, Derbyshire, Greenhouse mit *ridge-and-furrow*-Dach, 1833 von J. Paxton

Private Pflanzenhäuser - Prototypen

34 Chatsworth, Derbyshire, »The Great Stove«, 1836-40 von J. Paxton; Außenperspektive

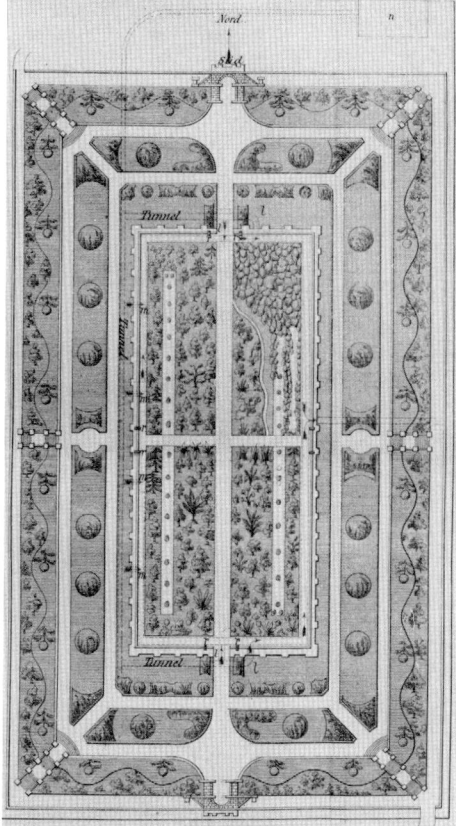

35 Chatsworth (wie 34); »The Great Stove«, Grundriß mit Italienischem Garten

36 Chatsworth (wie 34); »The Great Stove«, Innenperspektive

Private Pflanzenhäuser – Prototypen

37 Chatsworth, Derbyshire, *Waterlily House* (Wasserpflanzenhaus), 1849-50 von J. Paxton; Schnitt

38 Chatsworth, Derbyshire, *Conservative Wall*, 1848 von J. Paxton

Private Pflanzenhäuser - Katalog

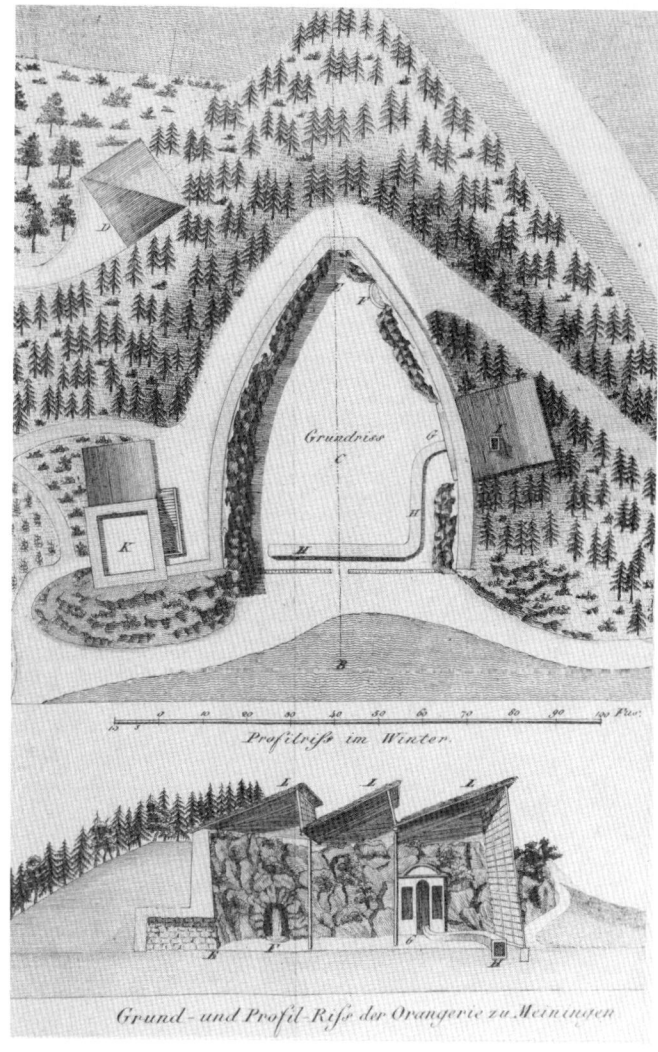

39 Barton Seagrave Hall, Northamptonshire, Orangery, ca. 1800

40 Meiningen, Wintergarten im herzogl. Park, ca. 1800; Grundriß und Schnitt

Private Pflanzenhäuser - Katalog

41 Cricket House, Somerset, Orangery, 1801-04 von J. Soane

42 Malmaison bei Paris, Jardin d'Hiver der Kaiserin Josephine, 1804-05 von J. Th. Thibaut & B. Vignon

43 Sezincote, Gloucestershire, »Indian Conservatory«, 1804-05 von S. P. Cockerell

Private Pflanzenhäuser - Katalog

44 London, St. James's Park, Carlton House, Conservatory, 1807 von Th. Hopper; Außenperspektive

45 London (wie 44); Conservatory, Innenperspektive

Private Pflanzenhäuser - Katalog

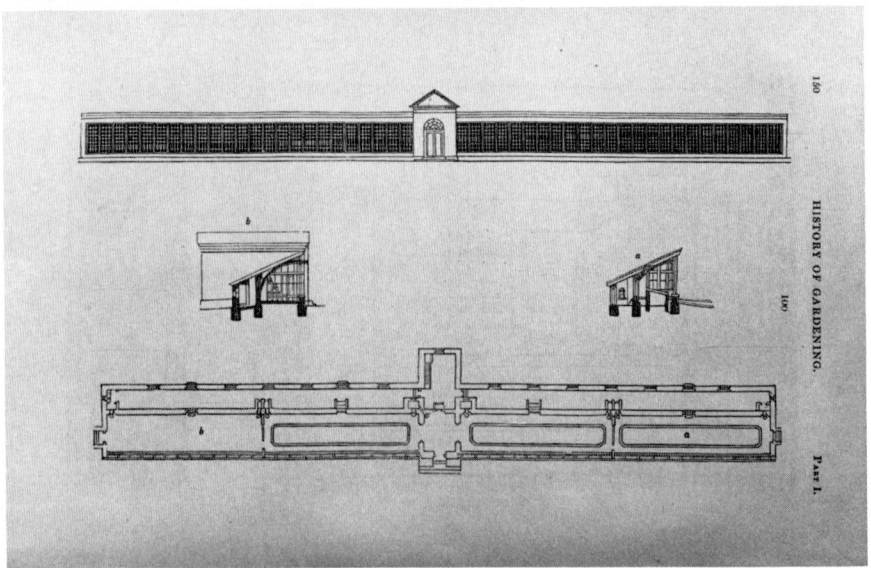

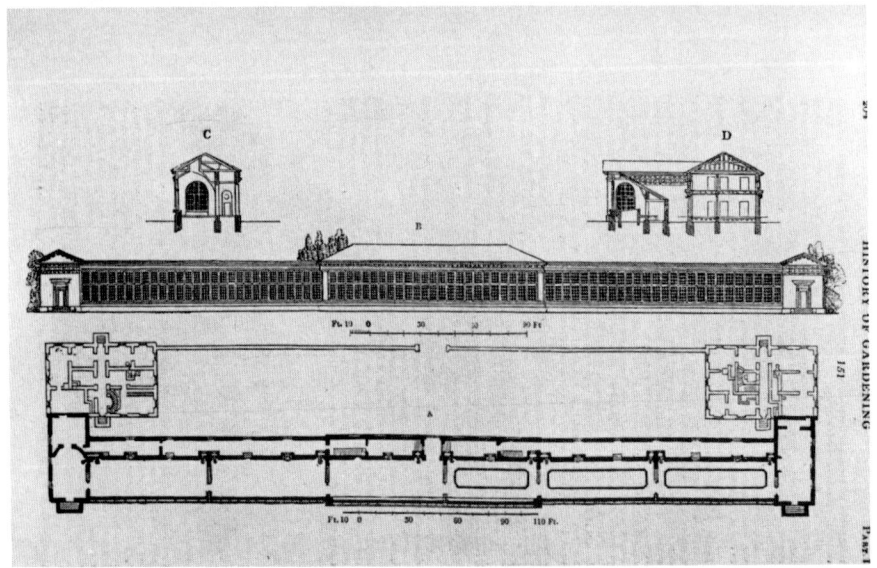

46 München, Schloß Nymphenburg, östliches Gewächshaus, 1807 von F. L. v. Sckell

47 München (wie 46); Mittleres Gewächshaus, 1816; Grundriß, Ansicht, Schnitte

48 München, Gewächshaus im Alten Botanischen Garten, 1814 von F. L. v. Sckell; Grundriß, Ansicht, Schnitte

Private Pflanzenhäuser - Katalog

49 Barnsley Park, Gloucestershire, Conservatory, 1806-10 von J. Nash

50 Wilton House, Wiltshire, Conservatory, ca. 1811 von J. Wyatt (?)

51 Dodington Park, Gloucestershire, Conservatory, ca. 1812 von J. Wyatt

Private Pflanzenhäuser - Katalog

52 London, Chiswick House, Conservatory, 1813 von S. Ware; Stich

53 London (wie 52); Conservatory, heutiger Zustand

54 Longleat House, Wiltshire, Orangery, ca. 1814 von J. Wyatville

Private Pflanzenhäuser - Katalog

55 Belton House, Lincolnshire, Orangery,
ca. 1815 von J. Wyatville

56 Belton House (wie 55); Orangery, Ansicht des Innern

Private Pflanzenhäuser - Katalog

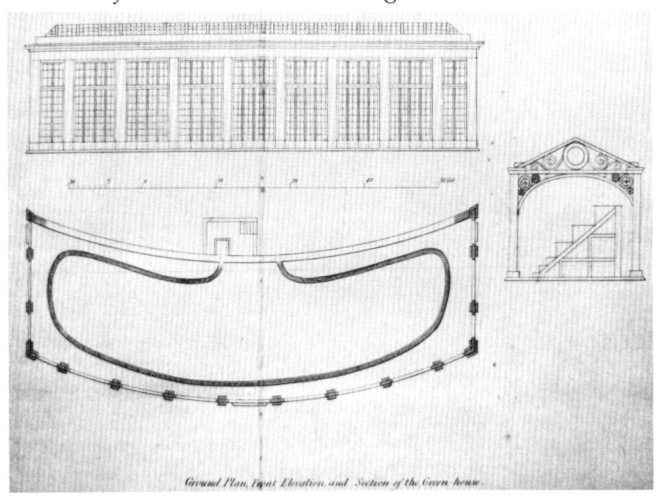

57 *oben links* Woburn Abbey, Bedfordshire, Conservatory, ca. 1818 von J. Wyatville; Grund-, Aufriß und Schnitt

58 *oben rechts* Woburn Abbey (wie 57); Conservatory, Seitenansicht

59 Woburn Abbey (wie 57); Conservatory, Gußeiserne Binder

Private Pflanzenhäuser - Katalog

60 Bretton Hall, Yorkshire, *Camellia House (Kamelienhaus)*, ca. 1816 von J. Wyatville; Ansicht der Kopfseite

61 Bretton Hall (wie 60); *Camellia House*, Gußeiserne Binder

Private Pflanzenhäuser - Katalog

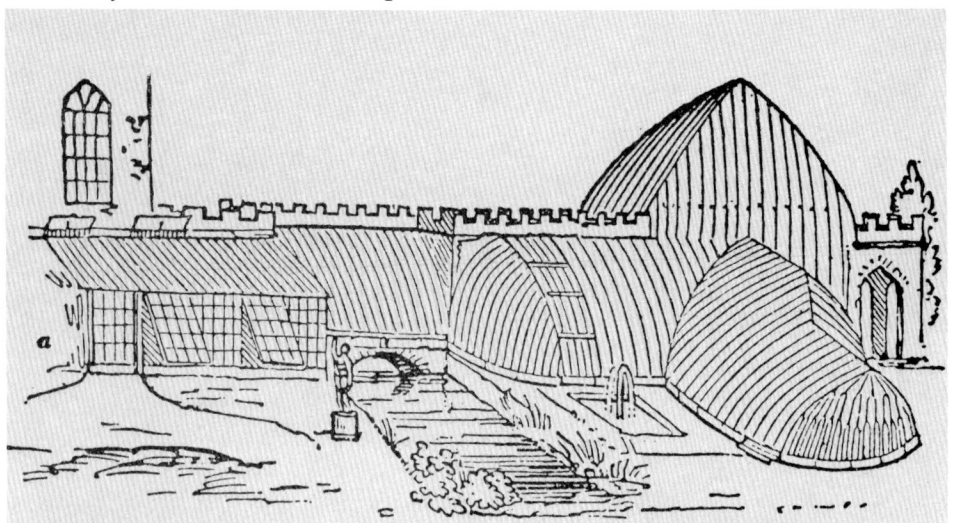

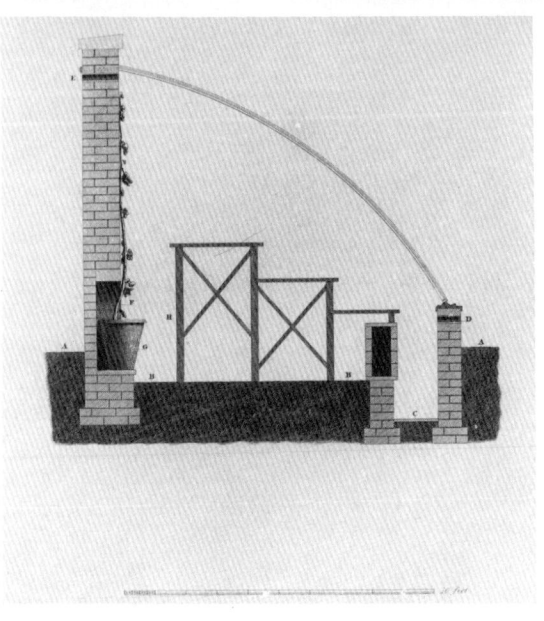

62 London, Bayswater, sog. »Hermitage«, Versuchsglashäuser, 1816-17 von J. C. Loudon

63 Downton Castle, Hereford & Worcestershire, *Pineapple House (Ananashaus)*, 1819-20 von Th. A. Knight; Ansicht, heutiger Zustand

64 Downton Castle (wie 63); *Pineapple House*, Schnitt

Private Pflanzenhäuser - Katalog

65 Ramsgate, Kent, Greenhouse, ca. 1822 von W. & D. Bailey

66 Ramsgate (wie 65); Greenhouse, Ansicht des Innern

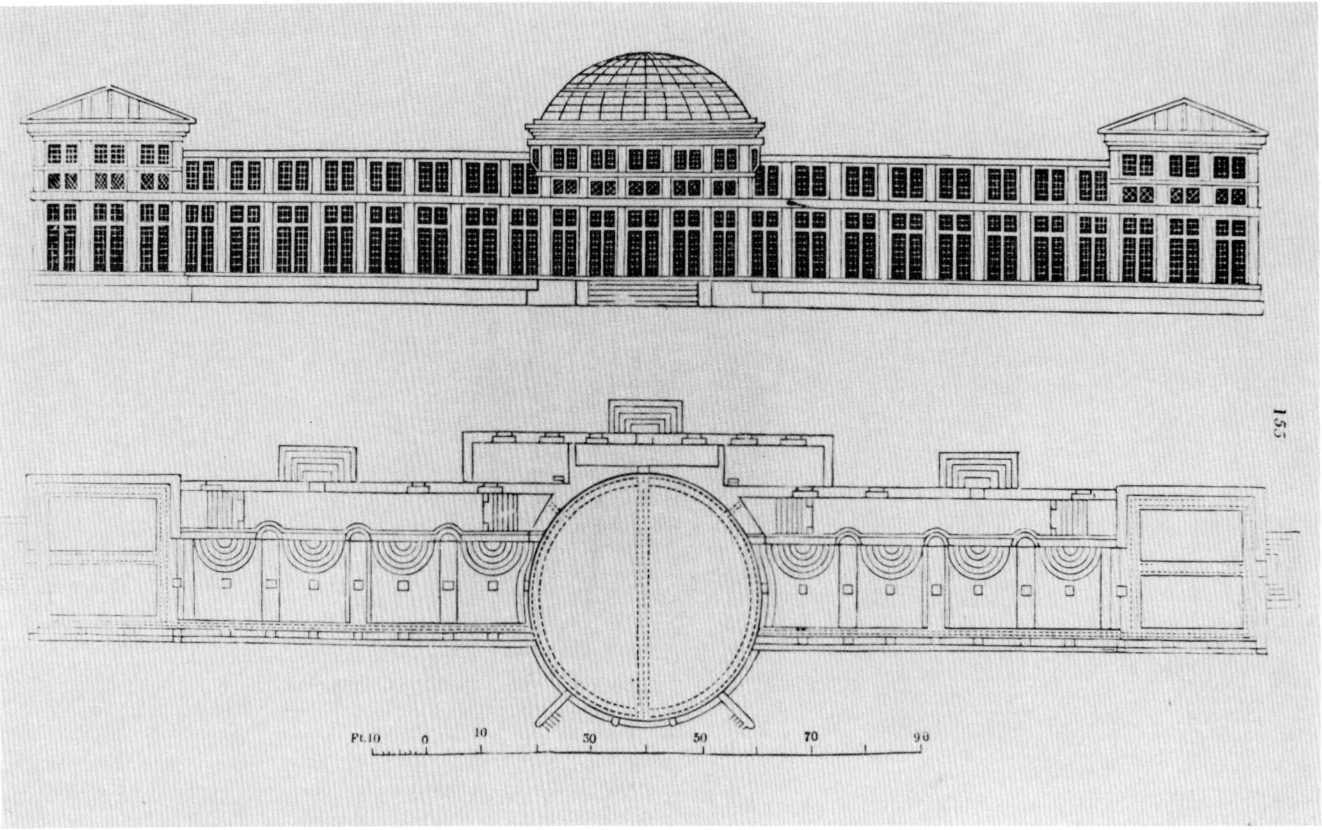

Private Pflanzenhäuser - Katalog

67 Kassel-Wilhelmshöhe, Palmenhaus, ab 1822 von J. C. Bromeis; Grund- und Aufriß

68 Kassel-Wilhelmshöhe (wie 67); Palmenhaus, Ansicht, heutiger Zustand

Private Pflanzenhäuser - Katalog

69 Wollaton Hall, Nottinghamshire, *Camellia House (Kamelienhaus)*, 1823 von Fa. Jones & Clark

70 Wollaton Hall (wie 69); *Camellia House*, Ansicht des Innern

Private Pflanzenhäuser - Katalog

71 Alton Towers, Staffordshire, *Conservatory Range (Glashausgruppe)*, 1824-25 von R. Abraham & Sohn; Längsansicht

72 Alton Towers (wie 71); *Conservatory Range*, Seitenansicht

Private Pflanzenhäuser - Katalog

73 Alton Towers (wie 71); *Conservatory Range*, Kuppelkonstruktion

74 Trelissick House, Cornwall, Conservatory, 1825 von P. F. Robinson

Private Pflanzenhäuser - Katalog

75 Bicton Gardens, South Devon, Palmenhaus, ca. 1825 von W. & D. Bailey, 1841 erweitert

76 Bicton Gardens (wie 75); Palmenhaus, Ansicht des Innern

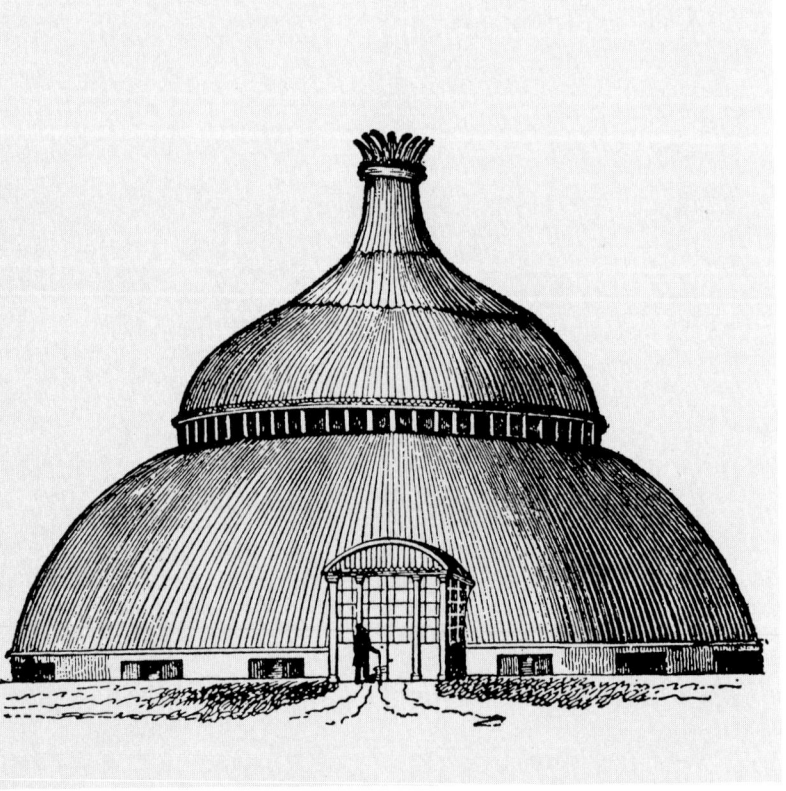

77 Bretton Hall, Yorkshire, Conservatory, 1827 von Fa. W. & D. Bailey

Private Pflanzenhäuser - Katalog

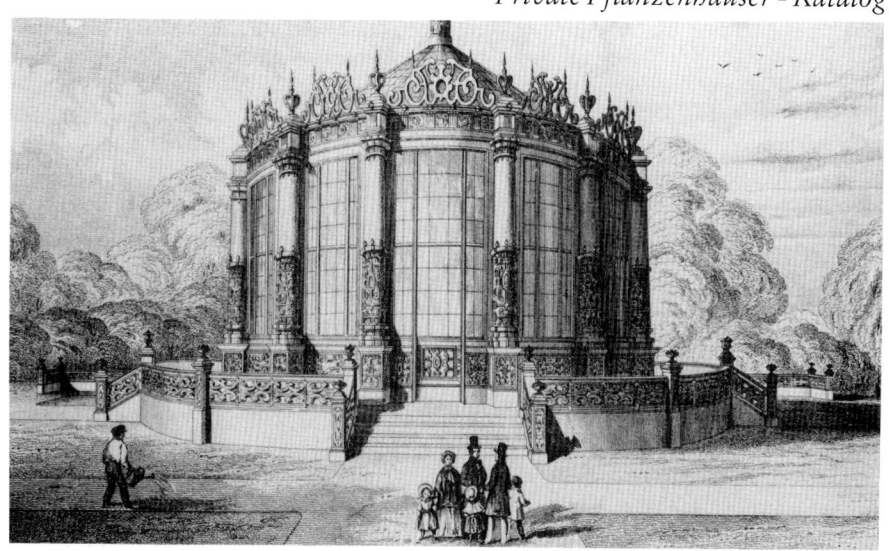

78 Dalkeith Palace, Midlothian, Conservatory, 1829 von W. Burn; Stich

79 Dalkeith Palace (wie 78); Conservatory, Ansicht, heutiger Zustand

80 Dalkeith Palace (wie 78); Conservatory, Gußeiserne Binder

Private Pflanzenhäuser - Katalog

81 Mamhead House, Devonshire, Greenhouse und Pavilion, 1827-30 von A. Salvin

82 Potsdam, Pfaueninsel, Palmenhaus, 1830-31 von K. F. Schinkel und J. G. Schadow

Private Pflanzenhäuser - Katalog

83 Shrubland Park, Suffolk, Wintergarten, 1830-32 von J. P. Gandy-Deering; Ansicht

84 Shrubland Park (wie 83); Wintergarten, Binderkonstruktion

Private Pflanzenhäuser - Katalog

85 Steinbach (Odenwald), Schloß Fürstenau, Orangerie, 1832 von G. Wahl (?)

86 Hannington Hall, Wiltshire, Conservatory, 1836

Private Pflanzenhäuser - Katalog

87 Wrest Park, Bedfordshire, Conservatory, 1836 von J. Cléphane

88 Wrest Park (wie 87); Conservatory, Binderkonstruktion

Private Pflanzenhäuser - Katalog

89 Ven House, Somerset, Conservatory und *Flower Arcade*, 1836 von D. Burton; Ansicht der Gesamtanlage

90 Ven House (wie 89); Conservatory

Private Pflanzenhäuser - Katalog

91 Stratfield Saye House, Hampshire, Conservatory, 1838 von B. D. Wyatt; Außenansicht

92 Stratfield Saye House (wie 91); Conservatory, Innenansicht

Private Pflanzenhäuser - Katalog

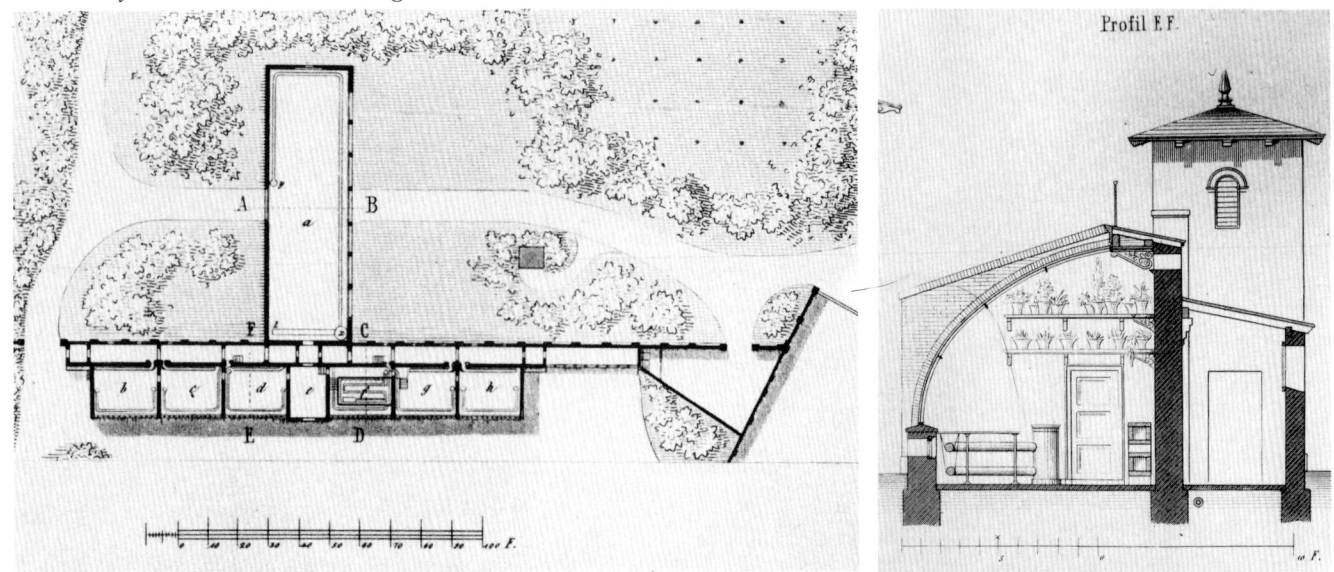

93 Berlin, Klein-Glienicke, Treibhäuser und Orangerie, 1830 von L. Persius; Grundriß

94 Berlin (wie 93); Treibhaus, Schnitt

95 Berlin (wie 93); Treibhäuser, Ansicht, heutiger Zustand

Private Pflanzenhäuser - Katalog

96 Stoke Rochford, Lincolnshire, Orangery, ca. 1841 von W. Burn

97 Harlaxton Manor, Lincolnshire, Conservatory, ca. 1845 von W. Burn

Private Pflanzenhäuser - Katalog

98 Stuttgart, Wilhelma, »Maurische Villa« und Gartenanlagen, 1842-46 von L. Zanth; Gesamtanlage

99 Stuttgart (wie 98); Gewächshausflügel der »Maurischen Villa«, Ansicht

100 Stuttgart (wie 99); Außenpavillon, Fassadendetail

Private Pflanzenhäuser - Katalog

101 Wiesbaden-Biebrich, Schloßpark, Wintergarten, 1846-47

102 Wiesbaden-Biebrich, Schloßpark, 2. Pflanzenschauhaus, 1860-61

Private Pflanzenhäuser - Katalog

103 Hannover-Herrenhausen, 2. Palmenhaus, 1846-49 von G. L. F. Laves

104 Sandon Hall, Staffordshire, Conservatory, 1851 von W. Burn; Gußeisenornamentik

Private Pflanzenhäuser - Katalog

105 Flintham Hall, Nottinghamshire, Conservatory, 1853-54 von T. C. Hine; Gartenansicht mit Herrenhaus

106 Flintham Hall (wie 105); Conservatory

Private Pflanzenhäuser - Katalog

107 Broughton Hall, North Yorkshire, Conservatory, 1853-54 von Andrews & Delaunay; Frontgiebel mit Rotunde

108 Broughton Hall (wie 107); Conservatory, Längsansicht

109 Broughton Hall (wie 107); Conservatory, Details der gußeisernen Tragekonstruktionen

Private Pflanzenhäuser - Katalog

110 Somerleyton Hall, Suffolk, Glashäuser mit *ridge-and-furrow*-Dachsystem, ca. 1850 von J. Paxton (?)

111 Somerleyton Hall, Suffolk, *Conservative Wall*, ca. 1850 von J. Paxton (?)

Private Pflanzenhäuser - Katalog

112 Somerleyton Hall, Suffolk, Wintergarten und Palmenhaus, ca. 1854 von J. Thomas; Außenansicht

113 Somerleyton Hall (wie 112); Wintergarten, Innenansicht

Private Pflanzenhäuser - Katalog

114 *oben links* Enville Hall, Staffordshire, Conservatory, ca. 1854 von Fa. Gray & Ormson

115 *oben rechts* Avington Park, Hantshire; Conservatory, Tragegerüst unter der Dachkuppel

116 *unten* Avington Park (wie 115); Conservatories, ca. 1854; Ansicht

Private Pflanzenhäuser - Katalog

117 Karlsruhe, Botanischer Garten, Orangerie und Baugruppe aus Pflanzenhäusern und Zwischenbauten, 1853-57 von H. Hübsch; Ansicht der Gesamtanlage

118 Karlsruhe (wie 117); Palmenhaus

Private Pflanzenhäuser - Katalog

119 Halifax, Yorkshire, Belle Vue, Conservatory, 1858 von Fa. Brook (?)

120 Paris, Jardin du Luxembourg, Jardin d'Hiver des Senatspräsidenten, ca. 1860 von A. de Gisors, Außenansicht

Private Pflanzenhäuser - Katalog

121 Paris (wie 120); Jardin d'Hiver, Innenperspektive

122 Paris, Rue de Courcelles, Jardin d'Hiver der Prinzessin Mathilde, ca. 1864

123 Castle Ashby, Northamptonshire, Palmenhaus, 1861-65 von M. D. Wyatt

Private Pflanzenhäuser - Katalog

124 Camberwell bei London, Denmark Hill, Bessemer-Conservatory, 1868 von Banks & Barry

Private Pflanzenhäuser - Katalog

125 Tottenham House, Wiltshire, Orangery, 1826 von Th. Cundy und Conservatory, 1870

126 Tottenham House (wie 125); Conservatory, Architektonische Fassade in Gußeisen

Private Pflanzenhäuser - Katalog

127 Morlanwelz-Mariemont, Serres, ca. 1840

128 München, Residenz, Wintergarten für Ludwig II., 1870-71 von Fa. Cramer-Klett

129 Old Warden, Bedfordshire, Grotte und Conservatory, 1876 von Lord Ongley

Private Pflanzenhäuser - Katalog

130 Welbeck Abbey, Nottinghamshire, »Underground Conservatories«, 1876; dekorativer Kuppelaufsatz

131 Welbeck Abbey (wie 130); »Underground Conservatory«, oktogonale Lichtkuppeln

132 Haslev, Gisselfeld Kloster, »Paradehus«, 1876 von J. D. Herholdt (?)

Private Pflanzenhäuser - Katalog

133 Brüssel-Laeken, Les Serres Royales von Laeken, 1875-92 von A. Balat; Serre Maquet (links), Jardin d'Hiver (rechts) und »Serre du Congo« (hinten)

134 Brüssel-Laeken (wie 133); Jardin d'Hiver, Außenansicht

Private Pflanzenhäuser - Katalog

135 Brüssel-Laeken (wie 133); Jardin d'Hiver, Innenperspektive

136 Brüssel-Laeken (wie 133); Jardin d'Hiver, Blick in die Kuppel

137 Brüssel-Laeken (wie 133); Jardin d'Hiver, Binder-Fußpunkt

Private Pflanzenhäuser - Katalog

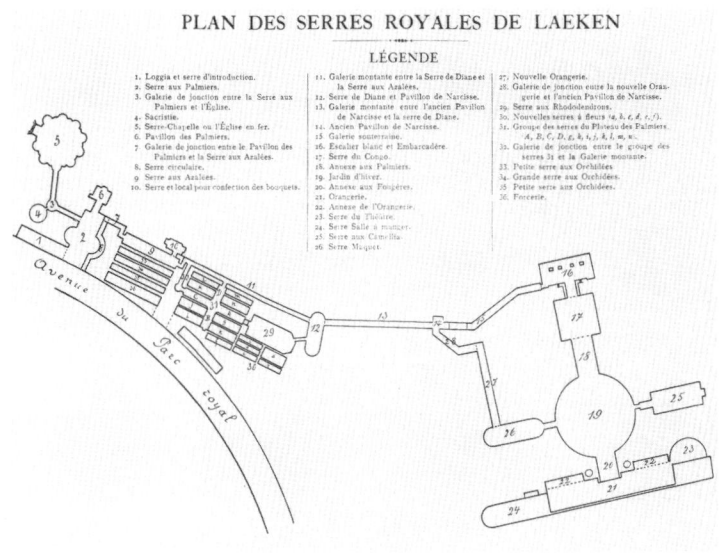

138 *oben links* Brüssel-Laeken, Les Serres Royales von Laeken, 1875-92 von A. Balat; Übersichtsplan

139 *oben rechts* Brüssel-Laeken (wie 133); Jardin d'Hiver, Portal

140 *unten* Brüssel-Laeken (wie 133); »Serre du Congo« und Jardin d'Hiver (rechts)

Private Pflanzenhäuser - Katalog

141 Brüssel-Laeken (wie 133); Serre Maquet, Binder- und Pfettenkonstruktion

142 Brüssel-Laeken (wie 133); Pflanzengalerien mit Portal

Private Pflanzenhäuser - Katalog

143 Pregny bei Genf, Jardin d'Hiver, ca. 1879

144 Bagshot, Surrey, Conservatory, 1880 von Ferney; Außenansicht

145 Bagshot (wie 144); Conservatory, Innenperspektive

Private Pflanzenhäuser - Katalog

146 Hannover-Herrenhausen, 3. Palmenhaus, 1879-80 von Auhagen

147 Wien, Schloß Schönbrunn, Palmenhaus, 1882 von Franz Ritter von Segenschmidt; Außenansicht

Private Pflanzenhäuser - Katalog

148 Wien (wie 147); Palmenhaus, Innenperspektive

149 Wien, Schloß Schönbrunn, Sonnenuhrhaus, ca. 1890

Private Pflanzenhäuser - Katalog

150 Craig-y-nos Castle, Wales, Conservatory, 1882

151 Lancaster, England, Williamson Park, Palmenhaus, ca. 1907 von J. Belcher

152 Wien, Burggarten, Glashausanlage im Kaisergarten, 1906 von F. Ohmann

Pflanzenschauhäuser

153 London, »The New Show House at the Pine-Apple Nursery«; Stich von 1873

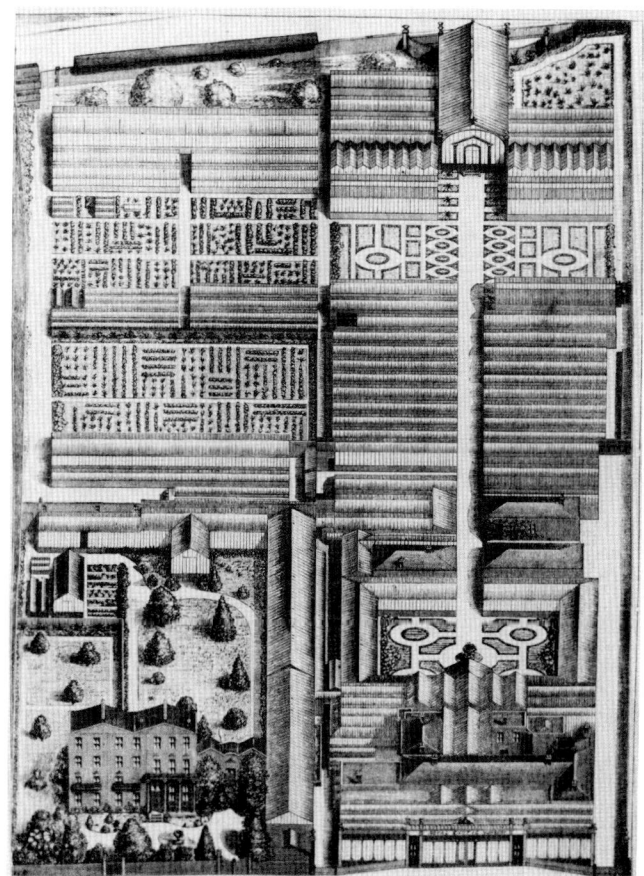

154 Chelsea, Kings Road, »Messrs. Veitch's Nursery«; Stich von 1873

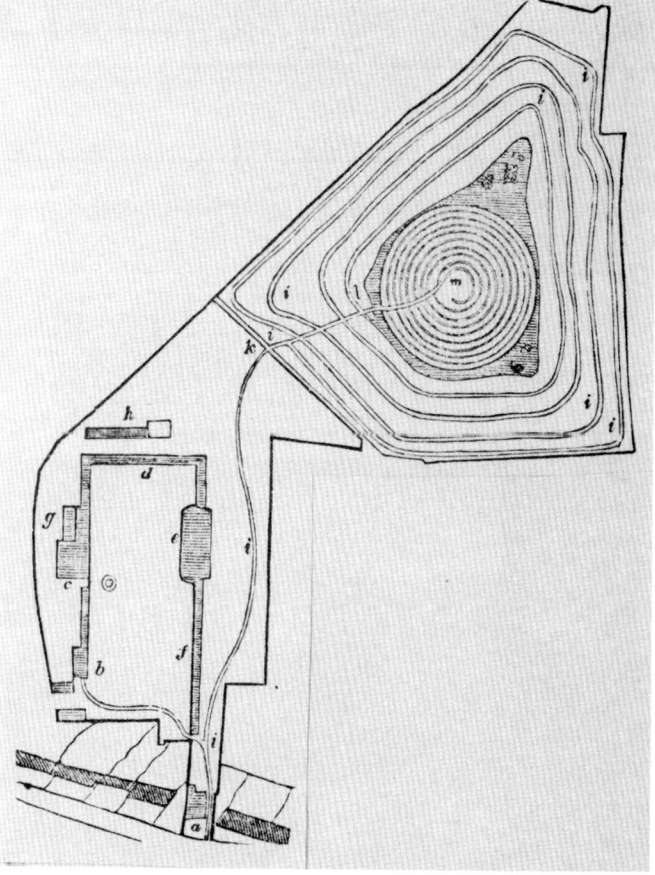

155 London, Hackney Nursery, später »Loddiges Nursery«, Plan der Gesamtanlage

Pflanzenschauhäuser - Prototypen

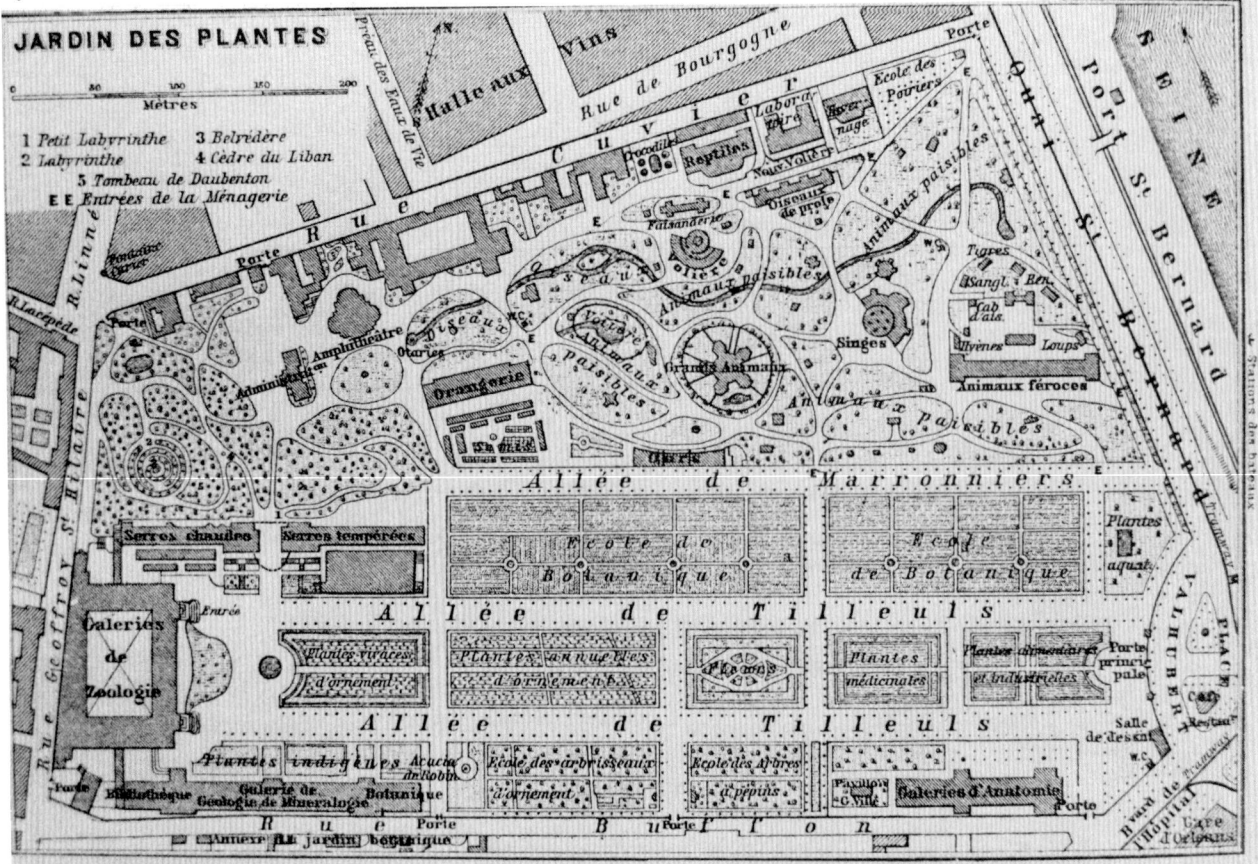

156 Paris, Jardin des Plantes, Plan der Gesamtanlage

157 Paris, Jardin des Plantes, Serres, 1833-35 von Ch. Rohault de Fleury; Außenperspektive

Pflanzenschauhäuser – Prototypen

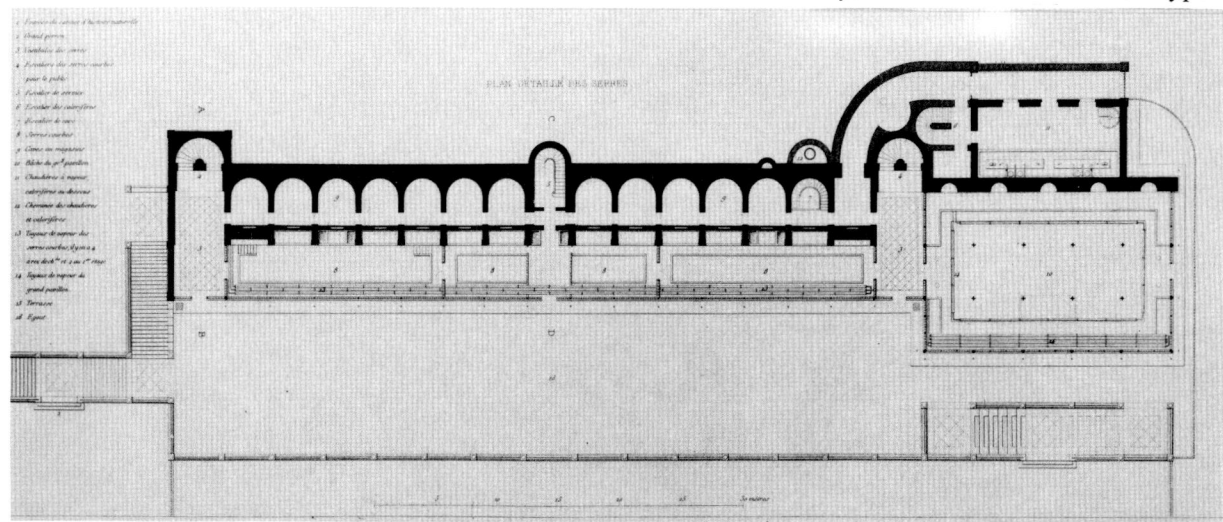

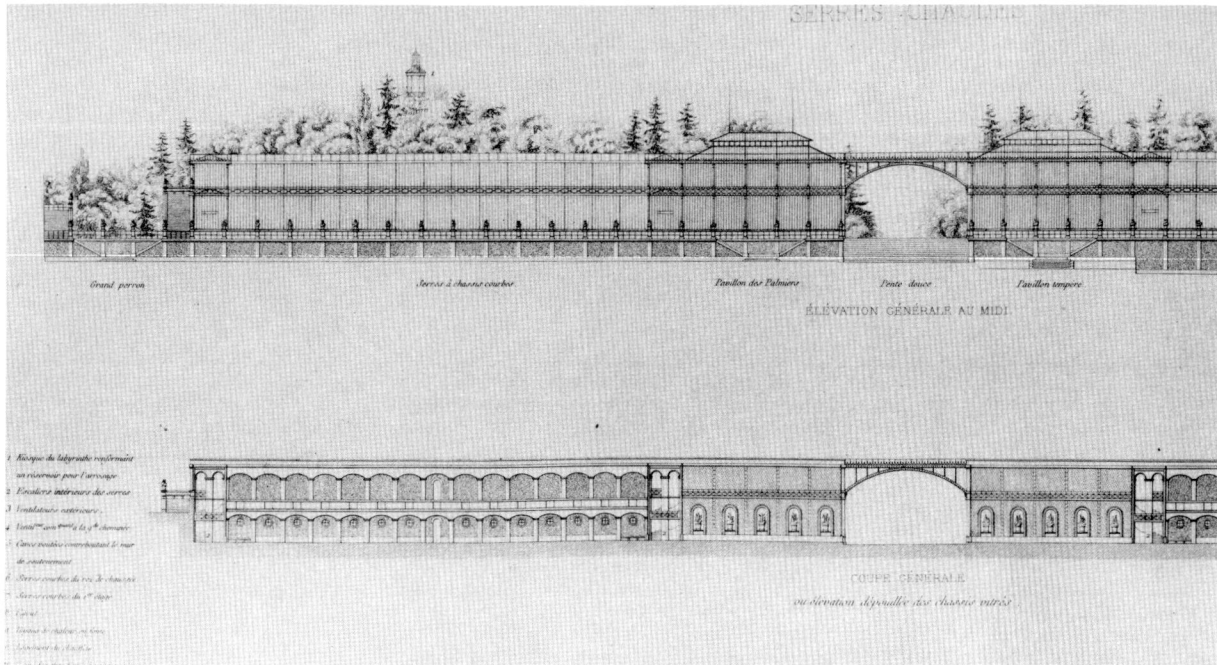

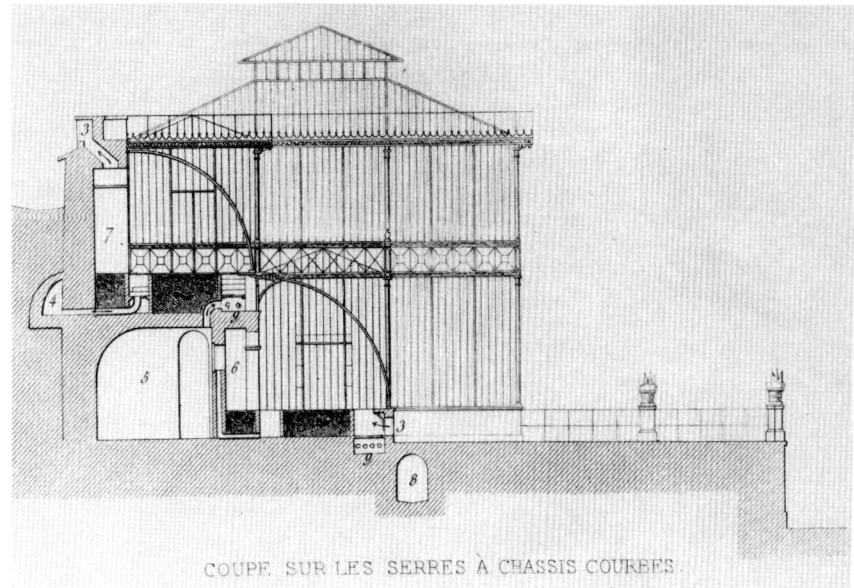

158 Paris (wie 157); Serres, Grundriß

159 Paris (wie 157); Serres, Ansicht und Längsschnitt

160 Paris (wie 157); Serres, Querschnitt durch Galerietrakt mit Seitenansicht des Pavillons

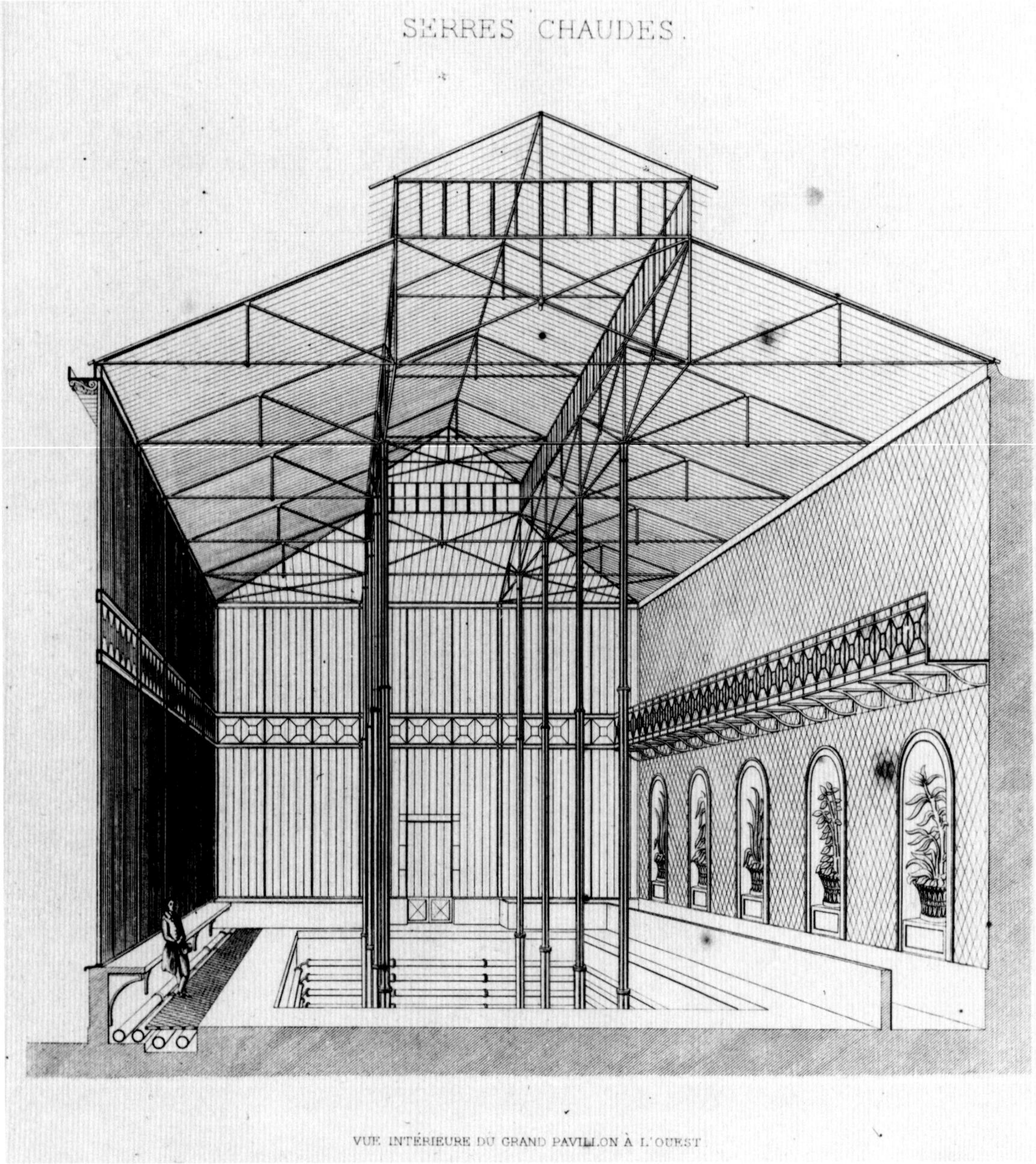

Pflanzenschauhäuser - Prototypen

161 Paris (wie 157), Pavillon; Innenperspektive

162 Paris (wie 157), Galerietrakt; Innenperspektive

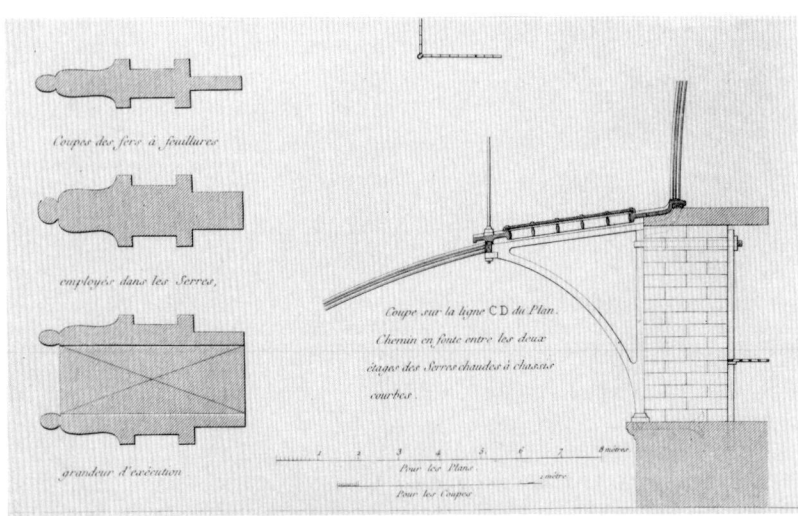

163 Paris (wie 157); Serres, Details: Revisionssteg, Sprossenprofile

Pflanzenschauhäuser - Prototypen

164 Paris (wie 157); Serres, Ersatzbauten von 1908 an Stelle der Pflanzenhausgruppe von 1833-35

165 Paris, Jardin des Plantes, »Jardin d'Hiver«; Anbau an den Pavillon Ost, 1889 von J. André; Innenperspektive

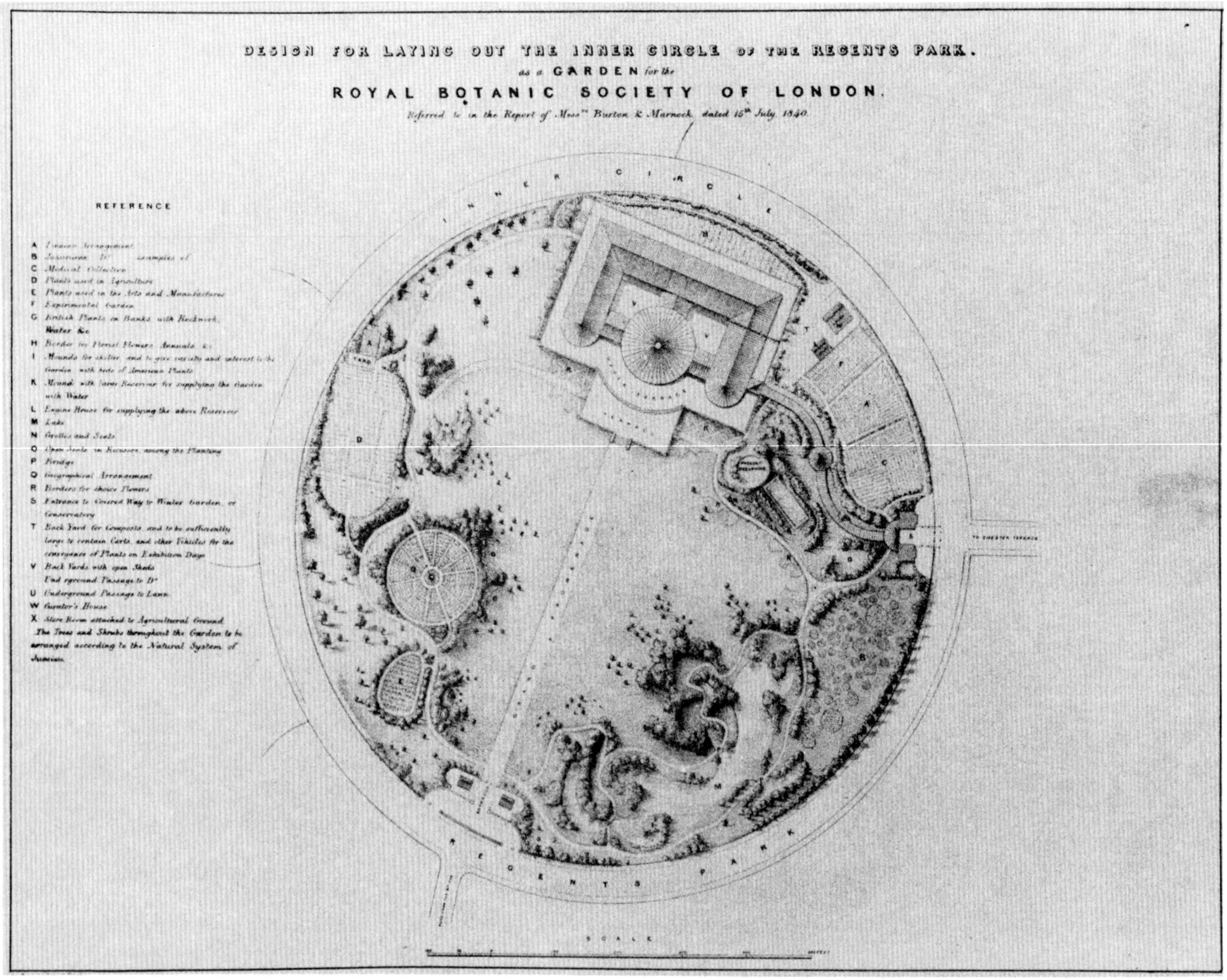

Pflanzenschauhäuser - Prototypen

166 London, Regent's Park, Inner Circle, Conservatory und Garten der Royal Botanic Society, nicht ausgeführter Entwurf von Burton und Marnock, 1840; Lageplan

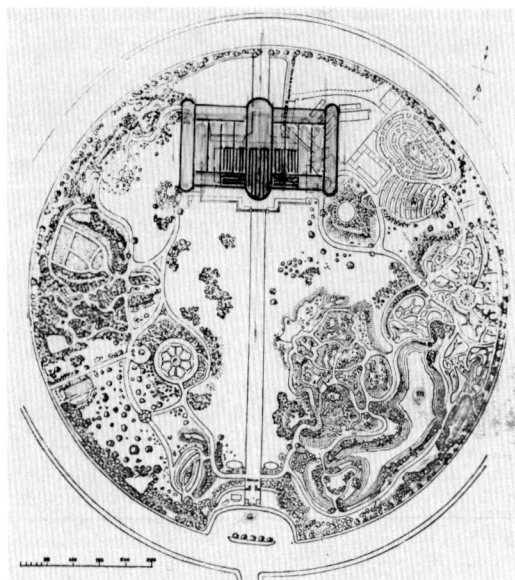

167 London (wie 166); Conservatory, Lageplan mit eingetragener Rekonstruktion des Ausführungsentwurfes von Burton und Turner, 1845-46

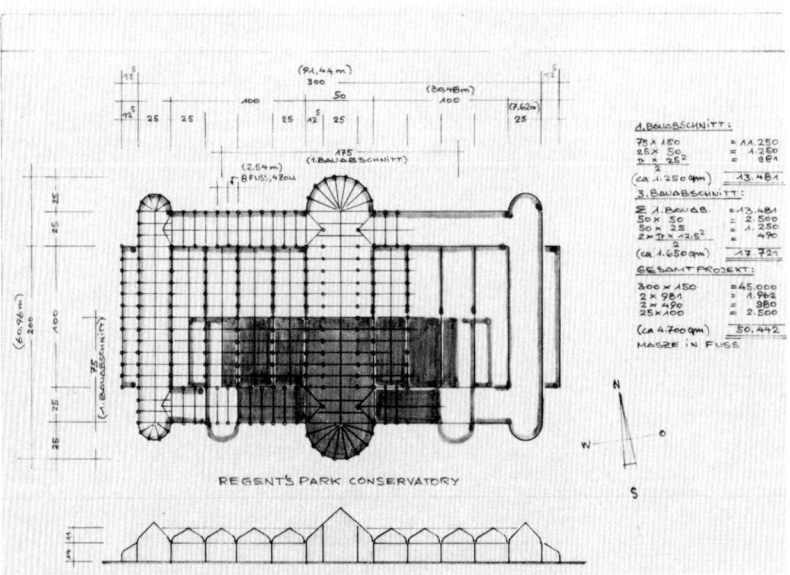

168 London (wie 167); Conservatory, Rekonstruktion des Entwurfes von Burton und Turner, 1845 (Bauabschnitte und nicht ausgeführte Gesamtlösung)

Pflanzenschauhäuser - Prototypen

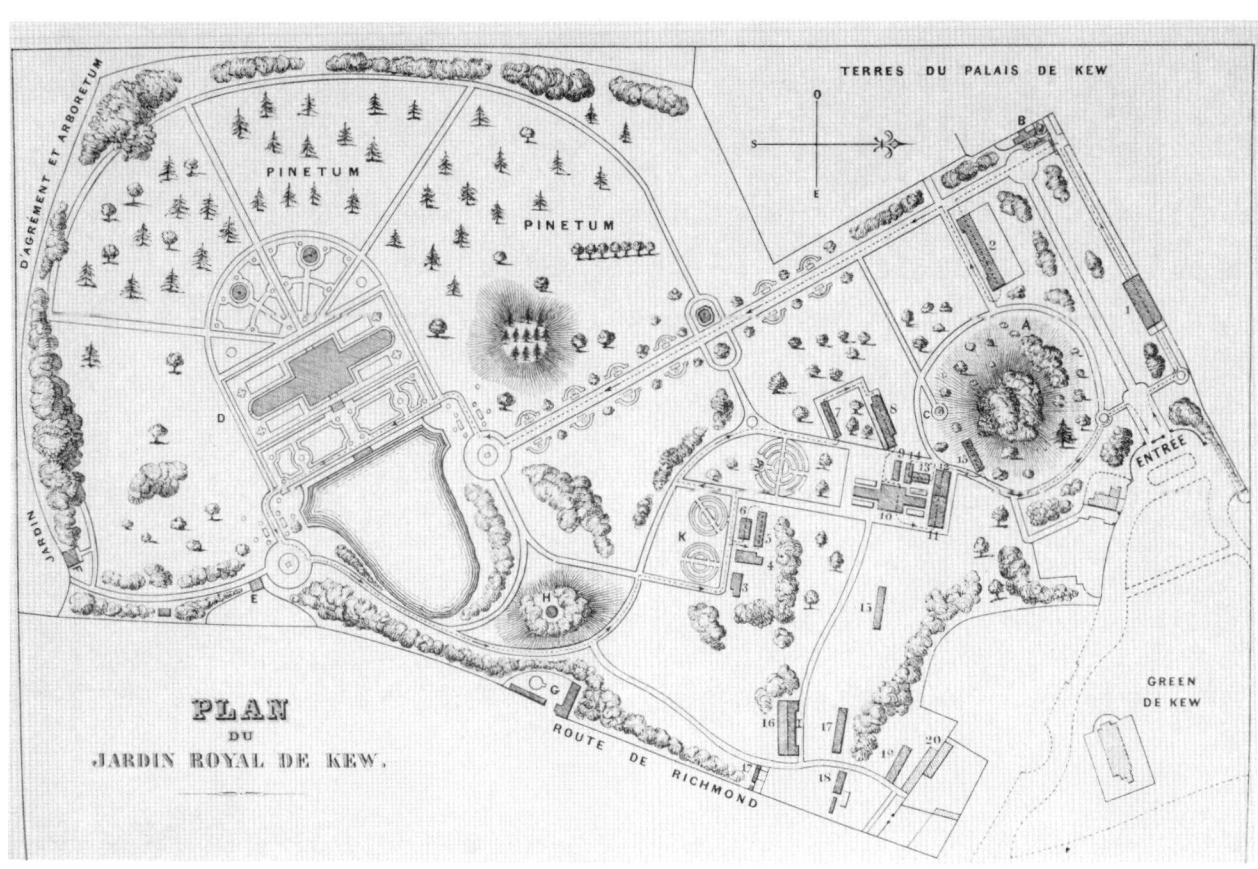

169 London (wie 167); Conservatory, Ansicht

170 London, Royal Botanic Gardens in Kew; Lageplan, 1850 publiziert

Pflanzenschauhäuser - Prototypen

171 London (wie 170), Palmenhaus, 1844-48 von Burton und Turner, Gesamtansicht

172 London (wie 171), Palmenhaus, Teilansicht

Pflanzenschauhäuser - Prototypen

173 London (wie 171); Palmenhaus, apsidialer Abschluß

174 London (wie 171); Palmenhaus, Bogenbinder, Rohrpfetten, Säulenkopf

Pflanzenschauhäuser - Prototypen

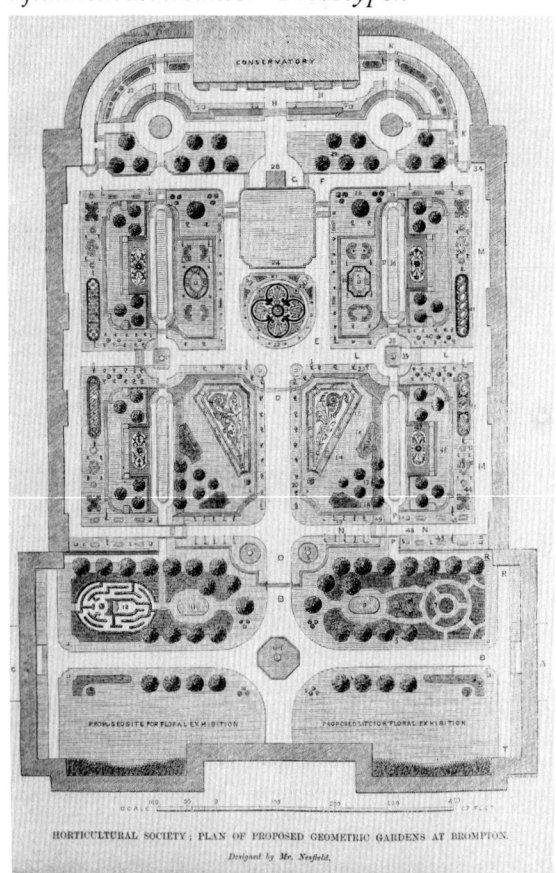

175 London, South Kensington (Brompton), Garten der Royal Horticultural Society; Gartenplan von W. A. Nesfield, 1860

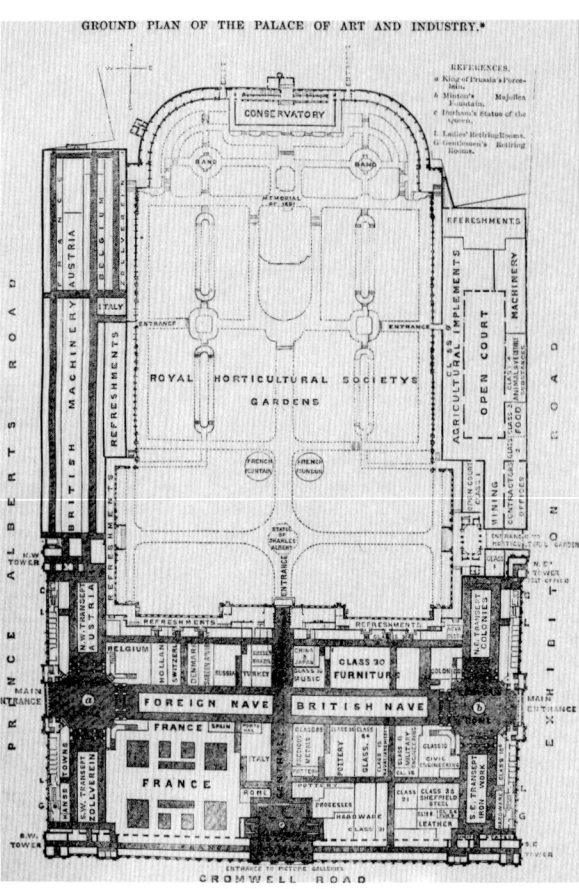

176 London (wie 175); Lageplan mit Weltausstellungsgebäuden (1862) und Conservatory (1861)

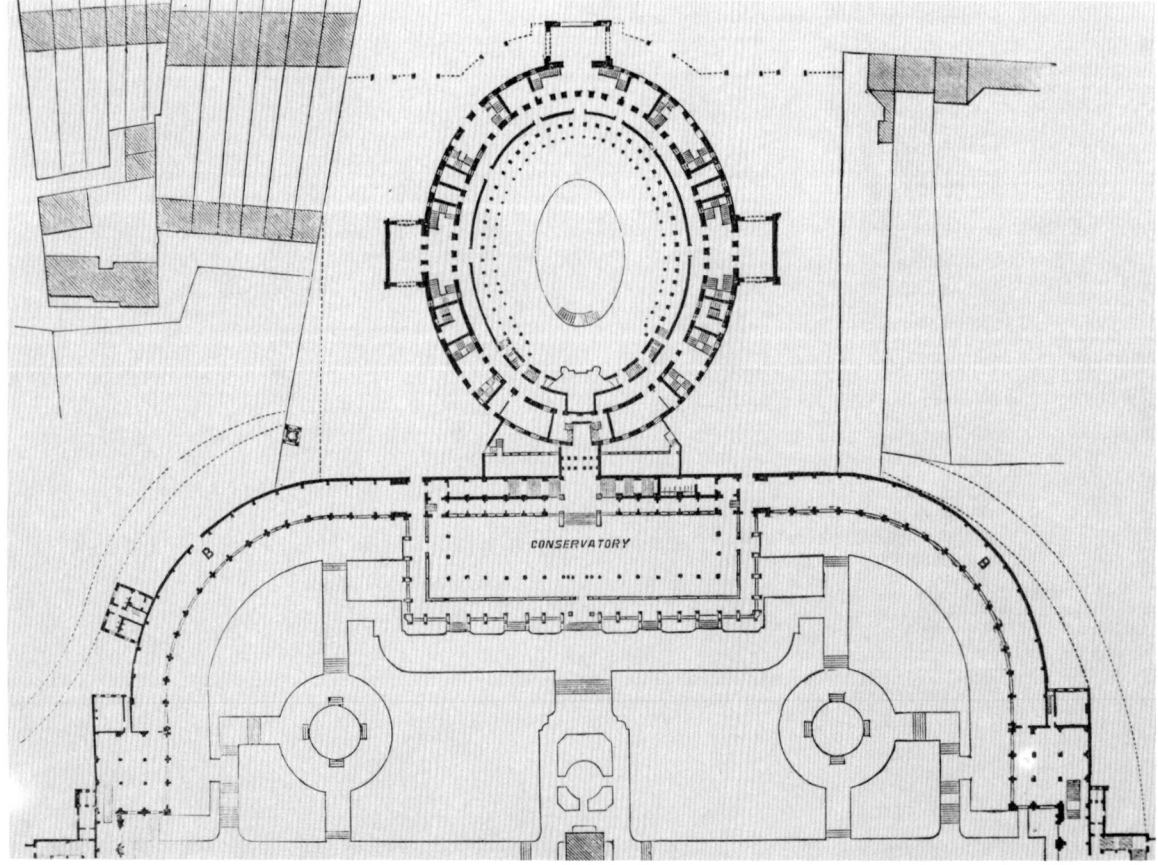

177 London (wie 175); Lageplan mit Conservatory, Arkaden und Albert Hall

Pflanzenschauhäuser – Prototypen

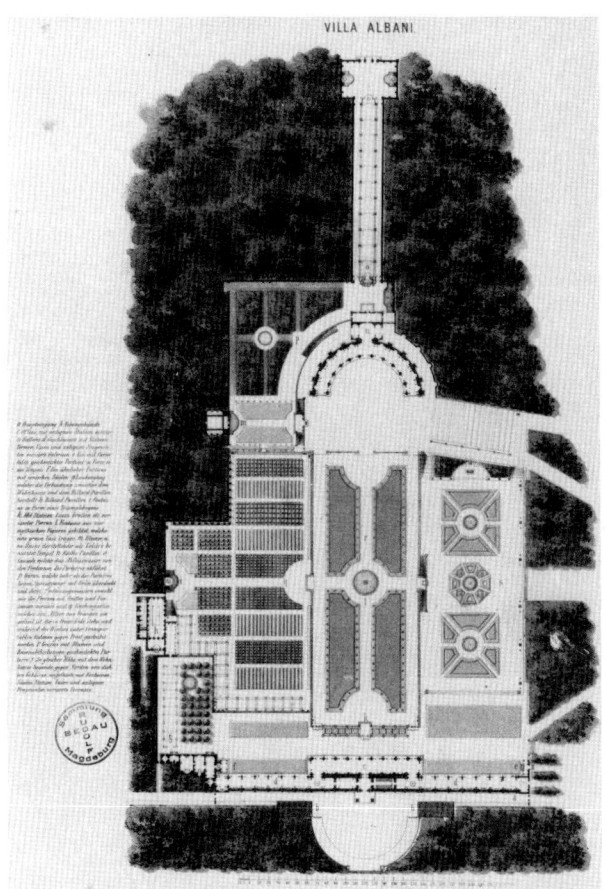

178 Rom, Villa Albani, 1746-60 von C. Marchionne; Lageplan, publiziert 1860

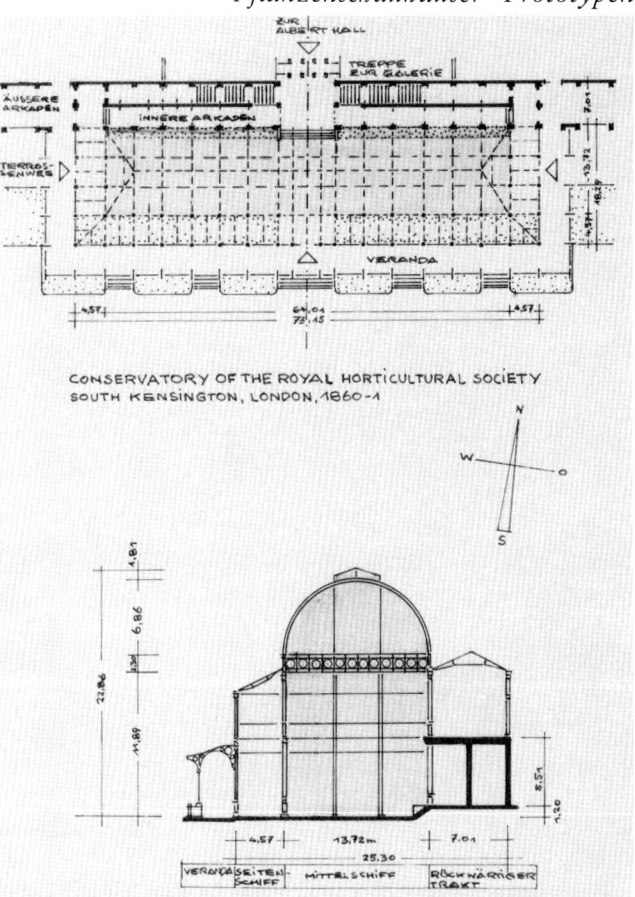

179 London (wie 175); Conservatory, 1860-61 von F. Fowke; Grundriß und Schnitt

180 London (wie 175); Ansicht von Arkaden, Conservatory und Albert Hall, publiziert 1870

Pflanzenschauhäuser - Prototypen

181 London (wie 179), Conservatory, Außenperspektive

182 London (wie 179); Conservatory, Innenperspektive

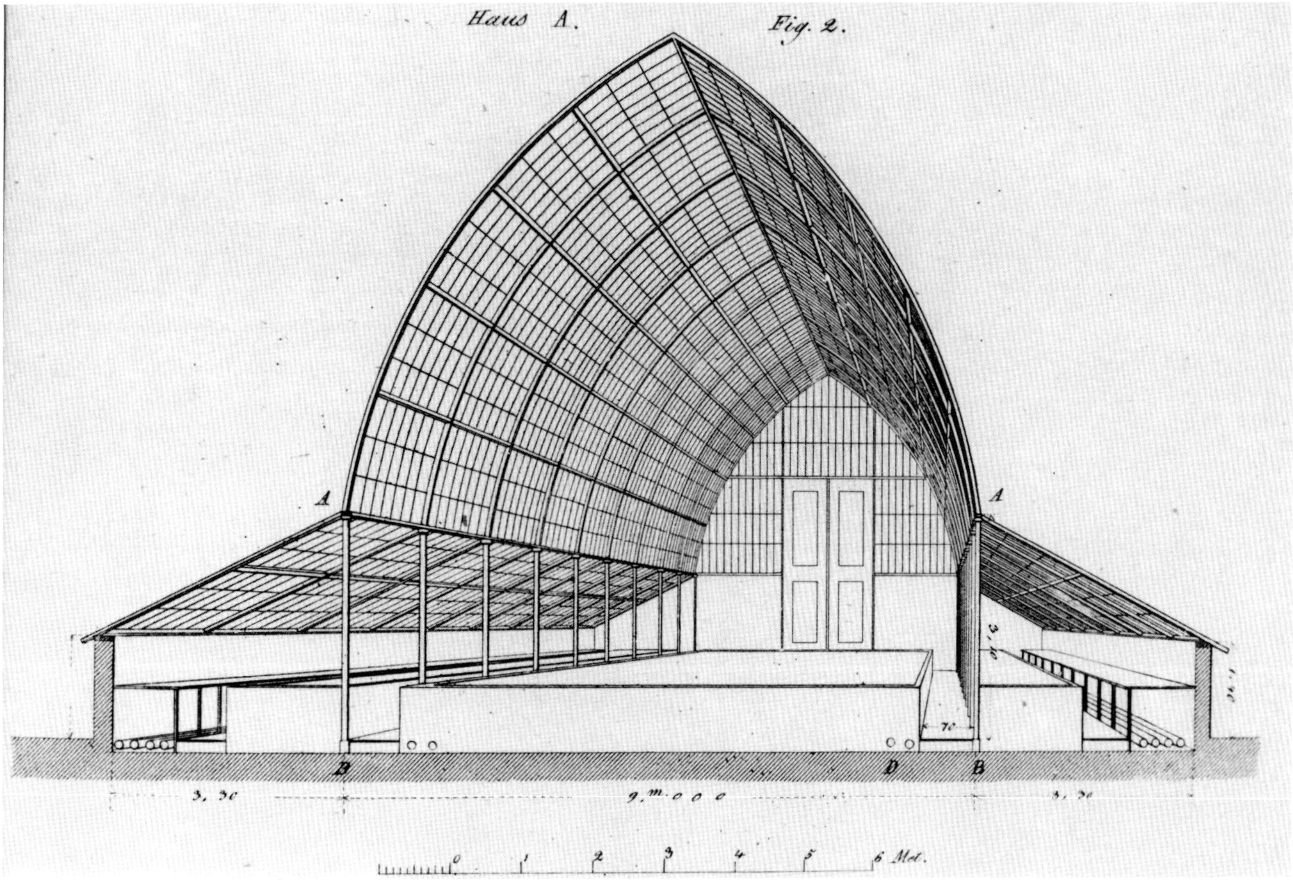

Pflanzenschauhäuser - Katalog

183 London, Hackney, Palmenhaus von »Loddiges Nursery«, ca. 1819; perspektivischer Schnitt

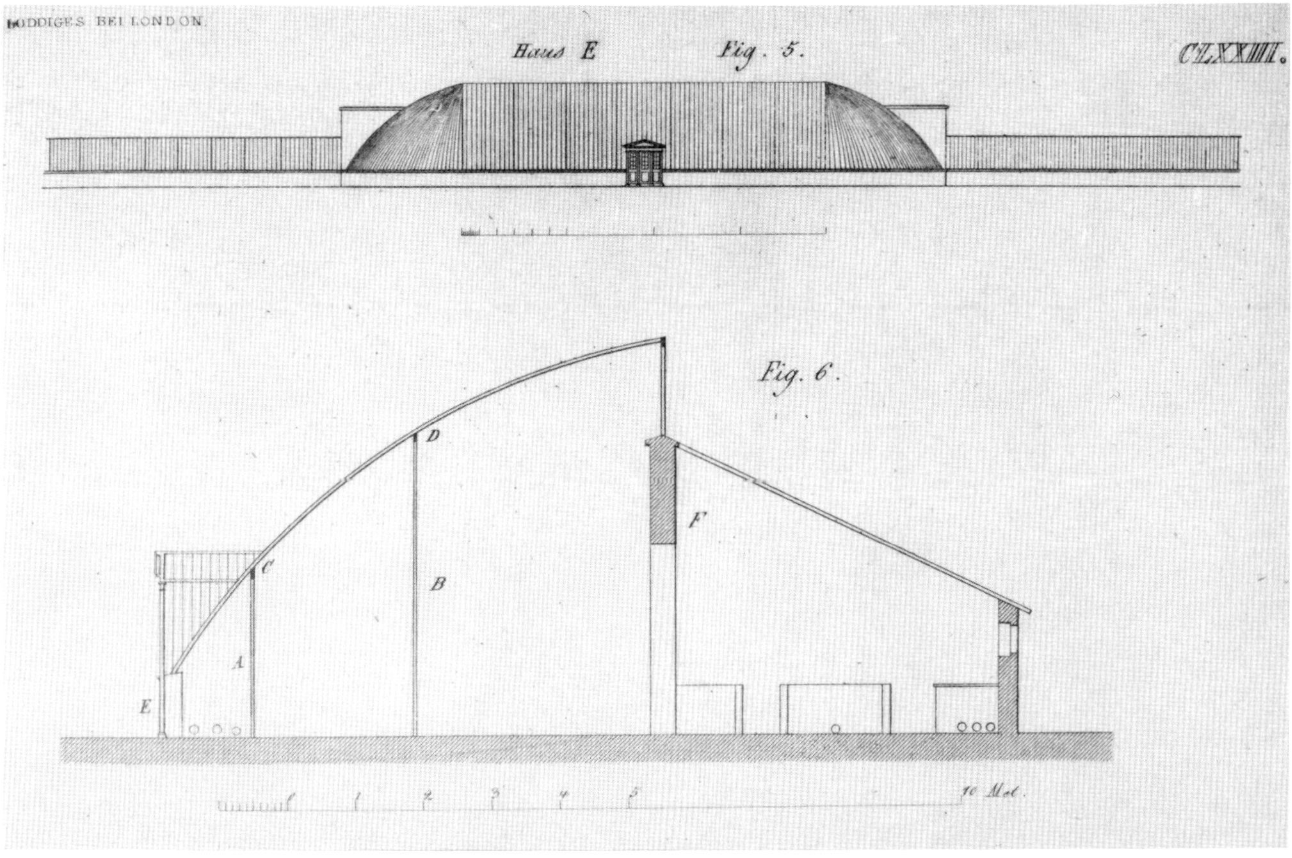

184 London, Hackney, Kamelienhaus der »Loddiges Nursery«, ca. 1824 von J. C. Loudon; Ansicht und Schnitt

Pflanzenschauhäuser - Katalog

185 Louvain, Serres und Orangerie des Jardin de l'Université, 1827; Gesamtansicht

186 Louvain (wie 185); Serres, Innenansicht der Glasvorbauten

Pflanzenschauhäuser - Katalog

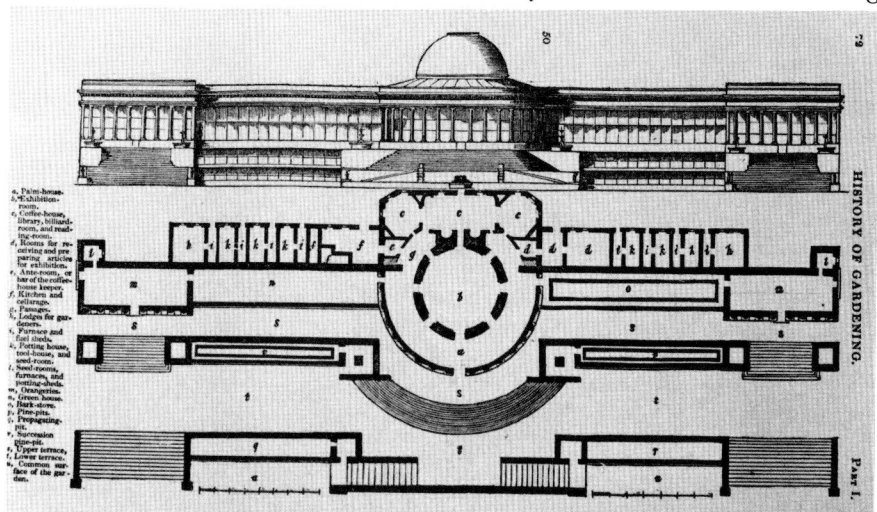

187 Brüssel, Serres der Société Royale d'Horticulture, 1826-1829 von T. Suys, Gineste und Meeus-Wouters; Grundriß und Ansicht der Baugruppe

188 Brüssel (wie 187); Serres, »Palais de Flore« mit Ring-Palmenhaus

189 Brüssel (wie 187); Serres, östlicher Endpavillon

Pflanzenschauhäuser - Katalog

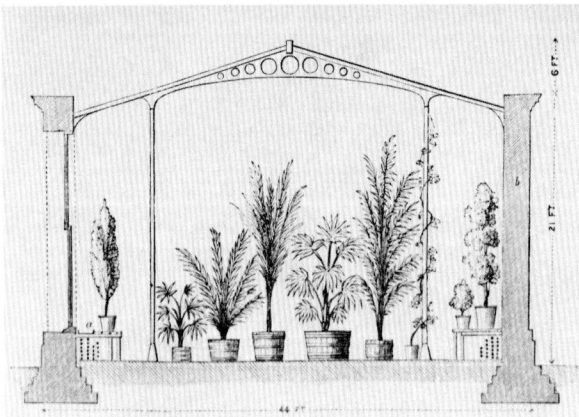

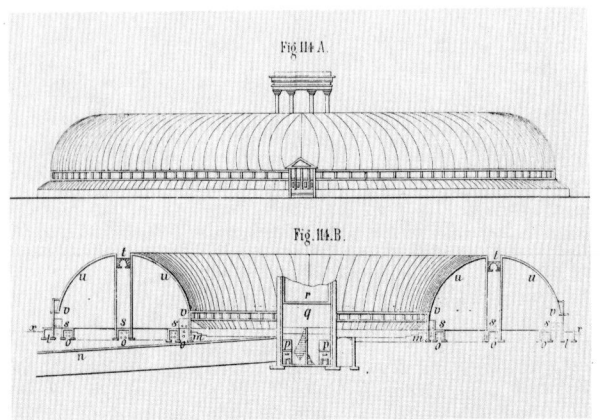

190 London, Royal Botanic Gardens in Kew, »Aroid House«, 1825-30 von J. Nash, 1836 von J. Wyatville verändert wiedererrichtet; Ansicht

191 London (wie 190); »Aroid House«, Schnitt

192 Birmingham, Botanischer Garten von Edgbaston, Glashaus-Ringgewölbe, Entwurf 1831 von J. C. Loudon

Pflanzenschauhäuser - Katalog

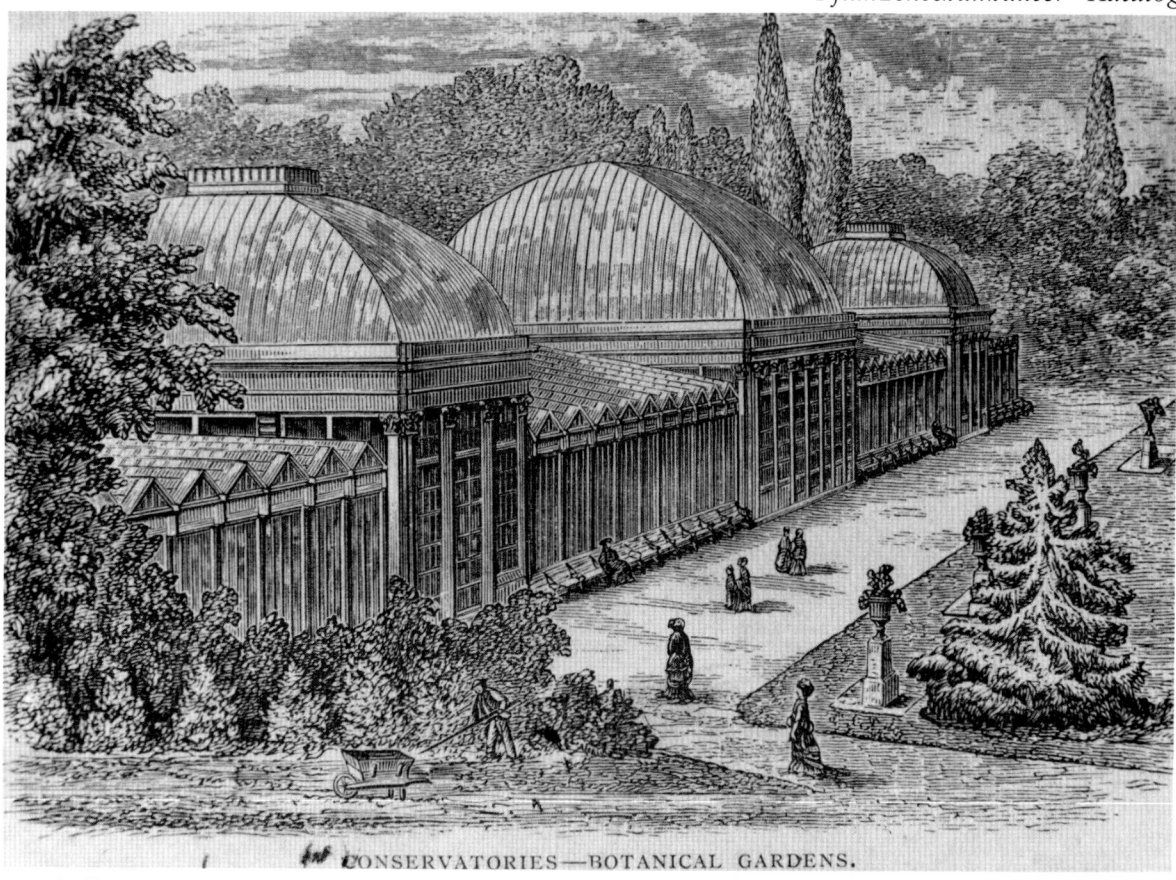

193 Sheffield, England, Botanischer Garten, *Glasshouse Range*, 1834-1836 von B. B. Taylor; Ansicht von 1836

194 Sheffield (wie 193); *Glasshouse Range*, Ansicht der verbliebenen Pavillons

Pflanzenschauhäuser - Katalog

195 Belfast, Botanischer Garten, Palmenhaus, 1839-40 und 1852-53 von Ch. Lanyon und R. Turner (Flügelbauten); Ansicht des Mittelpavillons

196 Belfast (wie 195); Palmenhaus, Innenansicht des Mittelpavillons

Pflanzenschauhäuser - Katalog

197 Belfast (wie 195); Palmenhaus, Innenansicht eines Flügelbaues mit dekorativer Fachwerkpfette

198 Rouen, Jardin des Plantes, »Serres Trianon«, ca. 1840 von Lejeune; Ansicht

Pflanzenschauhäuser - Katalog

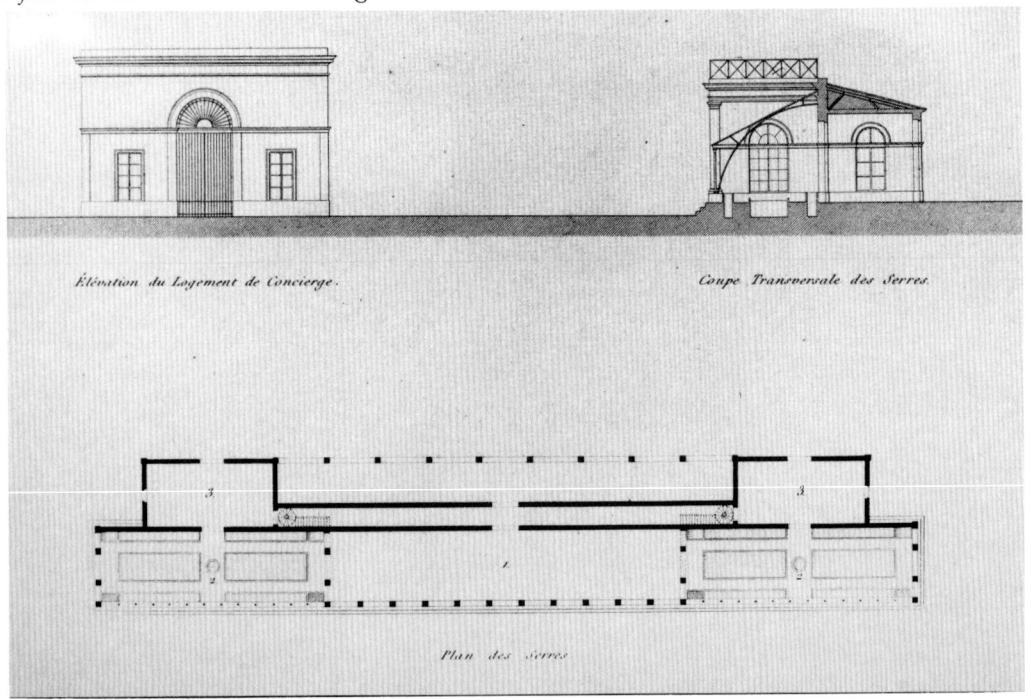

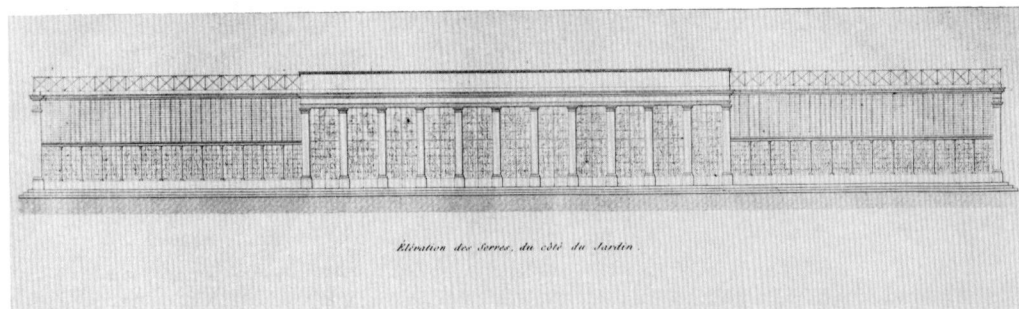

199 Orléans, Botanischer Garten, Orangerie und Serres, 1836-41 von Pagot; Grundriß und Schnitt

200 Orléans (wie 199); Orangerie und Serres, Ansicht

201 Dublin, National Botanic Gardens in Glasnevin, *Curvilinear Range,* 1843-49 von W. Clancy, R. Turner, W. Turner; Ansicht des Mittelpavillons (Stich)

Pflanzenschauhäuser - Katalog

202 Dublin (wie 201); Mittelpavillon, Außenansicht, heutiger Zustand

203 Dublin (wie 201); Mittelpavillon, Innenansicht

Pflanzenschauhäuser - Katalog

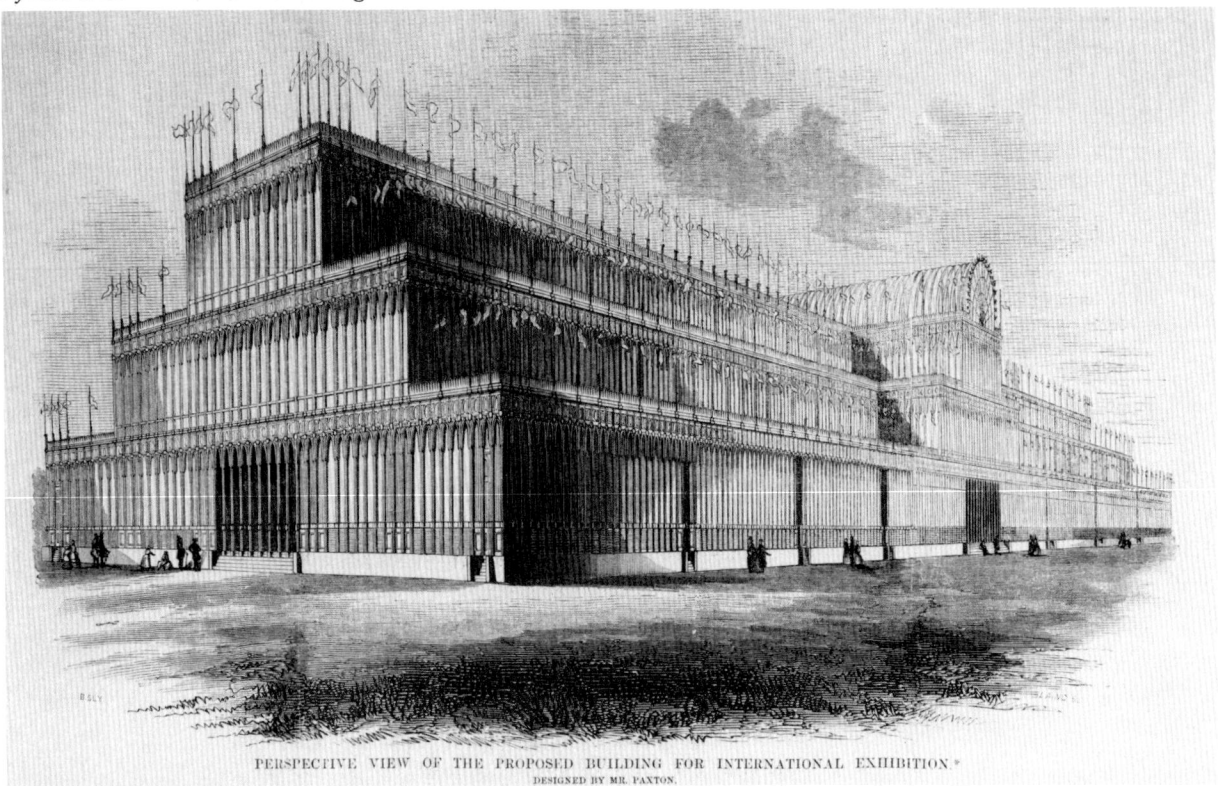

204 London, Hyde Park, Weltausstellungsgebäude, *Crystal Palace*, 1850-51 von J. Paxton; Außenperspektive

205 London (wie 204); *Crystal Palace*, Innenperspektive

Pflanzenschauhäuser - Katalog

206 London, Royal Botanic Gardens in Kew, *Water Liliy House (Wasserpflanzenhaus)*, 1852 von R. Turner; Außenansicht

207 London (wie 206); *Water Lily House*, Innenansicht

Pflanzenschauhäuser - Katalog

208 Birmingham, Botanischer Garten, *Greenhouse Range* (1885), dahinter Palmenhaus (1870); Außenansicht

209 Birmingham (wie 208); Palmenhaus, Innenansicht mit ornamentierter Tragekonstruktion

Pflanzenschauhäuser - Katalog

210 Dublin, Ausstellungsgebäude der Industrieausstellung von 1853, von J. Benson

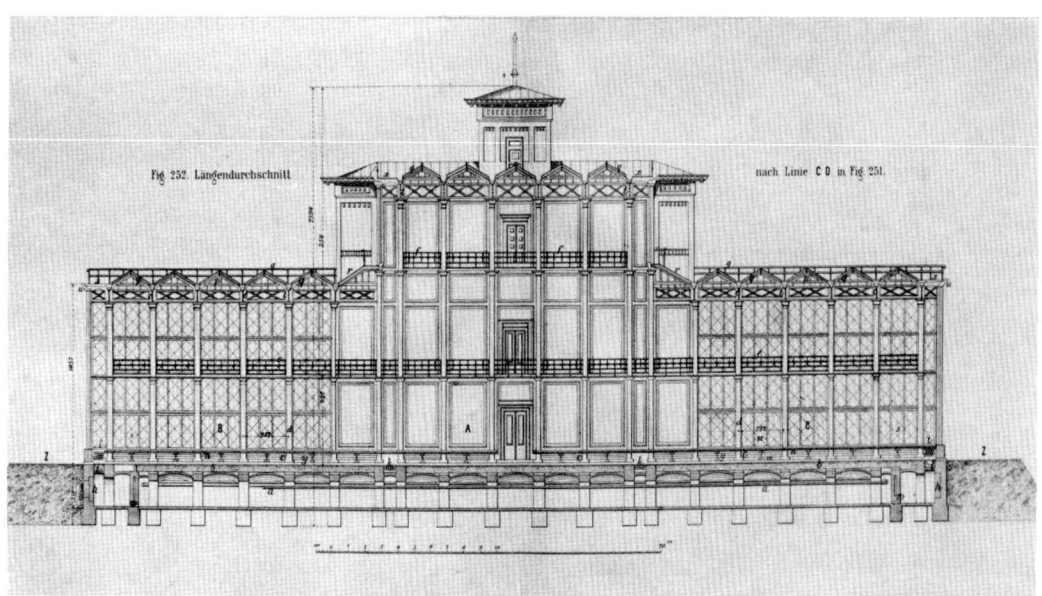

211 Berlin, ehem. Königlicher Botanischer Garten, Großes Palmenhaus, 1857-58 von C. D. Bouché, Härter und Nietz; Längsschnitt

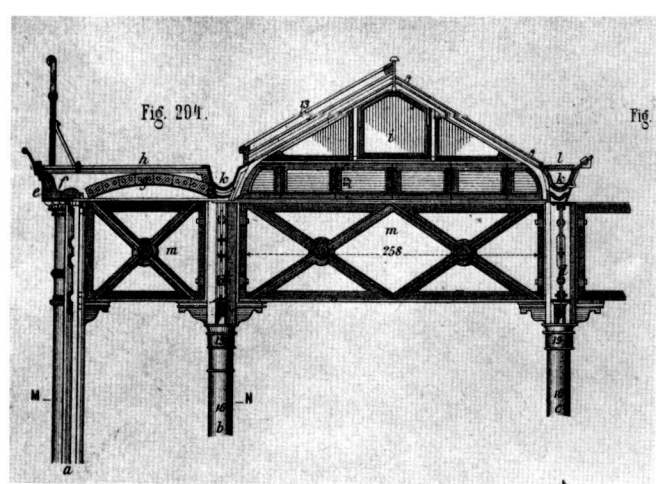

212 Berlin (wie 211); Palmenhaus, Details der Dachkonstruktion

213 Paris, »Les grandes Serres de la Ville de Paris« in La Muette, ca. 1856; Querschnitt durch Ostflügel

Pflanzenschauhäuser - Katalog

214 Edinburgh, Royal Botanic Garden, Das neue *Temperate Palm House*, 1856-58 von R. Mathieson; Außenperspektive

215 Edinburgh (wie 214); *Temperate Palm House*, Außenansicht, heutiger Zustand

216 Edinburgh (wie 214); *Temperate Palm House*, Innenansicht mit Tragekonstruktion und Galerie

Pflanzenschauhäuser - Katalog

217 Bordeaux, Jardin Public, *Grandes Serres*, 1856-59 von Ch. Burguet; Ansicht von 1895

218 London, Royal Botanic Gardens in Kew, *The Temperate House*, 1859-98 nach Entwurf von D. Burton; Ansicht

Pflanzenschauhäuser - Katalog

219　London (wie 218); *Temperate House*, Dachkonstruktion
220　London (wie 218); *Temperate House*, Detail

Pflanzenschauhäuser - Katalog

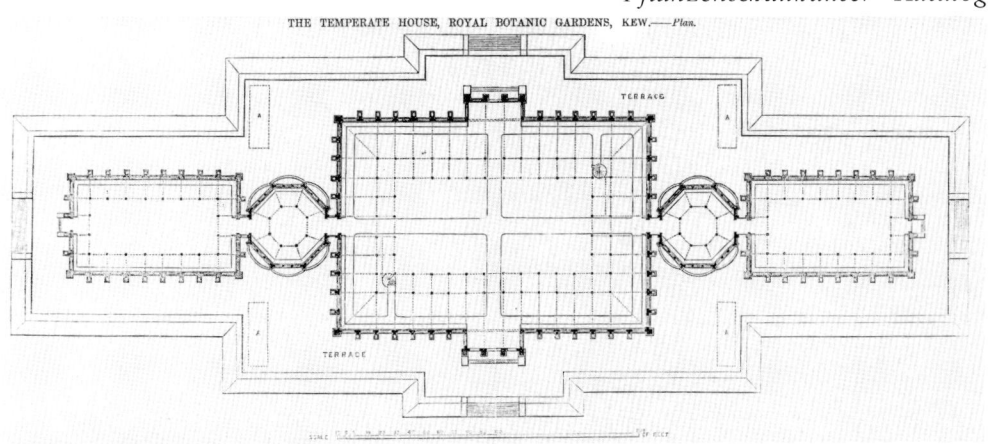

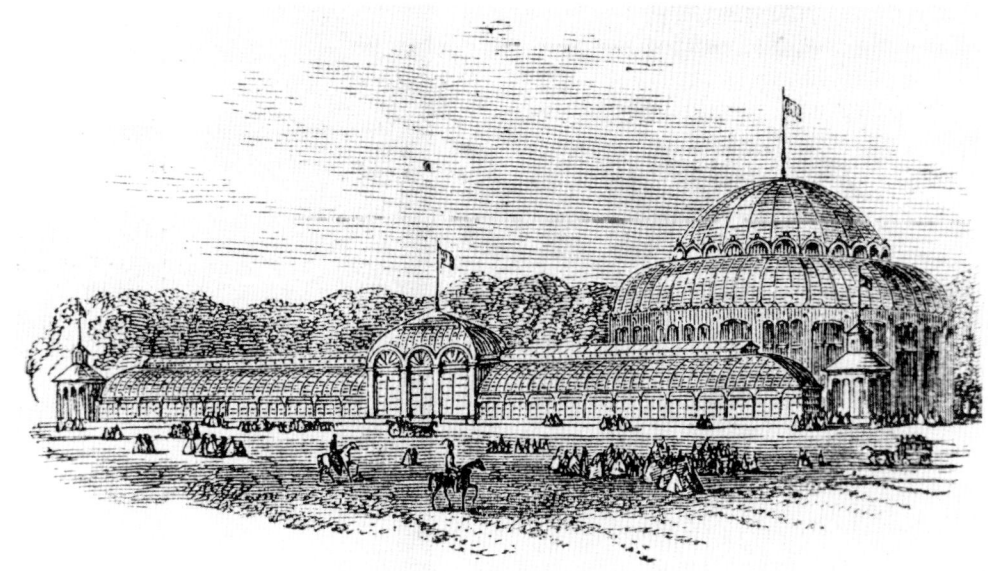

221 London (wie 218); *Temperate House,* Grundriß

222 Rennes, Jardin des Plantes, Serres und Orangerie, 1862-63 von J. B. Martenot

223 Paris, »Palais d'Exposition Permanente« in Auteuil, 1862-63 von Liandier, Lehmann, Peignet und Schmitz; Wintergarten-Anbau

Pflanzenschauhäuser - Katalog

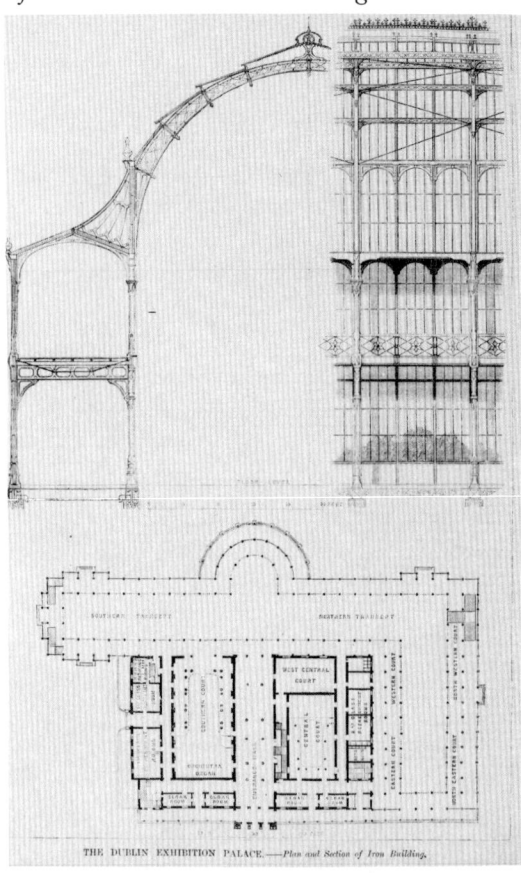

224 Dublin, Ausstellungspalast und Wintergarten, 1865 von A.G. Jones; Grundriß und Schnitte

225 Dublin (wie 224); Ausstellungspalast, Ansicht der Vorfahrtseite

Pflanzenschauhäuser - Katalog

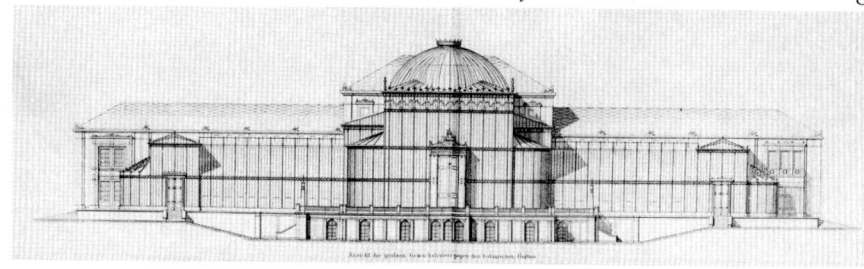

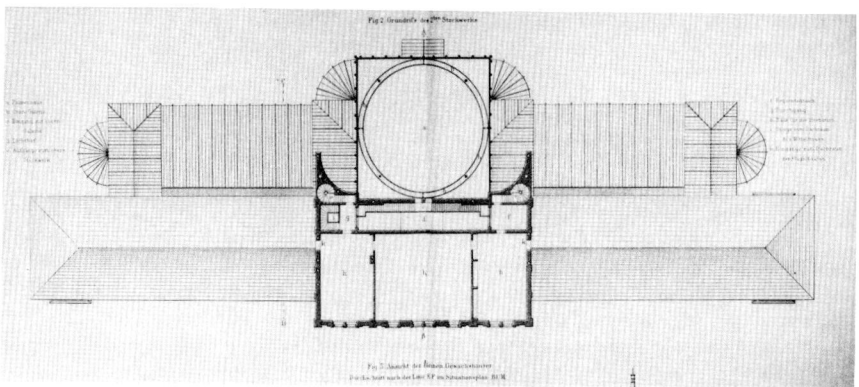

226 München, ehem. Königlicher Botanischer Garten, *Große Gewächshäuser*, 1860-65 von A. von Voit; Ansicht

227 München (wie 226); Grundriß des 2. Stockwerkes mit Dachaufsicht

228 Paris, Weltausstellung von 1867 auf dem Champ de Mars; von J. B. S. Krantz, Hardy und Duval; Gartenplanung von Alphand; Ansicht der Grande Serre Monumentale

229 Southport, England, Hesketh Park, Conservatory, 1868

Pflanzenschauhäuser - Katalog

230 Kopenhagen, Botanischer Garten der Universität, Pflanzenhäuser, 1871-74 von T. Rothe und J. C. Jacobsen; Blick auf Westflügel und Mittelrotunde

231 Kopenhagen (wie 230); Pflanzenhausgruppe, Ansicht von Osten

Pflanzenschauhäuser - Katalog

232 Lyon, Botanischer Garten im Parc de la Tête d'Or, *Grandes Serres*, 1877-81; Blick auf das zentrale Palmenhaus

233 Lyon (wie 232); »Victoria-Regia-Haus«, 1887; Ansicht des Innern

Pflanzenschauhäuser - Katalog

234 Tarbes, Jardin Massey, Serres, 1882

235 Glasgow, Tollcross Park, Conservatory und Vogelhaus, Ost-West-Trakt ca. 1880, Nord-Süd-Trakt ca. 1905

Pflanzenschauhäuser - Katalog

236 Cambridge, Botanischer Garten der Universität, Pflanzenhäuser, ca. 1855 und 1888-91

237 Tübingen, Alter botanischer Garten, Neues Gewächshaus, 1885-86 von Koch; Portal

238 Nantes, Jardin des Plantes, Glashausgruppe, 1895; Mittelpavillon

Pflanzenschauhäuser - Katalog

239 Liverpool, Sefton Park, Palmenhaus, 1895-96; Ansicht

240 Liverpool (wie 239); Palmenhaus, Statue von Captain Cook

241 Liverpool (wie 239); Palmenhaus, Innenansicht mit Dachkonstruktion

Pflanzenschauhäuser - Katalog

242 Paris, »Le Nouveau Jardin Fleuriste de la Ville de Paris« in Auteuil, *Grandes Serres*, 1898 von J.C. Formige

243 Liverpool, Stanley Park, Conservatory, 1899; Ansicht des Innern

244 Paris, Weltausstellung von 1900, »Le Palais de l'Horticulture« von Ch. A. Gautier

Pflanzenschauhäuser - Katalog

245 *oben* Frankfurt am Main, Palmengarten, Neue Pflanzenschauhäuser, 1906 von H. Ritter und A. Siebert

246 *links* Berlin, ehem. Königlicher Botanischer Garten in Dahlem, Pflanzenschauhäuser, 1899-1909 von A. Körner; Ansicht vom südlichen Eckpavillon der großen Schauhausgruppe

247 Berlin (wie 246); Subtropenhaus, Giebelansicht

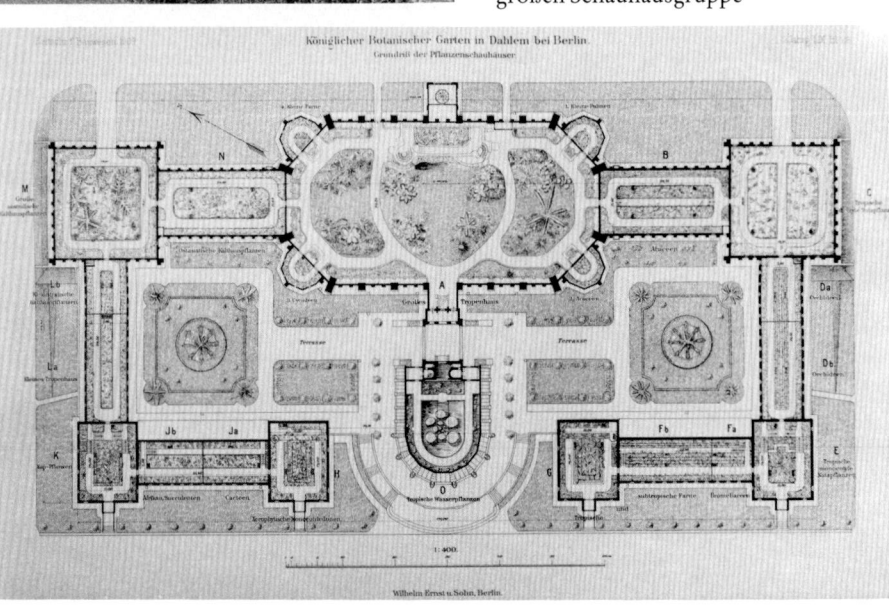

248 Berlin (wie 246); Große Schauhausgruppe, Grundriß

Öffentliche Wintergärten

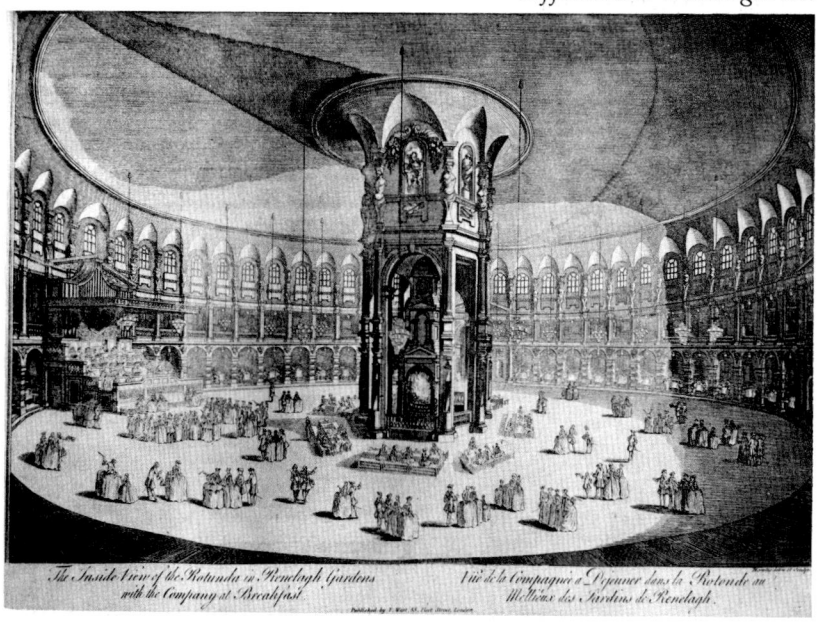

249 London, Ranelagh Gardens (1742-1803), Innenansicht der großen Ballhaus-Rotunde

250 London, Vauxhall Gardens (1661-1859); Chinesische Pavillons und Logen *(Boxes)*

251 London, Vauxhall Gardens (1661-1859); Innenansicht des Konzertsaales

Öffentliche Wintergärten - Prototypen

252 Paris, Jardin d'Hiver, 1847 von Ch. T. Charpentier & H. Meynadier; offene Vorhalle an den Champs Elysées

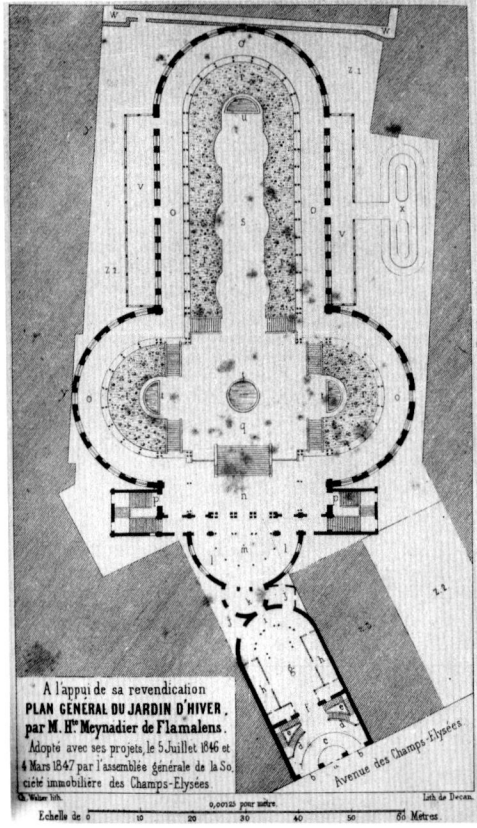

253 Paris (wie 252); Jardin d'Hiver, Lageplan und Grundriß des Projektes von H. Meynadier (nicht ausgeführt)

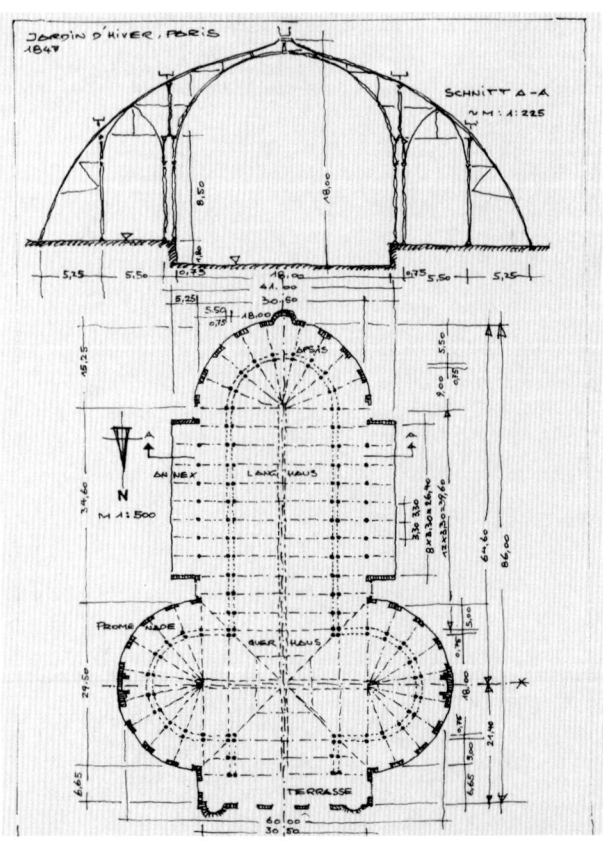

254 Paris (wie 252); Jardin d'Hiver, Grundriß und Schnitt des ausgeführten Projektes von Ch. T. Charpentier

Öffentliche Wintergärten - Prototypen

255 Paris (wie 252); Jardin d'Hiver, Vierung, dahinter Langhaus (»überdeckter Garten«)

256 Paris (wie 252); Jardin d'Hiver, Querhaus (Konzerthalle)

Öffentliche Wintergärten - Prototypen

257 Paris (wie 252); Jardin d'Hiver, Tragkonstruktion mit aussteifendem »Blumenkorb« (Detail)

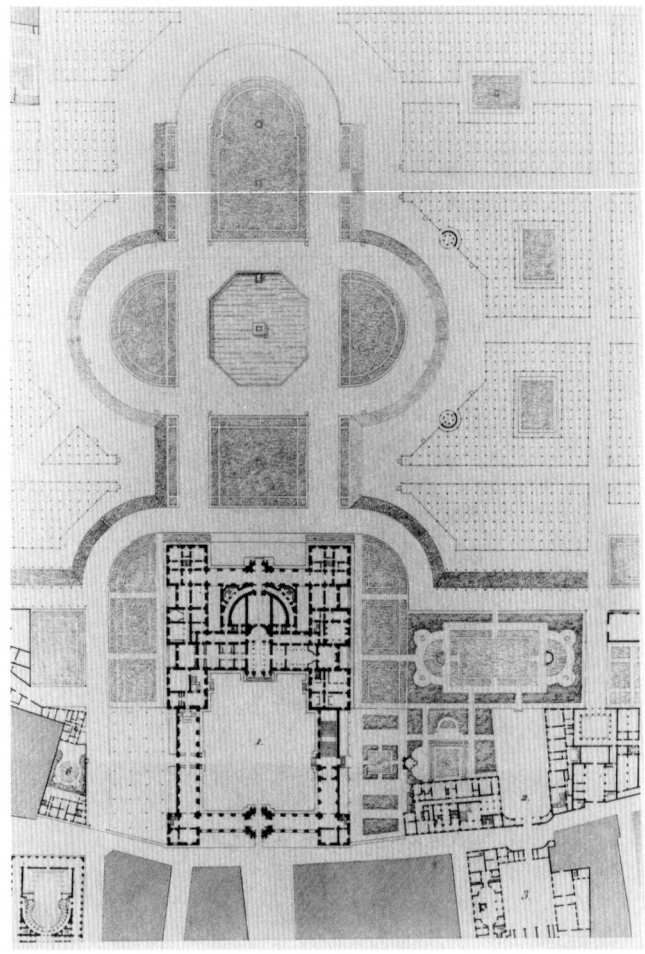

258 Paris, Palais du Luxembourg; Grundriß und Lageplan

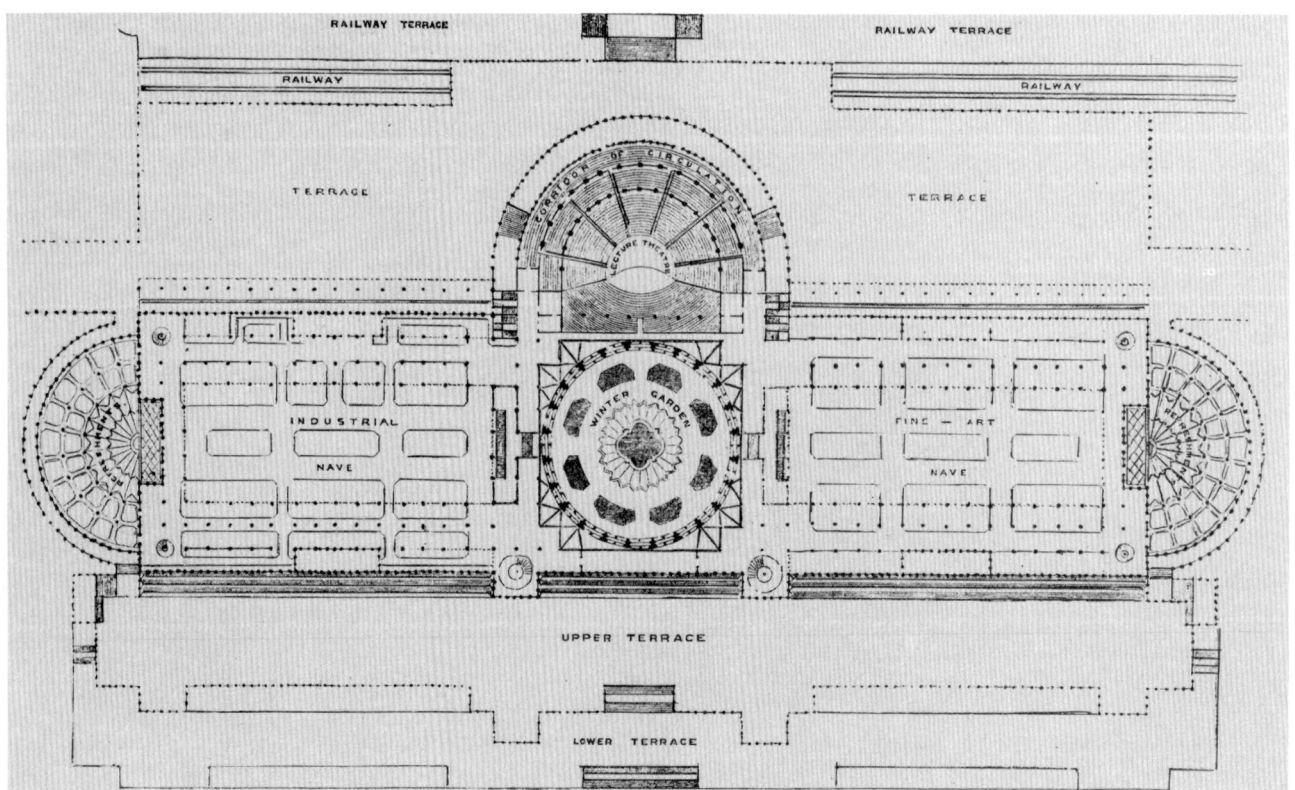

259 London, Muswell Hill, Palace of the People; Projekt von Owen Jones, 1858; Grundriß

Öffentliche Wintergärten - Prototypen

260 London (wie 259); Palace of the People, Außenperspektive

261 London (wie 259); Winter Garden, Innenperspektive

Öffentliche Wintergärten - Prototypen

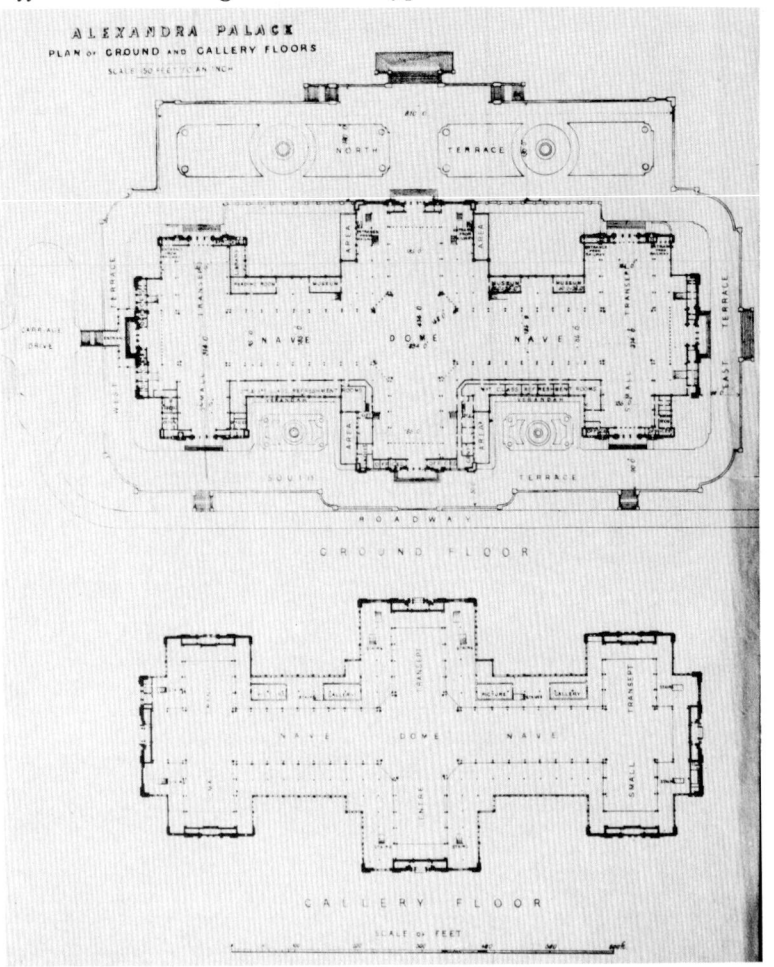

262 London, Muswell Hill, Alexandra Palace I; 1864-1866 von Johnson & Meeson; Grundriß von Erdgeschoß (oben) und Galeriegeschoß (unten)

263 London (wie 262); Alexandra Palace I, Ansicht

Öffentliche Wintergärten - Prototypen

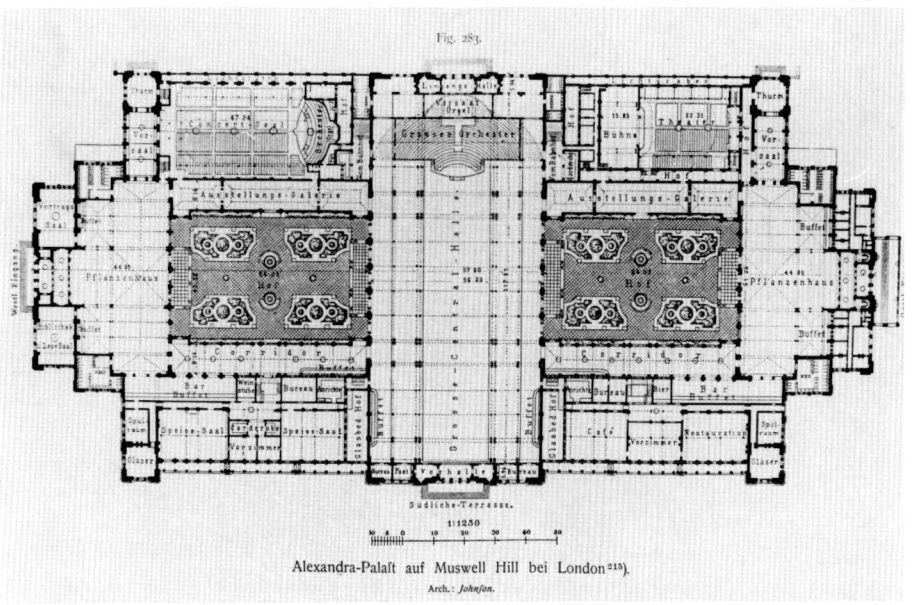

264 London, Muswell Hill, Alexandra Palace II; 1873-75 von Johnson & Meeson; Grundriß

265 London (wie 264); Alexandra Palace II, Gesamtperspektive

266 London (wie 264); Alexandra Palace II, heutige Eingangsfront, dahinter der ehemalige Winter Garden

Öffentliche Wintergärten - Prototypen

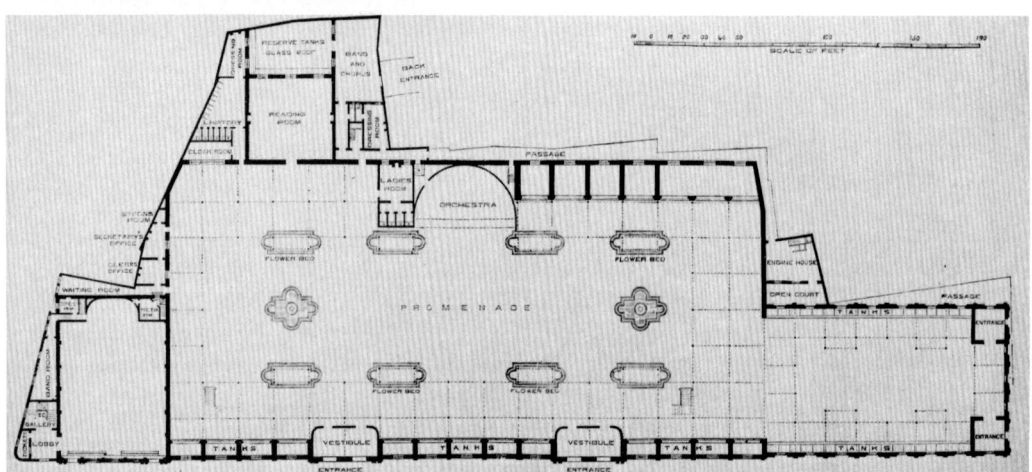

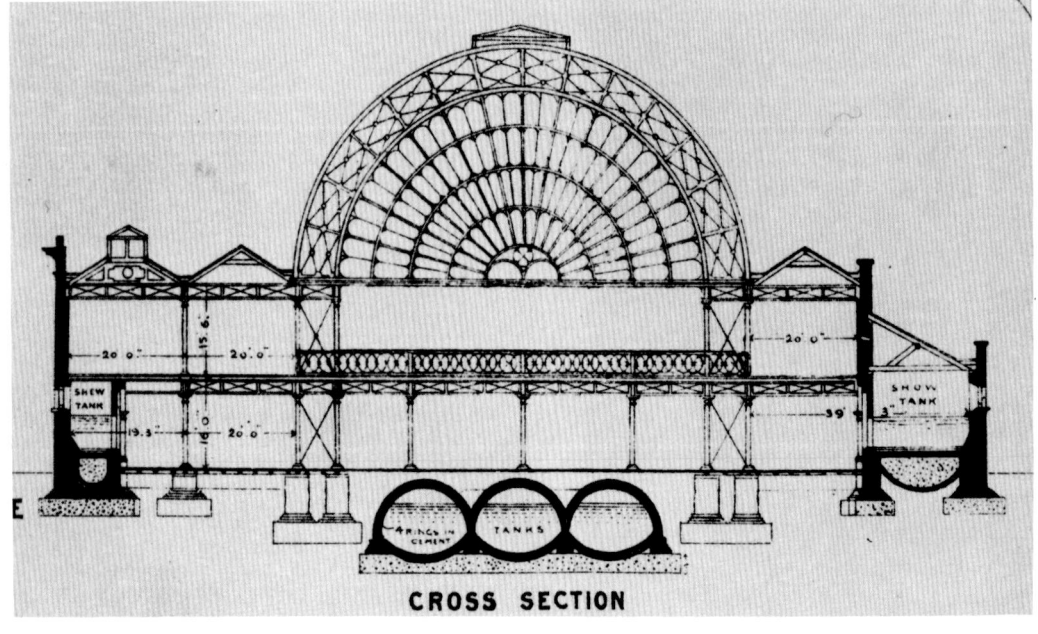

267 London (wie 264); Alexandra Palace II, Hofansicht des Winter Gardens

268 London, Westminster, The Royal Aquarium, Summer and Winter Garden; 1875-76 von A. Bedborough; Grundriß

269 London (wie 268); Aquarium and Winter Garden, Querschnitt

Öffentliche Wintergärten - Prototypen

270 London (wie 268); Aquarium and Winter Garden, Außenperspektive

271 London (wie 268); Aquarium and Winter Garden, Innenperspektive

Öffentliche Wintergärten - Prototypen

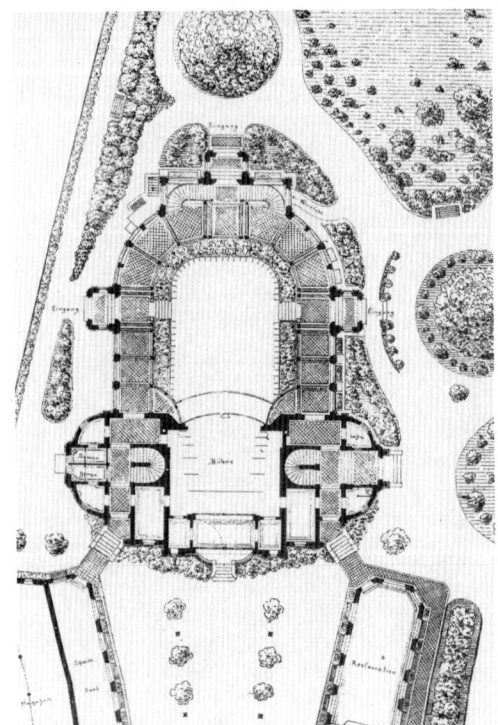

272 *oben* Göggingen, Gesellschaftshaus, Wintergarten und Sommertheater der Orthopädischen Anstalt; 1885-86 von Jean Keller; Innenperspektive

273 *links* Göggingen (wie 272); Wintergarten, Grundriß

274 *rechts* Göggingen (wie 272); Wintergarten, Galeriesäulen mit Palmenkonsole

Öffentliche Wintergärten - Prototypen

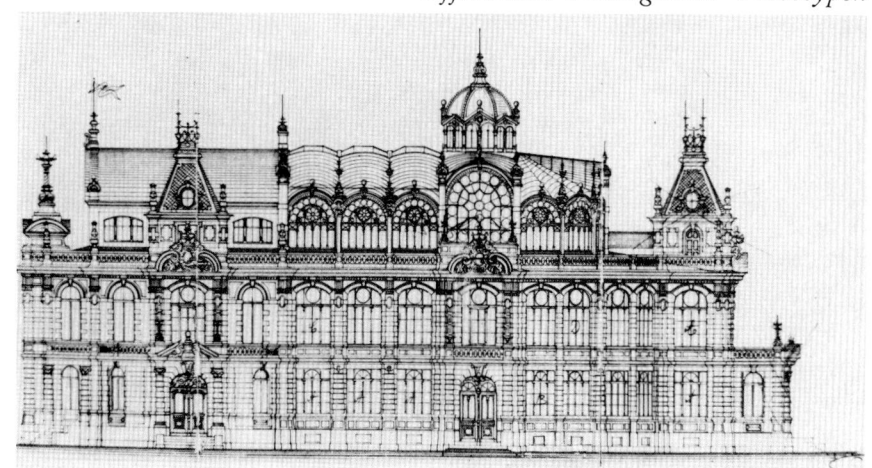

275 Göggingen (wie 272); Längsansicht

276 London, The People's Palace of East London; von E. R. Robson; Ansicht des 1. Entwurfes (1885)

277 London (wie 276); The People's Palace, Ansicht des 2. Entwurfs zur Zeit der Grundsteinlegung (1886)

Öffentliche Wintergärten - Katalog

278 London, The People's Palace, 1886-92 von E. R. Robson; Ansicht der Straßenfassade mit Winter Garden (1891/92)

279 London (wie 279); The People's Palace, Innenansicht der »Queen's Hall« (1887)

Öffentliche Wintergärten - Prototypen

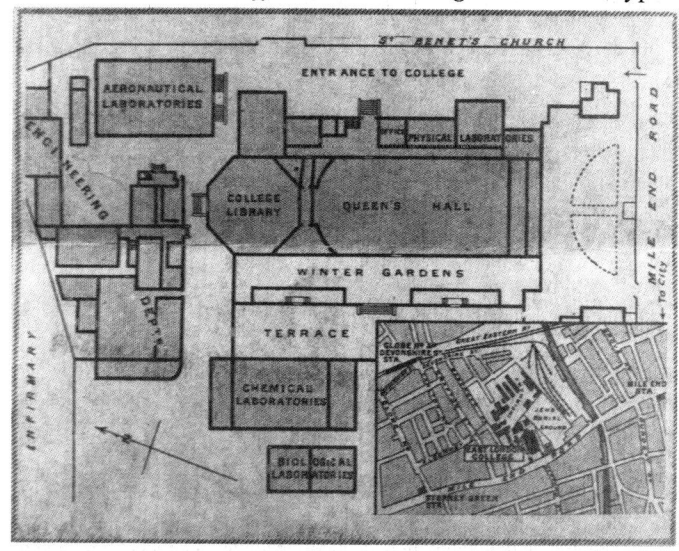

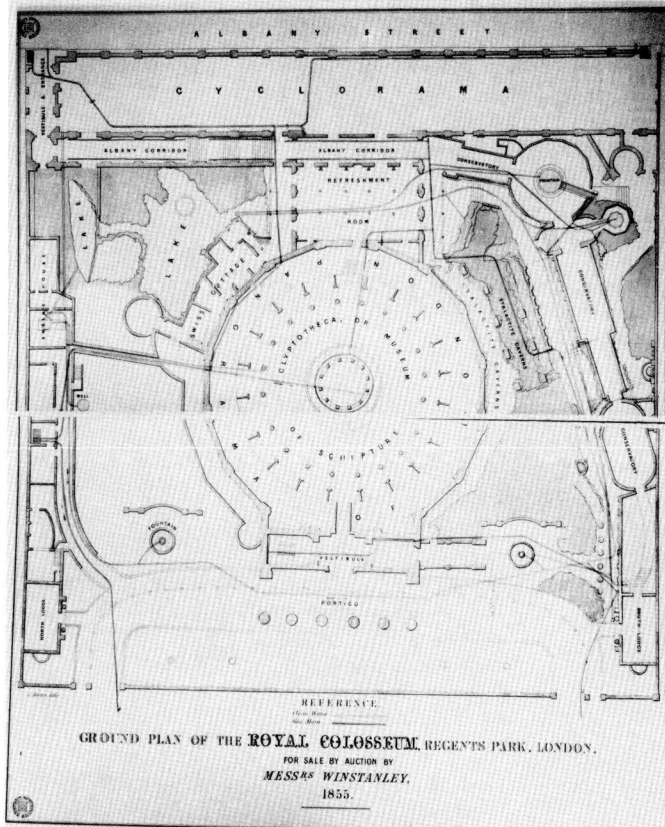

280 London (wie 277); The People's Palace, Grundriß und Lageplan wie ausgeführt

281 Brighton, West Cliff, Athenaeum mit *Oriental Garden*, Projekt von A. H. Wilds, 1825

282 London, Regent's Park, The Colosseum and The Conservatories, 1829 von D. Burton, 1845 erweitert von R. Turner; Grundriß und Lageplan

Öffentliche Wintergärten - Katalog

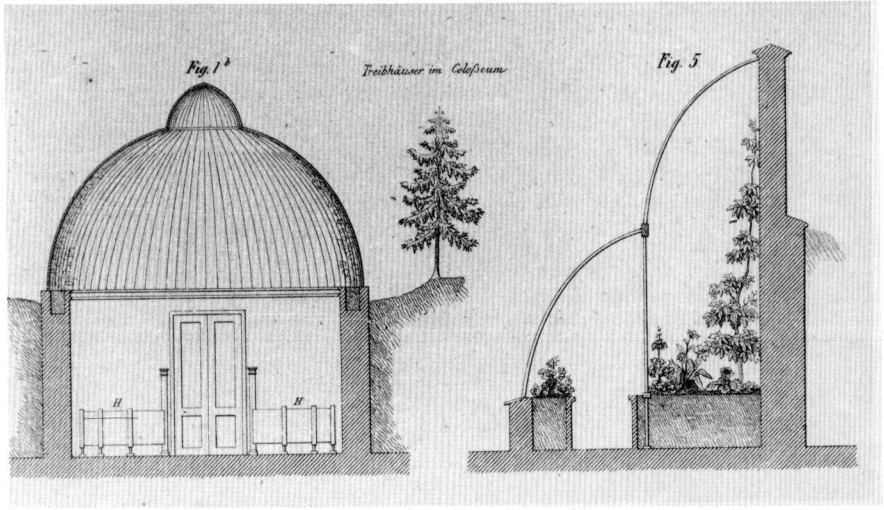

283 London (wie 282); Conservatories, Ansicht eines Teiles der Anlage von 1845

284 London (wie 282); Conservatories, Ansicht des Innern

285 London (wie 282); Conservatory und zweifach gebogtes Anlehnhaus aus der Zeit vor 1829, Schnitte

Öffentliche Wintergärten - Katalog

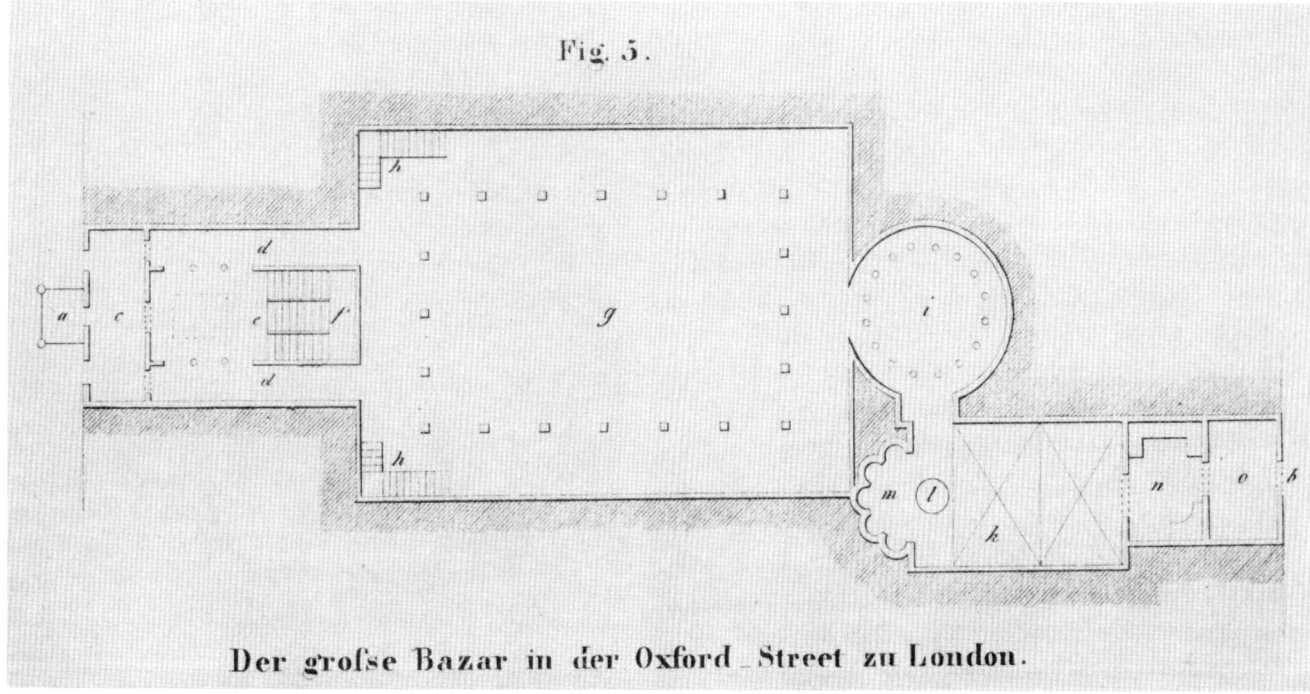

286 London, Oxford Street, *Pantheon Bazaar, Conservatory und Aviary (Vogelhaus)*, 1834 von S. Smirke; Grundriß

287 London (wie 286); Conservatory, Innenperspektive

Öffentliche Wintergärten - Katalog

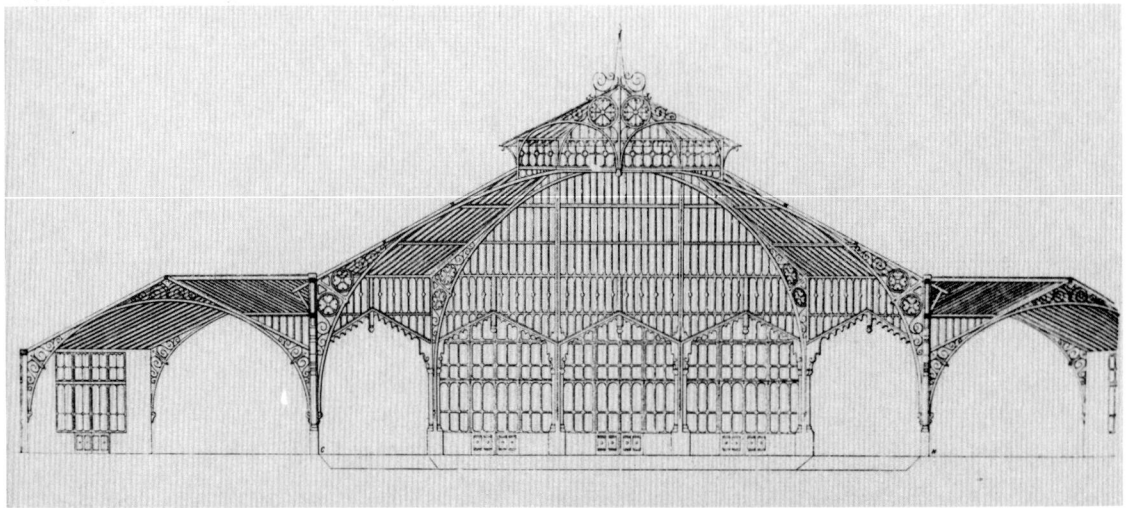

Jardin d'hiver construit aux Brotteaux, à Lyon.

288 Lyon, Jardin d'Hiver, 1847 von H. Horeau; Schnitt

289 Lyon (wie 288); Jardin d'Hiver, Innenperspektive

290 London, *Crystal Palace* in Sydenham, 1852-54 von J. Paxton; Außenperspektive

Öffentliche Wintergärten - Katalog

291 London (wie 290); *Crystal Palace*, Innenperspektive

Öffentliche Wintergärten - Katalog

292 Bad Homburg v. d. Höhe, Wandelhalle mit Glashaus am Elisabethenbrunnen, 1857-59 von R. Ludwig

293 London, Covent Garden, *The Floral Hall*, 1860 von E. M. Barry; Ansicht von Covent Garden Market, Lageplan

Öffentliche Wintergärten – Katalog

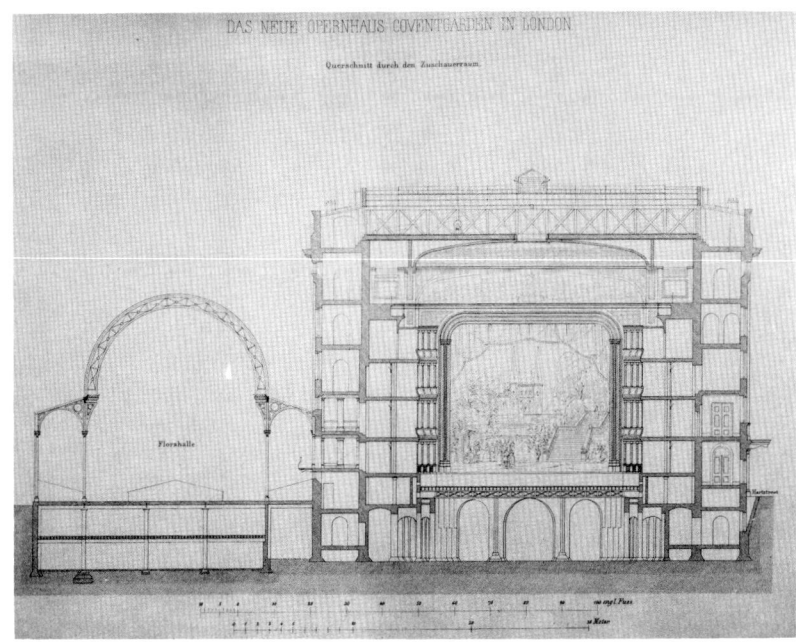

294 London (wie 293); *Floral Hall* und Opernhaus, Ansicht zur Bow Street

295 London (wie 293); *Floral Hall*, heutige Ansicht zur Bow Street

296 London (wie 293); *Floral Hall* und Opernhaus, Querschnitt

Öffentliche Wintergärten - Katalog

THE VOLUNTEERS' BALL, FLORAL HALL, ROYAL ITALIAN OPERA, COVENT GARDEN.
SEE SUPPLEMENT, PAGE 267.

297 London (wie 293); *Floral Hall*, Ansicht des Innern

Öffentliche Wintergärten - Katalog

298 Paris, Bois de Boulogne, Jardin d'Hiver im Jardin Zoologique d'Acclimatation, 1860-61 von der Fa. Lefebvre; Innenperspektive mit Grotte (West)

299 Paris (wie 298); Jardin d'Hiver, Innenperspektive mit apsidialem Abschluß (Ost)

300 Köln, »Flora«, 1863-64 von F. v. Arnim & H. Märtens; Außenperspektive

Öffentliche Wintergärten - Katalog

301 Köln (wie 300); »Flora«, Innenperspektive

302 Köln (wie 300); »Flora«, heutige Innenansicht mit Teilen der Eisenkonstruktion

Öffentliche Wintergärten - Katalog

303 Leeds, England, Winter Garden, Infirmery (Krankenhaus), 1868 von G. G. Scott und R. M. Ordish

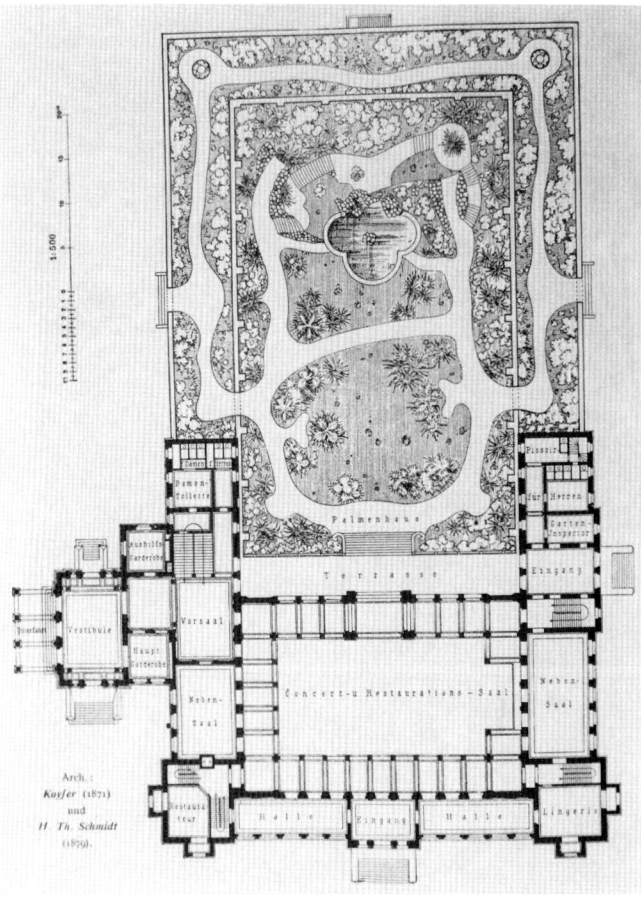

304 Frankfurt a.M., Palmengarten, Palmen- und Gesellschaftshaus, 1869-71 von F. Kayser; Grundriß

305 Frankfurt a.M. (wie 304); Palmenhaus, außenliegende Bogenträger mit Pylonen

Öffentliche Wintergärten - Katalog

306 Buxton, Derbyshire, Pavilion Gardens, »The Pavilion«, 1870-71 von E. Milner; Außenperspektive mit Mittelpavillon

307 Buxton (wie 306); »The Pavilion«, heutige Ansicht mit Endpavillon

Öffentliche Wintergärten - Katalog

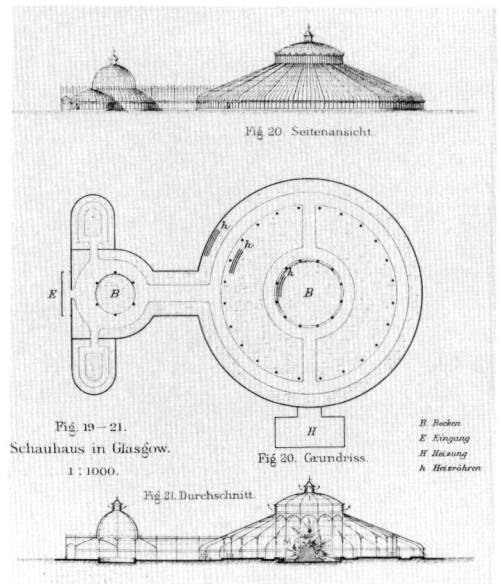

308 *oben links* Glasgow, Botanic Gardens, The Kibble Crystal Art Palace, 1872-73 von Fa. Boyd & Sons; Ansicht, Grundriß, Schnitt

309 *oben rechts* Glasgow (wie 308); Kibble Palace, vordere Glashausgruppe

310 *unten* Glasgow (wie 308); Kibble Palace, kleine Kuppel

Öffentliche Wintergärten - Katalog

311 Glasgow (wie 308); Kibble Palace, Blick in die große Kuppel

312 Glasgow (wie 308); Kibble Palace, Gußeisenornamentik der Ringarkade (kleine Kuppel)

Öffentliche Wintergärten - Katalog

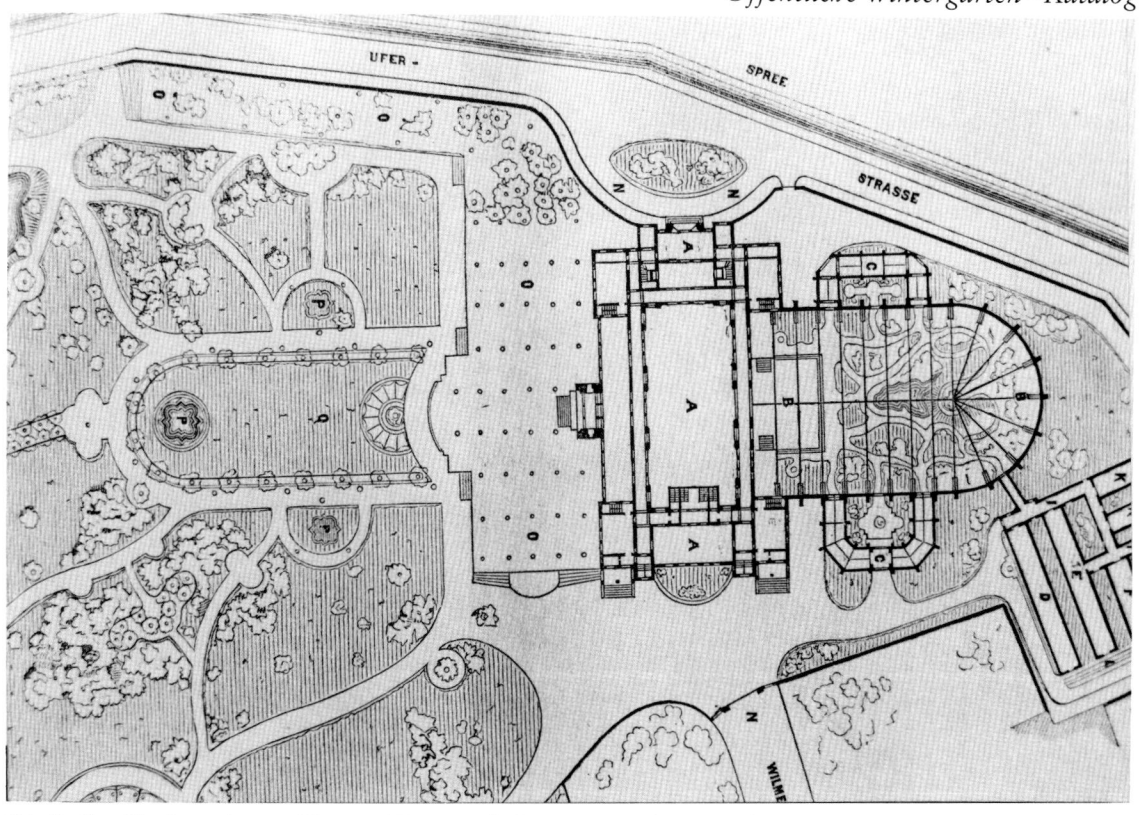

313 Berlin, Charlottenburg, »Flora«, 1871-74 von J. Otzen & H. Stier; Lageplan mit Grundriß

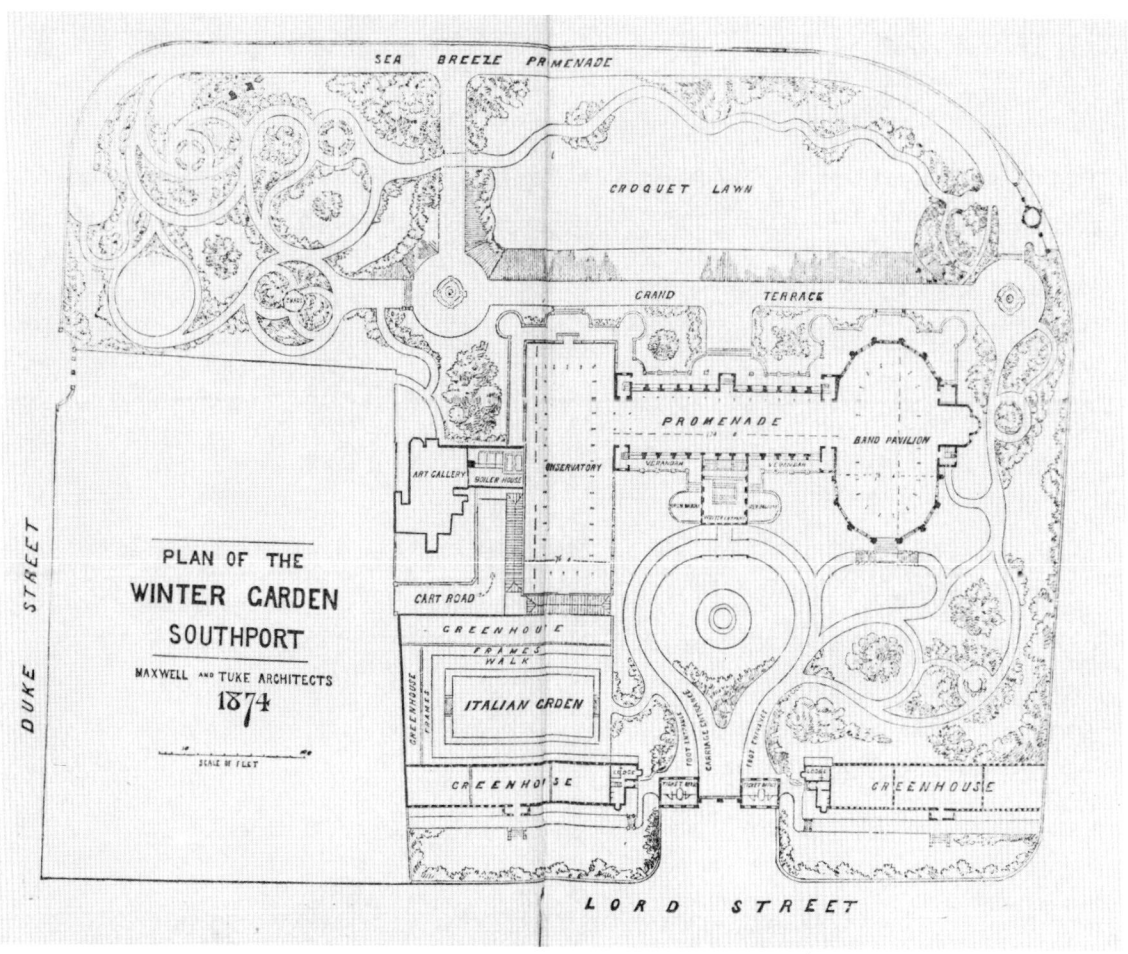

314 Southport, England, Winter Garden und Aquarium, 1873-74 von Maxwell & Tuke; Lageplan mit Grundriß

Öffentliche Wintergärten - Katalog

315 Southport (wie 314); Konzerthalle, Promenade, Winter Garden, Außenperspektive

316 Southport (wie 314); Winter Garden, Innenperspektive

Öffentliche Wintergärten - Katalog

317 Great Yarmouth, England, Winter Garden und Aquarium, 1875-76 von J. Norton & Ph. E. Masey; Ansicht der Seeseite

318 Bournemouth, Hampshire, Winter Garden, 1876-77 von Fa. Fletcher, Lowndes & Co.

319 London, Hyde Park, Glashausentwurf zur Überdeckung des Albert Memorial, 1877 von J. Wills

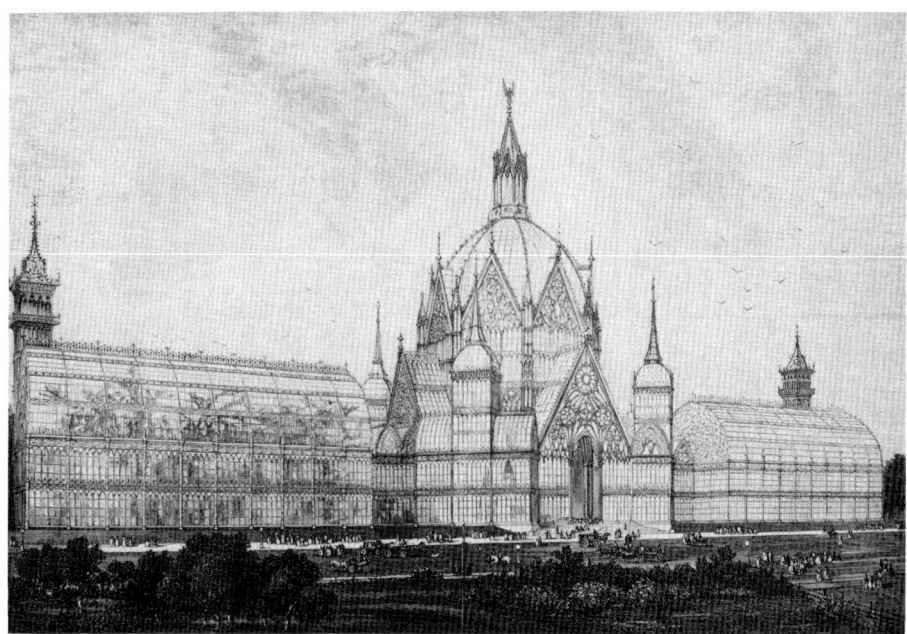

Öffentliche Wintergärten - Katalog

320 Tynemouth, Northumberland, Winter Garden und Aquarium, 1876-78 von J. Norton & Ph. E. Masey; Außenperspektive

321 Tynemouth (wie 320); Winter Garden und Aquarium, heutige Ansicht der Seeseite

Öffentliche Wintergärten - Katalog

322 Morecambe, Lancashire, Winter Garden und Aquarium, 1877-78 von J. Waugh & H. Isitt; Perspektive mit Giebelfront

323 Morecambe (wie 322); Winter Garden und Auqarium, heutige Ansicht mit Erweiterung von 1896

Öffentliche Wintergärten - Katalog

324 Cheltenham, Gloucestershire, Winter Garden, 1877-78 von J. T. Darby

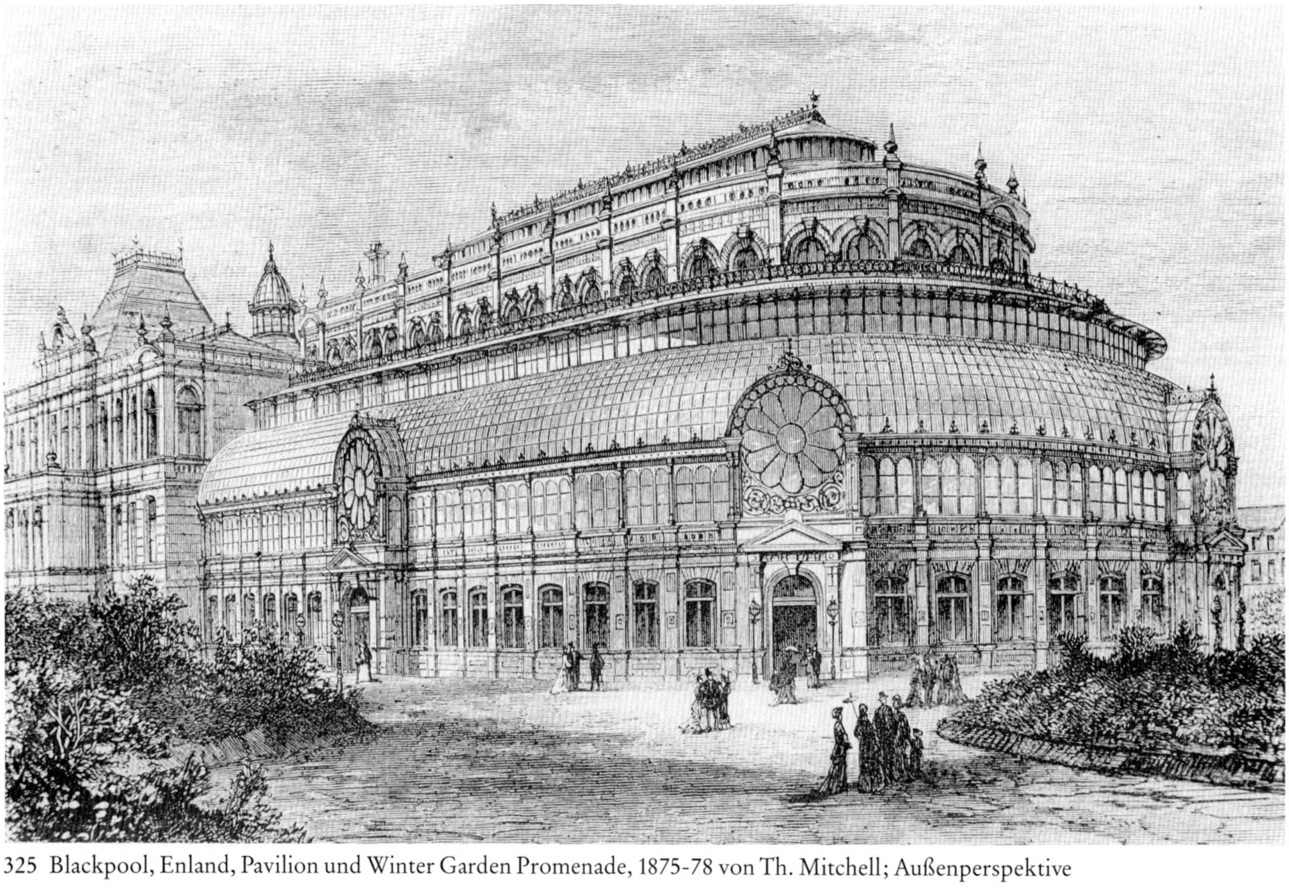

325 Blackpool, Enland, Pavilion und Winter Garden Promenade, 1875-78 von Th. Mitchell; Außenperspektive

Öffentliche Wintergärten - Katalog

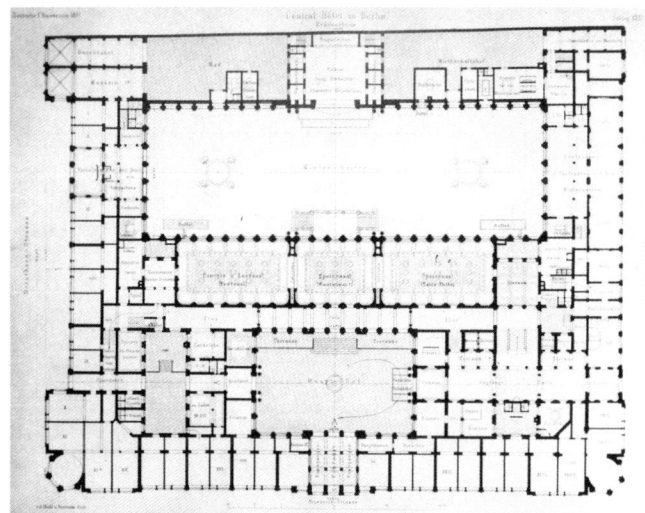

326 *oben* Blackpool (wie 325); Pavilion und Winter Garden, heutige Ansicht (Vogelschau)

327 *Mitte* Berlin, Wintergarten im Central Hotel, 1878-80 von Hude & Hennicke; Grundriß

328 *unten* Berlin (wie 327); Wintergarten, Schnitt

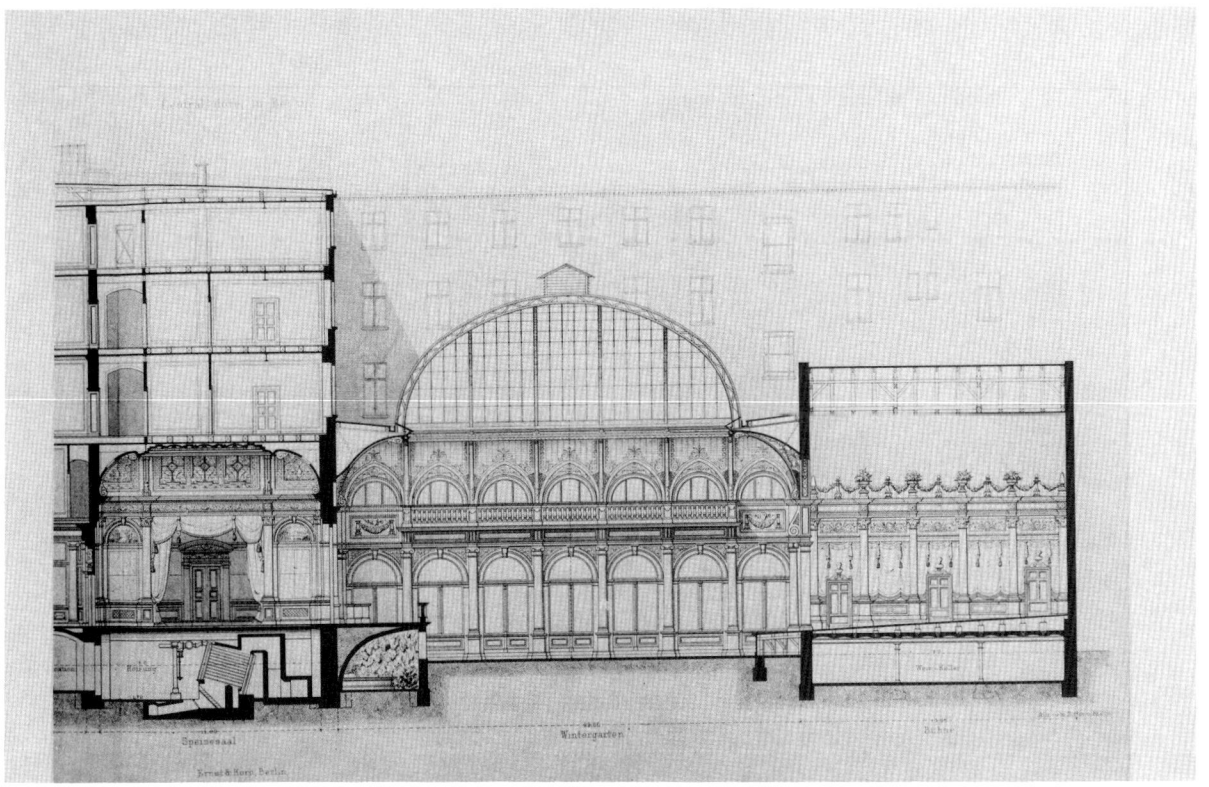

Öffentliche Wintergärten - Katalog

329 Great Yarmouth, Norfolk, Winter Garden, 1880-81 von J. Watson & W. Harvey; heutige Ansicht

330 Great Yarmouth (wie 329); Winter Garden, Detail der Dachkonstruktion

Öffentliche Wintergärten - Katalog

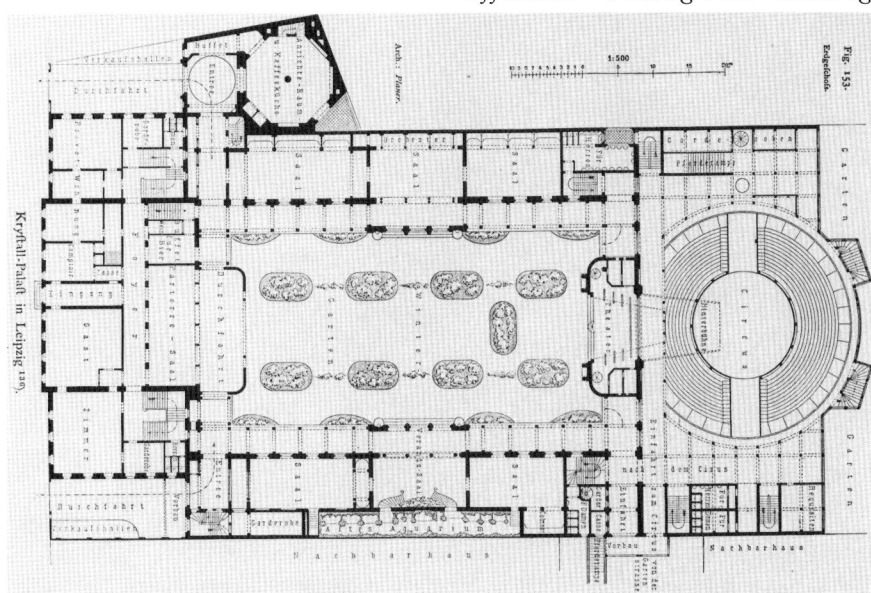

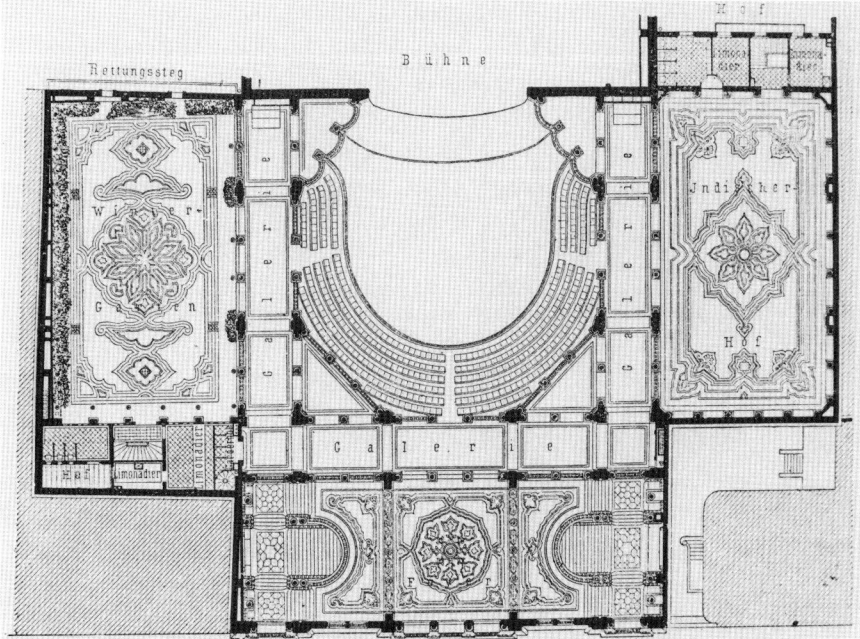

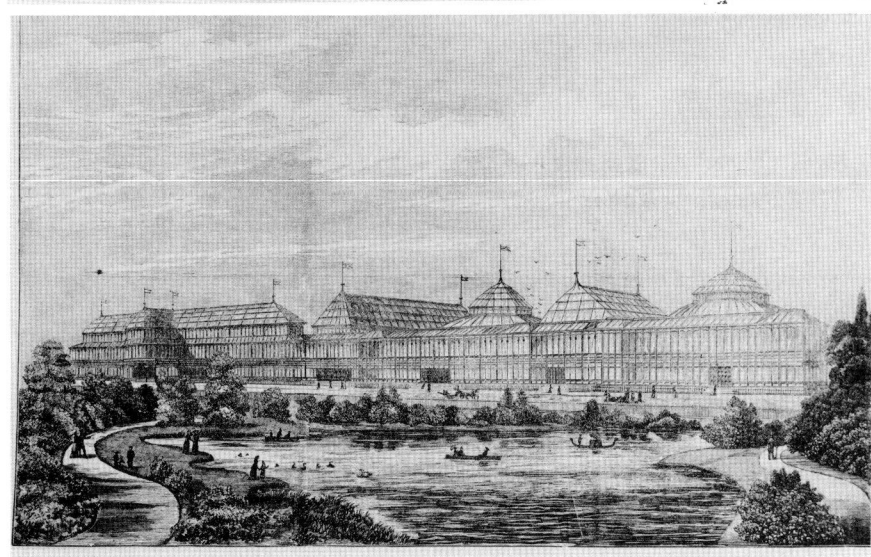

331 Leipzig, »Krystall-Palast«, 1881-82 von C. Planer, 1891-92 erweitert von Jäger; Grundriß

332 Paris, Eden-Theater, 1882-83 von W. Klein & A. Duclos; Grundriß

333 London, Battersea Park, The Albert Palace, 1884-85

Öffentliche Wintergärten - Katalog

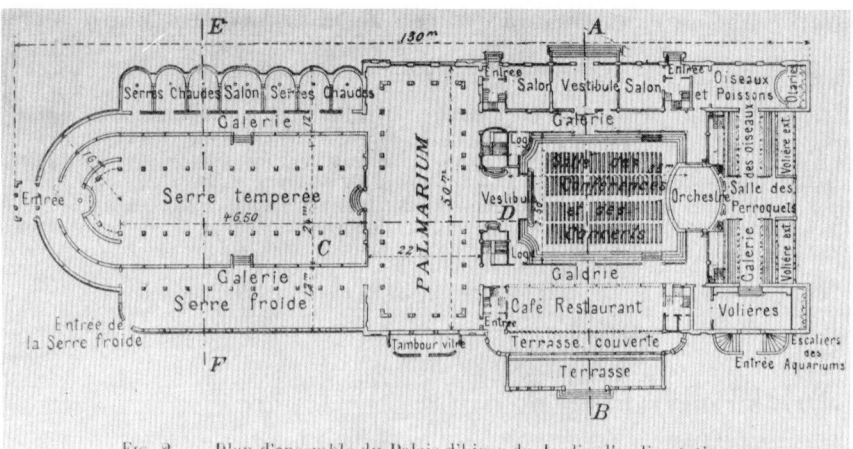

334 Paris, Bois de Boulogne, Palais d'Hiver im Jardin d'Acclimatation, 1892-94 von E. Bertrand; Außenperspektive

335 Paris (wie 334); Palais d'Hiver, Grundriß

336 Paris (wie 334); Palais d'Hiver, Innenperspektive mit Palmarium

Öffentliche Wintergärten - Katalog

337 Antwerpen, Wintergarten im Zoologischen Garten, 1894-97 von E. Thielens; Perspektive vom Wintergarten mit der »Salle des Fêtes«

338 Antwerpen (wie 337); Wintergarten, heutige Ansicht

Öffentliche Wintergärten - Katalog

339 Pau, Basses-Pyrénées, Casino-Jardin d'Hiver, 1896-98 von E. Bertrand; Außenansicht

340 Pau (wie 339); Jardin d'Hiver, Innenansicht

Öffentliche Wintergärten - Katalog

341 Glasgow, The People's Palace, 1897-98 von A. B. Mac Donald; Rückansicht vom Winter Garden

342 Glasgow (wie 341); Winter Garden, Innenansicht mit Tragwerk und Revisionssteg

Öffentliche Wintergärten - Katalog

343 Matlock Bank, Derbyshire, Winter Garden und Farnhaus, 1901 von G. Statham (?)

344 Kopenhagen, Neue Carlsberg Glyptothek, Atriumwintergarten, 1904-06 von V. Dahlerup; Innenansicht der Rotunde

Ausgewählte Literatur zum Pflanzenhaus und seinem Zeithintergrund

I. Bücher zur Architektur und Gartenkunst des 19. Jahrhunderts

Abercromby, J., The Hot-House Gardener. 1789.

Acland, H. W. und J. Ruskin, The Oxford Museum. London 1893.

Adam, R. und J., Works in Architecture. 3 Bde., London 1773-1822.

Adam, R., Ruins of the Palace of the Emperor Diocletian at Spalato in Dalmatia. London 1764.

Adam, W., The gem of the Peak or Matlock Bath and its vicinity. London 1851[5], Reprint 1973.

Allen, D. E., The Victorian Fern Craze, A History of Pteridomania. London 1969.

Alphand, J. A., Les Promenades de Paris. Paris 1867-1873.

Amherst, A., London Parks and Gardens. 1907.

Amherst, M., A History of Gardening in England. London 1884.

Anderson, J., Description of a Patent Hot House. 1804.

André, E., Traité Général de la Compostion des Parcs et Jardins. Paris 1879.

Antoine, F., Der Wintergarten in der K. K. Hofburg zu Wien. 1852.

Archer, A., Early Views of India. The Picturesque Journeys of Thomas and William Daniell 1785-1794. London 1980.

Arndt, H., Gartenzimmer des 18. Jahrhunderts. Darmstadt o.J. (1964).

Audot (Editeur du Bon Jardinier), Traité de la Composition et de l' Ornement des Jardins. Paris 1839.

Banham, P. R., Theory and Design in the First Machine Age. London und New York 1960.

Banham, R., The Glass Paradise, in: The Architectural Review 2/1959.

Bannister, T., The first Iron Framed Buildings, in: Architectural Review, CVII, 1950.

Barrow, W., The British Winter Garden. A practical Treatise of Evergreens. London 1852.

Barry, A., The Life and Works of Sir Charles Barry. London 1867.

Bean, W. J., The Royal Botanic Gardens Kew. 1908.

Beaver, P., The Crystal Palace. London 1970.

Benevolo, L., Geschichte der Architektur des 19. und 20. Jahrhunderts. 2 Bde., München 1964.

Benjamin, W., Illuminationen, Paris, die Hauptstadt des 19. Jahrhunderts. Frankfurt/Main 1961.

Berlyn, P., The Crystal Palace. London 1851.

Beutler, Chr., Saint-Eugène und die Bibliothèque Nationale. Zwei Eisenkonstruktionen und ihr Ideengehalt (L. A. Boileau 1812-1896). In: Miscellanea pro arte (FS Hermann Schnitzler), Düsseldorf 1965.

Beutler, Chr., W. Fischer und K. J. Sembach, Die verborgene Vernunft. Funktionale Gestaltung im 19. Jahrhundert. Katalog. Die Neue Sammlung, München 1971.

Beutler, Chr., G. Metken und K. J. Sembach, Weltausstellungen im 19. Jahrhundert. Ausstellungskatalog, München 1973.

Beutler, Chr., Paris und Versailles. Stuttgart 1979[2].

Blaser, W., Filigrane Architektur. Metall und Glaskonstruktion. Basel 1980.

Blomfield, R., The Formal Garden in England. London 1892.

Blondel, J. F., Cours d' Architecture Civile, II. Paris 1771.

Blouet, G. A., Supplément zu Johann Rondelets theoretischer und praktischer Abhandlung über die Kunst zu bauen. Aus dem Französischen übertragen. Leipzig 1849.

Boileau, L. A., Le Fer, Principal Elément Constructif de la Nouvelle Architecture. Paris 1871.

Boniface, P., The Garden Room. London, Her Majesty's Stationary Office 1982.

Börsch-Supan, E., Das Motiv des Gartenraumes in Dichtungen des 19. und frühen 20. Jahrhunderts, in: Deutsche Vierteljahrsschrift f. Literaturwiss. u. Geistesgesch. 39, 1965.

Börsch-Supan, E., Garten-, Landschafts- und Paradiesmotive im Innenraum. Berlin 1967.

Bosschere, Ch. de, Les Serres Royales de Laeken. Brüssel 1920.

Bouché, C. D. und J., Bau und Einrichtung der Gewächshäuser. 2 Bde., Bonn 1886.

Boudon, F., Hector Horeau. Ausstellungskatalog, Paris 1979.

Boullée, E.-L., Architecture. Essay sur l' Art. Paris ca. 1790, Reprint 1968.

Breymann, G. A., Allgemeine Bau-Construktions-Lehre. III. Teil: Constructionen in Metall. Stuttgart 1854/1865.

Bruyères, L., Etudes Relatives à l' Art des Constructions. Livre IV: Foires et Marchés. Paris 1823.

Buckley, F., Old London Glasshouses. London 1915.

Burn, R. S., Modern Building and Architecture. A Series of Working Drawings and Practical Designs (Garden Structures). Edinburgh 1870.

Butti, K. und J. Perlin, A Golden Thread. 2500 Years of Solar Architecture and Technology. New York 1980.

Carmontelle, L. C., Jardin de Monceau, près de Paris ... Paris 1779.

Castell, R., The Villas of the Ancients Illustrated. London 1728.

Caus, S. de, Hortus Palatinus, Frankfurt/Main 1620, Worms 1980.

Chadwick, G. F., The Works of Sir Joseph Paxton. London 1961.

Chadwick, G. F., The Park and the Town. Public Landscape in the 19th and 20th century. London 1966.

Chambers, W., Designs for Chinese Buildings, Furniture, Machines, and Utensil. Engraved from the Original Drawn in China; to Which is Annexed a Description of their Temples, Houses, Gardens etc. London 1757.

Chambers, W., Plans, Elevations, Sections and Perspective Views of the Gardens and Buildings at Kew in Surrey. London 1763.

Chambers, W., Dissertation on Oriental Gardening. London 1774.

Charageat, M., L' Art des Jardins. Paris 1962.

Clark, H. F., The English Landscape Garden. London 1948.

Clément, J., A. Balat, architecte du roi (1819-1895). (Acad. Royale de Belgique, Classe des Beaux-Arts, Mémoires, Collection in-8°10,3) Brüssel 1956.

Clifford, D., A History of Garden Design. London 1966² (Deutsche Ausg.: Geschichte der Gartenkunst. München 1966).

Clun, H., Famous South Coast Pleasure Resorts. London 1929.

Coats, P., Great Gardens of Britain. London 1963.

Cole, N., Royal Parks and Gardens of London ... London 1877.

Colvin, H. M., A Biographical Dictionary of English Architects. 1660-1840. London 1954.

Colvin, H. M., The History of the King's Works. 6 Bde., London 1963-82.

Colvin, H. und J. Harris, The Country Seat. London 1970.

Contag, M., Neuere Eisenkonstruktionen des Hochbaues in Belgien und Frankreich. Berlin 1889.

Cornell, E., De Stora Utställningarnas Arkitekturhistoria. Stockholm 1952.

Coustet, R., Charles Burguet (1821-1879) et l' Architecture Métallique à Bordeaux. Bordeaux 1974.

Dale, A., James Wyatt, Architect, 1746-1813. London 1936.

Dale, A., Fashionable Brighton, 1820-1860. Newcastle upon Tyne 1947.

Daly, C., L' Architecture d' Aujourd'hui. L' Architecture Privée au XIXme Siècle sous Napoléon III. Nouvelles Maisons des environs de Paris. Paris 1870.

Desmond, R., Bibliography of British Gardens. Winchester 1984.

Dietrich, F. G., Handbuch der schönen Gartenkunst oder gründliche Anleitung zur Kenntnis und gefälligsten Anordnung der Zierpflanzen sowohl im Freien als im Gewächshaus. 2 Bde. Gießen 1815.

Dochnahl, F. J., Bibliotheca hortensis. Vollständige Garten-Bibliothek oder alphabetisches Verzeichnis aller Bücher, welche über Gärtnerei und bildende Gartenkunst von 1750 bis 1860 in Deutschland erschienen sind. Nürnberg 1861.

Downing, A. J., The Theory and Practise of Landscape Gardens. London 1860.

Drewen, U., Quellen zur Deutschen Gartenkunst des 19. Jahrhunderts, in: Das Gartenamt (Hannover) 2, 1985.

Dufournet, P., Hector Horeau. Précurseur. Idées. Techniques. Architecture. Paris o.J. (1974).

Durand, J. N. L., Précis des Leçons d' Architecture, Données à l' Ecole Polytechnique. 2 Bde. Paris 1802-1809.

Durand, J. N. L., Partie Graphique. Paris 1821.

Durand, J. N. L., Recueil et Parallèle des Edifices de Tous Genres, Anciens et Modernes. Paris 1801.

Eastlake, Ch. L., A History of the Gothic Revival. Leicester 1971.

Eck, Ch., Traité de Construction en Poteries et Fer. Paris 1836.

Eck, Ch., Traité de l' Application du Fer, de la Fonte et de la Tôle. Paris 1841.

Edelwein, A. F., Der deutsche Wintergarten. Eine Anleitung zur Anlage von Gärten, welche in allen Jahreszeiten durch frisches Grün und kräftiges Leben den Blick erfreuen. Nordhausen 1844.

Elias, N., Die höfische Gesellschaft. Neuwied 1969.

Encyclopédie ou Dictionnaire Raisonné des Sciences, des Arts et des Métiers. (Hrsg.: Diderot und d' Alembert) 1765, Stichwort: Agriculture.

Erdberg, E. v., Chinese influence on European garden structures. Harvard 1936.

Ernouf, Le Baron A. A. und A. Alphand, L' Art des Jardins: Parcs, Jardins, Promenades. Paris 1868, 1885.

Evers, H. G., Vom Historismus zum Funktionalismus. Baden-Baden 1967 (Kunst der Welt, Die Kulturen des Abendlandes).

Evers, H. G., Gedanken zur Neubewertung der Architektur des 19. Jahrhunderts, in: Bibliographie zur Kunstgeschichte des 19. Jahrhunderts. München 1968.

Evers, H. G., Tod, Macht und Raum als Bereiche der Architektur. München 1970.

Fairbairn, W., On the Application of Cast and Wrought Iron to Building Purposes. London 1854.

Faniel, S. (Hrsg.), Le 19e Siècle Français. Paris 1957.

Fawcett, J., Seven Victorian Architects. London 1976.

Fawkes, F. A., Horticultural Buildings: their Construction, Heating etc. London 1881.

Fergusson, J., History of Modern Styles of Architecture. London 1862.

Fischer, W., Geborgenheit und Freiheit. Vom Bauen mit Glas. Krefeld 1970.

Fletcher, H., The Story of the Royal Horticultural Society. London 1969.

Fletcher, H. R. und W. H. Brown, The Royal Botanic Garden Edinburgh 1670-1970. Edinburgh 1970.

Forbes, J., Hortus Woburnensis. 1833.

Frampton, K. und Y. Futagawa, Modern Architecture 1851-1919. Tokio 1981 (GA Document).

Francastel, P., Art et Technique aux 19e et 20e Siècles. Paris 1964 (Bibliothèque Méditations 16).

Friemert, Ch., Die gläserne Arche. Kristallpalast London 1851 und 1854. München 1984.

Fuhlrott, R., Deutschsprachige Architektur-Zeitschriften. Entstehung und Entwicklung der Fachzeitschriften für Architektur in der Zeit von 1789-1918. Mit Titelverzeichnissen und Bestandsnachweisen. München 1975.

Geist, J. F., Passagen, ein Bautyp des 19. Jahrhunderts. München 1969 (Studien zur Kunst des 19. Jahrhunderts).

Gibbs-Smith, C. H., The Building erected in Hyde Park for the Great Exhibtion of the Works of Industry of all Nations 1851. Illustrated by twenty-eight large plates, embracing plans, elevations, sections and details ... Contractors Fox, Henderson and Co., Ch. Downes, Ch. Cowper London 1852. Faksimile: Victoria & Albert Museum, London 1971.

Giedion, S., Bauen in Frankreich. Bauen in Eisen. Bauen in Eisenbeton. Berlin 1928.

Giedion, S., Mechanization takes command. A contribution to anonymous history. New York 1948.

Giedion, S., Architektur und Gemeinschaft. Hamburg 1956.

Giedion, S., Raum, Zeit, Architektur. Die Entstehung einer neuen Tradition. Ravensburg 1965.

Girouard, M., The Victorian Country House. Oxford 1971.

Gloag, J. und D. Bridgewater, A History of Cast Iron in Architecture. London 1948.

Gloag, J., Victorian Taste. Some Social Aspects of Archtecture and Industrial Design. From 1820-1900. London 1962.

Gloag, J., Mr. Loudon's England. London 1970.

Godwin, E. W., Buildings and Monuments. London 1858.

Godwin, E. W. und M. B. Adams, Artistic Conservatories and other horticultural Buildings, designed to be constructed on the Patent System of Messenger & Company, Midland Horticultural Works, Loughborough. London 1880.

Gothein, M.-L., Geschichte der Gartenkunst, 2 Bde., Jena 1926^2.

Gottgetreu, R., Lehrbuch der Hochbaukonstruktion III. Eisenkonstruktion mit Atlas. Berlin 1885.

Gourlier, Biet, Grillon und Tardieu, Choix d' Edifices Publics. Projetés et Construits en France depuis le Commencement du XIXe Siècle. Paris 1825-1850.

Granville, A. B., The Spas of England and Principal Sea-Bathing Places. 1841.

Griffith's Guide to the Iron Trade of Great Britain, 1873.

Grisebach, A., Der Garten. Eine Geschichte seiner künstlerischen Gestaltung. Leipzig 1910.

Grohmann, J. G., Schöne Gartenkunst, Leipzig 1798.

Grohmann, J. G., Ideenmagazin für Liebhaber von Gärten, Englischen Anlagen und für Besitzer von Landgütern und Gärten ... 60 Hefte, Leipzig 1796 und 1802.

Grote, L. (Hrsg.), Die deutsche Stadt im neunzehnten Jahrhundert. München 1974 (Studien zur Kunst des 19. Jahrhunderts).

Guadet, J., Eléments et Théorie de l' Architecture. Paris 1902-1904.

Gugitz, G., Neue und neueste Wiener Baukonstruktionen. Wien 1888.

Hadfield, M., Gardening in Britain. London 1960.

Hadfield, M., R. Harling und L. Highton, British Gardeners. A Biographical Dictionary. London 1980.

Hallbaum, F., Der Landschaftsgarten. München 1927.

Handbuch der Architektur (Hrsg.: J. Durm u.a.), IV. Theil: Entwerfen, Anlage und Einrichtung der Gebäude. 13 Bde., Darmstadt 1880ff.

Handbuch der Architektur, Vierter Teil, 6. Halb-Band, 4. Heft: Gebäude für Sammlungen und Ausstellungen ... Pflanzenhäuser, Aquarien, Ausstellungsbauten. Darmstadt 1893.

Handyside, A. & Co., Works in Iron. London 1868.

Harris, J., Sir William Chambers. London 1970.

Harris, J., The artist and the country house - a history of country house and garden view painting in Britain 1540-1870. London 1979.

Harris, J., William Talman. Maverick Architect. London 1982.

Hartung, G., Eisenkonstruktionen des 19. Jahrhunderts. Einführung von G. Behnisch. Darmstadt 1983.

Haslick, P., Greenhouse and Conservatory Construction and Heating. London 1907.

Hautecœur, L., L' Art sous la Révolution et l' Empire en France 1789-1815. Architecture, Sculpture, Peinture, Arts Appliqués. Paris 1953 (Nouvelle Encyclopédie Illustrée de l' Art Français).

Hautecœur, L., Histoire de l' Architecture Classique en France. Teil 6: 1815-1848, Paris 1955; Teil 7: 1848-1900, Paris 1957.

Hautecœur, L., Les Jardins des Dieux et des Hommes. Paris 1959.

Heinricher, E., Geschichte des Botanischen Gartens der Universität Innsbruck. Jena 1934.

Hennebo, D. und A. Hoffmann, Geschichte der Deutschen Gartenkunst. 3 Bde. Hamburg 1963.

Hennebo, D., Geschichte des Stadtgrüns von der Antike bis in die Zeit des Absolutismus. Hannover 1979.

Hennebo, D. und E. Schmidt, Geschichte des Stadtgrüns, Bd. III: Entwicklung des Stadtgrüns in England. Hannover und Berlin o.J.

Hennebo, D., Gartendenkmalpflege. Grundlagen der Erhaltung historischer Gärten und Grünanlagen. Stuttgart 1985.

Henning-Schefold, M. und H. Schmidt-Thomsen, Transparenz und Masse. Passagen und Hallen aus Eisen und Glas. 1800-1880. Köln 1972.

Herbert, G., Pioneers of Prefabrication. Baltimore und London 1978.

Herget, E., Die Sala terrena im deutschen Barock unter besonderer Berücksichtigung ihrer Entwicklung aus der abendländischen Grottenarchitektur. Phil. Diss. Frankfurt/Main 1954.

Hibbert, S., The Amateur's Greenhouse and Conservatory. London 1888.

Hirschfeld, C. C. L., Theorie der Gartenkunst. 5 Bde. Leipzig 1779-1785.

Hirschfeld, C. C. L., Anmerkungen über Landhäuser und die Gartenkunst. Leipzig 1779-85.

Historismus und bildende Kunst. Vorträge und Diskussionen im Oktober 1963 in München und Schloß Anif. München 1965 (Studien zur Kunst des 19. Jahrhunderts I).

Hitchcock, H.-R., The Coal Exchange, in: Architectural Review, CI, 1947.

Hitchcock, H.-R., Early Victorian Architecture in England. London 1954.

Hitchcock, H.-R., Architecture: 19th and 20th Centuries. Harmondsworth 1958 (The Pelican History of Art 15).

Hitchings & Co., Commercial Rose and Green Houses, also Conservatories, Palm Houses, Vineries etc. Structural Iron Work for Horticultural Buildings. New York 1894.

Hix, J., The Glass House. London 1974.

Hobhouse, H., A History of Regent Street. London 1975.

Hohnholz, J., Der englische Park als landschaftliche Erscheinung. Diss. phil. Tübingen 1964.

Humber, W., A Record of the Progress of Modern Engineering. 1863.

Hussey, Chr., English Country Houses. Early-, Mid-, Late Georgian. 3 Bde. Woodbridge 1984.

Hussey, Chr., English Gardens and Landscapes 1700-1750. London 1967.

Husson, M. F., L' Architecture Ferronière. Paris 1878.

Hütsch, V., Der Glaspalast 1851-1931. Ausstellungskatalog München 1981.

Hyams, E., The English Garden. London 1964.

Hyams, E., Irish Gardens. London 1967.

Hyams, E., Great botanical gardens of the world. London 1969.

Jacobsen, J. C. und Tyghe Rothe, Description des Serres du Jardin Botanique de l' Université de Copenhaghe. Kopenhagen 1879.

Jeffery, R. A., The Horticultural Trade 1804-1854, in: Royal Horticultural Society Journal 1954.

Joanne, A., Paris Illustré. Guide en 1870 et 1873.

Joedicke, J., Geschichte der modernen Architektur. Stuttgart 1958².

Johannsen, O., Die Geschichte des Eisens. Düsseldorf 1925.

Johnson, G. W., A History of English Gardening. 1829.

Johnson, G. W. u.a., Gardening for the Many. Greenhouses for the Many. London 1856.

Joly, Ch., Exposition Universelle Internationale de 1878 à Paris. Rapport sur les Serres et le Matériel de l' Horticulture. Paris 1880.

Jones, B., Follies and Grottoes. London 1953/1974.

Jones, O. und J. Goury, The Alhambra. Plans, Elevations, Sections and Details. London 1848.

Jones, O., The Alhambra Court in The Crystal Palace. London 1854.

Jones, O., The Grammar of Ornament. London 1856/1886.

Jordan, H. und E. Michel, Die künstlerische Gestaltung von Eisenkonstruktionen. Berlin 1913.

Kemp, E., How to Lay out a Garden. 1864.

Kemp, E., The Parks and Gardens of London and its Suburbs. 1851.

Kennedy, J., A Treatise upon Planting, Gardening and the Management of the Hot-House. York 1776.

Kerr, R., The English Gentleman's House. London 1871.

Klasen, L., Grundriss-Vorbilder in Gebäuden aller Art. Leipzig 1884-96.

Knight, Ch., Cyclopaedia of London. 5 Bde. London 1843.

Knyff, L. und J. Kip, Britannia Illustrata on views of several of the Queen's Palaces and also of the principal seats of the nobility and gentry of Great Britain. 2 Bde. London 1714-15.

Knyff, L., J. Kip, u.a., Nouveau théâtre de la Grande Bretagne. 4 Bde. London 1724-29; Supplément London 1728.

Kohlmaier, G. und B. v. Sartory, Das Glashaus. Ein Bautyp des 19. Jahrhunderts. München 1981, 1988².

Koppelkamm, St., Gewächshäuser und Wintergärten im 19. Jahrhundert. Stuttgart 1981.

Koppelkamm, St., Künstliche Paradiese. Gewächshäuser und Wintergärten des 19. Jahrhunderts. Berlin 1988.

Krafft, J. C., Plans, Coupes, Elévations des plus belles Maisons et des Hôtels à Paris et dans les environs. Paris 1771-1802.

Krafft, J. C., Plans des plus beaux jardins pittoresques de France, d' Angleterres et d' Allemagne. 2 Bde. Paris 1809-10.

Kunstgeschichte und Kunsttheorie im 19. Jahrhundert. Berlin 1963 (Probleme der Kunstwissenschaft).

Laborde, A. L. J. de, Description des Nouveaux Jardins de la France. Paris 1808-1815.

Lack, E. und H. W., Botanik und Gartenbau in Prachtwerken. Berlin und Hamburg 1985.

Lapparent, A. de, Le Siècle de fer. Paris 1890.

Lemmon, K., The Covered Garden. London 1962.

Leyland, J. (Hrsg.), Gardens Old and New. 3 Bde. London 1902.

Lietzmann, H., Bibliographie zur Kunstgeschichte des 19. Jahrhunderts. München 1968 (Studien zur Kunst des 19. Jahrhunderts).

Lichtwark, A., Makartbouquet und Blumenstrauß. Berlin 1894.

Lichtwark, A., Blumenkultus und Wilde Blumen. Berlin 1902.

Lightoler, T., The Gentleman and Farmers Architect with Plans of Greenhouses, Pineries etc. 1762.

Linstrum, D., Sir Jeffry Wyatville. Oxford 1972.

Loudon, J. C., A Short Treatise on Several Improvements Recently Made in Hot-Houses. Edinburgh 1805.

Loudon, J. C., A treatise on forming, improving and managing country residences. 2 Bde. London 1806.

Loudon, J. C., Hints on the Formation of Gardens and Pleasure Grounds with Designs in Various Styles of Rural Embellishment. 1812.

Loudon, J. C., Remarks on the Construction of Hothouses. London 1817.

Loudon, J. C., Comparative View of the Common and Curvilinear Modes of Roofing Hothouses. London 1818.

Loudon, J. C., Sketches of Curvilinear Hothouses. London 1818.

Loudon, J. C., The Different Modes of Cultivating the Pineapple ... London 1822.

Loudon, J. C., An Encyclopaedia of Gardening. London 1822.

Loudon, J. C., The Greenhouse Companion. London 1824.

Loudon, J. C., Illustrations of Landscape Gardening and Garden Architecture. London 1830.

Loudon, J. C., An Encyclopaedia of Cottage, Farm and Villa Architecture and Furniture. London 1833.

Loudon, J. C., The Suburban Gardener and Villa Companion. London 1838.

Loudon, J. C., The Derby Arboretum. London 1840.

Loudon, J. C., The Landscape Gardening and Landscape Architecture of the late Humphry Repton. 1840.

Loudon, J. C., The Villa Gardener ... London 1850.

Loudon, Jane (Hrsg.), Encyclopaedia of Gardening. London 1850.

Loyer, F., Le Siècle de l' Industrie. Paris 1983.

Macfarlane, W., Catalogue of Cast-Iron Manufactures. Walter Macfarlane & Co. Saracen Foundry, Fossilpark, Glasgow 1882.

Macleod, R., Style and Society. Architectural Ideology in Britain 1835-1914.

Madaune, M. G., Le Palais d' Hiver au Parc Beaumont. Pau 1895.

Mägdefrau, K., Geschichte der Botanik. Stuttgart 1973.

Mangin, A., Les Jardins. Histoire et Description. Tours 1867.

Markham, V., Paxton and the Bachelor Duke. London 1935.

Marrey, B. und P. Chemetov, Architectures, Paris 1848-1914. Ausstellungskatalog Paris 1972.

Marrey, B. und J. P. Monnet, La grande histoire des Serres et des Jardins d' Hiver. France 1780-1900. Paris o.J. (1980).

Matheson, E., Works in Iron. Bridges and Roof Structures. London 1873.

McCracken, E., The Palm House and Botanic Garden, Belfast. Belfast 1971.

McGrath, R. und A. Frost, Glass in Architecture. London 1937.

McIntosh, C., The Greenhouse, Hothouse and Stove. London 1838.

McIntosh, C., The Book of the Garden. Edinburgh 1853.

McKenzie, A., The Parks, Open Spaces and Thoroughfares of London. 1869.

McVeigh, J. C., Sun Power. Oxford 1977.

Mertens, L., Eiserne Dächer und Hallen in England. Berlin 1899.

Meyer, G., Lehrbuch der Schönen Gartenkunst. Berlin 1859.

Meyer, A. G., Eisenbauten, ihre Geschichte und Ästhetik. Eßlingen 1907.

Meynadier de Flamalens, H., Jardin d' Hiver. Théorie et Pratique. Paris 1848.

Migge, L., Die Gartenkultur des 20. Jahrhunderts. Jena 1913.

Mignot, Cl., Architecture of the Ninteenth Century in Europe. New York 1984.

Moore, P., Margam Orangery. West Glamorgan County Council 1976.

Morel, J. M., Théorie des Jardins. 1802.

Morel, Motifs de Serrurerie. Paris 1874.

Müller, O., Die ehemalige Abtei Seligenstadt. München 1964.

Murray's Handbook of Notts. Derby, Leicester and Stafford. Derby 1874.

Muthesius, H., Die englische Baukunst der Gegenwart. Leipzig 1900.

Muthesius, H., Das englische Haus. 3 Bde. Berlin 1904-05.

Nau, E., Hohenheim, Schloß und Gärten. Stuttgart 1967.

Neumann, W., Art de Construire et de Gouverner les Serres. Paris 1844.

Neumann, W., Grundsätze und Erfahrungen über den Bau und die Anlegung von Glashäusern aller Art. Mit einem Atlas von 25 Tafeln mit 241 Abbildungen. Vierte Auflage, hrsg. von J. Hartwig, Weimar 1875.

Normand, Ch., Paris moderne construits dans les nouveaux quartiers de la Capitale. 120 Kupfertafeln, Paris 1840.

Œuvre de Charles Rohault de Fleury, Architecte. Paris 1884.

Orlandi, G. L., Ferro in Architettura a Firenze. Florenz 1978.

Paatz, W., Die Kunst der Renaissance in Italien. Stuttgart 1953.

Papworth, J. B., Hints on Ornamental Gardening. London 1823.

Papworth, W. (Hrsg.), Dictionary of Architecture. 8 Bde. u. 3 Tafelbde., London 1853-1892.

Paxton, J., What is to Become of the Crystal Palace? London 1851.

Perrédès, P. E. F., London Botanic Gardens. London 1906.

Pevsner, N., Early Iron, in: Architectural Review (London) 9, 1949.

Pevsner, N., The Buildings of England. 46 Bde., Harmondsworth 1951 ff.

Pevsner, N., The Englishness of English Art. London 1956.

Pevsner, N., Pioneers of Modern Design. From William Morris to Walter Gropius. London 1960[3].

Pevsner, N., Architektur und Design. Von der Romantik zur Sachlichkeit. München 1968 (Studien zur Kunst des 19. Jahrhunderts).

Pevsner, N., Some Architectural Writers of the Nineteenth Century. Oxford 1972.

Pevsner, N., A History of Building Types. London 1976.

Pfann, H., Das Gewächshaus in alter und neuer Zeit, in: Zeitschrift des Österreich. Arch. u. Ing. Vereins, Jg. 1935.

Planat, P., Cours de Construction Civile. 2 Ser., Paris 1880.

Planat, P., Encyclopédie de l' Architecture et de la Construction. 6 Bde. Paris 1888-95.

Planat, P., Habitations Particulières. Hôtels Privés. Paris 1888-89.

Prinz, W., Die Entstehung der Galerie in Frankreich und Italien. Berlin 1970.

Prinz, W. und M., Anfänge des oberitalienischen Villenbaues. Darmstadt 1973.

Prinz, W. und R. G. Kecks, Das französische Schloß der Renaissance. Berlin 1985.

Pückler-Muskau, Fürst v., Andeutungen über Landschaftsgärtnerei. Stuttgart 1834.

Pynaert, E., Manuel Théorétique et Pratique de la Culture Forcée des Arbres et Arbrisseaux. Paris 1861 - 2. Aufl.: Les Serres. Vergers etc., 1873.

Pyne, W. H., The History of the Royal Residences. 3 Bde. London 1819.

Repton, H., Designs for the Pavilion at Brighton. London 1808.

Reynaud, L., Traité d' Architecture. 2 Bde. Paris 1850-58.

Richards, J. M., The Functional Tradition in Early Industrial Buildings. London 1958.

Roberson, W., Collection de differentes espèces de serres chaudes. 1798.

Robinson, W., The Parks, Gardens and Promenades of Paris. 1869.

Rödel, V., Ingenieurbaukunst in Frankfurt am Main. Frankfurt/Main 1983.

Rohault de Fleury Fils, Ch., Muséum d' Histoire Naturelle. Serres Chaudes, Galerie de Minéralogie etc., Paris o.J. - Deutsch:

Rohault, K., Das Naturhistorische Museum in Paris. Wien 1837.

Roisecco, G., L' Architettura del Ferro. L' Inghilterra (1688-1914). Rom 1972.

Rondelet, G., Traité théorique et pratique de l'art de bâtir. Paris 1802-1817. - Deutsch: Traité de l' Art de Bâtir. Theoretisch-praktische Anleitung zur Kunst zu bauen. 5. Band: Eisenkonstruktionen. Leipzig und Darmstadt 1834.

Saxon, R., Atrium Buildings. Development and Design. London 1983.

Schädlich, Chr., Das Eisen in der Architektur des 19. Jahrhunderts. Beitrag zur Geschichte eines neuen Baustoffs. (Habilitationsschrift) Weimar 1965.

Scharowsky, G., Musterbuch für Eisenkonstruktionen. Leipzig und Berlin 1888.

Scheerbart, P., Glasarchitektur. Nachwort von W. Pehnt. München 1971.

Schild, E., Zwischen Glaspalast und Palais des Illusions. Form und Konstruktion im 19. Jahrhundert. Berlin 1967.

Schulz, E. v., Die Wilhelma in Stuttgart, ein Beispiel orientalisierender Architektur im 19. Jahrhundert und ihr Architekt Karl Ludwig Zanth. Diss. phil. Tübingen 1976.

Schütz, P., Der Myhos vom verlorenen Paradies. Zum Verhältnis von Architektur und Landschaft. In: aw - architektur + wettbewerbe 107/1981.

Sckell, C. A., Über die Anlage von Gewächshäusern nach englischer Bauart, mit Rücksicht auf einen Versuch in dem k. Lustgarten zu Nymphenburg. In: Neues Kunst- und Gewerbeblatt, hrsg. vom Polytechnischen Verein für Bayern, Jg. II, 1825.

Sckell, C. A., Das königliche Lustschloß Nymphenburg und seine Gartenanlagen. München o.J.

Sckell, F. L. v., Beiträge zur bildenden Gartenkunst für angehende Gartenkünstler und Liebhaber. München 1818, 1825; Reprint Worms 1982.

Seiler, M., Die Entwicklungsgeschichte des Landschaftsgartens Klein-Glienicke 1796-1883. Diss. phil. Hamburg 1986.

Seiler, M., Das Palmenhaus auf der Pfaueninsel. Berlin 1989.

Semper, G., Der Wintergarten zu Paris, in: Zeitschrift für Praktische Baukunst, Leipzig, 9/1849.

Semper, G., Der Stil in den technischen und tektonischen Künsten oder Praktische Ästhetik. Ein Handbuch für Techniker, Künstler und Kunstfreunde. Bd. 1 Frankfurt/Main 1860, Bd. 2 München 1863.

Semper, G., Kleine Schriften. Hrsg. von M. und H. Semper. Stuttgart 1884.

Semper, G., Wissenschaft, Industrie und Kunst und andere Schriften über Architektur, Kunsthandwerk und Kunstunterricht. Ausgewählt und redigiert von H. M. Wingler. Mainz 1966.

Semper, G., Zeichnerischer Nachlaß an der ETH Zürich. Hrsg. von M. Fröhlich. Basel 1974.

Sexby, J. J., The municipal parks, gardens and open spaces of London: their history and associations. London 1905.

Sheppard, R., Cast-Iron in Building. London 1945.

Sheppard, R., Prefabrication in Building. London 1946.

Siebert, A., Der Palmengarten zu Frankfurt am Main. Berlin 1895.

Smith, G. T., The Kibble Palace. Diss. Glasgow 1971.

Smith, H. C. und Ch. Hussey, Buckingham Palace. London 1931.

Sternberger, D., Gerechtigkeit für das 19. Jahrhundert. Zehn historische Studien. Frankfurt/Main 1975.

Straub, H., Die Geschichte der Bauingenieurkunst. Basel 1949.

Stroud, D., Capability Brown (1715-1783). London 1957.

Stroud, D., Humphrey Repton (1752-1818). London 1962.

Stroud, D., Henry Holland (1740-1806). His Life and Architecture. London 1966.

Summerson, J., John Nash (1752-1835), Architect of King George IV. London 1949[2].

Summerson, J., Architecture in Britain, 1530 to 1830. London 1953 (The Pelican History of Art 3).

Summerson, J., The Life and Works of John Nash, Architect. London 1980.

Survey of London. Published for the Greater Council. General Editor F. H. W. Sheppard. London 1896ff.

Swarbrick, J., The Works in Architecture of Robert and James Adam. London 1959.

Taylor, G., Some Nineteenth-Century Gardeners. London 1951.

Taylor, J., Charles Fowler: Master of markets. 1791-1867. In: Archtectural Review 135/1964.

Texier, E., Tableau de Paris. Paris 1853.

Le Texnier, Notice sur Jardiniers Célèbres. Paris 1907.

Thacker, Chr., Die Geschichte der Gärten. Zürich 1979.

Thiollet, F., Serrurerie de Fonte et de Fer récemment exécutées. Paris 1832.

Thomas, G. S., Gardens of the National Trust. Norwich 1979.

Thompson, F., Who was the Architect of the Great Conservatory at Chatsworth? In: Derbyshire Countryside, 21 (5), 1956, 12-13.

Thompson, J. W., A Practical Treatise on the Construction of Stoves and Other Horticultural Buildings. London 1838.

Tod, G., Plans, elevations and sections of hothouses, green-houses and aquariums, conservatories etc. London 1807.

Transactions of the Horticultural Society London. London 1807ff. - Auswahl von Vorträgen auf den Mitgliederversammlungen:

Banks, J., Some Hints respecting the proper Mode of inuring Tender Plants to our Climate. Vol. I, 1812.

Wilkinson, T., Observations on the Form of Hothouses. Vol. I, 1818.

Mackenzie, G. S., On the Form which the Glass of a Forcing House ought to Have. Vol. II, 1818.

Knight, A., On the Ventilation of Forcing Houses and Conservatories. Vol II, 1818.

Kent, W., Account of Some Improvements in the Construction of a Stove for Plants. Vol. II, 1818.

Gowen, R. G., Observations Upon Glazing of Hothouses and Conservatories. Vol. III, 1820.

Kent, W., Some Further Account of the Management of a Stove for Tropical Plants. Vol. III, 1820.

Sabine, J., Observation on the Glazing of Glass Houses. Vol. IV, 1822.

Cruickshanks, A., Upon a New Mode of Applying Hot Water to Heating Stoves. 2 series 1835.

Transactions of the Royal Institute of British Architects. Auswahl von Vorträgen auf den Mitgliederversammlungen:

Fowler, Ch., Metal Roof at Hungerford Market. 1836.

Smirke, S., Some Account of the Professional Life and Character of the Late Professor Ch. R. Cockerell. 1863.

Donaldson, T. L., Memoir of the Late Charles Fowler. 1867.

Barlow, W. H., On the Roof of St. Pancras Station. 1871.

Barlow, W. H., Discussion on Mr. Scott Russell's Paper on the Central Dome of the Vienna Exhibition Building. 1874.

Driver, C. H., On Iron as a Constructive Material. 1882.

Stannus, H., The Artistic Treatment of Constructional Ironwork. 1882.

Triggs, H. L., Formal Gardens in England and Scotland. London 1902.

Tschira, A., Orangerien und Gewächshäuser. Ihre Entwicklung in Deutschland. Berlin 1939.

Ullrich, R.-M., Das Kurtheater in Göggingen bei Augsburg. Gesellschaftshaus, Wintergarten und Sommertheater der Orthopädischen Anstalt Friedrich von Hessings. In: Bauwelt 1/1975.

Ullrich, R.-M., Pflanzenhäuser des 19. Jahrhunderts. Die Entwicklung eines Bauprogramms. Diss. phil. Frankfurt/Main 1976.

Ullrich, R.-M., Pflanzenhäuser des 19. Jahrhunderts - ein Beitrag zur Glas-Eisenarchitektur. In: Eisenarchitektur. Die Rolle des Eisens in der historischen Architektur der ersten Hälfte des 19. Jahrhunderts. ICOMOS. Hannover 1979.

Ullrich, R.-M., Pflanzenhäuser aus Glas und Eisen - ein technisches, architektonisches und gesellschaftliches Phänomen des 19. Jahrhunderts. In: Die Nützlichen Künste. Hrsg. von T. Buddensieg und H. Rogge. 125jähriges Jubiläum des Vereins Deutscher Ingenieure. Berlin 1981.

Ullrich, R.-M., Das Kurtheater in Göggingen - ein »pleasure garden« des 19. Jahrhunderts. In: Das Kurhaustheater in Augsburg-Göggingen. Arbeitsheft des Bayer. Landesamtes für Denkmalpflege. München 1982.

Ullrich, R.-M., Les Grands Magasins: Pariser Ingenieurarchitektur der zweiten Hälfte des 19. Jahrhunderts. In: Eisenarchitektur. Die Rolle des Eisens in der historischen Architektur der zweiten Hälfte des 19. Jahrhunderts. ICOMOS. Hannover 1982.

Ullrich, R.-M., Glasüberdeckte Atrien des 19. und 20. Jahrhunderts. In: Eisenarchitektur. Die Rolle des Eisens in der historischen Architektur der ersten Hälfte des 20. Jahrhunderts. ICOMOS. Hannover 1985.

Ullrich, R.-M., Gartenzeitschriften des 19. Jahrhunderts im Dialog mit der Gartenkunst. In: Gartenkunst und Denkmalpflge. ICOMOS. Hannover 1988.

Urban, J., Geschichte des Königlichen botanischen Gartens und des Königlichen Herbariums zu Berlin. Berlin 1881.

Vierendeel, A., L' Architecture Métallique au XIXe Siècle et l' Exposition de 1889 à Paris. Brüssel 1890.

Viollet-Le-Duc, E.-E., Entretiens sur l' Architecture. Paris 1863, 1872.

Viollet-Le-Duc, E.-E., Habitations Modernes. 2 Bde. Paris 1875-77.

Volckamer, J. Ch., Nürnbergische Hesperides. Nürnberg 1708-1714.

Wachsmann, K., Wendepunkt im Bauen. Wiesbaden 1959.

Waetzold, St. und V. Haas, Bibliographie zur Architektur im 19. Jahrhundert. Die Aufsätze in den deutschsprachigen Architekturzeitschriften 1789-1918. 8 Bde.

Wagner-Rieger, R., Wiens Architektur im 19. Jahrhunderts. Wien 1970.

Walford, E., Old and New London. London 1873-78.

Walmisley, A. T., Iron Roofs, Examples of Design. London 1884.

Walpole, H., On Modern Gardening. Complete Works. London 1798.

Wasmuths Lexikon der Baukunst, 4 Bde. Berlin 1929-32.

Watelet, Cl. H., Essai sur les Jardins. Paris 1774.

Watkin, D., The Life and Work of C. R. Cockerell. London 1974.

Watkin, D., The English Vision. The Picturesque in Architecture, Landscape and Garden Design. London 1982.

Weale, J., Iron Roofs of Recent Construction. London 1859.

Werner, E., Der Kristallpalast zu London 1851. Düsseldorf 1970.

Werner, E., Technisierung des Bauens. Geschichtliche Grundlagen moderner Bautechnik. Düsseldorf 1980.

Whittle, T., Pflanzenjäger. München 1970.

Wiebenson, D., Sources of Greek Revival Architecture. London 1969.

Wilczek, C., Abriß der Geschichte der Gartenkunst. Berlin 1929.

Wittek, K. H., Die Entwicklung des Stahlhochbaues. Düsseldorf 1964.

Wittkower, R., Grundlagen der Architektur im Zeitalter des Humanismus. München 1969.

Wittkower, R., Palladio and English Palladianism. London 1974.

Wörmann, R. W. A., Der Garten-Ingenieur etc. - Abth. 5: Die künstlichen Schutz- und Cultur-Räume. Berlin 1864.

Wright, W., Greenhouses, their Construction and Equipment. London 1917, 1931.

Wroth, W., The London Pleasure Gardens of the Eighteenth Century. London 1896/1979.

Zanth, L. W., Wilhelma. Maurische Villa Sr. Majestät des Königs von Württemberg. Stuttgart 1855.

Zeitler, R. u.a., Die Kunst des 19. Jahrhunderts. Berlin 1966 (Propyläen Kunstgeschichte II).

Zimmermann, W., Die Königlichen Gärten Oberbayerns in kunstgeschichtlicher und kritischer Betrachtung. Berlin 1903 (Deutsche Gärten in Wort und Bild I).

II. Architektur-, Garten-, und Illustrierte Zeitschriften des 19. Jahrhunderts

Architekturzeitschriften:

The Architectural Magazine, London (J. C. Loudon), 5 Bde. 1834-1838.
The Civil Engineer and Architect's Journal, London 1837ff.
The Builder, London 1843ff.
The Building News and Engineering, London 1854ff.
Engineering, London 1854ff.
The Architect, London 1867ff.
The Architectural Review, London 1896ff.
Country Life, London 1897ff.

Revue Générale de l' Architecture et des Travaux Publics, Paris (C. Daly) 1840ff.
Le Moniteur des Architectes, Paris 1848ff.
Gazettes des Architectes et du Bâtiment, Paris (E. Viollet-Le-Duc Fils, E. Corrayer, A. de Baudot) 1851ff.; fortgesetzt als Encyclopédie d' Architecture, Paris (A. de Baudot).
Nouvelles Annales de la Construction, Paris (G. A. Oppermann) 1863ff.
Le Génie Civil, Paris 1880/81ff.
La Construction Moderne, Paris (P. Planat) 1885ff.

Allgemeine Bauzeitung, Wien (Ch. F. L. Förster) 1836ff.
Zeitschrift für praktische Baukunst, Leipzig (J. A. Romberg) 1841ff.
Zeitschrift für Bauwesen, Berlin 1851ff.
Zeitschrift des Architekten- und Ingenieur-Vereins für das Königreich Hannover, Hannover 1855ff.
Centralblatt der Bauverwaltung, Berlin 1881ff.
Wiener Bauindustrie-Zeitung, Wien 1883ff.

Gartenzeitschriften:

Botanical Cabinet, London (C. Loddiges) 1824-1827.
The Gardener's Magazine, London (J. C. Loudon), 19 Bde., 1826-1844.
The Florist Cabinet and Florist's Magazine, London 1833-1837.
Paxton's Magazine of Botany and Register of Flowering Plants, London 1834-1849.
The Gardeners' Chronicle, London (J. Lindley und J. Paxton) 1841ff.
The Cottage Gardener, London 1848ff.; fortgesetzt als:
The Journal of Horticulture and Cottage Gardener, London 1861ff.
The Florist, London 1848-1884.
Paxton's Flower Garden, London (J. Paxton und J. Lindley) 1850-1853.
The Scottish Gardener, Edinburgh 1852ff.
The Garden, London (W. Robinson) 1872ff.

La Belgique Horticole. Journal des Jardins, des Serres et des Vergers, Liège (Ch. Morren) 1851ff.
L' Illustration Horticole. Journal Spécial des Serres et des Jardins, Gand (Ch. Lemaire und A. Verschaffelt) 1854ff.
Flore des Serres et des Jardins de l' Europe (E. v. Houtte), 1875ff.
Revue de l' Horticulture, Belge et Etrangère (Burvenich, Kerchove de Denterghem, Pynaert u.a.), 1875ff.

Allgemeines Teutsches Garten-Magazin oder gemeinnützige Beiträge für alle Theile des praktischen Gartenwesens, Weimar 1804ff.
Allgemeine deutsche Garten-Zeitung, hrsg. von der praktischen Gartenbau-Gesellschaft in Frauendorf, Passau 1823ff.
Gartenflora. Monatszeitschrift für deutsche und schweizerische Garten- und Blumenkunde, Erlangen (E. Regel) 1852ff.
Möller's Deutsche Gartenzeitung, Erfurt (L. Möller) 1886ff.

Illustrierte Zeitschriften:

The Gentleman's Magazine, London, 103 Bde., 1731-1833.
The Illustrated London News, London 1842ff.
L' Illustration, Journal Universel, Paris 1843ff.
Leipziger Illustrirte Zeitung, Leipzig 1843ff.
Über Land und Meer. Allgemeine Illustrirte Zeitung, Stuttgart 1859ff.
The Graphic, London 1886ff.

Personenregister

Abraham, Robert: 43, 92
Adam, James: 66
Adam, Robert: 42, 55, 62, 66, 67, 101, 144, 152
Adanson, Michael: 14, 21, 44
Aiton, William: 152
Alberti, Leon Battista: 66
d'Alembert, Jean-Baptiste: 53
Alphand, A.: 186
Anderson, Dr. James: 26
André, E.: 51, 133, 134, 136, 191
Archer, Thomas: 69
Arnim, F. von: 247
Arup, Ove: 270
Atkinson, William: 94, 108
Auhagen: 121
Auvray, G.: 182

Balat, Alphonse: 118-120, 179
Banks: 115
Banks, Joseph, Botaniker: 16, 152
Barrow, W.: 53
Barry, Edward Middleton: 245, 246
Bartning, O.: 265
Basevi, George: 95
Bäumer, W.: 117
Bedborough, A.: 221-226, 252, 253
Bélanger, François Joseph: 14
Belcher, John: 124
Benson, John: 178
Berger: 133
Berry: 115
Bertrand, Emile: 260, 261
Bibiena, Carlo und Guiseppe: 229
Birch, Eugenius: 249, 256
Blondel, J. F.: 98
Blore, Edward: 94, 95
Boehme, Christian: 105
Boerhaave, H.: 44, 169
Borromini, Francesco: 225
Bouché, Carl David: 181
Boudhors: 84
Bourdais, Jules Désire: 236
Bregman, Hamman und Eberhard Zeidler: 269
Bromeis, J. C.: 90
Broussonet, P.-M.-A.: 169
Brown, Lancelot »Capability«: 62, 70, 95
Brunel, Isambard Kingdom: 114
Brunet: 14
Buhler, Denis und Eugène: 184, 187, 188
Bureau, M.: 117
Burgess, William: 118

Burguet, Charles: 182
Burn, William: 95, 101, 102, 107
Burton, Decimus: 24, 25, 28, 69-78, 98, 100, 144-151, 152-159, 176, 177, 183, 242
Busch, J.: 130

Campbell, C.: 66
Candolle, Augustin Pyrame de: 128
Carmontelle, L. C. de: 42
Caus, Isaac de: 87
Caus, Salomom de: 39
Chambers, William: 152, 154
Charpentier, Charles Théodore: 142, 200-210, 244
Chédanne, Georges: 263
Clancy, William: 176
Cléphane, James: 98
Cockerell, Charles Robert: 55-61, 63, 93
Cockerell, Samuel Pepys: 55, 84, 87
Cundy, Thomas: 115
Cuttler, T. W.: 123

Dahlerup, Vilhelm: 262
Darby, J. T.: 254
Darbyshire, Alfred: 113
Davioud, Gabriel: 236
Dawkes, Samuel: 111
Denis, Maurice: 245
Destailleur, Hippolyte A. G. W.: 123
Diderot, Denis: 53
Domenget: 188
Douillier, Nicholas Facio de: 44
Driver: 255
Duclos, A.: 258
Duke, R. R.: 249
Dumoulin: 247
Durand, Jean Nicolas Louis: 28, 135
Durieu, M.: 118
Dutert, Ch. L. F.: 134, 136
Duval: 186

Earl de Grey, Thomas Philip: 98
Eborall, William: 41
Effner, Karl von: 116
Eggert, H.: 189
Ende, M. am: 257
Eyles: 160

Fa. Andrews & Delaunay: 108
Fa. D. & E. Bailey: 93, 170, 174
Fa. W. & D. Bailey, Birmingham: 18, 19, 20, 22, 90, 93, 94, 130, 169, 243

Fa. James Boyd & Son, Glasgow: 176, 189, 250
Fa. Brook: 112
Fa. Carre: 180
Fa. Cramer-Klett: 107, 116, 227
Fa. Thomas Cubitt & Co.: 146, 154
Fa. William Cubitt & Co.: 183
Fa. Drummond: 177
Fa. Eisenwerke Lauchhammer: 121
Fa. Fletcher, Lowndes & Co.: 253
Fa. Fox & Henderson: 177, 245
Fa. H. Fries: 246
Fa. Gray & Ormson: 109
Fa. Ignaz Gridl: 122, 193
Fa. Henry Grisell: 246
Fa. Hammersmith Iron Works, Dublin: 146, 152, 173
Fa. A. Handyside & Co., Derby: 115, 160, 163, 217
Fa. Harzer AG: 256
Fa. Philipp Holzmann: 193
Fa. John Jones & Co: 63
Fa. Jones & Clark: 56, 58, 59, 60, 91, 149
Fa. Kelk & Lucas: 214, 217
Fa. Kölnische Maschinenbauanstalt zu Bayenthal: 247
Fa. Lefebvre: 247
Fa. Lucas Brothers: 221
Fa. Mackenzie & Moncur: 191, 192
Fa. Mangnall & Littlewood: 254
Fa. Maury & Stöckel: 190
Fa. Maxwell & Tuke: 251, 256
Fa. Richards & Co.: 63
Fa. W. Richardson & Co.: 124
Fa. R. Rieter: 173
Fa. Saint-Eloy: 188
Fa. Schwartz & Meurer: 174, 191
Fa. Simpson & Farmer: 192
Fa. Smith: 94
Fa. Staveley Works, Staffordshire: 217
Fa. Thames Ironwork Company: 221
Fa. Travers: 132, 174
Fa. Verity & Hunt: 256
Fa. Vulkan AG: 250
Fa. Wagner: 124
Fa. J. Weeks & Co.: 259
Fa. Wiesche, Hirsche & Scharffe: 248
Fa. Young, Edinburgh: 173

Faivre, Ernst: 188
Ferguson, D.: 176
Fergusson, James: 154
Ferney: 121
Fischer, F. H.: 43
Formigé, Jean-Camille: 191
Foster, Norman: 268
Fowler, Charles: 62-68, 96, 99, 103, 158, 171, 246
Fowke, Francis: 160-166, 182, 216

Fox, Sir Charles: 211-214
Fröbel, Th.: 173
Fülck, J. D.: 45

Gandy-Deering, J. P.: 97
Gauthier, Charles Albert: 131, 192
Gineste, P. F.: 171
Gisors, Alphonse de: 112, 202
Grange, Richard: 98
Greiner, W. und O.: 250
Gropius, Walter: 265, 266

Haeberlin, Karl Ludwig: 96
Halfpenny, William: 42
Hanbury, Th.: 128
Hardy: 186
Härter, Gustav: 181
Harvey, W.: 257
Hawksmoor, N.: 42, 66
Hennicke, Julius: 256
Herholdt, J. D.: 118
Hilbersheimer, L.: 265
Hine, T. C.: 107
Hofmann, J.: 122
Holland, Henry: 41, 84, 88, 91, 93
Hollis, C.: 242
Hooker, William: 153
Hopper, Thomas: 85
Horeau, Hector: 11, 244, 264
Horta, Victor: 263
Howard, Ebenezer: 264
Hübsch, Heinrich: 111
Hude, Hermann v.d.: 256
Humboldt, Alexander von: 38, 129

Isabey, Jean-Baptiste: 85
Isitt, Herbert: 254

Jacobsen, J. C.: 186
Jäger: 257
Johnson, John: 214-220, 226, 248, 252
Jones, Alfred G.: 185
Jones, Inigo: 55, 62, 87
Jones, Owen: 38, 211-214, 215, 216, 219, 245, 247

Kampmann, H.: 262
Kayser, Fritz: 248
Keck, Anthony: 41
Keller, Jean: 227-232, 260
Kemp, Edward: 186
Kibble, John: 183
Koch, Albert: 190
Körner, Alfred: 193, 194
Klein, W.: 258

Knight, Thomas Andrew: 18, 19, 70, 90
Knoblauch, Eduard: 244
Krantz, J. B. S.: 186
Kreuter, Franz Jakob: 107
Kuhnen: 258

Labrouste, Henri: 13, 205
Lagardette: 169
Lanyon, Charles: 173
Laves, Georg Ludwig Friedrich: 106, 121
Laxton, Henry: 145, 147
Le Corbusier: 264
Le Feuvre: 184, 185
Legrand, L.: 132
Lehmann: 184
Lejeune: 174
Lenné, Peter Joseph: 96, 100, 180, 247
Le Nôtre, André: 84, 93
Leoni, Giacomo: 113
Liandier: 184
Lichtwark, A.: 52
Linné, Carl von: 36, 44
Loddiges, C.: 130, 170
London, George & Henry Wise: 41, 43, 69, 130
Lord Ongley: 117
Loudon, John Claudius: 14, 17, 18, 19, 20, 21, 22, 26, 36,
    43, 45, 51, 55, 57, 58, 59, 63, 65, 67, 69, 70, 89, 90, 92,
    93, 94, 100, 130, 144, 145, 147, 150, 170, 172, 173, 176,
    178, 250, 261
Louis, Victor: 14
Luckhardt, H. und W.: 265
Ludwig, R.: 246

Mac Donald, A. B.: 261
Mackenzie, Alexander: 214
Mackenzie, George S.: 14, 16, 20, 45, 70, 90
Magnus, Albertus: 38
Marchionni, Carlo: 164
Marnock, Robert: 145, 147, 149
Martenot, Jean Baptiste: 184
Märtens, H.: 247
Martins, Ch.-F.: 169
Masey, Philip E.: 252, 254
Mathieson, R.: 182
McIntosh, Charles: 26, 36, 58, 59, 64, 94, 95, 145, 149,
    150, 153
McNab, William: 177
Meeson, Alfred: 214-220, 248, 252
Mendelsohn, E.: 265
Meyer, H.: 265, 266
Meynadier de Flamalens, H.: 200-210, 244
Mies van der Rohe, Ludwig: 266, 267
Migge, Leberecht: 264
Milner, Edward: 249

Mitchell, Thomas: 255
Mitzka, Ph.: 193
Molinos, Jacques: 132, 134
Mould, James: 110
Murphy, C. F. und H. Jahn: 269

Nash, John: 43, 84, 85, 86, 95, 96, 144, 145, 152, 154, 171,
266
Nesfield, William Andrews: 100, 153, 160
Nietz, Johann: 181
Nightingale: 249
Nobile, Peter von: 97
Noppius: 175
Norton, John: 252, 254
Nuttall, John: 258

Ohmann, Friedrich: 124
Ordish, Rowland Mawson: 161, 184, 185, 248
Otzen, Johannes: 250
Oud, J. J. P.: 265
Oudshoorne, C.: 184

Pagot: 175
Paine, James: 42, 97
Palladio, Andrea: 66, 87, 107, 125, 165
Patty, William: 84
Paxton, Joseph: 11, 24, 25, 28, 58, 69-78, 89, 99, 100, 103,
    104, 106, 107, 108, 109, 110, 112, 121, 129, 130, 136, 145,
    146, 151, 155, 158, 159, 160, 161, 162, 164, 170, 172, 174,
    177, 178, 179, 183, 197, 206, 216, 219, 224, 225, 226, 243,
    245, 246, 247, 248, 249, 251, 256, 264, 266, 270
Pei, Ieoh Ming: 244, 270
Peignet: 184
Pelli, Cesar: 269
Penchand: 169
Persius, Ludwig: 28, 99f., 244
Phillips, Henry: 241, 242
Piano, Renzo und Richard Rogers: 268
Planchon, J.-E.: 169
Planer, C.: 257
Platon: 36
Plinius: 36, 41
Poelzig, Hans: 265
Polk, Willis Jefferson: 266
Portman, John: 267, 269
Price, John: 86
Pückler-Muskau, Hermann Fürst von: 53, 100

Rémont, J. E.: 175
Remy, Chevalier de: 46, 92
Remy de la Fosse, Louis: 43
Repton, Humphrey: 52, 84, 144
Rew, M.: 255
Rigolet: 201

Ritter, H.: 193
Robillard d. Ä.: 208
Robinson, Peter Frederick: 93, 153
Robson, E. R.: 233-237, 260
Roche, Kevin und John Dinkeloo: 269
Rogers, William R.: 123
Rohault de Fleury, Charles: 19, 27, 28, 29, 70, 103, 132-143, 150, 158, 170, 171, 172, 174, 175, 176, 185, 242, 270
Roster, Giacomo: 187
Rothe, Tyge: 186

Saarinen, Eero: 267
Salvin, Anthony: 96
Samwell, William: 55
Schadow, Johann Gottfried: 96
Scharoun, Hans: 265
Schedel (Wien): 98
Scheerbart, Paul: 264, 265, 267
Schickhardt, Heinrich: 39
Schillinger, G. P.: 45
Schinkel, Karl Friedrich: 91, 96, 100, 106, 180, 194, 257
Schipporeit, Heinrich Associates: 267
Schmitz: 184
Schulze, F.: 181
Schuster, G. H.: 106
Sckell, Friedrich Ludwig von: 85, 86, 97, 100, 104
Scott, George Gilbert: 248
Scott, Henry: 161, 162
Segenschmidt, Franz Ritter von: 122
Semper, Gottfried: 29, 142, 162, 198, 202, 205, 209, 230, 255
Seneca, Lucius Annaeus: 36
Siebert, August: 193
Smirke, Robert: 55, 56
Smirke, Sydney: 101, 160, 162, 243
Smith, A.: 127
Soane, Sir John: 83
Société de Construction La Dyle, Louvain: 118
Sokrates: 36
Statham, George: 261
Stevens, H. J.: 104
Stier, Hubert: 250
Stokes, G. H.: 110
Stokes, Henry: 256
Strutt, William: 14
Stuart, J.: 44
Suys, Tieleman Franciscus: 171

Talman, William: 41, 69
Taut, Bruno: 265
Taylor, B. B.: 172
Thelemann: 104, 105
Thibaut, Jean-Thomas: 83

Thielens, Emile: 260
Thomas, John: 109
Thompson, J. W.: 58
Thouin: 132
Thuret, G.: 127
Titz, E.: 244
Turner, Richard: 11, 25, 27, 28, 58, 87, 144-151, 152-159, 173, 176, 177, 204, 242
Turner, William: 176

Ungers, Oswald Mathias: 270

Vaillart: 132
Vanbrugh, Sir John: 51
Vasconi, C.: 270
Vignola, Giacomo Barozzi da: 141
Vignon, Bartélémy: 83
Voit, August von: 107, 179, 185, 189
Volkamer, Chr.: 39
Vulliamy, Lewis: 105

Wahl, Gerhard: 97
Walpole, Horace: 85, 196
Ware, Samuel: 87
Waterhouse, Alfred: 161
Watson, J.: 257
Waugh, John: 254
Webb, John: 87
Webb, Philip: 124
Webster, G.: 108
Weinbrenner, Johann Jakob Friedrich: 111
White, John: 144
Wilds, Amon Henry: 241, 242
Wilkins, William: 55
Willdenow, K. L.: 180
Wills, John: 253
Wright, Frank Lloyd: 172, 269
Wyatt, Benjamin Dean: 99
Wyatt, H. J.: 256
Wyatt, James: 87, 101, 113, 196, 243
Wyatt, Jeffry: 113
Wyatt, Lewis: 89, 113
Wyatt, Matthew Digby: 114, 245
Wyatt, Samuel: 42, 43, 44, 243
Wyatville, Jeffry: 69, 88, 89, 91, 94, 95, 99, 152, 153, 171

Xenophon: 36

Zanth, Ludwig von: 102, 103

Ortsregister

Abbotsford House, Roxburghshire:
  Peach House: 94
Alfeld:
  Faguswerke: 266
Altdorf bei Nürnberg:
  Universitätsgarten: 38
Alton Towers, Staffordshire:
  Conservatory Range: 22, 43, **92**, 117
  Gothic Conservatory: 92
  Orangery: 92
Amsterdam:
  Industriepalast: 184
Anvers (Antwerpen), Jardin Zoologique:
  Jardin d'Hiver: 260
Ashridge, Hertfordshire:
  Conservatory: 113
  Fernery: 114
  Orangery: 110, 113
Asson, Jardin Exotique:
  Serre: 190
Atlanta, Regency Hyatt Hotel: 269
Avington Park, Hampshire:
  Conservatories: 110
  Gothic Orangery: 110

Baden bei Wien, Marchetstraße 76:
  Wintergarten: 120
Bad Homburg v.d.H., Am Elisabethenbrunnen:
  Wandelhalle mit Glashaus: 246
Bad Kissingen:
  Trinkhalle: 13
Bagshot, Surrey:
  Conservatory: 121
Barcelona, Internationale Ausstellung:
  Pavillon des Deutschen Reiches: 266
Barnsley Park, Gloucestershire:
  Conservatory: **86**, 95, 171
Barton Seagrave Hall, Northamptonshire:
  Orangery: 83
Bayreuth, Markgräfliches Theater: 229
Belfast, Botanic Garden:
  Palm House: 27, 149, **173**
  Tropical Ravine House: 174
Belmont Park, Kent:
  Orangery: 42
Belton House, Lincolnshire:
  Orangery: **88**, 89
Berlin, Aquarium: 223
Berlin, Bahnhof Friedrichstraße:
  »Turmhaus am Bahnhof Friedrichstraße«: 266
  Wintergarten im Central Hotel: 198, **256**

Berlin, Botanischer Garten, Potsdamer Straße:
  Großes Palmenhaus: 121, **181**, 268
  Palmenhaus-Rotunde: 180
  Victoria-Regia-Haus: **181**
  Winterhaus: 180
Berlin, Charlottenburg:
  Flora: 197, 229, **250**
Berlin, Dahlem, Königlicher Botanischer Garten:
  Große Schauhausgruppe: **193**
  Subtropenhaus: **194**
Berlin:
  Frühe öffentliche Wintergärten: 241
Berlin, Klein-Glienicke: 19
  Orangerie: 99f.
  Treibhaus: 28, **99f.**, 104, 137
Berlin, Pfaueninsel bei Potsdam:
  Palmenhaus: 91, **96**, 106, 180
Berlin, Tiergarten:
  Kroll'sches Etablissement: **244**, 256
Bern, Botanischer Garten:
  Palmenhaus, Orangerie: **183**
Bicton Gardens, South Devon:
  Palm House: 19, 28, 54, **93**
Biebrich bei Wiesbaden, Schloßpark:
  Schauhaus 1854: **105**
  Schauhaus 1861: **105**
  Wintergarten: **104**, 179
Birmingham, Botanical Gardens:
  Glashausentwurf mit Ringgewölbe: **172**
  Glashausentwurf mit Spitzkuppel: **172**
  Pflanzenhäuser: 178
Blackpool:
  *»Indian Pavilion«, »Tower Building«,
  Winter Gardens etc.:* 256
  Winter Garden, Pavilion: 197, 230, **255**, 260
Blaise Castle, Gloucestershire:
  Conservatory: 84
Blenheim Palace:
  Greenhouse der Herzogin von Malborough: 51
Blithfield Hall, Staffordshire:
  Orangery: 44
Bodnant Gardens, North Wales:
  Conservatory, Fernery: 120
Bologna, Botanischer Garten: 127
Bordeaux, Jardin Public:
  Grandes Serres: 137, **182**, 184
Bournemouth, Hampshire:
  Pavilion: 13
  Winter Garden und Concert Hall: **253**
Bowood House, Wiltshire:
  Orangery: 42

Bretton Hall, Yorkshire:
   Camellia House: **89**
   Conservatory: 14, 22, **94**, 149, 181, 242

Brighton, West Cliff:
   Athenaeum, Oriental Garden: **241**
   Royal Pavilion: 52, 103, 241

Brighton, Hove:
   The Antheum: 23, 181, 196, **242**

Brighton, Marine Promenade:
   Aquarium und Conservatory: 221, 222, **249**, 251

Bronnbach an der Tauber, Kloster:
   Glashaus: 46

Broughton Hall, North Yorkshire:
   Conservatory: 108

Brüssel, Eden-Theater: 258

Brüssel, Hôtel Hassel: 263

Brüssel, Jardin Botanique:
   Serres: 171, 186

Brüssel, Laeken, Jardins Royales:
   Alte Orangerie, »Serre du Téâtre«,
   »Serre Salle à Manger«: **118**
   Galeries: 34, **120**
   Jardin d'Hiver: 23, 28, 54, 72, **119**, 122, 179, 196, 253, 268
   Neue Orangerie, »Serre Maquet«, »Serre aux Palmiers«: **119**
   »Pavillon der Narzissen«: 120
   »Serre Chapelle«: **120**, 253
   »Serre du Congo«: **119**
   »Serre de Diane«: 120
   »Weiße Treppe« und »Embarcadère«: **119**

Buffalo, New York: Larkin Building: 269

Burghley House:
   Gotische Orangerie: 95

Burton Close:
   Conservative Wall: 78

Buxton, Derbyshire, Pavilion Gardens:
   The Pavilion Range: 13, **249**

Caen, Jardin Botanique:
   Serres, Orangerie: **182**

Cambridge, University Botanic Garden:
   Glasshouse Range: **190**

Cap d'Antibes, Villa Thuret: 127

Capesthorne Hall, Cheshire:
   Conservatory: 71, **99**

Cardiff Castle, Glamorganshire:
   Peristyle Roof Garden: **118**

Castle Ashby, Northamptonshire:
   Archway Houses: **114**
   Palm House: **114**

Chatsworth, Derbyshire: **69-78**
   Conservative Wall: **77f.**, 103, 109
   »Great Stove«: 11, 24, 28, 29, 54, **69-76**, 99, 100, 104, 136, 137, 145, 146, 151, 155, 156, 158, 160, 170, 173, 266
   Pine House: 172
   »The Duke's Greenhouse«: 41
   Water Lily House: 11, 54, **76f.**, 106, 177, 178

Cheltenham, Gloucestershire:
   Winter Garden: **254**

Chester Le Street, Durham:
   Civic Center, »Labour Conservatory«: 270

Chicago:
   Illinois Institute of Technology: 267
   Lake Shore Drive: 267
   Lake Tower: 267
   Sears Tower: 265
   State of Illinois Building: 269

Chiselhampton House, Oxfordshire:
   Conservatory: **96**

Coalbrookdale Bridge: 14

Craig-y-nos Castle, Wales:
   Conservatory, Glass Corridor, Winter Garden: **122**

Cricket House, Somerset:
   Orangery: **83**

Culzean Castle, Ayrshire:
   Camellia House **101**
   Orangery: **101**

Dalkeith Park, Midlothian:
   Conservatory: **95**

Darmstadt, Bessunger Herrengarten:
   Orangerie: 43

Derby Cotton Mill: 14

Dessau, Bauhaus:
   Werkstättentrakt: 265, 266

Dodington Park, Gloucestershire:
   Conservatory: 43, 51, **87**, 95

Dortmund, Botanischer Garten:
   Tropenhaus: 269

Downe, Kent, Down House:
   Greenhouse: 113

Downton, Hereford & Worcestershire:
   Pineapple House: 19, **90**

Dublin:
   Exhibition Palace und Winter Garden: **185**

Dublin:
   The Great Industrial Exhibition of 1853: **178**

Dublin, Glasnevin, National Botanic Gardens:
   Curvilinear Range: 149, **176**, 204
   Palm House: 150, **176**

Eastburne, Sussex, Devonshire Park:
  Winter Garden und Floral Hall: **252**
Edinburgh, Royal Botanic Garden:
  Temperate Palm House: **182**
  Tropical Palm House: **181**
Edinburgh, The Caledonian Horticultural Society Gardens:
  Winter Garden: **177**
Enville Hall, Staffordshire:
  Conservatory: **109**
Epernay, Weingut Moët & Chandon:
  Orangerie: **85**

Flintham Hall, Nottinghamshire:
  Conservatory: **52, 107**
Florenz, Botanischer Garten: 127
Florenz, Giardino d'Orticultura:
  Serra: **187**
Folkestone, Kent, Royal Pavilion Hotel:
  Winter Garden: **259**
Frampton Court, Gloucestershire:
  »Gothick Orangery«: 42
Frankfurt am Main, Gärtnerei Rinz:
  Pflanzenschauhaus: **179, 246, 248**
Frankfurt, Messehallen:
  »Galleria«: 270
Frankfurt am Main, Palmengarten:
  Palmenhaus: **105, 122, 124, 179, 197, 208, 209, 229, 248, 250**
  Pflanzenschauhäuser: **193**
Frankfurt am Main, Senkenberg'scher Garten:
  Gewächshaus: **173**
Fulda:
  Orangerieschloß: 40

Gaibach:
Orangerie: 40
Gand (Gent), Jardin Botanique:
  Serres: **175**
Gand (Gent), Jardin de Kerchove de Denterghem:
  Jardin d'Hiver: **117**
Genève (Genf), Botanischer Garten:
  Conservatoire: **128**
Genève (Genf), Pregny, Jardin de Rothschild:
  Jardin d'Hiver: **121**
Gatcombe Park, Gloucestershire:
  Conservatory: **95**
  Greenhouse-Passage: **51**
Glasgow, Botanic Gardens:
  Glasshouse Range: **189**
  The Kibble Crystal Art Palace: **14, 183, 184, 196, 250**
Glasgow, Glasgow Green:
  The People's Palace: **261**

Glasgow, Queen's Park:
  Projekte, Glashaus: **183, 250**
Glasgow, Springburn Park:
  Conservatory: **192**
Glasgow, Tollcross Park:
  Conservatory: **189**
Glasgow, Victoria Park:
  Fossil Grove House: **190**
Göggingen, Orthopädische Anstalt:
  Wintergarten und Gesellschaftshaus: 13, 197, 209, **227-232,** 257, 260
Great Yarmouth, Norfolk:
  Winter Garden: **257**
  Winter Garden und Aquarium: 197, 223, **252**
Grimston Park, Yorkshire:
  Conservatory: **100**

Haddon Hall, Bakewell:
  »Winter Garden«: 53
Halifax, Yorkshire, Bellevue:
  Conservatory: **112**
Halton House, Buckinghamshire:
  Winter Garden: **123**
Hamburg, Zoologischer Garten:
  Aquarium: 223
Hannington Hall, Wiltshire:
  Conservatory: **98**
Harlaxton Manor, Lincolnshire:
  Conservatory: **102**
Haslev, Gisselfeld Kloster:
  Pflanzenhaus »Paradehus«: **118**
Heidelberg, Hortus Palatinus:
  Pomeranzenhaus: 39
Herrenhausen, Königlicher Berggarten: 127
  Orangerie: **105**
  Erstes Palmenhaus: **106**
  Zweites Palmenhaus: **106**
  Drittes Palmenhaus: **121**
Heveningham Hall:
  Orangery: 101
Holkham Hall, Norfolk:
  Conservatory: **106f.**
Hongkong:
  Hongkong und Shanghai Bank: 268

Innsbruck, Botanischer Garten der Universität:
  Gewächshausgruppe: **193**
Isles of Scilly, Cornwall:
  Tresco Abbey Gardens: 127

Karlsruhe, Großherzoglich Badische Residenz:
  Orangerieentwürfe, Glashäuser: **111**
  Pflanzenhausgruppe: **111**

Kassel:
Orangerieschloß: 40
Kassel, Dokumenta Urbana:
Wohnanlage mit Dachpflanzenhäusern: 269
Kassel-Wilhelmshöhe, Park:
Palmenhaus: **90**
Kedleston Hall, Derbyshire: 66
Kenwood House, Hamstead, Middlesex:
Orangery: 42
Köln, Dominikanergarten: 38
Köln-Riehl, Botanischer Garten:
Flora: 198, 204, 208, 209, 229, **247**, 248, 257
Kopenhagen, Botanischer Garten der Universität:
Pflanzenhäuser: **186**
Kopenhagen, Ny Carlsberg Glyptotek:
Palmenhavn: 198, **262**

La Mortola, Ventimiglia:
Orto Botanico: 128
Lancaster, Williamson Park:
Palm House: **124**
Leeds, Infirmery (Krankenhaus):
Winter Garden: **248**
Le Havre, Aquarium: 223
Leiden, Hortus Botanicus: 127
Pflanzenhäuser: **38**, 169
Leipzig, Botanischer Garten: 127
Leipzig:
Krystall-Palast: 198, 229, 230, **257**, 260
Palmengarten: 197
Leipzig, Handels-Gärtner Breiter:
Wintergarten: **241**
Liège (Lüttich), Jardin Botanique:
Serres: 137, **175**
Liverpool, Festival Hall: 270
Liverpool, Sefton Park:
Palm House: 23, **191**, 192
Liverpool, Stanley Park:
Conservatory: **192**
Llandudno, Wales:
Winter Garden und Aquarium: **255**
London, Battersea Park:
Albert Palace: 13, 199, **259**
London, Bayswater, »Hermitage«:
Versuchsglashäuser: 14, 22, **89**
London, Brompton Park Nursery: 130
London, Buckingham Palace:
Conservatories: 43, **95**, 171
London, Camberwell, Denmark Hill:
Conservatory: **115**
London, Chelsea:
Ranelagh Gardens: 180, 195, 213, 242, 243

London, Chiswick, The Horticultural Society's Garden: 128
Conservatory: 94, 169, **174**
London, Chiswick House:
Hothouse und Conservatory Range: **87**
London, Coal Exchange Building: 198
London, Covent Garden:
The Floral Hall: 199, 237, **246**
London, Covent Garden Market:
Roof Conservatories: **171**, 246
London, East End:
The People's Palace for East London: 196, 197, 199, 219, **233-237**, 260
London, Greenwich:
Parish Curch Saint Alfedge: 66
London, Greenwich, Avery Hill:
Winter Garden: **123**
London, Gunnersbury Park:
Orangery: **101**
London, Hackney, Loddiges Nursery: 130
Camellia House: 19, 71, 133, 140, **170**
Palm House: 71, 74, 133, 140, **170**
London, Hungerford Market: 63
London, Hyde Park:
Überdeckung des Albert Memorials: **253**
1. Londoner Weltausstellungsgebäude, Crystal Palace (»The Great Metropolitan Conservatory«) von 1851: 11, 24, 25, 29, 73, 103, 107, 108, 130, 159, 160, 161, 164, **177**, 179, 181, 198, 204, 206, 211, 216, 219, 249, 265
London, Kensington Palace:
Gartengebäude für Queen Anne: 42
London, The Royal Botanic Gardens Kew: 128
Aroid House: **95**, 171
Palm House: 22, 24, 25, 28, 29, 72, 73, 76, 119, 122, 133, 136, 137, 146, 148, 150, **152-159**, 173, 177, 179, 182, 213, 270
Temperate House: 28, **183**, 204
Water Lily House: 87, **177**
London, Muswell Hill:
Palace of the People: 38, 197, **211-214**, 215, 216, 245, 247
Alexandra Palace (I): 184, 199, **214-217**, 221, 248, 264
Alexandra Palace (II): 33, 199, **217-220**, 221, 222, 223, 226, 252
London, Oxford Road:
Pantheon: 196, 213, 242, **243**
Pantheon Bazaar und Aviary: **243**
London, Paddington Station: 114
London, Porchester Terrace, Bayswater House:
Conservatory: **94**
London, Regent's Park:
The Colosseum Conservatories: 137, 196, 199, 213, **242**, 257, 258

London, Regent's Park, The Royal Botanic Society Gardens:
  Conservatory: 24, 25, **144-151**, 156, 158, 159, 176, 178, 221
London, Regent's Park, Zoological Garden:
  Aquarium: 222
London, St. James's Park, Carlton House:
  Conservatory: **85**, 87, 110
London, South Kensington, Horticultural Gardens: 128
  Conservatory: **160-166**, 182, 216, 221, 222, 258
London, Surrey Zoological Gardens: 23, 196, 242
London, Sydenham:
  Crystal Palace: 11, 114, 130, 162, 163, 197, 199, 204, 211, 212, 214, 221, 223, 224, 225, 237, **245**, 247, 249, 251
  Crystal Palace, »Alhambra Court«: 211, 245
  Crystal Palace, »Byzantine Court«: 245
  Crystal Palace, »Pompeian Court«: 37
London, Vauxhall Gardens: 195, 203, 207, 213
London, Westminster:
  Winter Garden und Aquarium: 30, 199, **221-226**, 252, 254
London, Westminster Abbey:
  Kapelle Heinrichs VII.: 85
London, Wisley:
  Horticultural Gardens: 129
London, Middlesex, Syon Park:
  Great Conservatory: 22, 27, **62-68**, 96, 99, 103, 115, 145, 158, 162, 171, 246
Longleat House, Wiltshire:
  Orangery: **88**, 89, 91
Longner Hall, Shropshire:
  Conservatory: 96
Los Angeles, Bonaventure Hotel: 267
Louvain (Löwen), Jardin de l'Université:
  Serres, Orangerie: 170
Lyme Park, Cheshire:
  Orangery: **113**
Lyon:
  Jardin d'Hiver: 201, 203, **244**, 245
Lyon, Parc de la Tête d'Or, Jardin Botanique: 187
  Grandes Serres: **188**
  Serre: **188**, 196
  La Serre Victoria Regia: **188**
Lyon, Quartier des Brotteaux:
  L'Alcazar: **245**

Malmaison, Rueil bei Paris:
  Jardin d'Hiver der Kaiserin Josephine: 51, **83**, 84, 180, 182, 197
Mamhead, Devonshire:
  Greenhouse, Pavilion: **96**
Manchester:
  Aquarium: 223, 252

Mantua, San Sebastiano: 66
Margam Park, West Glamorgan:
  Orangery: 41
Marseille, Parc Borély, Jardin Botanique:
  Serre Chaude: **169**
Marseille, »Unité d'Habitation«: 264
Matlock Bank, Derbyshire, Smedley's Hydro:
  Winter Garden: **261**
Matlock Bath, Derbyshire:
  The Pavilion: **258**
Meiningen, Herzoglicher Park:
  Wintergarten: 43, 83
Meise bei Brüssel, Jardin Botanique National de Belgique:
  La Serre Victoria: 169, **179**, 196
Kloster Melk an der Donau:
  Gewächshaus: 46
Mentmore House, Buckinghamshire:
  Conservatory: **110**
Mereworth Castle, Kent: 66
Meudon:
  Terrassenorangerie: 40
Minneapolis, IDS-Center: 269
Montacute House, Somerset:
  Orangery: **105**
Montpellier, Jardin des Plantes:
  Orangerie: 127, **169**
Morecambe, Lancashire:
  Winter Garden und Aquarium: **254**
Morlanwelz-Mariemont, Parc de Mariemont:
  Serres, Jardin d'Hiver: **116**
München, Alter Botanischer Garten:
  Gewächshaus: 86
München, Industrieausstellung im Alten Botanischen Garten:
  Glaspalast: **179**
München, Königlich Botanischer Garten:
  Große Gewächshäuser: **185**, 189
München, Konigliche Residenz:
  Erster Wintergarten: **107**, 227
  Zweiter Wintergarten: **116**, 122, 227
München, Schloßpark Nymphenburg:
  Östliches Gewächshaus mit Eckpavillons: **85**, 100
  Mittleres Gewächshaus mit Mittelpavillon: **86**, 100
  Westliches Gewächshaus (Palmenhaus): **86**, 100

Nantes, Jardin des Plantes:
  Serres: **191**
Neuschwanstein, Schloß:
  Wintergarten: **122**
New Jersey:
  Bell Telephone Laboratories Research Center: 267

Ortsregister

New York:
   Convention Center: 270
   Guggenheim Museum: 269
   Ford Foundation Building: 269
   »Niagara Falls« Winter Garden: 269
Nürnberg-Gostenhof:
   Orangerie: 39

Oakly Park, Shropshire:
   Conservatory: **93**
Old Warden, Bedfordshire:
   Conservatory: **117**
Orange, Tiberiusbogen: 66
Orléans, Jardin Botanique:
   Orangerie, Serres: **175**
Osmaston Manor, Derbyshire:
   Conservatory: **104**
   Ridge-and-Furrow Houses: 70, **104**, 108f.
Oxford:
   Universitätsgarten: 127
   University Museum: 13

Padua, Orto Botanico: 127, 128
Paris:
   Bibliothèque Nationale: 13
   Bibliothèque Ste. Geneviève: 205
   Centre Pompidou: 268
   Eden Théâtre: 197, 230, **258**
   »Follies-Bergères«: 258
   Forum des Halles: 270
   »Galeries Lafayette«: 263
   Halle au Blé: 14
   Magasins au Bon Marché: 198
   Théâtre Français: 14
Paris, Auteuil, Nouveau Jardin Fleuriste:
   Grandes Serres: **191**, 193
Paris, Auteuil, Palais d'Exposition Permanente:
   Jardin d'Hiver: **184**
Paris, Bois de Boulogne:
   Aquarium: 222
Paris, Bois de Boulogne, Jardin d'Acclimatation: 191
   Jardin d'Hiver: 247
   Le Palais d'Hiver: 203, **260**, 261
Paris, Champ de Mars:
   L'Exposition Universelle de 1867: **186**
   L'Exposition Universelle de 1900, »Le Palais de l'Horticulture«: 131, **192**
Paris, Champs-Elysées:
   Jardin d'Hiver: 29, 142, 195, 198, **200-210**, 212, 213, 214, 229, 243, 244, 245
Paris, Infiorata-Projekt: 244, 264
Paris, Jardin de M. Boursault:
   Serre Ornée: **91**

Paris, Jardin du Luxembourg: 202, 203, 229
   Orangerie: **112**
   Jardin d'Hiver: **112**
Paris, Jardin des Plantes: 29, 201, 206
   Galeries de Zoologie: 198
   Jardin d'Hiver: 136f., 191
   Serres: 19, 21, 22, 27, 70, 100, 102, 104, **132-143**, 150, 158, 172, 174, 176, 182, 185, 242, 270
Paris, Louvre, Cour Carré: 244
Paris, Palais du Luxembourg: 202
Paris, Parc de Monceau:
   Wintergarten des Duc de Chartres: 42, 83
Paris, Parc de St. Cloud:
   Palais de Cristal: **247**
Paris, Parc du Trocadéro:
   Aquarium: 223
   Palais du Trocadéro: 236
Paris, Rue de Courcelles:
   Jardin d'Hiver der Prinzessin Mathilde: 51, **114**
Paris, La Muette:
   Les grandes Serres de la Ville de Paris: 179, **180**
Pau, Basses-Pyrénées:
   Casino-Jardin d'Hiver: **261**
Pisa:
   Botanischer Garten: 38, 127
Plano, Illinois:
   Farnsworth House: 267
Plymouth:
   Aquarium: 223, **252**
Potsdam, Schloß Sanssouci:
   »Gläserner Weinberg«: 45, 171
Prestwold Hall, Leicestershire:
   Conservatory: **102**

Ramsgate, Kent, East Cliff Lodge:
   Greenhouse: 19, **90**, 93, 170
Rennes, Jardin des Plantes:
   Serres, Orangerie: 137, **184**
Ripley Castle, Yorkshire:
   Glass House Range: **103**
Rom:
   Pantheon: 38, 195, 196
   Piazza Navona, S. Agnese: 225
   San Giovanni in Laterano: 162, 165
   Villa Albani: 41, 162, 164, 165, 166
Rouen, Jardin des Plantes:
   Serres de Trianon: 137, **174**

Saltram:
   Orangery: 44
Salzburg, Schloß Hellbrunn:
   Glashaus: 46
Sandon Hall, Staffordshire:
   Conservatory: **107**

San Francisco, Halladie Building: 266
Scarborough, North Yorkshire, Wood End:
    Conservatory: **116**
    »The Spa Buildings«: **256**
Schönbrunn bei Wien, Schloßpark: 127
    Palmenhaus: 28, 54, 72, **122**, 268
    Sonnenuhrhaus: 122
Schwetzingen, Schloßgarten:
    Moschee: 103
Schwöbber:
    Glashaus des Barons von Münchhausen: 44
Seligenstadt, Abtei:
    Glashaus: 46
Sezincote, Gloucestershire:
    Flower Passage, Indian Conservatory: 51, **84**, 85, 87, 95
Sheffield, The Botanical and Horticultural Gardens:
    Glasshouse Range: **172**
Shrubland Park, Suffolk:
    Winter Garden: 97
Somerleyton Hall, Suffolk:
    Conservative Wall: 109
    Ridge-and-Furrow Houses: 70, **108**
    Winter Garden: 109
Sonora-Wüste, Arizona:
    Biosphere II: 271
Southport, Lancashire:
    Winter Garden und Aquarium: 223, **251**
Southport, Merseyside, Churchtown, Botanic Gardens:
    Fernery: 187
Southport, Merseyside, Hesketh Park:
    Conservatory: 186
Spalato, Diokletianpalast: 67
Standen, West Sussex:
    Conservatory: 124
Steinbach im Odenwald, Schloß Fürstenau:
    Orangerie: 97
Stoke Rocheford, Lincolnshire:
    Orangery: 101
Stoneleigh Abbey, Warwickshire:
    Conservatory: 44
Strasbourg, Botanischer Garten, Kaiser-Wilhelms-Universität:
    Großes Gewächshaus: 189
Strasbourg, Promenade de la Robertsau:
    Orangerie: 84
Stratfield Saye House, Hampshire:
    Conservatory: 99
Strawberry Hill: 85
Stuttgart, Bad Cannstatt, Wilhelma:
    Maurische Villa: **102**, 111
    Orangerie: 103
Stuttgart, Herzoglicher Garten:
    Orangerie: 39

Stuttgart, Hohenheim:
    »Eisernes Haus«: 43

Tarbes, Jardin Massey:
    Serres: 188
Tatton Park, Cheshire:
    Fernery: 89
    Orangery: 89
Terling Place, Essex:
    Flower Passage: 106
The Grange, Hampshire:
    Conservatory: 51, **55-61**, 63, 83, 91, 93, 149
Tottenham House, Wiltshire:
    Conservatory: 115
    Orangery: 115
Toronto, Eaton Center: 269
Trelissick House, Cornwall:
    Conservatory: 93
Trentham:
    Conservative Wall: 78
Tübingen, Alter botanischer Garten:
    Gewächshaus: 190
Tynemouth, Northumberland:
    Winter Garden und Aquarium: 223, **254**

Ven House, Somerset:
    Conservatory: 98
    Flower Arcade: 51, **98**
Versailles:
    Terrassenorangerie: 40
Vicenza:
    Basilika: 125, 165, 166
Villa Aldobrandini: 41
Villa Lante, Bagnaia: 141
Villa Mocenigo: 107
Villa Monastero am Comer See:
    Pomeranzenhaus: 39
Villa Mondragone, Frascati: 41
Villa Rotonda, Vicenza: 66, 87
Villa Trissino, Meledo: 66, 115
Villen des Plinius: 41

Waddeston Manor, Buckinghamshire:
    Conservatory: 123
Warwick Castle, Warwickshire:
    Orangery: 41
Weikersheim:
    Orangerie: 41, 141
Weilburg (Lahn):
    Obere Orangerie: 30
    Untere Orangerie: 40
Welbeck Abbey, Nottinghamshire:
    Underground Conservatories: 34, **117**

Ortsregister

Weston Park, Staffordshire:
  »Temple of Diana«: 42
Wien, Burggarten (Kaisergarten):
  Glashausanlage: **124**
  Palmenhaus: 27
  Wintergarten: 46, **92**
Wien, Kaiser-Joseph-Straße 41:
  Wintergarten: **117**
Wien, Meyerscher Garten in Penzing:
  Erstes Treibhaus: **97**
  Zweites Treibhaus: **98**
Wien, Oberes Belvedere:
  Orangerie: 40
Wien, Unteres Belvedere:
  Orangerie: 39, 40, 44
Wildbad (Schwarzwald):
  Graf-Eberhard-Bad: 103
  Trinkhalle: 13
Wilton House, Wiltshire:
  Conservatory: 87

Witley Court, Worcestershire:
  Conservatory: 111
Woburn Abbey, Bedfordshire:
  Botanical House: **99**
  Conservatory: **88f.**
  Covered Way: 84, 91, 102
  Heathery: **91**
  Greenhouse: 41
Wollaton Hall, Nottinghamshire: 110
  Camellia House: 56, 58, 60, 83, **91**, 149
  Orangery: 43
Wrest Park, Bedfordshire:
  Conservatory: **98**
  Orangery: **98**
Würzburg, Residenz:
  Glashäuser: 46

Zürich, Botanischer Garten der Universität: 127
  Palmenhaus: **173**
  Vorderes Gewächshaus: **173**

Abbildungsnachweis

Alle Abbildungen:
Ruth-Maria und Walter Ullrich, Oberursel.